Sélection du Reader's Digest

CANADA
d'un océan à l'autre

CANADA
d'un océan à l'autre

2 000 sites à découvrir le long
de la Transcanadienne et des plus
grandes autoroutes qui parcourent
ce magnifique pays

Sélection
Reader's Digest

Sélection du Reader's Digest (Canada) Ltée, Montréal

CANADA, D'UN OCÉAN À L'AUTRE

ÉQUIPE DE SÉLECTION DU READER'S DIGEST

Rédaction
Agnès Saint-Laurent

Lecture-correction
Gilles Humbert

Design et conception
Andrée Payette

Fabrication
Holger Lorenzen

Coordination
Susan Wong

COLLABORATEURS EXTÉRIEURS

Traduction
Josée Payette
René Raymond

Rédaction et index
Geneviève Beullac

Lecture-correction
Joseph Marchetti

CANADA, D'UN OCÉAN À L'AUTRE
est l'adaptation française de
CANADA COAST TO COAST

Rédaction originale
Andrew R. Byers

Supervision des essais
Enza Micheletti

Designer
Andrée Payette

Recherche iconographique
Rachel Irwin

AUTRES COLLABORATEURS

Rédacteurs d'itinéraires Karen Evoy, Alan Hustak,
Dane Lanken

Écrivains et essayistes Vivien Bowers, Ron Brown,
Chery Coull, Orland French, Don Gillmor,
Jurgen Gothe, Louise Bernice Halfe, Lawrence
Jackson, Barb et Ron Kroll, Jake MacDonald,
Mary MacPherson, Rosemary Neering, Jean O'Neil,
Larry Pynn, André Robitaille, Dan Schneider,
James Smedley, Charles Wilkins

Illustrateur Normand Cousineau (Fêtes et festivals)

Cartographes
Schwerdt Graphic Arts Ltd. (Map Art)
(section de l'atlas)
Dimension DPR

SERVICE DES LIVRES, MUSIQUE ET VIDÉOS

Vice-présidente Deirdre Gilbert
Directeur artistique John McGuffie
Directrice de l'édition Loraine Taylor

REMERCIEMENTS

L'éditeur tient à remercier tout spécialement les organismes
suivants pour leur aide et leur contribution à ce livre :

Tourisme Colombie-Britannique et associations touristiques
    régionales
BC Parks
Vancouver Travel InfoCentre
Victoria Travel InfoCentre
Travel Alberta
Calgary Convention and Visitors Bureau
Edmonton Tourism
Tourisme Saskatchewan
Tourisme Regina
Travel Manitoba
Tourisme Winnipeg
Tourisme Ontario et associations touristiques régionales
Ministère des Ressources naturelles de l'Ontario
Ottawa Tourism and Convention Authority
Metropolitan Toronto Convention & Visitors Association
Tourisme Québec et associations touristiques régionales
Office des Congrès et du Tourisme du Grand Montréal
Office du Tourisme et des Congrès de la Communauté urbaine
    de Québec
Tourisme Nouveau-Brunswick
Fredericton Tourism
Tourisme Île-du-Prince-Édouard
Ville de Charlottetown
Tourisme Nouvelle-Écosse et associaitons touristiques régionales
Tourisme Halifax
Tourisme Terre-Neuve et Labrador
Ville de St. John's
Tourisme Yukon
Tourisme Territoires du Nord-Ouest

ET ÉGALEMENT À :

Canadian Geographic Magazine, Ottawa
Ministère du Patrimoine canadien (Parcs Canada)
Ministère du Transport, Québec
Transportation Association of Canada, Ottawa
Transport Canada
Yellowhead Highway Association, Edmonton

Données de catalogage avant publication (Canada)
Vedette principale au titre :
Canada d'un océan à l'autre
Traduction de : Canada coast to coast
Comprend un index.
ISBN 0-88850-576-0
1. Canada – Guides. 2. Transcanadienne – Guides. I. Sélection du Reader's Digest (Canada)
(Firme).
FC38.C23314   1998   917.104'648   C97-941641-8
F1009.C23314   1998

Imprimé au Canada
98 99 00/3 2 1

Pour commander d'autres exemplaires de ce livre ou obtenir le catalogue des autres produits
de Sélection du Reader's Digest (24 heures sur 24), composez le 1 800 465-0780.

Vous pouvez aussi nous rendre visite sur notre site Internet : www.selectionrd.ca

AVANT-PROPOS

Le *Canada d'un océan à l'autre* décrit en détail les plus grandes routes du Canada, les agglomérations, grandes et petites, auxquelles elles donnent accès et les sites dignes d'intérêt où le voyageur voudra s'arrêter chemin faisant. La plus importante de toutes, la Transcanadienne, représente à elle seule un parcours de 7 800 km : c'est la plus longue route nationale au monde. Les autres grandes routes du pays incluent la Yellowhead et la Crowsnest, dans l'Ouest, et les trois autoroutes – la 401, la 20 et la 40 – qui desservent ensemble la région la plus peuplée du pays, entre Windsor et Québec. Ceux qui préfèrent la grande aventure se passionneront pour les fabuleux parcours nordiques aux noms évocateurs de John Hart, Alaska, Klondike, Dempster, Mackenzie et Yellowknife. On trouvera également dans ce guide 14 tours de ville, 21 essais portant sur une curiosité ou une activité qu'on rencontre le long d'une des grandes routes, ainsi qu'un calendrier des principaux événements annuels, foires ou festivals, qui puisse ajouter à l'intérêt du voyageur et l'aider à planifier ses itinéraires.

TABLE DES MATIÈRES

ITINÉRAIRES, TOURS DE VILLE & ESSAIS

TRANSCANADIENNE — PAGES 26-229

POUR TROUVER L'INFORMATION

Le *Canada d'un océan à l'autre* renferme 134 cartes linéaires représentant chacune un itinéraire, ainsi que 14 tours de ville. Ces cartes linéaires signalent (en rouge, s'ils sont décrits dans le texte) les points d'intérêt (ou étapes) situés le long de la route, la distance d'un point à un autre et la distance cumulative (celle-ci varie énormément selon la densité de population de la région traversée). Les cartes linéaires, qui s'enchaînent sans interruption le long de la Transcanadienne et des autres

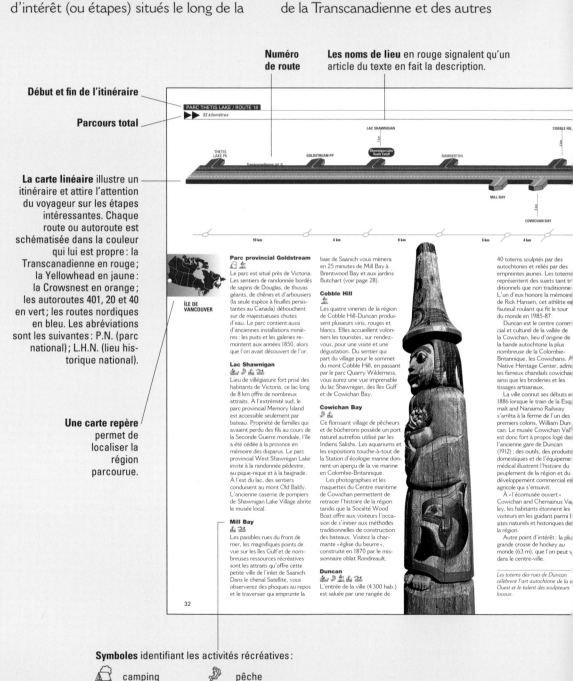

Numéro de route

Les noms de lieu en rouge signalent qu'un article du texte en fait la description.

Début et fin de l'itinéraire

Parcours total

La carte linéaire illustre un itinéraire et attire l'attention du voyageur sur les étapes intéressantes. Chaque route ou autoroute est schématisée dans la couleur qui lui est propre : la Transcanadienne en rouge ; la Yellowhead en jaune : la Crowsnest en orange ; les autoroutes 401, 20 et 40 en vert ; les routes nordiques en bleu. Les abréviations sont les suivantes : P.N. (parc national) ; L.H.N. (lieu historique national).

Une carte repère permet de localiser la région parcourue.

PARC THETIS LAKE / ROUTE 18
53 kilomètres

THETIS LAKE PK — Transcanadienne (rot. 1) — GOLDSTREAM PP — Shawnigan Lake South Cutoff — LAC SHAWNIGAN — BAMBERTON — COBBLE HILL — MILL BAY — COWICHAN BAY

10 km   6 km   8 km   6 km   4 km

ÎLE DE VANCOUVER

Parc provincial Goldstream

Le parc est situé près de Victoria. Les sentiers de randonnée bordés de sapins de Douglas, de thuyas géants, de chênes et d'arbousiers (la seule espèce à feuilles persistantes au Canada) débouchent sur de majestueuses chutes d'eau. Le parc contient aussi d'anciennes installations minières : les puits et les galeries remontent aux années 1850, alors que l'on avait découvert de l'or.

Lac Shawnigan

Lieu de villégiature fort prisé des habitants de Victoria, ce lac long de 8 km offre de nombreux attraits. À l'extrémité sud, le parc provincial Memory Island est accessible seulement par bateau. Propriété de familles qui avaient perdu des fils au cours de la Seconde Guerre mondiale, l'île a été cédée à la province en mémoire des disparus. Le parc provincial West Shawnigan Lake invite à la randonnée pédestre, au pique-nique et à la baignade. À l'est du lac, des sentiers conduisent au mont Old Baldy. L'ancienne caserne de pompiers de Shawnigan Lake Village abrite le musée local.

Mill Bay

Les paisibles rues du front de mer, les magnifiques points de vue sur les îles Gulf et de nombreuses ressources récréatives sont les attraits qu'offre cette petite ville de l'inlet de Saanich. Dans le chenal Satellite, vous observerez des phoques au repos et le traversier qui emprunte la baie de Saanich vous mènera en 25 minutes de Mill Bay à Brentwood Bay et aux jardins Butchart (voir page 28).

Cobble Hill

Les quatre vineries de la région de Cobble Hill-Duncan produisent plusieurs vins, rouges et blancs. Elles accueillent volontiers les touristes, sur rendez-vous, pour une visite et une dégustation. Du sentier qui part du village pour le sommet du mont Cobble Hill, en passant par le parc Quarry Wilderness, vous aurez une vue imprenable du lac Shawnigan, des îles Gulf et de Cowichan Bay.

Cowichan Bay

Ce florissant village de pêcheurs et de bûcherons possède un port naturel autrefois utilisé par les Indiens Salishs. Les aquariums et les expositions touche-à-tout de la Station d'écologie marine donnent un aperçu de la vie marine en Colombie-Britannique.

Les photographies et les maquettes du Centre maritime de Cowichan permettent de retracer l'histoire de la région tandis que la Société Wood Boat offre aux visiteurs l'occasion de s'initier aux méthodes traditionnelles de construction des bateaux. Visitez la charmante « église du beurre », construite en 1870 par le missionnaire oblat Rondeault.

Duncan

L'entrée de la ville (4 300 hab.) est saluée par une rangée de 40 totems sculptés par des autochtones et reliés par des empreintes jaunes. Les totems représentent des sujets tant traditionnels que non traditionnels. L'un d'eux honore la mémoire de Rick Hansen, cet athlète en fauteuil roulant qui fit le tour du monde en 1985-87.

Duncan est le centre commercial et culturel de la vallée de la Cowichan, lieu d'origine de la bande autochtone la plus nombreuse de la Colombie-Britannique, les Cowichans. Au Native Heritage Center, admirez les fameux chandails cowichan ainsi que les broderies et les tissages artisanaux.

La ville connut ses débuts en 1886 lorsque le train de la Esquimalt and Nanaimo Railway s'arrêta à la ferme de l'un des premiers colons, William Duncan. Le musée Cowichan Valley est donc fort à propos logé dans l'ancienne gare de Duncan (1912) ; des outils, des produits domestiques et de l'équipement médical illustrent l'histoire du peuplement de la région et du développement commercial et agricole qui s'ensuivit.

À « l'écomusée ouvert » Cowichan and Chemainus Valley, les habitants étonnent les visiteurs en les guidant parmi les sites naturels et historiques de la région.

Autre point d'intérêt : la plus grande crosse de hockey au monde (63 m), que l'on peut voir dans le centre-ville.

Les totems des rues de Duncan célèbrent l'art autochtone de la côte Ouest et le talent des sculpteurs locaux.

32

Symboles identifient les activités récréatives :

- camping
- canotage
- alpinisme
- cyclisme/vélo de montagne
- pêche
- randonnée
- voile
- baignade
- sports d'hiver

grandes routes, se lisent généralement d'ouest en est, ou du sud au nord, selon le cas. L'atlas des grandes routes (pages suivantes) permet de repérer les itinéraires sur une carte à grande échelle et réfère le lecteur aux pages appropriées.

Lorsque la route traverse l'une des 14 grandes villes du pays, deux pages sont consacrées à la description de ses principaux attraits : le ruban de couleur qui relie ces attraits invite le voyageur à un tour guidé à pied du centre-ville.

Distances hors autoroute

La ligne bleue donne la distance entre les sites nommés sur la carte linéaire.

Des articles et des photographies décrivent les principaux points d'intérêt situés sur le tour guidé.

Une carte repère permet de situer le tour guidé dans le centre-ville.

Un ruban couleur guide le promeneur qui fait un tour de ville.

ATLAS DES GRANDES ROUTES

En vous référant à cet atlas de 16 pages, vous trouverez les renvois correspondant aux étapes spécifiques des diverses grandes routes couvertes en détail par ce guide. Les cartes linéaires sur lesquelles s'échelonnent les étapes de la Transcanadienne sont en rouge ; celles de la Yellowhead, en jaune ; celles de la Crowsnest en orange ; les autoroutes 401, 20 et 40 sont en vert et les grandes routes nordiques en bleu. En général, les étapes vont d'ouest en est ou du sud au nord ; seule exception, l'étape Kamloops–Tête Jaune Cache de la route Yellowhead (p. 242-243), qui se lit du nord au sud.

En Ontario, la Transcanadienne se divise comme suit : la 17 (de Kenora à North Bay), pages 98-101 et 106-139 ; la 71 et la 11 (via Fort Frances), pages 102-105 ; la 11 (via Kapuskasing), pages 140-147 ; la 69 et la 7 (via Parry Sound), pages 152-169 ; enfin la 117, qui se poursuit au Québec par la 15, pages 148-151.

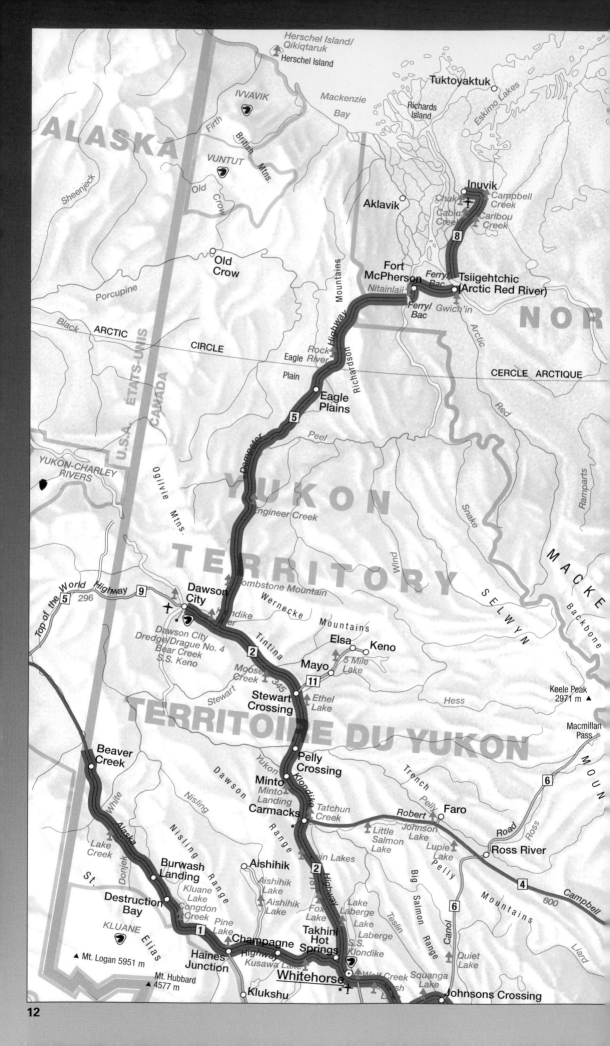

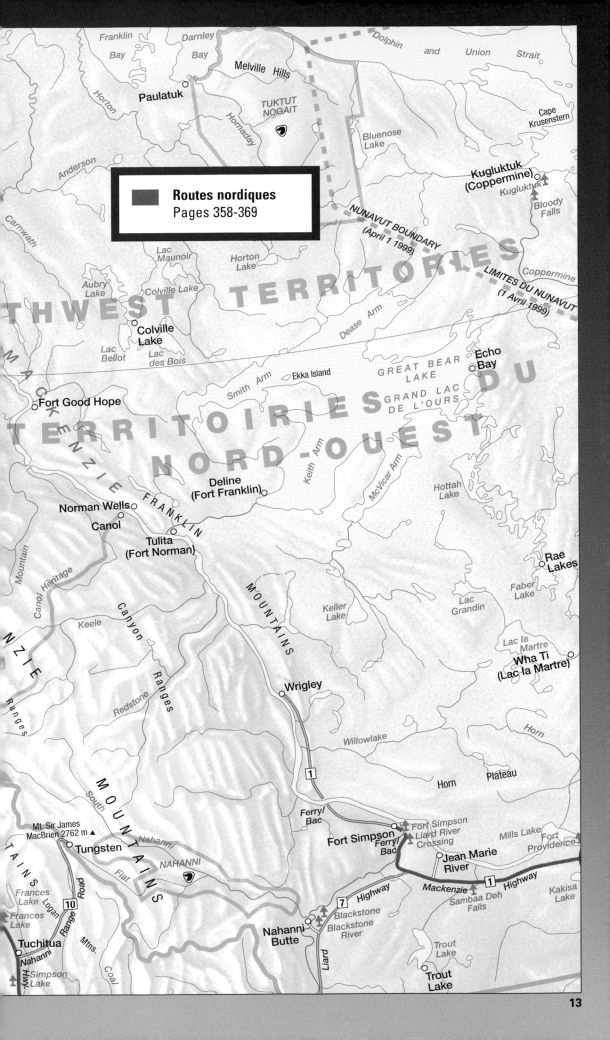

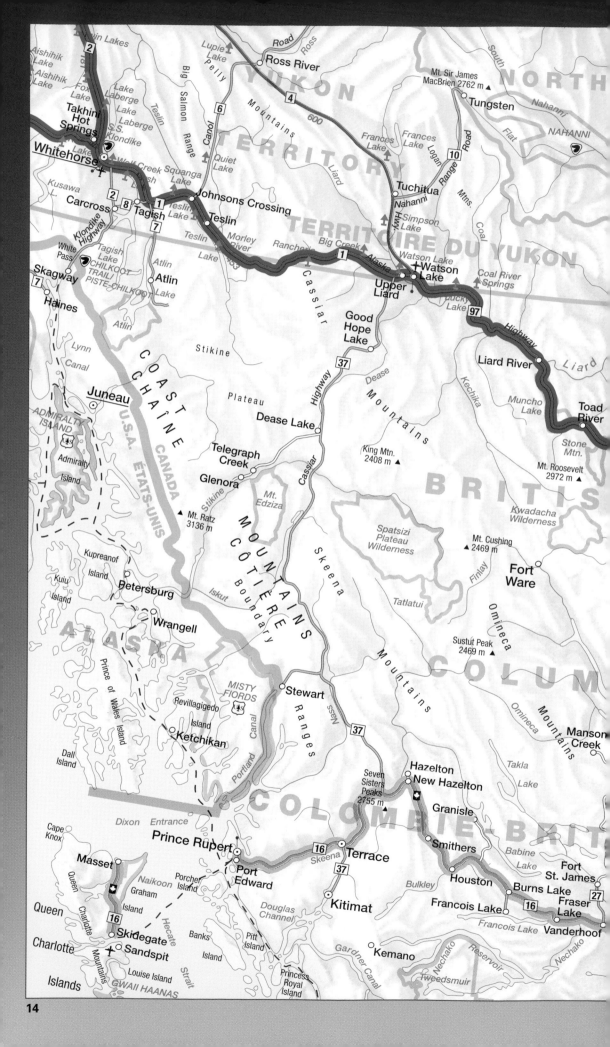

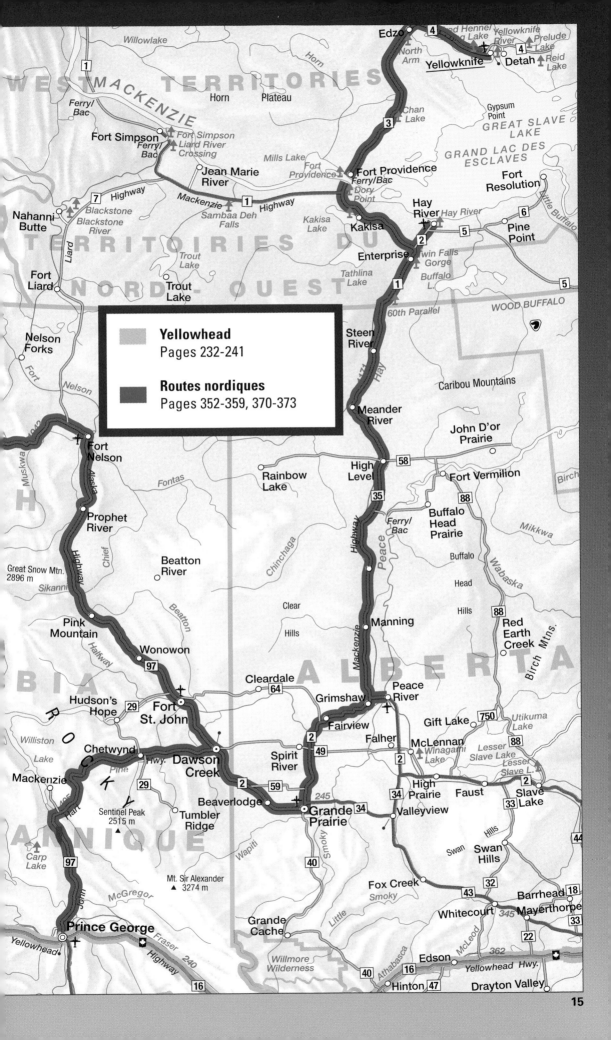

WEST MACKENZIE TERRITORIES

1

Willowlake

Horn   Plateau

Ferry/
Bac

Fort Simpson
Fort Simpson
Liard River
Crossing
Ferry/
Bac

Jean Marie
River

Mackenzie

7   Highway

Nahanni
Butte

Blackstone
Blackstone
River

TERRITOIRES DU

Fort
Liard

Trout
Lake

Trout
Lake

1   Highway

NORD-OUEST

Nelson
Forks

Fort
Nelson

Prophet
River

Great Snow Mtn.
2896 m

Sikanni

Pink
Mountain

Wonowon

97

Hudson's
Hope   29

Chetwynd   Hwy.

Fort
St. John

Mackenzie

Williston
Lake

Sentinel Peak
2515 m

Dawson
Creek

Beaverlodge

Tumbler
Ridge

Carp
Lake

97

Mt. Sir Alexander
▲ 3274 m

Prince George

Yellowhead

Grande
Cache

Willmore
Wilderness

Horn
Arm

Edzo   4

North
Arm

Yellowknife

3

Chan
Lake

Red Hennel
Lake

Yellowknife
River   4

Detah   Prelude
Lake

Reid
Lake

**GREAT SLAVE
LAKE**

**GRAND LAC DES
ESCLAVES**

Gypsum
Point

Fort
Resolution

Fort Providence
Ferry/Bac
Dory
Point

Hay
River   Hay River

6

Mills Lake

Fort
Providence

Kakisa
Lake

Kakisa

Enterprise

2

5

Pine
Point

Sambaa Deh
Falls

Tathlina
Lake

1

Twin Falls
Gorge

Buffalo
L.

5

60th Parallel

WOOD BUFFALO

Steen
River

Hay

Caribou Mountains

Meander
River

John D'or
Prairie

Rainbow
Lake

High
Level   58

Fort Vermilion

Birch

Fontas

35

88

Beatton
River

Chinchaga

Clear

Hills

Mackenzie

Peace

Ferry/
Bac

Buffalo
Head
Prairie

Mikkwa

Buffalo

Head

Hills

Wabaska

88

Manning

Red
Earth
Creek

Birch Mtns.

Beatton

Cleardale   64

Grimshaw

Halfway

Peace
River

Fairview

Gift Lake   750

Utikuma
Lake

Chief

2

Falher

McLennan

Winagami
Lake

Lesser
Slave Lake

88

Pine

49

Spirit
River

2

High
Prairie   Faust

Lesser
Slave L.

2

59

245

34

Slave
Lake

Valleyview

34

33

Smoky

Hart

40

Swan

Swan
Hills

Hills

44

McGregor

Fox Creek

Smoky

43   32

Barrhead   18

Whitecourt   345   Mayerthorpe

Little

McLeod

33

Edson   362

Athabasca   Yellowhead Hwy.

22

Drayton Valley

Fraser   240
Highway

40   16   Hinton   47

16

ALBERTA

ROCKY

ANNIQUE

B
I
A

Yellowhead
Pages 232-241

Routes nordiques
Pages 352-359, 370-373

15

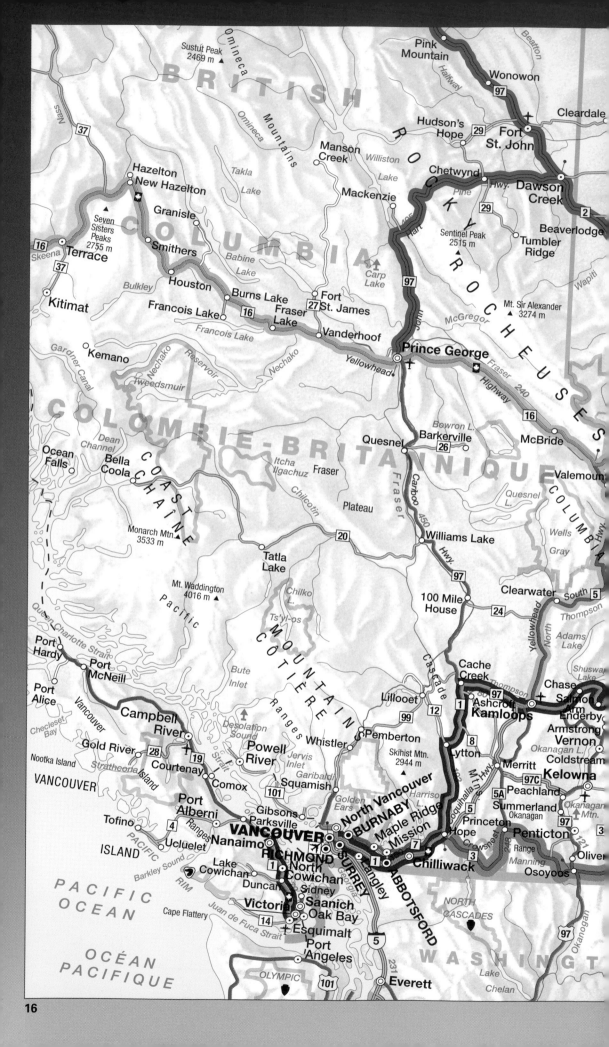

BRITISH

Sustut Peak
2469 m

Omineca

37

Pink
Mountain

Wonowon

97

Cleardale

Hudson's
Hope

29

Fort
St. John

Manson
Creek

Mackenzie

Chetwynd

Hwy. Dawson
Creek

2

Hazelton
New Hazelton

Granisle

Beaverlodge
Tumbler
Ridge

Seven
Sisters
Peaks
2755 m

16

Terrace

Smithers

29

Sentinel Peak
2515 m

Skeena

37

Houston

Burns Lake

Fort
St. James

97

Wapiti

Kitimat

Francois Lake

16

Fraser
Lake

27

Vanderhoof

Mt. Sir Alexander
3274 m

Kemano

Francois Lake

Nechako

Yellowhead

Prince George

Fraser

240

Highway

COLOMBIE-BRITANNIQUE

16

Ocean
Falls

Quesnel

Barkerville

McBride

Valemoun

Bella
Coola

Itcha
Ilgachuz

Fraser

26

Monarch Mtn.
3533 m

Plateau

20

Williams Lake

450

Wells
Gray

Tatla
Lake

Clearwater

South

5

Mt. Waddington
4016 m

100 Mile
House

24

Adams
Lake

Cache
Creek

Chase

Port
Hardy

Lillooet

1

Ashcroft

Salmon
Arm
Enderby

Port
McNeill

12

99

Kamloops

Armstrong
Vernon

Port
Alice

Campbell
River

Whistler

Pemberton

Skihist Mtn.
2944 m

Lytton

8

Merritt

Coldstream

Kelowna

97C

Gold River

28

19

Courtenay

Powell
River

Squamish

Peachland

5A

Summerland

Comox

101

North Vancouver
BURNABY

Maple Ridge
Mission

Hope

5

Princeton

Penticton

3

Port
Alberni

Gibsons
Parksville

VANCOUVER

7

Chilliwack

Oliver

Tofino

4

Nanaimo

RICHMOND
North
Cowichan

1

Osoyoos

Ucluelet

Lake
Cowichan

Duncan

Sidney

ABBOTSFORD

Victoria
Saanich
Oak Bay

14

Esquimalt
Port
Angeles

5

97

OLYMPIC

101

Everett

WASHINGT

16

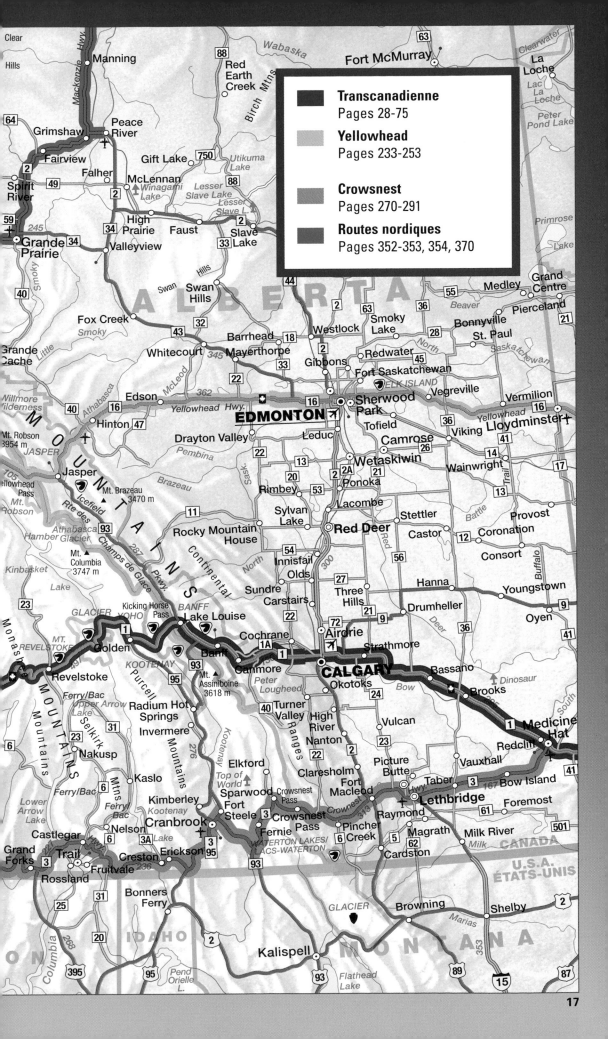

Transcanadienne
Pages 28-75

Yellowhead
Pages 233-253

Crowsnest
Pages 270-291

Routes nordiques
Pages 352-353, 354, 370

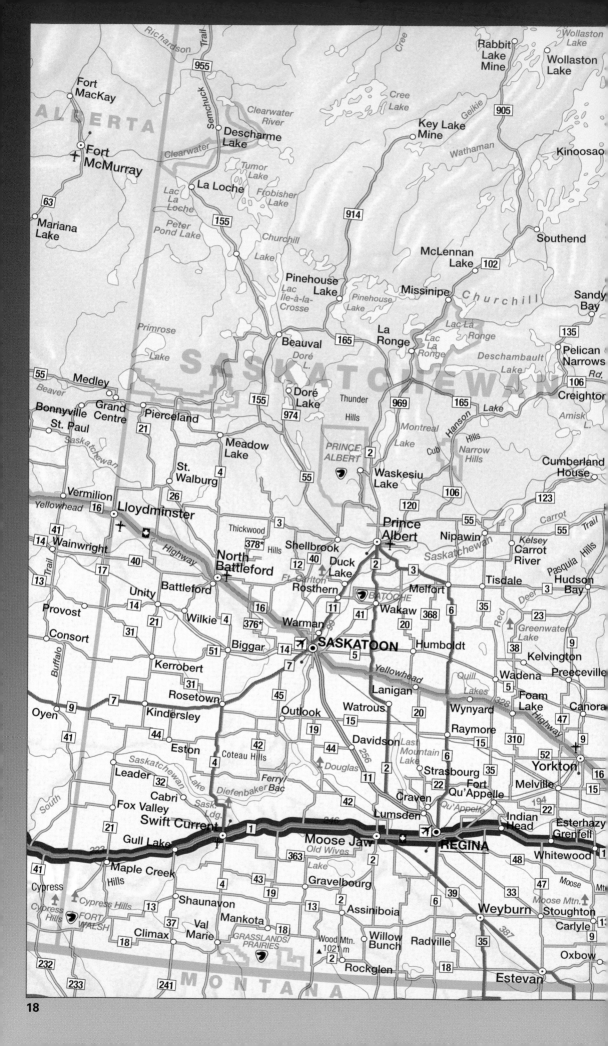

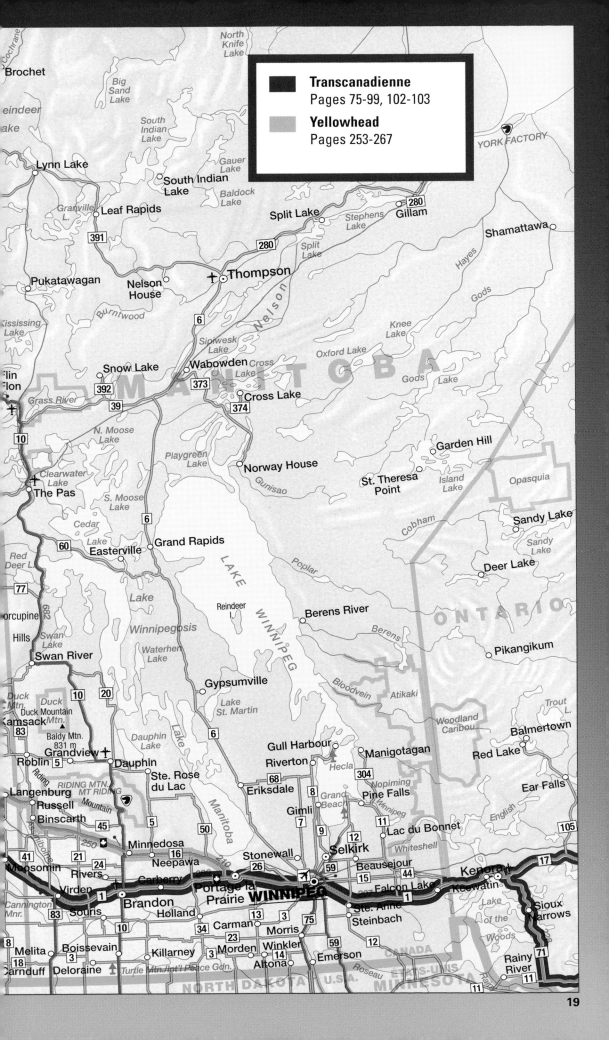

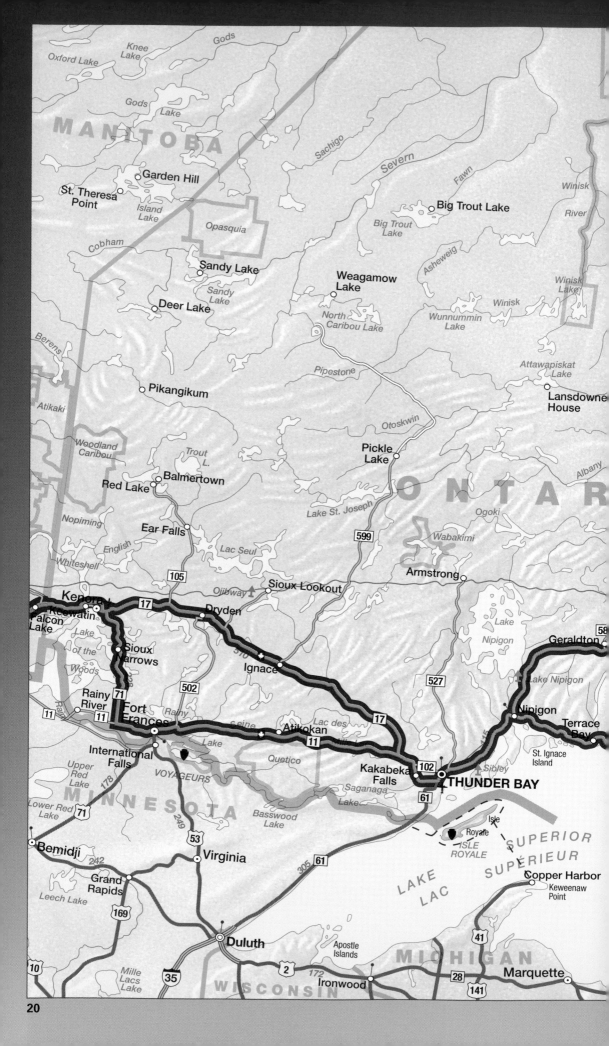

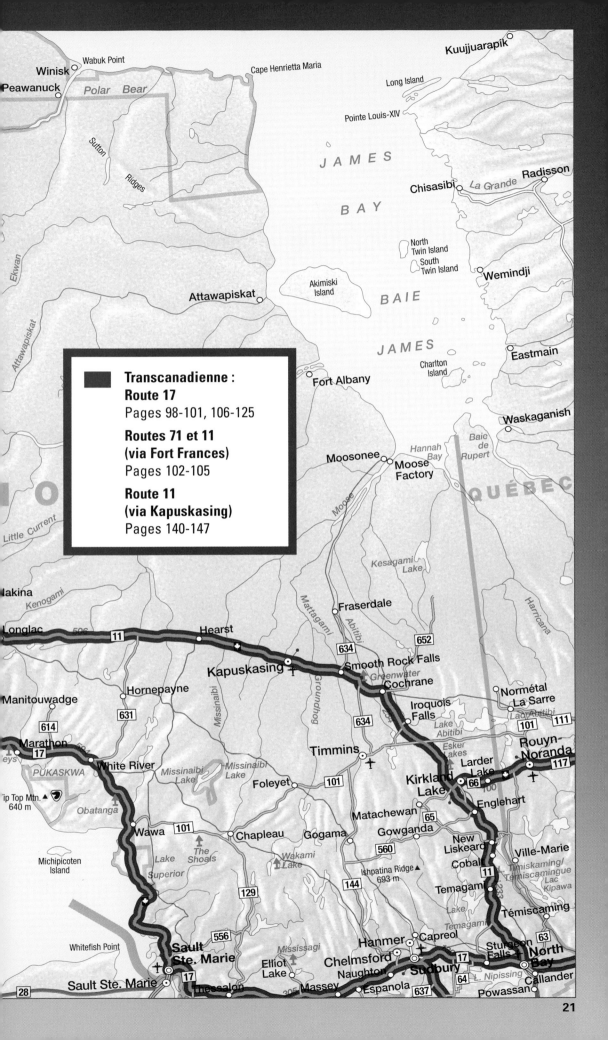

Transcanadienne :
Route 17
Pages 98-101, 106-125

Routes 71 et 11
(via Fort Frances)
Pages 102-105

Route 11
(via Kapuskasing)
Pages 140-147

Winisk
Wabuk Point
Peawanuck
Polar Bear
Sutton
Ridges
Ekwan
Attawapiskat
Attawapiskat
Cape Henrietta Maria
Pointe Louis-XIV
Long Island

J A M E S
Chisasibi
La Grande
Radisson
B A Y
North
Twin Island
South
Twin Island
Wemindji
Akimiski
Island
B A I E
Eastmain
J A M E S
Charlton
Island
Waskaganish
Fort Albany
Hannah
Bay
Baie
de
Rupert
Moosonee
Moose
Factory
Q U É B E C
Moose
Kesagami
Lake

Nakina
Kenogami
Little Current
Fraserdale
Mattagami
Abitibi
Harricana
Longlac
506
11
Hearst
634
652
Kapuskasing
Smooth Rock Falls
Greenwater
Cochrane
Normétal
La Sarre
Manitouwadge
Hornepayne
631
Groundhog
Iroquois
Falls
634
Lac Abitibi
101
111
614
Missinaibi
Lake
Abitibi
Rouyn-
Noranda
Marathon
17
White River
Missinaibi
Lake
Missinaibi
Lake
Timmins
Esker
Lakes
Larder
Lake
117
PUKASKWA
eys
Foleyet
101
Kirkland
Lake
66
100
Tip Top Mtn.
640 m
Obatanga
Matachewan
65
Englehart
Wawa
101
Chapleau
Gogama
Gowganda
New
Liskeard
Ville-Marie
Lake
The
Shoals
Wakami
Lake
560
Cobalt
Timiskaming/
Témiscamingue
Lac
Kipawa
Michipicoten
Island
Lake
Superior
Ishpatina Ridge
693 m
144
Temagami
129
Lake
Temagami
Témiscaming
556
Mississagi
Hanmer
Capreol
63
Whitefish Point
Sault
Ste. Marie
Elliot
Lake
Chelmsford
Naughton
Sturgeon
Falls
17
North
Bay
28
Sault Ste. Marie
Thessalon
Massey
Espanola
Sudbury
64
Callander
Little Current
637
Powassan
L. Nipissing

21

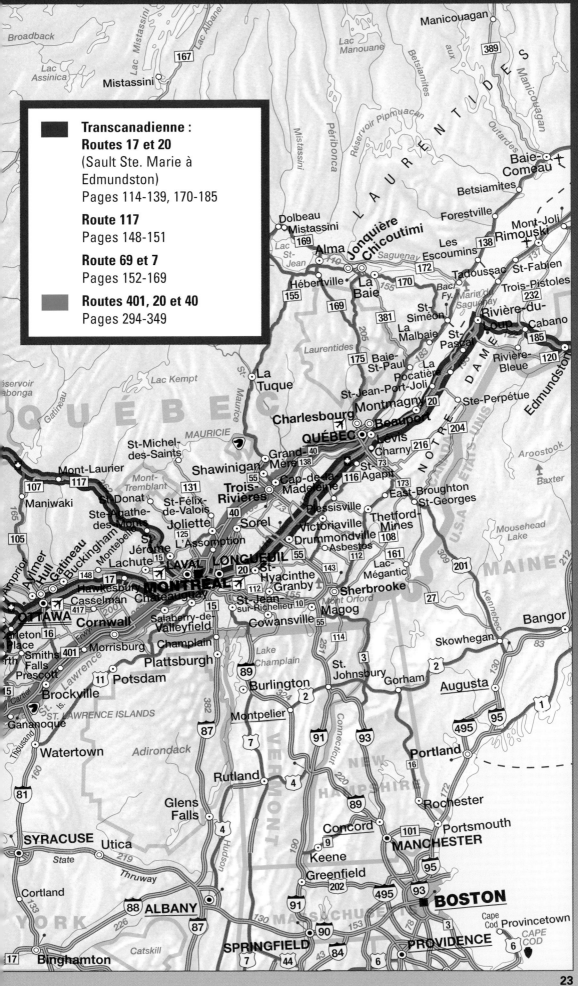

Transcanadienne :
Routes 17 et 20
(Sault Ste. Marie à Edmundston)
Pages 114-139, 170-185

Route 117
Pages 148-151

Route 69 et 7
Pages 152-169

Routes 401, 20 et 40
Pages 294-349

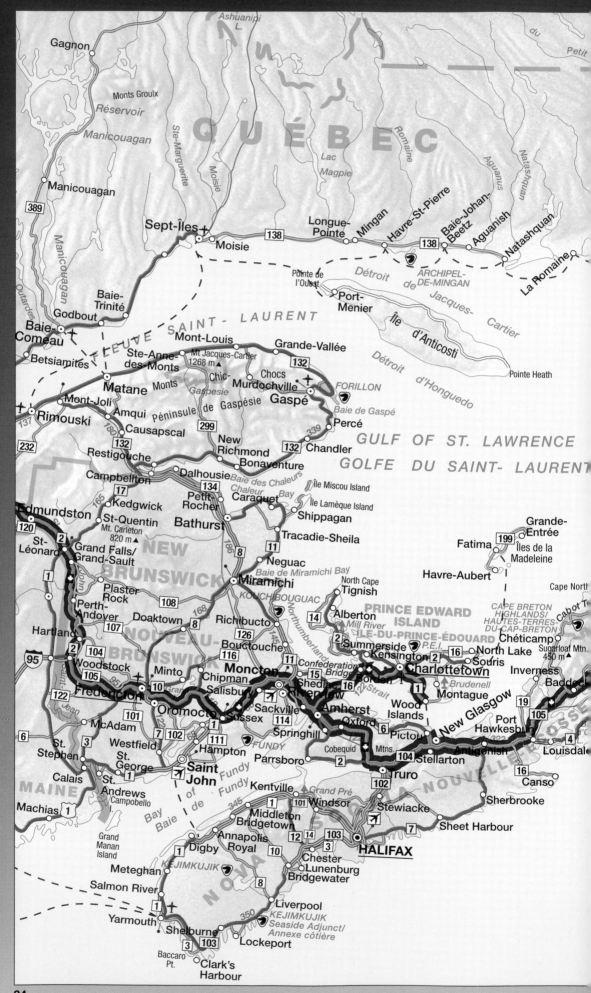

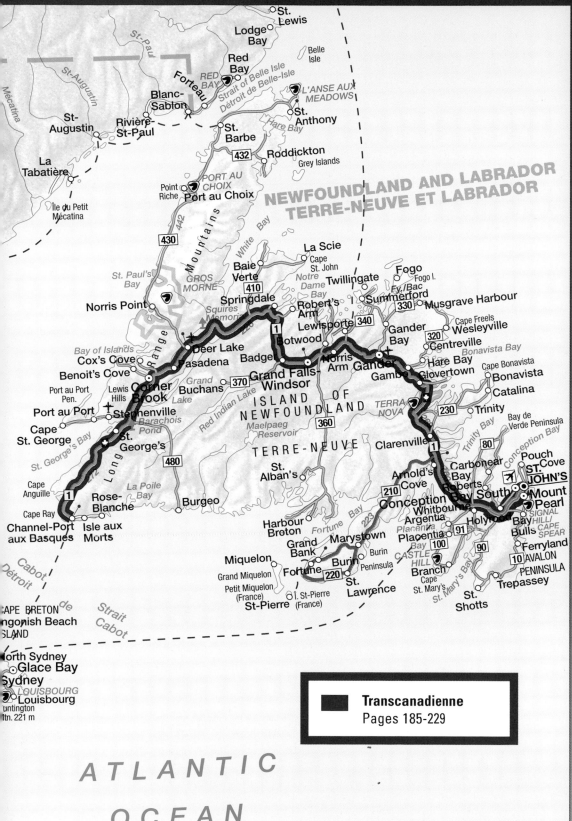

NEWFOUNDLAND AND LABRADOR
TERRE-NEUVE ET LABRADOR

ISLAND OF
NEWFOUNDLAND
TERRE-NEUVE

ATLANTIC

OCEAN

OCÉAN

ATLANTIQUE

Transcanadienne
Pages 185-229

TRANSCANADIENNE

PÉNINSULE
DE SAANICH

16 km

17 & 17A

BEACON HILL PK

Transcanadienne (nº 1)

1 km

6 km

**VICTORIA ET
SES ALENTOURS**

Parc Beacon Hill, Victoria

Au cœur de Victoria, ce parc offre à la fois une aire de jeu et un superbe jardin : il est composé de jonquilles et de camassies bleues au printemps et de quelque autre 30 000 fleurs. On y trouve deux principaux points d'intérêt : un mât totémique de 38 m, que l'on dit être le deuxième en importance au monde, et la borne 0 de la Transcanadienne (*ci-dessus*), la route nationale la plus longue au monde.

Maison d'Emily Carr, Victoria

À l'angle des rues Government et Simcoe, à quelques minutes à l'ouest du parc Beacon Hill, se trouve la maison où naquit Emily Carr (1871-1945), peintre et écrivain. Des livres de classe, des chevalets et des objets personnels de l'artiste sont exposés dans la pittoresque demeure (*à gauche*), restaurée et meublée en style victorien. Le musée des Beaux-Arts du Grand Victoria (1040, rue Moss) a une collection des œuvres puissantes de l'artiste, inspirée par l'art autochtone de la côte Nord-Ouest.

Péninsule de Saanich

« Saanich », le nom de cette péninsule située au nord de Victoria signifie « fertile » en langue salish. Ses terres généreuses se distinguent du paysage généralement rude de l'île de Vancouver. On s'y rend par la route 17A, accessible du centre-ville de Victoria par la rue Blanshard et la route 1.

L'Observatoire astrophysique Dominion, au bout d'une route sinueuse qui part de la route 17A, accueille les amateurs d'astronomie, alors que les luxuriants jardins Butchart (à la jonction de la route Benvenuto et de la route 17A), aménagés en 1904 sur le site d'une carrière désaffectée, font la joie des amateurs d'horticulture. Un peu plus loin, les jardins Butterfly offrent une collection de 150 espèces de fleurs semitropicales.

Manoir et école Craigflower, Victoria

Goûtez aux scones de la ferme Craigflower, première collectivité rurale à s'établir dans l'île de Vancouver, en 1856. Construit par Kenneth McKenzie, le bâtiment rappelle ceux de l'Écosse, son pays d'origine. À côté, visitez l'école Craigflower (1855), l'une des plus anciennes de l'Ouest du Canada.

Sooke

Empruntez la route 14 (Sooke Rd.) vers le phare Fisgard et le fort Rodd Hill (*ci-après*). Si

SOOKE

25 km

14 THETIS LAKE PK

Admirals Rd

2 km

CRAIGFLOWER
MANOR & SCHOOLHOUSE

4 km 0,5 km

Le phare Fisgard (ci-dessus) guide les navires jusqu'au détroit de Juan de Fuca depuis les années 1860. Par temps clair, on voit la lumière du phare jusqu'à 16 km à la ronde.

Le Jardin italien (ci-dessous) est une des nombreuses compositions des jardins Butchart, célèbres dans le monde entier.

vous avez le temps, poursuivez jusqu'à Sooke, le long de la côte sud-ouest de l'île de Vancouver, densément boisée et souvent envahie par le brouillard. Le parc régional East Sooke est idéal pour des randonnées pédestres au bord de la mer.

À Sooke, vous pouvez faire des excursions en bateau, visiter des grottes marines ou encore survoler les montagnes et les forêts anciennes en hélicoptère. À la fin de la journée, les bateaux de pêche regagnent l'abri du port, chargés de fruits de mer (dont une vingtaine d'espèces différentes de crabe) que les restaurants locaux apprêtent avec bonheur.

En juillet, joignez-vous aux 10 000 personnes qui participent aux festivités du Concours des bûcherons (All Sooke Day) avec ses épreuves de lancement de la hache, de drave et d'autres activités célébrant les traditions des bûcherons de la côte Ouest.

Fort Rodd Hill et le phare Fisgard, Victoria

Ces deux sites historiques nationaux célèbrent les liens de Victoria avec le monde militaire et maritime. Les trois batteries d'artillerie du fort Rodd sont intactes ; en effet, le fort, utilisé de 1878 à 1956 comme une défense militaire, n'a jamais eu à défendre Victoria. Protégeant la rade d'Esquimalt, le

phare Fisgard est la plus vieille construction de ce genre sur la côte Ouest avec sa tour blanche (1860) et la maison rouge du gardien. Grimpez l'escalier de fer jusqu'à la lanterne à pétrole dont la mèche était autrefois taillée toutes les quatre heures.

Collège militaire Royal Roads, Victoria

En 1908, James Dunsmuir, Premier ministre de la Colombie-Britannique de 1900 à 1902, puis lieutenant-gouverneur de la province de 1906 à 1909, fit construire Hatley Castle, autrefois le cœur de ce vaste domaine au bord de la mer. Le château est aujourd'hui le clou des bâtiments qui composent le Collège militaire Royal Roads. Dunsmuir partageait en effet avec son père un goût pour l'architecture flamboyante : en 1888, Robert Dunsmuir, « le roi du charbon », avait fait construire le château Craigdarroch (1050 Joan Cres.), à l'architecture aussi débridée.

En 1940, le gouvernement fédéral acquit le château Hatley et le domaine devint le Collège militaire Royal Roads qui obtint le statut d'université en 1995 ; son parc rivalise de beauté avec les jardins Butchart. Les visiteurs empruntent des sentiers bordés de massifs de fleurs arrangés, d'un manière exquise, à l'anglaise, à l'italienne et à la japonaise.

Parc Thetis Lake

Les sentiers Clark et Seymour Hill vous conduiront à des sapins de Douglas de 70 m, vieux de 500 ans. Cette réserve naturelle est juste à l'extérieur de Victoria.

29

Fan Tan Alley

Cette rue, que l'on dit être la plus étroite en Amérique du Nord, vous conduira dans le plus vieux quartier chinois au Canada, fondé en 1858 par les immigrants chinois venus pour la construction du chemin de fer. Des restaurants raffinés servant des mets à la cantonaise ont remplacé les fumeries d'opium, les maisons de tolérance et de jeu qui y ont prospéré pendant un bref moment à la fin du siècle dernier.

Portail de l'Harmonie

Le portail rouge (« Gate of Harmonious Interest »), à l'entrée du quartier chinois, est orné de lions de pierre sculptés à la main qui ont été importés, en 1981, de Suzhou, en Chine, la ville jumelée à Victoria.

Place du Centenaire

Marguerites, primevères et autres fleurs naines composent ce jardin élisabéthain, sans doute unique au Canada. Il est une réplique des jardins de Hampton Court, de Londres, réputés pour le délicat entrelacement des fleurs, à la manière d'une broderie en nœuds. À proximité se trouvent le bâtiment baroque du théâtre MacPherson et l'hôtel de ville remis à neuf.

Bastion Square

En 1843, la Compagnie de la Baie d'Hudson construisit le fort Victoria à l'endroit où se trouve aujourd'hui Bastion Square. C'est le cœur de la ville ancienne. Il ne reste rien du fort, mais les bâtiments du siècle dernier qui entourent le square permettent d'entrevoir l'intensité de la vie urbaine de l'époque.

Government Street

La rue est bordée de boutiques à l'anglaise et vous pouvez y acheter des tasses à thé, des tartans et des confitures importées.

Théâtre MacPherson

Square du Marché

Hôtel de ville

N

FISGARD ST.

PANDORA AVE.

JOHNSON ST.

YATES ST.

GOVERNMENT ST.

WHARF ST.

FORT ST.

BROUGHTON ST.

COURTNEY ST.

Inner Harbo

Hôtel Empress

Ses épais murs de brique, couverts de lierre, rappellent l'opulence du passé. Construit en 1908, le château à tourelles de six étages comprend une salle de bal, des chandeliers antiques, des portes en acajou et, dans une pièce appelée Palm Court, un dôme en vitrail. Dégustez le buffet de mets au cari servi dans la salle Bengal ou, comme l'ont fait avant vous la reine Élisabeth II et Rudyard Kipling, prenez le thé dans le Tea Lobby : on y sert chaque jour, dans des plats d'argent et sur des nappes de lin blanches, des compotes de fruits, des petits pains fourrés, des scones et des pâtisseries.

Jardins sous-marins

MENZIES ST.

Parlement de la Colombie-Britannique

Les édifices de la législature, l'œuvre de l'architecte anglais Francis Rattenbury (qui a aussi dressé les plans de l'hôtel Empress), sont depuis leur construction, en 1897, l'un des principaux centres d'intérêt de la ville. Une statue du capitaine Vancouver en couronne le plus haut dôme de cuivre. Une verrière de l'une des centaines de rotondes du bâtiment commémore le jubilé de diamant (60 ans), en 1897, du règne de la reine Victoria. Les 3 330 lumières extérieures, installées lors de la célébration du jubilé, sont restées en place, offrant un spectacle nocturne éblouissant.

Carillon du Centenaire

Près du Parlement, la grande tour blanche abrite le carillon de 62 cloches (le plus grand au Canada) offert à la ville, à l'occasion de son centenaire, par des Canadiens d'origine néerlandaise.

VICTORIA – LA CAPITALE AU STYLE TRÈS BRITANNIQUE

Bien à l'abri dans la pointe sud de l'île de Vancouver, la capitale de la Colombie-Britannique rayonne à partir du croissant de son port intérieur. Protégée du Pacifique par le détroit de Juan de Fuca et réchauffée par le courant de Californie, la ville bénéficie d'une température clémente toute l'année et de quelque 2 200 heures d'ensoleillement. Ses habitants sont de fervents horticulteurs qui guettent la moindre floraison dans leur petit paradis lors du recensement annuel des fleurs qui a lieu en février. Il demeure que ce vif penchant pour le jardinage fait partie des traditions anglaises que Victoria se plaît à perpétuer. La ville commande un rythme paisible et une indéfectible courtoisie. On trouve cette ambiance partout, même dans les rues qui longent le bord de l'eau et qui sont flanquées de salons de thé, de bâtiments historiques et de lampadaires ornés de fleurs.

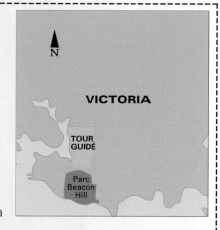

N

VICTORIA

TOUR GUIDÉ

Parc Beacon Hill

Vers le Château Craigdarroch

HUMBOLDT ST.

Centre des congrès

Jardin Crystal

DOUGLAS ST.

BELLEVILLE ST.

GOVERNMENT ST.

SUPERIOR ST.

Vers le parc Beacon Hill

Musée maritime de la Colombie-Britannique

Installé dans un bâtiment roman à tour (1889) qui servait autrefois de palais de justice, le musée domine Bastion Square. Montez dans la cage grillagée de l'ascenseur (sans doute le plus vieil ascenseur en service en Amérique du Nord) ou découvrez quelque 30 000 trésors nautiques – maquettes, outils, uniformes, salle des machines touche-à-tout, collection la plus importante au Canada de modèles réduits de bateaux – et le *Tilikum* (1860), une pirogue de 11 m transformée en goélette à trois mâts qui fit la traversée entre Victoria et Londres entre 1901 et 1904.

Musée royal de la Colombie-Britannique

Ce musée est réputé dans le monde entier pour ses collections (environ 10 millions d'objets) surtout consacrées à l'histoire et à l'art autochtone. Vous pouvez monter à bord du *Discovery*, la réplique du bateau du capitaine Vancouver, vous promener le long d'une grève, dans une ville frontière ou dans une forêt ancienne, explorer de vastes habitats naturels reconstitués ou encore voir de près les tentacules d'un calmar, au cours de l'exploration simulée du plancher océanique du Pacifique.

Maison Helmcken

Bâtie en 1852, la résidence du Dr John Helmcken, un pionnier du fort Victoria, est la plus ancienne maison de la province à se trouver encore sur son emplacement original. Elle abrite aujourd'hui une importante collection d'instruments médicaux du siècle dernier, dont certains à vous donner la chair de poule, particulièrement un trépan qu'on utilisait pour traiter « l'enflure du cerveau ».

Parc Thunderbird

Près du Musée royal de la Colombie-Britannique et du Jardin de plantes indigènes, le parc Thunderbird se distingue par ses mâts totémiques de la côte du Pacifique et par la réplique d'une maison haida traditionnelle, créée par le grand sculpteur autochtone Mungo Martin. L'été, il n'est pas rare d'y voir des sculpteurs à l'œuvre.

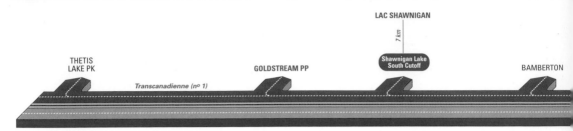

LAC SHAWNIGAN

THETIS
LAKE PK

7 km

Shawnigan Lake
South Cutoff

GOLDSTREAM PP

BAMBERTON

Transcanadienne (n° 1)

10 km   6 km   8 km

**ÎLE DE
VANCOUVER**

Parc provincial Goldstream

Le parc est situé près de Victoria.
Les sentiers de randonnée bordés
de sapins de Douglas, de thuyas
géants, de chênes et d'arbousiers
(la seule espèce à feuilles persistantes au Canada) débouchent
sur de majestueuses chutes
d'eau. Le parc contient aussi
d'anciennes installations minières : les puits et les galeries remontent aux années 1850, alors
que l'on avait découvert de l'or.

Lac Shawnigan

Lieu de villégiature fort prisé des
habitants de Victoria, ce lac long
de 8 km offre de nombreux
attraits. À l'extrémité sud, le
parc provincial Memory Island
est accessible seulement par
bateau. Propriété de familles qui
avaient perdu des fils au cours de
la Seconde Guerre mondiale, l'île
a été cédée à la province en
mémoire des disparus. Le parc
provincial West Shawnigan Lake
invite à la randonnée pédestre,
au pique-nique et à la baignade.
À l'est du lac, des sentiers
conduisent au mont Old Baldy.
L'ancienne caserne de pompiers
de Shawnigan Lake Village abrite
le musée local.

Mill Bay

Les paisibles rues du front de
mer, les magnifiques points de
vue sur les îles Gulf et de nombreuses ressources récréatives
sont les attraits qu'offre cette
petite ville de l'inlet de Saanich.
Dans le chenal Satellite, vous
observerez des phoques au repos
et le traversier qui emprunte la

baie de Saanich vous mènera
en 25 minutes de Mill Bay à
Brentwood Bay et aux jardins
Butchart (voir page 28).

Cobble Hill

Les quatre vineries de la région
de Cobble Hill-Duncan produisent plusieurs vins, rouges et
blancs. Elles accueillent volontiers les touristes, sur rendez-
vous, pour une visite et une
dégustation. Du sentier qui
part du village pour le sommet
du mont Cobble Hill, en passant
par le parc Quarry Wilderness,
vous aurez une vue imprenable
du lac Shawnigan, des îles Gulf
et de Cowichan Bay.

Cowichan Bay

Ce florissant village de pêcheurs
et de bûcherons possède un port
naturel autrefois utilisé par les
Indiens Salishs. Les aquariums et
les expositions touche-à-tout de
la Station d'écologie marine donnent un aperçu de la vie marine
en Colombie-Britannique.

Les photographies et les
maquettes du Centre maritime
de Cowichan permettent de
retracer l'histoire de la région
tandis que la Société Wood
Boat offre aux visiteurs l'occasion de s'initier aux méthodes
traditionnelles de construction
des bateaux. Visitez la charmante « église du beurre »,
construite en 1870 par le missionnaire oblat Rondreault.

Duncan

L'entrée de la ville (4 300 hab.)
est saluée par une rangée de

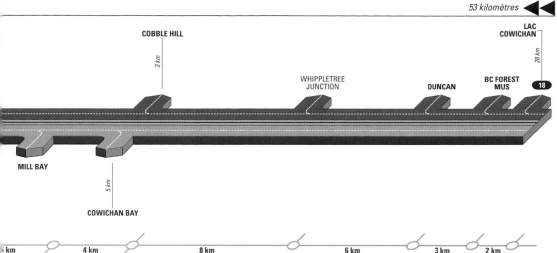

COBBLE HILL
3 km

LAC
COWICHAN
28 km

WHIPPLETREE
JUNCTION

DUNCAN

BC FOREST
MUS

18

MILL BAY
5 km

COWICHAN BAY

km   4 km   8 km   6 km   3 km   2 km

40 totems sculptés par des autochtones et reliés par des empreintes jaunes. Les totems représentent des sujets tant traditionnels que non traditionnels. L'un d'eux honore la mémoire de Rick Hansen, cet athlète en fauteuil roulant qui fit le tour du monde en 1985-87.

Duncan est le centre commercial et culturel de la vallée de la Cowichan, lieu d'origine de la bande autochtone la plus nombreuse de la Colombie-Britannique, les Cowichans. Au Native Heritage Center, admirez les fameux chandails cowichans ainsi que les broderies et les tissages artisanaux.

La ville connut ses débuts en 1886 lorsque le train de la Esquimalt and Nanaimo Railway s'arrêta à la ferme de l'un des premiers colons, William Duncan. Le musée Cowichan Valley est donc fort à propos logé dans l'ancienne gare de Duncan (1912) ; des outils, des produits domestiques et de l'équipement médical illustrent l'histoire du peuplement de la région et du développement commercial et agricole qui s'ensuivit.

À « l'écomusée ouvert » Cowichan and Chemainus Valley, les habitants étonnent les visiteurs en les guidant parmi les sites naturels et historiques de la région.

Autre point d'intérêt : la plus grande crosse de hockey au monde (63 m), que l'on peut voir dans le centre-ville.

Les totems des rues de Duncan célèbrent l'art autochtone de la côte Ouest et le talent des sculpteurs locaux.

Musée forestier de la Colombie-Britannique

Vous y verrez d'abord une très ancienne locomotive (*ci-dessous*) qui servait du temps des premiers chantiers, puis un camion forestier datant de 1919 et « Little Jakey », un treuil à vapeur de 1890. Une scierie et un atelier de rabotage approvisionnent le musée en bois. On y fait des démonstrations de fendage et de tronçonnage du bois et de fabrication du papier. Allez marcher dans le sentier Forester's Walk pour y admirer des sapins de Douglas vieux de plusieurs siècles. Un tour en train à vapeur vous mènera par un chemin de fer à voie étroite sur un pont à chevalets haut de 92 m ; vous verrez défiler des forêts anciennes, des terres agricoles et un chantier abandonné.

À l'aube, une couche de brume s'élève au-dessus du placide lac Cowichan, le paradis des pêcheurs qui en tirent des truites fardées et des truites arc-en-ciel géantes.

Lac Cowichan

Poursuivez sur la route 18, vers l'ouest, jusqu'à ce lac qui scintille au milieu de la forêt et au village du même nom et qui fut fondé dans les années 1880 par des bûcherons. Le musée Kaatza Station, dans l'ancienne gare (1913), illustre la vie des premiers colons. Visitez la station de recherche qui étudie les techniques de reboisement des forêts côtières de la Colombie-Britannique. Du village, une route (75 km) fait le tour du lac, traversant des forêts anciennes, des centres d'interprétation, des sites de camping et des parcs. Conduisez prudemment car les fardiers empruntent aussi cette route.

33

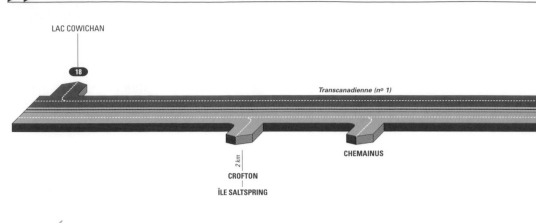

LAC COWICHAN

18

Transcanadienne (nº 1)

CHEMAINUS

2 km

CROFTON

ÎLE SALTSPRING

7 km — 4 km — 9 km

**ÎLE DE
VANCOUVER**

Crofton

Les expositions du musée local rappellent les activités minières de la ville qui extrayait du cuivre du mont Sicker ; aujourd'hui, la principale activité de la ville est une usine de pâtes de papier. Une traversée en bateau de 20 minutes vous conduira à Vesuvius, dans l'île Saltspring, la plus grande des ravissantes îles Gulf.

Île Saltspring

Si elle devait autrefois sa renommée à ses vergers et à son délicieux agneau, l'île est aujourd'hui connue comme un centre de loisirs, d'artisanat et de navigation de plaisance. Ses 10 000 habitants jouissent d'un climat tempéré, d'une vue imprenable sur la mer et d'une tranquillité relative puisque les 70 gîtes touristiques de l'île accueillent en été un très grand nombre d'estivants venus visiter les boutiques, les musées et les galeries d'art. La vue du sommet du mont Maxwell embrasse les îles Gulf.

Chemainus

« La plus grande galerie d'art à ciel ouvert au monde » – c'est ainsi que Chemainus s'annonce aujourd'hui – a connu des jours moins heureux lorsque, au début des années 80, la scierie la plus importante au monde a fermé ses portes. C'est alors que le village (3 900 hab.) a trouvé une seconde vocation en devenant la capitale canadienne des murales ; près d'un quart de million de personnes viennent chaque année admirer les scènes historiques qui ornent trois douzaines de ses murs. Laissez-vous guider par les empreintes jaunes qui relient les murales entre elles.

Ladysmith

Bienvenue dans la plus belle ville de l'île de Vancouver. Ladysmith, joliment perchée au-dessus de la mer, a eu l'honneur de recevoir une reconnaissance nationale pour la restauration exquise de sa rue principale.

Autrefois appelée Oyster Bay, la ville a été rebaptisée en 1900 à l'occasion de la libération de la ville de Ladysmith en Afrique du Sud, pendant la guerre des Boers. Le nom des rues rappelle les héros anglais de cette époque – Baden-Powell, Kitchener et Roberts – et le musée Black Nugget (de la pépite noire) illustre le passé de la ville.

Le musée du Rail (Railway Museum) expose des fragments d'extraction minière et des produits des forêts environnantes ; laissez-vous tenter par les eaux de la plage Transfer qu'on dit être les plus chaudes au Canada.

Les immenses murales de Chemainus illustrent la vie des autochtones, l'arrivée des premiers colons et l'âge d'or de l'industrie forestière.

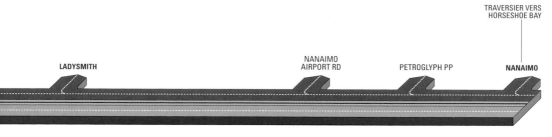

LADYSMITH   NANAIMO   PETROGLYPH PP   NANAIMO
                   AIRPORT RD

8 km   3,5 km   3,5 km

Le Bastion est un poste de traite construit en 1853. Il a des collections de monnaie et d'armes, d'archives militaires et d'anciens titres de propriété.

Nanaimo

Cette ville qui s'est développée rapidement est surtout connue grâce à une délicieuse friandise locale et à la course de baignoires qui a lieu en juillet, entre Nanaimo et Vancouver. Centre de pêche et d'activités forestières, elle jouit aussi d'un emplacement charmant ainsi que d'un climat doux et ensoleillé. Parmi les activités du port, il y a des excursions en mer pour voir les otaries, les épaulards et autres mammifères marins qui peuplent les eaux du large.

En 1849, la Compagnie de la Baie d'Hudson ouvrait un poste de traite à l'endroit où se trouve aujourd'hui Nanaimo. Le Bastion (*ci-dessus*), érigé quelques années plus tard, est le plus ancien fort de la compagnie au Canada. L'héritage architectural compte aussi le Palace Hotel (1889) et le Dakin Building (1911). Le passé minier de la ville est illustré au musée Centennial où l'on trouve la maquette d'une mine de charbon et une habitation de mineurs restaurée.

Parc provincial marin Newcastle Island

De Nanaimo, une brève traversée mène à l'île Newcastle, hâvre de tranquillité interdit aux véhicules. Les aires de pique-nique et de camping sont entourées de falaises de grès escarpées, de plages de gravier et de forêts luxuriantes. Les sentiers (20 km) accueillent marcheurs et cyclistes. Le pavillon de danse restauré témoigne de la splendeur passée de l'île : dans les années 30, les bateaux de croisière du CPR y faisaient escale.

Île Gabriola

La reine des îles Gulf demeura longtemps un secret bien gardé. La population, composée de 400 habitants dans les années 60, a décuplé. De Nanaimo, une traversée de 20 minutes fait accéder à l'île dont les beautés naturelles et le climat font sa renommée. Visitez l'île à bicyclette ou en voiture en respectant la limite de vitesse (60 km/h) pour préserver la quiétude des lieux. Les principaux points d'intérêt sont les plages et les grottes de grès du parc Gabriola Sands, les pétroglyphes de la baie Degenen et les falaises escarpées où nichent des aigles et des oiseaux de mer.

L'érosion et la glace ont formé des vagues de grès géantes que vous pouvez voir dans les grottes Galiano (ci-dessus) le long de la pointe Malaspina, dans l'île Gabriola.

CYPRESS PP

9 km

HORSESHOE
BAY

Cypress Bowl Rd

Transcanadienne (nº 1)

8 km   5 km

**RIVE NORD DE
VANCOUVER**

*Le téléphérique
du mont Grouse
(ci-dessous), le
plus long en
Amérique du
Nord, offre une
vue grandiose de
Vancouver, de
ses inlets et de
son remarquable
site.*

Horseshoe Bay

Sur la côte abrupte du détroit de
Howe, dans une baie protégée,
se trouve Horseshoe Bay, d'où
l'on peut prendre des traversiers
vers Nanaimo (île de Vancouver), l'île Bowen et la Côte du
Soleil. Le belvédère, à 2 km au
nord de la ville, sur la route 99
(Squamish Highway), permet
d'observer le passage des bateaux dans le détroit de Howe.

Parc provincial Cypress

Un sommet au-dessus de Vancouver offre une vue imprenable
de la ligne des toits de la ville, du
mont Baker dans l'État de
Washington et, par temps clair,
des îles Gulf dans le détroit de
Georgie. La randonnée pédestre
et le ski sont des activités très
prisées. Mais si vous ne faites que
passer, le sentier d'interprétation
Yew Lake vous donnera un bon
aperçu des prés alpins, des lacs et
des forêts du parc Cypress.

Parc Stanley

L'un des plus grands parcs
urbains en Amérique du Nord, le
parc Stanley a été inauguré en
1886. Hâvre de paix et de beauté, il est à quelques minutes du
tohu-bohu de la ville. Pour y
arriver de Vancouver-Ouest,
empruntez la route 99 (Taylor
Way), puis le pont Lions Gate au
sud duquel la route bifurque vers
le parc, avant d'arriver à la rue
Georgia, au cœur de Vancouver.
   De là, une route circulaire
(10 km) mène au monument
Pauline Johnson (pointe Fergu-
son), à la figure de proue de
l'*Empress of Japan* et aux totems
de la pointe Brockton. Les marcheurs emprunteront plutôt la
promenade sur la digue de 10 km,
de laquelle (pointe Prospect) on
voit les grands bateaux passer
sous le pont Lions Gate. Les
enfants voudront visiter le jardin
zoologique et faire un tour de
train miniature. Visitez aussi
l'aquarium du parc, le plus important au Canada, qui abrite 9 000
animaux marins. Bill Reid, le
célèbre artiste Haida, a sculpté
l'épaulard en bronze qui orne
l'entrée de l'aquarium.

Parc Capilano River

Depuis 1899, le pont suspendu le
plus long au monde (137 m), qui
oscille à 70 m au-dessus de la
rivière Capilano, procure aux
visiteurs des sensations fortes. Le
pont original en bois et en chan-
vre, appelé le « pont rieur » par les
autochtones, a été remplacé en
1956 par une structure de bois
suspendue à des câbles d'acier.
Des sentiers invitent à la prome-

*Le soir, le pont
Lions Gate
devient une
magnifique
allée de
lumières scintil-
lantes au-dessus
de la baie de
Burrard.
Construit en
1938, le pont
relie la banlieue
du nord de
Vancouver au
centre-ville.*

▶

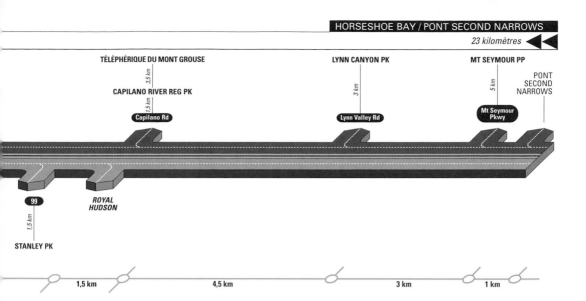

TÉLÉPHÉRIQUE DU MONT GROUSE   LYNN CANYON PK   MT SEYMOUR PP

PONT SECOND NARROWS

3,5 km

CAPILANO RIVER REG PK

1,5 km

3 km

5 km

Capilano Rd   Lynn Valley Rd   Mt Seymour Pkwy

99   *ROYAL HUDSON*

1,5 km

STANLEY PK

1,5 km   4,5 km   3 km   1 km

nade et à l'observation des alentours. Dans le secteur nord du parc, on peut visiter la première station d'alevinage du saumon de la Colombie-Britannique, construite en 1977. Un peu plus loin, le barrage Cleveland retient les eaux du lac Capilano, source d'eau potable de plus de la moitié des Vancouverois.

Téléphérique du mont Grouse

C'est une escapade dont les Vancouverois profitent à longueur d'année. Le téléphérique, accessible par la route Capilano et le chemin Nancy Greene, vous transporte à 1 250 m d'altitude en 8 minutes et, de là-haut, la vue de Vancouver est à couper le souffle. L'excellent restaurant Grouse Nest vous attirera peut-être ; en hiver, on voit les skieurs évoluer sur les 16 pentes à leur disposition et, en été, on admire les deltaplanes qui volent doucement au gré du vent, le long de la falaise. Les sentiers de montagne offrent un défi aux randonneurs, mais vous pouvez aussi déambuler paisiblement dans le sentier boisé le long de la côte, près du lac Blue Grouse.

Royal Hudson

Si vous êtes fatigué de la route, vous apprécierez l'excursion train-bateau (aller-retour en 6 h 30) qui vous mène de Vancouver-Nord à Squamish, le long de la baie de Howe. Vous montez à bord du train à vapeur,

le *Royal Hudson,* à la gare située à l'angle de la rue Pemberton et de la Ire Avenue, pour ensuite naviguer sur le *Britannia* qui accoste à la marina Harbour Cruises, sur la rue Denman, en plein centre-ville de Vancouver.

Parc Lynn Canyon

Le principal attrait est sans conteste le spectaculaire pont suspendu long de 68 m qui surplombe le ruisseau Lynn, à 80 m de hauteur, soit 10 m de plus que le pont Capilano. À l'entrée du parc, le Centre écologique Centennial montre l'interaction entre les plantes, les animaux et l'homme dans les forêts de la côte Ouest.

Parc provincial Mount Seymour

On accède au plus grand parc de Vancouver-Nord par une route panoramique. Le sentier

Goldie Lake serpente dans une forêt de pruches de Mertens. Si vous êtes un randonneur aguerri, prenez le sentier du mont Seymour (1 453 m d'altitude). Si vous aimez voyager sac au dos, essayez le sentier Baden-Powell Centennial, dont l'entrée est défendue par un portail rustique (*ci-dessus*), qui relie le mont Seymour au parc Cypress.

VANCOUVER – UNE VILLE DU PACIFIQUE

La silhouette de Vancouver se profilant sur la toile de fond d'un cirque de montagnes enneigées est une vue spectaculaire. La ville, avec sa porte d'entrée sur le Pacifique, s'étend maintenant à l'intérieur, de la baie de Burrard au delta du Fraser. Les banlieues en expansion, parmi elles Burnaby et Richmond, comptent près du tiers des 1,7 million d'habitants du Vancouver métropolitain. La ville est l'une des métropoles qui croissent le plus rapidement en Amérique du Nord. Ce tour de ville propose une visite des récents chefs-d'œuvre d'architecture, comme l'impressionnante bibliothèque Library Square, une promenade dans le quartier Gastown de la fin du XIXe siècle et une excursion étonnante dans les rues bigarrées de Chinatown.

Musée canadien des Métiers/Cathédrale Christ Church

Place de la Cathédrale, une élégante cour mène au Musée canadien des Métiers où on peut voir des coucous en bois, de la coutellerie et des meubles. La cathédrale anglicane, la plus vieille église de Vancouver, construite en 1895 et agrandie en 1909, possède un toit de style gothique. Sur le mur intérieur, à l'est, une plaque commémore la mémoire du capitaine Cook. Vous admirerez les poutres faites de sapins de Douglas et les verrières historiques. On peut visiter la cathédrale chaque jour et, l'été, y entendre de la musique sacrée, du jazz et de la musique rock.

Marine Building

C'est l'édifice art déco (1930) le plus intéressant à Vancouver. Ses motifs mayas et égyptiens, ses ornements inspirés de la faune et de la flore ajoutent à son charme. Parmi d'autres détails architecturaux, des panneaux de terra-cotta qui illustrent la découverte de la côte du Pacifique par les Européens.

Square Robson

En plein centre-ville, le square est caractérisé par le palais de Justice au toit de verre incliné, dessiné par l'architecte vancouverois de renommée mondiale, Arthur Erikson.

Hôtel Vancouver

Cet hôtel, construit en 1939, rappelle un château, avec son toit de cuivre vert-de-gris, ses lucarnes et ses gargouilles grimaçantes.

Vers le parc Stanley

Vers l'île Granville

THURLOW ST.
HARO ST.
ROBSON ST.
BARCLAY ST.
BURRARD ST.
HORNBY ST.
SMITHE ST.
HOWE ST.
NELSON ST.
GRANVILLE ST.

BURRARD ST.
HORNBY ST.
HOWE ST.
DUNSMUIR ST.
GRANVILLE ST.
W. PENDER ST.
SEYMOUR ST.
W. GEORGIA ST.
ROBSON ST.
RICHARDS ST.

Ford Centre

Galerie d'Art de Vancouver

Situé dans un ancien tribunal néoclassique (1907), ce musée présente des œuvres d'art contemporain et possède une collection permanente des œuvres d'Émily Carr (1871-1945), l'une des artistes les plus connues de la province. Les fins de semaine, les visiteurs se rassemblent sur les marches donnant sur la rue Robson et observent les joueurs d'échecs dans la cour animée.

Library Square

Ce bâtiment postmoderne, en grès de couleur rouille, est l'œuvre de Moshie Safdie. La bibliothèque, qui possède plus de 1 million de livres, deviendra, selon plusieurs, le cœur de la ville. En face, le **Ford Centre for the Performing Arts** (1 824 places), une autre œuvre de Safdie, présente de grands spectacles.

Théâtre Reine-Élisabeth

Ce théâtre de 2 800 places (que les résidents surnomment familièrement le « Queen E ») présente des spectacles variés et est le berceau des Ballets de la Colombie-Britannique, fondés en 1986.

Place du Canada

Point d'intérêt de l'Exposition universelle de 1986, la Place du Canada surplombe la baie de Burrard. Le bâtiment, dont le toit rappelle la silhouette d'un voilier, abrite le Centre de commerce et de congrès de Vancouver, la Chambre de commerce et le théâtre Imax du CN. C'est aussi le point de départ des bateaux de croisière vers l'Alaska. Observez les bateaux accoster.

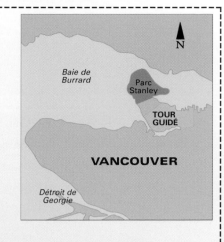

Baie de Burrard

Parc Stanley

TOUR GUIDÉ

VANCOUVER

Détroit de Georgie

N

Gastown

C'est le saloon construit ici par John "Gassy Jack" Deighton en 1867 qui donna le coup d'envoi à cette petite agglomération qui allait devenir Vancouver. Parce que la ville se développa surtout vers l'ouest, Gastown connut le déclin pendant un certain temps. On a maintenant restauré le quartier aux rues pavées et la **Statue de Gassy Jack** s'élève dans le square Maple Tree, où se trouvait jadis le saloon. En face, l'**Hôtel Europe,** construit en 1908, reste un modèle d'un certain courant d'architecture (*flat-iron*) de l'époque.

Horloge à vapeur de Gastown

Cette horloge, qui siffle les quarts d'heure, fut la première horloge à vapeur au monde à utiliser la vapeur produite par le chauffage des édifices voisins. On peut en observer le mécanisme par des vitres.

N

CORDOVA ST.

W. HASTINGS ST.

HOMER ST.

HAMILTON ST.

CAMBIE ST.

CAMBIE ST.

WATER ST.

ABBOTT ST.

Statue de Gassy Jack

CORDOVA ST.

W. HASTINGS ST.

W. PENDER ST.

Édifice Sam Kee

CARRALL ST.

Hôtel Europe

POWELL ST.

COLUMBIA ST.

MAIN ST.

Jardins du Dr Sun Yat-sen

KEEFER ST.

Sun Tower

Cet immeuble de 17 étages et de 83 m de hauteur, construit en 1912, a été le plus haut du Canada pendant deux ans, jusqu'à ce qu'il soit détrôné par une banque de 20 étages construite à Toronto. Remarquez le toit de cuivre, la tour et les colonnes sculptées (les «neuf vierges») qui enjolivent la corniche supérieure.

Harbour Centre

Un ascenseur vitré emporte les visiteurs au sommet de la tour Harbour Centre, à 167 m de hauteur; là, d'une terrasse d'observation, on a une vue imprenable sur les montagnes de la rive nord, la baie de Burrard et les terres intérieures.

Chinatown

C'est le troisième quartier chinois au monde, après ceux de San Francisco et de New York. Les rues achalandées, aux enseignes en chinois, sont bordées de vitrines qui regorgent de poulets teints en rouge, de rouleaux de saucisses et de pak-choïs. Visitez les **Jardins chinois du Dr Sun Yat-sen**, le seul jardin authentique de la dynastie Ming, pleine grandeur, jamais aménagé hors de Chine. Promenez-vous dans les paisibles passages couverts et ornés de sculptures des pavillons Jade et Water. Non loin, l'**Édifice Sam Kee** (1,8 m de large), est, selon les records Guinness, le plus étroit édifice au monde.

PONT
SECOND
NARROWS

EXHIBITION
PK
Exit 25

BURNABY
Exit 27

Transcanadienne (no 1)

Exit 33
DEER LAKE PK

0,5 km   4 km   3,5 km   4 km

**AGGLOMÉRATION
DE VANCOUVER**

Parc de l'Exposition

Juste après le pont Second Narrows, la Transcanadienne passe le long du parc de l'Exposition situé en bord de mer. Celui-ci accueille l'Exposition nationale du Pacifique (la deuxième en importance au Canada et la septième en Amérique du Nord) qui a lieu à la fin du mois d'août. Les festivités comprennent des compétitions de démolition, des rodéos, des concerts rock ainsi que des expositions agricoles. Playland est ouvert à longueur d'année et vous y trouverez de nombreux manèges dont les montagnes russes en bois les plus hautes au Canada. Entre la rue Renfrew et la rue Cassiar, se trouve le Pavillon de la Colombie-Britannique, où une immense carte en relief de la province, faite de 960 000 morceaux de contreplaqué, piquera votre curiosité.

Burnaby

Cette ville densément peuplée (160 000 hab.) doit son nom à Robert Burnaby, marchand et membre du Parlement dans les années 1860. Autrefois, elle était le dortoir de Vancouver. Aujourd'hui, elle est la seconde ville en importance économique après Vancouver et a ses propres attraits : le parc Burnaby Lake renferme un complexe sportif et des patinoires et offre aux randonneurs des sentiers au milieu de la forêt et des marais.

Parc Deer Lake, Burnaby

Au sud de la Transcanadienne, sur l'avenue Sperling, le parc

Deer Lake offre des activités à la fois culturelles, historiques et récréatives. C'est dans le secteur nord du parc que se retrouvent une galerie d'art (dans une magnifique maison Tudor de 1909), un théâtre et le Village historique de Burnaby. Les amateurs de patin à roues alignées aussi bien que les paisibles flâneurs apprécieront ses jardins de rhododendrons et de roses. Enfin, on peut se rendre au milieu du lac, en kayak ou en canot, observer les malards, les oies et, si vous avez de la chance, les grands hérons perchés sur une seule patte. Le dimanche, les artistes et les artisans locaux exposent et vendent leurs œuvres dans le chemin Summer Set. Les enfants adorent le train miniature qui fonctionne le week-end et les jours de congé.

Les habitants de Burnaby célèbrent l'anniversaire de leur ville, au mois de septembre, au musée Burnaby Village (ci-dessus).

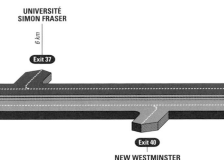

UNIVERSITÉ
SIMON FRASER

6 km

Exit 37

PONT
PORT
MANN

Exit 40

NEW WESTMINSTER

3 km   5,5 km

médicaments. Mais le trésor du musée (sortie Kensington de la route 1) est sans contredit la cabane en rondins (1861) du premier colon de Burnaby, William Holmes, qui a été transportée des rives de la rivière Brunette qui coule non loin de là.

Université Simon Fraser, Burnaby

Perchée sur le mont Burnaby, l'université est composée de bâtiments bas, reliés les uns aux autres. Son architecture audacieuse, sortie des tables à dessin des architectes vancouverois Arthur Erikson et Geoffrey Massey, soulève encore autant de controverse qu'à l'époque de son inauguration, en 1965. Portez votre propre jugement en faisant un tour du campus à pied à partir du Transportation Centre : ne manquez pas la cour monumentale (Academic Quadrangle) ni le musée d'Archéologie et d'Ethnologie et ses collections d'art autochtone des Indiens de la côte Ouest. Visitez aussi le parc Burnaby Centennial : la vue de la baie de Burrard jusqu'à la rive nord y est spectaculaire.

New Westminster

Les récents efforts de revitalisation de ce port du Fraser ont porté fruit. Dans les années 1860, New Westminster était la capitale coloniale de la Colombie-Britannique et un centre nerveux de la ruée vers l'or. Mais, à peine quelques années plus tard, son déclin s'amorça avec la perte de son statut de capitale au profit de Victoria et la fin de la ruée vers l'or du Caribou. Le musée Irving House and New Westminster (installé dans une maison de 1864) est consacré au bref passé glorieux de la ville.

Aujourd'hui, la ville de 45 000 habitants s'enorgueillit d'un patrimoine architectural et d'un pittoresque bord de l'eau ; on peut flâner sur la promenade du quai Westminster ou encore faire des emplettes au marché public à deux étages qui date de 1892. Vous pouvez aussi faire une excursion sur le fleuve Fraser à bord de la réplique d'un bateau à aubes, *The Native*, qui se rend jusqu'aux îles Poplar et Douglas et, au retour, jusqu'à Fort Langley, en amont.

Musée Burnaby Village

Le musée illustre à merveille le bon vieux temps (1890-1925) de la vallée inférieure du Fraser. On y visite notamment un magasin général, une école de rang et une pharmacie victorienne comprenant des armoires à carreaux de verre et d'anciennes fioles de

Des cygnes trompette (ci-dessus) prennent leur envol du fleuve Fraser, près de Burnaby. L'université Simon Fraser est perchée sur le mont Burnaby : la cour (Academic Quadrangle), avec sa piscine à surface réfléchissante et ses somptueux jardins, est le cœur de l'université.

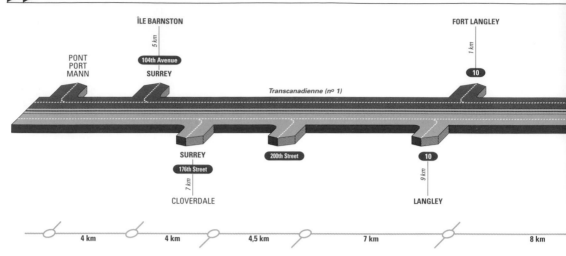

**VALLÉE
INFÉRIEURE
DU FRASER**

Surrey

La croissance spectaculaire de Vancouver et de ses environs, au cours des dernières années, a fait de Surrey, située de l'autre côté du pont Port Mann, une ville à l'aspect à la fois urbain et rural. Aussi, n'est-il pas rare d'y voir des tours à bureaux dominer des champs de baies ou des fermes laitières. Cette urbanisation de la campagne est d'ailleurs un thème illustré au Musée Surrey, à Cloverdale, qui compte l'une des collections les plus importantes d'archives et de vestiges de la préhistoire jusqu'à la colonisation en Colombie-Britannique.

Île Barnston

Le traversier (*ci-dessous*), près de la Transcanadienne, vous y mènera en 5 minutes. Les 150 habitants vivent d'agriculture et de pêche. Vous aurez un bon aperçu de la vie champêtre de l'île en empruntant, à bicyclette ou en voiture, la route qui fait le tour de l'île en 10 km.

Langley

À l'aéroport, le Musée canadien de l'air et du transport expose une cinquantaine d'avions des années 20, dont certains encore en état de voler. Le musée collectionne aussi les objets et les livres relatifs à l'aviation. Il existe deux Langley, soit la ville proprement dite et le district rural avoisinant où on trouve surtout des centres d'équitation, des écuries et des sentiers de randonnée équestre.

Fort Langley

Au musée Farm Machinery and Agriculture, vous verrez des tracteurs à vapeur, des dessoucheuses et d'autres merveilles mécaniques d'autrefois. Installé dans le Village historique de Fort Langley, le musée compte aussi une scierie centenaire qui fonctionne toujours. Au musée Centennial, on visitera une ferme avec dépendances, un salon victorien et un magasin général.

Le traversier d'Albion (départ toutes les 15 minutes) relie la Transcanadienne à la route 7 qui longe la rive nord du Fraser.

Parc national historique de Fort Langley

Jadis un poste de traite de la Compagnie de la Baie d'Hudson, Fort Langley, berceau de la Colombie-Britannique, connut son heure de gloire de 1840 à 1886. Derrière la palissade, découvrez un bâtiment blanchi à la chaux, le seul édifice du fort qui subsiste. On a reconstruit six bâtiments, dont la Big House, où, le 19 novembre 1858, on proclama la Colombie-Britannique colonie de la Couronne. Des guides en costumes d'époque exercent les activités des pionniers et expliquent avec entrain le rôle de ces derniers ainsi que l'importance du fort dans l'histoire de la province.

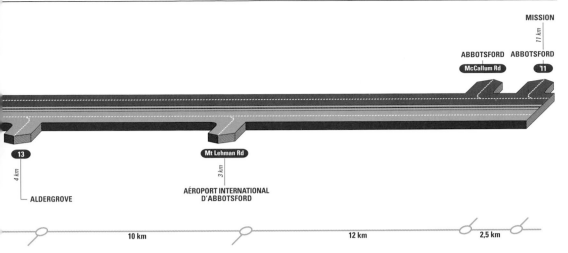

MISSION

11 km

ABBOTSFORD   ABBOTSFORD

McCallum Rd   11

13

4 km

ALDERGROVE

Mt Lehman Rd

3 km

AÉROPORT INTERNATIONAL
D'ABBOTSFORD

10 km   12 km   2,5 km

Aldergrove

Le Centre zoologique du Vancouver métropolitain abrite des
animaux exotiques : des élé-
phants, des girafes et des hippo-
potames ! Plus de 150 espèces,
dont certaines menacées comme
le tigre de Sibérie et le rhinocéros
blanc, trouvent refuge au centre
qu'on peut visiter à pied, à
bicyclette ou en mini-train ;
les enfants adoreront le jardin
zoologique aménagé à leur
intention.

Le parc régional Aldergrove
Lake, près de la frontière des
États-Unis, accueille tant les
randonneurs et les baigneurs que
les cavaliers. L'imposant mont
Baker, un volcan inactif, se des-
sine au-delà de la frontière.

Aéroport international d'Abbotsford

Le deuxième week-end du mois
d'août, plus de 300 000 amateurs
enthousiastes assistent au spectacle aérien international
d'Abbotsford, la plus grande
manifestation de ce genre en
Amérique du Nord. On peut y
faire du parachute, monter en
montgolfière ou faire voler des
cerfs-volants en attendant de
frissonner à la vue des cascades
et des acrobaties aériennes les
plus spectaculaires au monde.

Abbotsford

La « capitale de la framboise »
est en plein cœur de l'une des
régions les plus fertiles au pays et
le paysage y est des plus pittoresques, des pics enneigés se dessinant à l'arrière-plan des pâturages ondulés et des champs de

baies. Abbotsford doit aussi sa
réputation à son spectacle aérien
international, à l'Exposition
florale de Bradner qui se tient en
avril et qui expose de nombreuses variétés de narcisses, de tulipes et autres fleurs cultivées par
les horticulteurs de la région,
ainsi qu'au Festival des baies qui,
en juillet, célèbre l'abondance des
récoltes.

Le musée Trethewey House
(1920) retrace l'histoire de la ville
et vous pouvez visiter l'alevinière
du Fraser et y voir plusieurs
espèces de truites (arc-en-ciel,
fardées et steelhead).

Mission

Célèbre pour ses
industries de con-
version du bois
(cèdre) et ses
10 scieries,
Mission
se pique
d'être la
capitale
du bar-
deau. Au
site archéologi-
que Hatzic Rock, on a mis au
jour des vestiges qui prouvent la
présence humaine dans la région
il y a plus de 9 000 ans. La colonisation de Mission remonte à 1861
lorsque des pères oblats y établirent une mission catholique dont
on peut voir les vestiges dans le
parc régional Fraser River Heritage. Visitez aussi (du lundi au
vendredi et le dimanche après-
midi) le monastère bénédictin de
l'abbaye de Westminster (1952-
84), sur le mont Mary Ann, et
son clocher de 51 m (tour Pfitzer)
qui domine le fleuve Fraser.

*Le spectacle aérien international
d'Abbotsford réunit les meilleurs
acrobates du ciel au monde. Parmi
eux, les Snow Birds canadiens
éblouissent par leur virtuosité.*

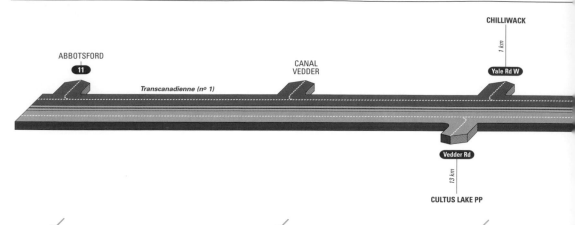

CHILLIWACK

1 km

ABBOTSFORD
11

CANAL VEDDER

Transcanadienne (n° 1)

Yale Rd W

Vedder Rd

13 km

CULTUS LAKE PP

19 km   17 km   16 km

VALLÉE INFÉRIEURE DU FRASER

Chilliwack

Située dans la vallée du Fraser, la « ville des festivals » (62 000 hab.) est, à longueur d'année, le théâtre de nombreuses manifestations artistiques, communautaires et agricoles. En mai, les Country Living Days, qui durent trois semaines, présentent des courses de chevaux et des défilés, le tout sur un fond de musique de jazz. Les amateurs de sensations fortes font du rafting en eau vive dans les rapides de la rivière Chilliwack.

Le musée Chilliwack, installé dans l'ancien hôtel de ville qui date du début du siècle, retrace l'histoire de l'agriculture dans la région, tandis que l'Antique Powerland expose de la machinerie agricole du siècle dernier. Des fermes prospères et de vastes forêts entourent la ville.

Parc provincial Cultus Lake

Bien que son nom ne soit pas prometteur (*cultus* signifie « bon à rien » en chinook), le lac Cultus n'en est pas moins un paradis pour le camping sauvage, le kayak, la planche à voile ou l'équitation. Le sentier le plus pittoresque est celui des Seven Sisters (les Sept Sœurs), qui doit son nom à sept majestueux sapins de Douglas. Un peu plus loin, à l'aquaparc Cultus Lake, essayez la spectaculaire glissade d'eau de 22 m. En juin, au cours du Festival indien de Cultus Lake, assistez à une course de canots de guerre manœuvrés par des équipes qui peuvent compter jusqu'à 11 pagayeurs autochtones par canot.

Jardins Minter

En 1972, Brian et Fay Minter ont eu l'idée d'ajouter un jardin à leur pépinière et à leurs serres. Aujourd'hui, les jardins Minter et leurs magnifiques compositions thématiques attirent nombre de touristes. Volières, fontaines, labyrinthes, topiaires, jardin zoologique pour enfants, jardin de senteur à l'intention des non-voyants sont tous enchanteurs.

Parc provincial Bridal Veil Falls

Près de la Transcanadienne et des jardins Minter, ne manquez pas ce ravissant parc dont les sentiers vous conduiront jusqu'à la chute Bridal Veil (le Voile de la mariée), une délicate cascade coulant contre une falaise. Une plateforme d'observation, au pied de l'imposant mont Cheam, est l'endroit rêvé pour faire un pique-nique.

Les jardins Minter illustrent 11 thèmes différents. Cette pittoresque allée traverse une section consacrée à l'art topiaire.

Début septembre, le lac Harrison rassemble, au Concours mondial de sculptures de sable, des artistes passés maîtres dans l'art de créer des formes fabuleuses.

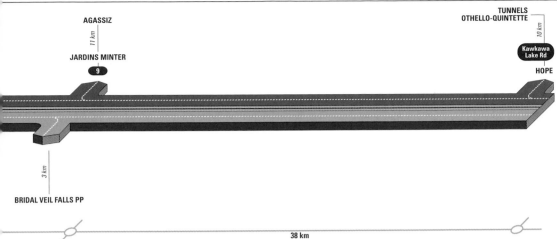

AGASSIZ
11 km
JARDINS MINTER
9

3 km

BRIDAL VEIL FALLS PP

TUNNELS
OTHELLO-QUINTETTE
10 km
Kawkawa
Lake Rd
HOPE

38 km

Agassiz

Situé sur la rive nord du Fraser, c'est un bon point de départ pour explorer la région du lac Harrison. On y accède par la route 9. Visitez le Musée ferroviaire d'Agassiz, installé dans l'une des plus anciennes gares de la Colombie-Britannique.

Un peu au nord d'Agassiz, la route 7 vous conduit à l'ouest à Harrison Mills. Le musée Kilby, un ancien magasin général, donne un aperçu nostalgique des activités commerciales des petites villes de la vallée du Fraser dans les années 20 et 30.

À Harrison Hot Springs (au nord, sur la route 9), faites trempette dans les eaux riches en soufre et en potasse qui alimentent les bains publics de la station thermale et l'hôtel. Si vous y allez en septembre, n'oubliez ni votre seau ni votre pelle et emmenez vos enfants sur la plage du lac Harrison où se tient le Concours mondial de sculptures de sable (*ci-dessous, à gauche*).

Hope

Si vous avez vu *Le Dévastateur*, avec Sylvester Stallone dans le rôle de Rambo, vous reconnaîtrez sans doute Hope. Cette région, avec ses forêts denses, ses canyons et ses pics, est un endroit de prédilection des réalisateurs d'Hollywood. Malgré sa célébrité, Hope a su garder les pieds sur terre et ses habitants vivent principalement de l'exploitation des mines et des forêts ainsi que d'activités touristiques. Le musée de Hope fait revivre le passé minier de la région ainsi que l'histoire des autochtones, des explorateurs, des marchands de fourrures et des prospecteurs qui ont marqué la ville.

Au parc Memorial, dans le centre-ville, se trouvent les œuvres de Peter Ryan, un artiste local qui, à la scie à chaîne, a fait d'impressionnantes sculptures dans des arbres aux racines pourries, représentant ours, aigles et autres animaux sauvages.

Les Jardins de l'amitié, tout près, commémorent un sombre chapitre de l'histoire du Canada, soit l'internement de plus de 2 000 Canadiens d'origine japonaise dans le camp Tashme, durant la Seconde Guerre mondiale.

Tunnels Othello-Quintette

Ne manquez pas cette merveille composée de cinq tunnels et de deux ponts qui traversent l'impressionnante gorge de la rivière Coquihalla, à 30 m de haut. Pour mieux les dessiner, Andrew McCulloch, ingénieur en chef de la Canadian Pacific Railway, se fit descendre dans la gorge dans un panier d'osier.

Le chemin de fer fut inauguré en 1916 et on utilisa les tunnels jusqu'en 1959. Depuis, ceux-ci sont l'attraction vedette du parc provincial Coquihalla Canyon, à quelque 10 km de Hope, sur la route Kakawa Lake. McCulloch, dont l'admiration pour Shakespeare lui inspira le nom du projet, apprécierait sûrement que l'on y tourne des films.

Si vous ne souffrez pas de vertige et ne craignez pas la marche (3 km), empruntez les tunnels Othello-Quintette qui contournent la gorge de 90 m de profond dans le parc provincial Coquihalla Canyon. La vue, spectaculaire, a attiré nombre de réalisateurs d'Hollywood.

45

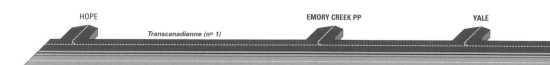

HOPE   *Transcanadienne (n° 1)*   EMORY CREEK PP   YALE

15 km   9 km

CANYON DU FRASER

Parc provincial Emory Creek

Ce paisible parc fut une plaque tournante pour les chercheurs d'or. En 1858, on découvrit de l'or dans les alluvions du Fraser : un village surgit – 13 rues, neuf tripots, une brasserie, un journal et une scierie. L'heure de gloire du village fut de courte durée, mais celui-ci connut un nouvel essor dans les années 1880 à l'arrivée d'immigrants chinois, puis, de nouveau dans les années 30 lorsque le village devint un centre de formation minier.

Devenu un parc provincial en 1956, Emory Creek a des sites de camping et des sentiers de randonnée, peut-être aussi des fantômes de la ruée vers l'or.

Yale

Ici, la fièvre de l'or n'est pas un passé complètement enterré. Si vous croyez être en veine, demandez aux anciens de vous enseigner la batée.

Yale, tout d'abord un minable port fluvial, connut son apogée en 1858 quand 20 000 chercheurs d'or y transitèrent. Puis, quelques années plus tard, la chance sourit de nouveau au village qui devint le point de départ de la route du Caribou (640 km) menant aux gisements d'or de Barkerville. Yale fut aussi un centre de construction important du CPR, de 1871 à 1886. Mais c'est en 1871 que Yale connut son heure de gloire suprême lorsqu'elle fut l'hôte des cérémonies de proclamation de l'admission de la Colombie-Britannique au sein du Canada.

Le musée de Yale, dans une maison de 1868, retrace ces hauts faits. L'église St. John the Divine (1861) est la plus vieille de la province. Le cimetière évoque le souvenir douloureux des disparus pendant la ruée vers l'or et la construction du chemin de fer.

À 1 km au sud de la ville, le sentier Cave Trail offre aux randonneurs une vue splendide des monts Cascade. On peut aussi, à partir de Yale, tenter l'aventure de la descente des rapides du Fraser en radeau.

Pont Alexandra

C'est ici que les ingénieurs ont réussi à jeter trois ponts, dont deux existent encore, au-dessus du canyon du Fraser.

Le pont construit en 1863 pour la route du Caribou a été remplacé en 1926 par un pont suspendu (*à gauche*). L'hôtel Alexandra (1862) a d'ailleurs été très fréquenté à l'époque de la ruée vers l'or. En 1962, on construisit, pour la Transcanadienne, une arche

PONT
ALEXANDRA

HELLS
GATE

BOSTON
BAR

20 km   11 km   10 km

fixe reliant Chapman, sur la rive
est du Fraser, à Spuzzum, sur la
rive ouest. Haut de 500 m, ce
pont est le deuxième au monde
dans cette catégorie.

Portes de l'Enfer

C'est là que les eaux du Fraser
s'engouffrent à une vitesse de
7 m/s dans un goulet d'à peine
36 m de large ; il s'agit du passage
le plus étroit de ce fleuve long de
1 368 km. En 1808, Simon Fraser
fut le premier Européen à sortir
vivant des portes de l'Enfer
(Hell's Gate).

Aujourd'hui, un téléphérique
(*à gauche*) permet aux voyageurs
de jouir de la vue spectaculaire.
Vivez une expérience inoubliable
à bord de la cabine (25 passagers)
qui part du côté de la Transcanadienne, descend à plus de 152 m
dans la gorge pour ensuite vous
déposer sur la rive opposée. Du
haut du téléphérique, on peut
voir les échelles à saumon construites dans les années 40 et
qui, chaque année, permettent
à 2 millions de saumons sockeye
de contourner les tourbillons
du fleuve.

Boston Bar

On compte sept tunnels entre
Boston Bar et Hope, dont le
China Bar (610 m), l'un des plus
longs en Amérique du Nord.
Conduisez prudemment, car, en
raison d'une courbe, la lumière
au bout du tunnel disparaît pendant quelques secondes.

Boston Bar doit son nom aux
autochtones qui, en 1858, pendant la ruée vers l'or, appelaient
les prospecteurs venus des États-
Unis les «hommes de Boston».

47

À l'assaut des terrifiants rapides du Fraser

LARRY PYNN, *journaliste spécialisé dans l'environnement au* Vancouver Sun *et correspondant de* Equinox, *collabore aussi fréquemment au* Canadian Geographic. *Parmi ses livres,* The Forgotten Trail: One Man's Adventure on the Canadian Route to the Klondike, *publié par Doubleday Canada.*

POINT DE RETOUR POSSIBLE. Dans un jaillissement de gerbes d'eau, le canot pneumatique, de 8,5 m de long, se fraye un passage dans le tumulte du canyon du Fraser ; les parois abruptes s'élèvent, menaçantes, comme des murs d'acier. Les rapides de Sailor Bar, parmi les plus déchaînés de la Colombie-Britannique, surgissent droit devant. Des cascades d'écume déferlent soudain dans l'embarcation, malmenant les gilets de sauvetage.

Du canot s'élèvent des cris d'excitation et de terreur. Agrippés à la seule corde qui les retient au canot engagé dans une course folle, les passagers vivent l'aventure de leur vie. Après ce qui semble une éternité, ils émergent finalement, rejetés au pied des rapides par le fleuve. Un sentiment inexplicable d'euphorie s'empare alors d'eux et le guide, à l'approbation enthousiaste de tous, remet les 40 ch en marche et rebrousse chemin pour recommencer.

Sailor Bar n'est qu'un défi parmi tant d'autres lancés par le fleuve aux adeptes du rafting et on peut croire que Simon Fraser, à qui le fleuve doit son nom, les aurait lui-même relevés avec joie s'il avait eu la chance de naviguer à bord d'un canot moderne. Faits de néoprène, un caoutchouc synthétique ayant la propriété d'absorber les chocs lorsqu'il est gonflé, les canots d'aujourd'hui sont savamment conçus par les ingénieurs. À l'époque, soit lors de l'expédition de la Compagnie du Nord-Ouest en 1808, Fraser et ses hommes ne disposaient que de canots de bouleau que les eaux tumultueuses du canyon, une gorge de 600 m de profondeur, pouvaient facilement briser en deux. Même le portage était périlleux, car les explorateurs devaient escalader les parois escarpées à l'aide de fragiles échelles de bois confectionnées par les Indiens Salishs.

De nos jours, les habitants de Lytton, de Boston Bar et de Yale offrent à qui cherche l'aventure de revivre les sensations fortes éprouvées par les premiers explorateurs.

Ainsi proposent-ils diverses expéditions guidées, certaines faciles et d'une durée de quelques heures, d'autres plus musclées qui durent jusqu'à cinq jours. Seules les expéditions à bord d'un canot motorisé sont permises dans le canyon.

Grâce à sa situation stratégique, au confluent des eaux brunes du Fraser et de celles bleu foncé de la Thompson, Lytton est le point de départ de nombre d'expéditions. L'embarcation suit alors le courant, dans un paysage semi-aride, dominé par les pins ponderosa, où broutent les mouflons d'Amérique et où se cachent des serpents à sonnette. Ici, au plus fort de l'été, il arrive que la température atteigne 40° C.

En quittant Lytton, le calme relatif du Fraser permet d'observer les rivages. Ici, la nature a perdu son caractère sauvage lorsque le Canadien Pacifique et le Canadien National y ont construit leur chemin de fer, chacun de leur côté du fleuve. La Transcanadienne domine aujourd'hui la rive sud avec son flot de véhicules. Non loin, les vestiges du sentier du Caribou que prenaient les prospecteurs pendant la ruée vers l'or de 1858.

À l'approche de Boston Bar, les falaises sont plus escarpées, le Fraser devient impétueux et le paysage se transforme en une forêt côtière humide. Le canot se met alors à filer à toute allure dans le canyon et à dévaler une succession de rapides, Scuzzy Rock, China Bar, pour finalement atteindre les portes de l'Enfer, le goulet le plus étroit du canyon.

Là, dans cette bouillonnante gorge, profonde de 180 m et d'à peine 36 m de large, le canot essuie les assauts violents des tourbillons de l'eau qui s'y engouffre à plus de 7 m/s. Le passage des portes de l'Enfer est tellement dangereux que le rafting y est interdit pendant les six semaines de crue au printemps. En 1979, un guide et deux passagers y périrent. En 1987, 12 personnes se noyèrent en Colombie-Britannique sur une période de sept semaines : ceci acheva de convaincre le gouvernement d'adopter une réglementation sur le rafting commercial, avec des normes de sécurité relatives à la compétence des guides, au type de canot permis et à la fermeture au public de certains secteurs particulièrement dangereux. De nos jours, s'il est rare que les canots chavirent, il est encore plus rare de déplorer des pertes de vie.

Les excursionnistes qui bondissent et rebondissent dans les portes de l'Enfer peuvent apercevoir le téléphérique descendre dans la gorge à 150 m de profondeur et déposer ses passagers sur un belvédère. À la saison du frai, ils verront des millions de saumons remonter les échelles qui leur permettent de contourner les tourbillons. Le périple se poursuit et, à quelque 30 km en aval, se trouvent les plus grands rapides, ceux de Sailor Bar et de Saddle Rock, près de Spuzzum. C'est là que, à la fin de l'été, on peut voir les autochtones pêcher le saumon, perchés en équilibre instable sur des rochers à fleur d'eau.

Emporté par le courant, le canot dérive doucement vers le petit village de Yale. Jadis une ville prospère de 20 000 habitants, pendant la ruée vers l'or, Yale marquait aussi le terme sud du sentier du Caribou. Comme il était également le point d'attache des bateaux qui naviguaient vers le Fraser, Yale est certes l'endroit idéal où terminer en beauté une sensationnelle expédition de rafting.

> " *Agrippés à la seule corde qui les retient au canot engagé dans une course folle...* "

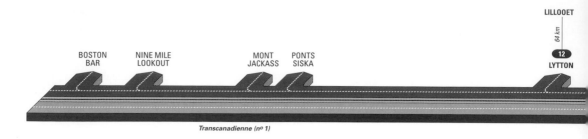

LILLOOET

64 km

12

LYTTON

BOSTON BAR — NINE MILE LOOKOUT — MONT JACKASS — PONTS SISKA

Transcanadienne (nº 1)

9 km   16,5 km   6 km   42,5 km

LE LONG DE LA RIVIÈRE THOMPSON

Lytton

Le village, fondé en 1858 pendant la ruée vers l'or, doit son nom à Sir Edward Bulwer-Lytton (1803-1873), secrétaire aux Colonies britanniques de l'époque. Situé à la jonction du Fraser et de la Thompson, c'est l'un des points les plus chauds et les plus secs au pays. La «capitale canadienne du rafting» offre des excursions sur les rivières environnantes (pp. 48-49), dont la durée varie entre trois heures et cinq jours. Un sentier conduit au parc Stein Valley and Nlaka'pamux Heritage, la dernière vallée boisée du sud-ouest de la Colombie-Britannique dont l'écosystème soit encore intact.

Lillooet

Le passé de Lillooet est indissociable de la piste du Caribou : une borne marque le point zéro de l'extrémité sud de la piste. La largeur de la rue principale permettait aux chariots tirés par 20 bœufs d'y faire demi-tour. Le nom du pont, Bridge of 23 Camels (pont des 23 chameaux), rappelle les chameaux qu'on fit venir pour transporter le matériel des mineurs. Le musée local (dans une ancienne église anglicane) expose divers objets de la ruée vers l'or. La Maison historique Miyazaki (1890) abrite une galerie d'art.

Ashcroft Manor

Les frères Clement et Henry Cornwall s'établirent ici en 1862 et construisirent un manoir qu'ils baptisèrent du nom de leur maison familiale en Angleterre. Les frères entretenaient les traditions anglaises en offrant le thé l'après-midi ou en organisant des chasses à courre au coyote. En 1863, les Cornwall bâtirent une halte pour les chercheurs d'or en route vers le Caribou : vous pouvez aujourd'hui y prendre le thé ou admirer des œuvres d'art ou d'artisanat.

Ashcroft

Au cœur de cette région, à la fois chaude, sèche et en altitude, Ashcroft est construite sur la rive verdoyante de la Thompson. On reconnaît la «capitale canadienne du cuivre» à sa gigantesque mine de cuivre à ciel ouvert (accessible au public). Le musée local est consacré au temps où la ville jouait un rôle important comme centre de transbordement entre le Caribou et le chemin de fer Canadien Pacifique, à la fin du siècle dernier. Un dépôt du B.C. Express, construit en 1911, sert aujourd'hui de librairie et de boutique d'artisanat.

Cache Creek

Vastes élevages de bestiaux, prairies immenses et cowboys à l'œuvre perpétuent la tradition de l'Ouest. À l'origine, les trappeurs cachaient leurs fourrures à Cache Creek qui devint, vers 1860, une halte sur la route du Caribou. La ville a bénéficié des améliorations faites, vers 1950, à la route 97 (route du Caribou) ainsi que de l'ouverture de la Transcanadienne dans les

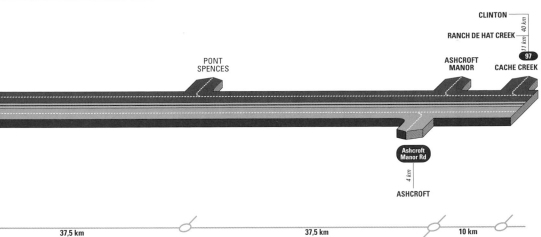

CLINTON

RANCH DE HAT CREEK

ASHCROFT MANOR

CACHE CREEK

97

11 km | 40 km

PONT SPENCES

Ashcroft Manor Rd

4 km

ASHCROFT

37,5 km   37,5 km   10 km

Ashcroft Manor (à gauche) était réputé pour son hospitalité envers les mineurs de la route du Caribou. Aujourd'hui, on peut encore y loger et faire un tour de chariot au ranch historique de Hat Creek qui était aussi une halte de la route du Caribou.

années 60. La région, riche en jade, attire les amateurs de gemmes. Les habitants se passionnent pour les voitures d'une autre époque et l'on peut voir, pendant les festivités des Graffiti Days, en juin, des quantités de modèles des années 50 circuler dans la ville. Le Nl'ak'apxm Eagle Motorplex est une piste de course automobile populaire. La région offre aussi du rafting en eau vive et de la randonnée équestre.

L'église de Bonaparte (1894), en rondins, à 3 km au nord de Cache Creek, vaut le détour.

Route du Caribou (n° 97)

De Cache Creek à Prince George, la route 97 suit le tracé original de la piste du Caribou : construite au début des années 1860 pour permettre aux chercheurs d'or de poursuivre leur route vers le nord, elle reliait Lillooet à Soda Creek. Les haltes routières, qu'on trouvait à tous les 15 miles, portaient le nom de la distance qui les séparait du Mile 0, à Lillooet. Lorsque la route fut prolongée vers le sud, de Clinton à Yale, et vers le nord, jusqu'aux champs aurifères de Barkerville, le nom de certaines haltes changea ; par exemple, Mile 47 devint Clinton.

Ranch historique de Hat Creek

De toutes les haltes qui jalonnaient la route du Caribou, c'est la seule qui est dans son état original. Le ranch, construit en 1863, est à 11 km au nord de

Cache Creek. Il comprend 24 bâtiments, dont l'hôtel Hat Creek House et une écurie du B.C. Express (1893). Vous y verrez une diligence, de la machinerie agricole, une forge et une sellerie et vous pourrez y faire une promenade en chariot ou encore de l'équitation.

Clinton

D'abord appelée Mile 47, la halte a été rebaptisée en l'honneur de Lord Henry Clinton (1811-1864), le secrétaire aux Colonies britanniques qui a succédé à Sir Edward Bulwer-Lytton. Dans une atmosphère toujours présente de poste frontière, Clinton est aujourd'hui un centre de loisirs et de pêche. On peut y faire de l'équitation l'été et du ski alpin ou du ski de fond l'hiver.

En mai, Clinton est l'hôte d'un bal, sans doute le plus ancien événement mondain de la province. Le premier bal eut lieu en 1868 à l'hôtel Clinton et attira nombre de personnes de la région qui vinrent y danser, y boire et y jouer. L'hôtel a été détruit par un incendie en 1958, mais certains objets, dont des carafes à vin, ont été épargnés et sont exposés au musée historique du sud du Caribou.

Ne manquez pas le Gouffre (The Chasm), un canyon de 1,5 km de longueur et de 120 m de profondeur, datant d'environ 10 000 ans. Aux rayons du soleil, les différentes strates rocheuses que présentent les murailles escarpées resplendissent de toutes les couleurs. Vous pouvez pique-niquer ou vous promener dans les sentiers aménagés.

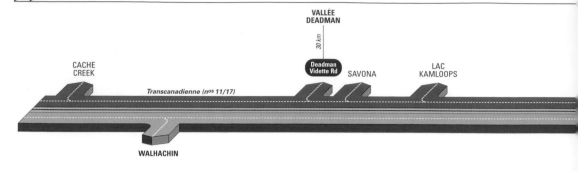

VALLÉE
DEADMAN

30 km

CACHE
CREEK

Transcanadienne (nᵒˢ 11/17)

Deadman
Vidette Rd   SAVONA

LAC
KAMLOOPS

WALHACHIN

16 km   15 km   5 km   10 km   26 km

**LE LONG DE
LA RIVIÈRE
THOMPSON**

Walhachin

À environ 15 km à l'ouest de
Cache Creek, se trouvent les
vestiges (arbres fruitiers dessé-
chés, canalisations abandonnées)
d'un rêve de transformer le
désert en oasis. En 1908, un
groupe de 70 immigrants venus
d'Angleterre débarquèrent à
Walhachin avec l'espoir de transformer en vergers une bande de
18 km² de terres arides. Le projet
comprenait des maisons, un
hôtel, un parcours de golf et un
terrain de polo. Les colons construisirent un système d'irrigation
sophistiqué pour leurs quelque
16 000 arbres fruitiers. Mais leur
inexpérience, la rigueur du climat
et l'aridité des terres anéantirent
leurs efforts. Aussi, lors de la
Première Guerre mondiale, presque tous les hommes partirent
sous les drapeaux, peut-être pour
échapper à leur rude existence de
pionnier. Pendant leur absence,
tempêtes et inondations détruisirent le système d'irrigation. À la
fin de la guerre, peu de colons
revinrent et leur rêve ne fut plus
qu'un souvenir.

Vallée Deadman

Empruntez la route en gravier
(30 km) au nord de la route 1 et
consacrez une journée à percer
les secrets de cette fascinante
vallée. Parmi ses attraits naturels, un chapelet de lacs où le
poisson abonde, une chute d'eau
de 60 m de haut et des formations rocheuses. Vous pouvez,

*Colonnes érodées d'argile d'origine
volcanique le long de la route qui
traverse la vallée Deadman, l'une
des régions les plus chaudes et les
plus sèches de l'intérieur.*

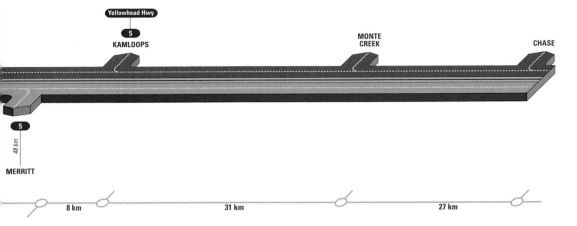

avec l'autorisation du ranch Deadman Creek, faire de la prospection amateur pour ramasser des agates ou du bois fossilisé. La région offre des chalets tout confort et des excursions à cheval (d'une heure, d'un jour ou d'une semaine) vers les mines d'or et les habitations abandonnées. Les beautés de la vallée font en quelque sorte mentir le nom qu'elle porte qui rappelle l'assassinat, en 1815, d'un employé de la Compagnie du Nord-Ouest.

Merritt

L'hôtel Coldwater, le principal attrait de la ville, possède une façade rose tendre, des balcons à étages et une tour de quatre étages surmontée d'un dôme en cuivre. Construit en 1908, deux ans après la fondation de la ville, l'hôtel est toujours le centre de la vie sociale de la région. Voyez aussi l'église Murray (1876) et le bureau de tourisme, installé dans une maison en rondins de deux étages. Située au confluent des rivières Nicola et Coldwater, Merritt est entourée de ranchs ; on peut visiter celui de Douglas Lake, le plus grand au Canada (2 200 km²). Avec ses 15 lacs, Merritt se targue d'offrir aux visiteurs « un lac différent chaque jour ».

Kamloops

Cette ville de 75 000 habitants jouit d'un ensoleillement de plus de 2 000 heures par année, ce qui en fait le paradis des golfeurs qui disposent de cinq parcours de 18 trous non loin du centre-ville. La région est aussi reconnue comme étant l'un des meilleurs endroits de pêche de la province. Un téléphérique à deux places, dont le parcours de 2 786 m est le plus long en Amérique du Nord, se trouve sur le mont Tod. Situé au confluent des rivières Thompson du Nord et Thompson du Sud, Kamloops est, depuis sa fondation comme poste de traite de fourrures en 1812, une destination prisée des voyageurs.

Entre Savona et Kamloops, la Transcanadienne longe le lac Kamloops dont les eaux bleu vert se détachent sur un fond de terres arides et accidentées.

Aujourd'hui, la ville est un carrefour commercial et le centre administratif de la Colombie-Britannique intérieure. Ses habitants tirent leur subsistance de l'agriculture, des mines et des forêts. Les quelque 1 100 ranchs de la région en font aussi le centre du commerce du bétail de la Colombie-Britannique. Le musée de Kamloops, le Musée Firehall et le Musée militaire Rocky Mountain Rangers retracent l'histoire de la région. Activité populaire : une croisière de 2 heures sur le bateau à roue à aubes *Wanda Sue*.

Monte Creek

C'est ici qu'eut lieu le dernier forfait au pays d'un célèbre hors-la-loi américain, Bill Miner, le « gentleman cambrioleur ». Le 8 mai 1906, Miner attaqua un train, mais ne récolta qu'un maigre butin : 15 $. Pourchassé sur 80 km, il fut capturé et condamné à purger une peine d'emprisonnement de 25 ans au pénitencier de New Westminster. Mais, quelques mois plus tard, il s'évada vers les États-Unis, fut de nouveau arrêté, puis incarcéré en Georgie. Bill Miner, un héros folklorique de l'Ouest où plusieurs en voulaient au Canadien Pacifique, est le héros d'un film canadien fort populaire, *The Grey Fox* (1982).

Chase

Populaire chez les amateurs de péniches, Chase est aussi le point de départ à l'ouest des expéditions vers le lac Shuswap. Au parc provincial Niskonlith Lake, on peut faire de la randonnée, du bateau, observer les oiseaux ou se baigner. Chase porte le nom de son premier colon, Whitfield Chase (1820-1896), qui ne trouva pas d'or mais s'établit dans la région où il devint un riche propriétaire de ranch.

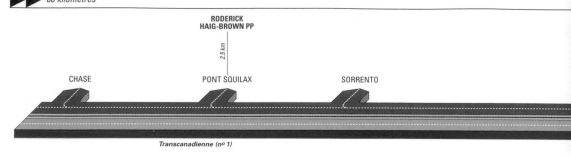

RODERICK
HAIG-BROWN PP

2,5 km

CHASE   PONT SQUILAX   SORRENTO

Transcanadienne (nº 1)

11 km   10 km   32 km

LAC SHUSWAP

Parc provincial Roderick Haig-Brown

L'une des montaisons de saumon rouge (sockeye) les plus spectaculaires en Amérique du Nord a lieu dans la portion de la rivière Adams qui coule dans ce parc. Tous les quatre ans (1998, 2002), la montaison atteint un sommet et 2 millions de saumons remontent ici, dans le cours d'eau où ils sont nés. (Il y a des montaisons tous les ans, mais moins importantes). Au début d'octobre, le saumon parti du Pacifique remonte le Fraser, la Thompson et la Thompson du Sud, traverse les lacs Shuswap et Little Shuswap, pour arriver dans la rivière Adams. Cet épuisant voyage contre le courant dure 17 jours pendant lesquels le saumon parcourt 485 km. Bien que le saumon meure après qu'il a frayé, ses œufs éclosent dans le gravier de la rivière qui les protège des prédateurs et du froid hivernal. En février, les saumoneaux émigrent vers le Pacifique, et le cycle recommence.

Le parc doit son nom à un magistrat de la province, aussi pêcheur et écrivain, qui a fait campagne pour la protection des frayères. En dehors de l'époque du frai, la rivière accueille les kayakistes, les canoéistes et les adeptes de la descente en eau vive. Sur les rives, des archéologues ont mis au jour des vestiges préhistoriques de la présence d'autochtones à cet endroit.

Le saumon rouge est argenté dans l'océan. Au cours de son rude voyage du Pacifique jusqu'à sa frayère de la rivière Adams, il vire au rouge, puis au vert.

Lac Shuswap

Au milieu des monts Monashee et des montagnes Shuswap, le lac Shuswap, avec ses quatre bras (Main, Salmon, Anstey et Seymour), apparaît comme un H étiré. Ses rives (1 000 km) offrent des plages, des aires de pique-nique, des emplacements de camping et des sentiers de randonnée. Vous pouvez exercer ces activités dans quelque

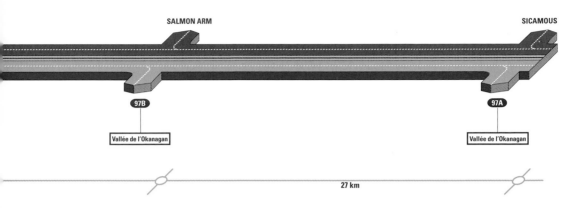

SALMON ARM   SICAMOUS

97B   97A

Vallée de l'Okanagan   Vallée de l'Okanagan

27 km

Le vapeur à roue Phoebe Ann, *chargé de passagers, quitte Sicamous pour l'une de ses excursions quotidiennes sur le lac Shuswap.*

20 parcs provinciaux, accessibles en voiture, par traversier ou en bateau. La façon idéale d'explorer le lac est de louer un bateau ponté avec cabines ; vous pouvez vous ancrer dans l'un des nombreux ports aménagés à cette fin. Des sentiers de l'île Copper, vous aurez une vue superbe du lac qui doit son nom aux Indiens Shuswaps, la tribu la plus importante du centre de la province.

Salmon Arm

Les efforts de Salmon Arm pour renouer avec son bord de l'eau ont porté fruit ; cette ville de 15 000 habitants se pique déjà de posséder le quai en eau douce le plus long en Amérique du Nord, une stucture de 300 m qui surplombe les eaux bleues miroitantes du lac Shuswap.

Près du centre-ville, les berges du lac (Salmon Arm Bay Nature Enhancement Area) ont été aménagées pour y observer plus de 230 espèces d'oiseaux dont certaines rares comme le grèbe élégant et le grèbe cornu. Dans le parc historique R.J. Haney se trouvent une école de 1918 et une église construite au tournant du siècle dernier, Mount Ida, où l'on célèbre encore des mariages.

Sicamous

En shuswap, Sicamous signifie « coincé au milieu » et ce nom sied à merveille au chenal étroit qui relie le lac Shuswap au lac Mara et que Sicamous domine. La « capitale canadienne des péniches » possède la plus importante flotte de ce type de bateau. Ainsi, si vous planifiez une croisière, vous aurez l'embarras du choix devant les centaines de péniches à louer dans la douzaine de marinas de la ville : des instructeurs vous apprendront à manœuvrer votre péniche.

Une croisière est idéale pour explorer les beautés cachées de la région et ses chutes d'eau ; ne manquez surtout pas les rochers décorés de pictogrammes dessinés à l'ocre par des peuplades préhistoriques. De Sicamous, montez à bord du *Phoebe Ann*, un vapeur à roue qui transporte le courrier et des marchandises jusqu'à Seymour Arm, aller-retour en une journée.

Vallée de l'Okanagan

Les routes 97A et 97B, en direction sud, mènent à la vallée de l'Okanagan ; large de 20 km, celle-ci s'étend de Salmon Arm jusqu'à la frontière des États-Unis. Au cœur de cette vallée blottie entre les monts Cascade et Columbia, le lac Okanagan ; la beauté naturelle de la région et la douceur de son climat en font un endroit recherché tant par la population de la région que par les visiteurs.

Au nord, on trouve surtout des fermes laitières ; au sud, plus sec, on exploite des vergers grâce à l'irrigation. Le premier à planter des pommiers dans la vallée, en 1859, fut le père oblat Charles-Marie Pandosy. Puis, vers 1920, on se mit à cultiver des vignes et c'est ainsi qu'on trouve aujourd'hui 22 vignobles importants. Des festivals du vin se tiennent en mai et en septembre.

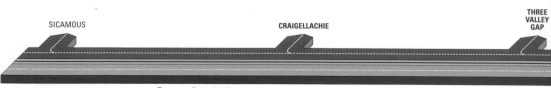

SICAMOUS   CRAIGELLACHIE   THREE VALLEY GAP

Transcanadienne (n° 1)

25,5 km   22 km

PARC NATIONAL DU MONT-REVELSTOKE

Avec la montagne comme toile de fond, des bâtiments historiques autrefois dispersés dans la province ont été regroupés à Three Valley Gap où on a recréé le style de vie des villes minières et l'esprit qui les animait.

Craigellachie

C'est ici que le dernier tire-fond du chemin de fer Canadien Pacifique fut enfoncé, le 7 novembre 1885, par Donald Smith qui devint plus tard Lord Strathcona. Un cairn, érigé en 1927, marque l'emplacement ; on peut aujourd'hui y piqueniquer. Craigellachie doit son nom à une région rocailleuse de Morayshire, en Écosse, d'où était originaire Donald Smith.

Autre curiosité, les miniatures de Beardale Castle : un village anglais de style Tudor, une ville des prairies et un village suisse en montagne, tous reproduits à l'échelle de 1/25, un contraste étonnant avec les montagnes environnantes.

Three Valley Gap

Dans les années 1880, une ville du nom de Three Valley prospéra brièvement là où le col de

À Craigellachie, un cairn marque l'emplacement où le dernier tire-fond du chemin de fer Canadien Pacifique fut enfoncé, en 1885.

l'Aigle (Eagle Pass) franchit la chaîne des Monashee.

Dans les années 50, la famille Bell entreprit de faire revivre la ville et elle y fit transporter divers bâtiments historiques de la province : l'hôtel Bellevue, autrefois à Sicamous, l'église St. Stephen (où on célèbre beaucoup de mariages) et le saloon Golden Wheel. Le théâtre Walter Moberly est ainsi nommé en souvenir de l'arpenteur qui, en 1865, découvrit le passage à travers les Monashee en observant les déplacements des aigles.

Revelstoke

La vocation de Revelstoke, qui a été un centre ferroviaire pendant un siècle, a changé. La ville est devenue une destination touristique recherchée grâce à son site exceptionnel (sur le Columbia), à ses beautés naturelles et à la proximité de la chaîne des Monashee, des monts Selkirk et de deux parcs nationaux. Il faut dire que, jadis surnommée « capitale des Alpes du Canada », puis, plus tard, « paradis en montagne », elle jouissait déjà d'une solide réputation. Revelstoke a récemment restauré son centre-ville victorien ; sur Grizzly Plaza, un kiosque à musique offre des divertissements gratuits pendant l'été. On a prévu un itinéraire autoguidé à suivre à pied ou en voiture et vous pouvez visiter de nombreux musées, dont le musée de Revelstoke, installé dans un ancien bureau de poste,

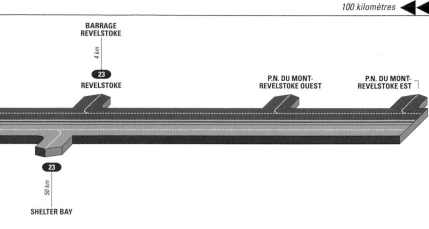

BARRAGE
REVELSTOKE

4 km

23

REVELSTOKE

P.N. DU MONT-
REVELSTOKE OUEST

P.N. DU MONT-
REVELSTOKE EST

23

50 km

SHELTER BAY

22,5 km   18 km   12 km

La route Meadow in the Sky serpente d'abord dans les forêts au pied du mont Revelstoke pour monter ensuite jusqu'aux prairies alpines. Là, on trouve des sentiers de randonnée et une vue unique de la vallée du Columbia, de Revelstoke et des sommets des Monashee et des Selkirk.

qui retrace l'histoire de la communauté ainsi que celle du chemin de fer et de l'exploitation des mines et des forêts dans la région. Les expositions du musée du Chemin de fer rappellent l'époque du train à vapeur et on peut voir l'impressionnante locomotive Mikado P-2k 2-8-2 qui remorquait les trains de marchandises du CPR dans les montagnes au milieu du siècle. Au musée des Pompiers, une pompe à incendie Bickle (1923) occupe la place d'honneur et, si les pianos vous intéressent, vous en verrez des carrés, des droits et des demi-queues au musée du piano. La Forêt enchantée compte 250 figurines tirées des contes de fée et un trottoir de bois qui serpente dans une forêt ancienne.

Shelter Bay

Au sud de Revelstoke, la route 23 longe les berges du lac Upper Arrow. À Shelter Bay, on peut camper, se baigner, faire du bateau ou encore pêcher dans les eaux du parc provincial Arrow Lakes.

Barrage Revelstoke

Il est situé sur le Columbia, au nord de Revelstoke, et c'est le plus haut barrage de béton (175 m) au Canada. L'itinéraire autoguidé conduit vers l'ascenseur qui mène au sommet du barrage d'où la vue des montagnes, des forêts et de l'eau est spectaculaire. Vous pouvez pique-niquer à l'entrée du parc provincial Columbia View et pratiquer diverses activités en amont du fleuve.

Route Meadows in the Sky

Ouverte de la mi-juillet à la mi-octobre, la route de 26 km, qui part du centre de Revelstoke pour se rendre jusqu'au sommet du mont Revelstoke, serpente d'abord dans les denses forêts pluviales, puis dans les prairies alpines. Un court sentier part du belvédère situé au sommet, passe près de la « glacière », une crevasse ombragée où la glace ne fond jamais, et mène aux lacs Eva et Miller, ainsi qu'aux deux lacs Jade. La corniche qui borde le lac Eva plonge de plus de 100 m de hauteur dans la vallée : c'est grandiose.

Parc national du Mont-Revelstoke

Désireux de préserver la splendeur de la région, les habitants obtinrent, en 1914, que l'on en fasse un parc national. Le parc comprend de larges vallées et des lacs dominés par les pics dentelés des Selkirk. De Revelstoke, prenez la route Meadows in the Sky jusqu'au secteur ouest du parc ou suivez la Transcanadienne qui longe la rivière Illecillewaet sur environ 16 km avant d'entrer dans le parc par le sud-est.

Le parc offre quelque 60 km de pistes de randonnée. Deux courts sentiers partent de la Transcanadienne : le Skunk Cabbage mène à une vallée où l'on observe des oiseaux et le Giant Cedars serpente dans une forêt pluviale ancienne.

Le camping sauvage est parfois permis dans le parc ; pour des sites de camping aménagés, il faut aller à Revelstoke même.

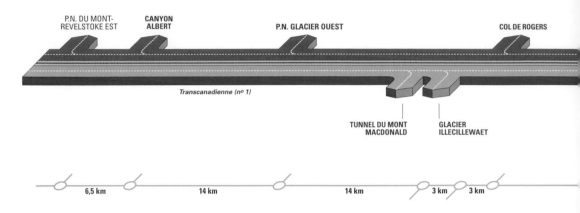

P.N. DU MONT-REVELSTOKE EST   CANYON ALBERT   P.N. GLACIER OUEST   COL DE ROGERS

Transcanadienne (n° 1)

TUNNEL DU MONT MACDONALD   GLACIER ILLECILLEWAET

6,5 km   14 km   14 km   3 km   3 km

PARC NATIONAL GLACIER

Canyon Albert

Canyon Hot Springs a des bains publics et des piscines (où l'eau est légèrement refroidie) alimentés par des eaux thermales. Entre le parc national du Mont-Revelstoke et le parc national Glacier, on peut faire de la randonnée pédestre ou équestre ou de la descente en eau vive. De la Transcanadienne, vous verrez une ville fantôme : des vieilles cabines et une école au milieu d'un champ de fleurs sauvages.

Parc national Glacier

Jusqu'à ce que le chemin de fer Canadien Pacifique passe, vers 1880, par le col de Rogers, à travers les monts Selkirk, peu s'étaient aventurés dans cette région propice aux avalanches et couverte de glaciers et de neige. Dès l'inauguration de la ligne de chemin de fer, le monde allait entendre parler de la beauté de ces terres interdites et, en 1886, le parc national était créé.

Le parc est surtout caractérisé par son importante glaciation, plus de 400 glaciers recouvrant 12 p. 100 de son étendue. L'importance des chutes de neige (jusqu'à 23 m par année), combinée à l'escarpement des montagnes, rend la région propice aux avalanches. On peut encore voir les galeries pare-neige que le

La construction de la Transcanadienne à travers le col de Rogers débuta en 1956 pour se terminer en 1962. De la route, on peut admirer les hauts pics glacés qui dominent le parc national Glacier.

P.N. GLACIER EST

DONALD STATION

23 km   36 km

Canadien Pacifique avait construites pour protéger ses voies ferrées. La Transcanadienne passe par le centre d'interprétation le plus important du parc, au sommet du col de Rogers. Vous pouvez, sans trop vous éloigner de la route, planter votre tente soit au milieu de gigantesques cèdres, au camping Loop Brook, ou au bord de la rivière, au camping Illecillewaet.

Les randonneurs ont l'embarras du choix : le sentier Sir Donald mène au glacier Vaux, le Flat Creek serpente au milieu des pruches géantes, tandis que le Loop Brook suit le tracé des voies ferrées abandonnées : on admirera les glaciers du mont

Bonney et les piliers de pierre du pont ferroviaire qui traversait autrefois Loop Brook.

Tunnel du mont Macdonald

Ses 15 km en font le tunnel le plus long d'Amérique du Nord et le plus long tunnel ferroviaire en Occident. Terminé par le Canadien Pacifique en 1986, il coupe à travers le mont Macdonald et la montagne Cheops, à 390 m au-dessous du col de Rogers. C'est l'œuvre de deux compagnies qui entreprirent les travaux chacune de leur côté des montagnes, l'une utilisant une perforatrice et l'autre la technique traditionnelle de forage et de minage. On se servit d'une technique au laser et d'un satellite pour s'assurer que les deux équipes se rejoignent au milieu. Si vous circulez sur la Transcanadienne vers l'est, vous verrez l'entrée ouest du tunnel.

Glacier Illecillewaet

On peut apercevoir ce magnifique glacier depuis la Transcanadienne et les sentiers qui partent du camping Illecillewaet. Pendant 75 ans, le glacier a reculé régulièrement chaque année, mais, à compter de 1972, il s'est mis à avancer d'environ 6 m par an.

Non loin, les ruines de l'hôtel du CP, Glacier House, construit en 1886 afin que les locomotives n'aient pas à remorquer les lourds wagons-restaurants à travers le col de Rogers. L'hôtel de 90 chambres fut longtemps populaire auprès des touristes, particulièrement des alpinistes, mais, à compter de 1916, les affaires périclitèrent en raison de la construction du tunnel

Connaught par lequel le train passait désormais. L'hôtel fut fermé en 1925.

Col de Rogers

La route spectaculaire du col de Rogers date de 1881, époque où le Canadien Pacifique donna le mandat au major A. B. Rogers de trouver un passage à travers les monts Selkirk. Rogers trouva cette route au sommet d'un col de 1 325 m de hauteur, qui porte désormais son nom.

Mais la construction du chemin de fer à cet endroit releva du défi. On dut jeter un pont sur les ravins à l'est du col, se résoudre à faire un tracé des plus sinueux en raison des pentes abruptes du côté ouest et construire 13 ponts sur la rivière Illecillewaet entre le col et Revelstoke. Au cours du premier hiver, en 1885, la neige força la fermeture de la voie et on dut construire 31 galeries pare-neige. L'ouverture, en 1916, du tunnel Connaught régla une partie des problèmes.

La Transcanadienne longe le chemin de fer à travers le col de Rogers. Le centre d'interprétation, en rondins, a été inauguré en 1983 et on peut y voir une maquette du tracé original du chemin de fer et diverses expositions qui retracent l'histoire de la région, du col et des parcs.

Donald Station

La ville doit son nom à Donald Smith, qui devint plus tard Lord Strathcona. Elle est située à l'endroit où la ligne transcontinentale croise le Columbia une première fois.

Tirs d'obus et avalanches provoquées au col de Rogers

ROUTE N° 1 / COL DE ROGERS

Vivien Bowers *collabore à plusieurs revues nationales dont le* Canadian Geographic, Beautiful British Columbia *et* Equinox. *Elle participe aussi à l'émission* Almanac *diffusée par la radio de la SRC.*

Levez les yeux ! Imaginez des milliers de tonnes de neige qui déboulent vers vous à 320 km/h. On n'entend parfois qu'un chuintement, mais, souvent, l'avalanche descend dans un rugissement de locomotive, en emportant arbres, maisons, rails de chemin de fer et en détruisant tout sur son passage. De novembre à avril, on vit sous cette menace constante sur la Transcanadienne, au col de Rogers, cet étroit passage à travers les monts Selkirk, où on dénombre plus de 140 couloirs d'avalanche.

Depuis la découverte du col, en 1881, par Albert Rogers, un arpenteur du Canadien Pacifique (CP), les avalanches faisaient peur. S'il est vrai que le col réduisait le parcours du chemin de fer de 240 km, le prix à payer était insoutenable : plus de 200 morts entre 1885 et 1911 seulement. Au cours d'une soirée, en 1910, 62 ouvriers occupés à enlever la neige et les arbres laissés par une avalanche moururent ensevelis sous une deuxième avalanche dévalant de l'autre paroi du col. Le CP déclara forfait : six ans plus tard, la ligne de chemin de fer passait *sous* le dangereux col, dans le tunnel Connaught, long de 8 km.

Puis, la Transcanadienne fut construite sur l'emplacement de l'ancienne ligne de chemin de fer en 1962. Depuis, à l'exception de deux ouvriers tués lors d'une avalanche, on ne déplore aucun incident mortel, non parce qu'il n'y a plus d'avalanches, mais bien parce que l'autoroute est protégée par un système de défense sophistiqué et fort efficace. En roulant sur la Transcanadienne, on peut d'ailleurs voir quelques éléments du système.

Tout le long de la route, sur les pentes de chaque côté, des digues en terre et des remblais empêchent les éventuels glissements d'atteindre la route. On aperçoit aussi des bronzes à canon auxquels sont fixées des carabines de 106 mm. Celles-ci servent à tirer sur les pentes de neige pour provoquer les avalanches lorsque les accumulations sont encore de faible importance, ce qui les empêche de s'entasser davantage et de devenir menaçantes. Enfin, à l'est du parc, la route s'insère dans cinq galeries pare-neige en béton.

Grâce aux données extrêmement précises fournies par les stations météorologiques de hautes montagnes, une équipe de neuf techniciens spécialisés, se servant à la fois de leur expérience et de leur intuition, interprète les accumulations de neige et détermine les moments où celles-ci sont susceptibles de se mettre à glisser. Ces anges gardiens skient dans les montagnes, creusent des trous dans la neige pour détecter des signes de faiblesse entre les différentes couches de neige, là où une couche n'adhère pas bien sur une autre. Les techniciens vérifient aussi les pentes témoins, soit les couloirs d'avalanches qui ne menacent pas la route, mais où la faible adhérence des couches de neige et les glissements qui s'ensuivent sont un indice de l'instabilité des amoncellements. Quand le risque est jugé sérieux, ils font sauter des explosifs sur les pentes témoins afin de vérifier s'il est possible de provoquer des glissements.

Ce n'est pas facile de déterminer avec précision le moment où le poids des accumulations de neige et la gravité provoqueront un glissement destructeur. Le travail des techniciens est d'agir avant qu'il ne soit trop tard, mais une intervention prématurée risque d'être inutile. Qui plus est, des fermetures répétées de la Transcanadienne ont des conséquences économiques, sans compter la fureur qu'elles provoquent chez les camionneurs en attente. Bien entendu, la sécurité demeure la première préoccupation : aussi, lorsque la neige s'apprête à débouler, ferme-t-on le col à toute circulation et fait-on appel à l'armée.

Au cours des mois à risque, une équipe d'artilleurs composée de 10 hommes est basée au col et intervient au besoin en tirant, d'un obusier mobile de 105 mm, des projectiles dans les pentes afin de provoquer des ondes de choc. Le reste de l'année, ce travail est accompli par les techniciens à l'aide des carabines de 106 mm.

Les glissements sont provoqués méthodiquement, un à un. La visibilité est souvent nulle, particulièrement pendant les blizzards où on doit attendre des semaines avant que les objectifs soient visibles. Pour déterminer si l'avalanche provoquée a bien fonctionné, il arrive que les techniciens se rendent en camion sous le couloir du glissement afin d'entendre le bruit provoqué par la chute de neige ; parfois, le glissement est beaucoup plus important que prévu et ils doivent rapidement battre en retraite.

Pendant les avalanches provoquées, le col est interdit à toute circulation, ce qui se produit environ 60 fois par année, quelques heures à la fois. Mais lors de violentes tempêtes, il arrive que la route reste fermée plusieurs jours. Même lorsque la route est déneigée et que la circulation a repris, les automobilistes doivent rester prudents ; en effet, l'avalanche dont la course a été arrêtée par les barrages en terre au-dessus de la route n'en dégage pas moins des nuages de neige qui se déplacent sur une grande distance. La visibilité est dans ce cas totalement nulle et le plus souvent, la sagesse dicte d'attendre que toute la neige soit retombée.

De la route, on ne peut observer une avalanche provoquée. Mais du belvédère Avalanche Defence, à 5 km à l'est du sommet du col, on a une bonne vue de la zone d'avalanche. Au sommet même, un centre offre aux visiteurs des expositions sur la lutte entre les hommes et la montagne.

"une équipe d'artilleurs composée de 10 hommes est basée au col"

Vivien Bowers

DONALD
STATION

BURGES
AND JAMES
GADSEN PP

GOLDEN

Transcanadienne (nº 1)

14 km   11,5 km   26 km

**PARC
NATIONAL
YOHO**

Golden

Au confluent du Columbia et de la tumultueuse Kicking Horse, Golden est à la fois une ville ferroviaire, un centre forestier et un lieu de villégiature paradisiaque. Afin de promouvoir l'alpinisme dans la région, le Canadien Pacifique fit venir, vers 1900, des guides suisses dont les chalets existent encore au village de Edelweiss, au nord-est. De nos jours, Golden (4 000 hab.) offre diverses activités aux amateurs de plein air, du rafting sur la Kicking Horse (*ci-dessus*) au deltaplane.

Parc national Yoho

Ce parc mérite bien son nom cri qui marque l'étonnement et l'admiration. Ceinturé par les forêts pluviales, il est ponctué de majestueux glaciers et de 28 sommets de plus de 3 000 m. Parmi ses beautés, un pont natu-

rel sculpté par la Kicking Horse, de hautes cheminées des fées, les chutes Wapta et Takakkaw et le magnifique lac O'Hara (accessible à pied ou par le bus-navette). Inauguré en 1886, peu après que le CP eut ouvert une voie à travers les Rocheuses au col Kicking Horse, le parc fut agrandi vers 1930 pour former les 1 313 km² qu'il compte aujourd'hui. La Transcanadienne traverse le parc en suivant les méandres de la Kicking Horse. Le parc a six campings, dont l'un aménagé pour le camping d'hiver. Les randonneurs, des novices aux experts, y trouvent de très beaux sentiers d'exploration.

Chute Wapta, parc national Yoho

La Kicking Horse forme à cet endroit une cascade de 60 m de large sur 30 m de haut. De la Transcanadienne, on prend une route de gravier vers la chute

L'hôtel Emerald Lake Lodge offre à ses clients la vue extraordinaire des eaux bleu-vert du lac Emerald, niché au creux des imposants sommets du parc Yoho. On peut marcher le long du lac, jusqu'aux forêts de conifères qui entourent cet endroit d'une beauté exceptionnelle.

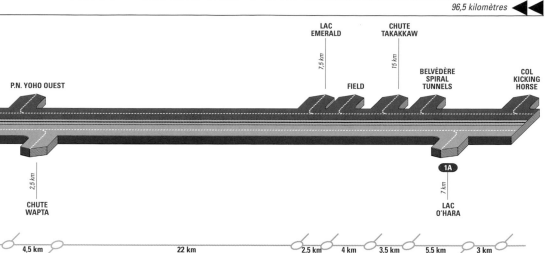

LAC
EMERALD

7,5 km

CHUTE
TAKAKKAW

15 km

BELVÉDÈRE
SPIRAL
TUNNELS

COL
KICKING
HORSE

P.N. YOHO OUEST

FIELD

2,5 km

CHUTE
WAPTA

1A

7 km

LAC
O'HARA

4,5 km   22 km   2,5 km   4 km   3,5 km   5,5 km   3 km

Wapta en passant par le site d'observation de la nature Leanchoil March. On doit marcher ensuite sur un sentier.

Lac Emerald

De fins limons cristallisés (ou farine glaciaire) donnent au lac la scintillante couleur à laquelle il doit son nom (émeraude). Tout près, l'Emerald Lake Lodge, construit en 1902, est fait de bois équarri à la main. Dans les environs, on peut faire des randonnées pédestres, de l'équitation ou du canot. Sur le chemin qui mène au lac, on longe le pont naturel sculpté par la Kicking Horse dans une paroi rocheuse.

Field

Au cœur du parc national Yoho, Field est à la fois un centre de services et le point de départ de nombreuses excursions et expéditions en montagne. La ville repose au pied du mont Stephen ; levez les yeux et vous verrez un glacier suspendu au versant du mont et, à droite, l'entrée d'une ancienne mine.

Chute Takakkaw

En cri, Takakkaw veut dire « c'est magnifique » et c'est sans doute ce que vous vous écrierez à la vue de cette chute de 254 m (la plus haute au Canada, après celle de Della) qui se jette dans la rivière Yoho. Vous la verrez du stationnement en bordure de la Transcanadienne, mais si vous suivez le sentier, il vous conduira au pied de la chute où vous jouirez d'une vue spectaculaire.

Belvédère Spiral Tunnel

L'endroit le plus dangereux du tracé du Canadien Pacifique était le tronçon Big Hill, entre le col Kicking Horse et Field. Pendant 25 ans, de nombreux accidents, certains mortels, se produisirent sur cette partie du tracé d'une inclinaison de 4,5 p. 100 (45 m par kilomètre). En 1909, deux tunnels au tracé en spirale, l'un au mont Ogden et l'autre à Cathedral Crags, remplacèrent le tronçon Big Hill (qui est maintenant l'assise de la Transcanadienne). Les tunnels, d'une inclinaison de 2,2 p. 100, n'en restent pas moins abrupts et, du belvédère, on peut observer les trains exécuter leur trèfle.

Lac O'Hara

Un autre lac vert scintillant au milieu des montagnes. On y accède, en 13 km, à pied ou avec le bus-navette ; l'hiver, on peut s'y rendre en ski. Les sentiers du camping au bord de l'eau conduisent à six vallées retirées et à 16 lacs de montagne cristallins.

Col Kicking Horse

D'une hauteur de 1 625 m, il est à cheval sur la frontière de l'Alberta et de la Colombie-Britannique, sur la ligne de partage des eaux, et relie les parcs nationaux de Banff et Yoho. Il doit son nom à un incident survenu en 1858 près du lac Wapta : un cheval rétif lança une ruade contre l'arpenteur James Hector et l'atteignit à la poitrine. Les amateurs de trains observeront des trains de marchandises remorqués par huit locomotives (24 000 ch) se frayer un passage dans le col.

Au parc national Yoho, dans les Rocheuses, la chute Takakkaw est un rendez-vous qu'il ne faut pas manquer : elle est alimentée par la fonte des neiges et des glaces du glacier Daly.

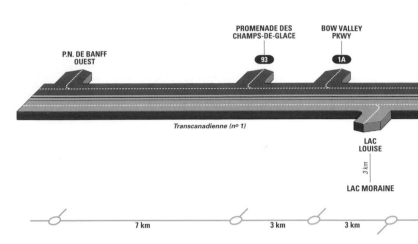

P.N. DE BANFF
OUEST

PROMENADE DES
CHAMPS-DE-GLACE

93

BOW VALLEY
PKWY

1A

Transcanadienne (nº 1)

LAC
LOUISE

3 km

LAC MORAINE

7 km   3 km   3 km

**PARC
NATIONAL
DE BANFF**

Parc national de Banff

Ce qui commença en 1885 par un petit village formé autour d'une source thermale au pied du mont Sulphur est maintenant un site touristique international. Banff, le premier parc national du pays créé en 1887, attire aujourd'hui plus de 4 millions de visiteurs par année. Et vous comprendrez pourquoi lorsque vous verrez ses beautés grandioses, ses 25 monts, qui tous culminent à plus de 3 000 m, et ses deux lacs les plus photographiés au monde, le lac Louise et le lac Moraine. Le parc a 1 300 km de sentiers de randonnée, 14 campings, des musées, deux hôtels de renommée internationale, l'hôtel Banff Springs et le Château Lac-Louise, et tient un festival des arts à la fin de l'été.

Promenade des Champs-de-glace

La route 93 (Icefields Parkway) est l'une des plus belles routes panoramiques au monde. En 229 km, elle traverse, du lac Louise à Jasper, une région sauvage composée de plus de 100 glaciers, de lacs cristallins et des plus hauts sommets des Rocheuses. De superbes lacs (Herbert, Hector, Bow et Peyto) et un paysage grandiose vous attendent à 50 km de la jonction avec la route 1. À quelque 3 km au nord de la jonction, les eaux du lac Herbert se réchauffent suffisamment pour permettre la baignade, ce qui est exceptionnel dans la région. À 30 km de là, le glacier Crowfoot.

Bow Valley Parkway

Ce tronçon (55 km) de la route 1A est la route originale entre le lac Louise et Banff. Avec un peu de chance, vous y verrez des orignaux, des wapitis, des loups ou des ours. La vue de la chaîne Sawback et du mont Castle est à couper le souffle. La route est jalonnée de belvédères, d'aires de pique-nique et de campings.

La route mène aussi au canyon du Johnston et aux ruines de Silver City, une ville minière qui surgit en 1883 pour être aussitôt abandonnée l'année suivante, les prospecteurs n'ayant trouvé que de faibles quantités d'argent.

Les visiteurs peuvent explorer le mont Sulphur au pied duquel des employés du Canadien Pacifique découvrirent, en 1883, une source thermale, à l'origine de la création du parc. On peut souvent observer des wapitis.

CANYON DU
JOHNSTON

7 km

1A
CASTLE
JUNCTION

TAYLOR CREEK
PICNIC AREA

93

10 km

P.N. DU KOOTENAY

17,5 km   10,5 km

Lac Louise

Le lac le plus célèbre au Canada doit sa renommée à ses eaux turquoise, au grandiose panorama de sommets enneigés dont il est entouré et à l'imposant hôtel construit sur ses rives. Il porte le nom de la princesse Louise Caroline Alberta, fille de la reine Victoria, qui prête d'ailleurs son propre nom au mont surmonté d'un glacier sur la rive ouest du lac. Le Château Lac-Louise, construit en 1928, a été agrandi récemment et renforce, si cela est possible, le caractère impressionnant de ce paysage de montagne.

Bien qu'il soit invitant, le lac ne se prête pas à la baignade, en raison des eaux de fonte du glacier qui le refroidissent toute l'année. Rien ne vous empêche cependant d'y faire du canot ou de prendre le sentier qui borde ses rives, une promenade inoubliable au clair de lune.

Le lac Louise est le carrefour d'un réseau de sentiers qu'on peut parcourir avec ou sans guide. Les randonneurs aguerris apprécieront celui qui monte jusqu'au lac Agnes et si vous disposez d'une journée entière, empruntez celui qui mène à la Plaine-des-six-glaciers, où un paysage impressionnant de pics et de glaces vous attend.

Si vous préférez, une paisible ascension en téléphérique sur le mont Whitehorn vous permettra de jouir d'une vue exaltante.

Lac Moraine

S'il vous paraît familier, c'est qu'il était représenté sur les anciens billets de 20 dollars. Ce joyau bleu-vert est au cœur de la vallée des Dix-Pics. Prenez le sentier qui mène au sommet de la moraine, du côté ouest du lac, ou encore celui qui conduit dans la vallée de la Larch, particulièrement ravissante à l'automne lorsque les mélèzes tournent à l'or. Vous pouvez aussi faire une expédition guidée (6 heures) vers le lac Eiffel. Le Moraine Lake Lodge est l'œuvre de l'architecte Arthur Erickson.

Canyon du Johnston

L'un des sentiers les plus fréquentés des Rocheuses conduit au profond canyon du ruisseau Johnston, puis à des prés alpins et à une kyrielle de cascades et de chutes d'eau. La première étape consiste en une randonnée facile (45 minutes) dans le canyon jusqu'aux premières chutes. Par la suite, le chemin, plus abrupt (3 heures), mène à d'autres chutes et, si vous poursuivez (3 km), vous atteindrez les sources Ink Pots, qui tirent leur nom de leurs couleurs bleue et verte qui proviennent de sédiments en suspension.

Parc national du Kootenay

La route panoramique du Kootenay (route 93) mène de Banff à de fascinants sites au nord du parc. Le sentier Fireweed, près du col du Vermilion, révèle le merveilleux regain de la forêt à la suite du feu de 1968. Voyez aussi la gorge profonde du canyon Marble et les Paint Pots, étangs rouges et jaunes qui doivent leurs couleurs aux oxydes de fer dont on tirait autrefois de l'ocre.

La rivière Bow prend sa source dans les champs de glace des Rocheuses et coule vers l'est à travers le parc national de Banff, jusqu'aux prairies. Dans le parc, la Transcanadienne et la promenade Bow Valley longent le cours panoramique de la rivière.

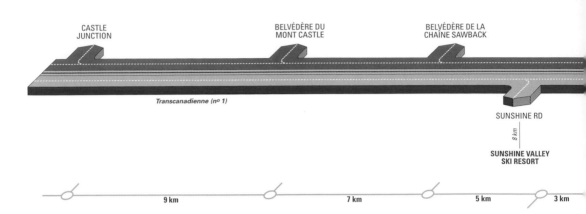

CASTLE
JUNCTION

BELVÉDÈRE DU
MONT CASTLE

BELVÉDÈRE DE LA
CHAÎNE SAWBACK

Transcanadienne (nº 1)

SUNSHINE RD

8 km

SUNSHINE VALLEY
SKI RESORT

9 km 7 km 5 km 3 km

**PARC NATIONAL
DE BANFF**

Station de ski Sunshine Valley

❄

Paradis des skieurs, c'est le plus haut centre (2 215 m) en Amérique du Nord. Il offre 80 pistes réparties sur trois montagnes et desservies par 12 téléskis (dont huit télésièges et un téléphérique). Beaucoup de skieurs croient que Sunshine Valley est incomparable grâce à sa longue saison de ski et à l'abondance de ses chutes de neige (au moins 10 m par année). De plus, c'est le seul endroit des Rocheuses où l'on peut loger en montagne.

Banff

🏔 🛶 🎣 🥾 🏊 ❄

En toute saison, cette ville, située au cœur du parc le plus fréquenté au pays, bourdonne d'activités. Ses 8 000 habitants accueillent plus de 5 millions de touristes par année. Les hôtels et boutiques qui ont surgi au cours des dernières années ont donné à Banff un caractère urbain qui contraste vivement avec son cadre grandiose et la présence de wapitis et d'autres animaux dans ses quartiers résidentiels.

À ne pas manquer, l'hôtel Banff Springs, le premier lieu de

Non seulement la ville de Banff jouit-elle d'un site splendide, mais elle est aussi un centre culturel et récréatif renommé. Ci-dessous, la vue du mont Cascade, de l'avenue Banff.

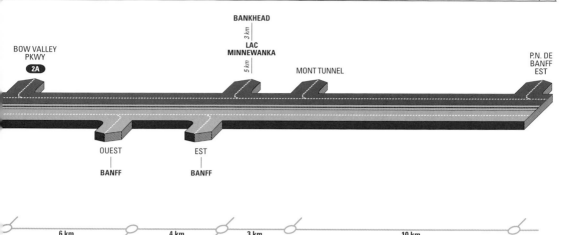

BANKHEAD

3 km

LAC
MINNEWANKA

5 km

MONT TUNNEL

BOW VALLEY
PKWY

2A

P.N. DE
BANFF
EST

OUEST
|
BANFF

EST
|
BANFF

6 km   4 km   3 km   10 km

villégiature des Rocheuses, cons-truit en 1888. Agrandi au cours des années, l'hôtel compte 829 des 3 500 chambres de la ville.

Voyez les Cave and Basin Hot Springs, sources sulfureuses dont la découverte fut à l'origine de la création du parc ; les seules eaux thermales dans lesquelles la baignade est permise sont celles de Upper Hot Springs.

Les activités culturelles tien-nent une place importante à Banff. Au musée Whyte des Rocheuses, on peut voir des expositions de photographies et d'objets à caractère historique. Le musée du parc de Banff pos-sède des spécimens naturalisés (remontant aux années 1860) de la faune du parc, alors que le musée Luxton est consacré à la présence des autochtones dans les plaines du nord et dans les Rocheuses canadiennes au cours de la préhistoire.

Le Festival des arts de Banff offre de la musique de chambre, du chant choral, de l'opéra, du jazz et de la danse ; le théâtre est aussi à l'honneur notamment grâce à la Rocky Mountain Shakespeare Company. Le Cen-tre de Banff, fondé en 1933 et consacré à la musique, aux arts du spectacle et aux arts visuels, est l'une des meilleures institu-tions de ce genre au Canada.

Pour un panorama de la région, montez dans le téléphéri-que du mont Norquay ou dans celui du mont Sulphur. Les autres activités comprennent l'équitation, un tour en chariot bâché, sans oublier le canot, le rafting, la randonnée pédestre, le planeur (avec guide) et les tours d'hélicoptères.

Lake Minnewanka

Une croisière en bateau-mouche vous fait faire en 2 heures le tour du lac pour admirer les plus spec-taculaires beautés du parc de Banff : pics enneigés entourant des eaux couleur d'émeraude et sur les rives desquels vous aper-cevrez des mouflons d'Améri-que, des cerfs et même des ours.

Le lac Minnewanka, le plus grand du parc, est un lac artificiel créé en 1941 lors du développe-ment d'un projet d'hydroélectri-cité. L'ancien centre touristique Minnewanka Landing, mainte-nant submergé dans le lac, attire les plongeurs. Le long des rives, des aires de pique-nique et plu-sieurs sentiers dont un parcours de 2 heures avec guide. Vous pouvez aussi louer un bateau (le lac est le seul du parc où les bateaux à moteur sont autorisés) et tenter votre chance à la pêche à la truite.

Bankhead

Situé au pied du mont Cascade, sur la route du lac Minnewanka à 8 km au nord-est de Banff, ce qui fut au début du siècle un floris-sant centre minier n'est plus qu'une ville fantôme. Bankhead comptait 1 200 habitants, des courts de tennis, une patinoire et une bibliothèque, ce qui en faisait l'agglomération la plus importan-te de la région. De 1904 à 1922, elle fournissait 180 000 tonnes de charbon par an au Canadien Pacifique, mais le charbon était de piètre qualité de sorte que les mines et la ville furent abandon-nées. On peut visiter à pied ce qui reste du centre minier.

Construit en 1928, l'hôtel Banff Springs est de style seigneurial français et écossais. Les voyageurs apprécient depuis longtemps son pittoresque emplacement, entre les montagnes et la rivière Bow.

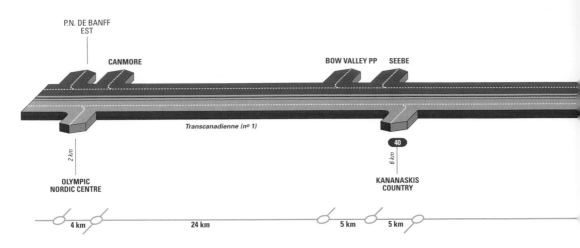

P.N. DE BANFF
EST

CANMORE

BOW VALLEY PP   SEEBE

Transcanadienne (nº 1)

2 km

OLYMPIC
NORDIC CENTRE

40

6 km

KANANASKIS
COUNTRY

4 km   24 km   5 km   5 km

**CONTREFORTS
DES
ROCHEUSES
ALBERTA**

Canmore

À l'ombre des Rocheuses, sur les rives de la Bow, Canmore, qui fut vers 1880 une ville minière (charbon) et ferroviaire, est maintenant un centre de sports de plein air. Le charbon n'a périclité qu'à la fin des années 70 et son rôle dans le développement de la région est illustré au musée Centennial de Canmore. On visitera aussi les casernes restaurées de la Police montée du Nord-Ouest, les plus anciennes de l'Ouest canadien.

Les admirateurs de Ralph Connor voudront visiter l'église qui porte son nom. Sous le pseu-donyme de Connor, le révérend Charles Gordon (1860-1937), qui fut ministre du culte de l'Église unie à Canmore vers 1890, devint un auteur à succès grâce à ses romans chrétiens comme *The Prospector* et *The Man from Glengarry*.

Centre Olympic Nordic

Tant les débutants que les experts apprécieront les pistes de ski de fond (70 km) du centre où on peut même skier la nuit sur une piste éclairée de 2,5 km. Le centre a été l'hôte des épreuves de ski de fond et de biathlon aux Jeux olympiques d'hiver 1988.

Parc provincial Bow Valley

Situé sur les rives de la Bow, ce parc marque la fin des contreforts et le début des hautes montagnes des Rocheuses. Les hauts pics couronnant les forêts et les prairies fleuries invitent à la promenade. Vous observerez peut-être des colibris ou encore des orchidées sauvages.

Les superbes pistes de ski de fond et de biathlon, reconnues mondialement, font du Centre Olympic Nordic, près de Canmore, le paradis des amateurs de plein air. On voit ci-contre un amateur de vélo de montagne relever le défi des pistes sur lesquelles les athlètes se sont mesurés aux Olympiques d'hiver de 1988.

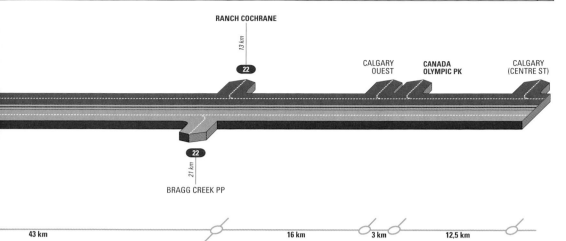

RANCH COCHRANE

13 km

22

CALGARY
OUEST

**CANADA
OLYMPIC PK**

CALGARY
(CENTRE ST)

22

21 km

BRAGG CREEK PP

43 km   16 km   3 km   12,5 km

Les drapeaux de toutes les nations accueillent les visiteurs au Parc olympique de Calgary (ci-dessous). Le Temple de la renommée rend hommage à des champions des sports d'hiver comme la patineuse Barbara Ann Scott (médaillée d'or en 1948) ou la skieuse Karen Percy (double médaillée de bronze en 1988).

Seebe

Le musée des Légendes (Passing of the Legends) fait partie du ranch Rafter Six, un site touristique style Western où on a tourné plusieurs films. Le musée présente des spectacles de danse amérindienne et des expositions d'art autochtone pendant les Journées Buffalo Nations, en août de chaque année.

Région de Kananaskis

Au sud-ouest de Calgary, cette vaste zone offre sur 4 250 km² des pistes de ski, des sentiers de motoneige, des sentiers de randonnée, des pistes cyclables et des campings dans un paysage de montagnes et de prairies. De la Transcanadienne, Kananaskis Trail (route 40) conduit vers le sud à la majorité des centres d'intérêt. On trouve du logement adapté à toutes les bourses et environ 3 000 sites de camping : certains reçoivent des véhicules de caravaning et d'autres des groupes de cavaliers. Vous pouvez aussi faire du camping sauvage.

Parmi les centres de ski de la région, Nakiska a été l'hôte des épreuves de ski alpin des Olympiques d'hiver 1988 ; le centre offre 28 pistes, une rampe de 735 m de hauteur et quatre télésièges. Les golfeurs disposent de deux parcours de 18 trous.

S'il vous reste de l'énergie, vous pouvez faire un tour de chariot bâché ou, plus aventureux encore, en hélicoptère, faire du bateau (de la voile au rafting) ou vous promener en traîneau.

Ranch Cochrane

En 1881, le sénateur M. H. Cochrane (1824-1903), un homme d'affaires du Québec, installa des milliers de bovins importés des États-Unis dans un ranch de 750 km². Il s'agissait du premier ranch d'importance dans la région et même si l'aventure prit fin après quelques rudes hivers, elle pava la voie de l'industrie du bétail en Alberta. Le ranch est devenu un site historique provincial. Le centre Western Heritage y est consacré à l'histoire des rodéos et des ranchs dans la province. La statue *Men of Vision (ci-dessus)* rend hommage à l'esprit de pionnier des premiers «ranchers».

Parc olympique, Calgary

En périphérie de Calgary se trouve le site des épreuves de sauts à ski, de luge et de bobsleigh des Olympiques d'hiver 1988. C'est aujourd'hui un centre de sports ouvert à longueur d'année. Un temple de la renommée rend hommage aux athlètes olympiques. Testez votre habileté sur des ordinateurs qui simulent le parcours de la piste olympique de bobsleigh et de luge ou, en été, dévalez les derniers tournants de la vraie piste. Les activités estivales comptent des camps consacrés à la luge, au patinage de vitesse, à la bicyclette, au saut en planche à roulettes et au patin à roues alignées.

69

CALGARY – LA VILLE QUI BOUGE

La richesse créée par l'élevage, l'agriculture et l'exploitation du pétrole et du gaz naturel donne à Calgary la promesse d'un avenir dynamique. Le centre-ville, dominé par un ensemble de gratte-ciel, présente un réseau dense de rues ponctué de prestigieux points d'intérêt, tous accessibles à pied, comme le musée Glenbow ou le marché Eau Claire. La banlieue, qui est proche, s'étend dans un paysage de collines ondulées creusées par le lit des rivières. Tout près, les splendeurs des Rocheuses et l'attrait des loisirs à longueur d'année.

Marché Eau Claire
Près de la Bow et du parc Prince's Island, en plein centre-ville, un marché achalandé avec boutiques, restaurants et marché d'alimentation.

Parc du Stampede et Saddledome
Les gratte-ciel s'élèvent majestueusement à l'arrière-plan du toit arrondi du Saddledome, le bercail de l'équipe de hockey des Flames de Calgary. Construit en 1980, le Saddledome est devenu le point d'intérêt du parc du Stampede, où a lieu le fameux Stampede de Calgary (10 jours) en juillet tous les ans, depuis 1923. Le parc accueille aussi des salons commerciaux, des manifestations sportives, des concerts et des courses de chevaux. Du centre-ville, prenez le train rapide C-Train.

Vers l'Energeum
Situé au 640, 5e avenue sud-ouest, cet étonnant petit musée retrace l'histoire de l'industrie pétrolière en Alberta.

Vers le Science Centre
Situé au 701 11 St. SW, le centre possède un planétarium et présente des expositions touche-à-tout ainsi que des expositions temporaires.

N

DAQING AVE.

3 AVE.

4 AVE.

3 ST. SW

2 ST. SW

1 ST. SW

5 AVE.

CENTRE ST.

1 ST. SE

6 AVE.

Centre Petro Canada

7 AVE.

Centre for the Performing Arts

8 AVE.

Banker's Hall

9 AVE.

Jardins Dévoniens
Les jardins intérieurs les plus importants de l'Alberta sont situés à 15 m au-dessus de la rue, au quatrième étage du Centre Toronto-Dominion. Les visiteurs peuvent y admirer plus de 20 000 plantes et flâner dans les sentiers qui traversent un ruisseau, un bois et des bassins de poissons.

Bourse des grains
Premier gratte-ciel construit à Calgary (1910), il présente une élégante façade en grès jaune. Dans les années 1900, ce matériau local était le plus souvent utilisé dans la construction des édifices publics. L'utilisation répandue du grès jaune est à l'origine du surnom de Calgary, la « ville de grès ».

Tour de Calgary
Lors de sa construction, en 1968, la tour de Calgary (191 m) dominait le ciel de la ville, mais elle se faisait dépasser en 1985 par le **Centre Petro Canada** (210 m) et en 1989 par le **Banker's Hall** (196 m). En 62 secondes par l'ascenseur, on arrive sur la terrasse tournante d'où l'on a une vue spectaculaire de la ville et des pics enneigés des Rocheuses. Le **Centre de renseignements touristiques** se trouve au rez-de-chaussée de la tour.

Centre culturel chinois

En 1993, on fit venir des artisans chinois réputés pour leur maîtrise des techniques d'architecture classique lors de la construction du centre qui abrite un musée et qui présente des expositions sur l'histoire et la culture chinoise. On s'est inspiré du Temple du paradis de Beijing pour la conception du Great Cultural Hall, dont les six étages sont coiffés d'un spectaculaire dôme de céramique vitrifiée bleue au centre duquel miroite un dragon doré.

CALGARY

N

Rivière Bow

TOUR GUIDÉ

Jardin zoologique de Calgary, Jardin botanique et Parc préhistorique

Une passerelle jetée sur la rivière Bow conduit à la section sud du zoo de Calgary, situé en partie dans l'île St. George. Parmi les 1 200 espèces qu'abrite le zoo, des girafes et des ours polaires (*à droite*), ainsi que des espèces menacées comme le gorille des plaines, le tigre de Sibérie et l'éléphant du Sri Lanka. Dans l'île, le **Jardin botanique** reproduit différents milieux (tropical, pluvial, aride) et offre des jardins pour les papillons. Une deuxième passerelle mène sur la rive nord de la Bow où se trouve le **Parc préhistorique** qui expose des répliques grandeur nature de dinosaures.

Olympic Plaza

C'est sur cette vaste place, créée pour les Olympiques de 1988, que les athlètes recevaient leurs médailles. Aujourd'hui, Olympic Plaza accueille toute l'année divers événements comme des festivals et des concerts.

Bow River

RIVERFRONT AVE.

MACLEOD TRAIL

Passerelle vers l'île St. George

ST. GEORGE'S ISLAND

Fort Calgary

À l'aide de clous de bois, de pics, de bêches et de scies du XIXᵉ siècle, des volontaires ont reconstruit le fort sur son emplacement original, au confluent des rivières Bow et Elbow, en utilisant les méthodes de construction du siècle dernier. Sept ans après l'achèvement de la construction du fort par la Police montée du Nord-Ouest, en 1875, on abattit la palissade de rondins pour la remplacer par des casernes. Une agglomération commença alors à se former autour du fort, mais, lors de l'arrivée du Canadien Pacifique, en 1883, la population s'établit plutôt autour de la gare. C'est ainsi que naquit, un an plus tard, la ville de Calgary. Un centre d'interprétation relate l'histoire du fort et l'importance du rôle joué par les *Mounties* dans le développement de l'Ouest canadien.

Vers le parc du Stampede et le Saddledome (*voir ci-dessus, à gauche*)

Complexe civique de Calgary

On admirera le contraste frappant entre la paroi lisse des vitres bleues de l'édifice municipal (1985) et les tours et pignons de grès de l'hôtel de ville (1911). De l'Olympic Plaza, juste en face, on peut pleinement apprécier cet heureux mélange d'architecture ancienne et moderne.

Musée Glenbow

Les collections, impressionnantes et diversifiées, de cet important musée font revivre l'épopée de l'Ouest ; voyez un costume de danse autochtone (*à droite*), divers objets personnels ayant appartenu à des familles venues s'installer dans l'Ouest entre 1880 et 1950, la collection d'armes et d'autres objets militaires ainsi que diverses expositions d'art. En face, le **Centre for the Performing Arts,** consacré aux arts de la scène.

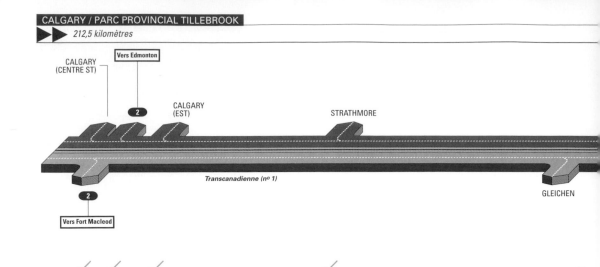

**CENTRE-SUD
DE L'ALBERTA**

*Parsemées de plantes de brousse
sèche (sauge, cactus), les terres
ravinées et multicolores des badlands furent autrefois de riches
marécages où des monstres préhistoriques foulaient les forêts de
sycomores, de magnolias, de figuiers
et de châtaigniers. Les vestiges de
ces bêtes font aujourd'hui du parc
provincial Dinosaur le rendez-vous
des paléontologues.*

Drumheller

Au cœur des badlands, Drumheller est sans doute le dépôt
fossilifère de dinosaures le plus
important au monde. Ville
minière (charbon) jusque dans
les années 50, Drumheller vit
maintenant de l'exploitation du
pétrole et du gaz ainsi que d'une
florissante industrie touristique
centrée sur les dinosaures.

On peut explorer les badlands
et la vallée de la Red Deer à pied,
à cheval ou en aéroglisseur. La
vie pendant la préhistoire ainsi
que divers processus géologiques
comme la formation du charbon
ou la fossilisation font l'objet des
expositions du musée des Dinosaures. Les collections du musée
Homestead Antique sont consacrées aux autochtones et aux
pionniers. Un tour guidé consacré aux anciennes activités char-
bonnières de la région est offert
par le Historic Atlas Coal Mine.

Royal Tyrrell Museum,
Drumheller

Situé dans le parc provincial
Midland (6 km au nord-ouest
de Drumheller), le Royal Tyrrell
Museum est le seul musée au

Canada qui se consacre à l'étude
de la paléontologie. Parmi ses
800 fossiles, on trouve la plus
importante collection au monde
de squelettes de dinosaures
reconstitués, notamment celui
du *Tyrannosaurus rex* et
du *Stegosaurus* (*à
droite*). L'exposition
explique l'histoire
de la terre il y a
4,5 milliards
d'années et la
présence des
fossiles en
Alberta.
Elle com-
prend des élé-
ments interactifs, des simulations
sur ordinateur et un jardin préhistorique. Le musée porte le nom
de Joseph Burr Tyrrell (1858-
1957), le géologue qui, en 1884,
fit la découverte du crâne de
l'*Albertosaurus*.

Bassano

Les barrages de la rivière Bow
irriguent 800 km² de terres agricoles et d'espaces récréatifs. Au
camping (80 emplacements) du
réservoir de la vallée de
Crawling,

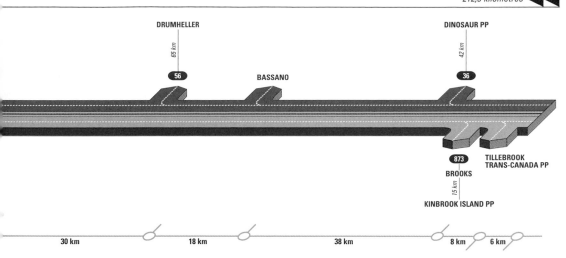

on peut se baigner, faire du bateau et pêcher. Les fermiers, favorisés par la saison végétative la plus longue en Alberta, cultivent du blé, de l'avoine et du colza et font l'élevage de bœufs.

Parc provincial Dinosaur

Chaque année ou presque, on découvre de nouvelles espèces de dinosaures dans ce parc (90 km²) des badlands qui est l'un des dépôts de fossiles les plus riches au monde. Il y a 65 millions d'années, la région était peuplée de dinosaures dont l'érosion progressive du grès et de l'argile met régulièrement au jour les ossements. L'Unesco a fait du parc un site du patrimoine mondial.

Dans le parc, le Royal Tyrrell Museum (*voir page opposée*) entretient un site qui expose des fossiles et retrace l'histoire géologique de la région. Les employés du parc et du musée unissent leurs efforts pour présenter des conférences, des vidéos, des diaporamas et des expositions variées. On peut observer l'application des techniques de préservation des spécimens ou suivre un tour guidé (en autobus ou à pied) vers les dépôts fossilifères généralement interdits au public.

Brooks

Prodige d'ingénierie, l'aqueduc de Brooks fut en son temps la structure de béton armé la plus longue jamais construite ; maintenant abandonné, il domine une vallée de 3 km de large située à quelque 8 km au sud-est de Brooks. Construit en 1915 par le Canadien Pacifique pour irriguer les fermes des environs, il a admirablement rempli sa fonction jusqu'à la construction, en 1980, du réseau de canaux et de conduites qui dessert maintenant la région. Classée site historique, cette étonnante structure rappelle la rareté de l'eau dans cette région par ailleurs favorisée par la richesse du sol et la durée exceptionnelle de sa saison végétative.

Brooks abrite un centre de recherche sur la diversification des cultures. Vous pouvez y faire un tour autoguidé des spectaculaires aménagements paysagers.

Parc provincial Kinbrook Island

Situé sur une île du réservoir d'irrigation Newell – l'un des plus grands lacs artificiels d'Alberta –, ce parc abrite le marais Kinbrook et le paradis des ornithologues, le sanctuaire d'oiseaux Sven Bayer, relais vital pour les oiseaux aquatiques. Il offre aussi des plages sablonneuses, une rampe de mise à l'eau, de bons sites de pêche et un camping (167 emplacements).

Parc provincial Tillebrook

Ses pelouses verdoyantes et ses arbres contrastent avec les prairies environnantes. À proximité de la route, il offre des aires de pique-nique et un camping avec tous les services (douches, machines à laver, abri avec réchaud à gaz).

SUFFIELD

Transcanadienne (nº 1)

TILLEBROOK
TRANS-CANADA PP

55 km   32 km

**SUD-EST
DE L'ALBERTA**

Redcliff

La « capitale des serres » des Prairies compte quelque 50 entreprises d'horticulture qui exportent dans tout le pays des millions de légumes et de fleurs. Nombre d'entre elles dont les Serres Redcliff, un important producteur de fleurs, accueillent les visiteurs qui peuvent ainsi se familiariser avec les techniques les plus modernes de culture.

Le parcours de golf (18 trous) Redcliff Riverview est en bordure de la Saskatchewan du Sud dont les berges rouges et escarpées ont inspiré le nom de la ville.

Medicine Hat

Oasis de verdure au milieu des champs de céréales, cette ville de 45 000 habitants, en bordure de la Saskatchewan du Sud, ne compte plus ses parcs et ses arbres. Procurez-vous le guide historique et voyez les bâtiments construits au tournant du siècle, notamment l'élégante gare du Canadien Pacifique (1905) ou l'église St. Patrick à deux tours (1912). Beaucoup de bâtiments sont en brique, un matériau que la ville produisait autrefois.

L'Exposition et le Stampede de Medicine Hat rassemblent les meilleurs cow-boys d'Amérique du Nord. Tenu pour la première fois en 1887, ce rodéo professionnel, le deuxième en importance en Alberta, a lieu chaque année au mois d'août. Plaisir garanti pour toute la famille.

Le parc régional Echo Dale, sur la route 3 à environ 8 km de la ville, possède des lacs artificiels où on peut pêcher, se baigner ou se balader en bateau. On peut aussi y voir des bâtiments de ferme, y compris une maison de pionnier en rondins, restaurée et décorée façon début du siècle, ainsi que la mine Ajax Coal (1884-1967), en partie restaurée.

Tipi Saamis, Medicine Hat

À la jonction de l'autoroute et de South Ridge Drive, un tipi géant de 20 étages rend hommage aux autochtones et présente des expositions d'art et des kiosques d'interprétation. Le tipi, construit en 1986 pour les Olympiques d'hiver de Calgary, surplombe maintenant le site archéologique des Saamis, dans le ravin Seven Persons, où la viande du bison d'Amérique était dépecée. Des maquettes dessinées par des artistes autochtones renommés illustrent la culture amérindienne.

Centre d'interprétation Clay Products, Medicine Hat

La richesse de l'argile et l'abondance du gaz favorisèrent les ateliers de poterie et de porcelaine à la fin du siècle dernier. Les faïenceries Medalta ainsi que les poteries Alberta et Medicine Hat (aujourd'hui, Hycroft China) furent parmi les premières entreprises de la province à exporter des objets manufacturés dans l'est du pays. Il subsiste encore plusieurs fours originaux, bien qu'aucun ne serve plus à la production commerciale. L'ancienne usine Hycroft China abrite aujourd'hui le Centre d'interprétation Clay Products qui présente une importante collection de poterie locale. On peut visiter l'usine et observer la fabrication des objets en argile.

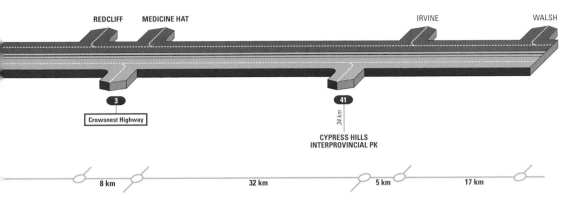

Parc interprovincial Cypress Hills

De la plate prairie semi-aride s'élèvent des collines de pins lodgepole, «le parfait oasis dans le désert», comme les décrivait l'explorateur John Palliser, au siècle dernier. Formées il y a des millions d'années à partir de sédiments, ces collines, qui ont résisté à la glaciation, forment maintenant l'élévation la plus importante entre les Rocheuses et le Labrador. Une partie d'entre elles est protégée par un parc interprovincial, à cheval entre l'Alberta et la Saskatchewan.

Dix-huit espèces d'orchidées poussent ici et, dans la seule portion albertaine du parc (208 km^2), on a dénombré plus de 200 espèces d'oiseaux, y compris des dindons sauvages. Les orignaux et les wapitis partagent les bois et les prairies du parc avec les castors, les coyotes et les écureuils roux. Le centre d'accueil aux visiteurs met à votre disposition des jumelles et des guides d'identification pour la faune et la flore.

Le parc offre plus de 500 emplacements de camping et on trouve des chambres au motel de Elkwater, la seule ville du parc, située sur le lac du même nom. Là se trouvent des plages sablonneuses et une marina qui peut accueillir 70 bateaux. Un rodéo a lieu la première fin de semaine de juillet et un festival d'hiver se tient en janvier. On peut skier à la station Hidden Valley. Le belvédère Horseshoe Canyon offre une vue de 100 km à la ronde.

Sur les hauts plateaux des collines du Cyprès, des groupes d'épinettes et de pins lodgepole ouvrent sur d'onduleuses prairies parsemées de campanules, de crocus, de marguerites et d'autres fleurs sauvages. La richesse de sa faune et l'exceptionnelle variété de sa flore font du parc le paradis des naturalistes. On y a découvert des fossiles de mammifères préhistoriques datant de 40 millions d'années.

75

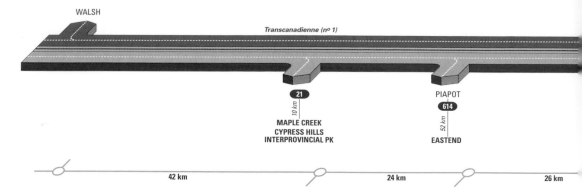

WALSH

Transcanadienne (n° 1)

21
10 km
MAPLE CREEK
CYPRESS HILLS
INTERPROVINCIAL PK

PIAPOT
614
52 km
EASTEND

42 km   24 km   26 km

**SUD-EST DE LA
SASKATCHEWAN**

La palissade, l'écurie et les bâtiments du fort Walsh ont été reconstruits façon 1880. À cette époque, la Police montée patrouillait la frontière, faisait respecter la loi et négociait des traités, jouant ainsi un rôle majeur dans le Nord-Ouest.

Maple Creek

Les musées ne manquent pas à Maple Creek. Les 12 pièces du Jasper Cultural and Historical Centre, réparties sur les deux étages d'une ancienne école de brique, reconstituent entre autres une maison de pionnier (*à gauche*), un magasin général, une salle de classe et une gare. Le musée des Old Timers est consacré à la Police montée du Nord-Ouest, aux pionniers et aux autochtones. Des tracteurs de tous genres occupent la place d'honneur à l'Antique Tractor Museum and Frontier Village.

Parc interprovincial Cypress Hills

De Maple Creek, on accède aux deux secteurs de la partie saskatchewanaise du parc. La route 271 mène au secteur ouest et à Fort Walsh, la route 21, au secteur est. Tous deux sont pourvus de plages, de sentiers et de campings dont un reçoit les cavaliers (secteur ouest). Du sommet de falaises formées il y a 40 millions d'années, on a une vue panoramique des prairies environnantes.

Lieu historique national de Fort Walsh

On a reconstruit le fort de la Police montée du Nord-Ouest sur l'emplacement original des installations érigées par le major James Walsh en 1875. Pendant huit ans, la gendarmerie en poste au fort Walsh joua un rôle de premier plan dans l'établissement de la loi et de l'ordre dans l'Ouest. Walsh et ses hommes combattirent d'abord le trafic de whisky qui se faisait auprès des Assiniboines, des Pieds-Noirs et des Cris de la région. Puis, à la suite de la bataille de Little Big Horn, en 1876, Walsh accueillit le chef Sitting Bull et 5 000 Sioux qui fuyaient les États-Unis. Le dernier Sioux regagna sa patrie en 1881 et le fort fut abandonné deux ans plus tard. De 1942 à 1968, la Gendarmerie royale utilisa le fort comme ranch d'élevage de chevaux. Non loin, Parcs Canada a restauré les postes de traite Farwell et Solomon.

Eastend

Eastend est blottie dans la vallée Hidden Secrets qui doit son nom à la richesse de ses sites paléontologiques et historiques. Vers 1950, on y a découvert le bouclier d'un tricératops, puis, en 1994, on a mis au jour un *Tyrannosaurus rex,* long de 13 m. On ne s'étonnera donc pas de trouver au musée de Eastend, dans l'ancien théâtre Pastime (1914), aussi bien des fossiles de dinosaures que des collections autochtones et du temps des pionniers. Le centre de recherche Eastend Fossil offre des expositions de paléontologie et des programmes d'interprétation.

On peut aussi visiter la maison d'enfance de Wallace Stegner (1909-1993), écrivain américain lauréat du prix Pulitzer qui campa plusieurs de ses romans, notamment *Wolf Willow* (1955), en Saskatchewan.

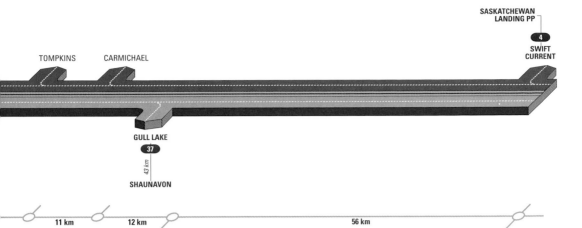

SASKATCHEWAN
LANDING PP

4

SWIFT
CURRENT

TOMPKINS   CARMICHAEL

GULL LAKE
37

43 km

SHAUNAVON

11 km   12 km   56 km

Gull Lake

La ville, qui porte le nom d'un lac
depuis longtemps disparu, faisait
partie d'un vaste ranch qui s'établit ici à la fin du siècle dernier.
Le bâtiment principal du ranch
(1888) abrite aujourd'hui les
bureaux du district scolaire.
Après la faillite de l'exploitation,
les terres furent vendues en lots
et on fonda la ville qui battit
des records de production de
céréales. Vers 1950, Gull Lake
connut un nouvel essor grâce à la
découverte de pétrole et de gaz.

Shaunavon

Son eau de source pétillante fait
sa renommée. En 1939, le train
qui transportait le roi George VI
et la reine Élisabeth s'arrêta ici
pour en faire provision. Le
Centre culturel et historique du
Grand Coteau présente des fossiles, des animaux empaillés,
ainsi que divers outils et objets
autochtones. L'économie de la
région (bassin Bone Creek) est
fondée sur l'élevage du bétail, la
culture des céréales et l'exploitation du pétrole et du gaz.

Swift Current

Fondée grâce au Canadien Pacifique, cette ville est aujourd'hui
un centre d'élevage bovin et de
production céréalière. Le musée
de Swift Current retrace l'histoire de la région. Le parc Kinetic
abrite Doc's Town, un village du
début du siècle, et un site historique mennonite où l'on visite une
grange et une maison d'époque.
Le restaurant sert des plats allemands traditionnels.

Lac Diefenbaker

Nommé à la mémoire du Premier
ministre John Diefenbaker (1895-
1979), ce lac artificiel de 220 km

de long a été créé vers 1960 avec
l'érection du barrage Gardiner
sur la Saskatchewan du Sud.
Autour du lac, on trouve trois
parcs (Danielson, Douglas et
Saskatchewan Landing).

Parc provincial
Saskatchewan Landing

Situé à environ 50 km au nord de
Swift Current, ce parc chevauche la Saskatchewan du Sud à
l'emplacement d'un passage où
l'on trouvait jadis un pont et un
traversier. Le centre d'accueil
aux visiteurs est installé dans la
maison Goodwin, construite en
1900 par un officier de la Police
montée. Il y a une marina et
255 emplacements de camping.

*Les fouilles dans la
vallée de la Frenchman,
près de Eastend, ont mis
au jour divers ossements,
depuis le squelette quasi
intact d'un Tyrannosau-
rus rex, aux vestiges
fossilisés de reptiles, de
mammifères, de plantes
et d'oiseaux préhistori-
ques. Un paléontologue
enveloppe soigneusement
une dent de 23 cm (en
médaillon) afin de
pouvoir l'examiner
en laboratoire.*

77

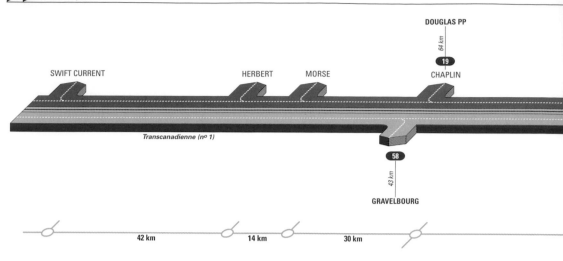

DOUGLAS PP

64 km

19

SWIFT CURRENT   HERBERT   MORSE   CHAPLIN

Transcanadienne (nº 1)

58

43 km

GRAVELBOURG

42 km   14 km   30 km

**CENTRE-SUD
DE LA SASKAT-
CHEWAN**

*La murale (5 m x 15 m) de Gus
Froese, un artiste de Moose Jaw,
illustre le moment où les Robin
Hoods de Moose Jaw et leurs
adversaires se sont rendus au terrain de baseball pour le match
d'ouverture, escortés par une
fanfare, le service des incendies,
les membres du Conseil municipal
et toutes les voitures de la ville.*

Parc provincial Douglas

L'étendue de ses plages, la variété des sports nautiques qu'on
peut y pratiquer et son camping
bien ombragé font de ce parc, à
l'extémité sud-est du lac Diefenbaker, le préféré des familles. De
courts sentiers de randonnée
serpentent dans des dunes – qui
peuvent atteindre 25 m de hauteur –, des prairies balayées par
les vents et des forêts de trembles. Le parc porte le nom de
Tommy Douglas (1904-1986), qui
fut Premier ministre de la province pendant 17 ans.

Gravelbourg

Fondée en 1906 par le père
Louis-Joseph-Pierre Gravel,
en compagnie de ses cinq frères
et sœur et d'anciens résidents
du Québec et de la Nouvelle-
Angleterre, la ville est le centre
éducatif, culturel et religieux des
francophones de la province. La
magnifique cathédrale romane

Notre-Dame-de-l'Assomption
(1918) s'enorgueillit d'une murale
du père Charles Maillard et de
vitraux importés de France. On
trouve des reproductions de
maîtres de la Renaissance dans
la galerie d'art de l'École élémen-
taire, installée dans l'ancienne
chapelle du couvent Jésus-Marie.
On peut retracer l'histoire locale
en visitant le Musée de Gravelbourg, au Centre culturel
Charles-Maillard.

Moose Jaw

La plupart des habitants de cette
ville, située au cœur des terres à
blé, travaillent à la base aérienne
des Forces armées canadiennes,
le plus important centre d'entraînement au pays de pilotes
d'avions à réaction. Moose Jaw,
qui possède ainsi l'aéroport le
plus achalandé au Canada, est le
bercail de la fameuse escadrille
d'acrobates du ciel, les Snowbirds. La galerie Snowbird, au
musée Western Development,

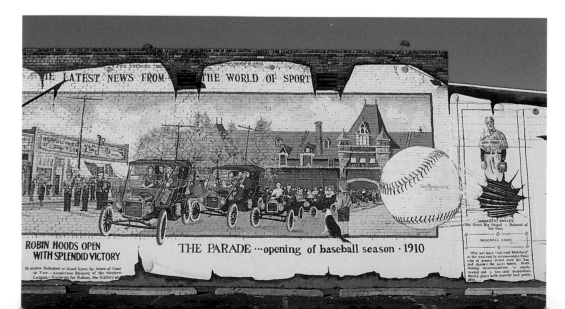

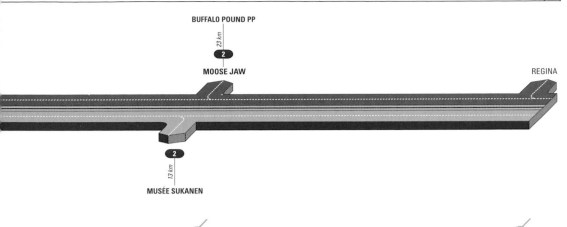

présente un film (*Fly With the Snowbirds*) sur les prouesses de l'équipe. Le musée possède également une collection de voitures, de motoneiges, d'avions et de locomotives d'âge vénérable.

Des eaux thermales, tirées d'une profondeur de 1 400 m, alimentent les piscines intérieures et extérieures ainsi que les 25 suites luxueuses du centre des congrès et hôtel géothermal Temple Gardens Mineral Spa, au cœur de la ville.

Vingt-six murales historiques géantes ornent les murs des édifices de Moose Jaw. Peintes par des artistes canadiens et américains, elles illustrent les différentes étapes du développement de la ville : ses premiers établissements, la construction du chemin de fer, un guerrier sioux, les débuts de l'exploitation agricole, une partie de baseball de l'époque, les exploits des contrebandiers d'alcool, etc. Des visites guidées partent du 445 Main Street North (Murals Centre).

Voyez aussi les tunnels de Little Chicago, un réseau de passages souterrains sans doute construit à la fin du siècle dernier par les travailleurs chinois du chemin de fer pour soustraire leur famille à la capitation. Vers 1920, les tunnels servirent les fins du trafic d'alcool qui sévissait à Moose Jaw, alors capitale canadienne de la contrebande.

Musée Sukanen

Ce musée est l'ultime destination du vaisseau océanique *Dontianen*, bâti dans les Prairies au début du siècle par le marin finnois Tom Sukanen qui projetait une traversée vers la Finlande en passant par la Saskatchewan du Sud et la baie d'Hudson. Sukanen mourut en 1943 avant d'avoir achevé son navire. Après plusieurs années, le bateau fut restauré et exposé ici.

Le musée abrite aussi quelque 25 autres bâtiments provenant de différentes régions de la province. On peut voir des habitations datant de 1886 et de 1906 (avec poêle et lits d'origine, correspondance et documents juridiques de l'époque), une école avec sa seule pièce (1904), une église (1907) et son orgue encore en état de fonctionner, une gare du Canadien National (1911) et un magasin général (1914).

Parc provincial Buffalo Pound

Il doit son nom au corral naturel dont les Amérindiens se servaient pour capturer le bison. Aujourd'hui, du haut de la tour du sentier Bison, on peut observer quelques-unes de ces bêtes qui errent en liberté dans le parc. Le parc comprend aussi un lac artificiel, Buffalo Pound, long de 60 km, et le site d'interprétation faunique Nicolle Flats, où l'on peut observer diverses espèces d'animaux. Un sentier mène chez les pélicans blancs, un autre serpente dans les collines et les ravines jusqu'à la maison de pierre et l'ancienne grange (1903) de la famille Nicolle.

École et dépôt de la Gendarmerie royale

Le complexe de l'avenue Dewdney ouest est à la fois le camp d'entraînement de la Police fédérale et son quartier général depuis 1882. Les murs sont recouverts de plaques à la mémoire de ses officiers qui ont maintenu la tradition sacrée du devoir. La chapelle anglicane, bâtie en 1883 pour servir de mess et de cantine, est le plus vieux bâtiment de la ville. Le musée du Centenaire rappelle l'histoire de ce corps d'élite qu'on appelait, lors de sa création en 1873, la Police montée du Nord-Ouest. Un étage entier est consacré à l'histoire du crime et expose diverses armes meurtrières. Ne manquez pas la galerie kitsch (*à droite*) où la collection d'objets hétéroclites à l'effigie des *mounties* — bouteilles, pots à biscuits, poupées, cendriers — vous divertira. Tous les mardis, en juillet et en août, au coucher du soleil, des officiers de rouge vêtus abaissent le drapeau au cours d'une impressionnante cérémonie.

Market Square

Ce quartier du centre-ville s'étend, du nord au sud, entre la promenade Saskatchewan et la 13e Avenue, et, d'est en ouest, de la rue Osler à la rue Angus. Il renferme le parc Victoria, à l'ouest duquel se trouvent l'hôtel de ville et la bibliothèque municipale. La petite rue Scarth, réservée aux piétons, relie l'édifice McCallum Hill (identifiable à ses tours jumelles) au centre commercial Cornwall, en passant par le Globe Theater et le musée Civic Plains. Le casino, en face, est l'ancienne gare de la ville.

Musée royal de la Saskatchewan

Construit pour rendre hommage aux pionniers à l'occasion du 50e anniversaire de la Saskatchewan, le musée possède une remarquable frise extérieure, signée Hubert Garnier, qui représente la nature de la Prairie. Des galeries sont consacrées aux sciences de la terre, à celles de la vie et aux Premières nations, de même qu'à la mascotte du musée, un *Tyrannosaurus rex* animé nommé « Megamunch ».

Speakers' Corner

Inaugurée en 1966 par Lord Louis Mountbatten (1900-1979), cette place est dédiée aux traditions canadiennes de la liberté de parole et du droit de rassemblement public. Les bouleaux qui l'entourent furent amenés de Runnymede Meadow, une prairie au sud-ouest de Londres où l'on signa la Grande Charte en 1215. Les lampadaires proviennent du Hyde Park de Londres et les estrades de grès réservées aux orateurs se trouvaient dans l'ancien hôtel de ville de Regina.

Parlement de la Saskatchewan

Si l'on ne tient pas compte du dôme, la façade beaux-arts de l'édifice du Parlement est une copie conforme du château de Versailles. Cette œuvre des architectes montréalais Edward et W. S. Maxwell est un heureux mariage d'éléments architecturaux Louis XVI et Renaissance anglaise. L'extérieur est décoré de têtes de lions, de gargouilles et d'entrelacs de grains et de fruits, tandis que l'intérieur comporte 34 sortes de marbre. Dans la rotonde, une murale rend hommage aux Indiens de la Saskatchewan ; dans la bibliothèque, on retrouve une table ayant servi aux Pères de la Confédération réunis à Charlottetown en 1864.

VICTORIA AVE.

ALBERT ST.

BROAD ST.

COLLEGE AVE.

Wascana Lake

LEGISLATIVE DRIVE

HILL BL

SASKATCHEWAN RD.

REGINA – VILLE DES PLAINES

Au milieu de la vaste étendue des plaines arides, le profil de Regina miroite à la manière d'un mirage. L'agglomération, qui était à l'origine une traverse de ruisseau, s'appelait alors « Wascana », qui signifie tas d'os, en raison des ossements de bisons qu'on entassait au bord de l'eau. En 1882, elle devint simultanément le terminus du chemin de fer du Pacifique, le quartier général du gouvernement territorial et celui de la Police montée du Nord-Ouest. Elle prit bientôt le nom de Regina, en l'honneur de la reine Victoria, et devint, en 1905, capitale de la nouvelle province. Pour faire, de cette plaine dénudée entourant un ruisseau boueux, une ville où il fait bon vivre, on commença par jeter un barrage sur le ruisseau Wascana. On assurait ainsi l'approvisionnement en eau tout en créant un vaste lac artificiel au cœur de la ville. On planta ensuite 230 000 arbres pour créer des parcs et border les larges boulevards. Et il fallut recommencer après la tornade de 1912. Mais tous ces efforts portèrent fruit : un attrayant îlot urbain, ordonné et raffiné, se dresse aujourd'hui au milieu d'une mer de prairies céréalières.

Maison Diefenbaker
En 1967, on transporta ici la maison (deux chambres et une cuisine d'été) où se déroula l'enfance du 13e Premier ministre du Canada, John Diefenbaker (1895-1979), originaire du village de Borden. La maison restaurée comprend des meubles de la famille Diefenbaker.

Vers le centre des Sciences

WASCANA CENTER

WASCANA DRIVE

LAKESHORE DRIVE

23RD AVE.

Wascana Centre
Ses 9,3 km^2, soit huit fois la superficie du centre-ville de Regina, en font le plus grand parc urbain d'Amérique du Nord. Situé autour du lac artificiel Wascana, il est émaillé de plusieurs édifices : le Parlement de la Saskatchewan, le campus de l'Université de Regina, un centre des arts de la scène, le Musée royal de la Saskatchewan, la galerie d'art Norman Mackenzie, un centre des sciences et une réserve d'oiseaux aquatiques.

Galerie d'art Mackenzie
Les fondements de la collection permanente de 2 000 œuvres d'art anciennes et modernes remontent à un legs de l'avocat Norman Mackenzie (1869-1936). Depuis 1990, la galerie est située dans l'édifice T.C. Douglas. Les artistes de l'ouest du Canada, comme Dorothy Knowles, Joe Fafard et David Thauberger, y sont particulièrement bien représentés. Chaque année, en août, on peut assister à la reconstitution du procès de Louis Riel au théâtre de la galerie.

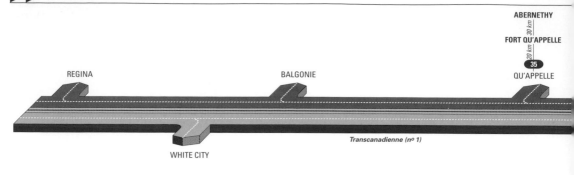

ABERNETHY

30 km

FORT QU'APPELLE

20 km

35

QU'APPELLE

REGINA   BALGONIE

WHITE CITY

Transcanadienne (nº 1)

19 km   7 km   29 km   14 km

**CENTRE-EST
DE LA SASKAT-
CHEWAN**

Les horticulteurs de l'Indian Head's
Shelterbelt Centre se font un plaisir
de répondre à vos questions sur
les espèces d'arbres et d'arbustes
qu'ils cultivent.

Fort Qu'Appelle

La légende veut qu'un guerrier
cri ait entendu sa fiancée morte
appeler son nom ici, d'où le nom
de la rivière en langue crie, *Kah-
tep-was* (la rivière qui appelle),
que les explorateurs français
traduisirent par Qu'Appelle. La
vallée de la Qu'Appelle possède
les terres agricoles les plus riches
de la province.

À Fort Qu'Appelle, la rivière
s'élargit pour former les chatoyants Fishing Lakes (Pasqua,
Echo, Mission et Katepwa). La
région est idéale pour la pêche, le
camping, la randonnée pédestre,
les sports nautiques et le golf.

D'imposants édifices de brique
et diverses boutiques d'artisanat
et de poterie font le charme de
cette ville qui s'est développée
autour d'un poste de la Compagnie de la Baie d'Hudson construit en 1864, au confluent des
grandes routes historiques.
Le site du poste a accueilli le
musée local où l'on peut voir des
collections rappelant la vie des
autochtones et des pionniers.

Lieu historique national
Motherwell Homestead,
Abernethy

Dans ce lieu, sis à quelque 30 km
à l'est de Fort Qu'Appelle, on
trouve, au milieu de beaux terrains paysagés, une charmante
maison de ferme en pierre et une
grange en forme de L. En 1882,
attiré par la promesse de l'octroi
d'une terre, W. R. Motherwell
(1860-1943), détenteur d'un
diplôme du Collège d'Agriculture
de l'Ontario, vint s'établir ici
pour mettre en œuvre des techniques de culture sèche. Celles-ci

firent merveille dans la prairie
aride. Les rangées d'arbres qu'il
planta pour protéger ses terres
du soleil et du vent contribuèrent
à réduire l'érosion. Durant l'été,
il laissait les terres en jachère
pour qu'elles conservent un
maximum d'humidité. Motherwell devint avec le temps le chef
de file des céréaliers des Prairies ;
il fut le premier ministre de
l'Agriculture de la Saskatchewan
et, vers 1920, il détint le même
portefeuille au fédéral.

Des guides en costume d'époque font visiter la maison en
pierre des champs d'inspiration
italienne qui contient les meubles
d'origine, dont des fauteuils en
cuir d'inspiration espagnole et
un piano Mason et Riesch. La
grange au toit mansardée abrite
des animaux de ferme et des
instruments aratoires d'époque.

Non loin, à Abernethy, on
peut voir des bâtiments de pierre
du tournant du siècle et une
église anglicane qui date de 1886.
Le musée local possède une collection de plus de 300 oiseaux et
autres animaux empaillés.

Indian Head

Située au milieu d'une région
vouée à la culture du blé, la ville
est surtout connue grâce à ses
exportations massives de plants
d'arbres. La pépinière du gouvernement fédéral (Prairie Farm
Rehabilitation Administration
Shelterbelt Centre), qui remonte
à 1902, constitue la plus importante plantation d'arbres destinés
à former des rideaux-abris en
Amérique du Nord. On y fait
pousser plus de 10 millions de
feuillus et de conifères, qui

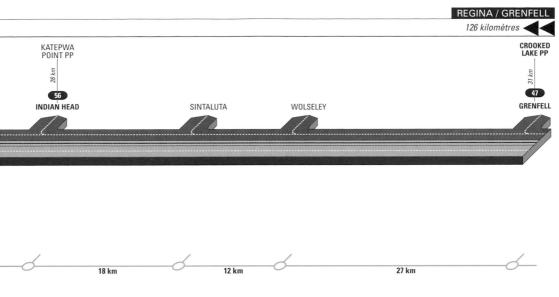

Le parc provincial Crooked Lake est populaire auprès des familles grâce à son pittoresque environnement et aux nombreuses activités qu'on peut y exercer (camping, pêche, randonnée, bicyclette, bateau, pique-nique et golf).

Au musée Grenfell, on trouve une présentation élégante de vêtements et de meubles anciens. Le musée possède aussi une collection importante d'objets militaires.

serviront de brise-vent aux terres cultivées, une technique qui a fait ses preuves. L'arboretum, certaines serres, une aire de pique-nique et le sentier Sunbeam Creek Nature (1 km) sont ouverts aux visiteurs.

Également à Indian Head, la ferme expérimentale Dominion est réputée pour la beauté de ses bâtiments et ses jardins floraux.

Grenfell

Ne manquez pas le kiosque de renseignements touristiques, un silo à céréales miniature. Colonisée par des immigrants anglais en 1882, la région est composée de riches terres agricoles. Grenfell est la ville d'origine de Paul Acoose (1884-1978), un coureur de fond salteau médaillé olympique, et de W. J. Patterson

(1886-1976), le premier Premier ministre de Saskatchewan natif de la province. La bibliothèque municipale (1882) est l'une des plus anciennes de la province.

Le musée Grenfell est installé dans une maison victorienne à tourelles (1904), restaurée et meublée au goût de l'époque. On y voit des vêtements, meubles, instruments de musique, appareils ménagers, armes et nombre d'autres objets anciens.

Parc provincial Crooked Lake

Dans la vallée de la Qu'Appelle, au nord-est du lac Crooked, ce charmant parc protège les versants de la vallée et des plaines. On y a aménagé un camping sur les rives du lac ; baignade, pêche et randonnée sont possibles.

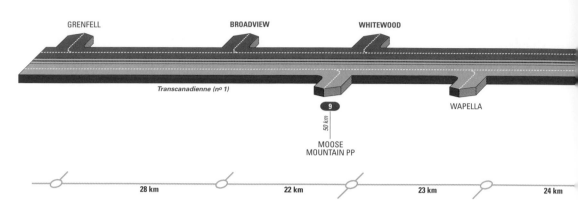

GRENFELL   BROADVIEW   WHITEWOOD

Transcanadienne (n° 1)   WAPELLA

9

50 km

MOOSE
MOUNTAIN PP

28 km   22 km   23 km   24 km

**CENTRE-EST
DE LA SAS-
KATCHEWAN
ET OUEST DU
MANITOBA**

Broadview

Le nom de la ville tire son origine
du commentaire qu'aurait fait un
cheminot impressionné par la vue
des vastes prairies environnantes.
Le musée de Broadview exhibe
des vêtements indiens, d'anciennes selles, des instruments militaires, de la machinerie agricole,
une gare, un fourgon de queue
ainsi que divers objets
témoins de l'époque
du chemin de fer, par
exemple l'affiche ci-
contre. On y trouve
aussi des maisons
rustiques, une forge
et des moulins à vent.

L'été, des cavaliers
provenant de partout
en Amérique du Nord
compétitionnent au
Jackpot Rodeo. La
région offre aussi
plusieurs festivals

amérindiens, et l'hiver, elle est
réputée pour ses pistes de ski.

Whitewood

Autrefois appelée Siding No. 9,
la ville doit son nom actuel aux
peupliers qui poussent non loin.
Les trois édifices du Musée historique de Whitewood présentent
des objets rappelant l'origine
(France, Hongrie, Finlande,
Suède) des pionniers de la région.

Installé dans une vaste maison
de 100 ans, le musée Chopping
possède plus de 30 000 pièces de
collection (lampes à huile, bidons
en fer-blanc, bouteilles, poupées,
outils, jouets et autres) rassem-
blées par le collectionneur et
écrivain George Chopping.

Sur la route 5, à environ 50 km
au sud de Whitewood, le parc
provincial Moose Mountain est
idéal pour les activités de plein
air, camping et randonnée.

*Les pionniers
des Prairies uti-
lisaient souvent
le gazon, une
ressource abon-
dante de la
région, comme
matériau de
construction.
Les mottes
étaient empilées
pour former
les murs et
placées sur une
charpente de
planche pour
former le toit.
Ci-dessus, une
maison en
gazon au musée
de Broadview.*

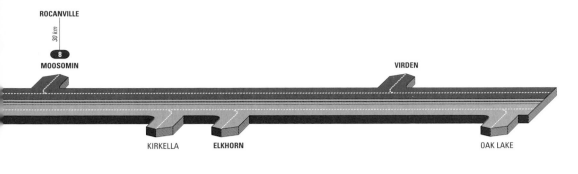

ROCANVILLE

30 km

8

MOOSOMIN

VIRDEN

KIRKELLA   ELKHORN

OAK LAKE

26 km   11 km   22 km   24 km

Moosomin

Une visite au musée privé Jamieson vous donnera un bon aperçu de l'histoire locale. Une maison du tournant du siècle abrite la plupart des collections, notamment des articles militaires, de la guerre des Boers à la guerre de Corée. On y trouve aussi une école monopièce, une maison en rondins et une vieille église.

En juillet se tient le Saskatoon Berry Festival and Rodeo. (Le *saskatoon berry* est une variété de mûre.) Vous pouvez camper plus au nord, sur la route 8, ou dans le parc régional Moosomin, à 20 minutes au sud-ouest de la ville, et y profiter de la plage du lac artificiel Moosomin.

Rocanville

On trouve ici le plus grand bidon d'huile au monde, une reproduction en métal de 9 m de la burette à pompe inventée par Ernie Symons vers 1920. Le musée de Rocanville possède de la machinerie agricole, y compris des machines à vapeur qui font l'objet d'une démonstration les dimanches d'été, et des tracteurs de toutes sortes. Un peu à l'ouest de la ville, le CTM Country Store abrite des collections de jouets, d'artisanat, de boucles et d'antiquités. En août, il est l'hôte d'une exposition d'objets de collection et de jouets de ferme.

Elkhorn

En 1967, Isaac Clarkson avait déjà restauré environ 60 voitures de collection quand, avec Marguerite Ablett, il construisit un bâtiment pour les exposer. C'est ainsi que naquit le Musée des voitures de collection du Manitoba qui possède un large éventail d'autos, depuis la Reo de 1908 jusqu'à une Studebaker de 1958.

Virden

Virden présente un intérêt architectural certain. Le premier opéra de l'ouest du Manitoba (*à droite*) y fut construit en 1911. Soigneusement restauré en 1983, il renferme une grande scène et une salle, très ornée, de 500 sièges, ce qui est impressionnant si l'on tient compte de la population de la ville (1 500 hab.) lors de sa construction. L'église anglicane St. Mary (1892), la gare en pierre des champs (1906) et le bureau de poste en brique (1914) valent aussi le coup d'œil. Le musée Pionner Home, vaste maison de brique (1888), illustre la vie à l'époque victorienne. Sa collection de plus de 8 000 objets comprend une cuisine complète datant de 1894. Au nord-est de la ville, l'école River Valley (1896-1950), devenue un musée, est un bon endroit où pique-niquer.

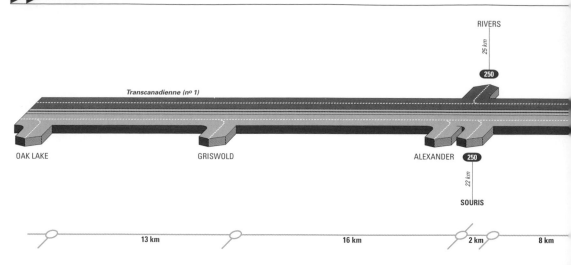

RIVERS

25 km

250

Transcanadienne (nº 1)

OAK LAKE   GRISWOLD   ALEXANDER   250

250

22 km

SOURIS

13 km   16 km   2 km   8 km

**OUEST DU
MANITOBA**

Souris

Souris est peut-être la plus jolie
ville des Prairies. Les géologues
amateurs vantent la diversité des
agates et des jaspes, des bois fossilisés et des épidotes qu'on trouve dans sa carrière. Un droit de
cueillette (payable au Rock Shop)
vous permet d'explorer vous-
même la carrière qui renferme,
selon plusieurs, la plus grande
diversité de pierres semi-précieu-
ses en Amérique du Nord. Au
musée Hillcrest (autrefois Squire
Hall), logé dans l'une des premières résidences de l'endroit, on
peut admirer le plafond d'étain
martelé, les planchers de chêne,
le pare-étincelles en verre dépoli,
l'escalier en hélice et divers articles ménagers anciens, des outils
et des jouets. Non loin de là,
deux bâtiments de 1883, le
musée d'Agriculture et le Heritage Church. Au cœur de la ville,
le parc Victoria offre un camping,
des sentiers de randonnée, des
aires de pique-nique, une piscine
et une rivière pour la baignade.

Brandon

Les deux tiers des terres agricoles du Manitoba se trouvent dans
un rayon de 130 km de Brandon.
C'est donc grâce à l'agriculture
que la ville est à la fois le cœur de
l'ouest du Manitoba et la deuxième ville de la province. Fondée
en 1881 autour d'un important

*Le premier pont suspendu de Souris,
construit en 1903 par un propriétaire terrien, fut détruit par une
inondation en 1976. Le nouveau
pont est le plus long (177 m) de ce
type au pays.*

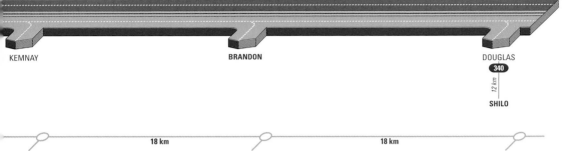

KEMNAY   **BRANDON**   DOUGLAS

340

12 km

SHILO

18 km   18 km

centre de services du Canadien Pacifique, Brandon connut un succès instantané. En moins d'un an, elle était déjà devenue une ville digne de ce nom.

Le musée Daly House est l'ancienne résidence de Thomas Mayne Daly (1852-1911), premier maire de la ville et premier Manitobain à détenir un portefeuille de ministre au fédéral ; les collections comprennent des pièces d'artisanat et des archives. La maison, ses meubles, son décor, ses tapis et les vêtements qui y sont exposés donnent un bon aperçu de la vie d'une famille aisée des Prairies il y a 100 ans. Le musée comprend aussi la vieille épicerie Mutter Brothers, la salle du conseil municipal, une maison en rondins centenaire et des vestiges des bateaux à vapeur de la rivière Assiniboine.

Vous pouvez visiter la station de recherche d'Agriculture Canada, fondée en 1886. Le collège, fondé en 1899, est devenu l'Université de Brandon en 1967. Le musée d'histoire naturelle B. J. Hales de l'université présente des expositions interactives, des collections d'archéologie et de géologie et plus de 500 espèces d'oiseaux et autres animaux.

Le 26th Field Artillery Regiment Museum Inc. possède des collections d'articles et de photographies militaires.

Brandon accueille diverses manifestations : les Dakota Ojibwa Tribal Days en janvier, la Foire royale d'hiver du Manitoba en mars, la Foire d'été et le championnat provincial de rodéo en juin, le Festival des arts et de la musique de Brandon en août et la Foire agricole en septembre.

Musée Commonwealth Air Training Plan, Brandon

C'est le seul musée au Canada pour rappeler le plan d'entraînement qui contribua de façon exceptionnelle à la victoire des Alliés lors de la Seconde Guerre mondiale. Des milliers d'aspirants venus d'Angleterre et des pays du Commonwealth reçurent ici leur formation de pilote. Situé dans l'aéroport de Brandon, le musée expose plus de 5 000 pièces parmi lesquelles des avions comme le Harvard, le Tiger Moth, le Cornell et le Stinson, des photographies, des uniformes, des documents personnels et des journaux de bord.

Un album gardé sur place renferme une courte biographie de chacun des 18 000 hommes et femmes de l'Aviation royale du Canada morts au combat pendant la guerre. Quant au « livre du barbier », il porte la signature de 22 000 aviateurs qui se sont fait couper les cheveux pendant leur entraînement à Brandon.

Shilo

Les activités militaires sont au cœur de l'économie de la région. Le musée d'Artillerie de la base militaire de Shilo compte parmi ses 10 000 articles plus de 150 pièces d'artillerie dont certaines datent du XVIIIe siècle. Pièces d'armement léger, munitions, uniformes, véhicules et documents datant de la Seconde Guerre mondiale et des collections complètent la collection de ce musée fondé en 1962.

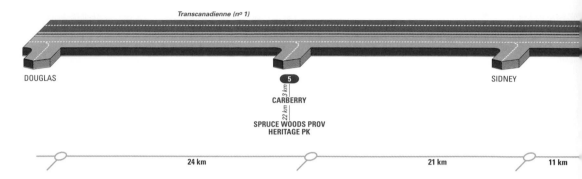

Transcanadienne (n° 1)

DOUGLAS

5
3 km
CARBERRY
22 km
SPRUCE WOODS PROV
HERITAGE PK

SIDNEY

24 km | 21 km | 11 km

CENTRE DU MANITOBA

Carberry

La culture du blé, du colza et de la pomme de terre caractérise l'activité économique de la région. Le musée Carberry Plains illustre la vie dans la région, de l'époque des pionniers à aujourd'hui. Il comprend des souvenirs de la loge des Orangistes, des uniformes des deux guerres mondiales, des photographies et des œuvres d'art créées par les Criddle, une famille de pionniers. Des expositions sont consacrées aux grands pilotes de la Première Guerre mondiale et aux pilotes de brousse ; on rappelle aussi le souvenir de « Wop » May (1896-1952), de Tommy Douglas (1904-1986), qui fut Premier ministre de la Saskatchewan et le premier chef du Nouveau Parti Démocratique, et d'Ernest Thompson Seton (1860-1946), écrivain, artiste et naturaliste. On peut voir des œuvres de ce dernier au Centre Seton, qui fut sa résidence dans les années 1890.

Parc provincial Spruce Woods

🏕️ 🛷 🎣 ⛺ 🏊 ❄️

Ce parc doit son nom aux épinettes qui recouvrent ses collines. D'une superficie de 248 km², il comprend des plaines herbeuses, des forêts de trembles et de bois dur et les Spirit Sands, le « désert du Manitoba ». À bord d'un chariot tiré par des chevaux, on peut se promener dans cet extraordinaire paysage de dunes, vestiges des sédiments laissés par l'Assiniboine il y a plus de 12 000 ans, à l'époque où, bien plus tumultueuse, la rivière se jetait dans l'ancien lac Agassiz (voir aussi pp. 90-91). Le musée du parc

explique la région. Le peuple des Clovis y chassait les mammouths il y a 11 000 ans. Plus tard, les Assiniboines, les Cris et les Ojibwas y traquaient le bison bien avant l'arrivée des Européens au milieu du XVIIIe siècle. Dans les années 1890, Ernest Thompson Seton, un naturaliste à l'emploi du gouvernement du Manitoba, traça les sentiers qui menèrent à l'actuel parc provincial. En 1899, il publia *The Trail of a Sandhill Stag*, dont l'action se passe ici. Le parc offre 260 emplacements de camping, une plage et une piscine. On peut y pratiquer la pêche, le golf et la randonnée et aussi canoter sur l'Assiniboine qui serpente à travers le parc.

Musée d'agriculture du Manitoba et Village des pionniers

Situé sur la route 23, au sud d'Austin, ce musée possède une collection importante de machinerie agricole de 1880 à 1970, rassemblée par le fermier Don Carrothers. Ainsi, on peut y voir de l'équipement à traction animale et des douzaines de tracteurs de tous genres.

Dans les Spirit Sands, des sentiers d'interprétation traversent les dunes de sable animées par le vent. Dans les pentes plus abruptes, les gradins protègent l'environnement fragile.

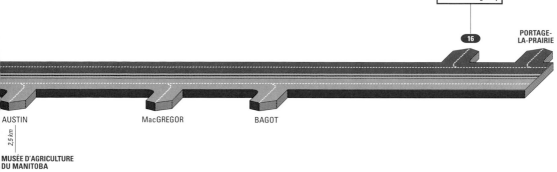

Yellowhead Highway

16

PORTAGE-
LA-PRAIRIE

AUSTIN   MacGREGOR   BAGOT

2,5 km

**MUSÉE D'AGRICULTURE
DU MANITOBA**

| 14 km | 10 km | 15 km | 7 km |

Le Village des pionniers, à côté, a été fondé en 1960. Le premier bâtiment qu'on y implanta fut la vieille école de campagne. Il compte aujourd'hui 20 bâtiments d'époque : l'église St. Saviour, une grande demeure dotée d'une salle de bal, plusieurs maisons en rondins, un bureau de poste, un cabinet d'avocat, un atelier d'imprimerie, une forge et une vieille cabine téléphonique.

Fin juillet, le musée accueille le Threshermen's Reunion and Stampede du Manitoba. On peut y voir la plus grande exposition au pays d'anciennes batteuses et autres machines agricoles. Les festivités de quatre jours comprennent un défilé, une exposition d'artisanat, le concours hippique Clydesdale Classic, un rodéo et un festival de violoneux.

Portage-la-Prairie

Cette ville prospère est située sur l'Assiniboine, au centre de la région agricole la plus fertile de la province. Le nom de la ville rappelle l'époque où les coureurs de bois passaient par ici entre l'Assiniboine et le lac Manitoba.

Le musée du Fort-la-Reine et le Village des pionniers comportent une réplique du premier fort des Prairies, construit ici en 1738 par Pierre de La Vérendrye (1685-1749). Il servit de point de départ aux expéditions du célèbre explorateur et de ses fils.

Le village, qui comprend une habitation en rondins (1879), une église (1883), un atelier d'imprimerie et un cabinet de médecin, donne un bon aperçu de la vie ici au XIXe siècle. À signaler, la caserne des pompiers et ses voitures des années 30, ainsi que le wagon qu'utilisait le président du Canadien Pacifique, William Van Horne, pendant la construction du chemin de fer.

Au cœur de la ville, le parc de l'Île, sur le lac Crescent, offre des aires de jeux et de pique-nique, du golf et du tennis. On trouve aussi un monument à la mémoire d'Arthur Meighen (1874-1960), qui fut député local puis Premier ministre dans les années 20.

Un tour historique de la ville fera voir l'hôtel de ville (1898), œuvre de l'architecte Thomas Fuller à qui l'on doit aussi le premier Parlement du Canada.

En juillet, la ville accueille le Festival national des fraises et la foire agricole Portagex qui remonte à 1872, ce qui en fait la plus ancienne foire de ce type dans l'Ouest.

89

Désert et dunes dans la Prairie

ROUTE 1 / PARC PROVINCIAL SPRUCE WOODS

JAKE MACDONALD, *écrivain manitobain, passe ses étés dans un chalet flottant où il écrit, pour différentes revues, des articles sur la nature. Son dernier livre s'intitule* Juliana and the Medicine Fish.

NE LAISSEZ PAS LES PLAINES et les ciels infinis des Prairies vous hypnotiser au point de rater une passionnante curiosité des plaines du Manitoba : le seul désert du Canada, les dunes de Spirit Sands. Près de Carberry, dominant le plat pays, elles surgissent comme elles se sont formées il y a 10 000 ans, lorsque l'ancien lac glaciaire Agassiz recouvrait le sud du Manitoba. Ces onduleuses collines d'une hauteur de 30 m sont les vestiges des tonnes de sable et de gravier déversées dans l'ancien lac par une rivière tumultueuse.

Les Spirit Sands demeurèrent inaccessibles jusque vers 1960, lorsque la province les intégra au parc provincial Spruce Woods, situé environ 30 km au sud de la Transcanadienne. Le parc est une halte routière idéale où l'on peut se baigner ou marcher le long de l'Assiniboine. Une façon originale d'explorer le délicat écosystème du désert est d'en faire le tour dans un chariot tiré par des chevaux. Les tours, d'une durée de 90 minutes, ont lieu tous les jours, du 24 mai à la fête du Travail, à 10 heures, midi et 14 heures. Ils partent du pont de l'Assiniboine, sur la route 5.

De paisibles chevaux tirent les chariots dotés de sièges rembourrés et de montants de sécurité. Pendant l'excursion, les charretiers fournissent des renseignements sur la faune et la flore de la région. Des orignaux, des wapitis, des coyotes et des loups gris rôdent dans les collines avec d'autres animaux qu'on ne trouve nulle part ailleurs au Manitoba, comme une espèce rare de lézard, le scinque du nord de la Prairie, ou un crapaud à couteaux. Avec un peu de chance, vous les verrez, mais, en général, on ne peut observer que les traces qu'ils laissent sur le sable. Si d'aventure vous rencontrez un serpent à groin, vous le verrez utiliser une stratégie de protection : soit qu'il siffle en s'avançant brusquement, soit qu'il demeure parfaitement immobile. Ces bêtes à sang froid réussissent à survivre aux durs hivers du lieu en se creusant un terrier dans le sable.

Le tour de chariot comprend deux arrêts de 15 minutes, le premier aux abords d'une profonde carrière, le Devil's Punch Bowl, creusée par les cours d'eau souterrains, remplie d'une eau boueuse de couleur bleu-vert et entourée d'épinettes blanches. Des tortues peintes se chauffent au soleil sur les rochers, mais elles plongeront précipitamment à votre approche.

Vous ferez ensuite halte dans les Spirit Sands, une étendue de dunes rosées qui se déplacent et se forment au gré des vents. En parcourant ce petit Sahara, vous remarquerez que le sable est toujours plus fin au sommet d'une dune qu'à sa base. Cela est dû au fait que, du côté du vent, les grains de sable plus lourds se déposent à la base, alors que les plus fins sont soulevés jusqu'au sommet d'où ils glissent de l'autre côté.

> **Des orignaux, des wapitis, des coyotes et des loups gris rôdent dans les collines [...]**

C'est ainsi qu'une dune se déplace progressivement dans le sens du vent, pour revenir en arrière lorsque le vent tourne. Au Manitoba, les vents prédominants soufflent, en alternance, du sud ou du nord-ouest. Chaque dune est recouverte de petites ondulations qui sont elles-mêmes de petites dunes.

Les collines de sable ne sont pas vraiment désertiques, car il y tombe quelque 500 millimètres de pluie par année, soit la même quantité qu'ailleurs au Manitoba. Mais, parce que les dunes sont relativement jeunes (environ 8 000 ans), les plantes, les arbres et les autres végétaux n'ont pas encore réussi à s'y implanter.

À la lisière des Spirit Sands poussent des petits arbres comme des genévriers ou des épinettes, des herbes et des fleurs sauvages. Ces végétaux réussissent à survivre dans le sol aride et sablonneux grâce à la petite taille de leurs feuilles – ce qui réduit les pertes d'humidité – et à la longueur de leurs racines profondément enfouies. Parmi ces plantes, on trouve une espèce ravissante de cactus à fleurs mauves. Les naturalistes croient que ces plantes, qui résistent aux pires conditions, annoncent la forêt qui poussera peut-être ici un jour.

Sur le chemin du retour, vous croiserez sans doute d'autres visiteurs à pied ou à bicyclette. Votre guide ne manquera pas de vous informer que des soldats de l'OTAN s'entraînent à Shilo, dans un secteur isolé des dunes. On dit que quelques orignaux sont si habitués aux soldats qu'ils paissent parfois paisiblement au milieu des exercices militaires.

Peut-être découvrirez-vous aussi ce qui émerveillait tant Ernest Thompson Seton (1860-1946), écrivain, artiste et naturaliste reconnu. À l'occasion des quelque 3 000 conférences qu'il donna dans le monde, Seton n'hésitait pas à dire de la région qu'elle était sa préférée. Il y passa sa jeunesse, explorant les collines et les forêts, dessinant les oiseaux et les animaux, fasciné par les énigmes de la nature. Il écrivit des contes émouvants dont les héros étaient des lapins, des wapitis, des renards ou des coqs, ce qui provoqua un regain de popularité à l'égard du roman animalier. Son premier recueil, *Wild Animals I Have Known* (1898), est devenu un classique du genre. Ses contes traitent de devoir, d'honneur et de loyauté et il a voulu perpétuer ces valeurs morales à titre de cofondateur du mouvement scout en Amérique, mouvement qui n'aurait peut-être jamais vu le jour sans ses randonnées de jeunesse dans les dunes.

Jake MacDonald

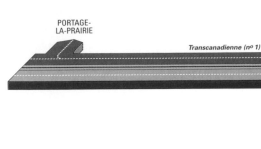

PORTAGE-
LA-PRAIRIE

Transcanadienne (n° 1)

13

49 km

CARMAN

21 km   25 km

**OUEST DE
WINNIPEG**

*Près de Saint-Françoix-Xavier, la
statue d'un cheval blanc rappelle
la légende indienne selon laquelle
un guerrier cri et sa jeune épouse
assiniboine furent pourchassés
et tués par un rival éconduit. Seul
le cheval survécut et il hanta longtemps les plaines.*

Carman

Luxuriante et prospère, cette
ville est située sur les rives boisées de la sinueuse rivière Boyne,
dans la région fertile du triangle
de la Pembina. Le parc Kings, au
cœur de la ville, possède un
camping, des aires de jeux, une
piscine extérieure, des sentiers
de marche et de bicyclette et des
centres sportifs. On y trouve
aussi le Musée historique Dufferin qui abrite une collection de
jouets, poupées, tissus et meubles, artisanat indien et uniformes du début du siècle.

Un tour autoguidé vous
conduira à l'ancienne gare du
Canadian Northern, à l'hôtel
Ryall (1903) et à beaucoup
d'autres édifices et églises du
tournant du siècle. À signaler, la
bibliothèque Boyne (1913), un
ancien bureau de poste construit
de briques de Medicine Hat et de
pierres à chaux de Tyndall.

Non loin de la ville, vous pouvez visiter Friendship Field, un
aérodrome privé qui expose des
avions de la Seconde Guerre
mondiale et d'autres plus anciens.

Saint-François-Xavier

Cette ville, située au nord de la
Transcanadienne, sur la route 26,
a été fondée en 1824, lorsque le
célèbre chasseur de bisons Cuthbert Grant (c. 1793-1854) y
amena une centaine de familles
métis pour former une communauté à l'image des seigneuries
du Québec. C'est le village métis
le plus ancien du Manitoba.

Les offices religieux se tinrent
dans la résidence de Grant
jusqu'à ce qu'on construisit une
chapelle. Puis, en 1834, Saint-
François-Xavier devint une
paroisse, la deuxième de l'Ouest
après Saint-Boniface, et par
conséquent un lieu d'enregistrement des naissances, des mariages et des décès. La tombe de
Cuthbert Grant se trouve dans
ce qui est aujourd'hui l'église
catholique.

Près de la Transcanadienne,
une statue rappelle la tragique
légende indienne du cheval blanc.
Un guerrier cri obtint la main
d'une princesse assiniboine en
offrant au père de cette dernière
un magnifique cheval blanc. Mais
cette union déplut aux alliés des
Assiniboines, les Sioux, et en
particulier à un jeune prétendant
de la princesse. Lorsque le père
apprit le projet du Sioux de tuer
le jeune couple, il offrit le cheval
blanc aux amoureux afin qu'ils
puissent s'enfuir. Malheureusement, ils furent rattrapés et tués.

Musée historique
St. James-Assiniboia,
Winnipeg

Installé avenue Portage, dans
l'ancien hôtel de ville (1912), le
musée possède des collections
qui illustrent l'histoire de la
région. On peut faire un tour
guidé de la maison en rondins
William Brown (1850), située sur
les rives de la Rouge.

Moulin de Grant, Winnipeg

On y moud encore de la farine
selon l'ancienne méthode. Ce
moulin à eau, le premier dans
l'Ouest, est la réplique de celui
construit ici en 1829 par le chef
métis Cuthbert Grant. Afin
d'activer la gigantesque roue,
Grant fit construire un barrage
sur le ruisseau Sturgeon.

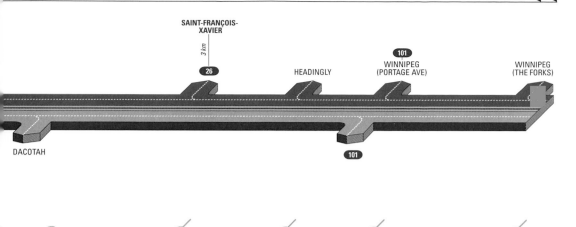

SAINT-FRANÇOIS-
XAVIER

3 km

26

HEADINGLY

101
WINNIPEG
(PORTAGE AVE)

WINNIPEG
(THE FORKS)

DACOTAH

101

10 km   8 km   7 km   11 km

On peut visiter la réplique du moulin à eau construit en 1829 par C. Grant et y acheter de la farine de sarrasin fraîchement moulue.

Musée vivant de la Prairie, Winnipeg

On préserve ici une importante étendue de prairie, avec quelque 200 espèces de hautes herbacées auxquelles se mêlent des fleurs sauvages. Fin avril, le crocus des prairies (de couleur pourpre), l'emblème floral de la province, est en pleine floraison. Au centre d'interprétation du musée, vous pourrez vous familiariser avec le délicat équilibre des prairies ; d'un poste d'observation, la vue des étendues herbeuses vous donnera un aperçu de ce que fut autrefois l'Amérique du Nord. Si vous choisissez le tour guidé, un naturaliste vous renseignera sur les espèces de plantes sauvages que vous verrez en route.

Musée de l'aviation de l'Ouest canadien, Winnipeg

Situé près de l'aéroport international de Winnipeg, ce musée a rassemblé un grand nombre d'appareils canadiens, depuis les premiers avions de brousse jusqu'aux avions à réaction modernes. Ici, les pilotes en herbe peuvent profiter de la plus importante exposition touche-à-tout sur l'aviation au Canada et prendre place dans un simulateur de vol, en écoutant les commentaires des guides sur les caractéristiques d'appareils d'époque comme les Junkers JU542-1M. Une section est consacrée à l'histoire des femmes dans l'aviation.

Prairie Dog Central, Winnipeg

Voyagez comme au début du siècle. Tous les dimanches, de juin à septembre, un train tiré par une locomotive de 1882 quitte la gare St. James pour faire l'aller-retour de Winnipeg à Grosse-Île (58 km). Non seulement vous verrez défiler de beaux paysages, mais vous pourrez admirer les vitraux, les cases à bagages en fonte, les plafonniers à gaz et les autres ornements d'époque qui garnissent les wagons de luxe, lambrissés de chêne et d'acajou.

93

WINNIPEG –
UN POINT DE RENCONTRE

Le cœur de la plus grande ville du Manitoba se situe depuis toujours à l'angle de la rue Main et de l'avenue du Portage. Cette intersection bourdonnait d'activités avant même que les plans de la ville soient dessinés. À l'avènement du chemin de fer, Winnipeg se développa, comme si cela allait de soi, au carrefour des deux routes de la fourrure. Un lieu de rassemblement encore plus ancien, au confluent des rivières Rouge et Assiniboine, a été redécouvert récemment. C'est au lieu-dit « la fourche » que se donnaient rendez-vous les autochtones, les marchands et les colons. Notre tour guidé propose une visite des sites qui ont joué un rôle important dans le développement de cette ville animée et cosmopolite.

Musée des Beaux-Arts
Cette spectaculaire structure triangulaire recouverte de pierres calcaires de Tyndall caractérise la ville depuis 1971. Une remarquable collection d'art canadien et européen et l'une des plus importantes collections d'art inuit au monde sont réparties dans les neuf galeries du musée et dans la cour des sculptures située sur le toit.

Parlement du Manitoba
Ce magnifique bâtiment néoclassique en pierre calcaire de Tyndall (extraite des carrières de Garson, au nord-ouest de Winnipeg) abrite l'assemblée législative du Manitoba. Son dôme est surmonté d'une statue de bronze de 5 tonnes (*Golden Boy*) qui représente un jeune coureur recouvert d'or à 23,5 carats. La gerbe de blé dans sa main gauche représente l'agriculture au Manitoba, la torche dans sa main droite les richesses du nord de la province. Œuvre du sculpteur français Charles Gardet, il fut hissé sur l'immeuble lors de son inauguration en 1920 et le sommet de la torche, à 77 m, demeura le point le plus haut de la ville jusque dans les années 80. Dans le coin sud-est des terrains du Parlement se trouve la résidence officielle du lieutenant-gouverneur de la province, **Government House.** Cette belle maison victorienne bâtie en 1883 est typique de la période avec son toit en mansarde orné de fer forgé tarabiscoté. Toujours sur les terrains, près de l'Assiniboine, face à un monument saisissant dédié à Louis Riel, on emprunte l'escalier pour accéder à la promenade **Riverwalk** qui longe la rivière jusqu'au site historique des Forks.

Dalnavert
Ce bel exemple du style néo-Queen Anne fut la résidence de Sir Hugh John Macdonald, fils du Premier ministre du Canada Sir John A. Macdonald, qui fut lui-même le premier Premier ministre du Manitoba. Lors de sa construction en 1895, elle était l'une des quatre maisons de Winnipeg à être pourvues d'eau chaude, d'électricité et de plomberie intérieure. Des guides en costume d'époque reçoivent les visiteurs dans la maison décorée à la manière victorienne.

Bourse de Winnipeg

Fondée en 1887, la Bourse de Winnipeg a occupé différents immeubles avant de s'installer, en 1980, à l'angle de la rue Main et de l'avenue du Portage. La Bourse, l'une des plus anciennes au monde et le seul marché à terme sur marchandises au Canada, transige des titres sur les denrées agricoles, l'or, l'argent et les taux d'intérêt. Du haut d'une galerie, les visiteurs peuvent suivre les transactions boursières souvent trépidantes. Ils peuvent aussi bénéficier de visites guidées.

Exchange District

Ce quartier situé près de la rivière Rouge, au nord du centre-ville, était au cœur de la fébrile activité commerciale de la ville entre l'arrivée du Canadien Pacifique en 1881 et jusque dans les années 20. De nos jours, ses boutiques, ses marchés aux puces et ses restaurants attirent tant les résidents que les visiteurs. Les années fastes ont laissé des immeubles à tours ornées, d'imposantes banques et d'immenses entrepôts, qui font la joie des amateurs d'architecture. À ne pas manquer, le **Centennial Centre,** qui regroupe le **musée de l'Homme et de la nature** et la **Salle de concert,** où se produisent le Ballet royal de Winnipeg et l'Orchestre symphonique, de même que le **centre d'Art dramatique du Manitoba,** qui loge une des meilleures troupes de théâtre de langue anglaise au Canada.

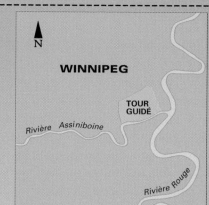

WINNIPEG

TOUR GUIDÉ

Rivière Assiniboine

Rivière Rouge

Union Station

Construite en 1907, cette gare de style Beaux-Arts est l'œuvre des architectes Warren et Wetmore, les concepteurs de Grand Central Station à New York. Sur les murs, on distingue des fossiles dans les pierres calcaires de Tyndall, équarries localement. La gare, maintenant celle de Via Rail, possède un musée du train (sur les voies 1 et 2) dont le joyau est *The Countess of Dufferin*, première locomotive de l'Ouest du Canada ; elle fut conduite à Winnipeg en 1877 pour servir à la construction du chemin de fer du Canadien Pacifique.

Lieu historique national de la Fourche

Au confluent de la rivière Rouge et de l'Assiniboine, ce site, qui n'était naguère qu'une immense cour ferroviaire à l'abandon, est devenu, à l'issue de 10 ans de travaux, l'un des lieux les plus fréquentés de la ville. C'est aussi le point de départ des croisières qui se font le jour et le soir sur la rivière. Le **lieu historique national de la Fourche** (en anglais, The Forks) comprend un sentier le long de la rivière, jalonné de panonceaux d'interprétation historique, et un amphithéâtre d'où l'on a vue sur la cathédrale Saint-Boniface, en face de la rivière Rouge. Sur le « mur du temps » (**Wall Through Time**), des plaques retracent 10 000 ans d'histoire locale. Logé dans une écurie restaurée, le **Marché The Forks** offre des bijoux, des objets d'artisanat ainsi qu'une abondance de produits alimentaires spécialisés. Également sur le site, le **musée des Enfants du Manitoba,** le plus important de sa catégorie au Canada, et le **Hall des célébrités sportives du Manitoba** (au terminus Johnson).

Hôtel Fort Garry et portail du fort Garry

Avec ses allures de château, l'hôtel de la rue Broadway, bâti en 1913, est typique des hôtels construits par les sociétés ferroviaires. En traversant la rue du Fort, on aperçoit le portail de Upper Fort Garry (*ci-dessus*). Ce fort de la Compagnie de la Baie d'Hudson fut le centre de la vie commerciale et sociale de la région entre 1835 et 1880.

DUGALD

10 km

206

WINNIPEG
[LA FOURCHE]

SANDILANDS
PROV FOREST
[OUEST]

Transcanadienne (n° 1)

RICHER

12

STE. ANNE

16 km

STEINBACH

12 km   25 km   15 km   14 km

SUD-EST DU MANITOBA

Sainte-Anne

Sainte-Anne, l'un des plus anciens villages manitobains, a été fondé en 1852 par des familles de Saint-Boniface qui, fuyant les débordements de la Rouge, s'installèrent à Pointe-des-Chênes, sur la rivière Seine, où des pionniers du Québec les rejoignirent. Aujourd'hui, le village (1 500 hab.) forme la plus importante communauté bilingue de la province. Les chênes de la région assurèrent la survie des premiers habitants qui fournirent le bois nécessaire à la construction de la cathédrale de Saint-Boniface. De 1868 à 1871, la population travailla aussi à la construction de la route

de Dawson, un réseau de 850 km de voies terrestres et maritimes qui couvrait la distance entre l'actuelle Thunder Bay, en Ontario, et Winnipeg. Chaque année, on célèbre l'achèvement des travaux pendant la fin de semaine de la fête du Travail. Le musée Pointe-des-Chênes est consacré à l'histoire locale.

Giroux

Entre Sainte-Anne et Steinbach, à 8 km sur la route 311, Giroux abrite un musée unique, le Philip's Magical Paradise. Des magiciens du monde entier ont contribué des livres, des affiches et divers articles de magie, pour compléter la collection que Philip Hornan, âgé de 15 ans, avait accu-

Avec ses ailes de 20 m d'envergure, le moulin à vent qui domine le village-musée mennonite de Steinbach rappelle un mode de vie presque disparu. Des racines mennonites, des fermes familiales et l'amour du travail ont façonné cette région.

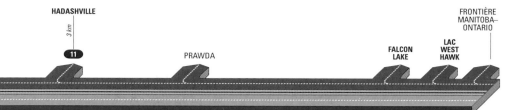

HADASHVILLE — 3 km — **11** — PRAWDA — FALCON LAKE — LAC WEST HAWK — FRONTIÈRE MANITOBA–ONTARIO

26 km — 18 km — 29 km — 7 km — 6 km

Le bateau, la pêche, la baignade, l'équitation, le ski et la motoneige, en saison, comptent parmi les activités de la région de West Hawk.

mulée avant de décéder prématurément en 1986. C'est ainsi qu'on y retrouve notamment une pièce de monnaie ayant appartenu à Houdini et un appareil de torture utilisé par Doug Henning.

Steinbach

Le village-musée mennonite de Steinbach comprend entre autres la reproduction d'un moulin à vent de 1877, des habitations, des églises, des écoles, une grange et un magasin général qui reconstituent un peuplement manitobain typique du début du siècle. Le village fut restauré par les descendants des 18 familles russes qui le fondèrent en 1874. Le musée local relate l'histoire du mouvement mennonite qui a pris souche en Hollande au XVIe siècle avec les enseignements du réformiste Menno Simonsz (1496-1561) ; ses adeptes se déplacèrent vers l'Allemagne, puis en Russie et, finalement, au Canada. Le restaurant Livery Barn sert, dans

un décor d'époque, des plats mennonites. Au magasin général, on trouve des friandises à l'ancienne et de la farine moulue sur meule.

Hadashville

L'économie de Hadashville repose sur l'arboriculture. La pépinière Pineland Forest produit quantité de brise-vents et d'arbres de Noël et plus de 20 millions de semis de conifères par année en plus de superviser des projets de reboisement. Chaque visiteur reçoit un jeune arbre à planter. Près de la forêt provinciale, le centre d'interprétation Sandilands Forest se consacre à l'écologie et à l'histoire de l'exploitation forestière dans la province. Ses collections comprennent des dioramas de la faune, des maquettes d'activités forestières, la version réduite d'une tour d'incendie et un ancien wagon de chemin de fer

rempli de spécimens de la faune et de la flore locales.

Hadashville porte le nom de Charles Hadash, le premier maître de poste et commerçant de la ville, renommé pour sa générosité. La ville est située sur les rives de la Whitemouth, un endroit idéal pour le canotage. En empruntant le sentier Beaver Dam, depuis le centre d'interprétation, vous traverserez la rivière sur un pont suspendu.

Falcon Lake

Ce centre de villégiature, à l'entrée ouest du parc provincial Whiteshell, offre de l'hébergement, des restaurants, des boutiques, une marina, un parcours de golf (18 trous), un golf miniature, des courts de tennis et un centre d'équitation. Le lac Falcon, long et étroit, est réputé pour ses hérons ; il doit son nom au poète et troubadour métis Pierre Falcon (1793-1876).

Lac West Hawk

Sa profondeur de 115 m et sa forme ronde inclinent les géologues à croire qu'il s'est formé à la suite de la chute d'un météorite. C'est le lac le plus profond de la province : idéal pour la plage, la plongée en apnée et la pêche à la truite. Au début du siècle, on exploitait l'or. Tant le lac West Hawk que la ville du même nom font partie du secteur est du parc Whiteshell.

97

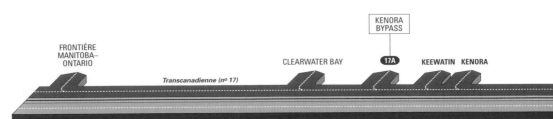

KENORA BYPASS

FRONTIÈRE
MANITOBA–
ONTARIO   CLEARWATER BAY   17A   KEEWATIN KENORA

Transcanadienne (nº 17)

32 km   10 km   7 km   3 km   19 km

**NORD-OUEST DE
L'ONTARIO**

*On peut faire une visite guidée de
la Maison Mather-Walls, une construction en bois (1889) de style
Queen Anne, en vogue à l'époque
dans l'est du pays. Restaurée et
meublée avec soin, la vaste demeure a retrouvé toute sa grandeur.
On peut aussi prendre un goûter
dans le salon de thé victorien.*

Keewatin

Porte d'entrée ouest du lac des
Bois, cette ville forestière est
maintenant un important centre
touristique. Du côté nord du
pont Portage Bay, voyez l'écluse
qui fait passer les bateaux du lac
des Bois à la rivière Winnipeg, ce
qui représente une dénivelée de
8 m. On ignore l'origine d'un
autre point d'intérêt local, les
cuvettes de Keewatin. Une des
théories veut que les trous, dont
certains ont 2 m de profondeur,
se soient formés dans le lit rocheux par l'action de tourbillons
d'eau à l'époque postglaciaire.

Keewatin a été fondée en 1879
lorsque John Mather commença
à y exploiter une scierie et fit
venir des compatriotes d'Écosse
pour l'aider à l'époque où la
construction du chemin de fer
créait une forte demande pour le
bois. Mather construisit une
maison de pension et des maisons jumelées pour ses ouvriers,

une église presbytérienne, trois
maisons bourgeoises pour ses fils
et le contremaître de sa scierie et
un moulin à farine dont les produits étaient distribués dans le
monde entier.

Lac des Bois

Il pourrait tout aussi bien s'appeler le «lac des Îles», car on
compte pas moins de 14 632
îles dans cette étendue
d'eau d'une superficie
de 4 350 km². Ves-
tige du lac post-
glaciaire Agas-
siz, il est
alimenté
par la
Rainy et
se dé-
verse
dans
la

RED LAKE

EAR FALLS

69 km

87 km

105

VERMILION BAY

Vers Emo
(Voir pp. 102-103)

72 km

Winnipeg. Les pictogrammes sur les rochers qui le bordent témoignent de la présence des aborigènes dans la région il y a des milliers d'années. En 1688, Jacques de Noyon explora le lac qui allait devenir un chaînon essentiel de la route qu'empruntaient les marchands de fourrures. La vocation touristique de la région remonte aux années 20 lorsqu'on y construisit des pavillons de villégiature. Chaque été, des régates internationales s'y déroulent pendant sept jours.

Kenora

C'est le point de départ des croisières à bord du *Kenora*, d'une capacité de 190 passagers. Voyez le quartier portuaire restauré et les Heritage Townscapes, une série de murales au cœur de la ville. Kenora possède aussi plusieurs plages. Le musée local expose des objets du tournant du siècle et de l'artisanat ojibway. La Vérendrye, avec ses fils, en 1732, puis la Compagnie de la Baie d'Hudson, en 1836, établirent à Kenora des postes de traite des fourrures. L'arrivée du Canadien Pacifique en 1879 favorisa l'exploitation des forêts et des mines de la région.

Parc provincial Blue Lake

Dans la forêt boréale, entre les lacs Blue et Langton, on trouve des baies et des bleuets en abondance. Le lac Blue, d'une profondeur de 27 m, attire les plongeurs. On y trouve aussi des plages sablonneuses et des campings et on y fait du bateau. On accède à ce parc sillonné de sentiers (Spruce Bog, Boulder Ridge et Rock Point), à 8 km de Vermilion Bay, par la route 647.

Ear Falls

Aire de nidification du pygargue à tête blanche, Ear Falls est depuis près de 50 ans l'hôte d'une recherche sur cet aigle magnifique. On trouve à Ear Falls de l'hébergement et des activités pour tous les goûts, du golf à la motoneige. On peut d'ailleurs y emprunter le pont pour motoneiges le plus long au monde (160 m), à une hauteur de 12 m au-dessus de la rivière English. La région vivait autrefois des mines d'or et de fer, mais l'hydroélectricité est aujourd'hui la principale activité.

Red Lake

Les avions de brousse Norseman sont à l'honneur dans cette ville dont l'aéroport passait pour être le plus achalandé au monde il y a 60 ans. Le Noorduyn Norseman, au nez aplati, fut le premier avion construit spécialement pour le Grand Nord et pour desservir des villes minières comme Red Lake. Plusieurs Norseman sont encore aujourd'hui en état de voler et, en juillet, les amateurs se réunissent à l'occasion du festival Norseman.

Red Lake est aussi le point de départ pour des expéditions en canot et des camps de chasse et pêche à liaison aérienne. Le musée local possède des œuvres d'artisanat amérindien et présente des expositions sur l'exploitation de l'or et l'aviation de brousse.

Huskie the Muskie, une statue de 12 m, domine le parc McLeod, sur le bord de l'eau à Kenora. Ce maskinongé géant, fait d'acier, de bois et de fibre de verre, est le symbole de la pêche prometteuse qui attire nombre d'amateurs au lac des Bois.

SIOUX LOOKOUT
67 km
OJIBWAY PP

72 DINORIC

SANDBAR LAKE PP
8 km

599 IGNACE

VERMILION BAY **MINNITAKI**   **DRYDEN**   AARON LAKE PP   BORUPS CORNERS

Transcanadienne (nº 17)

622 ATIKOKAN

16 km   27 km   10 km   18 km   21 km   24 km   35 km

NORD-OUEST DE L'ONTARIO

Minnitaki

À la ferme d'élevage de moutons Egli, premier producteur de laine et d'articles en peaux de mouton au Canada, vous pouvez assister à la tonte des moutons et voir les chiens de berger à l'œuvre, tous les matins de semaine en juillet et en août. Toute l'année, vous pouvez observer des artisans confectionner mitaines, vestes, pantoufles, oursons et autres articles vendus par catalogue et à la boutique sur place.

Dryden

La ville fut fondée par des chercheurs d'or, mais c'est en 1894 qu'elle prit son essor quand le ministre de l'Agriculture provincial de l'époque, John Dryden, y installa la ferme expérimentale New Prospect. Lors d'un arrêt du train à bord duquel il avait pris place, Dryden, à la vue du trèfle vigoureux qui poussait aux alentours, avait pressenti le potentiel agricole de la région. Plus tard, les pionniers nommèrent leur ville en l'honneur du ministre à l'œil de lynx. L'exploitation des forêts et de l'or demeure une activité importante de la région. En hiver, Dryden devient un centre de motoneige très fréquenté. On peut visiter la scierie et l'usine de pâte et papier Avenor ainsi que le centre régional de coor-

Avec ses 5,5 m de haut, la mascotte de Dryden, l'original Maximilian (Max pour les intimes), est deux fois plus grande que le véritable cervidé qui broute dans les forêts avoisinantes.

dination de lutte contre les incendies dont dépend la plus grande partie du nord-ouest de l'Ontario. Le musée local détient des objets indiens et de pionniers, du matériel de trappe et des collections de minerai.

Parc provincial Ojibway

Des paysages d'une grande beauté vous y attendent. Cette région du Bouclier canadien abrite de vastes forêts boréales et des lacs tapissés de nénuphars et de riz sauvage. On y trouve des plages sablonneuses, une rampe de mise à l'eau (sur le lac Little Vermilion qui rejoint le lac Vermilion, plus grand), 50 emplacements de camping et des sentiers de randonnée.

Sioux Lookout

Au début d'août, la ville est l'hôte du Festival des bleuets qui donne lieu à diverses manifestations musicales et sportives, à des pique-niques, à une foire d'artisanat et, bien sûr, à des concours de cuisine aux bleuets. Sioux Lookout est situé sur le lac Pélican, l'un des nombreux plans d'eau qui ont fait de la région un centre de villégiature recherché. L'été, on y pratique le golf, l'équitation et la pêche ; l'hiver, les motoneigistes s'y donnent rendez-vous .

Ignace

Ignace est à la jonction de la Transcanadienne et de la route 599, qui mène à Pickle Lake, la dernière ville au nord de la province accessible par route.

Vers Thunder Bay
(Voir pp. 106-107)

ENGLISH
RIVER   UPSALA   SHABAQUA
                                                                        CORNERS

58 km   45 km   75 km

L'économie locale repose sur les mines et les forêts et aussi sur l'excellence de la chasse et de la pêche qui attirent de nombreux touristes dans la région. Plusieurs sentiers de randonnée partent du Ignace Regional Travel Centre où on peut voir la tour d'incendie Bonheur (20 m), un arboretum et diverses expositions.

Château McQuat, lac White Otter

Même si on n'y a accès que par avion, bateau ou motoneige, le château vaut le voyage. Situé sur les rives du lac White Otter, ce bâtiment de rondins de quatre étages est non seulement remarquable en soi, mais aussi en raison de son isolement et parce qu'il est l'œuvre d'un seul homme. Jimmy McQuat (1855-1918), originaire du Québec, construisit ce château entre 1904 et 1912. Il abattit des arbres, traîna les rondins dans la forêt, les équarrit et les assembla en queue d'aronde. La maison, ornée d'une tour de 13 m, est pourvue de 26 fenêtres que McQuat transporta en canot malgré les nombreux portages. Malheureusement, McQuat se noya non loin de sa maison quelques années à peine après l'avoir finie. On fit quelques réparations à la maison vers 1950, et on la restaura dans les années 80.

Parc provincial Sandbar Lake

Sur votre route à travers les paysages accidentés du Bouclier canadien, faites une halte agréable dans ce parc où vous pouvez camper, vous baigner, faire du bateau et de la randonnée. Les plages de sable et le long esker qui serpente au sud-ouest du parc résultent des sédiments déposés par un glacier en récession à l'époque post-glaciaire. Ce parc, où règne la forêt, abrite 10 lacs, dont celui qui lui donne son nom.

Jimmy McQuat n'était pas peu fier du château de rondins qu'il avait construit sur les rives du lac White Otter, au sud de Ignace. Cependant, parce que la maison était construite sur des terres de la Couronne, ce qui n'était pas rare à l'époque, il ne réussit jamais à obtenir les titres de propriété. Le château fait maintenant partie du parc provincial Turtle River–White Otter Lakeway.

101

Vers route 17
(Voir pp. 98-99)   RUSHING
RIVER PP

SIOUX
NARROWS PP

Transcanadienne (nº 71) [du nord au sud]

6 km   52 km

**NORD-OUEST
DE L'ONTARIO**

Parc provincial Rushing River

Au confluent de la rivière Rushing et du lac Dogtooth, ce parc pittoresque est le rendez-vous des canoéistes. Les novices peuvent y louer une embarcation pour faire leurs premières armes dans des eaux paisibles, tandis que les plus aguerris ont le choix entre trois voies de canotage en région sauvage. Quatre plages sablonneuses attendent les baigneurs et le parc est pourvu de sentiers de randonnée ainsi que de 192 emplacements de camping. Tous les pins gris des environs sont de même hauteur ; leur croissance a dû commencer en même temps, sans doute en raison de l'incendie qui a ravagé la forêt en 1910. Le musée local en rondins remonte aux années 30, soit à l'époque de la construction de la route dans la région.

Parc provincial Sioux Narrows

La région de Nestor Falls fait les délices des photographes en offrant des paysages spectaculaires comme ces chutes sur le lac Kakabikitchiwan ou le lac des Bois.

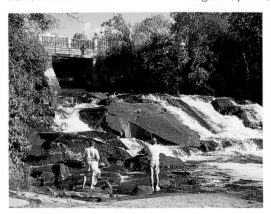

Cette île offre toute la palette d'activités du lac des Bois : baignade, pêche, promenades en bateau (ne manquez pas les pictogrammes indiens le long des rives), un camping de 71 emplacements dans une forêt de pins anciens, sans compter l'occasion d'apercevoir des pygargues, des balbuzards,

des cormorans ou des becs-scies. Le pont de la Narrows (64 m) est le plus long pont de bois à travée unique en Amérique du Nord. La région fut la scène d'une bataille entre, d'une part, les Sioux et, d'autre part, les Cris et les Ojibways. Aujourd'hui, les Indiens de Whitefish Bay assurent l'administration du parc.

Nestor Falls

Au cœur de la région du lac des Bois, Nestor Falls offre des campings et des auberges, des excursions guidées, des camps à liaison aérienne et de magnifiques aurores boréales. On peut y louer, l'été, un canot ou une péniche ou, l'hiver, une motoneige.

Parc provincial du Lac-des-Bois

Il n'est pas rare d'apercevoir des wapitis dans ce parc pourvu d'un camping (100 emplacements) et d'une rampe de mise à l'eau ; sa plage de sable, vestige du lac glaciaire Agassiz, et ses eaux chaudes sont invitantes. Le parc est reconnu pour la diversité de sa flore – pins gris du nord, épinettes, feuillus du sud – et pour ses oiseaux de prairie comme les carouges à tête jaune et les sturnelles de l'Ouest. Des pélicans blancs nichent dans les îles.

Rainy River

On retrouve un peu des Prairies dans la région située entre Rainy River et Fort Frances : fermes prospères, villages aux larges rues principales et bâtiments à l'architecture typique. Empruntez la

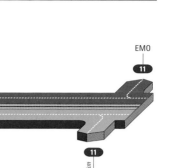

NESTOR FALLS   CALIPER LAKE PP   EMO
11

600
50 km

PARC PROVINCIAL
DU LAC-DES-BOIS

11
53 km

RAINY
RIVER

18 km   7 km   25 km   19 km

route 11 vers l'ouest jusqu'à Rainy River, en bordure de la rivière du même nom qui sépare l'Ontario du Minnesota. La ville fut d'abord un centre du Canadien National qui y avait établi des bureaux ; on y réparait les locomotives et on y relevait les équipages. Aujourd'hui, la région attire en été les pêcheurs, les campeurs et les amateurs de sports nautiques et, en hiver, les skieurs, les motoneigistes et les amateurs de pêche blanche. Le parc Riverside possède une plage et une rampe de mise à l'eau. L'île Sable offre des plages sablonneuses et de hautes dunes.

Tumulus du Manitou

Au sud de la route 11 menant à Rainy River, près des rapides du Long-Sault, on trouve une quinzaine de tumulus, qui forment à la fois la plus grande concentration de tertres funéraires et les vestiges préhistoriques les plus importants au Canada.

Érigés par les peuples Laurel et Blackbud il y a 500 à 2 000 ans, les tumulus n'ont pas beaucoup changé depuis. Ils renferment des ossements humains, des pots d'argile, des colliers en os, en cuivre ou de coquillages, ainsi que du minium. Le tumulus le plus important a 34 m de diamètre et 7 m de haut. Le centre d'interprétation rappelle l'historique de la présence humaine dans la région depuis 10 000 ans. Les tumulus sont sous la garde des Indiens de Rainy River.

L'une des plus petites églises au monde, la chapelle Norlund, n'accueille que huit personnes à la fois (voir Emo *à la page suivante).*

103

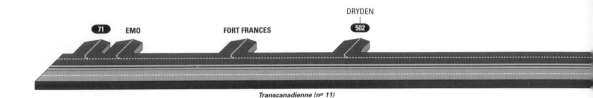

DRYDEN

71   EMO   FORT FRANCES   502

Transcanadienne (nº 11)

6 km   35 km   32 km   116 km

**NORD-OUEST
DE L'ONTARIO**

Emo

Ce village agricole, sur la rivière à la Pluie, est à cheval sur la frontière des États-Unis. On aperçoit au bord de l'eau des terrasses, des promenades pour piétons, une piste cyclable et une rampe de mise à l'eau. Le Women's Institute expose dans son musée des objets et des vêtements anciens, des outils agricoles, des instruments de musique et des objets militaires. La chapelle Norlund, construite en 1973, n'accueille que huit personnes à la fois (p. 103). Chaque automne, une foire agricole de quatre jours présente des expositions d'art et d'artisanat, des concours de cuisine ainsi que des expositions de bétail et des courses de stock-cars. Il y a d'ailleurs des courses de stock-cars chaque semaine à la piste d'Emo. Voyez aussi le parcours de golf de 18 trous.

Fort Frances

Installé dans une ancienne école (1898), le Centre culturel Fort Frances expose des œuvres amérindiennes, divers articles datant des pionniers et de l'artisanat contemporain. On peut aussi visiter le musée Lookout Tower (du sommet de la tour, à 33 m, la vue est spectaculaire), le remorqueur *Hallett* (qui a été, de 1941 à 1974, le plus puissant remorqueur de dromes à sillonner la rivière à la Pluie pour alimenter les scieries) et la réplique du fort Saint-Pierre, poste d'hivernage construit en 1731 par l'explorateur La Jemerais, le neveu de La Vérendrye. Le fort fait partie du parc Pither's Point

où l'on peut se baigner, faire du bateau ou camper. Un pont relie Fort Frances, à la jonction du lac et de la rivière à la Pluie, à sa ville jumelle, International Falls, au Minnesota. En juillet, le concours de pêche à la perche de Fort Frances se prête à diverses activités familiales. L'été, en semaine, on peut visiter l'usine Stone-Consolidated et s'initier aux procédés modernes de production du papier (il faut porter des chaussures fermées et les enfants ne sont pas admis). De la route sur digue Noden (route 11), à l'est de la ville, on a une vue spectaculaire du lac à la Pluie.

Lac à la Pluie

D'une superficie de 932 km², ce lac repose au milieu de la région forestière accidentée qui sépare l'Ontario du Minnesota et se trouve à plus de 80 p. 100 en territoire canadien. À l'époque de la traite des fourrures, la voie navigable qu'il composait avec la rivière à la Pluie et le lac des Bois était très fréquentée. De nos jours, l'économie de la région repose sur l'exploitation de la forêt et les activités de plein air.

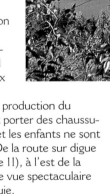

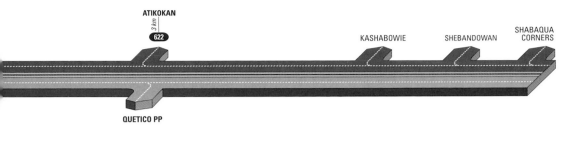

ATIKOKAN
3 km
622

KASHABOWIE   SHEBANDOWAN   SHABAQUA CORNERS

QUETICO PP

9 km   54 km   25 km   21 km

On a extrait plus de 30 millions de tonnes de fer des mines du lac Steep Rock qui fait maintenant partie du parc historique Atikokan Open Mines. Les mines sont inactives depuis 1980 et la nature reprend ses droits. On croit que l'eau qui remplit maintenant les puits les recouvrira dès le début du XXIe siècle.

Atikokan

La «capitale canadienne du canot», qui règne sur 9,000 km² de lacs et de régions sauvages, avec le parc provincial Quetico, mérite sa réputation. C'est l'endroit idéal pour la pêche, le camping, la randonnée, la bicyclette, le ski, la motoneige et, bien sûr, le canotage. Ne manquez pas le château McQuat, sur le lac White Otter (p. 100). Le parcours de golf Little Falls est l'un des plus difficiles du nord-ouest de l'Ontario. Au musée Centennial, vous pouvez vous familiariser avec l'histoire de la région et voir des expositions sur l'exploitation des mines de fer (photographies, locomotive de débardage). De 1940 à 1980, la

ville a en effet prospéré en exploitant surtout deux importantes mines : Steep Rock Iron et Caland Ore. Aujourd'hui, on peut visiter les puits à ciel ouvert de ces mines. Les murales d'Atikokan rappellent son passé minier. Ne manquez pas en juin les Native Pow Wow Days.

Parc provincial Quetico

C'est à la fois le plus grand et le plus sauvage des parcs provinciaux de l'Ontario. On y a interdit l'exploitation forestière en 1971 et, depuis, on s'efforce de le préserver intégralement. On peut y faire du canot et du camping sauvage, mais il n'y a pas de route ; les embarcations à moteur et les motoneiges sont interdites. Le sentier Dawson est le seul endroit aménagé et on y trouve des plages, une rampe de mise à l'eau et un camping de 133 emplacements. Quant au reste du parc (4 757 km²), il demeure sauvage et ses centaines de lacs, de rivières et de portages font les délices des canoéistes. Ses beautés naturelles – vieux peuplements de pins et d'épinettes, falaises majestueuses, chutes d'eau spectaculaires –, des pictogrammes anciens et la diversité de sa faune et de sa flore en font le plus bel endroit de canotage sauvage en Amérique du Nord.

Dans le parc Quetico, le camping Dawson Trail offre cinq courts sentiers d'interprétation, un terrain de jeu, des aires de pique-nique et de belles plages. Situé sur les rives du lac French, le camping, qui offre des emplacements pourvus d'électricité, est le seul endroit du parc accessible par voiture.

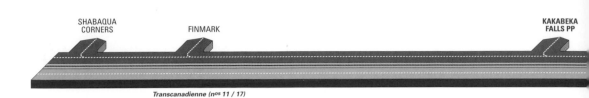

SHABAQUA
CORNERS   FINMARK   KAKABEKA
                                                                           FALLS PP

Transcanadienne (n⁰ˢ 11 / 17)

8 km   28 km   5 km

**RIVE NORD DU
LAC SUPÉRIEUR**

Parc provincial
Kakabeka Falls

Surnommée la « Niagara du
Nord», la chute Kakabeka, haute
de 40 m, plonge dans un gouffre
étroit jusque dans la Kaministi-
quia. Le roc sédimentaire au pied
des chutes se compose de fossiles
vieux de 1,6 milliard d'années. Le
sentier Mountain Portage, qui
contourne les chutes, suit le
tracé d'un ancien chemin de portage. On peut circuler dans les
belles forêts boréales à pied, à
bicyclette ou en voiture. On y
trouve aussi un camping de 166
emplacements ainsi qu'une plage.

Paipoonge Museum

Empruntez la route 130 vers le
sud jusqu'à Rosslyn Road (2 km)
et visitez ce musée qui raconte
l'histoire de la région de Thunder
Bay avec ses collections de fers
de lance en cuivre amérindiens,
d'objets datant de la traite des
fourrures, de machinerie agricole
ancienne, de meubles, de courtepointes et de matériel des industries minière et forestière.

Parc historique
du Fort William

Le fort William est la reconstitution du poste de traite et quartier
général de la Compagnie du
Nord-Ouest. De 1803 à 1821, il a
été l'établissement intérieur le
plus important en Amérique du
Nord. Sur les rives de la Kaminis-
tiquia, on trouve 42 bâtiments :
des magasins de fourrures, des
résidences, des cuisines et des
boutiques, un imposant quai, un
débarcadère pour canots, une
ferme en activité et un campement indien. Différents person-

nages en cos-
tume d'époque
animent le
fort : vous pou-
vez ainsi discu-
ter avec des
associés de la
compagnie,
des trappeurs
indiens, des
marchands de
fourrures et des
voyageurs. En
juillet se tient le
Grand Rendez-
vous, 10 jours
de musique et
d'activités de
toutes sortes,
qui rappellent
les festivités
entourant la
rencontre an-
nuelle de ceux
qui faisaient commerce des fourrures. En août, mets et artisanat
amérindiens sont à l'honneur
durant la fête Ojibwa Keeshigun.

Thunder Bay

Son port naturel et son emplacement, entre les chemins de fer de
l'Ouest et la voie maritime des
Grands Lacs et du Saint-Laurent,
ont fait de Thunder Bay l'un des
ports céréaliers les plus importants au monde. Visitez un des
silos à élévateur pneumatique le
long du lac Supérieur, ou encore
une des usines de papier, grands
employeurs de la région. Du parc
Hillcrest, aussi renommé pour
ses arrangements floraux, vous
pouvez voir l'une des curiosités
naturelles les plus fascinantes de
la région, le Sleeping Giant, une
formation rocheuse de forme

*À Fort William,
c'était au son de
la cornemuse que
les astucieux
associés écossais
de la Compagnie
du Nord-Ouest se
réunissaient afin
d'établir leur
stratégie commer-
ciale. De nos
jours, la ferme du
fort, qui a long-
temps nourri les
hordes de voya-
geurs en transit,
produit entre
autres des
bleuets.*

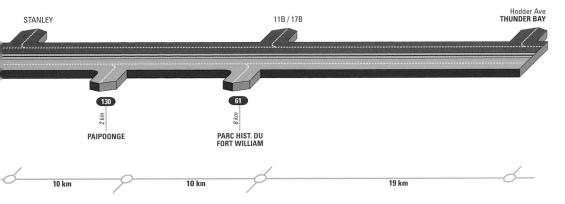

STANLEY

11B / 17B

Hodder Ave
THUNDER BAY

130
2 km
PAIPOONGE

61
8 km
**PARC HIST. DU
FORT WILLIAM**

10 km   10 km   19 km

inusitée. Le Centennial Botanical Conservatory abrite trois serres : une réservée aux espèces tropicales, une autre à des expositions diverses et la dernière à 280 espèces de cactus. Les visiteurs apprécient aussi les Jardins de l'amitié internationale qui célèbrent divers groupes ethniques. On admire au parc Centennial la réplique d'un camp de bûcherons (1910), un musée forestier et une ferme-pilote. À mi-chemin du sommet du mont McKay (300 m), on trouve un belvédère, des aires de pique-nique et un camping.

Des aborigènes vivaient ici il y a 10 000 ans. Le premier Européen, Daniel Greysolon DuLhut, arriva en 1679. Thunder Bay est née de la fusion, en 1970, de Fort William et de Port Arthur. Elle se targue d'avoir la communauté finlandaise la plus importante hors Finlande.

La région se prête au ski, à la motoneige et à l'escalade en hiver. Le centre des Jeux du Canada est pourvu d'une piscine olympique, d'une glissoire d'eau et de parcours de jogging et il se pratique mille activités dans les parcs Hazelwood Lake Conservation Area and Trowbridge Falls, Chippewa, Kakabeka et Sleeping Giant.

Musée Thunder Bay

Ses collections sont éclectiques : du squelette d'un *albertosaurus,* vieux de 65 millions d'années, à la réplique d'une prison du début du siècle, en passant par le moteur d'un avion de la Première Guerre mondiale, des objets datant de l'époque de la traite des fourrures, des maquettes de bateaux, un orgue de 1908 et des objets indiens, y compris des outils vieux de 10 000 ans, des ouvrages brodés et ornés de perles et un wigwam.

Galerie d'art
de Thunder Bay

Située sur le campus du Collège Confederation, la galerie possède une importante collection permanente d'artistes amérindiens contemporains, dont certaines de Norval Morrisseau. Elle expose aussi des collections itinérantes et des œuvres locales. La boutique offre de très beaux bijoux artisanaux.

Dans le parc Hillcrest, d'un escarpement dominant le sud de Thunder Bay, on a une vue spectaculaire du port et, en arrière-plan, de la formation métamorphique du Sleeping Giant.

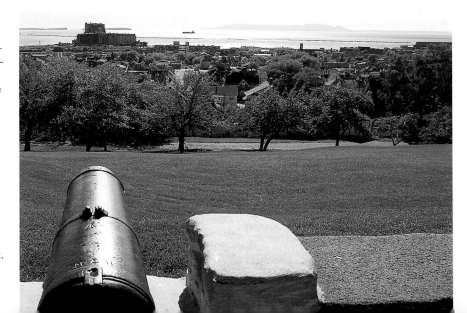

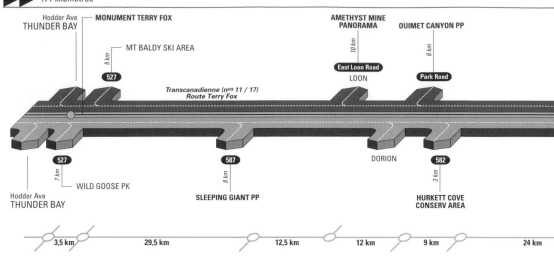

Hodder Ave
THUNDER BAY
MONUMENT TERRY FOX
5 km
527
MT BALDY SKI AREA

Transcanadienne (nos 11 / 17)
Route Terry Fox

AMETHYST MINE PANORAMA
10 km
East Loon Road
LOON

OUIMET CANYON PP
6 km
Park Road

527
7 km
WILD GOOSE PK
Hodder Ave
THUNDER BAY

587
8 km
SLEEPING GIANT PP

DORION

582
3 km
HURKETT COVE CONSERV AREA

3,5 km   29,5 km   12,5 km   12 km   9 km   24 km

RIVE NORD DU LAC SUPÉRIEUR

Cette jolie améthyste s'est formée dans la région de Thunder Bay sous l'action combinée de la chaleur naturelle et des radiations de la terre. On prétend que cette pierre semi-précieuse porte chance.

Monument Terry Fox

Sur la Transcanadienne, un bronze de Terry Fox (1958-81) marque l'endroit où le coureur unijambiste fut forcé d'abandonner son « marathon de l'espoir », le 1er septembre 1980. Des stèles relatent l'histoire du marathon de 5 432 km entrepris par le jeune homme pour venir en aide à la recherche sur le cancer. Entre Thunder Bay et Nipigon (100 km), la Transcanadienne porte le nom de Terry Fox.

Parc provincial Sleeping Giant

On y entre par Pass Lake, à quelque 8 km de la Transcanadienne. Le parc (243 km²) occupe la péninsule de Sibley sur le lac Supérieur ; il doit son nom à la forme du promontoire de 11 km de long (une chaîne de quatre sommets de 240 m) qui, vu de Thunder Bay, ressemble à un homme endormi. Six sentiers d'exploration sillonnent ce parc à la faune et à la flore diversifiées ; vous y verrez des espèces rares d'orchidées sauvages et des pygargues. Le sentier Plantain Lane mène au Sea Lion, une arche rocheuse s'élevant au-dessus du lac Supérieur, et aux vestiges de Silver Islet, qui comptait jadis parmi les mines d'argent les plus riches au monde.

Panorama Amethyst Mine

On trouve ici la mine d'améthystes la plus importante en Amérique du Nord. Un filon souterrain, d'une puissance de 1 m et d'une longueur de 300 m, contient tout un trésor de pierres, qui vont du bleu lavande au violet foncé. Les plus belles gisent sous le lac avoisinant. Faites votre propre collecte dans la mine à ciel ouvert où la société minière fournit le matériel nécessaire (outils, seau et eau courante). Les boutiques de la région offrent divers bijoux et objets relevés d'améthystes.

L'Ontario, l'une des sources d'améthystes les plus importantes au monde, a fait de la pierre son emblème.

Parc provincial Ouimet Canyon

Le canyon Ouimet, une gorge spectaculaire surnommée le Grand Canyon du Canada, est au cœur de ce parc. De la Transcanadienne, la route traverse d'abord une région de fermes luxuriantes pour ensuite serpenter vers un plateau rocheux. Un sentier de 1 km part du parc de stationnement, traverse de denses forêts de pins et débouche sur un belvédère dominant la paroi ouest du canyon. La vue, splendide, s'étend jusqu'au lac Supérieur. Ne quittez pas les sentiers aménagés, car les parois du canyon ne sont pas délimitées par des rampes ou des affiches.

Zone de préservation de Hurkett Cove

Une route de gravier (3 km) mène aux marécages de la pointe de la baie Black, le refuge d'une multitude d'oiseaux chanteurs,

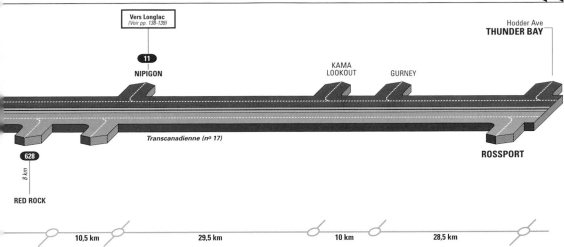

Vers Longlac
(Voir pp. 138-139)

11
NIPIGON

KAMA
LOOKOUT

GURNEY

Hodder Ave
THUNDER BAY

Transcanadienne (n° 17)

ROSSPORT

628

8 km

RED ROCK

10,5 km   29,5 km   10 km   28,5 km

Le canyon Ouimet, une impression- nante gorge (3 km de long, 150 m de large et 107 m de profondeur) bordée d'arbres, s'est formé il y a un million d'années sous l'action des glaciers dans le roc volcanique. Aujourd'hui, l'hiver laisse de la glace dans le fond du canyon jusque tard en été de sorte qu'il y pousse diverses plantes subarctiques.

d'oiseaux aquatiques, de castors, de chevreuils, d'orignaux et de rats musqués. On peut pique- niquer sur une plage isolée. Un bras de terre abrite un port qui accueille les canots et les voiliers qui s'aventurent dans les eaux agitées de la baie Cranberry.

Red Rock

Sur la baie de Nipigon, une pro- menade en bois (300 m), une marina et le parc de Red Rock vous attendent. La région est ponctuée de falaises escarpées, les cuestas, faites de couches d'argile et de calcaire rouges. La région doit son nom à la falaise Red Rock Cuesta (haute de 120 m et longue de 3 km) qui domine la Transcanadienne, près de la route 628. De cette route, 3 heures de marche sur un sen- tier vous mèneront à Nipigon, à travers des forêts d'épinettes noires, de mélèzes, de mousses et de tourbe que fréquentent des orignaux et, l'été, des fauvettes et des pinsons. La municipalité offre des cartes de ce sentier.

Nipigon

Ce lieu de villégiature se trouve sur la Nipigon, principal affluent du lac Supérieur. À la fin du XVIIᵉ siècle, les marchands de

fourrures y établirent un fort, le premier établissement européen sur la rive nord du lac Supérieur qui fut longtemps le royaume des Ojibways. En aval, on trouve des pictogrammes vieux de 400 à 1 000 ans évoquant les exploits des dieux et des esprits ; com- posés de traits et de symboles peints en rouge, ils décorent les falaises qui dominent l'embou- chure de la rivière. On accède au site par bateau, de la marina de Nipigon. À l'est de la ville, le bel- védère Kama offre l'une des plus belles vues des promontoires rocheux qui plongent abrupte- ment dans les eaux cristallines et froides du lac Supérieur. Depuis quelques années, Kama Station est le rendez-vous des amateurs d'escalade sur glace (pp. 110-111).

Rossport

Tout près de la Transcana- dienne, sur une grande baie pro- tégée par des îles, ce village est surtout connu pour son hôtel, Rossport Inn (1884), le plus ancien hôtel qu'on puisse ren- contrer sur la rive nord du lac Supérieur, et pour son festival de pêche, couru depuis 1937. L'abondance des truites de lac y attire les pêcheurs de partout. À la marina, on peut s'embarquer pour une excursion de pêche vers l'île Simpson et les autres îles qui forment une barrière fragile contre les vagues du lac Supé- rieur qui peuvent atteindre 9 m les jours de forte tempête. On voit, émergeant des eaux du port de Rossport, la proue du *Gunilda*, un luxueux bateau qui, en 1911, fut victime de l'une de ces tem- pêtes féroces.

Une inoubliable escalade sur des cascades glacées

ROUTE 11 / NIPIGON

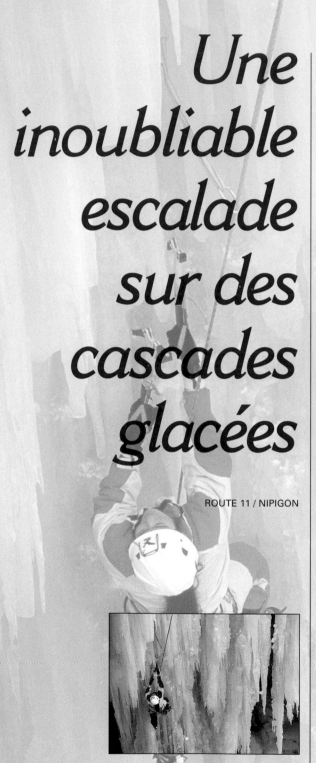

CHARLES WILKINS *collabore régulière-ment à des revues et rédige des textes pour la radio et la télévision de la SRC. L'une de ses œuvres publiées*, Breakfast at the Hoito, *est un recueil d'essais sur ses voyages dans le Grand Nord canadien.*

À MI-CHEMIN AU FLANC DE LA FALAISE de 90 m qui mène au poste de Kama, je m'an-cre solidement les pieds dans la neige dur-cie et je plante mes piolets. Mon cœur bat la chamade, je suis trempé de sueur. Comme je regrette les tractions que je n'ai pas faites, les kilomètres que je n'ai pas courus et les poids que je n'ai pas soulevés ! J'éprouve en fait tous les symptômes «de la machine à coudre» : parce que les mus-cles de mes cuisses et mollets sont affaiblis par l'effort démesuré, mes jambes sont pri-ses d'un tremblement irrépressible.

Pour comble, je suis tenaillé par la soif. Mais, faute d'une main libre, j'en suis réduit à ronger la paroi de glace que j'ai sous le nez. Le souffle plus court que jamais, j'arrache ainsi quelques gorgées. Puis, je m'arme de courage, je reprends mes pio-lets, et je poursuis mon ascension.

Mes préoccupations immédiates sem-blent vraiment banales au regard de la splendeur du paysage qui m'entoure. Der-rière, le lac Supérieur, si vaste qu'il rivalise avec les visions de Castanada. De chaque côté, les sommets de rochers formés il y a plus de trois milliards d'années et la forêt boréale à perte de vue. En face, une sculp-ture de glace à la Henry Moore.

Comme la plupart des Canadiens, je connais bien la glace. Chaque automne, je l'observe se former sur les lacs et les riviè-res. J'ai patiné dessus, j'y ai poussé d'innombrables pierres et rondelles et je l'ai grattée je ne sais combien de fois sur mon pare-brise. Mais, il ne m'était jamais venu à l'idée de l'escalader, jusqu'à ce que la fièvre des ascensions glacées m'emporte...

L'escalade sur glace exige la présence d'une chute d'eau, gelée de préférence... Vous devez ensuite en entreprendre l'ascension, muni de différents instruments comme des piolets, des crochets à glace et des crampons. Un piolet est une hachette munie d'un fer de pioche en pointe d'envi-ron 12 cm de long. Vous en tenez un dans chaque main et vous les enfoncez dans la glace en guise de poignées. D'allure tout aussi menaçante, les crampons d'acier s'attachent aux bottes. Ils se composent d'une double rangée de piques dirigées vers le bas, et d'au moins deux autres qui pointent sur le devant de la botte de manière à ce qu'on puisse les enfoncer dans la glace pour y prendre appui. Tous les alpinistes, du moins ceux qui tiennent à la vie, portent un harnais de sécurité. Dans mon cas, une corde d'urgence, le «relais», fixée à la fois à mon harnais et à un point d'ancrage au sommet de la falaise, descend jusqu'à mon compagnon de cordée qui la tient de façon à en assurer le coulissement selon la progression de mon ascension.

S'il est vrai qu'on pratique l'escalade sur glace ailleurs, dans les Laurentides ou les Rocheuses par exemple, il demeure que les amateurs considèrent la région de Nipigon comme la meilleure pour ce sport. Les ascensions dans les Rocheuses sont plus longues, mais celles de Nipigon sont plus nombreuses et plus accessibles : vous pouvez en faire une demi-douzaine en une seule journée. La région présente en effet de longues suites de falaises de basalte qui forment de véritables palissades sur les rives du lac Supérieur et le long de la route 11, au nord de Nipigon. L'été, des centaines de chutes d'eau dévalent ces palissades ; en décembre, toutes ces chutes se transforment en de scintillantes cascades de glace qui demeurent ainsi jusqu'à la fin d'avril.

Kama Bay, sur les rives du lac Supérieur, 22 km à l'est de Nipigon, offre 25 pistes d'ascension, à moins de 300 m de la Transcanadienne. Située 60 km à l'est de Nipigon, Ice Station Superior est le carrefour de 12 pistes qui offrent chacune une vue spectaculaire du lac et de l'île Saint-Ignace. Mais c'est à Orient Bay, sur la route 11, à quelque 35 km au nord de Nipigon, que vous trouverez le paradis :

> *"[...] une poussée d'adrénaline me propulse vers le sommet [...]"*

plus d'une centaine de cascades glacées, de hauteurs variées (entre 40 et 90 m).

Si l'escalade sur glace est devenue si populaire dans la région, c'est en grande partie grâce au géologue Shaun Parent, qui a escaladé les Rocheuses, les Andes et les sommets de la Thaïlande, du Népal et du sultanat d'Oman. Dans les années 80, alors que le sport n'en était qu'à ses débuts, Parent et ses compagnons ont ouvert des douzaines de pistes dans la région de Nipigon. En 1988, Parent a fondé une société de guides d'escalade (North Superior Climbing Company) et, l'année suivante, il a créé le Ice Fest, le seul festival d'escalade sur glace en Amérique du Nord. Ce festival, qui se tient à la mi-mars, à Orient Bay, attire les alpinistes de toute l'Amérique du Nord.

L'escalade sur glace n'est pas sans danger et requiert du matériel spécialisé. C'est pourquoi, si vous avez le goût de vous y risquer, il vaut mieux faire appel à des guides et aux conseils de spécialistes.

Quant à moi, j'ai réussi, je ne sais trop comment, à me hisser jusqu'à quelques mètres du poste de Kama. Je suis à moitié mort. Mais au moment d'amorcer l'ascension des derniers mètres, une poussée d'adrénaline me propulse vers le sommet et j'atteins enfin le rebord de glace qui sert de point d'ancrage à mon relais. Affalé sur la glace, euphorique, je lève les yeux au ciel, tout en essayant de reprendre mon souffle. Surgit un corbeau qui tourne cérémonieusement au-dessus de moi avant de s'envoler vers les bois. Je prends finalement appui sur le coude pour admirer le lac qui s'étend à mes pieds. Puis je replante mes piolets pour engager la descente.

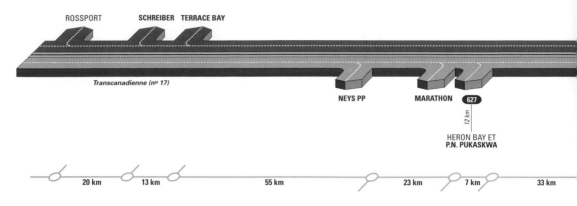

RIVE EST DU LAC SUPÉRIEUR

Schreiber

La moitié des habitants descendent d'Italiens partis du sud de l'Italie en 1883, surtout de Siderno Marina, pour venir travailler au service du Canadien Pacifique. Schreiber offre des activités de pêche, de ski de fond et de motoneige. Pour une bonne randonnée, empruntez le sentier Casques Isles (48 km), qui relie Schreiber, Terrace Bay et Rossport; il est ponctué de plusieurs points d'entrée pour ceux qui préfèrent un circuit plus court.

Terrace Bay

Ville modèle construite par la compagnie de papier Kimberly-Clarke dans les années 40, Terrace Bay doit son nom aux terrasses de sable qui flanquent le lac Supérieur. La beauté de la ville et de son site lui ont valu le titre de «joyau de la rive nord». À l'extrémité ouest de la ville, les chutes Aguasabon se jettent dans une gorge profonde.

Parc provincial Neys

De la pointe de la péninsule Coldwell, on voit l'île Pic qui a

été immortalisée par le peintre Lawren Harris, du Groupe des Sept. D'autres beaux paysages vous attendent le long de la plage Neys, blanche et sablonneuse. L'eau est froide, mais vivifiante; méfiez-vous des courants de la rivière Little Pic.

Marathon

En 1944, la société Marathon Paper of Wisconsin établit ici une ville et une usine de pâte à papier; 40 ans plus tard, Marathon devait connaître un essor sans précédent à la suite de la découverte de gisements d'or à Hemlo, aujourd'hui encore les plus importants au Canada. Pendant l'été, on peut visiter les mines et les usines de traitement de l'or. Les collectionneurs de roches voudront aussi visiter la seule mine de spectralite en Amérique du Nord. En hiver, les amateurs apprécieront les pistes et les installations de ski alpin, de ski de randonnée et de motoneige.

Parc national Pukaskwa

On décrit parfois ce parc comme la «rive sauvage d'une mer intérieure». Là, les rivages du lac

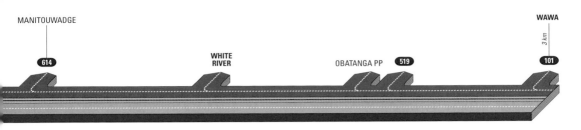

MANITOUWADGE

WAWA

614

WHITE
RIVER

OBATANGA PP   **519**

101

3 km

52 km   42 km   7 km   43 km

Supérieur se compose de
rochers à fleur d'eau et, dans les
terres, on trouve des paysages
typiques du Bouclier canadien :
terrain rocheux, forêts et nature
sauvage. Dans le secteur nord-
ouest du parc, Hattie Cove offre
des aires de pique-nique, 60 sites
de camping, des plages et des
sentiers de randonnée, mais la
majeure partie de ce vaste parc
(1 878 km²) est réservée aux
grands randonneurs pédestres et
aux canoéistes aguerris.

White River

La statue de Winnie l'ourson qui
orne l'entrée de la ville célèbre
l'ourson noir, originaire de la
région, qui alla loin. L'histoire
commence lorsque le capitaine
Colebourn, dont le train fait halte
à White River, achète l'ourson
d'un trappeur. Il le baptise Winnipeg, comme sa ville natale, et
l'emmène à Londres. Appelé au
combat, Colebourn fait don de
l'ourson au zoo de Londres.
C'est là que A. A. Milne, qui faisait visiter le zoo à son fils, eut
l'inspiration d'écrire des contes
ayant pour héros Winnie et ses
amis. Publiés en 1926, ils sont
toujours aussi populaires. Le

Festival Winnie, en août, présente des expositions du patrimoine,
une foire, des représentations
théâtrales et un concours pour
amateurs.

Wawa

L'oie sauvage en acier de 9 m à
l'entrée de Wawa est l'une des
« œuvres d'art des grands
chemins » les plus importantes en
Amérique du Nord. Wawa (oie
sauvage en ojibway) doit son
nom à l'oiseau palmipède qui
fréquente le lac. Bien qu'on ait
découvert des gisements d'or
dans la région en 1897, 1920 et
1980, l'économie locale repose
surtout sur l'exploitation des
mines de fer depuis les années
1890. Le fer extrait de la mine
George M. MacLeod, la seule
mine de fer souterraine au Canada, est expédié à la société Algoma Steel, à Sault Ste. Marie. On
peut pique-niquer ou faire de la
randonnée le long des rives du lac
Wawa ou dans le parc de Mr.
Vallée. La fête des Prospecteurs
a lieu sur les rives du lac chaque
été ; au printemps, l'endroit est le
point de départ d'une course à
l'or en traîneau à chiens.

*La chute High Falls, une
impressionnante cascade de
23 m de hauteur sur 38 m de
largeur qui se déverse dans la
rivière Magpie, au sud de
Wawa, vaut une visite
en toute saison. De
courts sentiers de
randonnée partent
du parc au pied des
chutes et mènent
à une plateforme
d'observation
au sommet.*

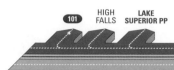

101   HIGH   LAKE   MONTREAL
        FALLS   SUPERIOR PP   RIVER

Transcanadienne (nº 17)

5 km   10 km   90 km

**RIVE EST DU
LAC SUPÉRIEUR**

*Au site histori-
que national du
Canal de Sault
Ste. Marie, on
peut se prome-
ner le long des
vieilles écluses
ou encore
explorer un
sentier en pleine
nature.*

Parc provincial
du Lac-Supérieur

Les guides du camping avoisinant
vous conduiront vers les pictogrammes ojibways de la baie de
l'Agawa, l'un des attraits les plus
remarquables du parc. Sur le site
du camping, un centre d'exposition est consacré à la géologie et
à la nature du parc que fréquentent en nombre les orignaux et
les caribous des bois. Pourvu de
plages, d'aires de pique-nique, de
trois campings et de nombreux
sentiers, soit courts (90 minutes),
soit plus ardus, le parc se prête à
des expéditions incomparables.
Le paysage est particulièrement
spectaculaire à l'automne lorsque
les érables à sucre et les bouleaux
jaunes se parent de leurs plus
belles couleurs. Sept voies de
canotage invitent les canoéistes à
des expéditions dont la durée
varie de deux heures à cinq jours.

Parc provincial
de Batchawana Bay

Au sud du parc, une halte
routière marque le point médian
de la Transcanadienne, à quelque
3 925 km à la fois de Victoria, en
Colombie-Britannique, et de
St. John's, à Terre-Neuve.

Sault Ste. Marie

La ville se vante d'offrir l'excitation de la vie urbaine à quelques
minutes de la nature la plus sauvage. Le pavillon et la marina

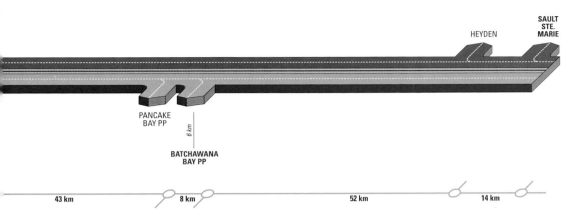

Roberta Bondar rendent hommage à la première femme astronaute canadienne, originaire de Sault Ste. Marie. Le pavillon accueille diverses manifestations, dont le carnaval d'hiver Bon Soo, d'une durée de 10 jours. La papetière Algoma Steel est le principal employeur de la ville.

Les écluses permettent aux bateaux d'accéder du lac Supérieur au lac Huron, 6 m plus haut. Elles sont le principal attrait de « Soo », comme le prononcent les Anglais, et on peut les visiter à bord du *Chief Shingwauk*. Le musée de Sault Ste. Marie expose des objets amérindiens, y compris un wigwam en écorce de bouleau, des objets reliés à la traite des fourrures ainsi qu'aux sports et à la navigation. La Galerie d'art d'Algoma expose des œuvres d'art canadiennes contemporaines et anciennes. Dans le parc Bellevue, on trouve des jardins, des serres et un zoo ; on peut y faire du pédalo ou assister à des concerts. Ski alpin et ski de fond comptent parmi les activités hivernales. Le circuit ferroviaire Algoma Central fait la navette entre Sault Ste. Marie et Hearst (pp. 118-119).

Site historique national du Canal de Sault Ste. Marie

De 1887 à 1895, on creusa un canal à même le grès rouge de l'île Sainte-Marie dans le but d'ouvrir la voie entre l'Atlantique et le lac Supérieur. On construisit une écluse longue de 274 m, une merveille d'ingénierie à l'époque. Ce fut aussi le premier canal à utiliser l'électricité pour alimenter ses portes d'écluse et les vannes. Le canal fut fermé à la navi-

gation commerciale vers 1970, mais on y voit encore ses jeux de portes, sa machinerie et ses bâtiments originaux, ainsi qu'une collection de dessins industriels.

Norgoma, le bateau-musée, Sault Ste. Marie

Amarré à la marina Roberta Bondar, ce bateau-musée donne un aperçu des heures de gloire de la navigation à vapeur sur les Grands Lacs. Le *Norgoma*, un bateau à moteur Diesel qui naviguga de 1950 à 1974, fut le dernier bateau à cabines à être construit dans la région.

Centre des Avions de brousse canadiens Heritage, Sault Ste. Marie

Ce musée au bord de l'eau raconte l'épopée de l'aviation de brousse et de la lutte aux incendies de forêt au Canada. On y voit entre autres le plus vieux De Havilland DHC2 Beaver au monde encore fonctionnel, un biplan Fairchild KR-34 et l'un des premiers avions de lutte aux incendies, le De Havilland DHC3 Otter. On peut aussi visiter, au bord de l'eau, un hangar fonctionnel de style 1920.

Maison Ermatinger, Sault Ste. Marie

Construite entre 1814 et 1823 par le marchand de fourrures Charles Oakes Ermatinger, cette maison de pierre rouge est la seule de ce type à subsister au Canada à l'ouest de Toronto. On peut y voir des meubles d'époque, un musée consacré au commerce de la fourrure et un jardin planté des mêmes espèces qui y poussaient au début du XIXᵉ siècle.

Au début des années 1800, à l'époque où la famille Ermatinger habitait cette élégante maison, celle-ci était un lieu de rencontres sociales et de rendez-vous d'affaires pour les marchands de fourrures. Avant sa restauration, vers 1960, elle servit successivement de mission anglicane, d'hôtel, de palais de justice, de résidence pour le shérif, de local pour le YWCA, de club social et d'immeuble locatif.

115

Voyage en train au cœur de la nature sauvage

JAMES SMEDLEY *tient la chronique*
Backroads *dans la revue* Ontario Out of
Doors. *Ses articles lui ont valu plusieurs
prix décernés par l'association*
Outdoor Writers of Canada (OWC).

AU BORD DE L'EAU, des relents de diesel flottent dans l'air frais du matin, au moment où vous embarquez à bord du train. Au sifflement, la longue file de voitures s'ébranle dans le vrombissement croissant de la locomotive. Après quelques minutes, vous entendez une voix anonyme au haut-parleur vous souhaiter la bienvenue à bord du train Algoma Central. Votre train a quitté le dépôt de la gare de Sault Ste. Marie et, au cours des huit prochaines heures, il va effectuer un aller-retour de 370 km jusqu'au canyon de l'Agawa.

Vous apercevez brièvement le pont International et les écluses de la rivière Sainte-Marie qui relient les lacs Supérieur et Huron. Puis, à la cadence des roues d'acier qui courent sur les rails, vous filez vers le nord en direction d'Algoma, au cœur des régions sauvages de l'Ontario. Tout autour se profilent les impressionnantes formations de granite du Bouclier canadien sous le couvert dense des dernières grandes étendues de bois franc en Amérique du Nord. Le tangage du train devient hypnotique ; lancée à toute vitesse, la locomotive semble fendre le sol accidenté. Des pins blancs, des érables et des bouleaux s'accrochent aux flancs des collines abruptes qui dominent les rives des lacs bordés de cottages. D'épais troncs de thuyas surgissent du sol noir des vallées tapissées d'épinettes et de sapins baumiers.

Des rappels de distance sur les poteaux téléphoniques qui longent la voie ferrée marquent votre progression à travers cette mer de granite et d'arbres. Vous voyez parfois des cabanes de bois rond et des bâtiments ferroviaires affaissés. Avec un peu de chance, vous apercevrez peut-être aussi un orignal ou des ours noirs près des terrains dégagés de la voie ferrée et, si vous levez la tête, des oiseaux de proie luttant dans le courant d'air ascendant, à la recherche de souris, de tétras et de lièvres.

La construction de ce chemin de fer a débuté en 1899 et, en 1914, la ligne reliait enfin Sault Ste. Marie à Hearst, 476 km au nord. Dans les années 60, les touristes s'intéressèrent au circuit emprunté par les trains de marchandises qui continuaient toujours de transporter du minerai et du bois. C'est ainsi que, en 1974, le chemin de fer Algoma Central fit son apparition ; dès la première année, plus de 100 000 personnes visitèrent le canyon de l'Agawa.

Plusieurs dizaines d'années auparavant, les membres du Groupe des Sept empruntaient déjà le circuit pour explorer les paysages qu'ils ont immortalisés dans leurs œuvres. De 1918 à 1923, en effet, Lawren Harris, A. Y. Jackson, Frank Johnston, J.E.H. MacDonald et Arthur Lismer avaient l'habitude de louer un wagon couvert et de le faire aiguiller vers ces magnifiques régions sauvages qu'ils exploraient ensuite à pied ou en canot, couchant sur toile de vastes et farouches paysages encore inconnus de la plupart des Canadiens.

Pendant que vous suivez leurs traces, le train enjambe trois ponts dont le plus spectaculaire, un parcours sinueux de 472 m à la borne 92, surplombe d'une hauteur de 91 m la rivière Montréal. Peu après, apparaît la rivière Agawa, nichée au fond d'une profonde vallée. Le train amorce ensuite, sur une distance de 19 km, une descente de 152 m jusqu'au lit du canyon de l'Agawa. Les falaises à pic semblent engloutir les voitures pendant que le train longe la rivière, se frayant un passage dans ce col étroit que bordent des formations rocheuses parmi les plus vieilles au monde.

Il y a plus d'un milliard et demi d'années, les mouvements de la croûte terrestre ouvrirent une brèche dans le socle de granite qui recouvrait cette région. Puis, des calottes glaciaires d'une épaisseur de 1 à 2 km rongèrent les parois du gouffre. Enfin, il y a environ 10 000 ans, les glaciers en

"Puis, à la cadence des roues d'acier qui courent sur les rails, vous filez vers le nord [...]"

régression laissèrent dans leur sillage un chenal marginal rempli de débris.

Aujourd'hui, des murs de granite s'élèvent jusqu'à 183 m depuis le fond du canyon. De chaque côté du train, des chutes d'eau marquent votre arrivée. Une halte de deux heures vous permet d'explorer ce cadre impressionnant. Vous pouvez acheter un panier-repas au wagon-restaurant et le déguster sur les rives de l'Agawa aux eaux couleur de thé. Un abri en pierre, des bancs au bord de l'eau, une aire de jeux et un restaurant vous attendent aussi. Vous pouvez également profiter d'un réseau de sentiers pour vous délier les jambes et explorer les environs.

Un sentier escarpé, suivi de 372 marches, mène à un belvédère 76 m au-dessus de la voie ferrée. Au pied de la paroi ouest, les sentiers Ed Foote et Talus serpentent entre des rochers couverts de lichens. Là, avant de rentrer par le sentier Beaver, vous sentirez les embruns de la chute Black Beaver (53 m) et admirerez, de l'autre côté de l'Agawa, la chute Bridal Veil (69 m). Un autre sentier longe le ruisseau Otter et vous mène au pied de la plus petite chute (14 m) du canyon. Alimentées par les étangs à castors, ses riches eaux se déversent dans des frayères de truites saumonées.

Pendant la halte, on aura attelé la locomotive en queue de train et renversé les sièges. N'oubliez donc pas de changer de côté pour avoir une vue différente au retour. Les fins de semaine, pendant l'hiver, le «train des neiges» (sans halte au canyon) vous fera voir un paysage fort différent, recouvert d'un linceul de neige.

James Smedley

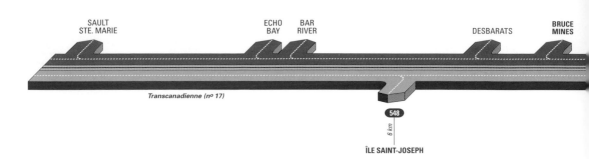

SAULT
STE. MARIE   ECHO   BAR   DESBARATS   BRUCE
                    BAY   RIVER   MINES

Transcanadienne (n° 17)

548

6 km

ÎLE SAINT-JOSEPH

26 km   5 km   20 km   7 km   12 km

**NORD-EST DE
L'ONTARIO/
RIVE NORD DU
LAC HURON**

*On revit l'histoire locale en visitant
le musée de l'Île-Saint-Joseph dont
les collections sont réparties entre
une église, deux écoles, une grange
de deux étages, un magasin général
de 1912 et une cabane de rondins
des années 1890 (ci-dessous) ;
on y trouve quelque 5 000 objets
datant de l'époque des pionniers.*

Île Saint-Joseph

Cette île paisible, située
dans le North Channel
qui relie le lac Huron
au lac Supérieur, se
compose de terres
agricoles et de forêts
de bois franc. On y
accède par un pont,
puis la route 548
qui en fait le tour
mène aux princi-
paux points d'inté-
rêt : le musée de l'Île-
Saint-Joseph, le Sailors
Encampment – où les marins
passaient jadis l'hiver quand
leurs bateaux étaient prisonniers
des glaces et d'où on peut surveiller aujourd'hui le passage
des cargos –, le lieu historique
national du Fort-St. Joseph et
la plage Hilton.

Les prospecteurs amateurs
vantent la pierre locale, surnommée *pudding stone*, un quartzite
blanc moucheté de jaspe que les
pionniers comparaient à de la
graisse bouillie mélangée à des
cerises et des groseilles. Quant

aux pêcheurs, ils apprécient
les bonnes prises dans les
baies protégées de l'île.

Lieu historique national du Fort-St. Joseph, île Saint-Joseph

Construit en 1796, à
l'extrémité sud-est
de l'île Saint-Joseph,
ce fort permettait
aux Britanniques
d'assurer une pré-
sence militaire sur
une route essentielle à la traite
des fourrures, tout en veillant
à la loyauté de la population
amérindienne locale. Le fort fut
brûlé par les Américains pendant
la guerre de 1812. Dans les
années 60, des fouilles archéologiques mirent au jour des outils,
des fourrures et des uniformes
militaires qui sont aujourd'hui
exposés au centre d'accueil aux
visiteurs. Le site comprend
aussi un vaste refuge d'oiseaux,
une aire de pique-nique et des
sentiers de randonnée.

Bruce Mines

On peut faire un tour guidé – en
surface ou sous terre – de la mine
Simpson's Shaft, la première
mine de cuivre exploitée au
Canada avec succès (1846-1873).
Le village, l'un des plus vieux
du nord de l'Ontario, fut fondé
par des mineurs de Cornouailles.
À une certaine époque, John
Sholto Douglas, 9e marquis de
Queensberry, fut le directeur des
mines. Une maison de poupée
victorienne ayant appartenu à sa
petite-fille fait partie des exhibits
du musée local, logé dans une

ELLIOT
LAKE

42 km

108
SERPENT
RIVER

THESSALON   IRON BRIDGE   BLIND RIVER   ALGOMA MILLS

19 km   9 km   26 km   11 km   20 km

ancienne église (1894) en face de
la mine. Bruce Mines, doté de
parcs et d'une excellente marina,
est devenu un centre touristique
populaire où l'on pratique la
motoneige, le ski de fond et la
pêche blanche.

Thessalon

Thessalon, sur le lac Huron, est
le rendez-vous des marins qui
naviguent dans les eaux du
North Channel. Non loin, à Little
Rapids, le musée relate le passé
de la région, lié à l'agriculture, à
la foresterie et à la pêche commerciale. Du musée, une route
mène dans l'arrière-pays ; à
21 km de distance, un arbre de
50 m, vieux de 350 ans, le Grand
Pin blanc, est censé être le plus
grand pin à l'est des Rocheuses.

Blind River

Les premiers voyageurs, n'arri-
vant pas à identifier l'embouchure de la rivière sur le lac
Huron, la nommèrent Blind (cul-
de-sac). Avec le déclin de la traite des fourrures, vers 1850, la
ville opta pour les activités forestières, qui se prolongèrent jusque
dans les années 60. De nos jours,
son économie repose sur l'uranium et le tourisme. Le parc sur
la rive renferme une marina bien
équipée et des terrains de jeux ;
différentes activités animent les
lieux et on peut se rendre en
navette dans les magasins
locaux. Le musée Timber Valley
expose divers objets ayant servi
aux bûcherons, une collection
illustrant la culture des Indiens
Mississagis, ainsi que des œuvres
d'artistes et d'artisans locaux.

Algoma Mills

La ville offre une marina, des
campings, des sentiers forestiers
et des plages de sable sur le lac
Lauzon.

Elliot Lake

L'exploitation de l'uranium, que
l'on découvrit ici vers 1950, cons-
titua pendant 30 ans le moteur
de l'économie locale. Le musée
local retrace les moments forts
du passé minier et les personna-
lités marquantes de la région. La
ville s'est adaptée pour répondre
aux besoins de ses habitants, en
majorité des retraités de la mine.

*En dépit de son nom, le musée des
Mines et de l'énergie nucléaire de
Elliot Lake possède aussi des collections consacrées à la traite des fourrures et à l'exploitation des forêts.
Une mini-galerie expose des œuvres
d'artistes locaux et cette courtepointe (ci-dessous) d'époque.*

SERPENT
RIVER

SPANISH

Transcanadienne (n° 17)

20 km

20 km

**NORD-EST
DE L'ONTARIO/
ÎLE MANITOULIN**

La rivière aux Sables faisait partie du réseau de voies navigables servant autrefois à acheminer le bois des forêts du Nord vers les Grands Lacs. Ce passé subsiste dans le parc provincial des Chutes, qui tire son nom d'une glissoire (en anglais, chute) qui avait été aménagée pour faciliter le passage des billots en évitant les rapides et les jolies chutes d'eau que l'on voit ci-dessous.

Spanish

Spanish est un endroit de villégiature très couru. En été, deux marinas et un quai accueillent des embarcations de tous types, yachts comme kayaks. Les amateurs de sport d'hiver, quant à eux, y trouvent des pistes de motoneige aménagées, des sentiers panoramiques de ski de fond et des pistes de raquette.

Massey

Située au confluent des rivières aux Sables et Spanish, Massey se targue d'être le «cœur de la région touristique des pins blancs» (à l'ouest de Sudbury). Le parc provincial des Chutes offre un camping, une plage et des sentiers de randonnée. Le musée local, consacré surtout aux activités forestières de 1870 à 1920, possède aussi une collection de minéraux fluorescents et les arbres généalogiques de 55 familles de pionniers.

Espanola

L'été, on peut visiter l'usine E.B. Eddy Forest Products Ltd., le principal employeur d'Espanola qui exploite une forêt trois fois grande comme l'île du Prince-Édouard. Vous pouvez aussi visiter l'usine de pâte et papier Eddy et la scierie Naïm Centre qui produit suffisamment de bois d'œuvre pour construire 18 000 maisons par année.

Île Manitoulin

Vers le sud, la route 6 emprunte un pont tournant pour aboutir

sur l'île Manitoulin, la plus grande île du monde en eau douce (2 766 km²). Sur l'île, la route mène de Little Current à Sheguiandah, Manitowaning et enfin South Baymouth, où un traversier mène à Tobermory, sur la péninsule de Bruce.

L'économie de l'île, autrefois axée sur la forêt et la pêche commerciale, repose aujourd'hui sur l'agriculture et le tourisme. Le tiers des 12 000 insulaires sont des Indiens Odawas, Ojibwas et Potawatomis, qui vivent dans sept réserves.

Little Current, île Manitoulin

Située sur le passage le plus étroit du North Channel, Little Current, autrefois port important de chargement de bois, attire quelque 3 000 bateaux de plaisance chaque été. En août, le Festival Haweater consiste en quatre journées de concerts, foires d'artisanat, défilés et feux d'artifice. *Haweaters* (mangeurs de cenelles) est le surnom donné aux natifs de l'île à cause des fruits aigrelets des aubépines rouges qui poussent ici en abondance.

Sheguiandah, île Manitoulin

Sheguiandah abrite une communauté amérindienne – qui organise chaque année en août un pittoresque pow-wow – de même qu'un village, fondé en 1870. Dans le parc-musée Little Current–Howland Centennial, on peut voir des maisons de rondins à deux étages et autres bâtiments de pionniers, ainsi que des

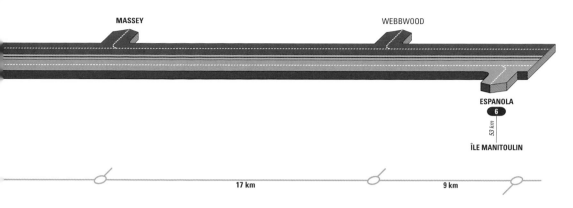

MASSEY

WEBBWOOD

ESPANOLA
6

53 km

ÎLE MANITOULIN

17 km

9 km

Les plaisanciers qui passent devant l'île Manitoulin en naviguant dans les eaux du North Channel n'ont pas assez de leurs deux yeux pour absorber toute la beauté de ses promontoires rocheux couverts de luxuriantes forêts, qui s'avancent en saillie dans les eaux scintillantes.

artefacts datant de 10 000 ans, qui ont été mis au jour dans une carrière avoisinante. Le belvédère Ten Mile Point, entre Little Current et Manitowaning, offre une vue spectaculaire du chenal et du littoral échancré de l'île Manitoulin.

Manitowaning, île Manitoulin

Fondée en 1836, Manitowaning est le premier établissement européen permanent de l'île. Conçue pour devenir une colonie amérindienne (Manitowaning signifie «le repaire du Grand Esprit») et un centre d'apprentissage agricole, elle ne réussit pas à attirer un grand nombre d'Indiens, mais prospéra comme centre de commerce que fréquentèrent pionniers et touristes dès 1880. L'église St. Paul (1849)

est le plus ancien temple anglican du nord de l'Ontario et le phare derrière l'église remonte à 1885. Les expositions du musée Assiginack, logé dans une ancienne prison, illustrent la vie des pionniers. Le musée comprend une forge, une étable, une habitation et une petite école de l'époque. Mouillé dans le port, le *Norrisle*, dernier paquebot à vapeur des Grands Lacs, reçoit les visiteurs qui peuvent aussi y prendre un repas. On peut voir de la machinerie agricole ancienne dans le moulin à farine Roller Mills (1883). Au nord-est de Manitowaning, les Indiens Wikwemikongs, qui ont mis sur pied la troupe de théâtre De-ba-jeh-mu-jig, accueillent, en juillet, le festival nord-américain Three Fires, consacré à la musique indienne contemporaine, et, en août, les festivités d'un pow-wow compétitif.

121

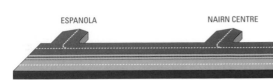

ESPANOLA   NAIRN CENTRE

Transcanadienne (nº 17)

WHITEFISH

15 km   38 km

**NORD-EST
DE L'ONTARIO**

*À Lively, le
musée Ander-
son comprend
sept bâtiments,
restaurés ou
reconstruits, qui
illustrent l'his-
toire de l'agri-
culture, de
l'exploitation
minière et de
l'immigration,
notamment fin-
landaise, propre
à la région.*

Chutes Onaping

On a la plus belle vue de ces chutes du belvédère A.Y. Jackson,
du nom du peintre du Groupe
des Sept qui les a immortalisées.
Le parc provincial Windy Lake
offre des plages de sable et des
emplacements de camping et on
peut aussi y faire du bateau. Le
parc provincial Fairbank, non
loin, a les mêmes avantages, en
plus d'un sentier de randonnée
(une heure) avec vue sur le lac.

Lively

En 1916, les pionniers finlandais Frank et Gretta Anderson entreprirent ici l'exploitation d'une ferme laitière
qui devint vite l'un des principaux fournisseurs de Sudbury.
Les activités de la ferme prirent
fin en 1958, mais le musée
Anderson rappelle le travail
accompli par Frank et Greta.

Copper Cliff

C'est la société Inco qui planifia
cette ville avec ses rues en

rangées et ses
jolies maisons.
Tout près, on
peut voir de
pittoresques
groupes d'habi-
tations aux
angles singu-
liers, bâties par
des mineurs
italiens.
    Le musée
local, un bâti-
ment en ron-
dins, expose
meubles, outils
et ustensiles
anciens.

*C'est à Sudbury
qu'on peut voir
la plus grande
pièce de mon-
naie au monde,
« Big Nickel »,
un 5 cents de
9 m de haut
et de 61 cm
d'épaisseur.*

Mine Big Nickel, Sudbury

À la sortie de Copper Cliff, on
peut apercevoir, au nord de la
route, une gigantesque pièce de
monnaie de 5 cents, juchée sur
une colline qui surplombe la
région de Sudbury : c'est le « Big
Nickel » – qui n'est pas en nickel,
mais en acier inoxydable. Le
musée Science Nord (*voir rubrique ci-contre*) propose des tours
guidés de la mine Big Nickel ; au
cours de la visite de 30 minutes,
vous descendrez dans un puits
de 20 m jusqu'à une aire
aménagée pour la démons-
tration des techniques
minières. Vous verrez des
curiosités comme un jardin
souterrain et le seul
bureau de poste sous
terre au Canada. Vous
pouvez aussi faire une
excursion de 2 h 30 en
autocar et à pied pour visiter
le bassin de Sudbury ainsi que
la fonderie et la raffinerie de
l'Inco. On vous montrera le
puits à ciel ouvert le plus profond au Canada ainsi que la
cheminée géante (381 m), qui est
en fait la plus haute du monde.

Sudbury

Située aux abords d'un gigantesque bassin semblable à un cratère, Sudbury est à la fois la
capitale mondiale du nickel et le
principal producteur de cuivre
au Canada. D'après certains
savants, le bassin aurait pour
origine un météorite, tout
comme le minerai, dont la découverte remonte à la construction
du chemin de fer Canadien Pacifique. Leur exploitation intensive

122

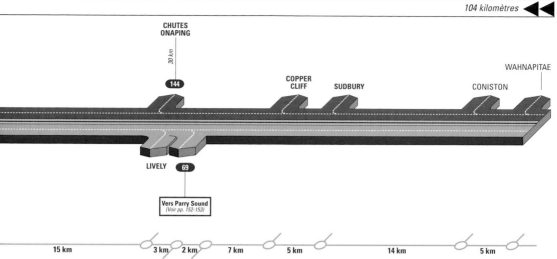

commença en 1888 et, 60 ans plus tard, le paysage était devenu désolé et noirci par la fumée des fonderies. On entreprit alors de raviver la région ; Inco érigea une cheminée géante et fit planter 1,5 million d'arbres.

Le soir, le spectacle des traînées incandescentes des coulées de laitier se déversant dans les crassiers est encore impressionnant (à voir de Copper Cliff). On trouve à Sudbury des équipements culturels exceptionnels, notamment le musée Science Nord (ci-dessus), le musée et le centre d'art de l'Université Laurentienne, sur l'ancienne propriété d'un magnat du bois, la Galerie du Nouvel-Ontario, consacrée à l'art franco-ontarien, et le Moulin à fleur, qui rend hommage aux Canadiens français installés dans la région depuis le début du siècle. Le Festival des aurores boréales, en juillet, serait la plus ancienne manifestation musicale, bilingue et multiculturelle, en plein air au Canada. En juillet aussi a lieu le Festival des bleuets et, en août, celui de l'ail.

Science Nord, Sudbury

Dans ce centre de sciences, situé au bord du lac Ramsey, vous pouvez caresser des petits animaux, prévoir la météo, produire de l'électricité, flotter dans l'espace et faire toutes sortes d'expériences scientifiques. On pénètre dans le centre par un tunnel qui mène à la salle de cinéma IMAX, puis on accède par une rampe en spirale aux étages d'exposition. Films, démonstrations et exhibits dévoilent les secrets de la vie des animaux et des insectes, de l'univers et du système solaire, des communications, de l'écologie, de la géologie. Le personnel, dont plusieurs membres sont affiliés à l'Université Laurentienne, donne des explications et répond volontiers à vos questions. Une croisière d'une heure à bord du *Cortina* vous fera passer devant l'université, qui est bilingue.

Un cratère rocheux, symbole du bassin de Sudbury, forme les assises de Science Nord dont les bâtiments sont ponctués d'hexagones rappelant des flocons de neige, donc la glaciation qui a façonné le nord de l'Ontario. Le projet initial portait sur un musée des mines, mais c'est finalement un centre des sciences de classe mondiale qui ouvrit ses portes en 1984. Les travaux, qui durèrent trois ans, furent lancés en 1981 grâce à un don de 5 millions de dollars d'Inco Ltd., représentant la participation la plus importante d'une société privée à un projet communautaire au Canada. La Falconbridge emboîta le pas avec un million additionnel et le gouvernement de l'Ontario compléta avec une subvention de 10 millions. C'est ce dernier qui s'occupe d'administrer le centre.

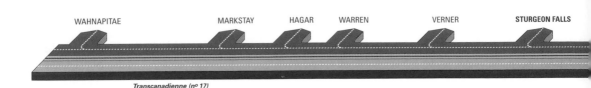

WAHNAPITAE   MARKSTAY   HAGAR   WARREN   VERNER   **STURGEON FALLS**

Transcanadienne (n° 17)

21 km   10 km   8 km   14 km   15 km

**NORD-EST
DE L'ONTARIO**

Une marche dans le sentier boisé qui relie le Centre d'éducation de North Bay aux chutes Duchesnay (ci-dessous) permet de jouir d'une vue spectaculaire sur le lac Nipissing et la région. Pendant les crues, les chutes, situées en bordure de la route 17 ouest, aux limites de la ville, forment une magnifique cascade impétueuse.

Sturgeon Falls

Situé à 5 km du lac Nipissing, cet ancien lieu de rassemblement amérindien s'est converti en centre forestier avec l'arrivée du chemin de fer en 1881. Le musée de Sturgeon possède une réplique du poste que la Compagnie de la Baie d'Hudson exploita ici de 1848 à 1879, des artefacts indiens, de l'équipement agricole et forestier, une maison de pionniers en pin blanc équarri (1898), une forge, une galerie d'art, des aires de pique-nique et une rampe de mise à l'eau.

North Bay

Surnommée la « Porte du Nord », North Bay est située à la jonction des routes 11 et 17. À l'époque de la traite des fourrures, sa situation stratégique sur le lac Nipissing lui avait déjà indiqué sa vocation de carrefour d'échange ; puis, avec l'arrivée du chemin de fer, en 1882, elle devint un centre de transbordement des produits forestiers.

On peut visiter, à côté du centre d'information touristique, la maison natale des jumelles Dionne, nées en 1934. La maison, qui a été transportée ici depuis Corbeil, renferme divers souvenirs des quintuplées. Non loin, dans deux voitures de chemin de fer, voyez un modèle réduit de train où la locomotive tire les wagons sur une voie ferrée de 90 m de longueur dans un paysage canadien miniature.

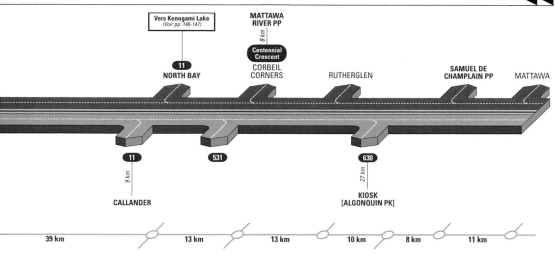

Vers Kenogami Lake
(Voir pp. 146-147)

MATTAWA RIVER PP

8 km

Centennial Crescent

CORBEIL CORNERS

11 NORTH BAY

RUTHERGLEN

SAMUEL DE CHAMPLAIN PP

MATTAWA

11

531

630

9 km

27 km

CALLANDER

KIOSK [ALGONQUIN PK]

39 km   13 km   13 km   10 km   8 km   11 km

Au bord de l'eau vous trouverez une plage, une allée piétonnière, une piste cyclable, une marina, un mini-train et un quai où vous attend le *Chief Commanda II* pour des croisières allant de 90 minutes à 5 heures. Le musée de North Bay contient 20 000 exhibits reliés à l'histoire du chemin de fer, du bois et de la navigation à vapeur.

Callander

Le bureau où le Dr Dafoe a exercé sa profession de 1914 à 1943 est devenu le musée North Himsworth. Comme le Dr Dafoe a vu naître les quintuplées Dionne et en a été le tuteur pendant plusieurs années, on peut y voir des vêtements, des photographies et divers souvenirs des célèbres jumelles. Le musée comprend aussi l'échoppe de barbier exploitée à Callander pendant 60 ans par Alex Dufresne et sa famille ; il renferme des rasoirs, des cuirs à affiler et d'autres instruments qu'utilisaient les barbiers au tournant du siècle.

Un peu au sud de la ville se trouve un belvédère avec vue spectaculaire sur le lac Nipissing.

Parc provincial Mattawa River

C'est le premier parc en Ontario axé sur une voie navigable. Il comprend la rivière historique Mattawa, les lacs avoisinants et un étroit sentier le long des berges. Bien qu'ouvert au public, ce parc n'est pas exploité de façon officielle. Il s'étend sur 37 km, du lac Trout au parc Samuel-de-Champlain. Étienne Brûlé, en

1610, puis Samuel de Champlain, en 1615, furent parmi les premiers explorateurs à naviguer sur la Mattawa, traditionnellement empruntée par les Indiens. On peut aujourd'hui revivre leur épopée en canot. Pour accéder au parc, prenez la route Centennial Crescent, au nord de la Transcanadienne.

Mattawa, au cœur des hautes Laurentides, se trouve au confluent de la rivière du même nom et de la rivière des Outaouais. Le musée local présente des expositions sur les Amérindiens et sur les débuts de l'agriculture et de l'industrie dans la région.

Kiosk, parc Algonquin

La route 630 est la seule route d'asphalte dans le secteur nord du parc Algonquin. À la gorge Eau-Claire, près de sa jonction avec la Transcanadienne, la rivière Amable-du-Fond forme une cascade bouillonnante dans les affleurements rocheux. À Kiosk, environ 25 km au sud, on peut camper sur les rives du lac Kioshkokwi.

Parc provincial Samuel-de-Champlain

Une exposition au centre d'accueil illustre le rôle joué par les explorateurs et les marchands de fourrures dans l'histoire du pays. Les visiteurs peuvent explorer en canot les quelque 60 km de voies navigables sur la rivière Mattawa et ses affluents et camper dans les forêts de pins. Dans le secteur nord, des sentiers serpentent à travers de vieux peuplements de pruches et de bouleaux jaunes.

Les quintuplées Dionne ont suscité un véritable engouement dans le monde. Dans les années 30, on comptait en moyenne 3 000 visiteurs par jour sur les lieux de leur naissance. Si l'intérêt s'est estompé aujourd'hui, les visiteurs sont encore nombreux à se rendre au musée North Himsworth (photo du haut), à Callander, l'ancienne résidence et bureau du docteur A. R. Dafoe, qui accoucha les quintuplées, et à la maison natale des jumelles, à North Bay (ci-dessus).

125

Excursion dans le ciel du nord de l'Ontario

ROUTE 11 / NORTH BAY

JAMES SMEDLEY *est également l'auteur de l'essai « Voyage en train au cœur de la nature sauvage ». (Voir pages 116-117.)*

LE TOURISME AÉRIEN A BIEN PEU EN COMMUN avec l'habituel voyage par avion de ligne, surtout si vous volez à bord d'un hydravion monomoteur, à 400 m à peine du sol, avec l'impression parfois de raser les arbres.

D'abord, vous devez monter dans le fuselage riveté en enjambant les eaux qui gargouillent contre les flotteurs. Pendant que vous vous interrogez sur la fonction des multiples manettes du poste de pilotage, le pilote défile les consignes de sécurité. Puis il met le moteur en marche ; dans le tourbillon des hélices, l'appareil s'éloigne du quai pour se laisser flotter au gré du vent. Soudain, dans un grondement assourdissant, l'avion prend son élan. L'eau file à toute vitesse sous les flotteurs jusqu'à ce que le poids de l'appareil se déplace vers les ailes. Au fur et à mesure que vous prenez de l'altitude, les objets deviennent plus petits et le paysage apparaît vaste et large.

L'hydravion à flotteurs, très utilisé au Canada, demeure le meilleur moyen d'atteindre les régions éloignées. Dans le Nord, ce type d'avion de brousse est indispensable aux missions de reconnaissance, à la surveillance du respect des lois, aux recherches aériennes et au maintien des activités touristiques. Des avions privés sont aussi affrétés pour le transport des visiteurs qui veulent passer des vacances en forêt ou simplement admirer le paysage du haut des airs.

La diversité des paysages survolés dépend évidemment de la durée du vol, mais, de North Bay, une excursion d'à peine 15 minutes vous fera déjà voir une longueur appréciable de la côte du lac Nipissing. Du haut des airs, les eaux, bleu-vert au large, pâlissent au-dessus des basfonds sablonneux et deviennent tout à fait argentées près des rives rocailleuses.

Si vous restez dans les parages de North Bay, vous distinguerez des crêtes de granite sur une élévation de terrain entre le lac Nipissing et le lac Trout : c'est le portage La Vase. Connu des autochtones depuis des milliers d'années, il était très fréquenté à l'époque de la traite des fourrures. Les voyageurs de Montréal remontaient en canot la rivière des Outaouais, puis la rivière Mattawa jusqu'au lac Trout, faisaient du portage jusqu'au lac Nipissing, pour ensuite descendre la rivière des Français jusqu'à la baie Georgienne, en route vers le lac Supérieur et l'intérieur du continent. Cette voie navigable a été la première « Transcanadienne », jusqu'à l'avènement du chemin de fer vers 1880.

Si vous prenez un vol plus long, vous voudrez survoler le granite rose semé de pins des rives de la baie Georgienne, là où la rivière des Français lèche de longues bandes de pierre polie. Vous pouvez aussi suivre le cours de la Mattawa pour voir ses rapides et ses chutes s'engouffrer dans des escarpements rocheux. Plus au nord, vers Temagami, vous verrez de très vieux pins se courber sous les vents dominants.

Du haut des airs, on ne peut pas dissimuler grand-chose. C'est ainsi que le paysage se parsème de traces laissées par l'exploitation des ressources naturelles, moteur de l'économie du nord de l'Ontario : forêts hachurées par des coupes à blanc, camps miniers isolés, rivières emprisonnées par des barrages...

C'est l'hydravion qui, après la Première Guerre mondiale, ouvrit la région au développement ; toutefois, comme ce type d'appareil ne comblait pas les divers besoins des exploitants, le gouvernement de l'Ontario fit l'acquisition, après la Deuxième Guerre mondiale, d'une flotte de DeHavilland Beavers, l'un des premiers appareils conçus spécialement pour l'aviation de brousse. Le Beaver, un avion à décollage et atterrissage courts, avait une capacité de jauge nette de plus d'une demi-tonne. Au milieu des années 50, DeHavilland mit sur le marché l'Otter, de plus grande capacité. Il y eut, à la même époque, le Cessna à quatre passagers. À mesure qu'apparaissaient les nouveaux modèles, le Service provincial de transport aérien vendait ses appareils à des sociétés privées. C'est pourquoi, 50 ans plus tard, ces mêmes DeHavilland Beaver, Otter et Cessna 180/185 sillonnent toujours le ciel du nord de l'Ontario.

Jetez les yeux sous l'aile de votre vénérable appareil et vous apercevrez les camps à liaison aérienne qui offrent, dans un décor absolument sauvage, tous les avantages du confort moderne. Les visiteurs plus aventureux préféreront peut-être les camps secondaires éclairés et alimentés au gaz propane. Dans un cas comme dans l'autre, avec vos vêtements et votre attirail de pêche pour tout bagage, à peine aurez-vous mis pied sur le quai qu'un profond sentiment de détente vous envahira. La plupart des camps sont situés en bordure d'un cours d'eau pour en faciliter l'accès. La pêche (dorés, brochets et truites de lac) et la chasse (orignaux, ours noirs et sauvagine) y sont excellentes. Les services d'un guide vous faciliteront les succès.

Si vous voulez goûter à la vie dans la nature, faites-vous déposer dans un camping en forêt. La compagnie de liaison aérienne vous aidera à vous équiper et à planifier votre voyage. Et quand l'hydravion repartira, vous regarderez disparaître dans le ciel votre seul lien avec la civilisation, ses ailes d'acier s'estompant dans la fumée du feu de camp fraîchement allumé.

> " ... à peine aurez-vous mis pied sur le quai qu'un profond sentiment de détente vous envahira. "

James Smedley

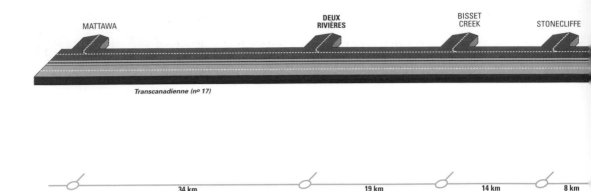

MATTAWA   **DEUX RIVIÈRES**   **BISSET CREEK**   STONECLIFFE

Transcanadienne (nº 17)

34 km   19 km   14 km   8 km

VALLÉE DE L'OUTAOUAIS

Deux Rivières

À l'ouest de la ville, une route de gravier mène au parc Algonquin et au deuxième cratère météorique en importance au Canada, le cratère Brent, large de 3 km. On peut voir le cratère d'une tour d'observation ou y descendre par un sentier de 2 km.

Parc provincial Driftwood

Sur les rives protégées de la baie de Driftwood, ce parc abrite des campings (certains au bord de l'Outaouais), des plages de sable et des sentiers de randonnée ; on peut aussi y faire du bateau et de la pêche. Parmi les beautés naturelles du lieu, voyez les affleurements rocheux du Bouclier canadien (secteur nord-est du parc) et les eskers, longues collines de graviers d'origine glaciaire. Le bois de grève qu'on trouve sur les rivages fait la joie des amateurs. Le parc a été créé à la suite de la construction, en aval, du barrage hydroélectrique des Joachims, en 1950. Une hausse de 3 m dans le niveau des eaux entraîna alors la formation de la baie de Driftwood.

Chalk River

En 1944, Chalk River, qui n'était rien d'autre qu'un camp de bûcherons, fut propulsée dans le XXᵉ siècle avec l'édification du premier réacteur nucléaire hors des États-Unis. Il y a maintenant cinq réacteurs aux laboratoires nucléaires gérés par la société Énergie atomique du Canada. Le centre des visiteurs, d'où l'on a une vue superbe des installations et de la vallée de l'Outaouais, présente des films, des expositions et des maquettes portant sur l'énergie nucléaire. De la mi-juin à la fête du Travail, on peut visiter l'ensemble des installations en autocar (90 minutes).

Environ 4 km à l'est de Chalk River se trouve l'Institut forestier national de Petawawa. Fondé en 1918, il est le plus ancien en son genre au Canada. Ses 100 km² attirent depuis longtemps aussi bien les observateurs d'oiseaux que les canoéistes, les pêcheurs et les skieurs. Du centre des visiteurs, où l'on peut voir une exposition sur l'exploitation des forêts, partent deux sentiers d'interprétation autoguidés qui longent la paisible rivière Chalk, au milieu de pins majestueux.

Petawawa

Depuis 1905, l'armée canadienne exploite à Petawawa un camp d'entraînement important. On peut visiter la base, utiliser la marina, les campings et la plage et y jouer au golf. Divers musées vous attendent aussi : l'un est consacré à l'histoire du camp et les autres à l'aviation de l'après-guerre et au régiment royal canadien des Dragons, l'un des plus vieux régiments de l'armée canadienne.

Pembroke

Fondée en 1828, cette ville de la vallée de l'Outaouais doit sa prospérité à la richesse des forêts avoisinantes. Les grandes murales au cœur de la ville décrivent son passé et les événements qui l'ont marquée. L'une de ces

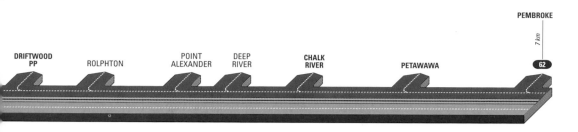

PEMBROKE

7 km

62

DRIFTWOOD PP · ROLPHTON · POINT ALEXANDER · DEEP RIVER · CHALK RIVER · PETAWAWA

10 km   12 km   7 km   10 km   15 km   19 km

murales – à plusieurs niveaux et à angles – représente des bûcherons au travail ; intitulée *Spring Harvest: An Artist's Sketchbook*, c'est la plus vaste fresque de ce type au Canada (23 x 34 m). On peut se procurer dans la plupart des magasins l'itinéraire d'un parcours historique de la ville à faire à pied. Le musée Champlain Trail retrace l'histoire de la ville et vous y verrez un fumoir authentique, un four à pain et une petite école de campagne. Pembroke a été la première ville au Canada, en 1885, à se doter de lampadaires électriques. Une murale rappelle cet événement qui est aussi illustré au musée de la Commission hydroélectrique.

La marina de Pembroke est le point de départ de balades familiales en pneumatique et d'expéditions de descentes de rapides ; on peut aussi y louer des péniches. On peut admirer sur place un modèle réduit, en acier, représentant un type de barge appelé Cockburn Pointer, qui fut largement utilisé au Canada pour le transport forestier. Sa conception, vers 1850, fut l'œuvre d'un résident de Pembroke, John Cockburn. Embarquez-vous à bord du *Island Cruise* (42 passagers) pour une excursion commentée sur la rivière des Outaouais. Près de la marina, le Swallow's Roost accueille, en fin de juillet et début d'août, quelque 100 000 hirondelles migratrices et presque autant d'observateurs.

L'horloge à quatre faces qui orne l'hôtel de ville de Pembroke est visible des kilomètres à la ronde ; elle est surmontée d'un dôme de cuivre et d'une girouette de fer forgé.

PEMBROKE   BEACHBURG   STORYLAND

15 km   7 km

62   21   653

COBDEN

Transcanadienne (nº 17)

8   132

20 km   3 km

EGANVILLE   RENFREW

35 km   10 km   13 km

VALLÉE DE L'OUTAOUAIS

Cobden

C'est ici, en 1867, qu'un gamin de 14 ans trouva dans un champ l'astrolabe que Champlain y avait perdu 254 ans auparavant. Le nom de l'aréna de Cobden, Astrolabe Arena, rappelle cet événement hors du commun. L'astrolabe lui-même est exposé au Musée canadien des civilisations à Hull.

Tous les samedis, du printemps à l'automne, le marché agricole de Cobden offre des produits frais, du pain et des gâteries, du miel, des fleurs et des plantes. La foire de Cobden, qui s'est tenue pour la première fois en 1854, a lieu fin août.

Au parc Logos Land, une zone récréative familiale sur le lac Muskrat, on trouve cinq glissoires d'eau (dont trois géantes), des pédalos, un mini-golf, un camping, des sentiers d'équitation, des sentiers de randonnée et des aires de pique-nique.

Beachburg

La société Wilderness Tours and RiverRun organise ici des expéditions de descente de rapides dans les eaux agitées des chenaux de la rivière des Outaouais. Des pourvoyeurs autour de Beachburg offrent de l'hébergement et toutes sortes d'activités sur l'eau et sur la plage. Non loin, aux chutes Foresters, Owl Rafting propose des expéditions excitantes (12 km) dans les rapides du Rocher-Fendu, sur la rivière des Outaouais. On peut choisir un forfait famille qui comprend l'aller-retour et une balade familiale en pneumatique.

Ces enfants (à droite), comme des milliers d'autres chaque année, visitent les grottes de Bonnechère, près d'Eganville. Ils sont fascinés à l'idée qu'ils explorent ce qui fut autrefois le lit d'une mer tropicale, peuplée de créatures aquatiques dont ils peuvent voir les fossiles incrustés dans le calcaire.

130

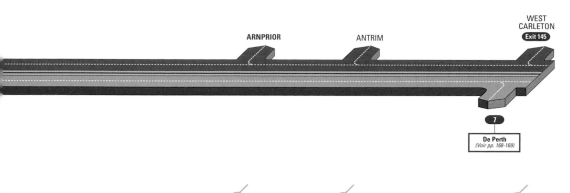

ARNPRIOR   ANTRIM

WEST
CARLETON
Exit 145

7
De Perth
(Voir pp. 168-169)

31 km   12 km   20 km

Eganville

Au bord de la rivière Bonnechère, Eganville est un lieu de
villégiature estivale, avec plage
et boutiques d'artisanat, mais
l'endroit doit sa réputation avant
tout aux grottes de Bonnechère,
situées à 8 km. Pendant des millions d'années, l'érosion a sculpté
le calcaire pour former ces grottes et ces passages qui ont abrité
des créatures préhistoriques
dont les guides vous signaleront
les fossiles.

Storyland

Les enfants adorent ce parc boisé
pourvu de sentiers où ils rencontrent les personnages de leurs
contes préférés qui les saluent,
leur font un clin d'œil ou chantent pour eux. On peut aussi y
faire du pédalo, assister à un
spectacle de marionnettes ou
jouer sur un parcours de mini-golf
de 18 trous. On accède au parc
par la route 653 ou, de Renfrew,
par la route Storyland.

Renfrew

Renfrew a connu son essor vers
1850 lorsqu'elle devint le point de
départ de la route de l'Opeongo,
ouverte jusqu'à Barry Bay,
150 km à l'ouest, pour favoriser
la colonisation. Vous aurez un
aperçu du passé agricole et forestier de la région en visitant le
musée McDougall Mill, installé
dans un moulin en pierre (1855),
sur les rives de la Bonnechère.
Ses collections comprennent de
la machinerie et des outils de
pionniers, des poupées et des
jouets victoriens ainsi que des
articles ayant appartenu à Char-

lotte Whitton (1896-1975), originaire de Renfrew et première
mairesse au Canada (Ottawa).

Renfrew est l'hôte de nombreuses manifestations dont le
Festival d'été Lumber Baron (en
juillet), la Foire de Renfrew (au
début de septembre) et le Carnaval d'hiver (en février). On fait
du ski alpin non loin, à Calabogie.

Arnprior

« Porte d'entrée de la vallée de
l'Outaouais », Arnprior est située
au confluent des rivières Madawaska et des Outaouais. Des
expositions au musée local évoquent le passé forestier de la
région, à l'époque où les familles
McLachlin et Gillies y établirent
les premières scieries. Une autre
rappelle le légendaire Archibald
McNab qui amorça ici un ambitieux projet de colonisation vers
1820. Les transactions douteuses
que fit McNab avec les colons
donnèrent lieu à des querelles qui
ne prirent fin qu'à son départ, en
1840. La Foire d'Arnprior, dont
l'origine remonte à 1831, se tient
en août.

*C'est à Storyland qu'on trouve le
belvédère Champlain, le plus haut
point sur la rivière des Outaouais,
d'où l'on a une vue superbe.*

*Vêtements d'époque, souvenirs de
guerre, uniformes militaires et
divers objets rappelant l'histoire
locale comptent parmi les collections du musée McDougall Mill,
installé dans ce bâtiment de pierre
de trois étages, à Renfrew.*

131

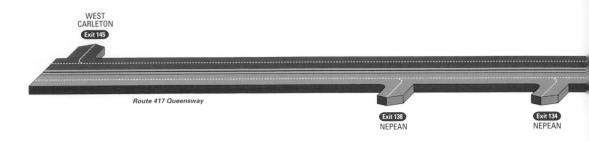

**OTTAWA
ET SES ENVIRONS**

Le Musée canadien des civilisations, un chef-d'œuvre d'architecture, est situé à Hull (Québec), face à la colline du Parlement, sur la rive opposée de la rivière des Outaouais. Ses expositions retracent l'histoire du Canada et des étendues qu'il occupe, depuis la préhistoire jusqu'à nos jours.

Ferme expérimentale centrale

Durant l'été, ne vous étonnez pas de voir, en plein Ottawa, des chariots, tirés par de gros chevaux de trait, longer des champs de céréales. La «Ferme au cœur de la ville» se situe au sud de la route 417 et on y accède par la sortie 121A (rue Bronson). Les visiteurs sont les bienvenus dans ce centre de recherche d'Agriculture Canada qui étudie divers aspects de l'agriculture et de l'horticulture. On peut visiter en chariot les parterres de fleurs, les champs fertiles et un arboretum, le plus grand au Canada. L'hiver, on peut y faire une promenade en traîneau. Les enfants s'initient aux rudiments de la vie sur une ferme, notamment à la tonte des moutons et au barattage du beurre.

Musée du domaine Billings

Visitez la maison qui abrita cinq générations de Billings, l'une des plus vieilles familles d'Ottawa. C'est en 1827 que Bradish et Lamira Billings construisirent sur la rivière Rideau cette maison qui est de nos jours le principal point d'intérêt du domaine. Ses collections illustrent bien les changements survenus dans le style de vie et les intérêts de la famille au cours des deux siècles pendant lesquels Ottawa est devenue une ville. Le domaine comprend entre autres un jardin de fleurs, une glacière et une étable. L'été, on peut prendre le thé sur la pelouse.

Musée national des sciences naturelles

Ce musée, qui ressemble à un château, renferme un peu de tout, allant des pierres précieuses aux ossements de dinosaures. Des milliers de spécimens (mammifères, oiseaux, insectes, minéraux, plantes, fossiles de toutes origines) sont répartis dans six galeries dont deux sont consacrées à la géologie et à l'évolution de la planète. Des dioramas montrent la faune dans son habitat naturel. Il y a aussi des expositions audiovisuelles et touche-à-tout. On accède au musée, situé au coin des rues Metcalfe et MacLeod, en empruntant la sortie 120 (rue Kent) de la route 417.

HULL

7 km

**MUSÉE NATIONAL DES
SCIENCES DE LA NATURE**

Exit 120

Exit 131
NEPEAN

1 km

416

Exit 121A
**FERME
EXPÉRIMENTALE
CENTRALE**

Exit 120

6 km

**MUSÉE DU
DOMAINE BILLINGS**

3 km   9 km   0,5 km

Sur le bord de la rivière Rideau, cette belle demeure néo-classique, anciennement Park Hill, est devenue le Musée du domaine Billings. C'est l'une des plus anciennes maisons d'Ottawa ; son contenu raconte la vie des cinq générations de Billings.

Hull

Située sur la rive nord de la rivière des Outaouais, Hull est connue pour son atmosphère détendue qui contraste avec celle d'Ottawa, où prévalent les activités politiques et administratives. Le village agricole, fondé en 1800, ne tarda pas à devenir l'un des principaux centres de pâtes et papier en Amérique du Nord. Au cours des dernières décennies, il s'y est construit plusieurs édifices du gouvernement, comme la Place du Portage et le Musée canadien des civilisations, ce qui a favorisé l'intégration de la ville à la région de la capitale nationale. On se rend à Hull en prenant la sortie 120 (rue Kent) de la route 417, vers le centre-ville d'Ottawa, puis le pont Alexandra.

Musée canadien des civilisations, Hull

Œuvre de l'architecte Douglas Cardinal, ce bâtiment à l'entrée du pont Alexandra a fait couler autant d'encre pour son architecture que pour son contenu, quelque 4 millions d'objets illustrant l'activité humaine au Canada. De l'immense baie vitrée du Grand Hall, on a une vue imprenable de la colline du Parlement. C'est dans ce hall que le Premier ministre Jean Chrétien a reçu le président des États-Unis, Bill Clinton, lors d'un dîner officiel en 1995. Plusieurs expositions du musée sont consacrées à la culture et au mode de vie des Amérindiens de la côte Ouest ; on peut y voir notamment six habitations autochtones ainsi qu'une importante collection de mâts totémiques.

Les expositions du Hall du Canada racontent 1 000 ans d'histoire du Canada depuis l'époque des Vikings jusqu'à nos jours. On a entre autres reconstitué un navire basque du XVIe siècle et la rue principale d'une petite ville de l'Ontario au tournant du siècle. La visite de cette partie du musée vous laissera l'impression d'avoir mangé avec les coureurs de bois, flâné dans un square en Nouvelle-France et parcouru de rudes distances en chariot couvert.

Le musée des Enfants propose des mini-tournées dans le Café des enfants, le Centre mondial et le Village international.

OTTAWA – LA CAPITALE SUR LE CANAL

Le canal Rideau traverse la ville au pied de sobres immeubles publics de style victorien et d'élégants joyaux d'architecture moderne. C'est le plus ancien site historique d'Ottawa et le point de repère de l'itinéraire proposé ici. Les édifices du Parlement se situent sur la rue Wellington, principale artère de la ville depuis qu'elle fut proclamée capitale nationale en 1857. Par la suite, la promenade Sussex est venue enrichir le patrimoine d'Ottawa de plusieurs jalons historiques. De récents musées et des bâtiments restaurés du siècle dernier s'ajoutent à la longue liste des beaux immeubles dont la ville est dotée.

Colline du Parlement

Sur les falaises bordant la rivière des Outaouais, on trouve les trois bâtiments du Parlement, d'inspiration gothique. Le Sénat et la Chambre des communes occupent l'**édifice du Centre,** dominé par la **tour de la Paix** qui renferme une immense horloge, un carillon de 53 cloches et la salle du Souvenir, rendant hommage aux Canadiens tombés au champ d'honneur. La **bibliothèque du Parlement** est le seul bâtiment à avoir survécu à l'incendie de 1916. L'**édifice de l'Est,** achevé en 1865, renferme la reconstitution du bureau de Sir John A. Macdonald. L'**édifice de l'Ouest** abrite les bureaux des membres du Parlement. L'été, sur la colline du Parlement, on peut assister tous les matins à la cérémonie militaire de la **relève de la garde.**

Musée de la Monnaie

Logé dans l'édifice de la **Banque du Canada,** ce musée retrace l'évolution de la monnaie au Canada. Il possède la plus importante collection de pièces et de billets de banque du pays.

KENT ST.

BANK ST.

SPARKS ST.

Centre national des arts

Près de la place de la Confédération, un opéra de 2 300 places et un théâtre de 800 places présentent des spectacles toute l'année.

Cour suprême du Canada

Cet imposant bâtiment art déco, construit pendant la Deuxième Guerre mondiale, abrite la plus haute cour du pays. On peut visiter les terrains, l'impressionnant hall d'entrée ainsi que la salle d'audience. L'été, des tours guidés sont offerts.

Monnaie royale canadienne
L'hôtel de la Monnaie, logé dans un bâtiment à tourelles, frappe diverses pièces commémoratives. On peut visiter l'hôtel et assister à la fabrication des pièces.

N

Rivière des Outaouais

TOUR GUIDÉ

OTTAWA

Musée canadien de la guerre
Armes, uniformes, véhicules et œuvres d'art illustrent l'histoire militaire de la nation. La collection comprend entre autres des flèches indiennes, l'uniforme (percé d'un trou de balle) de Sir Isaac Brock, et un masque à gaz de 1916.

N

Vers la pointe Nepean

Flamme du Centenaire
Elle fut allumée le 31 décembre 1966 par le Premier ministre Lester B. Pearson pour commémorer les 100 ans de la Confédération canadienne.

Parc Major's Hill

Monument national au maintien de la paix

Basilique Notre-Dame

Musée Bytown
C'est le plus vieil édifice en pierre (1827) d'Ottawa. Il jouxte les écluses et l'on y accède du côté de la colline du Parlement. Ses collections rappellent l'époque où il servait d'intendance au principal artisan du canal, le colonel By, et aux Ingénieurs royaux.

MACKENZIE AVE.

SUSSEX DR.

Canal Rideau Canal

Vers le marché Byward
Construit en 1840 pour les marchands locaux, ce marché est maintenant l'un des endroits les plus animés de la ville. On y trouve des restaurants, des boutiques et des ateliers d'artisans.

Musée des Beaux-Arts du Canada
L'œuvre magistrale de l'architecte Moshe Safdie se caractérise par une tour polygonale vitrée qui est le foyer principal du musée. Construit en 1988, le musée expose des chefs-d'œuvre comme l'*Héroïne de l'Ancien Testament* de Rembrandt, les *Iris* de Van Gogh ou le *Nu au canapé jaune* de Matisse. Les Galeries canadiennes renferment la plus grande collection d'œuvres d'art canadiennes au monde, dont *The Jack Pine* de Tom Thomson.

Musée canadien de la photographie contemporaine

Château Laurier

ELLINGTON ST.

Place de la Confédération

Canal Rideau et les écluses
Construit entre 1826 et 1832 à des fins militaires, le canal, long de 202 km, est formé d'un chapelet de lacs, de rivières et de canaux qui relient Kingston à Ottawa. Des bateaux de plaisance le sillonnent tout l'été ; on peut aussi se balader, faire de la course à pied ou de la bicyclette dans les sentiers aménagés le long de ses berges, au cœur d'Ottawa. L'hiver, cette partie du canal devient une longue patinoire. Les écluses d'Ottawa, où le canal croise la rivière des Outaouais, se trouvent entre la colline du Parlement et le majestueux **Château Laurier** (*à droite*). Achevé en 1912, l'hôtel devint immédiatement le lieu de rendez-vous des politiciens et fut surnommé « la troisième Chambre du parlement ». Près des écluses, installé dans un ancien tunnel de chemin de fer restauré, le **Musée canadien de la photographie contemporaine,** seul musée de ce type au Canada, possède quelque 157 500 œuvres réalisées par les photographes les plus dynamiques du pays.

SUSSEX DRIVE

MAISON LAURIER

Exit 120

Exit 118

2 km

Route 417 Queensway

2 km

**OTTAWA
ET LES ENVIRONS**

Cette maison de l'actuelle rue Laurier existait depuis 17 ans lorsqu'elle fut offerte, en 1896, à Wilfrid Laurier par des partisans politiques. On y voit des souvenirs de Laurier et la réplique du bureau de Lester B. Pearson, mais la plupart des meubles et des objets qu'on y trouve ont appartenu à Mackenzie King, le Premier ministre qui y a vécu le plus longtemps.

Lieu historique national de la Maison-Laurier

En 1896, le Parti libéral fit l'acquisition de cette demeure de style Second Empire, située sur ce qui est aujourd'hui la rue Laurier, afin d'y loger son chef, Wilfrid Laurier, nouvellement élu Premier ministre. Laurier décéda en 1919 et sa veuve continua d'habiter l'élégante maison de pierre jusqu'à sa mort, en 1921.

La demeure échut alors au successeur de Laurier, Mackenzie King, qui fut Premier ministre pendant 21 ans. Ce sont surtout ses meubles et ses objets personnels qu'on retrouve aujourd'hui dans la maison, notamment le piano de son enfance et des cigares offerts par Sir Winston Churchill. Une boule de cristal est également exposée : on dit que King l'aurait utilisée pour des séances de spiritisme au cours desquelles il demandait conseil à quelques hommes politiques défunts.

On peut se rendre à la Maison Laurier en prenant, sur la route 417, la sortie 118 (rue Nicolas).

Promenade Sussex

Cette belle avenue majestueuse va de la colline du Parlement jusqu'à Rideau Hall. Parmi les bâtiments historiques qui la bordent, on remarque le musée des Beaux-Arts du Canada, le Musée canadien de la guerre et la Monnaie royale canadienne (pp. 134-135). Au-delà du pont Alexandra, la promenade longe la rivière des Outaouais et conduit à l'imposant ministère des Affaires extérieures, au nouvel hôtel de ville d'Ottawa (*voir rubrique ci-dessous*) et au numéro 24, la résidence du Premier ministre. Cette maison de pierre construite en 1868 pour Joseph Merril Currier, un riche propriétaire de scierie, domine la rivière des Outaouais. On ne peut pas la visiter, mais on peut l'admirer à travers les arbres qui entourent la propriété. En face se dresse Rideau Hall, résidence du gouverneur général.

Hôtel de ville d'Ottawa

Dans l'île Verte, là où la rivière Rideau se jette dans la rivière des Outaouais, l'édifice public occupe un site de choix. Le bâtiment (1958) a été rénové par Moshe Safdie, architecte de réputation internationale à qui l'on doit aussi le musée des Beaux-Arts du Canada. Inspiré par les cataractes que forme la rivière Rideau autour de l'île, Safdie a créé un «petit village sur l'eau». L'hôtel de ville, dont la restauration s'est achevée en 1993, s'ajoute maintenant aux nombreux sites intéressants de la promenade Sussex.

Safdie a intégré le bâtiment original dans ce qu'on appelle maintenant le pavillon Sussex et y a ajouté deux autres pavillons, le Rideau et le Bytown. Une tour pyramidale logée dans un gigantesque cube forme l'entrée principale, de style postmoderne.

Vous pouvez visiter l'hôtel de ville par vous-même ou en faire un tour guidé. Il abrite notamment de nombreuses œuvres d'art. Ne manquez pas ensuite de vous promener dans les beaux jardins Lamira Dow.

OTTAWA – SORTIES 120 À 113

7 kilomètres ◀◀

MUSÉE
NATIONAL DE
L'AVIATION

4 km

Exit 113

Exit 115

4 km

MUSÉE NATIONAL
DES SCIENCES ET DE
LA TECHNOLOGIE

3 km   2 km

Rideau Hall

Rideau Hall est depuis la Confédération la résidence des gouverneurs généraux du Canada. Le bâtiment original a été construit en 1838 par Thomas Mackay, un entrepreneur qui, ayant travaillé au canal Rideau, donna à la maison ce nom qui lui est resté. Acquise en 1868 par le gouvernement fédéral, Rideau Hall a fait avec le temps l'objet de nombreux ajouts. Dans les années 1870, Lord Dufferin construisit deux ailes de chaque côté du hall d'entrée. Au début du siècle, le duc de Connaught fit ajouter, entre autres, les armoiries royales en façade. Jardins, serres, boisés, courts de tennis et terrain de cricket composent maintenant le jardin que dessina au tout début le premier gouverneur général, Lord Monck.

La résidence et le parc sont ouverts au public ; l'été, vous pouvez assister à la relève de la garde qui a lieu toutes les heures,

de 10 heures à 18 heures. Si vous voyez flotter sur Rideau Hall un drapeau bleu orné d'un lion tenant une feuille d'érable rouge, vous saurez que le gouverneur général est chez lui.

Musée national des sciences et de la technologie

Un phare autrefois utilisé à Cape North (N.-É.) orne le site de ce musée sur le boulevard Saint-Laurent, au sud de la route 417. Les expositions sont consacrées aux réussites canadiennes dans divers domaines comme l'agriculture, l'astronomie et le transport spatial. Des expositions touche-à-tout illustrent le rôle important que jouent la science et la technologie dans la vie quotidienne des Canadiens. Dans le parc, les visiteurs peuvent se servir de la lunette astronomique de 38 cm qui avait été installée à l'observatoire Dominion en 1905.

Musée national de l'aviation

Les 49 appareils exposés dans ce musée retracent l'histoire de l'aviation au pays. On y voit entre autres une réplique du *Silver Dart*, premier aéronef à s'élever dans le ciel canadien en 1909, le Sopwith Snipe, que pilotait pendant la Première Guerre mondiale le célèbre Billy Bishop, et le nez de l'infortuné Avro Arrow, l'avion supersonique dont la construction fut arrêtée par le gouvernement Diefenbaker en 1959. Les diverses expositions illustrent les principes de la navigation aérienne ainsi que les prouesses des premiers pilotes de brousse au Canada.

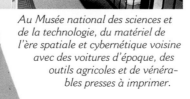

Au Musée national des sciences et de la technologie, du matériel de l'ère spatiale et cybernétique voisine avec des voitures d'époque, des outils agricoles et de vénérables presses à imprimer.

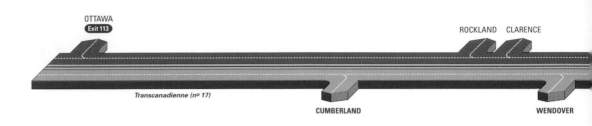

OTTAWA
Exit 113

ROCKLAND CLARENCE

Transcanadienne (nº 17)

CUMBERLAND

WENDOVER

32 km   11 km   4 km   9 km

**VALLÉE DE
L'OUTAOUAIS**

Cumberland

À la sortie d'Ottawa, la Transcanadienne en direction de l'est
longe la rivière des Outaouais.
Cette vieille route est bordée de
belles habitations datant du
milieu du XIXᵉ siècle. Une visite
au musée Cumberland Township
vous donnera un aperçu de la vie
d'alors. Vous pourrez visiter,
parmi quelque 20 bâtiments provenant de la vallée inférieure de
l'Outaouais, une gare du chemin
de fer du Grand Tronc (1908), un
kiosque à musique (1904), des re-
mises et des étables renfermant
de l'équipement lié à l'agriculture
et au transport, une scierie toujours en activité depuis 1870 et le
garage Watson, le plus ancien
des garages originaux de la société Imperial Oil qui subsistent
encore. Le village historique est
consacré aux années 1880 à
1935, qui coïncidèrent avec
l'industrialisation.

Wendover

En juillet, un festival country rassemble ici des vedettes du Québec et de l'Ontario. Les activités
comprennent une fête de violoneux, un concours d'amateurs,
un défilé de chevaux, un casino,
un bingo, des tours d'hydravion
et de montgolfière. Le festival se
termine par une messe à la mode
de l'Ouest.

Alfred

Une promenade aménagée par la
ville permet d'avoir une belle vue
des vastes marécages d'Alfred,
où l'on trouve des plantes rares
et variées et des peuples d'insectes et de petits animaux. Près

d'Alfred, les sources de Caledonia ont attiré, du milieu du
XIXᵉ siècle jusqu'à 1915, un grand
nombre de curistes ; il s'y trouvait aussi une usine d'embouteillage d'eau. Les luxueux
hôtels, avec leurs spas et leurs
jardins, accueillaient les célébrités
de l'époque. Mais la mode se
déplaça vers d'autres villes
d'eaux plus modernes comme
Banff, Cacouna, Métis et Murray
Bay. Le Canadien Pacifique
ferma le Grand Hôtel en 1915 et
l'usine d'embouteillage quatre
ans plus tard. La source d'eau
sulfureuse et une cabane de bois
sont les seuls vestiges qui témoignent du passé glorieux de la
région.

L'Orignal

L'Orignal, qui faisait partie d'une
seigneurie accordée par la couronne de France en 1674, est
sans doute le plus ancien établissement de la vallée inférieure de
l'Outaouais. (Cataracoui, aujour-
d'hui Kingston, est la seule autre
seigneurie qu'accorda la France
sur l'actuel territoire de l'Ontario.) On y trouve le plus ancien
palais de justice en Ontario
(1820) qui abrite encore de nos
jours le tribunal et la prison du
district. Voyez aussi l'église
St. Andrew (vers 1830) et la
Maison Rivercrest (1833), un bel
exemple du style Régence.

Hawkesbury

Thomas Mears, l'un des pionniers de Hawkesbury, s'établit ici
en 1798, y bâtit un moulin et une
scierie et construisit l'*Union*,
premier bateau à vapeur à navi-

FRONTIÈRE
ONTARIO–
QUÉBEC

ALFRED   L'ORIGNAL   HAWKESBURY   VOYAGEUR PP

PLANTAGENET

Vers Montréal
(Voir pp. 170-171)

11 km   9 km   16 km   7 km   14 km   5 km

Majestueux bâtiments de styles géorgien et néo-classique, flèches argentées des clochers, courbes élégantes des balcons et des toits, souvent colorés et surmontés de magnifiques dômes et de mâts, sont autant de traits propres à l'architecture du milieu du XIXe siècle qui caractérise les villages le long de la rivière des Outaouais. Les bâtiments illustrés ici se trouvent à L'Orignal, en Ontario.

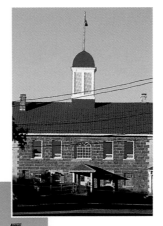

guer sur la rivière des Outaouais. Hawkesbury se targue aujourd'hui d'être la ville la plus bilingue au Canada : 90 p. 100 de sa population parle aussi bien le français que l'anglais. Le pont Perley, qui relie Hawkesbury à Grenville au Québec, est le seul pont qui enjambe la rivière des Outaouais entre Montréal et Ottawa. Dans l'île de Chenail, au pied du pont, la Maison de l'île est ce qui reste d'une ancienne scierie. Les îles boisées de Richelieu et d'Hamilton sont pourvues d'agréables sentiers de randonnée. Au printemps, la ville est l'hôte de compétitions équestres et, à la fin de septembre, s'y tient le Festival des couleurs. Le Club de vol à voile de Montréal est installé ici de sorte qu'on voit souvent de gracieux planeurs voguer dans le ciel d'Hawkesbury.

Parc provincial Voyageur

Un sentier de randonnée suit le parcours du portage que faisaient les voyageurs pour contourner les rapides du Long Sault. Ceux-ci couraient de l'autre côté de la rivière des Outaouais jusqu'à ce que, en 1964, le barrage hydroélectrique de Carillon eut rehaussé de 20 m le niveau des eaux. Le parc comprend trois campings, des sentiers de randonnée et d'équitation. Il s'y fait la location de chevaux, de bateaux, de canots et de pédalos. La voile et la pêche sont excellentes et, l'été, des programmes d'interprétation sont consacrés à la faune (les hérons abondent ici), à la flore et aux étoiles. L'hiver, on peut faire du ski de fond sur 10 km de pistes.

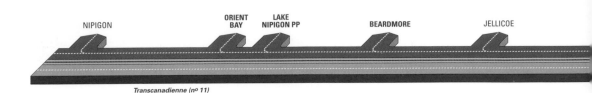

NIPIGON   ORIENT BAY   LAKE NIPIGON PP   BEARDMORE   JELLICOE

Transcanadienne (nº 11)

38 km   12 km   30 km   30 km   49 km

**CENTRE-NORD
DE L'ONTARIO**

La nature farouche du parc provincial Lake Nipigon invite à camper dans ses paysages variés, à marcher dans ses sentiers bordés de fleurs sauvages et à explorer son lac à la pêche légendaire et ses 500 îles. Elle évoque aussi l'histoire des autochtones, des coureurs de bois, des marchands de la Compagnie de la Baie d'Hudson, des mineurs et des bûcherons qui ont foulé ces lieux qui leur ouvraient la pêche, les fourrures, l'or et les forêts.

Orient Bay

Environ 25 km au nord de Nipigon, la route 11 (la Transcanadienne du nord de l'Ontario) longe les monts Pijitawabik Palisades, qui bordent le canyon Orient Bay. Une centaine de chutes dévalent les pentes abruptes qui deviennent, en hiver, le rendez-vous des amateurs d'escalade sur glace du monde entier (pp. 110-111).

Orient Bay (20 km plus loin), qui fait de ce nouveau sport le thème de son festival annuel, n'est toutefois pas une nouvelle destination. En 1919, le futur Édouard VIII séjourna dans un hôtel de la ville, à l'occasion d'une randonnée de pêche sur le lac Nipigon. Cet hôtel porte aujourd'hui le nom de Royal Windsor Lodge.

Parc provincial Nipigon Lake

Le poissonneux lac Nipigon est la plus grande nappe d'eau entièrement située en territoire ontarien (4 848 km²). En 1916, un médecin de Thunder Bay y pêcha une truite mouchetée de 7 kg, une prise qui est restée à ce jour inégalée dans le monde entier. Les curieuses plages de sable noir résultent de l'interaction, pendant des milliers d'années, de l'eau et de la glace sur les diabases rocheuses qui se sont effritées en granules. Les plaisanciers et particulièrement les canoéistes doivent être prudents, car les eaux du lac sont très froides et souvent agitées.

Deux sentiers donnent un bon aperçu de la variété des paysages de la région. Le sentier Thunder-

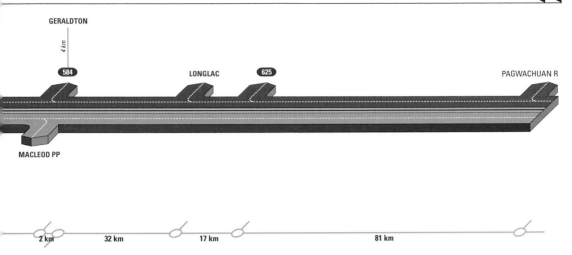

GERALDTON

4 km

584

LONGLAC **625**

PAGWACHUAN R

MACLEOD PP

2 km   32 km   17 km   81 km

bird Lookout, auquel on accède après une ascension assez exigeante, mène à un belvédère d'où l'on admire la baie de Pijitawabik. Le sentier Historic Site longe un ancien poste de la Compagnie de la Baie d'Hudson et le village indien de Sand Point.

Beardmore

Les visiteurs sont accueillis à Beardmore par la reproduction géante d'un bonhomme de neige. Le village, qui n'était à l'origine qu'un arrêt facultatif du chemin de fer, se mit à prospérer lors de la ruée vers l'or à la rivière Sturgeon, en 1934-1935. Lorsque l'or vint à manquer, vers 1960, Beardmore continua à subsister de la forêt et du tourisme.

Beardmore, la «porte d'entrée du lac Nipigon», est l'hôte d'un concours de pêche en juin; c'est aussi le point de ravitaillement pour les villégiateurs dans la région et les camps à liaison aérienne. Le peintre ojibway Norval Morisseau est né tout près, dans la réserve Sand Point, en 1932.

Geraldton

Le nom de Geraldton est la contraction de ceux de deux entrepreneurs miniers, J. S. Fitzgerald et Joseph Errington. L'ouverture de la mine Little Long Lac, en 1932, marqua le début de la ruée vers l'or qui fit la prospérité de celle qui se surnomme la «ville amicale au cœur d'or». Dès 1940, les 10 mines d'or qui se trouvaient dans un rayon de 15 km de Geraldton valurent à la communauté d'être proclamée «métropole des fondrières».

Son économie dépend aujourd'hui de la forêt, mais la présence d'un ancien chevalement d'extraction reste le symbole de son glorieux passé. Le site de certaines mines est accessible au public.

Parc provincial MacLeod

Dans ce parc du lac Kenogamissi, les amateurs de petite navigation vont à la découverte de baies, d'anses et d'îles retirées. La région connut une ruée vers l'or au début des années 30 et le parc porte le nom d'une mine voisine, MacLeod-Cockshutt. Elle fut dévastée par un important incendie de forêt il y a 60 ans, de sorte qu'on voit aujourd'hui surtout des trembles, la première essence à coloniser les forêts après des désastres de ce type.

Longlac

Longlac, située là où la rivière Kenogami rejoint le lac Long, fut un poste de traite de fourrures jusqu'à l'arrivée du chemin de fer au début du siècle. À cette époque, les eaux du lac Long coulaient vers la baie de James. Mais, en 1939, un barrage et un canal permirent de les détourner vers le lac Supérieur afin d'augmenter le débit alimentant les centrales hydroélectriques de l'est du Canada. (On inverse le courant lorsque les centrales locales ont besoin de plus d'eau.)

La ville doit sa prospérité à la transformation des produits de la forêt. Outre ses terrains de golf et ses plages, la région invite à la pêche, au canotage, à la randonnée pédestre et au ski de fond.

Le canot géant à l'entrée ouest de Longlac rappelle la traite des fourrures qui marqua le passé de la région. Les premiers coureurs de bois arrivèrent au milieu du XVIIIe siècle et les deux rivales, la Compagnie de la Baie d'Hudson et la Compagnie du Nord-Ouest, y établirent peu après des postes de traite.

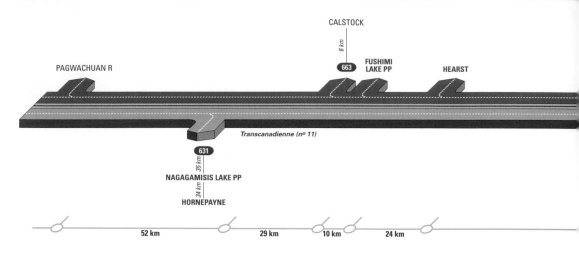

CALSTOCK

6 km

663 FUSHIMI LAKE PP

PAGWACHUAN R

HEARST

Transcanadienne (nº 11)

631

35 km

NAGAGAMISIS LAKE PP

34 km

HORNEPAYNE

52 km   29 km   10 km   24 km

NORD-EST DE L'ONTARIO

Parc provincial Nagagamisis Lake

La route 631 traverse ce parc accidenté où l'on peut faire du canot, du bateau et de la pêche ou se reposer sur d'immenses plages sablonneuses le long du lac Nagagamisis (qui signifie justement, en cri, « le lac aux plages de sable fin »). Le sapin baumier (dans les hauteurs rocheuses et sauvages), le mélèze et l'aulne (dans les basses terres) dominent la forêt. Empruntez le sentier Time pour avoir un magnifique aperçu des beautés naturelles du parc. Les écailles de pots mises au jour ici attestent de la présence des Algonquins dans la région depuis plus de 1 000 ans.

Hornepayne

Ville ferroviaire et forestière qui, de Fitzback, changea son nom pour celui d'un cadre des chemins de fer, Hornepayne est au cœur d'une région où abondent lacs, rivières, réserves naturelles, lieux de villégiature et camps de pêche à liaison aérienne. Hornepayne se développa grâce à l'arrivée du chemin de fer en 1916. Celui-ci reste toujours un important employeur dans la région et les amateurs ne voudront pas manquer la salle des machines (1921) du Canadien National.

Parc provincial Fushimi Lake

Le parc, un hâvre bienvenu dans cette section isolée de la route 11, commémore la visite, en 1907, du prince Fushimi, frère de l'empereur Hirohito du Japon,

dans le nord de l'Ontario. Les eaux claires et fraîches du lac se prêtent au ski nautique et à la planche à voile. Un sentier de 3,5 km le long de la rive nord du lac passe au pied d'une tour d'incendie et d'une cabane abandonnées des années 30.

Hearst

Le français est la langue maternelle de plus de 85 p. 100 de la population de cette ville surnommée « le petit Québec de l'Ontario ». Située dans les terres sauvages et accidentées, Hearst est aussi considérée comme « la capitale ontarienne de l'orignal ». Industrie forestière et agriculture sont les moteurs de cette ville sise à l'extrémité ouest de la ceinture Great Clay, une étendue de terres agricoles qui va jusqu'à Cochrane. Hearst est aussi le terminus nord du chemin de fer Algoma (voir pp. 118-119).

Kapuskasing

Cette ville soigneusement aménagée, dont les rues rayonnent à partir d'un coude de la rivière Kapuskasing, se caractérise par ses bâtiments de style Tudor. La

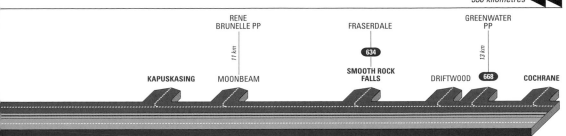

		RENE BRUNELLE PP			FRASERDALE			GREENWATER PP		
		11 km			634			13 km		
KAPUSKASING	MOONBEAM				SMOOTH ROCK FALLS		DRIFTWOOD	668		COCHRANE

| 97 km | 21 km | 41 km | 26 km | 11 km | 19 km |

Imposants bâtiments de style Tudor, comme l'hôtel ci-dessus, jardins paysagés et rues en croissant caractérisent Kapuskasing, conçue dans les années 20 pour servir de modèle aux villes nordiques.

Le Polar Bear Express quitte Cochrane pour une excursion de 4 h 30 jusqu'à Moosonee et la baie de James. Le chemin de fer est le seul moyen de transport terrestre dans ces régions sauvages.

ville, qui fut d'abord un arrêt du chemin de fer National Transcontinental (1910), se mit à dépérir lorsque beaucoup de pionniers, déçus des rigueurs de la région, décidèrent de retourner plus au sud. Mais le vent tourna vers 1920 quand on construisit, près des chutes avoisinantes, une usine de pâtes et papier et que le gouvernement de l'Ontario transforma la ville en un aménagement urbain modèle afin d'encourager les gens à s'y établir. On peut visiter l'usine, maintenant exploitée par la municipalité et les employés actionnaires, de même qu'une forêt aménagée. Le musée Ron Morel Memorial loge dans des wagons et une locomotive CNR 5107 qui abritent divers exhibits et une maquette de chemin de fer. Le musée du

Téléphone se situe dans l'immeuble de la chambre de commerce.

Environ 20 km à l'ouest de Kapuskasing, visitez le parc provincial René-Brunelle sur la route 581. Les panonceaux le long du sentier La Vigilance rappellent l'histoire des pilotes de brousse qui, de leur base ici au lac Rémi, ont combattu les incendies de forêts et secouru les personnes en détresse.

Smooth Rock Falls

Smooth Rock Falls est la porte d'entrée du spectaculaire canyon Abitibi ; elle offre des activités récréatives toute l'année. D'ici, un parcours de 76 km sur la route 634 mène à Fraserdale, dernière ville du nord-est ontarien accessible par la route.

À environ 37 km à l'ouest de Smooth Rock Falls, en direction de Cochrane, la route 668 conduit au parc provincial Greenwater où 24 lacs et trois plages invitent les visiteurs à la baignade, à la pêche et à la détente.

Cochrane

La ville était un nœud ferroviaire important lors de sa fondation en 1908 et elle est de nos jours le terminus sud du Polar Bear Express qui, de la fin juin à la fête du Travail, assure le service quotidien vers le nord, jusqu'à Moosonee (300 km). En face de la gare, un musée expose une locomotive d'époque, du matériel roulant et un monument à la mémoire de Tim Horton (1930-1974), le célèbre hockeyeur et franchiseur natif de Cochrane.

143

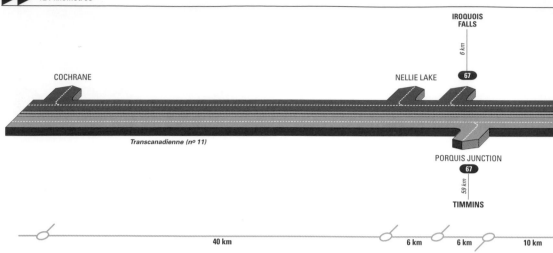

IROQUOIS
FALLS

6 km

67

COCHRANE

NELLIE LAKE

Transcanadienne (n° 11)

PORQUIS JUNCTION

67

59 km

TIMMINS

40 km   6 km   6 km   10 km

**NORD-EST
DE L'ONTARIO**

Iroquois Falls

En 1912, après avoir acquis des droits de coupe dans la région, l'Abitibi Price construisit Iroquois Falls, première expérience du genre au Canada. Un programme d'embellissement valut à la ville, vers 1920, sa réputation de « cité-jardin du Nord ».

Les expositions du musée Iroquois Falls Pioneer illustrent la vie des pionniers et le développement de l'industrie forestière locale. Les visiteurs peuvent se rafraîchir dans un café à la mode des bars laitiers d'autrefois.

On peut visiter l'usine de l'Abitibi Price, qui produit chaque jour 60 km de papier journal. Dans la forêt modèle de la ville, qui abrite un musée de la trappe, on peut s'initier aux techniques de reboisement et aux étapes de la coupe du bois, et planter soi-même un arbre.

Matheson

L'économie de cette ancienne ville minière repose aujourd'hui sur l'agriculture, l'arboriculture et le tourisme de plein air. Le musée Thelma Miles raconte l'histoire de l'incendie de 1916 qui détruisit 2 000 km^2 de forêts et coûta la vie à 300 personnes. Il comprend aussi une ferme et un magasin, aménagés de façon à donner un bon aperçu de la vie au temps des pionniers.

Parc provincial Kettle Lakes

Le parc doit son nom aux quelque 20 petites marmites (*kettles*) qu'on y trouve. Il s'agit de lacs sans drainage de surface, alimentés, soit par la pluie, soit par des sources souterraines. Ces marmites ont été formées par des blocs de glace détachés d'un glacier en récession. Certaines atteignent une profondeur de 30 m et toutes ont des rives escarpées sablonneuses. Les gros blocs erratiques que l'on trouve dans tout le parc sont aussi des vestiges de l'ère glaciaire.

Le parc, accessible par la route 67 ou la route 101 en direction de Timmins, fait partie d'une région de transition entre la forêt boréale et la zone subarctique.

Timmins

C'est la plus vaste municipalité canadienne ; d'une superficie de 3 212 km^2, elle est plus grande que Toronto, Montréal et New York réunies. Timmins est née lors de la ruée vers l'or de 1909, lorsque Noah Timmins, qui avait fait fortune grâce à l'argent qu'on extrayait à Cobalt, y établit les employés de sa mine, baptisée Hollinger (la mine d'or la plus riche de l'hémisphère Ouest). Timmins demeura une productrice d'or importante jusque dans les années 60, mais depuis l'économie repose surtout sur l'industrie forestière, sur l'exploitation de la mine de zinc et de cuivre Falconbridge Kidd Creek au nord de la ville, et sur la fonderie de cette même compagnie.

Timmins doit sa superficie à la fusion, en 1973, des municipalités voisines de Schumacher, Mountjoy, Whitney, Porcupine et South Porcupine. La ville est dotée du plus grand mail du nord-est de l'Ontario, de deux

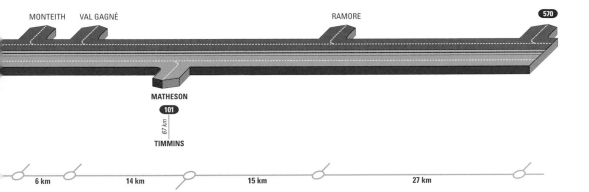

MONTEITH VAL GAGNÉ RAMORE **570**

MATHESON
101
67 km
TIMMINS

6 km   14 km   15 km   27 km

Lors du tour Golden Circle Heritage, à Timmins, de vieux routiers des mines guident les visiteurs qui s'intéressent à l'une des plus importantes ruées vers l'or de l'histoire. Vous pouvez aussi visiter une cabane de prospecteur (à gauche), laver du sable aurifère *(et garder les trésors que vous aurez trouvés) ou explorer le chevalement de la mine Jupiter (ci-dessous) d'où vous aurez une vue panoramique de plusieurs puits à ciel ouvert et de la cité de Timmins.*

parcours de golf, d'un vaste réseau de sentiers de randonnée, de marinas (on a recensé 500 cours d'eau dans les limites de la municipalité), de sentiers de motoneige et de centres de ski alpin et de ski de fond.

Musée Timmins

Situé à South Porcupine, le musée est consacré à l'histoire de Timmins, de l'ère précambrienne à nos jours. On y voit du matériel de prospection, la reconstitution d'une cabane de prospecteur et des échantillons d'or.

Visite de la mine d'or, Timmins

Coiffé d'un casque de protection, vous pouvez descendre dans l'ancienne mine Hollinger et vivre comme un mineur pendant 90 minutes. Des mineurs à la retraite vous expliqueront les diverses étapes du forage, du déblaiement et du dynamitage. Explorez aussi le chevalement d'extraction de l'ancienne mine Jupiter d'où vous pourrez apercevoir des puits à ciel ouvert et la cité de Timmins. Vous pouvez aussi visiter la Maison Hollinger, qui a été restaurée, et une boutique d'art et d'artisanat.

La visite de la mine commence à partir de la route 101, entre Timmins et Schumacher. En août, Schumacher est l'hôte du festival Revitalization.

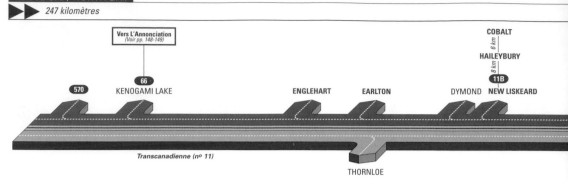

COBALT
6 km
HAILEYBURY
8 km
11B

Vers L'Annonciation
(Voir pp. 148-149)

570   66 KENOGAMI LAKE   ENGLEHART   EARLTON   DYMOND   NEW LISKEARD

Transcanadienne (n° 11)

THORNLOE

15 km   39 km   15 km   9 km   12 km   3 km   24 km

**NORD-EST
DE L'ONTARIO**

Englehart

Revivez l'histoire de Englehart en visitant le musée local qui rassemble divers bâtiments de 1908 jusqu'aux années 40. Une vieille locomotive n° 701 rappelle aussi que la ville fut une limite de division des chemins de fer.

Earlton

Le « centre laitier du Nord » se trouve dans la ceinture Little Clay, une région agricole aux limites d'un ancien lac glaciaire. Le zoo de Earlton, dont l'entrée est gardée par Manitou, un buffle d'acier de 5 tonnes, abrite quelque 250 espèces dont des tigres, des yacks, un chameau, des zèbres et des singes.

Non loin, dans une mini-ferme, on peut voir des mules Morgan, des lapins nains, des poules de Pologne, des chèvres naines et des ânes de Sicile.

New Liskeard

Les rives aménagées de cette petite ville du lac Témiscamingue attirent les visiteurs avec une plage, une promenade de bois, un hôtel et une marina. À cause de la richesse de ses terres, New Liskeard fut colonisée très tôt au début du siècle. L'arrivée du chemin de fer, en 1905, lui assura la prospérité.

Son passé est illustré au musée Little Clay Belt Homesteaders que vous reconnaîtrez à la vache laitière géante, Ms. Claybelt, qui se dresse sur le terrain à côté. De New Liskeard, prenez la 11B vers Haileybury (8 km au sud) et Cobalt (6 km plus loin).

New Liskeard (à droite) est située à la pointe nord-ouest du lac Témiscamingue, une étroite étendue d'eau qui s'étire sur 128 km entre le Québec et l'Ontario. Le lac invite à la baignade, au ski nautique, au bateau, à la voile et à la pêche. Ses rives rocheuses, bordées d'arbres, offrent de splendides panoramas.

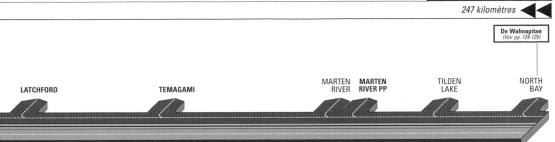

LATCHFORD   TEMAGAMI   MARTEN RIVER   **MARTEN RIVER PP**   TILDEN LAKE   NORTH BAY

32 km   40 km   5 km   19 km   34 km

Haileybury

Le musée local expose l'un des 60 tramways de 1904 que la ville de Toronto envoya ici pour servir de logements lorsque l'incendie de 1922 laissa 3 000 personnes sans abri. On trouve à Haileybury une plage, une marina et une glissoire d'eau. Il ne faut pas manquer, à Devil's Rock, la vue sur le lac Témiscamingue.

Cobalt

Une légende veut que, en 1903, le forgeron Fred LaRose, croyant lancer son marteau dans l'œil d'un renard, découvrit un filon d'argent. Quelques années plus tard, Cobalt, avec 12 000 habitants (contre 1 500 aujourd'hui), avait son réseau de tramways et sa salle d'opéra. Vers 1930, on finit par épuiser les mines, après en avoir extrait plus d'un demi-milliard d'onces d'argent. Les activités minières reprirent cependant dans les années 50 et 60, grâce à la découverte de cobalt.

Le musée Northern Ontario Mining expose du matériel minier et du minerai. Visitez l'ancienne mine Colonial ou empruntez le sentier Heritage Silver qui mène à d'autres installations d'époque. Le musée Cobalt-Coleman Fire Fighters, qu'abrite le chevalement n° 4 de la mine Conigas, rappelle les terribles incendies qui ont dévasté la région.

Latchford

Ici, vous pouvez traverser le plus petit pont couvert au monde ou vous embarquer à bord d'un canot de transport pour voir, sur la rivière Montréal, des mines, des bateaux à vapeur, des scieries, l'emplacement d'un poste de la Compagnie de la Baie d'Hudson et un café flottant. Le passé de Latchford est évoqué au musée House of Memories. On peut voir des sculptures de pin blanc représentant les magnats de l'industrie forestière et un camp de bûcheron de 1940 au Heritage Logging Attraction et à l'Ontario Loggers Hall of Fame.

Temagami

Attirés par la beauté de la région, les villégiateurs commencèrent à affluer ici dès 1890. Leur nombre alla croissant après l'arrivée du chemin de fer en 1903. Le premier hôtel, le Ronnoco, accueille encore les visiteurs.

Le canotage sur le lac Temagami et les cours d'eau avoisinants est une activité très prisée dans la région. Dans le parc Findlayson Point, une plaque honore l'écrivain et naturaliste Grey Owl qui y séjourna de 1906 à 1910. Le parc, populaire auprès des plaisanciers et des canoéistes, renferme de très vieilles pinèdes.

Parc provincial Marten River

Au voisinage de la route 11, ce parc abrite notamment un camp de bûcheron restauré et un sentier de randonnée dans les épinettes noires et les pins blancs (dont certains ont 300 ans). La région, qui se compose à la fois de forêts boréales et de forêts de feuillus, compte une importante population d'oiseaux.

147

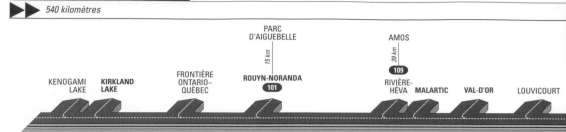

PARC
D'AIGUEBELLE

AMOS

15 km

39 km

KENOGAMI
LAKE

**KIRKLAND
LAKE**

FRONTIÈRE
ONTARIO–
QUÉBEC

ROUYN-NORANDA
101

109

RIVIÈRE-
HÉVA

MALARTIC

VAL-D'OR

LOUVICOURT

Route 66

Route 117

16 km   42 km   40 km   64 km   16 km   25 km   32 km   24 km

**NORD-EST DE
L'ONTARIO/
NORD-OUEST
DU QUÉBEC**

Kirkland Lake

Les géologues amateurs sont légion dans cette ville où Harry Oakes découvrit, en 1912, la mine Lake Shore qui fit de lui un homme riche et de Kirkland Lake une ville prospère. Dans les années 30, environ 5 000 mineurs étaient à l'embauche des sept mines d'or de la région, dont une seule est encore en exploitation. À l'entrée de la ville, une statue de 10 m représente un mineur.

Oakes (qui devint plus tard Sir Harry) fut assassiné mystérieusement aux Bahamas en 1943. Sa résidence est devenue un musée consacré aux premiers prospecteurs et aux vedettes de hockey de la région : Bill Durnan, Ted Lindsay et Dick Duff.

Rouyn-Noranda

La « capitale canadienne du cuivre » a été fondée dans les années 20 par le prospecteur Edmond Horne, à l'époque où l'on découvrait les premiers filons d'or et de cuivre. Huit mines sont encore en exploitation. Un sentier d'interprétation des mines va du parc Trémoy à la fonderie Horne.

La ville actuelle résulte de la fusion, en 1986, de Rouyn, ville commerciale et industrielle, et de Noranda, à caractère résidentiel et institutionnel. La Maison Dumulon, un ancien magasin et bureau de poste, a été restaurée à la mode des années 20. Une ancienne église russe orthodoxe (1955) abrite un musée religieux.

Malartic

Le gouvernement du Québec fonda cette ville dans les années 30 pour mettre fin à la prolifération des camps de squatters qui s'installaient autour des champs aurifères. La ville a conservé un

Le château de Sir Harry Oakes (ci-dessus) abrite maintenant le musée Northern Ontario, qui retrace l'histoire de Kirkland Lake et des personnages qui l'ont marquée : pionniers, prospecteurs, mineurs et millionnaires. Une salle (à droite) est consacrée aux vedettes de hockey originaires de la région.

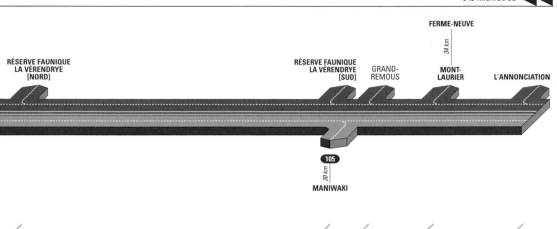

peu de son ambiance du Far West. L'avant-gardiste Musée régional des mines permet de découvrir le pays géologique et de comprendre les merveilles du règne minéral.

Val-d'Or

La ville porte bien son nom : la ruée vers l'or qui s'y produisit n'a eu d'égale que celle du Klondike. Vers 1930, Val-d'Or était la ville aurifère la plus importante au monde. On a rendu au quartier Bourlamaque son apparence de village minier de 1935 ; la plupart des maisonnettes sont encore habitées. Des expositions dans la ville expliquent le travail des prospecteurs et des géologues. Du haut de la tour Rotary (18 m), le visiteur peut admirer le panorama de la « vallée de l'or ». Il peut aussi vivre l'expérience d'une descente souterraine à 80 m pour explorer une galerie de la mine Lamaque, maintenant désaffectée.

Réserve faunique La Vérendrye

La route 117 traverse cette vaste réserve de lacs, de rivières et de forêts. On y trouve un grand nombre de campings, de voies de canotage, de pistes cyclables et de sentiers de randonnée.

Maniwaki

Dans le parc Le Draveur, une sculpture de Donald Doiron rappelle les beaux jours de la drave sur la rivière Gatineau. Ce sont les camions qui transportent maintenant le bois, mais l'industrie forestière demeure le moteur de l'économie. Le Château Logue, bâti en 1887 par un marchand irlandais du nom de Charles Logue, abrite une bibliothèque, une galerie d'art et une exposition sur la prévention des incendies de forêt.

Mont-Laurier

Fondée en 1886 sur la rivière du Lièvre, Mont-Laurier est le centre le plus important de la région des Hautes-Laurentides. On peut y voir la Maison Alix-Bail, un magasin général qui date de la fondation de la ville. D'abord appelée Rapide-de-l'Orignal, la ville fut rebaptisée en 1909 en l'honneur du Premier ministre Sir Wilfrid Laurier (1841-1919). L'économie locale repose sur la transformation du bois.

Ferme-Neuve

De Ferme-Neuve, sur la route 309, on a accès au mont Sir-Wilfrid (783 m), le deuxième sommet en importance des Laurentides. À ses pieds, la ville, sur le bord de la Lièvre, est entourée de fermes et de forêts où nombre de sentiers de ski de fond et de pistes de motoneige ont été aménagés. La ferme apicole Desrochers présente l'apiculture, offre des dégustations gratuites et vend son propre hydromel.

L'Annonciation

Vous trouverez, à l'Écomusée de la Vallée de la Rouge, la première gare (1903) de L'Annonciation ainsi que l'ancien P'tit Train du Nord, qui reliait autrefois Montréal aux Hautes-Laurentides.

149

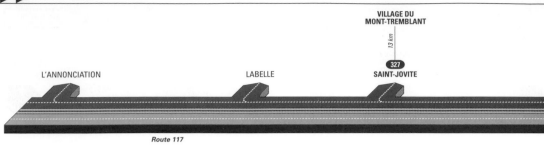

VILLAGE DU
MONT-TREMBLANT

13 km

327
SAINT-JOVITE

L'ANNONCIATION　　　　　　　LABELLE

Route 117

28 km　　　　　　20 km　　　　　　30 km

**LAURENTIDES/
NORD DE
MONTRÉAL**

Saint-Jovite

Saint-Jovite est au cœur de plusieurs centres de ski importants : Mont-Tremblant, Gray Rocks, Mont-Blanc. D'ici l'on accède aussi à 70 km de pistes de ski de fond, dont 50 km à double voie.

Les visiteurs aimeront flâner sur la rue Ouimet bordée de terrasses, d'antiquaires et de boutiques. Même la vieille gare a été convertie en restaurant.

Mont-Tremblant

En 1938, Joe Ryan, un millionnaire de Philadelphie, construisit une auberge au pied du mont Tremblant qui constituait alors le plus haut sommet de ski des Laurentides (968 m). Depuis 1990, des travaux de réaménagement considérables en ont fait un centre de villégiature quatre saisons. En hiver, ce centre de ski de classe mondiale offre 77 pentes de ski, six remontées mécaniques à grande vitesse, des pistes de ski de fond et une patinoire extérieure. Les activités estivales comprennent la baignade dans le lac Tremblant, la voile, le golf, le vélo de montagne, le cyclisme, le tennis et la randonnée pédestre.

Le village du centre de villégiature est réservé aux piétons. Boutiques, restaurants et bars modernes ont opté pour l'architecture traditionnelle. La chapelle Saint-Bernard est une réplique de la première église de Saint-Laurent (île d'Orléans).

Parc du Mont-Tremblant

À quelque 5 km de la station de villégiature se trouve le premier parc créé au Québec, le Parc de récréation du Mont-Tremblant, qui renferme 400 lacs, sept rivières et de grandioses paysages de montagnes et de forêts. On trouve ici 500 emplacements de camping, 100 km de sentiers de randonnée, des sentiers d'équitation (on peut louer des chevaux), des pistes cyclables en asphalte, des sentiers de vélo de montagne et des plages. On pratique la voile, la planche à voile, le canot, le ski de fond et la raquette.

Sainte-Agathe-des-Monts

Sur le lac des Sables, au cœur des Laurentides, Sainte-Agathe-des-Monts fut le premier centre de villégiature à se développer au nord de Montréal. Les visiteurs y affluent depuis l'arrivée du chemin de fer, en 1892. On peut y séjourner pour un jour ou pour toute une saison, et profiter de ses nombreux restaurants de fine gastronomie, se baigner, faire de la voile ou une croisière autour du lac et se balader, en voiture ou à bicyclette, sur le populaire chemin du Lac. L'hiver, la ville est l'hôte du carnaval L'Hiver en Nord. De nombreux sentiers de motoneige et 15 centres de ski se situent à moins de 30 minutes de Sainte-Agathe.

Saint-Sauveur-des-Monts

La rue Principale, avec sa myriade de restaurants, galeries d'art et boutiques, est sans doute la rue la plus achalandée des Laurentides. Le village, situé dans une pittoresque vallée, est depuis longtemps le rendez-vous des touristes et des skieurs, et le

Dans le parc du Mont-Tremblant, l'automne éclabousse de taches rouge vif, jaunes, orange et dorées les érables et les forêts de bouleaux et de hêtres entremêlés de sapins baumiers. Les paysages de monts boisés et de vallées sont ponctués de ruisseaux, de chutes, de rivières et de paisibles lacs, comme le lac Monreau (à droite).

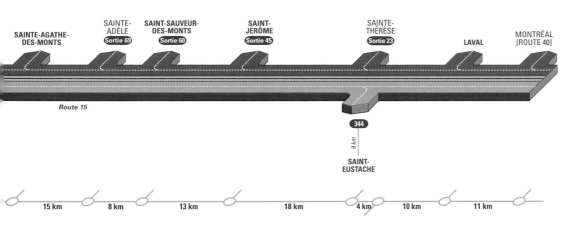

SAINTE-AGATHE-DES-MONTS

SAINTE-ADÈLE **Sortie 69**

SAINT-SAUVEUR-DES-MONTS **Sortie 60**

SAINT-JÉRÔME **Sortie 45**

SAINTE-THÉRÈSE **Sortie 23**

LAVAL

MONTRÉAL [ROUTE 40]

Route 15

344

9 km

SAINT-EUSTACHE

15 km   8 km   13 km   18 km   4 km   10 km   11 km

nombre des installations touristiques n'a cessé de croître au cours des 20 dernières années. On dénombre cinq centres de ski avec un total de 84 pistes et 32 remontées mécaniques. Les pistes éclairées de Saint-Sauveur en font le plus grand centre de ski de nuit au monde. Les activités estivales incluent le théâtre d'été et le parc aquatique.

Saint-Jérôme

Saint-Jérôme, sur la rivière du Nord, a longtemps vécu de l'agriculture et du papier. Il faut voir sa cathédrale, une église romane à trois flèches, de style byzantin. En face se dresse la statue du curé Antoine Labelle, « le roi du Nord », qui, dans les années 1870 et 1880, fonda des douzaines d'établissements et de paroisses dans la région.

Saint-Eustache

Au cœur d'une vieille région agricole, la patrie de plusieurs grands hommes du passé compte beaucoup de nouveaux secteurs résidentiels. La région abrite bon nombre de pomiculteurs, dont plusieurs fabriquent leur propre cidre et accueillent volontiers les visiteurs. Au Moulin Légaré, qui n'a jamais cessé de fonctionner depuis 1762, on peut acheter de la farine de blé ou de sarrasin.

Les murs de pierre de l'église romane à tours jumelles portent encore des marques de la Rébellion de 1837. Son acoustique est si remarquable que l'Orchestre symphonique de Montréal y fait ses enregistrements.

Laval

La deuxième ville du Québec en importance est située sur l'île Jésus. On y visite le Cosmodôme, musée consacré à la science de l'espace et à la technologie, avec des maquettes du centre de contrôle de la mission *Apollo,* de la navette spatiale *Endeavour* et du bras télémanipulateur canadien Canadarm.

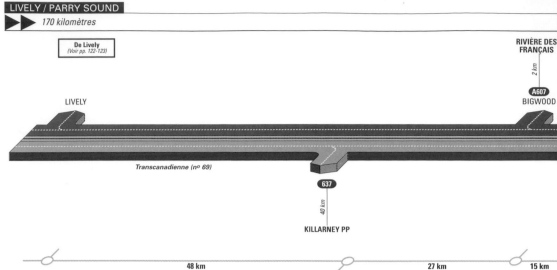

De Lively
(Voir pp. 122-123)

LIVELY

RIVIÈRE DES
FRANÇAIS

2 km

A607

BIGWOOD

Transcanadienne (n° 69)

637

40 km

KILLARNEY PP

48 km | 27 km | 15 km

**CENTRE DE
L'ONTARIO/
BAIE
GEORGIENNE**

*Dans le parc
provincial
Killarney, le
quartzite blanc,
riche en silice,
miroite dans le
vert des forêts
accrochées aux
monts La Clo-
che, arrondis
par les anciens
glaciers.*

Parc provincial Killarney

Le « joyau » des parcs de l'Ontario préserve de luxuriantes
forêts, de riches marécages, des
lacs étincelants, de majestueux
paysages sur la baie Georgienne
et les stupéfiants monts La
Cloche aux arêtes de quartzite
blanc. Ses paysages spectaculaires ont attiré les artistes du
Groupe des Sept, et parmi eux,
A.Y. Jackson, qui milita en
faveur de sa création.

Killarney est à cheval sur la
zone de transition entre les bois
francs et la forêt boréale, de
sorte que la faune et la flore y
sont particulièrement variées. On
y a dénombré entre autres plus
d'une centaine d'espèces
d'oiseaux. Le parc offre de nombreux sentiers
de randonnée
et des empla-
cements de
camping retirés
pour les ran-
donneurs et
les canoéistes.
Au lac George,
près de la route
637, on trouve
un autre cam-
ping et un
centre d'inter-
prétation. Des
portages relient
des centaines
de lacs. On
peut louer un
bateau ou un
canot près du
parc, mais les
embarcations à
moteur y sont
interdites.

Killarney

Ce mouillage de la baie Georgienne a été fréquenté dès les
années 1880 par les amateurs de
voile et on peut y voir, aujour-
d'hui encore, des yachts de luxe.
Situé à 10 km à l'ouest du parc
provincial, le village s'est ouvert
au tourisme avec la construction
d'une route, dans les années 60.
Les restaurants locaux servent
de la cuisine maison. Le musée
local donne un aperçu de l'histoire de Killarney, qui fut d'abord
poste de traite, puis ville forestière et centre de pêche commerciale, avant de devenir un
haut lieu touristique et un centre
de production de verre.

Rivière des Français

Cette voie d'eau de 125 km, un
chapelet de lacs et de rapides
ponctué d'îles, relie le lac Nipissing à la baie Georgienne et sépare le sud et le nord de l'Ontario. Aujourd'hui populaire auprès
des plaisanciers, elle était autrefois fréquentée par les Indiens,
les explorateurs et les marchands
de fourrures qui, pour se rendre
dans l'Ouest, suivaient la rivière
des Outaouais puis la baie Georgienne. C'est pourquoi, en 1986,
elle fut la première (suivie de
27 autres) à être reconnue d'intérêt national par le Réseau des
rivières du patrimoine canadien.

Parc provincial Grundy Lake

Au sud de la rivière des Français,
ce parc renferme de vastes étendues de roches très anciennes,
des conifères et des feuillus

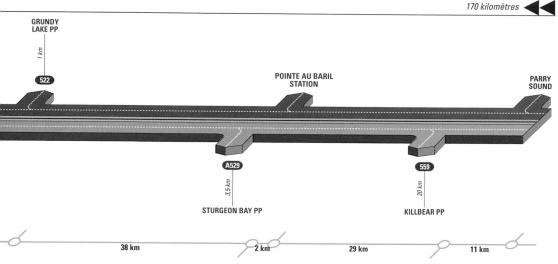

GRUNDY
LAKE PP

1 km

522

POINTE AU BARIL
STATION

PARRY
SOUND

A529

3,5 km

STURGEON BAY PP

559

20 km

KILLBEAR PP

38 km   2 km   29 km   11 km

Parmi les merveilles qu'on voit de la promenade du sentier Swan Lake, dans le parc provincial Grundy Lake, on note les tortues de Blanding, une espèce rare, et des fleurs carnivores, notamment la sarracénie pourpre. Les adultes se contentent généralement d'admirer ces beautés de la promenade surélevée, mais les jeunes, armés d'un filet et d'un seau, préfèrent souvent partir à la recherche de grenouilles dans les marécages. Le lac Swan, avec l'apparence d'un marécage, est en réalité un ancien lac glaciaire qui n'a pas encore fini de s'assécher.

majestueux et a tout un réseau de lacs chatoyants. On y cueille diverses baies sauvages et ses marécages abritent une flore et une faune très riches. Trois sentiers sont très représentatifs : celui de Gut Lake, qui traverse une région typique du Bouclier canadien, celui de Swan Lake, qui serpente dans les marécages, et celui de Beaver Dam, qui longe une héronnière et plusieurs digues de castor.

Pointe au Baril

À l'époque, une lanterne fichée dans un baril guidait les marins vers ce port de la baie Georgienne qui en garda le nom. En 1889, un phare, toujours en service et ouvert aux visiteurs, a remplacé la vieille balise. Entouré

de rivières, de lacs, de sentiers et de chenals, ce village se prête à une foule d'activités et on y trouve en grand nombre des auberges et des chalets d'été.

Parc provincial Sturgeon Bay

La baie de Sturgeon, sorte de fjord, est idéale pour la navigation de plaisance et la pêche. Le petit parc, au cœur de la région des Trente Mille Îles, renferme une des rares plages de sable sur la baie Georgienne et un camping au milieu d'une forêt de pins blancs et de peupliers.

Parc provincial Killbear

Ici, dans un de ces paysages spectaculaires de la baie Georgienne, on peut plonger dans les eaux cristallines à la pointe Harold et les brises sont assez bonnes pour faire le bonheur des amateurs de voile. Le sentier Lookout Point offre une promenade agréable dans la forêt et une vue imprenable de Parry Sound et de la baie de Blind.

Parry Sound

Ce village est le point de départ des croisières vers la région panoramique des Trente Mille Îles à bord de l'*Island Queen*, vedette de croisière à trois ponts, ou du *Chippewa*, remorqueur classique de la baie Georgienne. Parry Sound offre des services complets aux plaisanciers et ses rivières foisonnent de poissons. Il faut voir le musée West Parry Sound District et la ville fantôme de Depot Harbour (pp. 154-155).

Excursion dans une ville fantôme de l'Ontario

ROUTE 69 / PARRY SOUND

RON BROWN *est l'auteur de nombreux livres dont* Back Roads of Ontario, Ghost Towns of Canada *et* The Train Doesn't Stop Here Anymore. *Plusieurs de ses articles de tourisme ont paru dans le* Globe and Mail *et autres publications d'égale importance.*

SON NOM VOUS EST SANS DOUTE IN-CONNU. Pourtant, pendant plus de 40 ans, Depot Harbour a mené une lutte serrée pour obtenir la suprématie du transport lucratif des céréales sur les Grands Lacs. Pendant que d'énormes navires de marchandises accostaient dans le port, les trains faisaient la queue devant d'imposants silos d'où ils emportaient leur précieux chargement de grains à destination des ports de l'Atlantique. À ce même endroit aujourd'hui, tout ce qu'on entend, c'est le bruit des vagues qui se brisent sur les jetées de béton en ruine et le bruit du vent qui s'engouffre dans la forêt qui recouvre les vestiges d'une ville fantôme.

Les villes fantômes inspirent la tristesse, car elles sont le symbole d'espoirs déçus et de rêves brisés, mais elles en disent long sur l'histoire d'un pays. Celle de Depot Harbour et de son déclin est particulièrement poignante.

Tout a commencé avec John Rudolphus Booth, né à Waterloo, au Québec, dans une famille de pauvres fermiers irlandais. Booth devint rapidement l'un des magnats du bois et du chemin de fer les plus riches du Canada. Installé à Ottawa en 1852, il eut tôt fait de ravir le lucratif contrat de l'approvisionnement en bois pour la construction des édifices du Parlement. Quelques années plus tard, on le retrouve propriétaire d'une concession de bois dans le parc Algonquin et affairé à se doter d'un chemin de fer pour transporter ses arbres jusqu'à ses scieries d'Ottawa.

Comme l'île Parry possédait le meilleur port naturel des Grands Lacs, c'est là que, en 1896, Booth construisit son port, des cours de débord, des bureaux, une gare et un silo d'une capacité de 1,25 million de boisseaux de grain. Il acquit ensuite une flotte de cinq céréaliers et bâtit d'autres silos à Duluth et à Milwaukee. Ces services de transport uniques s'imposèrent auprès des fermiers de l'Ouest qui devaient acheminer leurs produits vers les ports de l'Atlantique ouverts toute l'année ; ils assurèrent la prospérité de Booth et firent de Depot Harbour l'un des ports les plus achalandés des Grands Lacs.

Près du chemin de fer, les 12 rues de Depot Harbour comptaient un hôtel, des magasins et 110 habitations familiales. En 1911, les 650 habitants permanents bénéficiaient d'une école de deux étages, de trois églises de dénominations différentes et s'adonnaient à la voile sur glace et au hockey. Le village de Booth jouissait de l'eau courante et de l'électricité, encore des raretés à l'époque. La population pouvait s'élever à 3 000 habitants en haute saison.

À cette époque, personne à Depot Harbour n'aurait pu croire que la ville en viendrait à disparaître. Mais, en 1928, le Canadien National, qui était devenu propriétaire de l'empire ferroviaire de Booth, ferma la cour de triage. Dix ans plus tard, un embâcle dans le parc Algonquin endommagea de façon irréparable un pont sur chevalet qui donnait accès à la ville.

> **"Dans le solage des bureaux de Booth, une voûte en béton, vide et sans porte."**

Pendant la Deuxième Guerre mondiale, un fabricant d'explosifs adopta les quais silencieux de Depot Harbour pour y entreposer de la cordite, un produit chimique volatil. Après la guerre, un incendie criminel éclata et se propagea jusqu'aux produits chimiques qui, au milieu de la nuit, explosèrent en une boule de feu si intense que Parry Sound, située 10 km plus loin, en fut tout éclairée. L'incendie ne causa aucune victime, mais Depot Harbour fut abandonné et on vendit ses habitations à la casse. Aujourd'hui, il ne reste que des trottoirs lézardés, des fondations livrées aux mauvaises herbes et une rotonde sans toit.

De Parry Sound, on atteint Depot Harbour en moins de 30 minutes par la 69B. La route mène d'abord au pont tournant qu'empruntait le train de Booth, jusqu'à l'île Parry, puis traverse un territoire autochtone sur 5 km. Là, à droite, une route étroite serpente dans les bois jusqu'à la ville fantôme. (Le musée de Parry Sound propose une visite de Depot Harbour et on aperçoit aussi la ville fantôme lorsqu'on fait l'excursion des Trente Mille Îles à bord de l'*Island Queen*.)

Depot Harbour n'a rien d'un site touristique animé par des guides en costumes d'époque. Votre meilleure solution est de garer la voiture près de la rotonde en ruine et d'explorer les lieux à pied. Au-delà de la rotonde, la route traverse la cour abandonnée, avec ses kilomètres de voies d'évitement où les locomotives noires piaffaient en attendant que les wagons se remplissent. Puis, la route se divise. À droite, elle longe les fondations d'un magasin et de l'hôtel Island qui se dressait sur trois étages. Les rues secondaires laissent entrevoir les vestiges des habitations et ceux de deux églises, l'anglicane et la presbytérienne.

L'embranchement vers la gauche révèle, au second détour, des marches de béton qui mènent, sur un promontoire rocheux, à ce qui fut l'église catholique. Passé une autre petite rue, la route remonte au quai et à une plateforme de béton. Ici se dressaient les silos et, dans les années 60 et 70, une entreprise de transbordement du minerai, comme en témoigne une pelle mécanique rouillée. Dans le solage des bureaux de Booth, une voûte en béton, vide et sans porte. Sur le quai balayé par le vent, un pin, courbé sous la brise, gémit comme s'il faisait écho aux soupirs des fantômes.

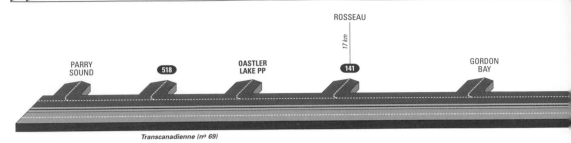

ROSSEAU

17 km

PARRY SOUND — 518 — OASTLER LAKE PP — 141 — GORDON BAY

Transcanadienne (n° 69)

7 km — 7 km — 8 km — 11 km — 10 km

CENTRE DE L'ONTARIO/ BAIE GEORGIENNE

Les pins courbés par les vents caractérisent la région des Trente Mille Îles, renommée pour sa flore et sa faune, dont plusieurs espèces d'amphibiens et de reptiles. L'île Beausoleil (ci-dessous), la plus grande, est recouverte de deux types caractéristiques de forêts : essences nobles et conifères. Elle illustre ainsi la transition entre le Sud ontarien et le Bouclier canadien.

Parc provincial Oastler Lake

Ce petit parc du lac Oastler se situe dans un paysage de collines rocheuses ponctuées de boisés de sapins et d'arbres de bois dur où il fait bon se promener. Les enfants peuvent s'ébattre en toute sécurité dans les eaux peu profondes de sa grande plage de sable.

Lacs du Muskoka

À l'est de la baie Georgienne, les lacs Rosseau, Joseph et Muskoka se trouvent au cœur d'un éblouissant centre de villégiature estivale. Reliés entre eux par des canaux, les lacs du Muskoka ont toujours eu la faveur des plai-

sanciers. Des Torontois aisés font partie des propriétaires de quelque 20 000 chalets qui parsèment la région. De nombreux hôtels et gîtes touristiques permettent au visiteur de passage de profiter pleinement lui aussi des beautés du paysage et des activités de toutes sortes.

Bala

La route 169 mène à Bala et à Port Carling, deux destinations populaires de la région des Muskoka. Situé là où la rivière Moon se jette dans le lac Muskoka, Bala est bien pourvu pour accueillir les touristes. Populaire auprès des jeunes vacanciers, le centre musical KEE présente des orchestres qui viennent de partout au Canada. La région est propice à la culture des canneberges et plusieurs fermiers accueillent les visiteurs.

BALA

22 km

169

FOOT'S BAY

BIG CHUTE
(CALE DE HALAGE)

7 km

SIX MILE
LAKE PP   **34**

PORT
SEVERN

5

12 km

GEORGIAN BAY
ISLANDS NP

30 km   2 km   10 km   2 km

La cale de halage Big Chute, actionnée par un treuil, est sûrement l'un des endroits les plus photographiés en Ontario. Située près du parc provincial Six Mile Lake, la cale permet aux bateaux de contourner les chutes Big de la rivière Severn. La cale de 1917 a été remplacée en 1977 par une structure plus importante et plus moderne qui élève les bateaux à une hauteur de 17,7 m.

Le musée de Bala est consacré à Lucy Maud Montgomery, qui créa *Anne... La Maison aux pignons verts*. L'auteure, qui séjourna ici à l'été de 1922, a campé à Muskoka l'action d'un autre roman, *The Blue Castle*.

Port Carling

Aussi fort prisé des touristes, Port Carling a été, grâce à ses écluses qui relient les lacs Rosseau et Muskoka, l'un des tout premiers centres de transport et de commerce de la région.

Les expositions du musée Muskoka Lakes, dans le parc Island, rappellent le bateau de plaisance de bois d'un type caractéristique qui fit autrefois la renommée de la région.

Parc provincial Six Mile Lake

Avec ses trois plages de sable et son camping en forêt, ce parc se prête à la pêche, à la navigation de plaisance et à la randonnée. On peut y louer un canot pour profiter du lac Six Mile, un réservoir de la voie navigable Trent-Severn. Si vous voyagez en direction du nord, vous remarquerez les premiers affleure-

ments rocheux de granite et de gneiss qui signalent l'entrée dans le Bouclier canadien.

Parc national des Îles-de-la-Baie-Georgienne

Honey Harbour se situe à 12 km de la Transcanadienne sur la route 5. Ici, on peut louer un bateau ou une place à bord du bateau-taxi pour se rendre à l'une des 59 îles du parc national. La plus grande, l'île Beauséjour, est à 10 minutes de distance. Parmi les attraits du parc, il faut signaler les plages de sable, de luxuriantes forêts et de riches marécages, des espèces rares de la faune et de la flore, notamment le massasauga de l'Est, et, en bordure du Bouclier canadien, des rochers sculptés par les anciens glaciers.

Port Severn

Vous êtes ici à l'extrémité ouest de la voie navigable Trent-Severn qui relie le lac Ontario à la baie Georgienne (pp. 164-165). Le trafic commercial y a cédé la place aux bateaux de plaisance. De Port Severn, on peut faire une agréable croisière jusqu'à la cale de halage Big Chute.

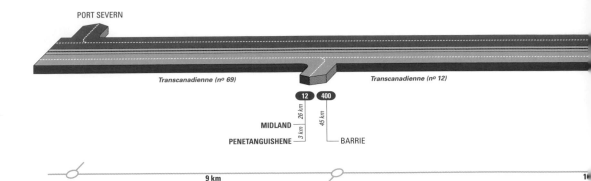

PORT SEVERN

Transcanadienne (nº 69)   *Transcanadienne (nº 12)*

| 12 | 400 |

26 km

45 km

MIDLAND

3 km

PENETANGUISHENE — BARRIE

9 km

**CENTRE DE
L'ONTARIO/
DE LA BAIE
GEORGIENNE AU
LAC SIMCOE**

*Sainte-Marie-des-Hurons
(ci-dessous), reconstituée sur son
emplacement original au bord de la
rivière Wye, reproduit la mission où
les jésuites partagèrent la vie des
Hurons de 1639 à 1649. Le centre
d'interprétation et le musée rappellent les prouesses accomplies par ces
missionnaires pendant leur bref
séjour dans une région désolée.*

Midland

🏛 🎣 ⛵ 🏊 ❄

La réserve faunique Wye Marsh
préserve le patrimoine naturel de
Midland, tandis que son patrimoine historique est à l'honneur
à Sainte-Marie-des-Hurons,
au sanctuaire des Martyrs, au
musée de la Huronie et au
Village huron.

Réserve faunique
Wye Marsh, Midland

Ici, on peut contempler les merveilles des marécages et des
hautes terres grâce à un poste
d'affût, une tour d'observation,
des sentiers autoguidés, un trottoir flottant, des voies de canotage et des excursions guidées en
canot. Wye Marsh abrite des
forêts et des marais où les visiteurs peuvent nourrir les oiseaux
et s'initier à la vie des abeilles, des
oiseaux de proie et des cygnes
trompettes.

Sainte-Marie-des-Hurons,
Midland

Il s'agit de la reconstitution minu-
tieuse de la mission fortifiée que
les jésuites établirent au pays des

Hurons en 1639. Ce fut le premier établissement européen
dans ce qui est aujourd'hui l'Ontario. Au plus fort de son activité, il compta jusqu'à 60 prêtres
et auxiliaires. En 1649, craignant
une attaque imminente des Iroquois, les jésuites brûlèrent la mission et s'enfuirent en compagnie
de leurs alliés, les Hurons, vers ce
qui est maintenant l'île Christian
dans la baie Georgienne. Trois
cents ans plus tard, vers 1940,
des fouilles menèrent à la reconstitution de la mission. Aujour-
d'hui, les visiteurs, guidés par le
personnel en costume d'époque,
peuvent faire le tour des maisons,
de l'église, du bastion, de l'hôpital
et des jardins de la mission.

Juste en face, le sanctuaire des
Martyrs abrite la tombe de Jean
de Brébeuf et de quatre autres
jésuites qui furent parmi les huit
martyrs canadiens tués par les
Iroquois et canonisés en 1930.

Musée de la Huronie et
Village huron, Midland

Dans le parc Little Lake, on peut
voir la reconstitution d'un village
huron, avec sa palissade et ses
maisons longues, tel que les
jésuites l'ont trouvé à leur arrivée
ici au début du XVIIᵉ siècle. Le
musée raconte l'histoire des
Hurons avec une vaste collection
d'objets indiens. Ses expositions
sont consacrées à l'histoire sociale et militaire de la région. La
galerie d'art expose des œuvres
d'artistes canadiens importants.

Penetanguishene

🏛 🎣 ⛵ 🏊

Toute la vie de cette ville reflète
le double héritage laissé par les
colons de souches française et

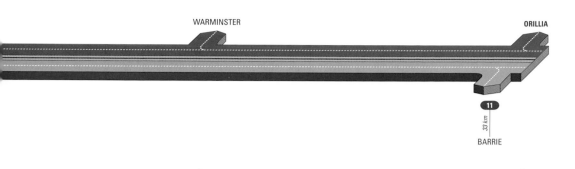

Les 19 pièces de la maison d'été de Leacock, située sur la baie d'Old Brewery, sont remplies de souvenirs de l'humoriste. La statue de Champlain (ci-dessous) rappelle le passage de l'explorateur dans la région.

anglaise qui s'établirent ici autour des postes militaires et navals pendant la guerre de 1812. Discovery Harbour est une réplique de la base que la marine britannique occupa de 1817 à 1856. On y visite des ateliers, des habitations, les quartiers des officiers et les répliques de vaisseaux historiques. On peut aussi faire une croisière dans la baie de Penetanguishene à bord du *Tecumseth* ou du *Bee* ou bien dans la baie Georgienne à bord du *Georgian Queen*. Le musée Penetanguishene Centennial rappelle les pionniers et les bûcherons.

Orillia

Ce lieu de villégiature offre des activités à longueur d'année, dont un carnaval d'hiver (en janvier) et un festival de jazz (en octobre). L'été, pendant 12 semaines, la troupe de théâtre Sunshine Festival présente des spectacles variés à l'opéra d'Orillia. On peut faire une croisière sur le lac à bord du *Island Princess*, vestige des anciens vapeurs du Mississippi. Un marché agricole s'y tient tous les samedis matin depuis 1875. Procurez-vous la brochure qui guidera votre promenade historique dans la ville, vers ses bâtiments victoriens et d'autres sites, dont l'imposante caserne des pompiers de 1896. Un bronze de 12 m (*à gauche*), érigé en 1925, commémore le 300e anniversaire de la visite de Champlain.

Musée Stephen Leacock, Orillia

Il est consacré à ce professeur de sciences politiques de l'université McGill qu'on tient pour avoir été le plus grand auteur humoristique du Canada. Pendant 36 ans, Stephen Leacock (1869-1944) passa ses étés à Orillia ; la plupart de ses 35 livres humoristiques et 27 ouvrages d'histoire, d'économie et de sciences politiques furent écrits dans sa cabane au bord du lac Couchiching. Orillia aurait servi de modèle au village fictif de Mariposa dans lequel Leacock a campé l'action de son classique de 1911, *Sunshine Sketches of a Little Town*. Le musée, logé dans la maison que Leacock fit bâtir en 1925, abrite une exposition et accueille tous les ans, en juillet, le festival Leacock.

159

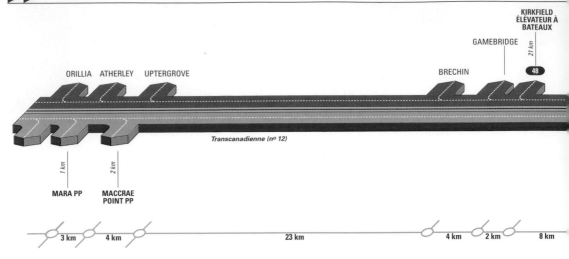

KIRKFIELD
ÉLÉVATEUR À
BATEAUX

GAMEBRIDGE

21 km

BRECHIN

ORILLIA ATHERLEY UPTERGROVE

48

1 km *2 km*

MARA PP MACCRAE
POINT PP

Transcanadienne (nº 12)

3 km   4 km   23 km   4 km   2 km   8 km

**CENTRE DE
L'ONTARIO/
LACS
KAWARTHA**

Parcs provinciaux Mara et MacRae Point

Juste au-delà du chenal (the Narrows) qui relie les lacs Simcoe et Couchiching, dans le parc provincial Mara, une vaste plage de sable vous attend. L'observation des oiseaux est une occupation très répandue dans ce parc qui se compose de forêts, de champs et de marécages au bord desquels on peut voir des salamandres rouges.

Un peu plus loin, sur la route 12, le paisible petit parc provincial MacRae Point recèle des campings, des plages abritées et un terrain de balle. Le long du sentier Pathless Woods, vous verrez des capillaires, des fougères et d'autres plantes vasculaires qui font la renommée du parc.

Kirkfield

On trouve dans ce hameau l'une des deux seules écluses-ascenseurs en Amérique du Nord, l'autre étant celle de Peterborough (p. 162). Construite entre 1896 et 1907 pour faire partie de la voie navigable Trent-Severn, l'écluse de Kirkfield est dotée de deux sas pouvant hisser ou abaisser de 15 m des navires de fort tonnage. Des milliers de bateaux de plaisance y passent chaque année. D'une aire de pique-nique tout près, on peut observer son fonctionnement.

Beaverton

Cette ville chevauche la rivière Beaver là où elle se jette dans le lac Simcoe. Au musée Beaver River, on peut voir une ancienne

prison en pierre ainsi qu'une résidence de brique (1890) et une cabane en rondins (1848) garnies toutes deux de meubles d'époque. Au sous-sol de la cabane, la boutique Emporium vend des objets d'artisanat local. Une troupe de théâtre locale présente du répertoire d'été à l'hôtel de ville.

Lacs Kawartha

La route 7 longe l'extrémité sud des lacs Kawartha. Semblables aux doigts d'une main, ces lacs, reliés entre eux par des canaux et des écluses, font partie de la voie navigable Trent-Severn (pp. 164-165).

Lindsay

Les nombreux points d'intérêt de Lindsay incluent l'église catholique St. Mary's, de style gothique (1858), le palais de justice (1861), le dépôt d'armes (1913), divers bâtiments victoriens et le théâtre restauré Academy (1892). Le théâtre, qui fut d'abord un opéra, demeure le centre culturel de Lindsay ; on y présente notamment du théâtre d'été.

Située sur le bord de la rivière Scugog, qui relie les lacs Scugog et Sturgeon, Lindsay possède l'une des 40 écluses de la voie navigable Trent-Severn. Les plaisanciers peuvent s'ancrer à quai près du parc Riviera.

Au musée Victoria County, on a reconstitué une rue des années 1890, bordée de magasins, d'un cabinet de médecin, d'un dépôt de chemin de fer et d'une forge. Le musée exhibe aussi une collection de verrerie du XIXe siècle.

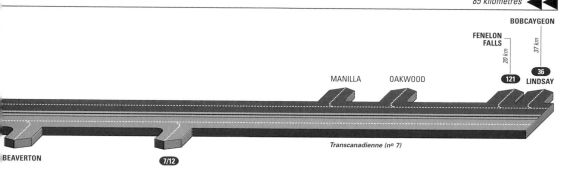

Les jolies chutes de 7 m qui donnent leur nom à Fenelon Falls se trouvent près de l'écluse 34 de la voie Trent-Severn. (Le nom de Fenelon rend hommage au missionnaire sulpicien, François Salignac de Fénelon.) On peut les admirer d'une île située entre les lacs Cameron et Sturgeon. Cette île est aussi idéale pour pique-niquer et observer les bateaux qui empruntent les écluses.

Fenelon Falls

Ce joli village est situé entre les lacs Cameron et Sturgeon. Près des chutes, vous pouvez monter à bord du *Carvelle II* pour une croisière de deux heures.

Maryoro Lodge (1837), le plus vieux bâtiment de la ville et l'ancienne résidence de son fondateur, James Wallis, abrite un musée. Les visiteurs peuvent se baigner et pique-niquer dans le parc adjacent.

Parmi les activités de la ville, les Jeux d'hiver à la mode d'autrefois, en février, la Foire de Fenelon, en août, et le Festival des arts de Kawartha, à la fête du Travail.

Bobcaygeon

A la rencontre des lacs Sturgeon et Pigeon, Bobcaygeon est établie dans trois îles reliées par des ponts ; c'est le « cœur des Kawartha ». L'écluse 32, la plus ancienne de la voie navigable Trent-Severn, y a été construite en 1833, puis reconstruite plus tard. Le Village historique des pionniers du Kawartha (neuf bâtiments) rappelle la vie au tournant du siècle. Vous pouvez visiter des églises des années 1800, une meunerie couronnée d'un nid d'aigle pêcheur (autrefois le True Blue Orange Hall) et le Bobcaygeon Inn (l'ancien Locust Lodge) de 1924.

161

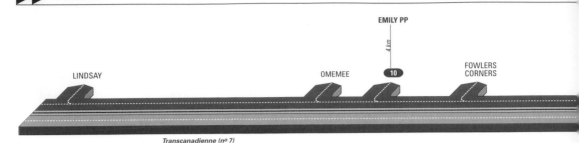

EMILY PP

4 km

LINDSAY   OMEMEE   10   FOWLERS CORNERS

Transcanadienne (n° 7)

17 km   4 km   6 km   12 km

CENTRE DE L'ONTARIO/ LACS KAWARTHA

Parc provincial Emily

Situé à environ 4 km au nord de la route 7, ce refuge à la faune et à la flore diversifiées se compose de collines et de forêts. On y trouve des rampes de mise à l'eau (sur la Pigeon) et on peut louer un bateau dans une des marinas avoisinantes. La promenade, qui traverse une prairie de quenouilles, mène à une île couverte de mousse de sphaigne. Une tour d'observation domine le paysage et permet d'observer des aigles pêcheurs.

Peterborough

La « reine des Kawartha » est la plus grande ville de la voie navigable Trent-Severn (pp. 164-165). Son écluse-ascenseur est sans doute son principal point d'intérêt, mais ses résidences du XIXᵉ siècle, ses églises et ses édifices commerciaux valent aussi un détour. Le bureau de tourisme local propose des circuits historiques qui mènent notamment à la Maison Hutchison (*voir rubrique ci-dessous*) et à la Maison Grover-Nicholls (1847), superbe exemple d'architecture néo-classique. Construite dans un boisé sur le bord de la rivière Otonabee, l'université Trent, de facture très moderne, contraste vivement avec les bâtiments historiques.

Les archives photographiques du musée du Centenaire retracent l'histoire locale. Le musée possède aussi une collection d'armures, de médailles et d'uniformes militaires. La fabrication de bateaux et de canots est une activité traditionnelle de la région et le Musée canadien du canot y

est tout entier consacré. Le Hall des célébrités sportives rend hommage aux vedettes de hockey et de crosse.

Maison Hutchison, Peterborough

En 1837, les amis du docteur John Hutchison construisirent cette maison à l'intention du médecin qui y vécut et y exerça sa profession jusqu'à sa mort en 1847. Dᵣ Hutchison comptait parmi ses patients Catharine Parr Traill, auteure du récit *Les Forêts du Canada*. La maison, restaurée et meublée façon 1840,

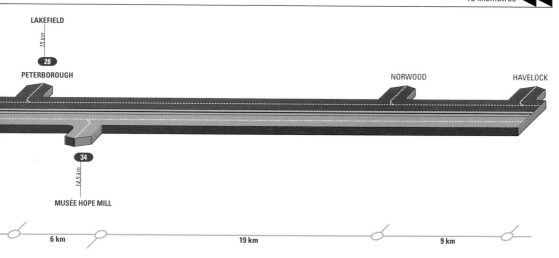

LAKEFIELD
15 km
28
PETERBOROUGH
NORWOOD
HAVELOCK

34
14,5 km
MUSÉE HOPE MILL

6 km — 19 km — 9 km

comprend des ouvrages et des instruments médicaux de l'époque ainsi que les instruments d'arpentage d'un cousin du Dʳ Hutchison, Sandford Fleming, un ingénieur du Canadien Pacifique qui fut l'initiateur de l'heure normalisée. Fleming vécut ici sa jeunesse après avoir quitté l'Écosse, dans les années 1840.

Chaque été, des milliers de bateaux de plaisance passent l'écluse-ascenseur à deux sas hydrauliques de Peterborough. Pendant qu'un sas se remplit d'eau et s'abaisse, l'autre s'élève d'une hauteur équivalente.

Écluse-ascenseur de Peterborough

On dit de cette écluse-ascenseur, qui peut élever les bateaux à une hauteur de 20 m, qu'elle est la plus haute de ce type au monde. (La seule autre écluse-ascenseur d'Amérique du Nord, celle de Kirkfield, n'atteint que 15 m.) Lors de sa construction, en 1904, elle était l'une des constructions de béton les plus importantes au monde. (Le béton était alors coulé sans armatures d'acier.) Le centre des visiteurs comprend une maquette mobile de l'écluse et propose des expositions et un film qui décrivent l'histoire et la construction de ce site historique national.

Parc provincial Mark S. Burnham, Peterborough

Un court sentier de ce parc, situé sur la route 7 à l'ouest de Peterborough, serpente dans une forêt peuplée de certains des plus vieux érables et pruches d'Ontario. Le parc est parsemé de drumlins, collines de moraine en forme de larme façonnées par les glaciers il y a 10 000 ans.

Lakefield

Ce pittoresque village a un passé à la fois littéraire et royal. Le colonel Samuel Strickland et ses sœurs, Catharine Parr Traill et Susanna Moodie, furent parmi les premiers à s'installer ici vers 1830 et tous trois relatèrent leurs expériences dans des œuvres devenues depuis des classiques. Trente ans plus tard, Walter, le fils du colonel, dessina l'église Christ Church, aujourd'hui un

musée consacré à l'histoire locale et à celle de la famille Strickland. La romancière Margaret Laurence (1926-1987) passa ici les dernières années de sa vie. Le prince Andrew fréquenta la prestigieuse école de Lakefield.

La marina peut accueillir des bateaux de toutes dimensions. Les plaisanciers qui naviguent sur la voie Trent-Severn peuvent y faire escale et se rendre à pied aux restaurants et magasins. La marina est aussi le port d'attache du *Chippewa II*, à bord duquel on peut faire une croisière vers le lac Stoney.

Musée Hope Mill

Situé au sud sur la route 34, ce musée, logé dans une scierie mue à l'énergie hydraulique (1836), possède une belle collection d'anciens outils de menuisier et de forgeron. Non loin, la zone de conservation Hope Mill offre la possibilité de pique-niquer, de se baigner et de camper. On y accède aussi aux voies de canotage de la rivière Indian.

Environ 4 km au sud, le Village historique de Lang vous donnera un bon aperçu de la vie dans les Kawathas vers 1800. Parmi plusieurs bâtiments restaurés, vous verrez entre autres la maison (vers 1820) de David Fife (1805-1877), celui qui a mis au point le blé red fife.

Le parc provincial Serpents Mound abrite neuf tertres funéraires dominant le lac Rice. L'un d'eux, long de 60 m, est unique en son genre au Canada. Les experts sont d'avis que les tertres ont été érigés sur une période de 200 ans, il y a plus de 2 000 ans.

163

Croisière sur la voie navigable Trent-Severn

Mary MacPherson *est chroniqueuse chez* Thompson News. *Elle est aussi l'auteure de plusieurs livres dont* The Best of Ontario *et* Bird Watch: A Young Person's Introduction to Birding.

À VOL D'OISEAU, la voie navigable Trent-Severn est un chapelet de lacs et de rivières qui relie les lacs Huron et Ontario. Les Indiens avaient depuis longtemps découvert les meilleures voies de passage du réseau lorsque, en 1615, Samuel de Champlain l'explora en canot. Entre 1833 et 1920, des fermiers et des bûcherons construisirent des canaux et des écluses afin de faciliter les échanges commerciaux et c'est cette voie qui permet aujourd'hui aux plaisanciers de naviguer d'un lac à l'autre.

Comprenant 36 écluses conventionnelles, deux écluses en échelle, deux écluses-ascenseurs et une cale de halage, la voie Trent-Severn permet de naviguer vers n'importe quel port du monde à partir des villages situés sur ses rives.

La plus petite excursion vous laissera un souvenir impérissable. Vous pouvez, par exemple, de Peterborough, porte d'entrée des lacs Kawartha, naviguer sur quelque 100 km jusqu'au lac Balsam, là où la rivière Trent (reliée à l'est au lac Ontario) rejoint la rivière Severn (reliée à l'ouest au lac Huron). Vous pouvez aussi louer une motomarine, prendre un repas sur l'eau, faire une croisière de quelques jours, piloter une péniche de location, faire du canot, du kayak, de la voile ou encore naviguer à bord de votre propre bateau.

La région possède un grand nombre de campings, d'hôtels, d'auberges et de chambres d'hôte. Un centre d'information (1 800 663-BOAT) communique les heures d'ouverture des écluses et les tarifs. On peut aussi y réserver une place (gros bateaux seulement) dans les marinas de même que s'y procurer des cartes marines.

L'écluse-ascenseur de Peterborough, une merveille d'ingénierie du XIXᵉ siècle, est encore aujourd'hui la plus haute du monde. Ce monolithe de ciment a été construit entre 1896 et 1904 près d'Armour Hill, le drumlin le plus haut de Peterborough. Contrairement à une écluse traditionnelle, l'écluse-ascenseur élève et abaisse en une seule opération les bateaux qui ont chacun pris place dans un sas rempli d'eau.

En poursuivant votre route vers l'écluse 22, au nord, vous verrez l'université Trent dont les bâtiments s'élèvent de chaque côté de la rivière Otonabee. Le village suivant sera Lakefield, où vécurent les écrivaines Catharine Parr Traill et sa sœur Susanna Moodie, de même que, plus récemment, la romancière Margaret Laurence. À l'entrée du lac Clear, l'écluse de la pointe Youngs vous permettra de jeter l'ancre pour visiter le magasin Lockside Trading Company qui vend tout ce qu'il faut pour la villégiature : chapeaux, télescopes, pagaies et meubles antiques.

Si vous continuez votre excursion, notez les changements de topographie pendant que vous voguez sur les lacs Clear et Stoney. Vous verrez se rencontrer le Bouclier canadien et les étendues de calcaire typiques des régions du Sud, là où le paysage est marqué par des affleurements escarpés de granite rose et de grands pins blancs, deux caractéristiques des 1100 îles du lac Stoney et de la rive nord des lacs Kawartha. Les rives du lac Stoney abritent certains des plus anciens chalets du Canada, construits à l'époque où l'exploitation forestière battait son plein. Aujourd'hui, elles accueillent aussi des chalets de styles fort différents, maisonnettes de bois au charme vieillot et luxueuses résidences.

Buckhorn est réputé pour son Festival d'art naturaliste, qui a lieu en août, et pour la Gallery on the Lake qui présente des œuvres d'artistes canadiens comme Michael Dumas et Robert Bateman. Vous voudrez aussi sans doute faire halte dans la réserve indienne de Curve Lake, située dans la péninsule entre les lacs Buckhorn et Chemong, et où habitent David Johnson, Norman Knott et Randy Knott, artistes reconnus dans le monde entier. La galerie d'Art et d'Artisanat de Whetung présente de merveilleuses collections ojibways. Vous pouvez aussi goûter à des mets ojibways au Summer Tea Room.

Dans les Kawartha, la pêche s'ouvre en mai avec le doré jaune. On y pêche aussi l'achigan, le maskinongé, le brochet du Nord, le meunier, la carpe et la truite. Les prises sont particulièrement bonnes sur les bords herbeux du lac Chemong. Vous pouvez vous procurer un permis de pêche dans la plupart des magasins d'attirail de pêche.

Les amateurs de plage ne voudront pas manquer le parc provincial Emily, au sud du lac Pigeon. Si vous naviguez ensuite en direction du lac Sturgeon, vous passerez la plus ancienne écluse (1833) de la voie navigable, l'écluse 32, en plein Bobcaygeon. Bâtiments historiques, maisons centenaires et magasins sont ici tous accessibles à pied.

Plusieurs villages riverains parrainent des courses de canots ou de bateaux, dont Sturgeon Lake, renommé pour ses régates de voiliers. Vous pouvez y loger à la Maison Dunsford (1832), l'un des meilleurs exemples d'architecture de rondins en Amérique du Nord, ou à l'élégant Eganridge Inn & Country Club, où, si vous aimez le golf, vous pourrez profiter d'un des meilleurs parcours neuf trous des Kawartha. Entre les lacs Sturgeon et Cameron, une dénivellation de 7 m forme les chutes Fenelon. Mais le clou de votre croisière sera sans aucun doute le lac Balsam : à 256 m au-dessus du niveau de la mer, c'est le plan d'eau navigable le plus élevé en Amérique du Nord. Ses eaux paisibles marquent le point culminant de la voie navigable Trent-Severn.

La plus petite excursion vous laissera un souvenir impérissable.

Mary MacPherson

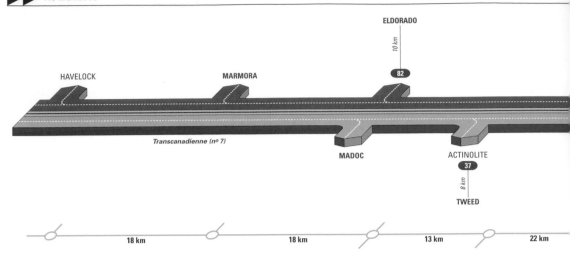

**EST DE
L'ONTARIO**

Vous trouverez beauté et solitude dans le parc Bon Echo. Vous pouvez y camper au bord d'un lac dans des sites uniquement accessibles par canot, ou explorer de petites îles où les érables, les bouleaux jaunes, les hêtres et les chênes côtoient les épinettes du Nord. La forêt abrite aussi une faune variée : corbeaux, loups gris, vautours à tête rouge et petits lézards comme le scincidé à cinq raies.

Marmora

Après qu'on eut découvert du fer dans la région, Charles Hayes établit ici une usine sidérurgique en 1821, ce qui fit de Marmora la première ville minière du Haut-Canada. Près du barrage de Marmora, une plaque commémorative marque l'emplacement original de l'usine qui ferma ses portes vers 1920. Les activités reprirent de 1950 à 1970, lorsqu'on se mit à extraire du calcaire des anciens gisements de fer, à l'est du village. Par la suite, l'immense puits s'est peu à peu rempli d'eau de source pour devenir un beau lac limpide. À l'est de Marmora, le sentier Hastings Heritage suit une ancienne ligne de chemin de fer du Canadien National. Visitez l'ancienne gare, aujourd'hui un bureau de tourisme et un mini-musée.

Madoc

À la lisière du Bouclier canadien, dans une région agricole et forestière, se trouve Madoc, avec la seule mine de talc pur du Canada. Au musée O'Hara Mill, on peut voir une ferme de pionniers, des meubles et de la machinerie agricole d'époque, une école de rondins ainsi que des moulins à bardeaux.

Eldorado

C'est ici qu'eut lieu, en 1866, la première ruée vers l'or de l'Ontario. Mais les heures de gloire d'Eldorado furent de courte durée, car on se rendit bientôt compte de la pauvreté des filons. Le nom d'un cheddar local, le Eldorado Gold Brand Cheddar, rappelle ce passé. Car, à l'instar de plusieurs communautés de l'est de l'Ontario comme Trenton, Plainfield, Ivanhoe, Stirling, Balderson et St. Albert, la ville possède des fabriques de beurre et de fromage très actives.

Tweed

La prison locale, Old Jail (1898), de 5 m sur 6 m, est la plus petite du Canada. Tweed Playhouse, un théâtre de 1913 qui a été restauré, possède encore sa scène et son rideau de scène originaux. Le musée et centre historique présente des œuvres de quelque 60 artistes et artisans locaux.

Parc provincial Bon Echo

Au début du siècle, c'était ici le rendez-vous des artistes et des écrivains. Cela commença vers 1910 lorsque Flora MacDonald Denison (1867-1921), femme d'affaires torontoise et militante

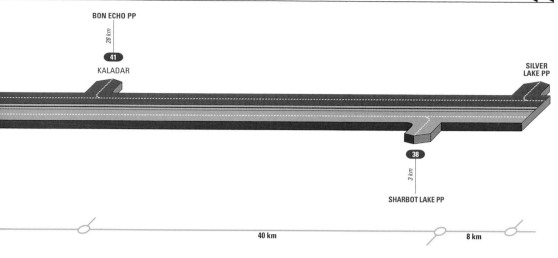

BON ECHO PP

28 km

41

KALADAR

SILVER
LAKE PP

38

3 km

SHARBOT LAKE PP

40 km   8 km

*Plus de 200 pictogrammes
(photo du haut), la concentration la plus importante
qu'on puisse voir en Ontario,
ornent les rochers qui émergent de l'eau dans le parc
provincial Bon Echo. En
1919, Flora Denison rendit
hommage à Walt Whitman
en faisant graver sur le rocher
Mazinaw une inscription
(photo du bas) commémo-
rant le centième anniversaire
de naissance du poète
américain.*

des droits de la personne, qui
fonda le Club Walt Whitman de
Bon Echo. Elle fit du Bon Echo
Inn un refuge pour les artistes,
parmi lesquels, notamment, le
Groupe des Sept. Le fils de
Mme Denison, Merrill Denison
(1893-1975), homme de théâtre
et écrivain, maintint la vocation
culturelle de l'auberge jusqu'à ce
qu'elle soit détruite par un incendie en 1936. Trois ans plus tard,
Denison fit don de la propriété à
l'Ontario qui y adjoignit des terres et créa le parc. L'ancien cottage de Denison sert aujourd'hui
de centre d'accueil des visiteurs.

Le principal point d'intérêt du
parc est le rocher Mazinaw,
d'une longueur de 1,5 km, qui se
dresse majestueusement à 100 m
au-dessus du lac Mazinaw. Il y a
plusieurs siècles, les Algonquins
le décorèrent de pictogrammes
ocre-rouge représentant des
oiseaux, des animaux et des êtres
humains. C'est du lac qu'on peut
les voir le mieux. Aussi, gravé
dans le roc, cet extrait de l'une
des œuvres du poète Whitman :

*Mon pied est fixé à tenon et
    mortaise dans le granite.
Je me moque de ce que vous
    appelez dissolution
Car je connais l'amplitude du
    temps.*

(Leaves of Grass)

(Whitman n'a jamais mis les
pieds au Canada, mais on dit que
son fantôme s'est manifesté à
quelques reprises à Bon Echo.)

Le traversier *Mugwump* vous
dépose devant un sentier de 1 km
qui mène au sommet du rocher
Mazinaw. On peut aussi faire
une croisière de 90 minutes à
bord du *Wanderer Too*. Enfin,
certains des 500 emplacements
de camping du parc ne sont
accessibles que par canot.

**Parc provincial
Sharbot Lake**

Les amateurs de bateaux à
moteur et de ski nautique peuvent accéder dans ce parc au
vaste lac Sharbot. Au lac Black,
plus petit, vous attendent des
plages sablonneuses et de paisibles voies de canotage. Le parc
est bordé par le Bouclier canadien et ses paysages se composent de terres rocheuses, d'une
forêt de feuillus et de marécages.

Parc provincial Silver Lake

Le lac Silver, près de la route 7,
offre une vaste plage de sable et
des eaux cristallines idéales pour
la pêche, la baignade, le ski nautique et la voile. Les visiteurs peuvent emprunter une promenade
surélevée qui domine les marécages ou explorer la forêt mixte
peuplée de feuillus.

167

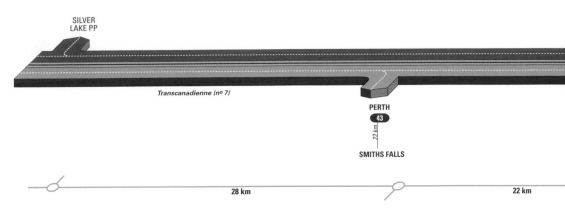

**EST DE
L'ONTARIO**

Dans le centre-ville de Perth, on peut encore voir les belles demeures des pionniers prospères qui furent attirés par ce qui était, au début des années 1800, un centre administratif, judiciaire et culturel. Construites par les maîtres maçons qui avaient travaillé au canal Rideau, ces maisons sont de beaux exemples de l'architecture de l'époque : galeries et treillages propres au style Régence, dessins rectangulaires aux proportions harmonieuses, toits bas, frontons et autres détails géométriques de style néoclassique, dessins symétriques et proportions harmonieuses de style anglais d'inspiration classique.

Perth

Beaucoup tiennent Perth, agréablement située sur la rivière Tay, pour la ville la plus pittoresque de l'Ontario. À l'hôtel de ville (1863), fait en pierre locale, on peut se procurer une brochure qui propose trois circuits pour visiter cette communauté qui s'enorgueillit de beaux bâtiments de grès du milieu du XIXe siècle soigneusement préservés. Vous y verrez notamment la Maison Inge-Va (1824), un palais de justice construit en 1843, l'église Saint-Jean-Baptiste (1848) et l'hôtel Imperial (1850), qui est encore ouvert. La Maison Matheson (1830), aujourd'hui un musée, illustre la vie d'une famille aisée du XIXe siècle ; elle est bordée d'un jardin écossais à la mode des années 1840.

Perth se targue d'être la capitale ontarienne du sirop d'érable et les visites à l'érablière sont une activité populaire en mars. Pendant la troisième fin de semaine de mai se déroule un championnat régional de violon et de danses carrées.

Smiths Falls

À mi-chemin du parcours de 200 km du canal Rideau, Smiths Falls a prospéré au rythme de la voie d'eau : les barrages et les chutes ont fourni l'énergie aux premiers moulins et les bateaux à vapeur ont favorisé les échanges commerciaux. À la fin du XIXe siècle, l'arrivée du chemin de fer a diminué l'importance commerciale du canal, mais, grâce à son emplacement (à proximité d'environ 60 lacs), Smiths Falls

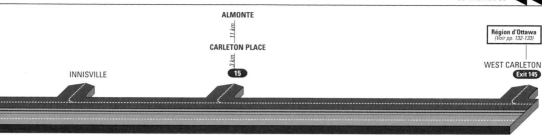

ALMONTE

11 km

CARLETON PLACE

3 km

15

INNISVILLE

Région d'Ottawa
(Voir pp. 132-133)

WEST CARLETON
Exit 145

12 km   24 km

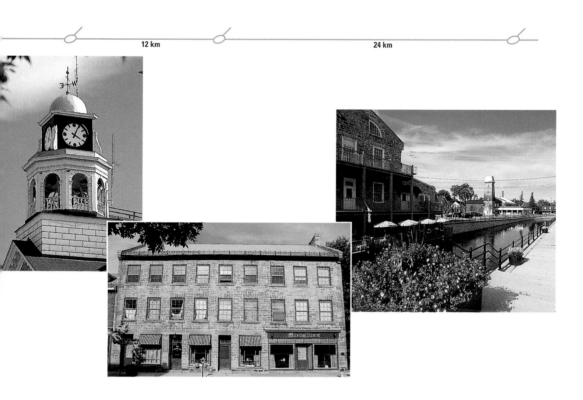

est demeurée populaire auprès des plaisanciers. Les expositions du musée du Canal Rideau illustrent l'histoire locale et expliquent la conception du canal ainsi que son fonctionnement.

Le musée Heritage House, dont plusieurs pièces sont meublées au goût des années 1867-1875, témoigne de la vie luxueuse des propriétaires de moulins. En été, vous pouvez y prendre le thé comme on le servait à l'époque victorienne.

Ne manquez pas non plus l'hôtel Russell (1885), l'hôtel Rideau (1901) et le bureau de poste (1894). L'ancienne gare (1914) du Canadien National abrite un musée du chemin de fer.

Les amateurs de chocolat voudront certainement visiter l'usine Hershey Canada et le magasin sur place.

Carleton Place

Sur la rivière Mississippi (un affluent de l'Outaouais), Carleton Place accueillit l'une des premières filatures de laine au Canada, en 1830 ; ce fut la laine aussi qui lui donna un regain de vie en 1918 lorsque la Canadian Co-operative Wool Growers Limited, qui traitait 90 000 kg de laine brute par année, y ouvrit un atelier. On peut visiter la coopérative, logée dans un ancien atelier de réparation de locomotives de 1887, faire un tour guidé de la ville et visiter le musée Victoria School qui retrace l'histoire locale.

Almonte

Après avoir porté plusieurs noms, la ville reçut celui-ci en 1856, en hommage au général

mexicain Juan Almonte qui s'était opposé aux Américains. (Les résidents prononcent à l'anglaise, *Al-Mont.*) Au musée du textile de la ville (ancienne filature Rosamund), un audiovisuel rappelle l'époque où pas moins de huit filatures de laine étaient en activité sur la Mississipi. Le Moulin de Kintail, au nord de la ville, expose 70 sculptures du Dr Robert Tait McKenzie (1867-1938), natif d'Almonte, qui a aussi dessiné le monument aux morts de la ville. Le médecin doit sa renommée tant à son travail auprès des victimes de la Première Guerre mondiale qu'à ses sculptures. Au nord-ouest de la ville, à la Maison Robert Young, une plaque signale que le Dr James Naismith (1861-1939), inventeur du basketball, passa ici sa jeunesse.

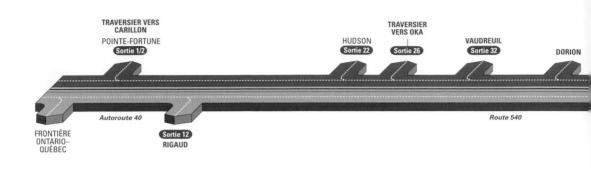

TRAVERSIER VERS
CARILLON
POINTE-FORTUNE
Sortie 1/2

TRAVERSIER
VERS OKA
HUDSON
Sortie 22   **Sortie 26**

VAUDREUIL
Sortie 32

DORION

FRONTIÈRE
ONTARIO–
QUÉBEC

Autoroute 40   **Sortie 12**
RIGAUD

Route 540

2 km   12 km   10 km   4 km   6 km   7 km

**LES ENVIRONS
DE MONTRÉAL**

Du mont Rigaud, on a une vue panoramique sur le pittoresque village de Rigaud et, à l'arrière-plan, sur la rivière des Outaouais. En 1874, un frère d'une communauté religieuse de la région, inspiré par le récit des apparitions de la Vierge Marie à Lourdes, plaça une statue sur une saillie rocheuse de la montagne. Chaque année, des milliers de pèlerins viennent prier au sanctuaire de la Vierge de Lourdes.

Carillon

De Pointe-Fortune, un traversier mène à Carillon. Ici et dans le parc Carillon, des monuments rappellent la bataille du Long-Sault (1660) au cours de laquelle Dollard Des Ormeaux et 16 de ses compagnons perdirent la vie. En 20 minutes, l'écluse hausse ou abaisse de 20 m les bateaux de plaisance. Le Musée historique d'Argenteuil expose des objets du temps des pionniers.

Rigaud

Le village fut fondé en 1852 quand les Clercs de Saint-Viateur ouvrirent le collège classique Bourget. À l'approche du sommet du mont Rigaud, on peut voir un champ de pierres rondes surnommé le «jardin du diable». La légende veut en effet qu'un fermier qui avait planté là des pommes de terre un dimanche

ait été puni par Dieu qui transforma sa récolte en pierres. La Sucrerie de la Montagne offre des produits de l'érable toute l'année.

Oka

Un traversier relie Hudson à Oka, sur la rive nord du lac des Deux Montagnes. C'est à Kanesatake, tout près, qu'eut lieu la confrontation des *Warriors* mohawks avec la Sûreté du Québec et l'armée canadienne, pendant la crise d'Oka en 1990. Oka fut d'abord une mission amérindienne et, à compter de 1740, un lieu de pèlerinage. Avant d'entreprendre leur chasse annuelle, les Mohawks se rendaient aux sept chapelles de pierre construites dans les collines le long d'un chemin de croix. Ces chapelles, qui ont résisté à l'épreuve du temps, sont le point de convergence d'un pèlerinage annuel qui a lieu à la mi-septembre. Les Trappistes, établis ici depuis 1881, ont élaboré le fameux fromage Oka qui se fabrique toujours sur place. On peut visiter la chapelle du monastère et les jardins.

Vaudreuil-Dorion

Cette ville résulte de la fusion de Vaudreuil et de

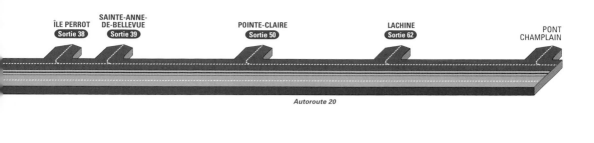

ÎLE PERROT
Sortie 38

SAINTE-ANNE-DE-BELLEVUE
Sortie 39

POINTE-CLAIRE
Sortie 50

LACHINE
Sortie 62

PONT CHAMPLAIN

Autoroute 20

5 km | 4 km | 11 km | 11 km | 12 km

Dorion, au confluent du Saint-Laurent et de la rivière des Outaouais. On peut visiter certains jours le Manoir Trestler (1806) à Vaudreuil, où ont aussi lieu des concerts et des conférences. Un sculpteur du XVIIIᵉ siècle, Philippe Liébert, a créé la chaire, le maître-autel, le candélabre et les statues de l'église Saint-Michel (1783). Également à Vaudreuil, le Musée régional de Vaudreuil-Soulanges expose des œuvres d'art religieux.

À Dorion, la Maison Valois expose des œuvres d'artistes locaux. Bâtie en 1796, elle est faite de bois équarri, avec une importante fondation de pierre.

Île Perrot

Dans un petit parc, on peut voir un moulin à vent, seul vestige du manoir bâti en 1703 par Joseph Trottier-Desruisseaux. L'intérieur de l'église Sainte-Jeanne-de-Chantal mérite une visite.

Sainte-Anne-de-Bellevue

Au XVIIIᵉ siècle, c'était le point de départ des coureurs de bois en route vers les terres de l'Ouest. Avant de mettre leurs canots à l'eau, les voyageurs se rendaient à la chapelle dédiée à sainte Anne, sur le bord du lac, afin de prier pour le succès de leur expédition.

Il y a, au bord de l'eau, des boutiques et des restaurants ainsi qu'une promenade d'où l'on peut observer les bateaux aux écluses reliant le lac des Deux Montagnes au lac Saint-Louis. Non loin, la ferme expérimentale Macdonald et l'arboretum Morgan offrent 20 km de sentiers.

Pointe-Claire

La ville, qui était au début du siècle un lieu de villégiature, est devenue une banlieue de Montréal. L'église Saint-Joachim et un moulin à vent situé sur une pointe de terre datent de 1710.

Lachine

En raison de l'obsession qu'entretenait René Robert Cavelier de La Salle (1643-1687) de trouver un passage vers l'Orient, ses compagnons baptisèrent sa seigneurie « La Chine ». Pendant la guerre franco-anglaise de 1689, les Iroquois, alliés des Anglais, massacrèrent la plupart des 77 familles pionnières de Lachine. Un cairn marque l'emplacement du massacre. Le canal de Lachine (14 km de long), construit en 1821 pour contourner les rapides, est devenu désuet depuis la réalisation de la voie maritime du Saint-Laurent. Près du canal, que longe une piste cyclable, un ancien hangar de pierre (1803) abrite le musée consacré à la traite des fourrures. Voyez aussi la maison (1669) de Charles Le Moyne, baron de Longueuil.

Montréal

À l'est de Lachine, l'autoroute 20 rejoint la route 720 (autoroute Ville-Marie) qui mène au cœur de Montréal (pp. 172-173).

Dans le parc historique national de Lachine, un hangar de pierre qui servait d'entrepôt de fourrures. Des guides costumés en trappeurs, en voyageurs et en marchands font visiter le dépôt, au milieu de ballots de pelleteries, de barils de provisions et de caisses de marchandises. En été, les fins de semaine, on peut assister à diverses démonstrations, notamment à la fabrication de bonnets de castor et à la manœuvre de canots d'écorce.

MONTRÉAL – DÉCONTRACTÉE ET COSMOPOLITE

Le visage français de Montréal, où vivent de nombreuses communautés culturelles, transparaît à travers son caractère cosmopolite. Son centre-ville compact, qui regroupe des édifices publics et commerciaux, de nombreux musées et des galeries d'art, se visite facilement. Où que l'on soit dans la ville, le mont Royal – s'il n'est pas caché par un gratte-ciel – peut servir de point de repère. Haut lieu de la gastronomie en Amérique du Nord, Montréal se caractérise par une joie de vivre communicative. Les visiteurs y sont agréablement surpris par l'hospitalité des habitants, la sécurité qu'offre la ville et la facilité avec laquelle on s'y déplace. Le centre-ville (*schéma ci-dessous*) est bâti sur une terrasse qui s'incline en douceur vers le Vieux-Montréal et le fleuve.

Parc du Mont-Royal
En plein centre-ville, au sommet du mont Royal (233 m), cet immense espace vert se prête à des activités en toute saison. Il a été conçu par l'architecte paysager Frederick Law Olmsted (1822-1903), le même qui dessina Central Park à New York. Le belvédère Garakontié, du nom du célèbre chef iroquois, offre une vue panoramique des environs. Depuis 1924, une croix lumineuse de 30 m rappelle la croix de bois que planta Maisonneuve en 1643.

Musée des Beaux-Arts
Fondé en 1860 et doté d'une prestigieuse collection d'art canadien, le musée est logé dans deux édifices qui se font face rue Sherbrooke. Des galeries souterraines relient le bâtiment principal à façade de marbre blanc, de style beaux-arts, au pavillon plus récent, œuvre de Moshe Safdie. Situé à l'arrière de celui-ci, le **musée des Arts décoratifs** présente une collection de meubles design, de céramiques, de textiles et d'objets décoratifs.

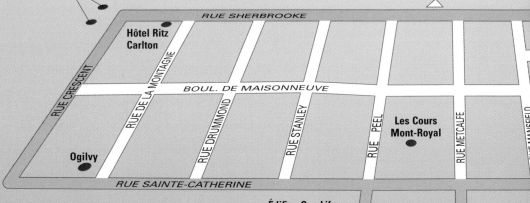

RUE SHERBROOKE

Hôtel Ritz Carlton

RUE CRESCENT

RUE DE LA MONTAGNE

BOUL. DE MAISONNEUVE

RUE DRUMMOND

RUE STANLEY

RUE PEEL

Les Cours Mont-Royal

RUE METCALFE

RUE MANSFIELD

Ogilvy

RUE SAINTE-CATHERINE

Édifice Sun Life
Sur le square Dorchester, cet édifice en granit de 26 étages, de style beaux-arts, ressemble à un gâteau de noces. À son achèvement en 1933, après 19 ans de construction, 2 500 employés pouvaient y travailler. C'était le plus grand bâtiment de l'Empire britannique. Pendant la Deuxième Guerre mondiale, il abrita les réserves de la Banque d'Angleterre.

Square Dorchester

BOUL. RENÉ-LÉVESQUE

Place du Canada

Centre canadien d'architecture
Ce centre de référence et d'expositions entièrement consacré à l'architecture englobe une belle maison victorienne

ayant appartenu à Lord Shaughnessy. L'ambitieux projet a été conçu par l'héritière de Seagram, Phyllis (Bronfman) Lambert, et réalisé par l'architecte Peter Rose. La collection permanente comprend des archives, une importante bibliothèque et des dessins de la main de Michel-Ange et de Léonard de Vinci. Le CCA présente une dizaine d'expositions par année ainsi que des concerts, des conférences et des visites éducatives destinées aux enfants.

Cathédrale Marie-Reine-du-Monde
Construite en 1895 sur le modèle de la basilique Saint-Pierre de Rome, la cathédrale portait autrefois le nom de Saint-Jacques-le-Majeur. À droite de la porte principale, une statue représente Mgr Ignace Bourget, son fondateur. Les 13 statues de bois ornant le fronton sont celles des saints patrons de paroisses du diocèse. Le maître-autel est fait d'ivoire, de marbre et d'onyx.

Université McGill

En plein cœur de la ville, le campus d'une des plus importantes universités anglophones du pays se compose de plusieurs bâtiments historiques. Le portail Roddick, de style néo-grec, rend hommage à un doyen de la faculté de médecine, Sir Thomas Roddick. Passé le portail, une statue de bronze à la mémoire du fondateur, James McGill (1744-1813), un magnat des fourrures enterré face à la faculté des Arts. **Le musée d'histoire naturelle Redpath** abrite une collection éclectique composée d'ossements de dinosaures, de momies égyptiennes et d'armures du Moyen Âge. Une grosse roche sur le campus marquerait l'emplacement d'Hochelaga, bourgade indienne visitée en 1535 par Cartier, mais l'assertion demeure très contestée.

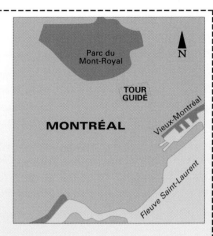

Musée McCord d'histoire canadienne

Cette véritable «boîte aux souvenirs du Canada» possède, outre une importante collection d'art amérindien, de nombreux costumes d'époque, les originaux de milliers de caricatures de journaux, et plus de 70 000 photographies prises au tournant du siècle par le célèbre photographe William Notman.

Place des Arts

Ce complexe culturel, construit en 1963, est le port d'attache de l'Orchestre symphonique de Montréal. Ses trois salles (la plus grande comportant 3 000 places) sont reliées au **musée d'Art contemporain**, seul musée au Canada entièrement consacré à l'art moderne.

Place Ville Marie

Le gratte-ciel cruciforme d'aluminium et de verre est l'œuvre de I. M. Pei, auteur de la «pyramide» du Louvre. Ce fut le premier en Amérique du Nord, en 1962, à intégrer le concept du mail piétonnier souterrain. Il donne accès à la ville souterraine, un réseau de 29 km qui relie les édifices du centre-ville entre eux et plus de 1 600 boutiques et magasins.

Vieux-Montréal

C'est ici, au bord du fleuve, qu'on trouve la concentration la plus importante en Amérique du Nord de bâtiments datant des trois derniers siècles. La plupart bordent quatre grandes places. Place d'Youville, un obélisque porte les noms des 53 premiers colons de la ville, et une ancienne caserne de pompiers en brique rouge abrite le **Centre d'histoire de Montréal**. Dans la crypte du **musée d'Archéologie et d'Histoire de Montréal–Pointe-à-Callière,** qui occupe la place Royale, on retrouve les vestiges des débuts de la ville. Sur la plus grande place, la place Jacques-Cartier, une statue fut élevée à la mémoire de l'amiral britannique Lord Nelson, 20 ans avant celle de Trafalgar Square, à Londres. Cette place regroupe l'**Hôtel de ville** (1872), de style Second Empire, le **Château Ramezay** (1705), qui servit de résidence aux gouverneurs de la colonie, la **chapelle Notre-Dame-de-Bonsecours** (1771), dite «chapelle des marins», et le **Marché Bonsecours**, édifice de pierre grise datant de 1844 (*ci-contre*). La place d'Armes est dominée par le monument dédié à Paul de Chomedey, sieur de Maisonneuve, qui fonda, en 1642, la mission catholique de Ville-Marie qui allait devenir plus tard Montréal. Autour de la place, le **séminaire des Sulpiciens** (1685), la **basilique Notre-Dame** (1829), de style néo-gothique, dont l'intérieur est d'une beauté saisissante, la **Banque de Montréal** (1847), de style néo-classique, l'**édifice New York Life Insurance** (1886), premier gratte-ciel de Montréal avec ses huit étages, et l'**édifice Aldred** (1929), très bel exemple d'architecture art déco.

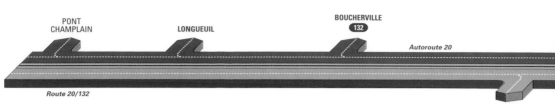

PONT
CHAMPLAIN

LONGUEUIL

BOUCHERVILLE
132

Autoroute 20

Route 20/132

Sortie 102
MONT
SAINT-BRUNO

6 km   8 km   10 km

**EST DE
MONTRÉAL**

Longueuil

Longueuil compte, parmi ses points d'intérêt, la Maison Rollin-Brais (1798), l'église Saint-Marc (1842), d'inspiration néo-romane, et l'imposante église Saint-Antoine-de-Padoue (1887). Des restaurants et des terrasses bordent la rue Saint-Charles dans le vieux Longueuil.

Boucherville

C'est le long du Saint-Laurent que s'étend Boucherville, l'une des plus vieilles municipalités du Québec. Ses bâtiments historiques comprennent le Manoir François-Pierre-Boucher (1741) et l'église Sainte-Famille (1801), remarquable pour ses peintures. Le presbytère de 1896 abrite maintenant un centre culturel. Voyez aussi la Maison Louis-Hippolyte-Lafontaine, là où le chef de file de la réforme du Bas-Canada passa sa jeunesse. Les îles de Boucherville sont idéales pour l'observation des oiseaux, la randonnée, le golf et les pique-niques.

Mont Saint-Bruno

Tout comme le mont Royal et le mont Saint-Hilaire, le mont Saint-Bruno est une monté-régienne. Composés de roches métamorphiques, ces monts sont ce qui reste de l'érosion qui emporta les terres environnantes. Jadis un lieu de villégiature des Montréalais aisés, le mont Saint-Bruno est devenu un parc. Des sentiers de randonnée longent les rives d'un lac et passent devant un charmant moulin à eau du XIXe siècle. En hiver, le parc attire les skieurs de fond.

Mont-Saint-Hilaire

Deux peintres importants sont nés ici : Ozias Leduc (1864-1955) et Paul-Émile Borduas (1905-1960). On peut voir une œuvre de Leduc dans l'église de Mont-Saint-Hilaire. Le Manoir Rouville-Campbell, construit vers 1850, est devenu une auberge, après

Fondée en 1667, Boucherville est aujourd'hui une ville dynamique de 36 000 habitants. Vous pouvez y faire de la randonnée, de la bicyclette, pique-niquer ou simplement observer les oiseaux dans le parc des Îles-de-Boucherville, au milieu du Saint-Laurent. On peut passer d'une île à l'autre en canot ou en empruntant un bac à câble. Certaines de ces îles ont conservé une vocation agricole.

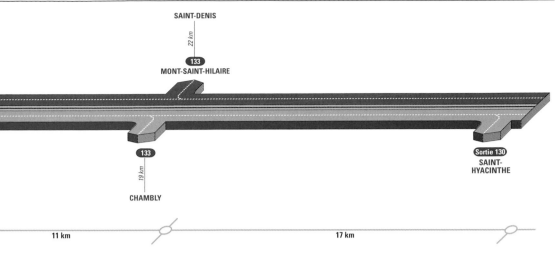

SAINT-DENIS

22 km

133
MONT-SAINT-HILAIRE

133

19 km

CHAMBLY

Sortie 130
SAINT-
HYACINTHE

11 km ——————◦—————— 17 km ——————◦

Dans un parc de Saint-Denis, une statue rend hommage aux 12 Patriotes tués ici pendant la rébellion de 1837. Le fort de Chambly (ci-dessous) a été restauré et expose diverses collections rappelant les grands moments de la Nouvelle-France. Les enfants apprécient particulièrement le musée où des mannequins grandeur nature illustrent la vie des pionniers et des soldats au XVIIIe siècle.

avoir servi de studio au peintre Jordi Bonet (1932-1979).

Un peu à l'est de la ville, au flanc du mont Saint-Hilaire, se trouvent le Centre de conservation de la nature et le lac Hertel. Près du sommet, on a un beau point de vue sur la vallée du Richelieu.

Saint-Denis

Un parcours historique retrace les événements survenus ici le 23 novembre 1837, quand 200 Patriotes, dont 109 n'avaient pour toute arme qu'une pelle ou une fourche, firent reculer 500 soldats britanniques. Une statue rend hommage aux 12 Patriotes tués au cours du violent combat qui dura cinq heures. Une tour ornant la très belle église Saint-Denis, vieille de 200 ans, renferme la « Cloche de la liberté » qui appela les Patriotes aux armes. La Maison nationale des Patriotes, logée dans la Maison Jean-Baptiste-Mâsse (1810), raconte la rébellion de 1837-38.

Canal de Saint-Ours

Situé au nord de Saint-Denis, le canal de Saint-Ours fait partie des canaux historiques du Québec classés comme tels par Parcs Canada. Sur l'île Davard, endroit idéal pour pique-niquer, la maison de l'éclusier est ouverte au public pendant l'été. Les routes de la région

sont jalonnées de belles maisons de pierre dont le Manoir Saint-Ours (1792), dans un boisé près de Saint-Ours.

Chambly

Cette ville s'est construite autour des forts qui ont été érigés ici à compter de 1665. L'actuel fort Chambly fut le théâtre de batailles au cours de la Révolution américaine et de la guerre de 1812. (Il tomba aux mains des Américains en 1775-1776, mais fut repris par les Anglais en 1777.) En été, des guides en costume d'époque font revivre la période où le fort était un bastion de la Nouvelle-France. Le canal de Chambly fut aménagé en 1843 pour contourner les rapides du Richelieu. Les cyclistes peuvent faire une agréable balade sur le chemin de halage entre les écluses et Saint-Jean-sur-Richelieu, au sud.

Saint-Hyacinthe

Au bord de la rivière Yamaska, Saint-Hyacinthe a prospéré comme centre industriel au milieu du siècle dernier. L'usine de fabrication d'orgues Casavant date de 1879, et un orgue Casavant de 1885 fait encore l'orgueil de la cathédrale Saint-Hyacinthe-le-Confesseur. L'église Notre-Dame-du-Rosaire (1858) a été dessinée par le célèbre architecte Victor Bourgeau. La ville possède le plus ancien marché public du Québec. Les visiteurs sont les bienvenus dans le Jardin Daniel-A.-Séguin, où neuf jardins thématiques les attendent.

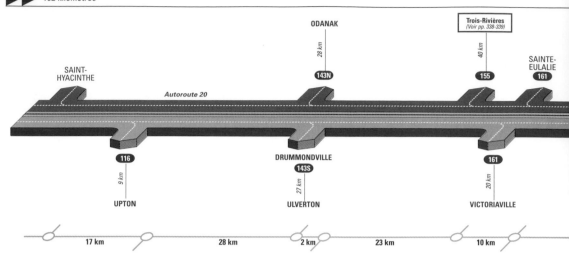

SAINT-HYACINTHE

Autoroute 20

116

9 km

UPTON

ODANAK

28 km

143N

DRUMMONDVILLE

143S

27 km

ULVERTON

Trois-Rivières
(Voir pp. 338-339)

40 km

155

SAINTE-EULALIE
161

161

20 km

VICTORIAVILLE

17 km   28 km   2 km   23 km   10 km

SUD DU QUÉBEC

Au Village québécois d'antan, à Drummondville, vous pouvez goûter à la cuisine québécoise du XIXᵉ siècle et revivre un siècle d'histoire.

Upton

Le spectacle que présente en été le théâtre de la Dame-de-Cœur combine des scènes de théâtre, de marionnettes géantes et d'acrobatie ainsi que des effets de lumière et de son. Le théâtre est couvert mais il reste ouvert sur les côtés. Des sièges pivotants permettent aux spectateurs de ne rien manquer.

Le Village québécois d'antan recrée les années 1810-1910. Des guides en costumes d'époque font la démonstration d'activités artisanales comme le cardage de la laine, la fabrication de teinture végétale et de chandelles et le tissage de ceintures fléchées.

Le musée de la Cuisine retrace l'évolution de l'art culinaire au Québec. Au musée de l'Auto, on peut voir des voitures d'époque à la fin juin, des voitures personnalisées au début d'août et de la machinerie agricole ancienne début septembre. Le Festival mondial de folklore réunit chaque année quelque 1 000 danseurs de 20 pays différents.

Odanak

Le musée de la réserve d'Odanak expose la maquette d'un fort du XVIIᵉ siècle, des wigwams en peau d'animal et une bible en langue abénaquise. Les Abénaquis, peuple qui vivait plus au sud, s'allièrent aux Français et s'établirent ici dans les années 1660.

Ulverton

On peut s'initier au traitement de la laine en visitant un moulin restauré, qui remonte au milieu du siècle dernier, lorsque bon nombre de tisserands écossais s'établirent au Québec. Les pittoresques boisés environnants, qui abritent un pont couvert, sont parfaits pour le pique-nique.

Drummondville

Fondée en 1815 par des soldats britanniques qui avaient participé à la guerre de 1812, la ville porte le nom de Sir Gordon Drummond, qui fut brièvement gouverneur de la colonie. Au début du siècle, les barrages hydroélectriques de la rivière Saint-François favorisèrent l'essor économique de la ville, notamment celui de l'industrie textile, qui demeure importante.

Victoriaville

La Victoriaville d'aujourd'hui est le résultat de la fusion, en 1993, d'Arthabaska (la « reine des Bois Francs »), de Sainte-Victoire d'Arthabaska et de Victoriaville.

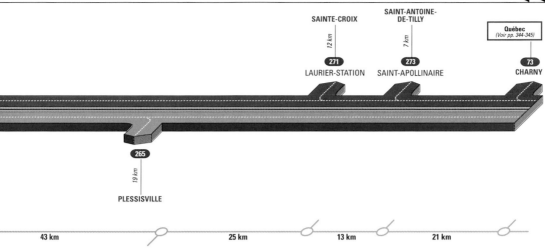

SAINTE-CROIX
12 km
271
LAURIER-STATION

SAINT-ANTOINE-DE-TILLY
7 km
273
SAINT-APOLLINAIRE

Québec
(Voir pp. 344-345)
73
CHARNY

265
19 km
PLESSISVILLE

43 km   25 km   13 km   21 km

Voyez le musée Laurier, un bâtiment de brique où Sir Wilfrid Laurier (1841-1919) exerça sa profession d'avocat avant de devenir le premier Premier ministre canadien-français du pays.

Non loin, l'ancien bureau de poste de style Second Empire présente différentes expositions sur l'ethnologie, l'histoire et l'art, en particulier sur les artistes de la région : Marc-Aurèle De Foy Suzor-Coté (1869-1937), Louis-Philippe Hébert (1850-1917) et Alfred Laliberté (1878-1953). L'église Saint-Christophe renferme une œuvre de Suzor-Coté.

En mai, Victoriaville est l'hôte du Festival international de musique actuelle. Des amateurs de partout dans le monde se réunissent pendant cinq jours pour écouter des concerts de musique d'avant-garde et d'improvisation, donnés par des musiciens de réputation internationale.

Le Moulin La Pierre, un moulin à eau de 1845, et la Maison d'école du rang Cinq-Chicots, qui remonte au début du siècle, sont des bâtiments historiques qui méritent une visite.

Plessisville

La ville se targue d'être la capitale mondiale de l'érable et le Festival de l'érable s'y tient chaque année en avril. Citadelle, une coopérative de producteurs de sirop d'érable, organise alors des visites de groupe. Au Carrefour culturel et touristique, on peut visiter le musée de l'Érable et l'Institut québécois de l'érable. Dans le paisible parc de la Rivière-Bourbon, on peut pique-niquer ou faire du pédalo.

Sainte-Croix

C'est à la fois un lieu de villégiature populaire et un florissant centre de services et de fabrication de meubles. On peut visiter, sur réservation, le Domaine Joly de Lotbinière, une villa de 1851.

Saint-Antoine-de-Tilly

L'église Saint-Antoine, construite à la fin du XVIIIe siècle, renferme des peintures qui ornaient des églises de Paris et qui ont été transportées ici pendant la Révolution française. Le Manoir de Tilly, de la fin des années 1700, est maintenant une auberge.

Charny

La rivière Chaudière, qui court du lac Mégantic au Saint-Laurent, fait un saut de 35 m à Charny pour se jeter dans un bassin où elle a fini par creuser des marmites... ou chaudières. Cinq belvédères vous permettent d'admirer cette magnifique chute d'eau que vous pouvez aussi voir d'un pont suspendu (113 m).

À Sainte-Croix, l'impressionnant Domaine Joly de Lotbinière et son superbe emplacement au bord du Saint-Laurent rappellent la grandeur de l'époque seigneuriale. Ses jardins, parmi les plus beaux du Québec, sont pourvus de chemins piétonniers qui serpentent dans les espaces verts ornés de platebandes de fleurs et qui mènent à des pavillons et à des sentiers ombragés bordés d'arbres centenaires.

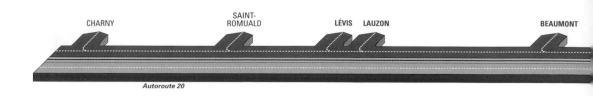

CHARNY   SAINT-ROMUALD   LÉVIS   LAUZON   BEAUMONT

Autoroute 20

10 km   7 km   2 km   13 km

**RIVE SUD DU
SAINT-LAURENT**

*Des dizaines de milliers de canards
et d'oies blanches font halte à
Montmagny pendant les migrations
du printemps et de l'automne.
De Montmagny, les observateurs
d'oiseaux peuvent emprunter un
traversier qui les conduit à l'île
aux Grues et à l'île aux Oies, deux
refuges d'oiseaux au large du
Saint-Laurent.*

Lévis

Située sur la rive sud du Saint-Laurent, Lévis charme les visiteurs par ses rues escarpées et ses pittoresques demeures. La terrasse de Lévis, sur la falaise, offre une vue incomparable de Québec et de l'île d'Orléans.

À Pointe-de-Lévy, au fort n° 1, construit par les Britanniques entre 1865 et 1872 pour protéger la ville de Québec d'une attaque des Américains, on peut explorer des structures de maçonnerie en pierre, des ouvrages en terre, des tunnels et des tranchées. Les soldats chargés de surveiller la navigation sur le Saint-Laurent au cours des deux guerres mondiales occupaient l'autre fort militaire de Lévis, le fort de la Martinière, construit en 1907.

La Maison Alphonse-Desjardins (1884), de style victorien, a été restaurée et abrite des expositions consacrées aux différentes étapes de la fondation du mouvement coopératif d'Alphonse Desjardins (1854-1920), devenu aujourd'hui l'institution financière la plus importante du Québec.

Lauzon

La société Davie Shipbuilding, le constructeur naval le plus ancien du Canada, a été fondée ici en 1828. Dans la vieille ville, une statue rend hommage au premier pionnier, Guillaume Couture, qui aurait 60 000 descendants.

Beaumont

Cette région est reconnue pour ses superbes exemples d'architecture traditionnelle. Vous y verrez des habitations à toit pentu, datant du XVIIIe siècle, ainsi que des constructions au toit en cloche, typiques du XIXe siècle. Le Moulin de Beaumont (1821) produit et vend encore de la farine moulue sur meule et du pain cuit au four d'argile. Dans l'église Saint-Étienne (1733), l'une des plus vieilles du Québec à subsister, une toile représentant son saint patron est l'œuvre du célèbre artiste Antoine Plamondon (1804-1895).

Montmagny

Le Manoir Couillard-Dupuis est également un musée consacré à l'accordéon, dont la popularité chez les musiciens québécois traditionnels ne se dément pas. On y voit le processus de fabrication d'un accordéon ainsi que différents types de cet instrument. Un festival annuel, qui a lieu en août, attire des accordéonistes du monde entier.

À l'automne, le Festival de l'oie blanche célèbre le passage de quelque 600 000 oies blanches en route vers le sud. Le Centre éducatif des migrations présente des expositions sur les oiseaux sauvages et sur les immigrants, jadis mis en quarantaine à la Grosse Île, une île voisine.

Île aux Grues

L'archipel de l'Île-aux-Grues forme, dans le Saint-Laurent, un chapelet de 21 îles dont l'île aux Oies et la Grosse Île. L'île aux Grues, la plus grande, est la seule qui soit habitée, avec une population permanente d'environ 250 âmes. On y trouve des

TRAVERSIER VERS
GROSSE ÎLE ET
ÎLE AUX GRUES

SAINT-VALLIER   BERTHIER-SUR-MER   MONTMAGNY

19 km   8 km   15 km

« À la pieuse mémoire de milliers d'immigrés irlandais qui, pour garder la foi, souffrirent la faim et l'exil et, victimes de la fièvre, finirent ici leur douloureux pèlerinage, consolés et fortifiés par le prêtre canadien. Ceux qui sèment dans les larmes moissonneront dans la joie. » *Telle est l'inscription qu'on peut lire, en français, en anglais et en gaélique, sur la croix celtique de Grosse-Île.*

auberges accueillantes, des campings et des restaurants où l'on sert un fromage local très apprécié. De Montmagny, un traversier gratuit mène à l'île en 30 minutes. Le quai est situé à environ 1 km de Saint-Antoine-de-l'Isle-aux-Grues. Des bateaux-taxis font aussi la navette jusqu'à l'île à partir de Berthier-sur-Mer et d'ailleurs. Les visiteurs peuvent louer une bicyclette sur l'île.

Lieu historique national de la Grosse-Île

Une croix celtique ainsi que de nombreuses fosses communes rappellent les milliers d'immigrants irlandais portés en terre dans cette île retirée, il y a plus de 150 ans. En 1832, on établit ici

un poste de quarantaine pour éviter la propagation du typhus et du choléra que risquaient d'apporter ici les immigrants, surtout les Irlandais, fuyant la tyrannie et la famine qui sévissaient dans leur pays. Les médecins secouraient les malades, et ceux qui mouraient étaient enterrés sur l'île. Dans la seule année 1847, 9 000 hommes, femmes et enfants moururent ici du typhus ; plus de 8 000 avaient été ensevelis en mer, mais on ne débarqua pas moins de 4 500 cadavres sur le quai. On voit encore de nos jours les hôtels, les chapelles, les infirmeries et le « lazaret », où l'on prenait soin des mourants. On accède à la Grosse Île depuis Berthier-sur-Mer et Montmagny.

Excursion aux baleines dans le Bas-du-Fleuve

AUTOROUTE 20 / RIVIÈRE-DU-LOUP

JEAN O'NEIL. *Écrivain et journaliste, Jean O'Neil a publié 16 volumes aux éditions Libre Expression, dont* Le Fleuve *et* Ladicte coste du Nort, *qui racontent ses rapports intimes avec le Saint-Laurent.*

À RIVIÈRE-DU-LOUP, la Transcanadienne quitte les bords du Saint-Laurent pour pénétrer à l'intérieur des terres vers le Témiscouata et le Nouveau-Brunswick, mais nous prenons congé d'elle un moment, trois heures et demie environ, pour une excursion sur le fleuve, à la rencontre des plus grands mammifères qui aient jamais existé sur terre, les rorquals bleus, que nous appelons plus familièrement les baleines (31 m, 145 tonnes).

Notre bateau se nomme *Le Cavalier des Mers.* Il est construit spécialement pour ce genre d'excursion, 275 places, un équipage recruté à l'Institut maritime du Québec.

Cet institut, qui a son école principale à Rimouski, est l'héritier de toutes les traditions maritimes du Québec, traditions de cabotage, de pilotage et de navigation au long cours, une école à l'échelle du fleuve, de la mer et de l'océan.

Réjean Carré, notre capitaine, pique directement sur le cap de Bon-Désir, un peu « en bas » de l'embouchure du Saguenay. Nathalie Tobak, premier maître, nous demande de porter nos gilets de sauvetage et Jean-David Viel, biologiste, nous raconte l'histoire de ces merveilleuses bêtes qui habitent la partie invisible de notre pays, le milieu marin. Lui, il a été formé au GREMM, le Groupe de recherche et d'éducation sur le milieu marin, cantonné à Tadoussac, près d'où nous nous dirigeons.

Nous sommes en des lieux que les baleines aiment fréquenter, des lieux quasi indéfinissables, par cette manie qu'ils ont de changer de couleur et d'humeur quatre fois par jour, au gré des marées qui tissent et retissent les berges.

L'estuaire du Saint-Laurent se meut sur lui-même dans la recherche d'un équilibre qu'il ne trouve jamais, sauf qu'il a grand plaisir à le chercher et c'est grand plaisir de l'y voir faire. Voici pourquoi.

Les eaux du Saint-Laurent viennent d'aussi loin que Duluth, au bout du lac Supérieur, ou Chicago, au bout du lac Michigan. Elles en ont fait du kilométrage, ces eaux, passant par les rapides de Sault-Ste. Marie, de Mackinac, par les lacs Huron, Érié, Ontario, par les chutes de Niagara avant de s'enfiler dans les Mille Îles, de descendre jusqu'à Montréal et de drainer tout le Québec jusqu'ici, où elles s'évasent et se cherchent, perdues qu'elles sont entre le continent et l'océan.

Au départ de l'excursion, devant nous, l'île aux Lièvres coupe l'horizon. Les yeux, comme le traversier, doivent la contourner pour aborder sur la rive gauche du Saint-Laurent. Mais le site donne un accès immédiat à tout l'estuaire, d'un seul coup d'œil, et, plus qu'une beauté, c'est une invitation à l'aventure sur le lieu où le continent et l'océan s'affrontent.

Oui, ici, continent et océan se heurtent l'un à l'autre. La plus belle preuve qu'on en puisse trouver, ce sont les baleines. Elles arrivent de l'océan pour saluer le continent. Elles remontent le golfe et l'estuaire jusqu'à l'embouchure du Saguenay, sur la rive d'en face.

Déjà, au XIXe siècle, les Basques venaient les chasser tout près, sur l'île qui porte leur nom. Ils y ont laissé des fours qui rappellent leurs activités dans l'estuaire. Et celles des baleines, aussi.

Les grands mammifères marins arrivent du nord par le détroit de Belle-Isle et suivent la côte jusqu'à l'embouchure du Saguenay où abonde le krill, grâce à la pétulance de l'eau, là où se rencontrent le Saint-Laurent, le Saguenay et l'océan.

Le krill, c'est du plancton, de la crevette, des crustacés minuscules, mais en quantité industrielle, et les baleines en consomment à la tonne, la bouche ouverte et les yeux fermés, en faisant «Fiou!» pour évacuer l'eau en vue de la bouchée suivante.

Tiens, voici les bélugas, de petits cétacés blancs qui surgissent ici et là à la crête des vagues. Pour les gens du fleuve, ils sont les «marsouins» ou les «blanchons». Ce sont surtout des amis agréables à rencontrer car ils sont les témoins du va-et-vient entre l'océan et le continent. Ils montent et descendent. Ils descendent et ils montent. Ils suivent la marée et le poisson qui la suit. Quand ils passent, ils disent l'heure des marées ainsi que la direction du courant.

Mais nous approchons de l'anse à la Cave et du cap de Bon-Désir. La mer est calme ou à peu près. Le vent est bon, la vague n'est pas trop méchante, et nous naviguons désormais dans les mêmes eaux que les baleines.

Est-ce que la surface de l'eau n'est pas agitée, là-bas?

"*FIOU! Le grand jet d'eau a fleuri en l'air*"

FIOU! Le grand jet d'eau a fleuri en l'air en faisant un puissant bruit de soufflet, comme un jovial salut de la mer, et c'était le bonjour du rorqual bleu.

Maintenant, son auteur fait surface parmi les cris d'admiration des passagers. Il est immense. Bleu-gris comme dans les récits. Paisible.

Animé parfois d'une aimable propension à jouer avec ses observateurs.

Il y a d'autres artistes, comme le petit rorqual, 7 m, qui se spécialise dans les sauts en hauteur.

Le cachalot, descendant de Moby Dick, fait des visites annuelles, et l'épaulard, le voyou des mers, cherche la bagarre parmi les troupeaux de phoques.

FIOU!

Nous en aurons plein la vue, car la mer veut apprendre au continent que la planète est mer aussi bien que terre et que le mariage des deux est un des grands bonheurs qui soient.

Jean O'Neil

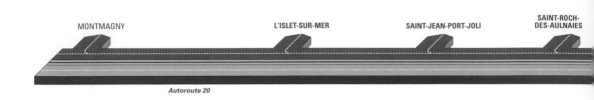

MONTMAGNY   L'ISLET-SUR-MER   SAINT-JEAN-PORT-JOLI   SAINT-ROCH-DES-AULNAIES

Autoroute 20

24 km   17 km   16 km   6 km

**RIVE SUD DU
SAINT-LAURENT**

L'Islet-sur-Mer

Le Musée maritime Bernier, le plus important de ce type au Canada, abrite un parc d'interprétation de la mer et des navires comme le brise-glace *Ernest-Lapointe* et l'hydroptère *Bras d'Or 400*. Le musée honore le capitaine Joseph-Elzéar Bernier (1852-1934), de L'Islet-sur-Mer, qui consacra une petite fortune à convaincre Ottawa d'exercer sa souveraineté sur l'Arctique, alors convoité par la Norvège et les États-Unis. Ottawa ayant enfin réagi, Bernier fit, entre 1904 et 1911, quatre voyages au cours desquels il explora la majorité des îles de l'Arctique et construisit des cairns pour marquer la prise de possession de ces territoires par le Canada.

L'intérieur de l'église Notre-Dame-de-Bon-Secours (1768) a été conçu par les célèbres artistes Jean et François Baillairgé.

Saint-Jean-Port-Joli

Un festival international attire ici, à la fin de juin, des sculpteurs de partout en Amérique du Nord et en Europe. Saint-Jean-Port-Joli possède nombre de musées, de boutiques et de galeries consacrés à la sculpture sur bois. Le musée des Anciens Canadiens est consacré aux œuvres de célèbres sculpteurs locaux et à l'histoire de la sculpture dans la région. L'église Saint-Jean-Baptiste et la Maison Médard-

Bourgault, la résidence du célèbre sculpteur des années 20, possèdent aussi de nombreuses œuvres. Au Centre d'art animalier Faunart, logé dans une grange octogonale, vous verrez des œuvres d'artistes animaliers, ainsi que des photographies et des collections d'animaux empaillés.

Saint-Roch-des-Aulnaies

La ville doit son nom aux aulnes des berges de la rivière Ferrée. Au bord de l'eau, le manoir de la Grande-Anse et un moulin de pierre de trois étages permettent de se familiariser avec le système seigneurial qui a prévalu au Qué-

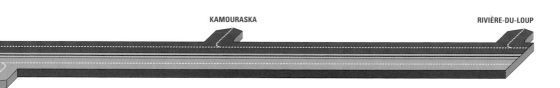

KAMOURASKA   RIVIÈRE-DU-LOUP

LA POCATIÈRE

29 km   35 km

Le manoir de la Grande-Anse, à Saint-Roch-des Aulnaies, restauré et meublé à la mode de 1850, rappelle l'élégance de l'époque seigneuriale. La résidence a été conçue par Charles Baillairgé (1826-1906), un membre de la célèbre famille d'architectes et d'artistes.

bec sous le régime français et jusqu'en 1854. Des expositions interactives expliquent comment ce système a façonné le Québec rural et la façon dont les terres étaient concédées aux seigneurs qui en distribuaient ensuite des parcelles aux habitants. L'ancienne demeure du meunier est devenue un café où l'on sert des crêpes et des muffins faits de farine moulue sur place.

La Pocatière

C'est ici que l'usine Bombardier assemble les voitures des métros de Montréal et de New York. Le premier collège d'agriculture y fut établi en 1859. Le musée François-Pilote, logé dans un ancien couvent, honore son fondateur et recrée la vie rurale de la région au début du siècle. Pour une vue splendide, n'hésitez pas à grimper les 250 marches qui mènent au belvédère du sommet de la Montagne du Collège.

Kamouraska

Ce village, avec ses rues étroites qui descendent vers le Saint-Laurent, possède de véritables joyaux d'architecture, tels le Moulin Paradis (1804) et le Manoir Taché (1886) qui attirent depuis fort longtemps les cinéastes. C'est à la Maison Langlais (1751) qu'on tourna, en 1973, les scènes extérieures du film *Kamouraska*, d'après le roman d'Anne Hébert.

La pêche à l'anguille revêt une grande importance économique dans la région. On peut voir le long du fleuve les diverses installations nécessaires à cette pêche.

Le musée de Kamouraska a des collections liées au folklore et à l'histoire de la région.

Les visiteurs peuvent cueillir toute une variété de fruits ou encore acheter des produits locaux à la Maison de la Prune, un «économusée» situé à Saint-André-de-Kamouraska.

Rivière-du-Loup

Le belvédère, près de la chute (30 m) qui plonge dans la rivière du Loup, offre une vue superbe de cette localité et de ses environs. Rivière-du-Loup, une des perles du Bas-du-Fleuve, est à la fois un centre commercial et administratif et une plaque tournante. On y trouve des marinas, des golfs, des plages et un théâtre d'été. C'est aussi le point de départ d'excursions d'observation des baleines (pp. 180-181) et de croisières vers les îles du Saint-Laurent.

Le bureau de tourisme fournit un itinéraire historique qui vous fera voir le Manoir Fraser, construit en 1830 puis modifié en 1888, des maisons victoriennes et des églises. Le musée du Bas-Saint-Laurent retrace l'histoire locale et présente des expositions d'art. Les Carillons Touristiques détiennent une vaste collection de cloches de tonalités, d'âges, de formes et de poids variés.

Rivière-du-Loup est à l'extrémité nord-ouest du parc linéaire Petit-Témis, un réseau interprovincial de sentiers et de pistes cyclables qui se poursuit vers le sud-est jusqu'à Cabano, au Québec, et ensuite jusqu'à Edmundston, au Nouveau-Brunswick.

RIVIÈRE-DU-LOUP   SAINT-HONORÉ   SAINT-LOUIS-DU-HA! HA!   CABANO

Route 185

42 km   12 km   8 km

SUD-EST DU QUÉBEC/ NORD-EST DU NOUVEAU-BRUNSWICK

Saint-Louis-du-Ha ! Ha !

Quand la Transcanadienne quitte Rivière-du-Loup pour se diriger vers le Nouveau-Brunswick, elle chevauche une série de collines et un premier arrêt s'impose dans ce village. On y a aménagé la station scientifique du Bas-Saint-Laurent, Aster, avec un planétarium, un télescope, un sismographe, une éolienne, une collection minéralogique et des gradins en pleine colline pour observer, l'été, le ballet des étoiles filantes.

Cabano

On y trouve les charmes du lac Témiscouata. Outre des campings, des aires de pique-nique et une plage, l'attrait principal est le fort Ingall, construit entre 1839 et 1842 pendant la querelle entre les Britanniques et les Américains au sujet de la frontière du Maine. Le fort n'a jamais été attaqué. Le parc linéaire interprovincial Petit-Témis (qui relie Rivière-du-Loup à Edmundston) y longe la rive ouest du lac Témiscouata, puis la rivière Madawaska : il occupe une ancienne voie ferrée et les gares d'antan sont devenues des aires de repos et de ravitaillement.

Notre-Dame-du-Lac

À l'époque où le village s'appelait « Le Détour », les voyageurs devaient porter bagages et embarcations à travers bois sur quelque 45 km : c'était le Grand Portage. On trouve des souvenirs de ce passé au musée du Détour. Sur le bord du lac Témiscouata, long de 40 km, on trouve un camping, une plage et une marina. Un traversier vous déposera à Saint-Juste-du-Lac, sur la rive opposée. L'hiver, les automobilistes empruntent un pont de glace. On croit que l'auberge Marie-Blanc (1905) est l'œuvre de Frank Lloyd Wright, le célèbre architecte américain.

Saint-Jacques

Ce village sur les rives de la Madawaska marque l'entrée du Nouveau-Brunswick et du cours supérieur du fleuve Saint-Jean. Au bureau de tourisme, on voit un Lancaster, chasseur bombardier de la Seconde Guerre mon-

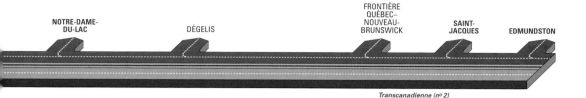

NOTRE-DAME-DU-LAC   DÉGELIS   FRONTIÈRE QUÉBEC–NOUVEAU-BRUNSWICK   SAINT-JACQUES   EDMUNDSTON

Transcanadienne (n° 2)

9 km   15 km   22 km   10 km   10 km

À Saint-Jacques, au Nouveau-Brunswick, le musée de l'Automobile, situé près de l'entrée du parc provincial des Jardins de la République (ci-dessous), compte parmi ses trésors cette voiture de pompiers Diamond de modèle T (1937), une Bricklin, une Vauxhall de 1964, une Ford modèle A de 1928 et une Russell de 1905. Le parc comprend des sentiers de randonnée et des pistes cyclables, des aires de pique-nique et des abris, des courts de tennis et des terrains de volley-ball, une rampe de mise à l'eau, une piscine chauffée, un jeu de fers ainsi que des aires de jeux intérieures et extérieures.

diale. Le Jardin botanique du Nouveau-Brunswick possède plus de 100 000 plantes et fleurs.

Les Jardins de la République se prêtent au camping, au tennis et à la navigation. Un musée de voitures, à l'entrée, possède des voitures construites entre 1905 et 1930. Le point fort de la collection : la Bricklin, une voiture de sport construite au Nouveau-Brunswick. La Ferme Aqua-Zoo abrite des animaux sauvages et on peut y pêcher la truite.

Edmundston

Pour visiter le centre de la ville, située au confluent du fleuve Saint-Jean et de la Madawaska, empruntez la promenade qui longe cette rivière ; le parcours est bordé d'arbustes, de lampadaires et de panonceaux d'interprétation. Également en pleine ville, un parcours de golf de 18 trous. Entre janvier et mai, vous pouvez, sur réservation, déguster un très bon repas préparé par les étudiants de l'école de tourisme.

La plupart des habitants de la région parlent français, mais ils se disent, non pas Acadiens, mais Brayons. Fin juillet a lieu la Foire brayonne (le festival francophone le plus important hors Québec).

Le Musée historique Madawaska retrace la pittoresque histoire de la région. Au début du siècle dernier, coincés dans un différend frontalier qui opposait Britanniques et Américains, les habitants refusèrent de prendre parti et se proclamèrent citoyens neutres d'un État mythique, la République de Madawaska. La région est maintenant souvent appelée ainsi, Edmundston étant la capitale de la république et son maire, le président de droit. Le drapeau de Madawaska est orné d'un aigle à tête blanche symbolisant l'esprit d'indépendance et de six étoiles représentant chacun des six groupes culturels de la république : Indiens, Acadiens, Canadiens, Anglais, Américains et Irlandais.

On visitera Fraser Inc., pépinière située à 14 km de la ville.

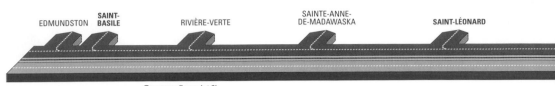

EDMUNDSTON SAINT-BASILE RIVIÈRE-VERTE SAINTE-ANNE-DE-MADAWASKA SAINT-LÉONARD

Transcanadienne (nº 2)

3 km   8 km   10 km   11 km   15 km

**VALLÉE
DU COURS
SUPÉRIEUR
DU SAINT-JEAN**

Saint-Basile

Fondé en 1792, Saint-Basile est
le plus ancien de ces pittoresques
villages qu'on rencontre le long
du fleuve dans la région de
Madawaska. Il est doté d'un petit
pont couvert et d'un site d'observation des oiseaux. Ici naquit
le célèbre chanteur Roch Voisine.

En juillet, pendant la *neuvaine*
qui précède la fête de sainte
Anne, des centaines de fidèles
assistent à des services religieux
en plein air au sanctuaire Sainte-
Anne-de-Madawaska, 18 km plus
loin sur la Transcanadienne.

Saint-Léonard

Saint-Léonard et sa ville jumelle
américaine, Van Buren, sur la
rive opposée du fleuve, partagent
le même drapeau. En juillet, à
l'occasion du Festival de Grande-
Rivière, le pont international qui
relie les deux villes est fermé à la
circulation afin de permettre aux
résidents d'y festoyer. La ville,
fondée en 1789 par les Acadiens,
portait alors le nom de Grande-
Rivière. On trouve ici les Tisserands Madawaska (*à gauche*),
une entreprise familiale de tissage
à la main.

Drummond

Les fondateurs de Drummond
furent des Irlandais qui, en 1847,
avaient fui leur pays où sévissait
la famine. Son résident le plus
fameux est l'ex-jockey Ron
Turcotte : outre les quelque
3 000 courses qui marquèrent
sa carrière, il remporta, avec son
cheval Secretariat, le prix de la
Triple Couronne.

NEW DENMARK
8 km
DRUMMOND
6 km
 GRAND
FALLS

PERTH-
ANDOVER

AROOSTOOK

3 km   36 km   2 km

Cette photographie (à gauche) illustre bien l'importance de la pomme de terre dans les terres onduleuses autour de New Denmark. L'abondance des récoltes assure la prospérité de cette communauté agricole où il n'est pas rare d'entendre parler le danois et où les boîtes à lettres affichent des noms comme Jensen ou Pedersen.

Dans le parc Grand-Sault (à droite), le Saint-Jean se précipite, avec un grondement assourdissant, dans une gorge de 23 m de profondeur. Autrefois appelées Chicaneka-peag (géant destructeur), les chutes ont sculpté une gorge specta-culaire qui entoure la moi-tié de la ville.

New Denmark

Cette communauté fondée en 1872 par 29 immigrants danois conserve encore aujourd'hui un petit côté scandinave. Les terres concédées par le gouvernement étant trop sablonneuses pour la culture des céréales, les pionniers y plantèrent les pommes de terre qui leur restaient de leur voyage. C'est ainsi que naquit la fameuse pomme de terre new denmark. De la colline Klokkedal, la vue de la campagne environnante est spectaculaire, surtout en automne. Le musée local expose des poupées anciennes et des porcelaines danoises.

Si vous voulez taquiner le pois-son dans l'une des rivières à sau-mon du Nouveau-Brunswick, poursuivez votre route (25 km) jusqu'à Plaster Rock (qui doit son nom au gypse rouge de son sol), sur la Tobique. Dans un parc du centre-ville, une sculpture de 2 m représente des queues-de-violon, un délice régional.

Grand Falls/Grand-Sault

La légende veut qu'une jeune Malécite ait donné sa vie pour son peuple en se précipitant du haut des chutes pour entraîner dans la mort avec elle 300 guer-riers iroquois. Les Anglais avaient érigé un fort près des chutes en 1791, mais le peuplement com-mença vraiment au début du XIXᵉ siècle, avec une vaste opéra-tion de défrichage. Vers 1870, Grand Falls, devenue destination touristique, se piquait d'être un deuxième Niagara. Depuis, les chutes ont été apprivoisées par un barrage et une centrale hydroélectrique. Les résidents aiment se délasser dans un pavillon érigé au beau milieu de la rue principale, réputée comme la plus large rue (38 m) au Canada. Un festival de la pomme de terre a lieu ici au début de juillet.

Perth-Andover

Le nom de Perth, une ville d'Écosse, et le son de la corne-muse, qui accompagne les festivi-tés locales, rappellent l'origine de ses pionniers. Andover, autrefois Tobique, était un port fréquenté par les chalutiers faisant la navet-te entre Fredericton et Grand Falls, sur le Saint-Jean. Les deux villes se fusionnèrent en 1966. Le plus vieux bâtiment, l'église mé-thodiste (1837), abrite un musée consacré aux pionniers.

187

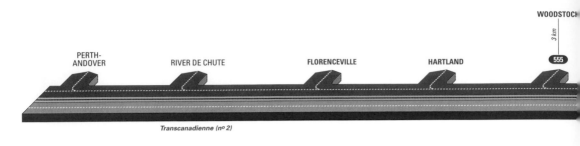

WOODSTOCK

3 km

PERTH-ANDOVER   RIVER DE CHUTE   FLORENCEVILLE   HARTLAND   555

Transcanadienne (n° 2)

18 km   22 km   19 km   20 km   14 km

VALLÉE DU COURS SUPÉRIEUR DU SAINT-JEAN

Les visiteurs du parc Woolastook, à Longs Creek, peuvent nourrir des faons comme ici, mais aussi des oiseaux aquatiques, des ratons laveurs, des porcs-épics et même des orignaux; ou, s'ils préfèrent, profiter du golf miniature, de quatre glissoires d'eau et d'une piscine à remous.

Florenceville

Le village abrite le siège de la société McCain Foods, ce qui en fait la capitale mondiale des frites surgelées. En 1957, deux frères, Harrison et Wallace McCain, fondèrent cette compagnie de produits surgelés dont le chiffre d'affaires annuel dans le monde entier atteint maintenant 4 milliards de dollars. Le village, qui s'appelait autrefois Buttermilk Creek, fut rebaptisé en 1855 en hommage à l'héroïne de la guerre de Crimée, Florence Nightingale.

Hartland

On appelait les ponts couverts des «ponts des baisers» parce que, à l'époque des charrettes tirées par des chevaux, c'était l'endroit idéal pour les amoureux. Hartland possède le plus long pont couvert du monde (391 m). Sa construction en 1901, au coût de 30 000 $, fut assumée par des résidents lassés par les fausses promesses du gouvernement. La somme fut remboursée en cinq ans grâce à un droit de péage. En 1920, on couvrit le pont afin de protéger sa charpente de bois. La société Small Fry Snack Foods, fabricant des croustilles Humpty Dumpty, est établie à Hartland. Près de la ville, la corniche Sked-daddle (mot anglais qui signifie «déguerpir») a été nommée en souvenir des déserteurs de l'armée de l'Union à l'époque de la guerre civile américaine.

Woodstock

Sur les rives du Saint-Jean, à quelque 3 km de la Transcana-dienne, se trouvent les villes de Woodstock et Upper Wood-stock. Fondées en 1784 par des Loyalistes du New Jersey, elles sont dotées d'élégantes résidences victoriennes et de deux sites historiques : le palais de justice du comté de Carleton (1833) et la Maison Connell, une imposante résidence de style néo-grec bâtie par un politicien et magnat du bois. Charles Connell (1810-1873) est surtout connu comme le maître de poste qui remplaça l'effigie de la reine par la sienne sur des timbres-poste de 1860. Ces timbres, tôt retirés de la circulation, sont maintenant des pièces de collection valant chacune la somme rondelette de 8 500 $.

Village historique de Kings Landing

Une visite au village historique vous transporte dans le temps. Plus de 60 bâtiments ancestraux ont été transportés ici afin de recréer un village agricole loyaliste parfaitement opérationnel. Femmes et hommes vêtus d'étoffe rustique vaquent à des occupations traditionnelles d'il y a 150 ans : barattage du beurre, filage du lin, travail dans les champs. L'auberge Kings Head offre des mets chers aux palais loyalistes et du gibier local. La boutique du musée vaut un arrêt. Ouvert de juin à octobre, le village historique célèbre aussi des événements spéciaux comme le temps des sucres en mars et un Noël victorien. Un camp d'été accueille des jeunes de 9 à 14 ans qui sont prêts à faire pendant cinq jours l'expérience de la vie du siècle dernier, avant l'invention de la télévision et des jeux électroniques.

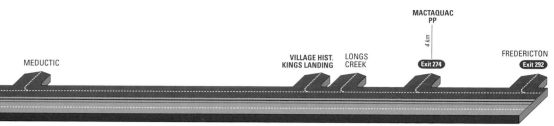

À 6 km environ de Kings Landing, le parc provincial Woolastook, à Longs Creek, abrite 33 espèces d'animaux communes aux provinces atlantiques (*voir photo, page ci-contre*). Des sentiers mènent aux enclos où l'on retrouve des orignaux, des caribous et des lynx.

Parc provincial Mactaquac

De la Transcanadienne, prenez la route du barrage Mactaquac pour traverser sur la rive nord du Saint-Jean. En moins de 5 minutes, vous serez au parc provincial Mactaquac où vous attendent un camping, des sentiers de randonnée, une plage, un beau parcours de golf de 18 trous et une excellente pêche à l'achigan à petite bouche. Mactaquac est le mot malécite qui signifie «au confluent des deux rivières» (la Nashwaak et le Saint-Jean). Ce parc fort populaire fut créé en 1968 en même temps qu'une digue en vue d'aménager la centrale hydroélectrique.

Au Village historique de Kings Landing, des champs luxuriants entourés de robustes clôtures de perches et des bâtiments en grand nombre, y compris de jolies maisons de ferme avec leurs granges (ci-dessus), recréent les communautés prospères établies par les Loyalistes le long du Saint-Jean. La forge, la scierie à roues hydrauliques, l'atelier de fabrication de portes et de châssis C.B. Ross, le magasin général à la mode d'autrefois, tout ce qu'on trouve ici contribue à faire de ce village un musée à ciel ouvert.

189

FREDERICTON –
DES RACINES LOYALISTES

Fondée en 1783 par les Loyalistes de l'Empire uni, la ville s'est développée autour des casernes militaires. En 1785, le gouverneur Thomas Carleton (1735-1817) baptisa l'établissement Frederick's town, d'après le second fils du roi George III, et en fit la capitale du Nouveau-Brunswick. Fredericton, de nos jours, offre tous les avantages d'une grande ville, sans les encombrements. Elle abrite l'université du Nouveau-Brunswick, fondée en 1785, la plus ancienne institution d'enseignement postsecondaire du Canada. Fredericton est redevable à l'un de ses fils, Max Aitken, devenu Lord Beaverbook (1879-1964), le magnat de la presse britannique, de plusieurs monuments dont surtout le musée d'art Beaverbrook, magnifiquement situé en face du Parlement, qui détient une très belle collection d'œuvres canadiennes et britanniques.

Saint John River

Musée School Days
Dans l'annexe du palais de Justice, une école construite en 1914 expose des manuels scolaires, du mobilier et des outils pédagogiques de l'époque. Le palais de Justice abrite lui-même l'une des premières écoles ouvertes après l'adoption des lois relatives à l'éducation publique, vers 1870.

Poste de garde

ST. ANNE POINT

Centre national d'exposition

Casernes de soldats

QUEEN

Hôtel de ville
Ce bâtiment néo-roman, le plus ancien hôtel de ville des Maritimes encore en usage, fut construit en 1876 pour abriter les services municipaux et un opéra (qui a servi jusque dans les années 40). Dans la salle du conseil, 200 ans d'histoire sont illustrés par les œuvres d'artistes locaux. Surnommé Freddy, le chérubin qui orne l'entrée est la réplique d'un autre faisant à l'époque partie d'une fontaine.

YORK

CARLETON

Palais de justice du comté de York

REGENT

KING

Église unie Wilmot
Bâtie en 1852 pour les méthodistes, c'est l'une des dernières grandes églises de bois de style gothique des Maritimes servant encore aux dévotions. D'une capacité de 1 200 places, elle renferme de beaux bois sculptés, une verrière, l'une des rares au Canada, du célèbre artiste anglais William Morris (1834-1896), ainsi qu'une décoration au pochoir exécutée par le grand artiste canadien Alex Colville. Lorsque les méthodistes se joignirent à l'Église unie du Canada, en 1925, ils donnèrent à leur temple le nom de Lemuel Allen Wilmot, premier lieutenant-gouverneur originaire de la province.

BRUNSWICK

Église St. Dunstan
Le premier lieu de culte à occuper l'emplacement, en 1824, était une petite chapelle de bois. L'église actuelle a été construite en 1965 pour remplacer la cathédrale bâtie ici vers 1840. (St. Dunstan perdit son statut d'évêché en 1855 au profit de Saint-Jean.) On remarque son clocher (33 m) de pierre et de cuivre et son chemin de la Croix sculpté dans du bois de tilleul. Dans le sanctuaire, la chaise épiscopale du missionnaire irlandais William Dollard, premier évêque du diocèse du Nouveau-Brunswick.

Les nombreux festivals et événements spéciaux de Fredericton sont axés tout spécialement sur les enfants et la famille.

Prison Old York
Avec des murs épais de 1 m, l'une des plus anciennes prisons au Canada est devenue un établissement à sécurité minimale. Les conditions y ont beaucoup changé depuis sa construction en 1842.

Square des officiers

Ce qui fut, de 1785 à 1914, un quartier général militaire est maintenant un oasis de verdure, le lieu historique national de la Caserne-Militaire. On y présente diverses activités culturelles estivales ainsi que la cérémonie de relève de la garde. Le **quartier des Officiers,** construit en 1839, abrite sur trois étages le musée de la Société historique York-Sunbury avec ses collections d'objets rappelant les Indiens et les pionniers britanniques et acadiens, de même que des souvenirs militaires (dont une tranchée datant de la Première Guerre mondiale). On peut y voir notamment un gigantesque ouaouaron qui, à sa mort vers 1880, pesait 19 kilos, engraissé par la nourriture que lui jetait l'hôtelier local qui le fit empailler. En face du musée, les **casernes de soldats** datent des années 1820. L'une des pièces et le **poste de garde** ont été rendus à leur apparence de 1860.

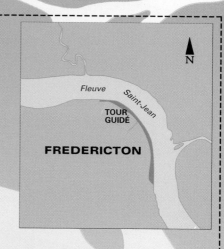

FREDERICTON

Fleuve Saint-Jean

TOUR GUIDÉ

N

Parlement du Nouveau-Brunswick

L'assemblée législative siège dans ce bâtiment de grès de taille modeste, construit en 1882. L'entrée principale s'ouvre sur un hall orné des portraits des anciens lieutenants-gouverneurs de la province. Un élégant escalier autoporteur en spirale, fait de noyer, de merisier, de frêne et de pin, relie les trois étages de l'immeuble. La chambre de l'assemblée contient des chandeliers de cristal Waterford et des copies de portaits exécutés par Joshua Reynold, représentant George III et la reine Charlotte.

Maison Crocket

Avec sa tour conique, ses fenêtres en saillie et ses bardeaux décoratifs, cette demeure en bois de trois étages, bâtie en 1900, est typique de l'architecture néo-Queen Anne : fidèle à la mode, elle incorpore des détails architecturaux de plusieurs styles différents. Elle portait à l'origine le nom de Dunrobin, mais fut rebaptisée en l'honneur d'un important médecin qui l'habita vers 1930. Gallery 78, une galerie commerciale qui l'occupe actuellement, expose des peintures, des sculptures et des objets d'artisanat.

The Playhouse

ST. JOHN

CHURCH

BRUNSWICK

Marché Boyce Farmer

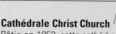

Cathédrale Christ Church

Bâtie en 1853, cette cathédrale anglicane de style néo-gothique est une réplique presque exacte de l'église St. Mary à Snettisham, dans le Norfolk, en Angleterre. Le toit et le chœur sont différents, mais les détails comme le porche Galilée (dont les trois arches symbolisent la Trinité), la fenestration et les tours sont identiques. Le vitrail du côté est a été offert par l'église Trinity de New York. Little Ben, prototype du fameux Big Ben de Londres, repose dans l'arche au-dessus de la nef. Sous la fenêtre est du jubé, une effigie de marbre de John Medley, l'évêque qui a construit l'église. On prétend que la cathédrale est hantée par le fantôme de sa première épouse, Christiana.

Parc The Green

Limpert Lane, un sentier du parc qui borde le fleuve sur 5 km, porte le nom de la nageuse Marianne Limpert, médaillée d'argent aux Olympiques de 1996. Près du **musée d'art Beaverbrook,** une statue de Robert Burns. Une fontaine de marbre emmenée d'Angleterre a été érigée ici par Lord Beaverbrook en hommage à son ami Sir James Dunn. Du haut du phare, la vue sur la ville est splendide.

FREDERICTON
292

MAUGERVILLE   SHEFFIELD   McGOWANS
CORNER

JEMSEG   WATERBOROUGH

7

103 km   25 km   5 km

SAINT-JEAN   OROMOCTO   GAGETOWN

Transcanadienne (nº 2)

16 km   9 km   5 km   17 km   18 km

**SUD DU
NOUVEAU-
BRUNSWICK**

Saint-Jean

La première ville incorporée au Canada (1785) vaut bien un détour de 90 minutes. Ses fondateurs, des Loyalistes, dessinèrent King Square à l'image de l'ancien Union Jack. Mais 200 ans avant leur arrivée, un village micmac appelé Ouigoudi occupait déjà le même emplacement au bord de l'eau. Et ce fut Champlain, débarqué ici le 24 juin 1604, qui donna au fleuve le nom du saint du jour. Le fort français érigé sur les lieux fut détruit en 1645.

Saint-Jean a tout d'une vénérable ville portuaire, rajeunie grâce à un important programme (250 millions de dollars) de revitalisation urbaine. Reliés par des allées piétonnières, Brunswick Square, Market Square, au bord de l'eau, et le centre du Commerce et des Congrès constituent un centre-ville restauré. Old City Market (à ne pas confondre avec Market Square), qui remonte à 1876, est l'un des plus anciens marchés couverts du pays ; on y trouve du poisson frais, des fruits et des légumes ainsi que de l'artisanat local.

La Maison loyaliste (1817), épargnée par l'incendie qui détruisit la moitié de la ville en 1877, est devenue un musée. Le Musée historique juif (29, Wellington Row) rappelle l'importance de la contribution des Juifs dans l'essor de la ville. Parmi les immigrants russes qui s'établirent ici vers 1890, on trouve Louis B. Mayer (1885-1957), fondateur des studios MGM.

Sur la rue Prince William et dans le quartier de Trinity Royal Heritage, on voit de beaux bâti-

ments victoriens restaurés. En face de l'hôtel de ville, le magasin général Barbour conserve de la marchandise du siècle dernier. Ne manquez pas le Théâtre Impérial (1913), sur King Square South, restauré dans tous ses fastes édouardiens, et le musée du Nouveau-Brunswick (1842), sur Market Place, le premier musée d'histoire naturelle au Canada.

Vous pouvez aussi visiter la brasserie Moosehead (89, rue Main ouest) et goûter à sa bière.

Les célèbres chutes réversibles sont l'un des principaux attraits de la ville. Le phénomène naturel se produit deux fois par jour lorsque les marées de la baie de Fundy, d'une amplitude inégalée dans le monde, tentent de remonter dans le Saint-Jean.

Oromocto

Face à Maugerville, sur la rive opposée du Saint-Jean, Oromocto est une ville modèle

À Saint-Jean, le magasin général Barbour et la Petite École rouge (à droite) se situent dans le quartier de Market Square (ci-dessus). King Square (ci-dessous) est un oasis de verdure.

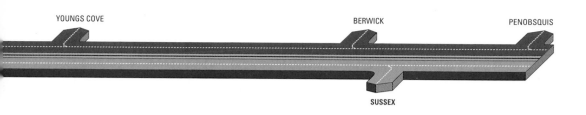

YOUNGS COVE BERWICK PENOBSQUIS

SUSSEX

9 km   36 km   8 km   14 km

MARKET SQUARE

BARBOURS GENERAL STORE

conçue dans les années 50 par la Défense nationale à l'intention des employés du campement militaire de Gagetown. La ville tire son nom d'un mot malécite qui signifie « rivière profonde ». Un chantier naval de gréement y avait occupé l'emplacement sur le bord de l'eau pendant plus d'un siècle, jusqu'en 1870. Oromocto possède une réplique du fort Hughes érigé par les Britanniques pendant la guerre de l'Indépendance, un important musée militaire et une marina où on peut s'amarrer gratuitement pour une nuit. En juin, la ville est l'hôte des Jeux des Highlands.

Jemseg

C'est ici que le lac Grand, le plus grand de la province (109 km²), se déverse dans le Saint-Jean. C'est une sensation particulière que de profiter de ses eaux douces dans une province entourée par la mer. À quelque 15 km à l'est de Jemseg sur la Transcanadienne, le parc provincial Grand Lake offre un centre de loisir intérieur, un terrain de jeu bien équipé et une piscine surveillée.

Gagetown

A Jemseg, une route panoramique mène au traversier qui conduit en face à Gagetown. Ce village planté de pins faillit devenir la capitale de la province au lieu de Frederic-

ton. Gagetown était un paisible village agricole jusqu'à ce que s'y établisse, en 1954, une base d'entraînement militaire. (Le prince Charles y suivit son cours de pilote d'hélicoptère en 1975.) Le trafic est intense ici, autant sur le fleuve que dans les rues étroites du village, où les artisans occupent de belles maisons à pignons entourées de vérandas. Un fortin de 200 ans loge les Loomcrafters, tisserands des fameux plaids et tartans. Le musée Queen's County occupe la Maison Tilley (1786), où naquit Sir Samuel Leonard Tilley (1818-1896), père de la Confédération.

Sussex

En 1992, un magazine a classé Sussex parmi les 10 villes canadiennes de sa taille avec la meilleure qualité de vie. Le musée d'Agriculture du Nouveau-Brunswick est installé à Sussex qui est aussi l'hôte, en septembre, d'un festival de montgolfières et d'un tour des ponts couverts en voiture d'époque.

La vallée du Saint-Jean, enrichie par le limon lors des crues annuelles du fleuve, produit une abondance de légumes et de fruits, dont ces belles fraises.

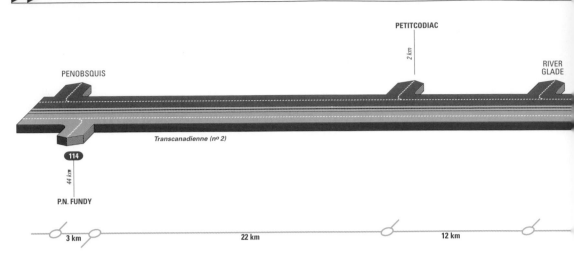

**SUD DU
NOUVEAU-
BRUNSWICK**

Les enfants Campbell, les bébés Gerber, Shirley Temple, les jumelles Dionne, Barbara Ann Scott et bien d'autres encore sont représentés dans la maison des Poupées, à Petitcodiac. Vous y verrez des poupées de porcelaine, de celluloïd, de caoutchouc, de plastique, de vinyle et de craie, des poupées du monde entier et vêtues pour toutes les saisons. Les visiteurs, jeunes et moins jeunes, peuvent les toucher et les tenir dans leurs bras. La boutique attenante vend des poupées de toutes sortes, neuves ou usagées.

Parc national de Fundy

Sur le mont Caledonia, dominant la baie de Fundy, ce parc offre une piscine d'eau de mer chauffée, un parcours de golf (9 trous) et des courts de tennis. La pêche y est très populaire et les trois rivières du parc, la Upper Salmon, la Point Wolfe et la Goose, foisonnent de truites et de saumons. Le permis de pêche est obligatoire mais s'obtient sans peine au bureau d'Alma ou aux terrains de camping. Les randonneurs peuvent explorer des dizaines de sentiers dont plusieurs deviennent des pistes de raquette ou de ski de fond l'hiver. On compte plus de 180 espèces d'oiseaux dans la forêt intérieure densément peuplée d'épinettes rouges et de sapins baumiers et où, sur des falaises humides, poussent des plantes étranges comme l'airelle rabougrie, le rossolis, la sélaginelle prostrée ou l'usnée barbue. De la colline Hastings, la vue englobe la baie

de Chignecto et, de plusieurs endroits dans le parc, on observe le mouvement des puissantes marées de la baie de Fundy.

Petitcodiac

Le nom de ce village et de la rivière qui le baigne signifie, en langue micmac, «tournant de la rivière». Sur la Transcanadienne, à l'est de la ville, on peut visiter la maison des Poupées de Delia qui expose une incroyable collection privée de plus de 4 000 poupées en même temps que d'anciennes courtepointes. Non loin, à la ferme Honey Tree, des artisans fabriquent des objets avec de la cire d'abeille, des chandelles et du mobilier en pin.

Côte magnétique

Elle exerce sa fascination sur les touristes depuis 1933 : c'est une route qui semble monter alors que, en réalité, elle descend. On attribue cette illusion d'optique à la déclivité du sol à cet endroit. Les automobilistes peuvent véri-

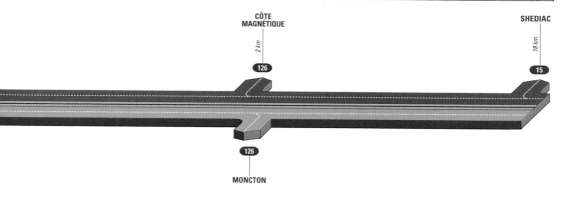

CÔTE MAGNÉTIQUE

2 km

126

SHEDIAC

18 km

15

126

MONCTON

22 km   1 km   20 km

fier la chose en mettant leur voiture au neutre, au pied de la côte : la voiture reculera en « remontant » la côte.

Non loin, le parc aquatique Magic Mountain renferme un jardin zoologique, des piscines à vagues, des glissoires d'eau, un mini-train, une piste de karting et un golf miniature. On s'y rend en empruntant la route 126, 2 km au nord de la Transcanadienne. Sur la même route, 2 km plus loin, le Musée historique Lutz Mountain occupe une ancienne église baptiste. Ses archives généalogiques incluent un inventaire des pierres tombales de 92 cimetières de la région.

On peut voir cette théière Doulton Burslem représentant Roméo et Juliette au musée Lutz Mountain, près de la Côte magnétique. Elle fait partie de la succession de Muriel Lutz Sikorski, descendante du premier habitant permanent de Moncton. C'est elle qui popularisa la Côte magnétique dont elle était propriétaire et où elle exploita une boutique de porcelaines pendant 43 ans. À Moncton, le parc Bore accueille des musiciens (à droite). C'est de ce parc, situé sur la rue Principale, qu'on a la meilleure vue du spectacle du mascaret : deux fois par jour, la marée haute donne naissance à une large vague boueuse de 20 à 45 cm de haut qui déferle dans l'estuaire de la rivière Petitcodiac.

Moncton

De façon ironique, la « porte de l'Acadie » porte le nom de Robert Monckton, le colonel britannique qui a supervisé la déportation des Acadiens en 1755. (Lors de l'incorporation de la ville, en 1855, le greffier a commis une erreur en écrivant le nom et l'erreur ne fut jamais corrigée.) Après la déportation, des familles d'origine allemande arrivèrent de Pennsylvanie. Le village prospéra ; il fut d'abord un centre de construction navale pour devenir ensuite un carrefour ferroviaire important. Free Meeting House (1821), le plus ancien bâtiment, a servi de lieu de culte à de nombreuses dénominations religieuses. À côté, le musée de Moncton retrace l'histoire locale depuis l'époque des Micmacs quand Moncton était une halte de portage. Une visite de la Maison Thomas Williams (103, rue du

Parc), donne un bon aperçu du style de vie d'un cadre supérieur des chemins de fer au tournant du siècle. La revitalisation du centre-ville a donné lieu entre autres à la construction de l'hôtel de ville et à la restauration du théâtre Capitol qui servait, en 1922, au music-hall. Le pavillon Clément-Cormier de l'université de Moncton abrite le Musée acadien qui détient une importante collection d'objets et d'archives.

Deux fois par jour, les puissantes marées de la baie de Fundy envahissent l'estuaire de la Petitcodiac et recouvrent brièvement les rives : c'est le mascaret.

Shediac

Dans le parc Rotary, un homard géant de 14 m et pesant 80 tonnes proclame que Shediac est la « capitale mondiale du homard ». Depuis 50 ans, ce lieu de villégiature est l'hôte, en juillet, d'un Festival du homard qui dure une semaine. Shediac (en langue micmac, « qui s'enfonce profondément ») loge dans une profonde échancrure côtière. L'eau y est si chaude que le parc provincial Parlee Beach, non loin, est surnommé la « Floride du Nord ».

195

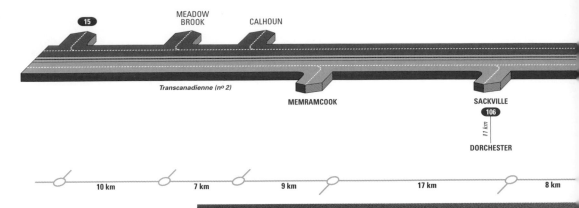

SUD DU NOUVEAU-BRUNSWICK

Inauguré en 1997, le pont de la Confédération à multiples travées enjambe sur 13 km le détroit de Northumberland, dont les eaux gèlent en hiver. C'est le plus long du monde dans son genre. Il relie Cape Jourimain (N.-B.) à Borden-Carleton (Î.-P.-É.). Ce pont à péage, construit en béton armé au coût de 840 millions de dollars, satisfait à l'engagement pris par le fédéral en 1873 de relier de façon permanente l'Île-du-Prince-Édouard à la terre ferme.

Dans le parc Water Fowl, à 5 minutes de marche du centre de Sackville, on peut pique-niquer au chant des oiseaux et explorer les marais salés habités par de nombreuses espèces de sauvagine.

Memramcook

Le site historique de l'Odyssée de l'Acadie, au monument Lefebvre, fait revivre aux visiteurs le tragique destin de ce territoire qui englobait autrefois la presque totalité des Maritimes et une partie du Maine. Longtemps ignorés tant par Québec que par Paris, les Acadiens, pragmatiques, accueillants et peu contraints par l'autorité, formaient un peuple à part. Mais, au bout du compte, ils furent victimes des guerres qui opposaient la France à la Grande-Bretagne et un traité leur imposa le choix entre prêter serment d'allégeance à la Couronne britannique ou s'exiler. Entre 1755 et 1762, quelque 10 000 d'entre eux furent rassemblés de force et déportés. Peu revinrent. Mais, pour ceux qui regagnèrent leur patrie et pour les 2 500 qui avaient échappé à la déportation, le collège Saint-Joseph (1864), à Memramcook, le premier collège francophone des Maritimes, joua un rôle déterminant et contribua à la renaissance du peuple acadien. Le monument Lefebvre, du nom de son fondateur, est fort à propos logé dans l'ancien collège.

Sackville

Cette ville paisible abrite l'Université Mount Allison, fondée en 1839 par un marchand local, Charles Frederick Allison. La première femme bachelière de l'Empire britannique, Grace Annie Lockhart, y reçut en 1875 un diplôme de sciences. L'université renferme la plus ancienne galerie d'art universitaire du Canada, la galerie Owens (1895). C'est aussi à Sackville qu'on trouve la première église baptiste (1763) et la première église méthodiste (1781) du Canada.

À la fin de juillet et au début d'août, on peut observer un très grand nombre d'oiseaux migrateurs qui font halte dans le parc d'oiseaux aquatiques au cœur même de la ville.

Marais de Tantramar

La Transcanadienne enjambe la rivière Tantramar, un peu à l'est de Sackville, et traverse ensuite une série de marais et de marécages typiques de cette région. Les digues construites par les Acadiens il y a plus de trois siècles, les *aboiteaux*, asséchèrent les marécages qui devinrent « les plus grandes prairies de fauche du

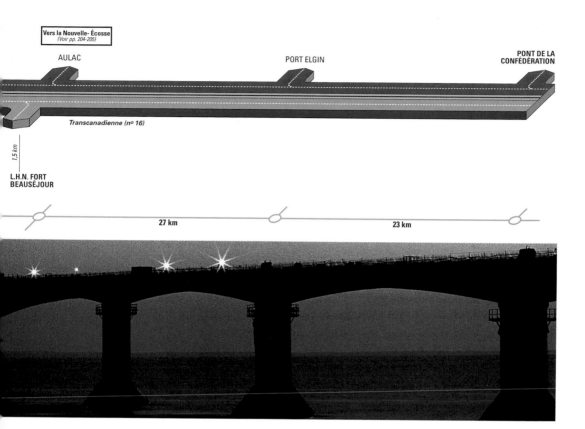

AULAC

PORT ELGIN

PONT DE LA
CONFÉDÉRATION

Transcanadienne (nº 16)

1,5 km

L.H.N. FORT
BEAUSÉJOUR

27 km

23 km

John Keillor était originaire du Yorkshire. Devenu un prospère propriétaire terrien et nommé juge, il quitta sa maison de rondins en 1813 pour s'établir à Dorchester, dans cette demeure de pierre de style Régence, pourvue de neuf foyers. En 1967, elle devint un musée.

monde ». Cependant, au fur et à mesure que les digues tombent en ruine, la mer reprend ses droits. Un grand nombre de ces terrains marécageux sont maintenant des réserves d'oiseaux aquatiques où les experts de la faune espèrent encourager la reproduction de plusieurs espèces comme la buse des marais et le rat musqué. Le nom de Tantramar viendrait de tintamarre, en raison de la cacophonie créée par les cris des oiseaux de mer.

Dorchester

Ses édifices historiques comprennent l'imposante Maison Keillor, convertie en musée, et la Maison Maples, la résidence victorienne de Sir Pierre Armand Landry, important parlementaire acadien. Ces maisons et d'autres remontent aux Loyalistes du Connecticut qui fondèrent la ville en 1783. Une fois la semaine, les diligences faisaient halte à l'auberge Bell (1811), le plus vieux bâtiment de pierre au Nouveau-Brunswick. Edward Barron Chandler (1800-1880), un des Pères de la Confédération, fit construire l'auberge Rocklyn (1831) qui accueillit entre autres le Premier ministre du Canada, Sir John A. Macdonald.

Aux limites de la ville, le pénitencier fédéral de Dorchester (1879), moins accueillant, offre toutefois un intérêt historique.

Lieu historique national du Fort-Beauséjour

Ce fort en forme d'étoile à cinq branches fut bâti en 1751 par les Français pour protéger l'isthme de Chignectou. Quatre ans plus tard, il tomba aux mains des Britanniques qui exigèrent que les Acadiens prêtent serment d'allégeance à la Couronne britannique. Ceux qui refusèrent furent déportés. En 1776, les Américains attaquèrent le fort, rebaptisé Cumberland, mais furent repoussés. On le renforça pendant la guerre de 1812 et il resta en opération jusqu'en 1835. Proclamé lieu historique national en 1926, le fort Beauséjour a été restauré au début des années 60.

Pont de la Confédération

À Aulac, les voyageurs sur la Transcanadienne peuvent continuer vers la Nouvelle-Écosse ou prendre la route 16 en direction nord-est qui les mènera à l'Île-du-Prince-Édouard. L'entrée du pont de la Confédération se trouve juste au nord de Bayfield.

SUMMERSIDE

18 km

1A

BORDEN–
CARLETON

TRYON   CRAPAUD   HAMPTON

Transcanadienne (n° 1)

1,5 km

VICTORIA

8 km   8 km   3 km   4,5 km   4 km

**ÎLE-DU-PRINCE-
ÉDOUARD**

Borden–Carleton

La vocation de ces deux villes, qui accueillaient les voyageurs empruntant le traversier, ne s'est pas démentie depuis que le pont de la Confédération relie l'île à la terre ferme. Elles ont simplement été réunies en 1995 en prévision de l'augmentation du trafic. Au complexe d'accueil Gateway Village, on trouve un kiosque d'information, un centre d'interprétation, des cafés, des comptoirs de restauration rapide et un parc pourvu d'une aire de jeu.

La Transcanadienne relie Borden–Carleton à Wood Island. Bien qu'elle ne couvre que 120 km dans l'Île-du-Prince-Édouard, elle permet néanmoins d'explorer un grand nombre de routes secondaires.

Summerside

Ce port important pour l'industrie de la pomme de terre dans l'île fut fondé en 1790 par Daniel Green, un Loyaliste quaker venu de Pennsylvanie. La ville prospéra au tournant du siècle grâce au commerce des peaux de renard argenté. D'élégantes maisons victoriennes, appelées « maisons de renards », ainsi que l'International Fox Museum, avec son Hall des célébrités, rappellent les fortunes amassées par les éleveurs à l'époque où une paire de peaux de renard valait la somme rondelette de 35 000 $.

La base militaire établie ici pendant la Deuxième Guerre mondiale a fermé ses portes en 1990 ; une école de police occupe maintenant les lieux. Summerside abrite un collège consacré aux arts celtiques et un théâtre,

le Harbour Jubilee, qui présente des revues musicales. Les soupers de homards, la musique country et les courses de trot attelé sont à l'honneur lors du Carnaval du homard en juillet. Les courses de bateaux et les festins de

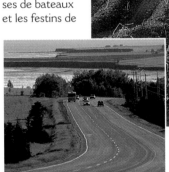

moules ont la faveur populaire pendant les Régates internationales d'hydroplanes qui ont lieu au mois d'août.

Les habitants de souche acadienne peuplent quelques villages à l'ouest de Summerside. Leurs ancêtres réussirent à échapper à la déportation de 1755 en se cachant dans les marais de Miscouche. Ce sombre épisode de l'histoire du Canada est évoqué au Musée acadien à Miscouche.

Victoria

Ce paisible village de bord de mer possède un théâtre d'été de répertoire, un musée maritime et une chocolaterie.

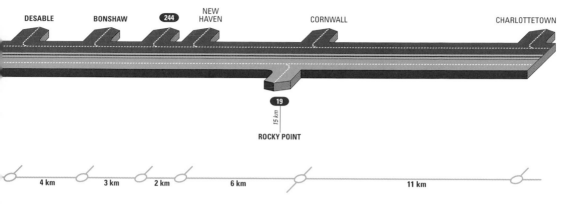

DESABLE   BONSHAW   (244)   NEW HAVEN   CORNWALL   CHARLOTTETOWN

(19)
15 km
ROCKY POINT

4 km   3 km   2 km   6 km   11 km

La terre rouge et les belvédères sur la mer à DeSable (ci-dessous, à gauche), les vastes champs de pommes de terre à Tryon, les bateaux dans la rade de Victoria et les terrassements (ci-dessous, à droite) du lieu historique national de Fort-Amherst–Port-la-Joye sont autant de facettes du charme paisible et pastoral de l'Île-du-Prince-Édouard.

DeSable
🦀 ⛵ 🌊

La maison des Poupées, qui offre des visites guidées (admission gratuite pour les tout-petits), possède aussi une boutique et un atelier de fabrication de poupées. Quelque 1 500 poupées en provenance du monde entier sont vêtues de leur costume national. D'autres représentent des personnages connus.

Bonshaw
🦀 ⛵ 🌊

Le musée Car Life expose des voitures d'époque et de la machinerie agricole du tournant du siècle. Les parcs provinciaux Bonshaw et Strathgartney (fermés la nuit) sont une halte agréable.

Route 244 (Route MacArthur)

Une promenade sur n'importe laquelle des 16 routes panoramiques et ancestrales de l'île est une agréable incursion dans le passé. L'une d'elles est une section de la route 244 qui commence à quelque 700 m au nord de la Transcanadienne, près du parc provincial Strathgartney. Son nom officiel est Peter's Road, mais les résidents l'appellent encore MacArthur. Sous un couvert d'érables, de pins, de bouleaux et d'épinettes, la route serpente sur une distance de 2 km le long de vergers, de cimetières de pionniers et de fermes à l'abandon.

Lieu historique national Fort-Amherst–Port-la-Joye

Des terrassements recouverts de gazon sont tout ce qui reste de Port-la-Joye, un établissement français de 1720. La pauvreté des récoltes contrecarra le projet de la France qui visait à fournir des vivres aux troupes installées à Louisbourg. En 1745, les Britanniques conquirent les lieux, restaurèrent les fortifications et leur donnèrent le nom de leur commandant, le général Jeffrey Amherst. Les visiteurs peuvent assister à une présentation audiovisuelle, contempler divers objets retrouvés sur place, pique-niquer ou simplement se promener sur le site d'où la vue de Charlottetown, de l'autre côté du port, est magnifique.

Village micmac, Rocky Point

À l'est du fort Amherst, ce village reconstitué illustre le style de vie communautaire des Indiens avant l'arrivée des Européens. Le musée possède des wigwams et des bateaux en écorce de bouleau, des livres en idéogrammes micmacs, des fumoirs et un bain de vapeur.

CHARLOTTETOWN – BERCEAU
DE LA CONFÉDÉRATION

Charlottetown ressemble bien plus à une charmante ville victorienne qu'à un centre politique. La ville la plus importante de l'île, tracée en 1764 par les Anglais le long de la baie de Hillsborough, porte le nom de l'épouse de George III, Charlotte Sophie. En déambulant dans ses rues coquettes et ombragées, bordées d'immeubles victoriens en rangée, on se laisse gagner par son charme paisible.

Cathédrale St. Peter et chapelle All Souls

La cathédrale en brique rouge et la chapelle attenante comptent parmi les plus belles réussites de l'architecte Robert Harris. De style néo-gothique français, la cathédrale, avec 250 places, serait la plus petite au monde. Sa construction est antérieure de 20 ans à celle de la chapelle. Celle-ci, plus victorienne, est réputée pour ses arches de pierre délicatement ouvragées, ses riches lambris de chêne et de noyer et 18 tableaux exécutés par le frère de l'architecte, le même qui a signé *Les Pères de la Confédération*.

Government House

Ce gracieux bâtiment en bois de style néo-classique, serti de grands bouleaux blancs, domine le port de Charlottetown. C'est la résidence officielle du lieutenant-gouverneur de la province, construite en 1834 pour servir de résidence au gouverneur de la colonie. Les grands jardins qui l'entourent sont ouverts au public.

Old Battery Point

Vers le parc Victoria

Beaconsfield

Près du parc Victoria, cette imposante demeure de 25 pièces, de style Second Empire, porte le nom d'un Premier ministre anglais, Benjamin Disraeli, comte de Beaconsfield. Elle fut construite en 1877, avec neuf foyers décoratifs, le chauffage central et l'éclairage au gaz dans chaque pièce. L'architecte William C. Harris la conçut pour James Peake, Jr., constructeur naval, politicien et banquier qui, ayant fait faillite, la perdit aux mains de ses créanciers. Elle servit tour à tour de résidence privée, de pension de famille, de centre de YWCA et de résidence d'infirmières. La Fondation du patrimoine de l'Île-du-Prince-Édouard, qui s'y installa en 1973, restaura et meubla 11 de ses pièces dans des styles allant de 1877 à 1915. On peut en faire une visite guidée en tout temps ou y assister à des conférences, des pièces de théâtre ou des concerts.

FITZROY ST.

ROCHFORD SQUARE

KENT ST.

WEST ST.

ROCHFORD ST.

GRAFTON ST.

POWNAL ST.

RICHMOND ST.

CONNAUGHT SQUARE

SYDNEY

DORCHEST

KING ST

WATER ST

CHARLOTTETOWN BOARDWALK

Yacht Club de Charlottetown

Kirk of St. James

Cette église presbytérienne de 1878 illustre bien le début de la période néo-gothique. L'intérieur se caractérise par un grand nombre de verrières et son clocher s'élève à 45 m.

Province House

Construit en 1847 pour servir de parlement colonial, ce bâtiment georgien abrite maintenant l'assemblée législative de l'Île-du-Prince-Édouard. C'est ici que, en 1864, les Pères de la Confédération se réunirent pour ratifier les ententes qui conduisirent à l'Acte de l'Amérique du Nord britannique et à la naissance du Dominion du Canada. La pièce où eut lieu la réunion historique, maintenant appelée Salle de la Confédération, a été rendue à son apparence des années 1860.

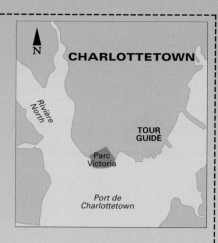

Centre de la Confédération

Monument national, édifié conjointement par les 10 provinces et le fédéral en l'honneur des Pères de la Confédération, le centre comprend une galerie d'art, une bibliothèque, un théâtre de 1 100 places et un hall coiffé d'un toit en alvéoles. Il a été inauguré par la reine Élisabeth en 1964 et, depuis lors, son attrait principal demeure la présentation annuelle de la comédie musicale *Anne et le bonheur.*

Église unie Trinity

Hôtel de ville

QUEEN ST.

PRINCE ST.

GREAT GEORGE ST.

Archives publiques

Rue Great George

Souvent décrite par les urbanistes comme la plus belle rue au Canada, la rue Great George relie le **Parc de Confederation Landing** à la place centrale de Charlottetown. À l'angle sud-ouest des rues Great George et Richmond, **Victoria Row** réunit de beaux immeubles en brique de 1884, d'inspiration romanesque italienne, qui abritent des boutiques, des restaurants et des bureaux.

Basilique St. Dunstan

Les deux clochers de 70 m qui ornent cette cathédrale catholique sont un des attraits de la ville. Son saint patron fut archevêque de Canterbury au Moyen Âge. On notera, à l'intérieur, l'exquise rosace au-dessus du maître-autel. D'abord érigée en 1907, elle fut rasée par un incendie en 1913 et reconstruite, comme l'originale, avec de la pierre provenant de Wallace, en Nouvelle-Écosse, et de la région de la Miramichi, au Nouveau-Brunswick. Véritable joyau de l'architecture canadienne néo-gothique, ce site historique est situé du côté est de la rue Great George, entre les rues Sydney et Dorchester.

Quai des croisières

Quai Peake

Activités pour les enfants, spectacles en plein air, restaurants de fruits de mer, glaciers, boutiques d'antiquités et d'artisanat, centre de congrès, marina publique et départ de croisières sont autant d'attraits de ce quai animé qui doit son nom à James Peake, constructeur naval du XIXe siècle. Une allée piétonnière mène au **parc Victoria** et à **Old Battery Point.**

Parc de Confederation Landing

Le site où les Pères de la Confédération débarquèrent en 1864 est en constante effervescence pendant l'été avec la tenue de festivals et d'activités variées reliées à la naissance de la Confédération. En automne, le quartier Parkdale tout entier est mobilisé par les événements marquants de la Semaine des retrouvailles : courses de trot attelé, défilés de fanfares et spectacles de majorettes (*ci-dessus, à droite*).

CHARLOTTETOWN

N

Rivière North

Parc Victoria

TOUR GUIDÉ

Port de Charlottetown

P.N. DE L'ÎLE-DU-
PRINCE-ÉDOUARD

15
CHARLOTTETOWN

MOUNT
ALBION

CHERRY
VALLEY

VERNON
BRIDGE

**VILLAGE HIST.
ORWELL CORNER**

Transcanadienne (nº 1)

13 km   5 km   5 km   5 km

**ÎLE-DU-PRINCE-
ÉDOUARD**

*Deux des principaux attraits de
l'Île-du-Prince-Édouard : de magnifiques vues sur la mer et des villages
chaleureux. Le Village historique
d'Orwell Corner (à droite) recrée
un village-carrefour d'autrefois.
Plages et dunes magnifiques, falaises de grès rouge, marais salants et
vues saisissantes vous guettent le
long de la route Gulf Shore. Cette
photographie représente la section
qui traverse la baie de Covehead,
dans le parc national de l'Île-du-
Prince-Édouard.*

Parc national de l'Île-du-Prince-Édouard

Du centre de Charlottetown, la
route 15 mène à Brackley Beach
(20 km) et à la route 6 d'où on
accède au parc national en plusieurs endroits. Plages de sable
rose et falaises de grès rouge ne
sont que quelques attraits de ce
parc qui longe la rive nord de l'île
sur environ 40 km.

Ne manquez pas Green
Gables, consacré à Anne (*Anne
et le bonheur*), l'un des personnages romanesques les plus connus
au Canada. Même si la célèbre
ferme accueille un très grand
nombre de visiteurs, elle reste le
meilleur endroit où s'imprégner
de la vive imagination de Lucy
Maude Montgomery (1874-
1942). Anne Shirley, son héroïne

à la chevelure flamboyante, fait
maintenant partie du folklore
nord-américain. Deux courts
sentiers mènent à la Source
pétillante, à la Forêt hantée, au
Chemin des amoureux et au
Creux de l'arbre, tous décrits
dans les romans. La romancière
repose dans le cimetière de
Cavendish.

Village historique d'Orwell Corner

Rendu à son apparence de 1895,
le village donne un bon aperçu de

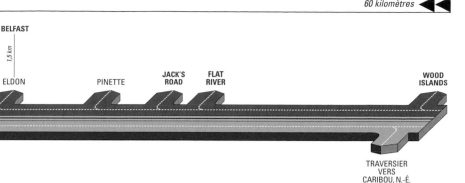

BELFAST

1,5 km

ELDON   PINETTE   JACK'S ROAD   FLAT RIVER   WOOD ISLANDS

TRAVERSIER VERS CARIBOU, N.-É.

8 km   5,5 km   3,5 km   1 km   14 km

l'atmosphère d'autrefois et des activités des habitants de ce carrefour fondé par des pionniers écossais, irlandais et loyalistes. La ferme, la fabrique de bardeaux, la forge, l'école et l'église sont animées par des guides costumés qui vaquent à leurs occupations. Les tablettes du magasin général regorgent de trésors du XIXᵉ siècle : gros pots de verre, certains remplis de friandises, étoffes, spécialités médicales, outils. Les mercredis soir d'été, le son des danses et des chants se fait entendre dans la salle des fêtes où se tiennent les *ceilidhs* (prononcez *caïlizes*). Pendant le Festival des fraises, on sert des coupes de fraises à la crème sur la pelouse.

À Orwell, 1 km à l'est du village historique, les services religieux se déroulent en anglais et en gaélique à l'église presbytérienne St. Andrew. De la Maison Andrew Macphail, un peu plus loin, un court sentier serpente dans un boisé peuplé d'une grande variété d'arbres, de plantes et de petits animaux. Cette vieille ferme a vu naître Andrew Macphail (1864-1938), médecin, soldat et homme de lettres dont l'ouvrage le plus connu, *The Master's Life* (1939), raconte l'enfance qu'il a vécue ici.

Belfast

À l'approche de Belfast, l'horizon est dominé par la flèche de l'église presbytérienne St. John, construite en 1823 par des colons venus des Highlands. Son style s'apparente à celui du célèbre architecte du XVIIᵉ siècle, Sir Christopher Wren. Dans le cime-

tière adjacent, un monument orné d'une inscription en gaélique, célèbre la mémoire des immigrants écossais amenés ici en 1803 par Lord Selkirk.

Sur les plages des parcs provinciaux Lord Selkirk et Pinette, trouver des palourdes est chose facile ; vous n'avez qu'à creuser le sable là où vous apercevez des petits trous ronds.

Jack's Road, Flat River

Le chemin d'argile rouge (4 km) qui relie la Transcanadienne à la route 207 porte le nom de Jack MacPherson qui colonisa la région au tournant du siècle. Baladez-vous, à pied ou en voiture, sous l'arche que forment les érables à sucre, les hêtres et les bouleaux. Vous y verrez une abondance de fleurs sauvages (lupins, rudbeckies, marguerites et carottes sauvages) et vous croiserez peut-être certains petits animaux – rats musqués, lièvres ou renards roux – qui peuplent les boisés des alentours.

Wood Islands

C'est d'ici que partent les traversiers reliant l'île à la Nouvelle-Écosse. Juste à l'est, le parc provincial Northumberland offre une plage de sable rouge de 800 m au pied de falaises escarpées.

Le pont de la Confédération inauguré en 1997 n'a pas tout à fait sonné le glas des traversiers. De mai à décembre, si le temps le permet, certains continuent à faire la navette quotidienne entre Wood Islands, à l'Île-du-Prince-Édouard, et Caribou (juste au nord de Pictou), en Nouvelle-Écosse. La traversée de 22 km dure environ 1 h 15 min.

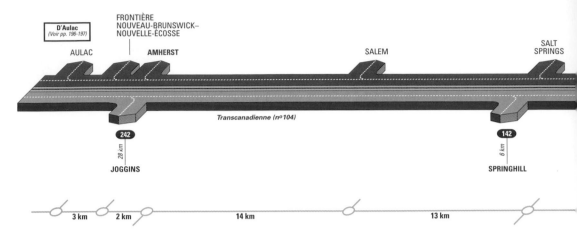

FRONTIÈRE
NOUVEAU-BRUNSWICK–
NOUVELLE-ÉCOSSE

D'Aulac
(Voir pp. 196-197)

AULAC   AMHERST   SALEM   SALT SPRINGS

Transcanadienne (nº 104)

242   28 km   JOGGINS   142   6 km   SPRINGHILL

3 km   2 km   14 km   13 km

**CENTRE DE
LA NOUVELLE-
ÉCOSSE**

Amherst

Centre géographique des Maritimes, Amherst est le lieu de naissance de quatre des Pères de la Confédération : Edward Barron Chandler (1800-1880), Jonathan McCulley (1809-1877), Robert Barry Dickey (1811-1903), et Sir Charles Tupper (1821-1915), sixième Premier ministre du Canada. La ville les honore chaque année par des festivités à l'occasion du Festival des Quatre Pères. L'ancienne résidence de Dickey, Grove Cottage, abrite une galerie d'art, une bibliothè-

Le wagon-lit restauré (1905) qui abrite le kiosque d'information touristique transporta des dignitaires pendant plus de 50 ans. Il fut assemblé ici en 1905 par la société Rhodes Curry, qui employait à l'époque 2 000 résidents.

À Springhill, les expositions du centre Anne Murray rendent hommage à la chanteuse née dans cette ville et devenue une artiste de renommée internationale.

que de référence et le musée du comté de Cumberland.

Colonisée par des immigrants du Yorkshire, Amherst prospéra au début du siècle avec ses usines d'assemblage de wagons, de pianos, de produits d'ingénierie et d'émail, et ses fabriques de lainages et de chaussures. À compter de 1950, la plupart de ces usines fermaient leurs portes.

En 1917, le leader bolchévique Léon Trotsky fut détenu ici un mois comme prisonnier de guerre.

Joggins

L'incessante érosion des falaises avoisinantes continue de mettre au jour des fossiles préhistoriques qui ont valu à cette petite ville minière une renommée mondiale. Les falaises sont maintenant un site protégé. Sur la rue Main, le centre des Fossiles expose une collection recueillie sur place et de nombreux spécimens de trilobites, de brachiopodes, de bivalves, de gastéropodes et de fossiles de poissons.

Springhill

Des catastrophes minières et une célèbre chanteuse valent à Springfield sa renommée. Le sort frappa la ville une première fois en 1891 lorsqu'une explosion dans une mine fit 125 victimes. Par la suite, la mine coûta la vie à 39 mineurs en 1956 et à 75 autres en 1958. Dans le parc des Mineurs, un monument rappelle le nom des disparus. Après la catastrophe de 1958, l'activité minière déclina. L'héroïsme dont fit preuve la population de Springhill lors de cette dernière tragédie lui valut la médaille Carnegie qui est exposée à l'hôtel de ville. Pendant neuf jours, les secouristes risquèrent leur vie pour remonter, vivants, les 174 hommes enterrés dans la mine la plus profonde d'Amérique du Nord.

Au musée des Mineurs, sur la route de Black River, les visiteurs

PUGWASH

18 km

321
OXFORD

MAHONEY'S
CORNER

WENTWORTH
CENTRE

10 km   21 km   6 km

C'est dans ces célèbres falaises de Joggins, en Nouvelle-Écosse, qu'on a découvert des fossiles préhistoriques d'animaux marins, de plantes et d'arbres, certains remontant jusqu'à 300 millions d'années. Il est permis de conserver les spécimens trouvés sur la plage, mais interdit de les extraire du roc. Le centre des Fossiles de Joggins peut faire une identification préliminaire des spécimens trouvés sur place.

peuvent extraire du charbon d'un puits exploité jusque vers 1960.

Le centre Anne Murray expose les quatre Grammies, les disques d'or et de platine, les costumes et d'autres objets ayant appartenu à la célèbre chanteuse Anne Murray.

Oxford

La ville qui se pique d'être la capitale mondiale du bleuet offre aussi une excellente pêche à la truite et au saumon dans les trois rivières avoisinantes. Le lac sulfureux du parc Salt Lake invite à la baignade et au pique-nique. Un théâtre local présente des pièces jouées par la troupe locale, les Maple Players.

Pugwash

En 1955, un industriel du nom de Cyrus Eaton (1883-1979) fit de sa résidence de 15 pièces un lieu de rencontre pour les penseurs du monde entier. Eaton, qui affirmait qu'un échange d'idées vaut mieux qu'un échange de balles, reçut le prix Lénine de la paix en 1960. Son projet Pugwash a été couronné par le prix Nobel de la paix en 1995.

Dans le cimetière St. Thomas Moore, un monument honore la mémoire de Mary Crowley, morte en 1869 à l'âge de 12 ans en sauvant son frère et sa sœur d'un incendie. Il pourrait s'agir du premier monument public au Canada à honorer une femme.

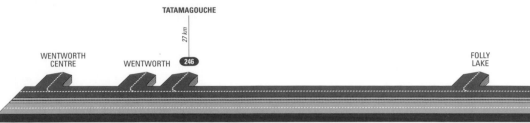

TATAMAGOUCHE

27 km

WENTWORTH
CENTRE

WENTWORTH

246

FOLLY
LAKE

Transcanadienne (no 104)

4 km   2 km   14 km

**CENTRE DE
LA NOUVELLE-
ÉCOSSE**

*Au Moulin de Balmoral, une puis-
sante roue hydraulique active une
roue dentée en érable dur et quatre
jeux de meules géantes, l'une de
grès, l'autre de pierre meulière française et deux de granite écossais,
qui décortiquent et moulent le blé,
l'avoine et le sarrasin.*

Tatamagouche

Visitez deux sites ravissants en
quittant la Transcanadienne et
en empruntant la route 246 vers
l'est, jusqu'au village-carrefour
de West New Annan. De là,
poursuivez jusqu'à Tatamagouche, un port de pêche très fréquenté, ou prenez la route 256
jusqu'à Balmoral Mills, 11 km à
l'est (*voir rubrique ci-dessous*).

L'établissement acadien de
Tatamagouche fut rasé par les
Anglais en 1755. Plus tard, des
huguenots français et des Écossais des Highlands vinrent s'y

établir. Sur la rue Main, le musée
Sunshine Trail retrace l'histoire
de la région, depuis l'époque des
Micmacs jusqu'au XIXe siècle,
marquée par l'agriculture et la
construction navale. Au Centre
culturel Fraser, où on peut voir
de l'art et de l'artisanat local, une
salle est consacrée à Anna Swan
(1846-1888), la légendaire géante
de 2,4 m qui fit partie du cirque
Barnum. Un festival en son honneur a lieu en août. La ville organise aussi un festival des fraises
en juillet, un autre de bleuets en
août et une Oktoberfest.

Balmoral Mills

Ce village, qui porte le nom du
château Balmoral d'Écosse, a été
fondé en 1873 autour d'un moulin à farine de trois étages construit dans une gorge profonde du
ruisseau Matheson. Le moulin a
été restauré en 1966 pour devenir un musée ; de juin à octobre,
des démonstrations de mouture
s'y déroulent trois fois par jour.
On peut s'y procurer de la farine
et des grains et pique-niquer dans
le parc ombragé.

Parc provincial
de Five Islands

Selon la légende, les cinq îles du
bassin des Mines – Moose, Diamond, Long, Egg et Pinnacle –
se seraient formées quand Gloos-
cap, le dieu micmac, lança de la
boue à un castor qui se moquait
de sa divinité. Les sentiers cyclables y révèlent des formations
de lave. Des faucons pèlerins
nichent au sommet des falaises.
À marée basse, on ramasse des
roches et des fossiles dans les
vasières du parc.

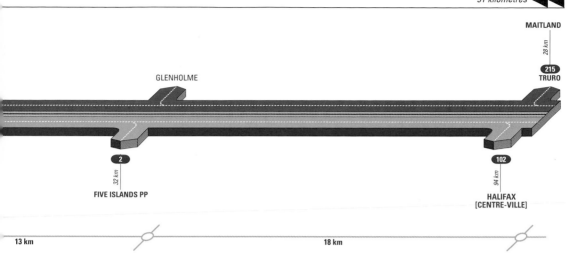

MAITLAND

28 km

215
TRURO

GLENHOLME

2

32 km

FIVE ISLANDS PP

102

94 km

HALIFAX
[CENTRE-VILLE]

13 km   18 km

Du haut de cette vaste demeure victorienne sur les berges de la Shubenacadie, à Maitland, le constructeur naval William D. Lawrence surveillait l'évolution du voilier portant son nom. Mis à l'eau en 1874, ce fut le plus grand trois-mâts carré jamais construit au Canada. La maison, restaurée par le musée de la Nouvelle-Écosse, est un lieu historique national. On peut y admirer des meubles d'origine de même que de l'équipement de construction navale et des maquettes de bateaux.

Truro

Centre névralgique de la province, Truro est le nœud d'un réseau de routes qui sillonnent toute la Nouvelle-Écosse. On y trouve le Collège d'agriculture de la Nouvelle-Écosse et le Teachers' College (école de formation d'instituteurs) qui abrite le musée de la Petite-École Blanche, consacré à l'histoire de l'instruction publique dans la province. On peut y voir du mobilier scolaire, des livres et des outils pédagogiques du tournant du siècle. Photographies, cartes géographiques et divers objets illustrent, au musée Colchester, l'histoire de la région et de ses habitants. En plein centre-ville, le parc Victoria recèle des sentiers boisés, deux chutes et des ravins. C'est à Truro que se terminent les vasières de boue rouge du bassin des Mines. Deux fois par jour, la marée de la baie de Fundy forme un mascaret qui envahit et remonte la rivière Salmon.

On peut assister à des courses attelées en tout temps dans l'année à l'hippodrome de Truro.

Maitland

Les quelque 40 résidences de style néo-grec, néo-gothique, néo-classique et Second Empire qu'on trouve à Maitland, un peu à l'ouest de Truro, valent le détour. Bâties pour de riches capitaines, des constructeurs navals ou des marins à la retraite, elles sont les seuls témoins de l'époque où les chantiers maritimes de Maitland transformaient les arbres des forêts avoisinantes en grands vaisseaux. La maison Lawrence (*ci-dessus*), convertie en musée, est l'une de ces vénérables demeures.

Halifax

De Truro, prenez la route 102 vers le sud pour gagner la région de Halifax-Dartmouth. (Pour un tour guidé de Halifax, voir pages 208-209.)

207

Tour de la Vieille horloge

Sur la colline de la Citadelle, ce site familier fait partie du paysage d'Halifax depuis 1803. À l'époque où il commandait la garnison locale, le prince Edward (1767-1820), duc de Kent et père de la reine Victoria, très à cheval sur la ponctualité, ordonna l'acquisition d'une horloge. Le mécanisme suisse complexe de rouages, roulettes, poulies, cloches et balanciers contenu dans une charpente de fer forgé, le tout pesant 450 kg, fut enchâssé par la suite dans une tour octogonale de trois étages, ouvragée et surmontée d'un dôme. La responsabilité de remonter l'horloge une fois la semaine, autrefois confiée à un spécialiste de la ville, est maintenant dévolue à Parcs Canada.

Église St. Paul

Évêques, gouverneurs et généraux reposent en grand nombre sous cette église anglicane. Cette « abbaye de Wesminster du Nouveau Monde », érigée en 1750, est la plus vieille église protestante du Canada et le plus ancien bâtiment d'Halifax.

Lieu historique national de la Citadelle

La citadelle en forme d'étoile, dont la construction fut ordonnée par le duc de Wellington (1769-1852), est le dernier des quatre bastions élevés sur ce site qui surplombe Halifax. Sa construction, qui devait durer six ans, commença en 1828 et ne s'acheva que 28 ans plus tard, de sorte qu'une fois les terrassements terminés, le fort était déjà désuet. C'est aujourd'hui le site historique le plus fréquenté au Canada. Ses murs de pierre et ses remparts renferment un musée militaire, un dépôt de munitions restauré, des cellules de garnison et des casernes militaires.

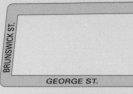

Grand Parade

Au cœur du Vieux Halifax, c'est l'ancien terrain de manœuvre des régiments britanniques. En face de l'église St. Paul, sise à l'extrémité sud du champ, l'hôtel de ville (1890) est un bâtiment victorien doté d'une tour à horloge et de lucarnes à pignons.

Vers la Citadelle

Théâtre Neptune

Logé pendant 34 ans dans des installations de fortune, le Neptune, l'un des théâtres régionaux les plus importants au Canada, a finalement emménagé dans ce complexe de 13 millions de dollars, en 1997. Fermé l'été, il présente une grande variété de pièces populaires le reste de l'année.

Église St. Matthew

Elle dessert la plus ancienne congrégation protestante non anglicane du Canada. St. Matthew fut construite en 1858 pour remplacer une église protestante (qui devint presbytérienne) de 1754 qui fut détruite par le feu.

Basilique St. Mary

Construite entre 1820 et 1829, agrandie et décorée entre 1860 et 1874, cette basilique de style georgien néo-gothique est surmontée d'une flèche de granit poli de 58 m, la plus haute du monde dans sa catégorie. De magnifiques vitraux, au nombre de 21, remplacent ceux qui furent détruits par l'explosion de 1917. Les cloches, dont le poids varie entre 90 et 550 kilos, aussi endommagées par l'explosion, ont été refondues.

Government House

Cette demeure georgienne est l'une des plus belles du pays. C'est la résidence du lieutenant-gouverneur de la Nouvelle-Écosse. Achevée de construire en 1805, elle est la plus ancienne résidence officielle encore utilisée en Amérique du Nord. L'entrée est interdite au public.

Map labels:
DUKE ST. — Hôtel de ville — BRUNSWICK ST. — GEORGE ST. — ARGYLE ST. — BARRINGTON ST. — GRANVILLE ST. — GEORGE ST. — BEDFORD ROW — PRINCE ST. — HOLLIS ST. — SACKVILLE ST. — BLOWERS ST. — SALTER ST. — BISHOP ST.

N

Historic Properties

Des entrepôts et autres bâtiments au bord de l'eau, construits entre 1813 et 1870, abritent maintenant boutiques, restaurants, pubs et un marché agricole. Le Nova Scotia College of Art and Design occupe 20 bâtiments contigus.

◁ **Traversier vers Dartmouth**

Musée d'art de la Nouvelle-Écosse

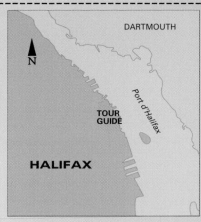

Conçu en 1868 comme édifice fédéral, ce bâtiment très orné d'inspiration italienne a servi de bureau de poste et de quartier général de la GRC jusqu'en 1988. La collection permanente comprend des œuvres d'art populaire régional et des œuvres d'artistes canadiens et internationaux.

Province House

C'est le plus ancien et le plus petit bâtiment législatif du Canada (1819). Charles Dickens, au cours d'une visite en 1842, la qualifia de joyau d'architecture georgienne. La bibliothèque du Parlement abrita, à l'époque, la Cour suprême de la Nouvelle-Écosse. En 1835, le journaliste Joseph Howe s'y défendit d'une accusation de libelle dans une affaire qui marqua la lutte pour la liberté de presse. Les oiseaux décapités qui ornent la chambre de la législature rappellent le sentiment anti-américain qui avait cours pendant la guerre de 1812. Un membre de l'assemblée, les prenant pour des aigles, les décapita avec sa canne.

Acadia

Sackville

Musée de l'Atlantique

Il retrace l'histoire de la marine et présente des expositions sur l'évolution de la navigation à voile et à vapeur, les naufrages, le sauvetage en mer, le *Titanic*, l'explosion d'Halifax et les convois qui transitaient par le port pendant la Deuxième Guerre mondiale. Amarrés au quai adjacent, le navire hydrographique *Acadia* et l'une des dernières corvettes à escorter les convois, le *Sackville*.

Cimetière historique

C'est le premier cimetière au Canada à être proclamé lieu historique national. Le premier enterrement y eut lieu en 1749, le lendemain de la fondation de la ville, et il fut utilisé jusqu'en 1844. L'arc de Sébastopol, en pierre, est le seul monument en Amérique du Nord qui commémore la guerre de Crimée.

HALIFAX – UNE VILLE AXÉE SUR LA MER

Doté d'un des plus grands bassins naturels du monde, le port d'Halifax, ouvert toute l'année, a joué un rôle militaire capital dans de nombreux conflits internationaux depuis sa fondation en 1749 jusque dans les années 40. Le commerce maritime a aussi contribué au prestige et à la prospérité de la ville. Le centre-ville, dont une grande partie fut détruite en 1917 par l'explosion d'un navire de munitions français dans le port, a fait récemment l'objet d'une restauration et Halifax reste le centre commercial des Maritimes. Notre tour guidé explore le quartier des affaires où domine la mer.

Statue du marin

À côté du musée de l'Atlantique, face à la mer, ce monument rend hommage aux marins canadiens qui ont servi leur pays pendant la guerre.

UPPER WATER ST.

Halifax Harbour

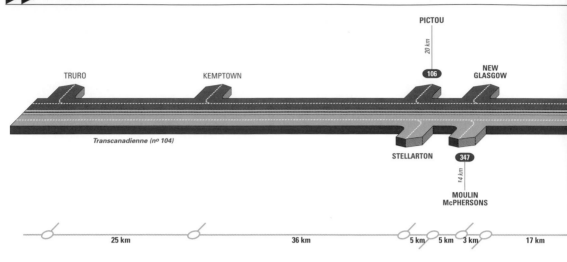

CENTRE DE LA NOUVELLE-ÉCOSSE

Au Quai historique Hector *(photo du bas), le chantier naval fonctionne selon les méthodes du XVIIIe siècle. On y construit actuellement une réplique du* Hector, *qui amena les premiers colons d'Écosse. La Maison McCulloch (ci-dessous) est meublée comme au début du XIXe siècle.*

Pictou

En 1762, George III octroya à un groupe d'entrepreneurs de Philadelphie – dont Benjamin Franklin faisait partie – un territoire de 350 km² dans la région de Pictou. Neuf ans plus tard, le navire *Hector* y débarquait les premiers colons écossais, originaires de Loch Broom. Pictou devint alors un centre de construction navale important et le demeura pendant deux siècles. (Le dernier chantier maritime a fermé en 1983.) C'est du port de Pictou que partit le *Royal William*, premier vapeur à traverser l'Atlantique, en 1833. Cet événement et d'autres faits saillants du passé maritime de la région sont illustrés au musée Northumberland Fisheries.

L'un des premiers habitants de Pictou fut le docteur Thomas McCulloch (1776-1843), pasteur presbytérien et partisan de l'éducation non confessionnelle. Il fonda l'académie de Pictou (1816) et fut le premier recteur du collège Dalhousie (1838). Sa maison, de style écossais et bâtie de briques importées d'Écosse, est devenue un musée (*photo de gauche*) qui possède entre autres une édition originale de *Birds of America*, de J. J. Audubon.

Au centre-ville, le musée Burning Bush Centre est consacré à 200 ans d'histoire religieuse locale. L'église de rondins de Loch Broom, aux abords de la ville, est construite sur le site des premiers services religieux presbytériens de la région (1787).

Pictou célèbre un carnaval du homard, le festival *Hector*, des festivités celtiques, l'Exposition North Colchester et des régates annuelles.

Stellarton

Au musée de l'industrie de la Nouvelle-Écosse, parmi les quelque 14 000 exhibits figurent des reproductions de puits de mine et de chaînes de montage, des maquettes de chemin de fer et *Samson* (1838), la première locomotive à vapeur du Canada. Les exploits de la technologie locale incluent une victoria, propulsée à essence et pouvant rouler à 8 km/h, et une automobile MacKay de 1912. Un monument aux mineurs rappelle le désastre de 1952 qui fit 19 victimes et l'explosion de la mine Westray qui tua 26 mineurs en 1992.

New Glasgow

L'héritage de cette ville célèbre pour ses fonderies d'acier, ses ateliers d'usinage et ses ouvrages d'argile remonte aux colons

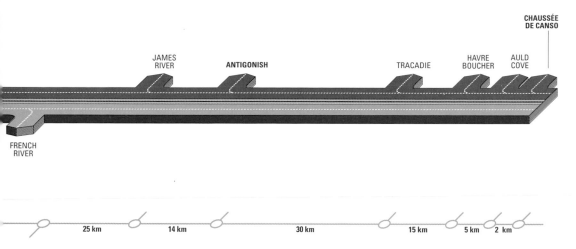

CHAUSSÉE
DE CANSO

JAMES
RIVER   ANTIGONISH   TRACADIE   HAVRE
BOUCHER   AULD
COVE

FRENCH
RIVER

25 km   14 km   30 km   15 km   5 km   2 km

écossais qui furent les premiers à exploiter le filon Foord, un dépôt de charbon d'une puissance de 14,7 m qui courait sous New Glasgow et Stellarton.

Moulin et Ferme McPhersons

Le moulin à eau construit en 1861 continue à moudre du blé, du sarrasin et de l'avoine. On a remplacé sa roue hydraulique originale en 1905. Parmi les objets

théâtrales et musicales du Festival d'Antigonish.

La cathédrale St. Ninian, construite entre 1867 et 1874 de calcaire bleu extrait sur place, célèbre le saint qui, au Ve siècle, introduisit le christianisme en Écosse. L'intérieur est orné de fresques de l'artiste québécois Ozias Leduc.

Les philatélistes voudront visiter le Centre national de philatélie de Postes Canada. Le premier

Depuis plus d'un siècle, ces chutes spectaculaires sur la rivière Sutherlands, près de New Glasgow, fournissent l'énergie nécessaire au Moulin McPhersons. Le moulin n'est plus qu'une attraction touristique, mais il a longtemps été le centre de la vie communautaire et, selon la saison et le courant, a souvent fonctionné nuit et jour.

exposés ici, on note une brouette pourvue d'un sytème intégré pour mesurer les sacs de farine. La maison de ferme est meublée à la manière du siècle dernier.

Antigonish

Proclamant fièrement ses origines, cette ville universitaire est l'hôte, chaque année depuis 1861, des Jeux écossais (Highland Games), les plus anciens en Amérique du Nord. L'université Saint-François-Xavier remonte à 1853. En juillet et en août, le théâtre Bauer accueille sur le campus les représentations

monastère trappiste (1852) en Amérique du Nord est situé aux abords de la ville.

Chaussée de Canso

Couvrant près de 2 km, la digue la plus haute au monde (65 m) a été construite entre 1952 et 1955 sur le détroit de Canso pour relier Port Hastings, dans l'île du Cap-Breton, à Cape Porcupine, sur la terre ferme. L'ouvrage a nécessité 10 millions de tonnes de roche, en majorité extraite localement. Au Cap-Breton, un pont et des quais mobiles permettent aux bateaux de franchir la digue en forme de S.

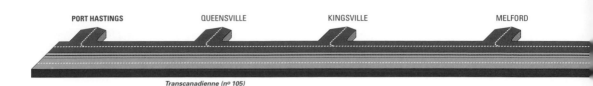

PORT HASTINGS   QUEENSVILLE   KINGSVILLE   MELFORD

Transcanadienne (nº 105)

9 km   9 km   12 km   12 km

ÎLE DU
CAP-BRETON

À Nyanza, les eaux douces de la rivière Baddeck se déversent dans les eaux salées du lac Bras d'Or. Nyanza est, comme d'autres sites autour du grand lac, un paradis pour les ornithophiles. Pygargues à tête blanche, cormorans à aigrettes, goélands à manteau noir, hérons, balbuzards, roselins jaunes et pourprés sont quelques-unes des espèces qui nichent dans la région.

Port Hastings

À la sortie de la chaussée de Canso, à Port Hastings, dans l'île du Cap-Breton, la Transcanadienne change de numéro (de 104 à 105) et file vers le nord jusqu'aux rives panoramiques du lac Bras d'Or. Au village de Bras d'Or, on a le choix entre deux routes. La Ceilidh (prononcée *caïlize*, route 19) longe la côte ouest et traverse Mabou et Margaree Harbour, alors que la Fleur-de-lis (un prolongement de la route 104) longe la côte est, de Port Hawkesbury jusqu'à la forteresse de Louisbourg.

Le musée d'Histoire et d'archives de Port Hastings retrace l'histoire de la région grâce à une remarquable collection constituée par une résidente.

Lac Bras d'Or

Les plaisanciers y apprécient les charmants mouillages retirés et la clarté de l'air. Le lac est en fait un bras de l'Atlantique qui s'est formé lorsque la mer a envahi une vallée glaciaire. Cette grande « mer intérieure », qui divise l'île du Cap-Breton en deux (les basses et les hautes terres), se caractérise par 70 km de côtes, de très faibles marées et une profondeur atteignant 180 m. L'eau y est moitié moins salée que dans l'Atlantique. Le lac est relié à l'océan par le canal St. Peters au sud et par le détroit du Grand Bras d'Or au nord.

Whycocomagh

Ce charmant lieu de villégiature sur le détroit St. Patrick du lac Bras d'Or fut colonisé par des Écossais. Son nom signifie en langue micmac « source des eaux ». La rivière Skye sépare la réserve micmac du village. Le sommet du mont Salt, dans le parc provincial Whycocomagh, offre une superbe vue du lac.

Au nord de Whycocomagh, le lac Ainslie attire les véliplanchistes. La route 395 longe sa rive

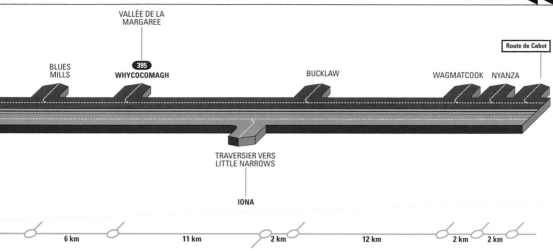

VALLÉE DE LA
MARGAREE

Route de Cabot

BLUES
MILLS

395
WHYCOCOMAGH

BUCKLAW

WAGMATCOOK   NYANZA

TRAVERSIER VERS
LITTLE NARROWS

IONA

6 km   11 km   2 km   12 km   2 km 2 km

est avant de pénétrer dans la magnifique vallée de la Margaree, paradis de la pêche au saumon.

Iona

Pour atteindre ce petit village de la péninsule de Washabuck, on emprunte la route 223 et le traversier de Little Narrows. À la sortie du traversier, on prend indifféremment à gauche ou à droite car la jolie route fait le tour de la péninsule en longeant la côte, pour aboutir à Iona, baptisée ainsi d'après une île au large de la côte ouest de l'Écosse.

Le musée Nova Scotia Highland Village, dont le site domine le lac Bras d'Or, est consacré à la vie des pionniers de la région. Des guides costumés font visiter les 10 bâtiments historiques dont le Taigh Dubh («maison noire» en gaélique), cabane de pionniers bâtie en rondins et typique des années 1830-1850, une petite école des années 20 et un moulin à carder. Non loin, on aperçoit Plaster Cove, drapée dans ses falaises de gypse. Le parc provincial MacCormack est idéal pour pique-niquer.

Route de Cabot

Passé Nyanza, la Transcanadienne rejoint la route de Cabot. Avant de poursuivre vers Baddeck, vous voudrez peut-être prendre la sortie 7 pour emprunter ce tracé splendide qui longe, sur près de 300 km, la côte nord de l'île du Cap-Breton. La route doit son nom à l'explorateur Jean Cabot qui serait passé au large de l'île en 1497. Elle est parsemée de torrents et de chutes, de gorges spectaculaires, de collines boisées et de promontoires escarpés. Le long du golfe du Saint-Laurent, elle domine les rives de quelque 300 m.

Plus du tiers de la route de Cabot traverse le parc national des Hautes-Terres-du-Cap-Breton. Les voyageurs peuvent s'arrêter à un grand nombre de belvédères, et ceux qui désirent explorer les splendides hautes terres ont le choix entre quelque 25 sentiers de randonnée de longueurs très variées. Quelques-uns d'entre eux sont difficiles, comme celui qui mène aux chutes Beulach Ban, près de Big Intervale, ou celui qui conduit au sommet du mont Franey.

L'entrée est du parc se trouve tout près de Chéticamp, un village de pêche acadien ; son entrée ouest se situe à Ingonish Beach, lieu de villégiature fort recherché et site du célèbre Keltic Lodge. Un peu au sud d'Ingonish Beach, au sommet du cap Smokey, on jouira, par temps clair, d'un des plus beaux panoramas de la route. (Les voyageurs peuvent aussi s'engager sur la route de Cabot à la sortie 11, près de South Gut St Ann's – voir pp. 214-215.)

Bâtie en 1927, l'église presbytérienne St. Andrew, à Whycocomagh, avec son revêtement de planches à clin blanches, est une église typique des Maritimes, que singularisent toutefois ses deux flèches.

213

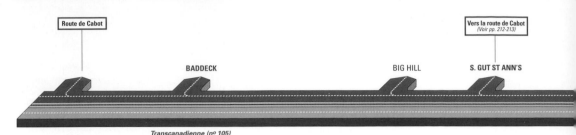

Route de Cabot

Vers la route de Cabot
(Voir pp. 212-213)

BADDECK　　　BIG HILL　　S. GUT ST ANN'S

Transcanadienne (nº 105)

8 km　　　14 km　　　6 km

**ÎLE DU
CAP-BRETON**

Dans l'île du Cap-Breton, de nombreux phares comme celui-ci, à Baddeck, rappellent au visiteur qu'il n'est jamais loin de l'eau, qu'il s'agisse du houleux Atlantique ou du paisible lac Bras d'Or.

Baddeck

Sur les rives du lac Bras d'Or, ce lieu de villégiature doit ses origines à la fois aux Loyalistes de 1785 et aux immigrants écossais qui débarquèrent ici au siècle suivant. Son résident le plus célèbre fut sans aucun doute l'inventeur Alexander Graham Bell (1847-1922). En 1909, Baddeck entra dans les annales de l'aviation lorsque John Douglas McCurdy (1886-1961) s'éleva au-dessus de la baie à bord du *Silver Dart*, réalisant ainsi le premier vol piloté au Canada. La marina est le point de départ d'excursions sur le lac et un traversier mène les visiteurs à l'île Kidston, idéale pour les pique-niques et les randonnées dans la nature.

Lieu historique national Alexander-Graham-Bell, Baddeck

Alexander Graham Bell fut si impressionné par le Cap-Breton dès sa première visite en 1885 qu'il établit sa résidence d'été à Baddeck et y passa une grande partie des 35 dernières années de sa vie. « J'ai vu les Rocheuses américaines, les Andes, les Alpes et les Highlands d'Écosse, écrivait-il, mais pour la beauté à l'état pur, rien n'égale le Cap-Breton. » Le lieu historique consacré à Bell se trouve à l'extrémité est de Baddeck. On peut y voir une importante collection de ses inventions, documents personnels et photographies ainsi que des cerfs-volants, des

planeurs, des modèles d'hydroglisseurs et d'hélicoptères et sa « camisole à vide », précurseur du poumon d'acier. Une partie de la collection est consacrée à son épouse, Mabel Hubbard Bell (1857-1923), qui se distingua par ses recherches en horticulture et son militantisme en faveur du droit de vote des femmes. Les Bell sont enterrés sur la rive opposée de la baie, près de leur résidence d'été, *Beinn Bhreagh* (« belle montagne », en gaélique), qui reste propriété privée.

South Gut St Ann's

Ici, au seul institut en Amérique du Nord pour l'étude de l'art et de la culture gaéliques, vous pouvez vous initier à la cornemuse, au lancer à l'écossaise ou à la langue gaélique. Le collège offre 11 disciplines écossaises traditionnelles et attire des étudiants du monde entier. Une visite du Grand Hall des Clans donne un bon aperçu de l'histoire et de la tradition celtiques et le centre des arts regorge de kilts faits de centaines de tartans différents. (À titre de sujets de la reine Élisabeth II, les Canadiens qui ne sont pas de descendance écossaise ont droit au tartan Stuart.) Une grande fête gaélique

JONCTION DE LA ROUTE DE CABOT / NORTH SYDNEY

72 kilomètres ◀◀

TRAVERSIER VERS
CHANNEL–PORT
AUX BASQUES

**NORTH
SYDNEY**

125

10 km

SYDNEY

44 km

de sept jours a lieu sur le campus
au mois d'août.

North Sydney

North Sydney, centre de traitement du poisson, possède un
grand nombre d'immeubles
victoriens pourvus d'arches, de
vérandas et de pignons ornés.
Une traversée de 160 km mène
en 5 heures à Channel–Port aux
Basques, sur la côte ouest de
Terre-Neuve, et au dernier
tronçon de la Transcanadienne.
Une autre de 14 heures franchit
426 km jusqu'à Argentia, dans la
péninsule d'Avalon (p. 224).

Sydney

Fondée par les Loyalistes, Sydney fut la capitale de l'île du Cap-
Breton de 1784 à 1820, année de
son rattachement à la Nouvelle-
Écosse. Les gisements de charbon et le minerai de fer furent à
l'origine du développement industriel de la région au milieu du
siècle dernier, quand Sydney se
surnommait « la ville de l'acier ».
Avec plus de 25 000 habitants,
elle est toujours la deuxième ville
en importance de la province,
après Halifax–Dartmouth. Son
patrimoine inclut les maisons
Cossit et Jost (vers 1780) et le
musée St. Patrick, une église de
1828 qui retrace l'histoire locale.
L'ex-opéra du Lyceum (1904) est
devenu le centre d'Histoire et
des sciences du Cap-Breton.

De Sydney, une balade de
23 km sur la route 4 conduit à
Glace Bay. Vous pouvez y visiter
une houillère sous l'océan, au
musée des Mineurs. Non loin, à
Table Head, le lieu historique
national honore l'inventeur italien
Guglielmo Marconi (1874-1937)
qui érigea au Cap-Breton, en
1902, un des premiers pylônes
de transmission transatlantique
permanents. Ici, les adeptes de
radioamateur peuvent émettre et
recevoir des messages.

À 32,5 km au sud de Sydney,
sur la route 22, se trouve le village de pêche de Louisbourg. La
gare, ancien terminus de la ligne
Sydney–Louisbourg (« le chemin
de fer le plus court et le plus
rentable au monde »), sert de
centre d'accueil aux visiteurs
de la forteresse. Celle-ci, avec
une cinquantaine de bâtiments
reconstruits, soit environ le quart
de la ville française fortifiée qui
s'élevait ici entre 1720 et 1760,
est la reconstitution historique la
plus importante en Amérique du
Nord. Une centaine de guides en
costumes d'époque vous donne-
ront l'impression de la visiter à
l'été 1744.

*Le Bastion du roi (ci-dessus), jadis
le plus grand bâtiment d'Amérique
du Nord, comprend des salles d'ap-
parat, une caserne, une chapelle
militaire et les tombes de deux
gouverneurs de la colonie.*

*À Sydney, des guides en costumes
d'époque font visiter la Maison
Cossit, le plus vieux bâtiment de
la ville, construit en 1787 pour
servir de cure à l'église presbytérienne.*

215

CHANNEL–PORT
AUX BASQUES

406 407

Transcanadienne (nº 1)

38 km   4 km   103 km

**OUEST DE
TERRE-NEUVE**

Cet ancien instrument de navigation, un astrolabe portugais de 1628 en parfait état, occupe une place de choix au musée Gulf, dans la pittoresque ville de Channel–Port aux Basques.

Channel–Port aux Basques

Channel–Port aux Basques, terminus du traversier venant de North Sydney, en Nouvelle-Écosse, est né en 1945 de la fusion de cinq villages. Son nom rappelle que des pêcheurs basques fréquentaient déjà les lieux au XVIe siècle. Précieux vestige de cette époque, un astrolabe du XVIIe siècle a été découvert dans la région en 1981 ; il est exposé au musée Gulf. Au nord-ouest de la ville, la Transcanadienne traverse Grand Bay West et le parc provincial J.T. Cheeseman, où l'on trouve deux des quelques rares plages de sable de Terre-Neuve. Plus au nord, le mont Table (518 m) domine le paysage accidenté ; les vents qui s'abattent sur ses flancs affectent fréquemment la circulation sur un tronçon de 16 km de la route où les bourrasques atteignent parfois 160 km/h.

Vallée de la Codroy

Environ 35 km au nord de Channel–Port aux Basques, la Transcanadienne pénètre dans la vallée agricole de la Codroy, entre les monts Anguille (à l'est) et Long Range (à l'ouest). Pour un aperçu du paysage, prenez la route 407 vers St. Andrews et le parc Mummichog, ainsi nommé pour le petit poisson, le choquemort, qui vit dans sa lagune. Plus au nord, la route 406 vous mènera au parc provincial Grand Codroy, où la pêche au saumon est excellente.

Stephenville

De la Transcanadienne, la route 490 mène à Stephenville, où la papetière Abitibi-Price est le principal employeur. Ici, pendant l'été, un festival de théâtre présente des œuvres originales et des succès de Broadway. Dans la péninsule de Port-au-Port, à l'est de la ville, des hameaux comme Lourdes, Grand Jardin et De Grau tirent leur nom des marins français qui y firent souche. Le parc provincial Piccadilly Head réserve des sentiers de randonnée et une plage de sable.

Parc provincial Barachois Pond

C'est le plus grand parc provincial de Terre-Neuve. On y pratique diverses activités comme le kayak et le cyclisme de montage. Un sentier du parc aboutit au sommet de la montagne Erin d'où la vue est magnifique.

Corner Brook

L'usine de pâte à papier de Corner Brook est l'une des plus importantes au monde. Les vacanciers peuvent profiter d'une soirée au théâtre ou au cabaret, ou s'initier à l'histoire de la police dans la province en visitant le Royal Newfoundland Constabulary Museum. Le mont Marble, à l'est de la ville, est renommé pour son profil qui rappelle celui d'un vieil homme et pour son centre de ski, le plus important dans les provinces atlantiques.

P.N. DU GROS-MORNE

23 km

BARACHOIS POND PP

CORNER BROOK

PASADENA

DEER LAKE

430

490

25 km

STEPHENVILLE

11 km 62 km 27 km 23 km 5 km

Les glaciers ont sculpté les rochers des Tablelands dans le parc national du Gros-Morne, ensemble grandiose de lacs, de fjords, de montagnes et de falaises. Le socle rocheux, la composition du sol et l'altitude composent un milieu favorable pour une multitude de plantes et d'animaux.

Deer Lake

C'est un centre de transport et de distribution important, alimenté par un aéroport régional très fréquenté. Le Centre historique régional Roy Whalen se consacre à l'histoire de la région.

Parc commémoratif Sir Richard Squires

La route 430, en direction du parc national Gros-Morne, permet d'accéder à ce parc par la route 422. Dans ce paradis des pêcheurs, on assiste au spectacle des saumons qui sautent hors de l'eau pour remonter la chute Big (pp. 218-219).

Parc national du Gros-Morne

Montagnes, tourbières, dunes de sable et fjords majestueux composent ce vaste parc au milieu des monts Long Range. La dérive des continents a formé, il y a 450 millions d'années, ses terres accidentées auxquelles les glaciers donnèrent plus tard leur relief. Au nord de Wiltondale, la route 430 contourne le mont Gros-Morne (806 m) puis longe l'étang Western Brook où se trouve l'accueil aux visiteurs. Au tournant de la route, Rocky Harbour est le point de départ de croisières sur la Bonne Baie et l'étang Western Brook.

217

Excitante pêche au fringant saumon de l'Atlantique

ROUTE 1 / PARC PROVINCIAL SIR RICHARD SQUIRES

LAWRENCE JACKSON, *natif du sud de l'Alberta, vit au Labrador et à Terre-Neuve depuis 1971. Accompagné de son épouse, il était venu pour un travail d'été, mais il n'est jamais reparti. Ses articles ont été publiés notamment dans le* Canadian Geographic *et le* Reader's Digest.

SI VOUS VOUS TROUVEZ dans le voisinage du lac Deer, ne manquez pas de faire un détour au parc provincial Sir Richard Squires. Là, pendant que vous contemplerez les chutes Big, il se pourrait qu'un magnifique saumon vous saute dans les bras. Cela est déjà arrivé... plus d'une fois, paraît-il.

Pendant tout l'été, les saumons qui remontent la Humber pour rejoindre leur frayère prennent ici leur élan pour se hisser par-dessus une saillie haute de 4 m qui enjambe la rivière, large de 87 m à cet endroit. Au plus fort de la montaison, en juillet et en août, on en voit parfois 10 ou 20 à la fois sauter dans les airs, quoique la plupart profitent des biefs de l'échelle à poissons qui ont été dynamités dans la berge du côté sud des chutes. Sauf pendant la crue, vous pouvez marcher sur la saillie et observer le phénomène de très près.

En aval de la chute, c'est un paradis des pêcheurs. Un guide local vous fera traverser la rivière dans un des 20 doris de bois jaune du parc pour vous conduire vers une fosse de choix, près de Goosney's Rock ou de Gulliver's Ledge. Il vous aidera à choisir la mouche idéale, une Casboon argentée ou une Orange Bug. De bons réflexes, la main preste et un peu de chance vous assureront une prise pesant entre 3 et 7 kg. C'est alors que vous comprendrez pourquoi les saumoniers parlent d'une «expérience unique». En effet, une fois ferré, le poisson peut bondir une demi-douzaine de fois hors de l'eau avant que vous parveniez à le ramener... si vous réussissez.

Déjà spectaculaire, la pêche au saumon dans la légendaire rivière Humber semble promise à un avenir encore meilleur. Le stock de saumons adultes, qu'on estimait à quelque 30 000 en 1996, pourrait augmenter rapidement grâce aux mesures radicales de conservation qui ont été mises en place. En 1992, le gouvernement a fermé la pêche commerciale du saumon. La même année, une pénurie alarmante de poissons de fond conduisait à l'interdiction complète de la pêche commerciale à la morue qui ramenait toujours, accidentellement, des saumons adultes. Ces mesures ont eu pour effet de multiplier par cinq ou six le nombre des saumons adultes qui remontent la Humber.

Le phénomène agit un peu à la manière des intérêts composés. Le nombre grandissant de saumons qui réussissent à gagner la rivière et à s'y reproduire résulte en une explosion démographique. Il faut quatre à cinq ans avant que la progéniture du saumon de Terre-Neuve puisse à son tour se reproduire de sorte que les effets bénéfiques réels des mesures de conservation ne se font sentir qu'au bout de ce temps.

Les œufs pondus dans le gravier de la rivière pendant l'été éclosent le printemps suivant: les tacons restent trois ou quatre ans dans la rivière (mais la moitié d'entre eux meurent chaque année) avant de gagner la mer. La plupart de ceux qui survivent à leur séjour en mer (moins de 10 p. 100) reviennent l'année suivante comme madeleineaux ou grills. Ils pèsent alors de 2 à 3 kg.

À la différence des cinq espèces du Pacifique, le saumon de l'Atlantique survit au frai. Après s'être reproduit, il passe un hiver maigre dans la rivière, gagne la mer pour s'engraisser, revient se reproduire de nouveau, et, bien souvent, recommence l'année suivante. Certains individus séjournent deux ans ou plus dans la mer, migrant jusque dans l'ouest du Groenland avant d'entreprendre leur voyage de retour.

Dans la plupart des rivières de Terre-Neuve, la montaison du saumon dure de quatre à six semaines, mais celle de la Humber s'étend de juin à la fin septembre. De la mi-juin à la mi-juillet, il se produit une montaison de gros géniteurs pesant 10 kg ou plus et dont la majorité n'en est sans doute pas à sa première reproduction. En

même temps, a lieu une montaison de madeleineaux qui dure presque tout l'été. Puis, au début d'août, on assiste à une deuxième montaison de gros saumons, apparemment ceux qui ont passé deux ans ou plus dans la mer avant de venir se reproduire. Ceux-ci ont tendance à séjourner dans les biefs inférieurs de la rivière.

Au parc provincial Sir Richard Squires, la rivière Humber, longue de 120 km, livre un tiers de ses prises. Malgré le débit d'eau (la Humber est la deuxième rivière en importance de Terre-Neuve), ce tronçon, particulièrement large mais peu profond, permet aux pêcheurs en cuissardes d'atteindre les meilleures fosses sans embarcation. Des centaines d'entre eux à la fois peuvent, sans se nuire, y pratiquer leur sport favori à gué. La limite des prises autorisées en saison est de six saumons: trois avant le 15 juillet et trois après. Tout spécimen de plus de 63 cm doit être remis à l'eau.

On atteint le parc et les chutes Big en empruntant, du lac Deer, la route 430 vers le nord, puis la route 422. Une fois sur place, que vous décidiez de planter votre tente ou de parcourir les sentiers qui longent la rivière, trouvez un prétexte pour engager la conversation avec les pêcheurs. La plupart seront des Terre-Neuviens, et vous aurez la chance de découvrir leur volubilité, leur humour et leur amabilité.

Les non-résidents qui veulent faire l'expérience de pêche de leur vie doivent se procurer un permis de pêche – dans une quincaillerie, un magasin d'articles de sport ou une station-service – et se faire accompagner d'un guide autorisé.

[...] une fois ferré, le poisson peut bondir une demi-douzaine de fois hors de l'eau [...].

Lawrence Jackson

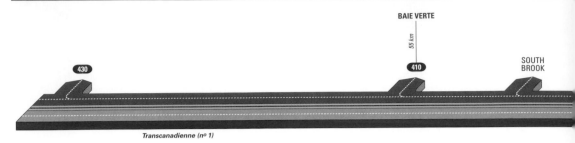

BAIE VERTE

55 km

430

410

SOUTH BROOK

Transcanadienne (nº 1)

97 km

34 km

CENTRE DE TERRE-NEUVE

Baie Verte

La péninsule de Baie-Verte se caractérise par ses forêts luxuriantes et ses gîtes de minerai. La ville minière de Baie Verte, qui dessert la région, se situe à environ 55 km au nord de la Transcanadienne. Visitez, aux abords de la ville, le centre d'Interprétation de la nature et, en plein centre, le musée des Mineurs, établi sur le site d'une mine de cuivre désaffectée. Le parc provincial Flatwater Pond était autrefois un camp de bûcheron.

Buchans

Du village forestier de Badger, la route 370 mène, 73 km au sud-est de la Transcanadienne, au « cœur » de Terre-Neuve. Ici se trouve Buchans, l'endroit de l'île le plus éloigné de la mer, qui fut une importante ville minière, comme en atteste le musée local. Près de Buchans Junction, sur la route 370, les ruines d'un corral en pierre à Laplanders' Bog sont ce qui reste d'une malheureuse expérience menée, au début du XXe siècle, par Sir Richard Grenfell. Celui-ci avait tenté de domestiquer les rennes pour leur faire exécuter certaines tâches comme le débardage du bois.

Grand Falls-Windsor

C'est ici que se trouve l'une des usines de papier journal les plus importantes au monde. Le musée régional Mary March retrace 5 000 ans d'histoire des Indiens. Mary March (1796-1820) fut l'une des dernières survivantes des Béothuks, peuple autochtone de Terre-Neuve qui fut exterminé au début du XIXe siècle. Mary s'appelait en réalité Demasduit, mais le nom de March lui resta parce qu'elle avait été capturée en mars.

Juste à l'ouest de Grand Falls, Windsor marque le point médian de la Transcanadienne dans la province de Terre-Neuve.

Lewisporte

Non loin de Notre Dame Junction, la « route des îles » (340) file vers le nord jusqu'à ce dépôt régional d'approvisionnement en combustibles, sur la baie de Notre-Dame. Un passé haut en couleur est illustré au musée By The Bay qui expose entre autres des flèches béothuks et les

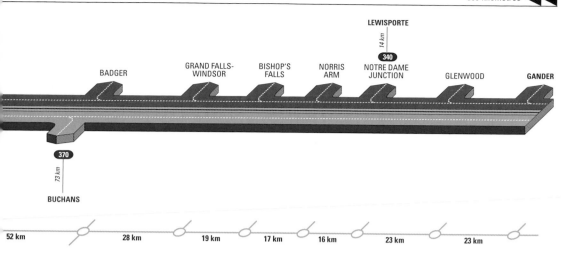

LEWISPORTE

14 km

340

BADGER   GRAND FALLS-WINDSOR   BISHOP'S FALLS   NORRIS ARM   NOTRE DAME JUNCTION   GLENWOOD   GANDER

370

73 km

BUCHANS

52 km   28 km   19 km   17 km   16 km   23 km   23 km

Un grand nombre de villes de Terre-Neuve ont été touchées par la diminution de l'importance de Gander dans le domaine de l'aviation internationale et par la perte du service ferroviaire dans l'île. Si Gander accueille encore beaucoup de vols internationaux, le train n'arrête plus par exemple à Badger (ci-dessous), autrefois gare importante. Avant l'avènement de la Transcanadienne, la route principale de Grand Falls à Windsor enjambait un ruisseau au centre-ville. Le pont sert aujourd'hui de voie piétonnière.

dessins d'un yacht royal. D'ici partent des expéditions de pêche au thon rouge géant ainsi que le traversier en direction de Goose Bay, au Labrador. (Il faut réserver longtemps à l'avance.) Passé Lewisporte, la route 340 mène à d'autres ports pittoresques dont Boyd's Cove, à quelque 30 km au nord, qui fut un important établissement béothuk entre 1650 et 1720. Un site archéologique et un centre d'interprétation retracent le destin tragique du peuple béothuk.

Encore 30 km plus loin, la petite ville insulaire de Twillingate fut visitée par les pêcheurs français au XVIIe siècle, mais colonisée par des marchands et des pêcheurs anglais. On apprend tout de son passé coloré et prospère en visitant le musée de Twillingate, situé dans une ancienne cure de l'église anglicane, le musée du Patrimoine North East Coast Church et le musée Durrell. Poursuivez jusqu'au phare de la pointe Long pour admirer le spectacle des icebergs qui dérivent au large.

Gander

Les répliques, le long de la route, d'un bombardier Hudson et du supersonique *Concorde* rappellent le rôle important de Gander dans la Deuxième Guerre mondiale et sa vocation d'escale de ravitaillement. Une exposition à l'aéroport célèbre les pionniers des traversées de l'Atlantique. Au musée de l'Aviation, un monument rend hommage aux forces aériennes alliées. L'unique cimetière de guerre du Commonwealth sur le continent est à 3 km de la ville. Non loin, un monument est dédié aux victimes de l'écrasement en 1985 de l'avion transportant la 101e division aéroportée des États-Unis.

GANDER   GAMBO   GLOVERTOWN   P.N. DE TERRA-
                                                                        NOVA (NORD)

Transcanadienne (nº 1)

40 km   16 km   4 km

**EST DE
TERRE-NEUVE**

Gambo

C'est la patrie du célèbre Joey Smallwood (1900-1991) qui, en 1949, fit de Terre-Neuve la dixième province du Canada. Une statue de bronze le représente les pieds fermement ancrés dans le roc. Le belvédère Joey, sur la Transcanadienne, offre une vue panoramique de la vallée de la rivière Gambo.

Le grand-père de Smallwood, David, érigea ici, en 1862, la première scierie à vapeur de Terre-Neuve. Le parc qui porte son nom renferme la maquette fonctionnelle d'une scierie hydraulique et une échelle qui permet aux saumons de contourner les chutes pour rejoindre leur frayère.

Glovertown

Cette ancienne ville forestière ne s'est jamais remise de l'incendie qui ravagea la forêt avoisinante en 1946. C'est aujourd'hui un carrefour de services et l'entrée du parc national de Terra-Nova.

Parc national de Terra-Nova

La Transcanadienne traverse un parc qui, à première vue, peut sembler n'être qu'une forêt boréale peuplée d'épinettes noires et de sapins. Mais les apparences sont trompeuses. Selon les naturalistes, le principal attrait de Terra-Nova réside dans ses étendues d'eau : près d'un tiers du parc est constitué de fjords – le détroit de Newman, celui de Clode et le bras sud-est de la baie d'Alexander – et un sixième est constitué d'étangs et de tourbières. Terra-Nova abrite plus de 65 espèces animales et quelque 350 plantes, y compris une espèce rare, l'orchidée des tourbières. Au printemps et en été, on peut voir des baleines au large.

À environ 8 km de la limite nord du parc, une route tourne vers l'est jusqu'à Saltons Wharf où se trouve le centre d'Interprétation de la mer. Quelques kilomètres au sud, une autre route mène au fjord de Newman, où les visiteurs trouveront un centre d'accueil, des belvédères et un camping. Des aménagements semblables les attendent à Port Blandford, à l'extrémité sud du parc.

À Terre-Neuve, chaque tournant de la route révèle un paysage incomparable. Ce peut être un paisible panorama comme celui de Gambo (ci-dessus), ou la splendeur des étendues comme celle du bras sud-ouest de la baie d'Alexander – qu'on peut admirer du belvédère sur le sentier Malady Head dans le parc national de Terra-Nova.

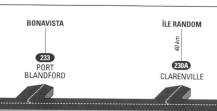

BONAVISTA

ÎLE RANDOM

233
PORT
BLANDFORD

230A
CLARENVILLE

40 km

GOOBIES

40 km   19 km   28 km

Bonavista

Selon la légende, Jean Cabot (1450-1499) se serait écrié, en entrant dans la baie en 1497, *"O Buona Vista !"* (Heureuse vision !). Pendant quatre siècles, la péninsule de Bonavista fut un endroit privilégié pour la pêche à la morue, mais cette ère connut une fin tragique en 1992 avec l'épuisement de l'espèce.

Un peu à l'est de Port Blandford, la route 233 rejoint la route 235 qui mène à la pointe de la péninsule et à la municipalité de Bonavista. Le musée de la rue Church est consacré au passé de cette communauté de pêcheurs, l'une des plus anciennes de la province. Au centre du village, une maison centenaire et de nombreuses dépendances faisant partie de la propriété Mockbeggar ont été restaurées. Les meubles d'époque témoignent du style de vie traditionnel des Terre-Neuviens. Le lieu historique national de l'Établissement-Ryan rend hommage à James Ryan (1841-1917) qui exploita une prospère entreprise de pêcheries à la fin du XIXe siècle. Le site restauré comprend la résidence du propriétaire, une poissonnerie, un saloir, un magasin et les logements des employés. Parmi les autres attraits de Bonavista, on note l'église unie Memorial, peut-être la plus grande église de bois des Maritimes, et la Maison Bridge (1814), l'un des plus vieux bâtiments de Terre-Neuve.

Sur la pointe de la péninsule se profilent la statue de Cabot et le phare (1841), à structure carrée, rendu à son apparence de 1870.

Trinity

En route vers Bonavista, vous pouvez emprunter la route 230 jusqu'à Trinity, ancien repaire de pirates, maintenant village de pêcheurs et lieu touristique. On peut y visiter la Maison Lester-Garland (début du XIXe siècle), la Maison Hiscock (1910), le musée du Chemin de fer de Terre-Neuve et la Forge de la famille Green, convertie en musée.

Île Random

Avec ses 388 km², cette île recouverte de denses forêts en exploitation est la deuxième en superficie des îles de la côte de Terre-Neuve. Une digue relie l'île à la terre ferme dont elle est séparée par un étroit chenal. Prenez les routes 230 et 231 vers Petley, sur le détroit de Smith. C'est ici que le *Lois Elaine II* entreprend quotidiennement son aller-retour vers l'île Ireland's Eye. (Selon la légende, de cette île éloignée, on pourrait voir l'Irlande à l'horizon.) Le bateau longe de petits ports abandonnés, vision poignante des villages qui florissaient autrefois le long des côtes de Terre-Neuve.

Dans le pittoresque village de Hickman's Harbour, les entrepôts remplis de rondins et les tas de rondins recouverts de bâches font partie du paysage. L'exploitation de la forêt est en effet depuis deux siècles la principale activité des habitants de l'île Random, ultime bastion des Béothuks qui peuplaient jadis Terre-Neuve avant d'être exterminés.

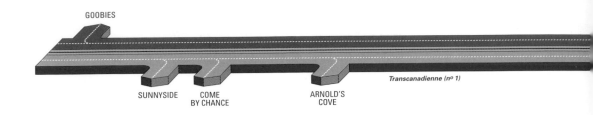

GOOBIES

SUNNYSIDE

COME
BY CHANCE

ARNOLD'S
COVE

Transcanadienne (nº 1)

8 km   4 km   9 km   38 km

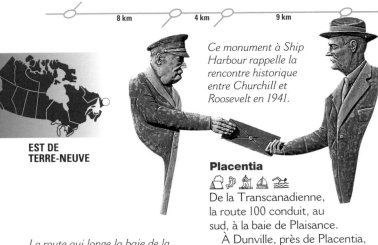

**EST DE
TERRE-NEUVE**

Ce monument à Ship Harbour rappelle la rencontre historique entre Churchill et Roosevelt en 1941.

La route qui longe la baie de la Trinité révèle à chaque détour un nouveau panorama de terre et de mer, soit qu'elle monte vers les hautes terres ou qu'elle dévale dans les anses où se blottissent les villages aux maisons de bois peintes en blanc face au littoral vaseux. Le temps est parfois brumeux dans la région, mais lorsque le soleil brille, ou qu'il se couche avec splendeur comme sur cette vue d'Arnold's Cove, la sérénité du paysage n'a rien de comparable.

Placentia

De la Transcanadienne, la route 100 conduit, au sud, à la baie de Plaisance.

À Dunville, près de Placentia, prenez la route 102 jusqu'à Ship Harbour, où, en août 1941, une rencontre historique entre Winston Churchill et Franklin Roosevelt donna lieu à la signature de la Charte de l'Atlantique. À bord du navire *Augusta* ancré au large, le président des États-Unis promit le soutien de son pays à l'Angleterre alors en guerre et les deux leaders s'entendirent sur les termes de la paix à venir.

Au sommet d'une colline dominant Placentia, le lieu historique national de Castle Hill préserve les vestiges des fortifications françaises et anglaises. Plaisance, aujourd'hui Placentia, fut la première colonie française à s'établir à Terre-Neuve, en 1662. Jusqu'à sa cession à l'Angleterre en 1713, elle servit de port aux chalutiers français et de relais pour les attaques contre les Anglais de St. John's. Les Anglais renforcèrent les fortifications et les rebaptisèrent Placentia. Les sentiers qui relient les forts offrent une vue splendide. On a un bon aperçu de la vie quotidienne des soldats et des pêcheurs qui vécurent ici en visitant le centre d'interprétation.

Au centre de la ville, la maison historique O'Reilly, construite en 1902 par un magistrat local, a été restaurée et accueille les visiteurs de juin à septembre.

HEART'S
CONTENT

HARBOUR
GRACE

BRIGUS

42 km

80

24 km

14 km

70

100

44 km

PLACENTIA
& ARGENTIA

2 km   20 km

Argentia

Drapée dans le brouillard quelque 200 jours par année, Argentia est l'endroit le plus brumeux au Canada. L'agglomération, autrefois nommée Little Placentia, changea son nom vers 1880 avec l'ouverture d'une mine d'argent (en latin, *argentum*). Elle servit de base navale et aérienne aux Américains de 1940 à 1975. Un traversier relie Argentia à North Sydney, en Nouvelle-Écosse.

Heart's Content

Certains croient que ce très vieux village porte le nom d'un bateau, mais d'autres croient que ce nom exprime la satisfaction de ses habitants. Quant aux deux villages avoisinants, Heart's Desire et Heart's Delight, ils ont été volontairement nommés ainsi par leurs habitants. De la Transcanadienne, c'est par la route 80 qu'on les atteint en longeant la baie de la Trinité.

C'est à Heart's Content que s'acheva l'installation du premier câble télégraphique sous-marin trans-atlantique. La station-relais de 1873 est maintenant un musée.

Brigus

Naguère connu pour la chasse au phoque, Brigus a compté parmi ses résidents l'explorateur de l'Arctique, Robert Abram Bartlett (1875-1946). Bartlett dirigea une vingtaine d'expéditions vers le nord et c'est lui qui commandait le bateau à bord duquel l'amiral Peary et ses compagnons atteignirent le pôle Nord en 1909. Nommée depuis lieu his-

torique national du Cottage-Hawthorne, la résidence de Bartlett est un rare exemple de la pittoresque architecture locale appelée « cottage orné ». Brigus se distingue aussi par sa rivière curieusement entourée de murs. Sans doute des pionniers y empilèrent-ils les pierres extraites de leurs terres dans l'espoir de contenir la rivière dans son lit.

Harbour Grace

Ses trois imposantes églises rappellent le passé prospère de Harbour Grace. L'église catholique de l'Immaculée-Conception eut le statut de cathédrale jusqu'à ce que l'évêché s'établisse à Grand Falls en 1983. À l'église unie, un monument est dédié au révérend Laurence Coughlan, qui fonda ici, en 1765, la première mission wesleyenne d'Amérique du Nord, doctrine qui engendra le méthodisme. St. Paul, la plus vieille église de pierre de Terre-Neuve, fut construite en 1835 comme chapelle de garnison.

Le musée de la Baie-de-la-Conception occupe un édifice construit sur le site des fortifications élevées, au XVIIe siècle, par le célèbre pirate Peter Easton. Dans les années 30, Wiley Post (1899-1935) et Amelia Earhart (1897-1937) s'envolèrent en solo de Harbour Grace, qui devint, en 1927, le premier aéroport civil d'Amérique du Nord.

À Harbour Grace, dans le secteur ouest de la baie de la Conception, des filets de pêche multicolores encombrent le quai. Grâce à la chasse au phoque et à la pêche à la morue, cette agglomération était autrefois la deuxième en importance à Terre-Neuve.

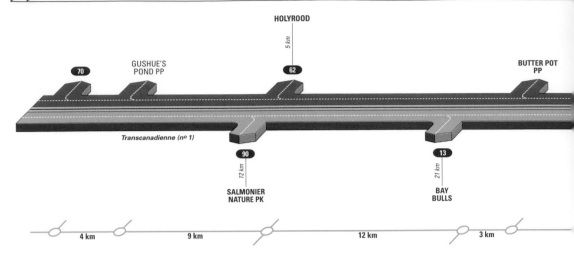

HOLYROOD

5 km

GUSHUE'S
POND PP
70
62

BUTTER POT
PP

Transcanadienne (nº 1)

90
12 km
SALMONIER
NATURE PK

13
21 km
BAY
BULLS

4 km   9 km   12 km   3 km

**À L'OUEST DE
ST. JOHN'S**

Parc de la nature Salmonier

Un sentier de 2 km traverse des boisés et des marécages où on a reconstitué des habitats naturels pour la faune et la flore indigènes de Terre-Neuve et du Labrador. Le parc soigne les animaux blessés et ses enclos abritent des oiseaux et autres animaux orphelins ou infirmes. Des naturalistes répondent aux questions et animent des programmes d'interprétation.

Holyrood

🦌 ⛵ ⛴ 🏊 ❄

On rejoint ce lieu de villégiature estival, rendez-vous des amateurs de voile, en suivant la route 62 sur environ 5 km. Sur terre, sur mer ou du haut des airs, on repère facilement Holyrood, fondée par des colons irlandais à la fin du XVIIIe siècle, grâce à la croix lumineuse géante plantée au sommet du mont George Cove.

Bay Bulls

🏰 🚣 🦌 ⛴

Le nom de cet endroit, peut-être tiré du nom d'un mergule nain (*bull-bird*) qui niche dans les environs, est en usage depuis 1592. Dès 1635, des pêcheurs anglais commencèrent à y passer l'hiver. Au cours des 160 années suivantes, les Français et les Hollandais attaquèrent et incendièrent régulièrement l'établissement semi-permanent. Ce sont les Irlandais qui, en 1800, en firent une véritable colonie.

Quatre canons, surmontés des statues en bronze de saint Paul, saint Patrick, saint Joseph et sainte Thérèse, montent la garde à l'entrée de l'église catholique.

Ils rappellent en même temps le passé tumultueux de Bay Bulls.

Au large, les trois îles qui font partie de la réserve écologique Witless Bay sont un refuge paradisiaque pour les pétrels, les fous de Bassan, les marmettes, les goélands et autres oiseaux de mer. La colonie de macareux la plus importante en Amérique du Nord niche sur l'île Gull. Pendant la saison de la nidification (de la mi-juin au début de juillet), des bateaux de croisière font le tour des îles.

Parc provincial Butter Pot

Un des attraits de ce parc situé tout près de la Transcanadienne est le belvédère au sommet de la colline Butter Top (305 m) d'où la vue sur la baie est splendide.

Parc C.A. Pippy, St. John's

De l'échangeur Kenmount, la route Freshwater file jusqu'au centre-ville de St. John's (pp. 228-229). Mais si vous poursuivez sur Prince Philip Drive, vous passerez devant le parc Pippy, l'Université Memorial, le centre des Arts et de la culture et l'édifice de la Confédération.

▶ *Les platebandes du jardin botanique, sur le campus de l'Université Memorial, se composent de charmants arrangements de hauteur, de texture et de couleur variées.*

Les voiliers accostés à la marina d'Holyrood sont ceux des plaisanciers qui viennent en grand nombre profiter des paysages spectaculaires et des bonnes brises de la baie de la Conception.

PRINCE PHILIP DRIVE

ST. JOHN'S
[ÉCHANGEUR
KENMOUNT RD.]

Hwy 60

FRESHWATER RD.
[CENTRE-VILLE]

30 km

7 km

Le parc Pippy est assez vaste pour inclure aires de pique-nique, terrains de jeu, sentiers de randonnée, pistes de ski de fond, trois terrains de golf (18 trous, 9 trous et miniature) ; on peut même y pêcher. Il porte le nom de Chesley Alwyn Pippy (1894-1971), un bienfaiteur qui a permis à l'Université Memorial d'agrandir son campus pour y inclure le parc. Celui-ci renferme le jardin botanique de l'université et un musée consacré à l'histoire du transport.

Université Memorial, St. John's

Fondé en 1925 en mémoire des soldats de Terre-Neuve victimes de la Première Guerre mondiale, le collège devint une université en 1949. Ses départements d'océanographie, de sciences de la terre et d'études du folklore jouissent d'une réputation internationale.

Centre des Arts et de la culture, St. John's

Ce centre réunit la galerie d'Art de Terre-Neuve et du Labrador, trois bibliothèques et une salle de spectacles de 1 000 places où se produit l'Orchestre symphonique de Terre-Neuve.

Édifice de la Confédération, St. John's

C'est ici, au sommet d'une colline, que siège l'assemblée législative de la province. Le hall des célébrités renferme des bustes d'importants politiciens. Une murale, œuvre de l'artiste terre-neuvien Harold Goodridge, trace un portrait allégorique de l'histoire de la province.

227

ST. JOHN'S –
VILLE PORTUAIRE HISTORIQUE

Brouillard et effluves marins caractérisent ce port achalandé, l'une des plus vieilles villes d'Amérique du Nord. Selon la légende, Jean Cabot y accosta le 24 juin 1497, jour de la fête de saint Jean-Baptiste, d'où le nom de la ville. Lorsque Sir Humphrey Gilbert y débarqua en 1583 pour revendiquer Terre-Neuve au nom d'Élisabeth Iʳᵉ, il trouva pas moins de 36 bateaux faisant affaire avec des marchands installés à terre sur le site de l'actuelle rue Water. Notre tour guidé du quartier portuaire vous mène dans cette rue, qui serait la plus ancienne du continent et dont les maisons à charpente de bois peintes de couleurs vives et les sites baignés d'histoire font de St. John's une ville captivante.

Basilique St. John the Baptist
Les flèches jumelles (42 m) de cette église catholique de style roman se découpent sur le ciel de la ville. La crypte contient la dépouille de Mᵍʳ Michael Fleming, le missionnaire irlandais qui en inspira la construction et qui mourut peu après son achèvement, en 1850. Remarquable par ses statues et son plafond orné, l'église accéda au statut de basilique en 1955 et fut classée monument historique national en 1984.

Cathédrale anglicane St. John the Baptist
Dessinée par l'architecte anglais Sir Gilbert Scott, qui a aussi conçu l'Albert Memorial de Londres, la cathédrale est considérée comme l'un des beaux exemples du style néo-gothique en Amérique du Nord. Achevée de construire en 1885, elle fut détruite lors de l'incendie de 1892, puis reconstruite à l'intérieur des murs de pierre originaux. Seule fut omise alors une tour centrale. La cathédrale est classée monument historique national.

HENRY ST.

CHURCH HILL

CATHEDRAL ST.

DUCKW

QU

GO

GEORGE ST.

BISHOP'S COVE

BATES HILL

WATER ST.

Édifices Murray
Il s'agit d'un ensemble de neuf entrepôts et usines d'emballage de poisson construit en 1847 et restauré en 1970 pour être converti en bureaux et en boutiques. Une murale rend hommage à ceux qui ont courageusement rebâti la ville trois fois détruite par des incendies.

Musée de Terre-Neuve
Le musée décrit 9 000 ans d'histoire sur les territoires de Terre-Neuve et du Labrador, depuis les Inuits, les Béothuks et les Micmacs jusqu'aux pionniers et aux navigateurs. On y trouve aussi des collections d'histoire naturelle.

Hôtel de ville
Selon une épigraphe devant l'édifice municipal, « le Canada commence ici ». C'est ici qu'on trouve la borne 0 de la Transcanadienne dans l'est du pays. Construit en 1970 sur le flanc d'une colline et dessiné pour refléter le paysage accidenté de la province, l'hôtel de ville contient une vaste collection de souvenirs, répartie sur quatre étages. Une plaque rend hommage à Terry Fox qui entreprit d'ici, en 1980, son Marathon de l'espoir. On peut y voir une statue de Jean Cabot et de Sir Humphrey Gilbert, une hélice de l'avion piloté par Alcock et Brown, les premiers à traverser l'Atlantique sans escale, ainsi qu'une banderole offerte à la ville par le pape Jean Paul II en 1984.

Government House

Un lieutenant-gouverneur de la province, Thomas Cochrane, fit bâtir la résidence officielle en 1831. Ce devait être la réplique de l'Admiralty House de Plymouth, en Angleterre, mais les interventions de Cochrane firent en sorte qu'elle coûta quatre fois plus cher que prévu. Ces extravagances finirent par coûter son poste au gouverneur. Les fresques du plafond sont l'œuvre d'un artiste alors emprisonné pour contrefaçon, à qui l'on accorda des permissions de jour pour les terminer. Le public est admis sur les lieux mais seuls les groupes sont autorisés à l'intérieur sur rendez-vous.

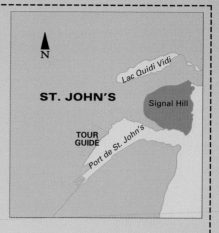

ST. JOHN'S

Lac Quidi Vidi

Signal Hill

TOUR GUIDÉ

Port de St. John's

Commissariat House

Cet édifice de style georgien servit, à partir de 1821 et jusqu'au retrait des forces britanniques en 1870, de bureaux militaires. Ce fut ensuite la cure de l'église anglicane St. Thomas (*à droite*) et enfin un hôpital pour enfants. Restauré dans le style des années 1830, il est ouvert au public pendant l'été.

Église anglicane St. Thomas

La plus vieille église de Terre-Neuve fut bâtie en 1836 pour servir d'église à la garnison. L'édifice de bois noir fut soustrait aux flammes qui firent plusieurs fois ravage dans la ville au XIXe siècle. La tour noire est d'origine, mais la nef a été agrandie à plusieurs reprises.

MILITARY ROAD · COLONIAL ST. · BANNERMAN ST. · COCHRANE ST. · KINGS ROAD · FLAVIN ST. · ROAD · VICTORIA ST. · ST. · PRESCOTT · HOLLOWAY ST. · ST.

Vers le lac Quidi Vidi

C'est au lac Quidi Vidi qu'ont lieu, chaque année depuis 1826, les régates de St. John's, l'événement sportif le plus ancien en Amérique du Nord. En 1762, sur les collines dominant le village de Quidi Vidi, les Français installèrent une artillerie qui fut reconstruite par les Anglais en 1811. Des guides en uniforme de l'Artillerie royale assurent la permanence pendant la saison touristique, de la mi-juin à la mi-octobre .

Vers le parc historique national de Signal Hill

Dès 1704, Signal Hill dominait le paysage de St. John's avec son phare pour les bateaux entrant dans le port. On y érigea des fortifications pendant les guerres napoléoniennes. En 1897, s'y ajouta la Tour Cabot au sommet du promontoire pour commémorer le 400e anniversaire de l'arrivée du navigateur à Terre-Neuve.

Monument aux Morts

Dédié aux Terre-Neuviens morts au champ d'honneur, ce monument en granit de 8 m date de 1924. Il est surmonté de bronzes figurant la Liberté, la Marine marchande, l'Armée, la Marine et les Corps forestiers.

St. John's Harbour

YELLOWHEAD

SKIDEGATE   TLELL   PORT CLEMENTS   MASSET

Yellowhead (nº 16)

42 km   20 km   39 km

**ÎLE GRAHAM/
VALLÉE
DU SKEENA**

Skidegate

Drapé dans son manteau de brumes, l'archipel de la Reine-Charlotte ravira les voyageurs à la recherche de splendeurs naturelles et de mouillages retirés. On s'y rend de Prince Rupert par

De luxuriantes forêts pluviales recouvrent l'archipel de la Reine-Charlotte dont les berges rocheuses portent l'empreinte des caprices parfois violents du climat. Sur le rivage rocailleux, jonché de fossiles, le rocher Balancing Rock (ci-dessus) maintient son équilibre précaire, mais inébranlable. On s'y rend par un sentier aménagé, qui débute au nord de Queen Charlotte City, « Charlotte » pour les habitants.

hydravion (45 minutes) ou par traversier (6 heures). Le traversier vous dépose à Skidegate, sur l'île Graham, terre des Haidas. Devant la maison du conseil des Haidas, face à la mer, un remarquable mât totémique surmonté d'une nageoire caudale de poisson-castor est l'œuvre de Bill Reid, artiste de renommée mondiale. À la Mission, des artistes haidas fabriquent des bijoux et des totems miniatures. Les sculp-

teurs travaillent l'argilite, une pierre locale noire et tendre. La plus grande collection au monde de sculptures en argilite se trouve au musée de l'Archipel.

Tlell

La route 1, prolongement de la route de Yellowhead, relie Skidegate à Tlell, où l'on accède au parc provincial Naikoon. Un des sentiers qui serpentent dans les paysages sauvages de plages, de tourbières et de forêts mène à l'épave d'une barge échouée en 1928. Au village, les ateliers d'artiste accueillent volontiers les visiteurs.

Port Clements

L'exploitation de la forêt, qui date de la Première Guerre mondiale, demeure toujours ici l'activité principale. Port Clements est un bon point de départ pour la navigation de plaisance dans la baie de Masset et les excursions de pêche sur la rivière Yakoun. Le musée local expose de vieilles photographies et de la machinerie des années 1900.

Masset

Ce village de pêcheurs est l'agglomération la plus importante de l'île Graham. On peut y visiter un refuge d'oiseaux, ramasser des coquillages, pêcher (saumon, flétan et crabe), contempler au loin les îles de l'Alaska ou partir à l'exploration du parc provincial Naikoon. Les artisans d'Old Masset vendent des bijoux d'argent et d'or ainsi que des sculptures de bois et d'argilite.

NISGA'A MEMORIAL
LAVA BED PP

80 km

PORT EDWARD

4 km

Kalum
Lake Rd

PRINCE
RUPERT

Skeena Drive

TERRACE

Yellowhead (n° 16)

15 km   132 km

Prince Rupert

Une chaîne côtière forme l'arrière-plan de ce port de mer très fréquenté, qui est aussi un carrefour des transports et le terminus ouest de la route de Yellowhead. Au musée Northern British Columbia, où les collections décrivent 10 000 ans d'histoire régionale, des artisans indiens fabriquent des œuvres stylisées d'argent, d'or et de cuivre, ainsi que des sculptures d'argilite et de cèdre rouge typiques de la côte Nord-Ouest. En été, le musée utilise les traversiers scolaires pour des croisières d'archéologie dans le port. On a un bon aperçu du rôle qu'a joué le chemin de fer dans le développement de Prince Rupert en visitant le musée ferroviaire Kwinitsa Station, au bord de l'eau. Au musée Firehall, on admirera une voiture de pompier REO Speedwagon de 1925.

Port Edward

À l'embouchure du Skeena, l'une des plus anciennes fabriques de mise en conserve du saumon de la côte Ouest, la North Pacific Cannery, est devenue un lieu historique national, où l'on retrouve l'atmosphère du village vers 1889. On y visite 28 bâtiments, dont l'usine de traitement du poisson, les quartiers d'habitation, un hangar à filet et le saloir.

Terrace

La pêche sportive est la grande activité récréative de ce village forestier qui doit son nom aux terrasses naturelles de ses rives.

Ici, les saumoniers pêchent à gué dans le puissant fleuve Skeena : les prises de saumons peuvent atteindre 42 kg. On peut visiter le parc Heritage avec ses cabanes de bois rond, la scierie et le centre de pisciculture, et camper sur l'île Ferry, au milieu du fleuve. Une sous-espèce rare de l'ours noir d'Amérique du Nord, l'ours Kermodei, au pelage blanc, habite l'arrière-pays.

Parc provincial Nisga'a Memorial Lava Bed

Administré conjointement par les Nisga'as et le gouvernement provincial, ce parc préserve un paysage pétrifié (à droite), résultat de la dernière éruption volcanique à survenir au Canada. Des programmes d'interprétation expliquent l'importance pour les Nisga'as de ce parc, fréquenté par les grizzlis et les ours noirs.

Les lichens et les fougères sont les seuls vestiges de vie dans ce paysage lunaire (55 km²) de la vallée de la rivière Nass. Il y a 250 ans, un volcan répandit une nappe de lave en fusion sur toute la vallée, tuant 2 000 habitants de deux villages nisga'as, endiguant les lacs et détournant la rivière Nass.

FORT
KITWANGA

2 km

37

TERRACE

Yellowhead (nº 16)

37

43 km

KITIMAT

4 km   91 km   43 km

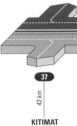

**CENTRE-NORD
DE LA COLOMBIE-
BRITANNIQUE**

Kitimat

Dans les années 50, l'Alcan
fonda cette ville modèle, l'une
des premières en Amérique du
Nord, pour y loger les employés
de sa gigantesque aluminerie.
L'emplacement, au cœur d'une
région désolée, fut choisi en raison de l'abondance des ressources hydroélectriques et de la
proximité du chenal Douglas,
dont les eaux profondes permettent l'expédition par bateau des
produits d'aluminium dans le
monde entier. On peut, sur
réservation, visiter l'aluminerie
(l'une des plus grandes au
monde), l'usine de pâtes et papier Eurocan et l'usine pétrochi-
mique Methanex, qui font appel
à des technologies de pointe.

Les activités récréatives à
Kitimat incluent le golf, la randonnée et le vélo de montagne.
Les eaux salées du chenal
Douglas de même que les eaux
douces de la rivière Kitimat sont
réputées pour la pêche.

Lieu historique national
du Fort-Kitwanga

Près de la route 37, sur le versant
nord du fleuve Skeena, un sentier
jalonné de panonceaux explicatifs
mène aux vestiges de fortifications amérindiennes antérieures
au XVIIIe siècle. C'est le premier
lieu historique national amérindien dans l'Ouest canadien. Du
haut de la place forte (13 m), les
Gitwangaks défendaient leurs
postes de pêche et leurs routes
de commerce. On dit que le dernier et le plus célèbre de ses occupants, le chef Nekt, repoussait
les attaquants en faisant dévaler
des billots du haut de la colline.

À Kitwancool, environ 30 km
au nord, on trouve plusieurs mâts
totémiques historiques dont le
Hole in the Sky, le plus ancien
totem se dressant encore sur son
emplacement original.

New Hazelton

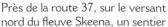

Au confluent du Skeena et de
la Bulkley, New Hazelton s'est
développé avec l'arrivée du chemin de fer en 1914 et continue,
aujourd'hui, de desservir la
région. Un peu à l'ouest sur la
route 16, South Hazelton est
devenu un secteur résidentiel. Le
Vieux Hazelton, sur la rive opposée de la Bulkley, a servi d'escale
aux bateaux pendant 40 ans
avant l'arrivée du chemin de fer.
Les pittoresques bâtiments restaurés témoignent de ses heures
de gloire à la fin du XIXe siècle.
Non loin, le village indien de
'Ksan préserve des mâts totémiques et d'autres trésors du
peuple gitksan (pp. 236-237).
Plusieurs villages des alentours
accueillent volontiers les visiteurs
qui désirent admirer les totems
anciens ou modernes, isolés ou
regroupés, sur les terrains des
maisons. À Kispiox surtout,
13 km au nord de Hazelton, on
peut admirer des mâts totémiques remarquables.

Moricetown

C'est ici que, depuis 5 000 ans,
les pêcheurs amérindiens se rassemblent autour d'un canyon
de 15 m dans lequel la Bulkley
s'engouffre après avoir dévalé
une chute de 60 m de hauteur.
Chaque automne, lorsque le
saumon remonte le courant pour

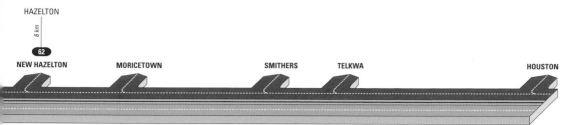

HAZELTON
6 km
62
NEW HAZELTON   MORICETOWN   SMITHERS   TELKWA   HOUSTON

25 km   35,5 km   17,5 km   50 km

aller frayer, les pêcheurs se servent d'une arme ancienne mais toujours efficace, la gaffe, pour harponner leurs prises au pied des chutes.

Smithers

Appelée la «petite Suisse», cette ville dans la vallée de la Bulkley se donne beaucoup de peine pour ressembler à un village de montagne européen. Située au pied du mont Hudson (2 621 m), Smithers offre toute l'année du ski, de l'alpinisme et de l'équitation. Aux abords de la ville, Adam's Igloo expose une importante collection de spécimens de la faune de la Colombie-Britannique. Le parc provincial Driftwood Canyon occupe l'un des sites fossilifères les plus riches au monde, datant de 50 millions d'années.

À la fin d'août, lors des fêtes de Bulkley Valley, on assiste à des compétitions de sciage par des bûcherons, à des concours de bétail et au championnat provincial du plus fort cheval de trait.

Telkwa

Imaginez-vous en train de taquiner le saumon ou la truite steelhead en plein milieu de la ville : c'est précisément ce que l'on fait dans ce pittoresque village traversé par la rivière Telkwa. Une promenade auto-guidée vous conduit ensuite devant une trentaine de bâtiments anciens, dont une école convertie en musée et une église anglicane du début du siècle.

Au nord de Telkwa, le parc provincial Tyhee Lake offre camping, natation, randonnées et plateformes d'observation parmi les marécages. On peut aussi s'y inscrire pour une excursion par avion dans l'arrière-pays.

Houston

Au confluent des rivières Morice et Bulkley, la ville arbore fièrement le titre de «capitale mondiale de la truite steelhead». Une quarantaine de compagnies locales ont donné ensemble quelque 1 000 heures de temps pour fabriquer la plus grande canne à pêche au monde (18 m), qu'on peut voir dans un parc. Houston, fondé vers 1900 pour alimenter la construction du chemin de fer Grand Trunk Pacific, demeure une ville forestière. On peut visiter ses deux scieries, les plus grandes au Canada, et aller en forêt observer les activités de coupe et de reboisement.

Bel exemple des spécimens de la faune exposés à Adam's Igloo (Smithers), ce couple de chouettes cendrées.

À Moricetown, la rivière Bulkley, large de près de 500 m, se rétrécit au pied d'une chute de 60 m de hauteur, avant de s'engouffrer dans ce canyon escarpé large de 15 m.

Les totems de Tam Lax Aamid, la cité perdue des Gitksans

ROUTE YELLOWHEAD (16) / HAZELTON

CHERYL COULL *est la rédactrice en chef du magazine* Beautiful British Columbia Travel Guide, *qu'elle a fondé. Elle est aussi l'auteur d'un livre,* A Traveller's Guide to Aboriginal B.C.

C'EST D'ABORD L'IMMENSITÉ d'un mât totémique qui impressionne à l'approche d'une de ces colonnes massives de cèdre grisâtre, neuf ou dix fois plus grandes qu'un homme. Puis on est fasciné par la perfection du détail : le regard perçant des yeux en losange, la forme des mains, des langues, des becs et des nageoires qui font saillie. Alors, en regardant de plus près le bois qui se patine et craquelle, on constate que ni la Femme grizzli, ni la Femme qui pleure, ni le Moustique n'échapperont à l'inéluctable emprise du temps.

Un totem, assemblage complexe de représentations superposées, contient autant d'informations qu'un livre, mais il est beaucoup plus difficile à décrypter. Certaines représentations sont emblématiques des clans gitksans : le loup, l'aigle, le crapaud-corbeau. D'autres comportent une signification uniquement pour le sculpteur lui-même, ou pour la famille qui a commandé le totem (souvent pour commémorer un événement, mariage, décès ou passation d'un nom héréditaire). D'autres représentations, enfin, ne peuvent être comprises que par ceux qui ont entendu les anciens parler de rencontres surnaturelles, d'épopées, d'inondations ou de famines vécues par leurs ancêtres.

Dans la langue qui a longtemps été en usage ici, *Gitksan* signifie « peuple de 'ksan, la rivière des brumes ». C'est le peuple du fleuve Skeena, comme on l'appelle aujourd'hui. Leurs terres traditionnelles commencent à la source du fleuve, dans les monts Gunanoot, au nord de Kispiox, et s'étendent jusqu'à Kitselas. Encerclant Hazelton, à l'ombre du mont Stii Kyo (aujourd'hui le Rocher Deboulé), les six villages gitksans sont tous accessibles à partir de la route de Yellowhead.

Les mâts totémiques qui en défendent l'entrée sont les premiers et parfois les seuls contacts des visiteurs avec la culture gitksane. Ces monumentales sculptures sont savamment regroupées ; chacune d'elles, travaillée à partir d'un tronc de cèdre de l'Ouest, raconte une légende millénaire.

Les Gitksans parlent d'une époque, avant le Déluge, où l'océan – et non pas le fleuve Skeena – bordait leur territoire. En ce temps-là, il y avait Tam Lax Aamid, un paradis terrestre qui s'étendait au sud-ouest de l'actuel Hazelton. C'était une métropole si populeuse que si tous ses habitants avaient crié en même temps, les outardes en la survolant seraient devenues confuses et épuisées. C'était un territoire si vaste que là où les oiseaux tombaient d'épuisement, on était encore dans Tam Lax Aamid.

À l'ouest de Hazelton, sur la route de Yellowhead, puis vers le nord, passé le village de Git-wangak, sur la route 37, une route en gravier peu fréquentée file vers l'est et longe le Skeena jusqu'au panonceau qui indique l'emplacement de Tam Lax Aamid. Malgré leurs fouilles, les archéologues n'ont mis au jour aucune preuve tangible de l'existence de cette fabuleuse cité. Mais de nombreux contes gitksans évoquent son existence.

Un des totems de Kispiox illustre ces contes avec une force remarquable. Érigé en 1973, il est l'œuvre de trois artistes gitksans, Walter Harris, Vic Mowatt et Earl Muldoe. Les larmes de bois de la Femme qui pleure semblent vouloir couler pour toute l'éternité pendant qu'elle serre contre elle le tétras capturé trop tard pour empêcher son frère de mourir de faim. Au sommet de la sculpture, la Chèvre à une corne veille à ce qu'on n'oublie jamais le sort de Tam Lax Aamid et ce qui arrive à l'homme quand il ne respecte plus sa place dans l'univers.

Cette sculpture raconte à elle seule l'histoire du peuple de Tam Lax Aamid, resté sourd aux leçons des ancêtres. Gâté par l'abondance, il fit de la chasse un sport, tuant les chèvres de montagne pour remporter des trophées et gaspillant la viande. Un jour, la puissance surnaturelle incarnée dans la Chèvre à une corne attira le peuple et ses chefs au sommet du Stii Kyo et leur offrit un festin. Là, elle les massacra tous, sauf un pauvre homme qui avait un jour soustrait à la mort une jeune chèvre tombée aux mains de gamins cruels.

Aussi à Kispiox (appelé Anspayaxw, « l'endroit caché »), une quinzaine de mâts totémiques se dressent dans un enclos bien entretenu au bord de la rivière. Au village de Gitwangak (« le peuple de l'endroit des lapins »), 12 sculptures font face à l'église anglicane centenaire. Kitwacool (aussi appelé Gitanyow) est le village des « guerriers terrifiants ». Il y a là un atelier où les artistes réparent des mâts endommagés, en sculptent de nouveaux et répondent volontiers aux questions. Il arrive qu'un chef amérindien soit présent pour expliquer la signification des totems aux visiteurs. À Kitseguecla (Gitsegukla), on peut voir les magnifiques mâts de cèdre des « gens de la montagne de Segukla » d'aussi loin que la route 16.

Un seul mât totémique défend l'entrée de Gitanmaax, le village de « ceux qui pêchent à la lueur des flambeaux »; les autres gisent tout près, pourrissant lentement sur le sol. Mais, juste au bout de la route, se trouve 'Ksan, un village indien reconstitué qui a ouvert ses portes en 1970 et qui est un véritable musée de la culture gitksane. Ici, les mâts totémiques sont plantés devant une rangée de maisons de planches de style traditionnel.

Cheryl Coull

> " *En ce temps-là, il y avait Tam Lax Aamid, un paradis terrestre [...]* "

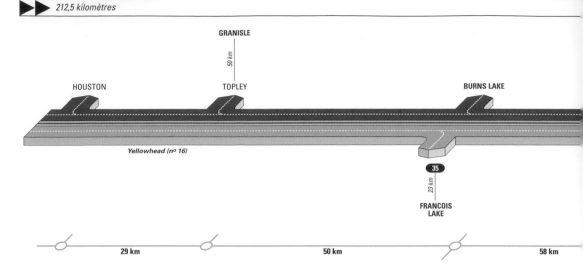

**CENTRE-NORD
DE LA COLOMBIE-
BRITANNIQUE**

Granisle

Perchée sur une colline dominant le lac Babine, Granisle a été une ville minière à compter de 1965, jusqu'à ce que ses deux mines de cuivre à ciel ouvert ferment en 1992. Elle est maintenant le centre des activités de plein air de la région. On peut y pêcher toute l'année, visiter des mines, y faire de la navigation de plaisance ou profiter de son vaste réseau de sentiers de randonnée.

Lac Babine

Le plus grand lac naturel (117 km de longueur) de la Colombie-Britannique est un paradis des pêcheurs. Il abonde en truites arc-en-ciel et en ombles, les prises pouvant atteindre 14 kg. Le lac étant aussi une frayère de saumons, la pêche au saumon rouge est excellente à l'automne.

Burns Lake

On compte pas moins de 18 lacs poissonneux dans un rayon de 100 km de Burns Lake. Ce paysage lacustre est juché sur un plateau élevé entre deux systèmes fluviaux, celui du Fraser et celui du Skeena. Il est le rendez-vous par excellence des plaisanciers et des pêcheurs, mais on y pratique aussi le ski de fond et la motoneige en hiver, la randonnée et l'équitation en été. On peut y faire la tournée des sites patrimoniaux et explorer la forêt Babine-Augier. Le musée Lakes District révèle le passé haut en couleur de la région. Barney Mulvaney, aventurier, trappeur et plus tard magistrat, fonda en 1914 ce qui n'était d'abord qu'un campement. Une cabane du musée, surnommée le Seau de sang, est l'antre de jeu qu'il exploitait.

Francois Lake

Le kiosque d'information sur la route 16 fournit un plan du site Eagle Creek Opal Deposits, près de la route 35 sud, où on trouve par milliers des agates blanches et ambrées ainsi que des opales précieuses. Vous pouvez y camper ou y pique-niquer, mais préparez-vous à une longue randonnée jusqu'au site de cueillette.

Poursuivez vers le sud sur la route 35 jusqu'aux lacs les plus poissonneux de la Colombie-Britannique. Les lacs François, Ootsa et d'autres plus petits ont fourni les prises (truites arc-en-ciel et ombles) parmi les plus grosses de la province. À Francois Lake, la traversée (20 minutes) jusqu'à Southbank est gratuite. De là, la route mène au lac Ootsa qui borde le secteur nord du parc provincial Tweedsmuir. Des routes secondaires invitent aux lacs Uncha et Takysie.

Vanderhoof

Cette petite ville de la vallée de la Nechako est le centre géographique de la Colombie-Britannique. Elle doit son nom à Herbert Vanderhoof, un publiciste de Chicago qui fut chargé d'une campagne pour attirer des colons dans l'Ouest. Les activités forestières et l'élevage sont au centre de l'économie. De sympathiques chemins forestiers mènent à des centres de villégiature en bordure de lacs. Au village-musée de

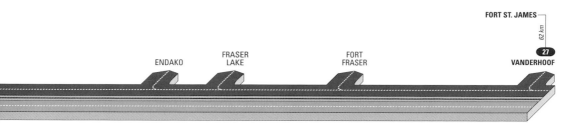

FORT ST. JAMES ┐

62 km

27

VANDERHOOF

ENDAKO   FRASER   FORT
                LAKE   FRASER

13 km   24 km   38,5 km

Vanderhoof, les cabanes restaurées retrouvent chaque été l'ambiance des années 20. Les bernaches en migration s'arrêtent ici.

Fort St. James

Une mentalité de pionnier continue de régner dans ce village sis au bord du lac Stuart, l'une des plus vieilles localités à l'ouest des Rocheuses. Le lieu historique national du Fort-St. James honore la mémoire de Simon

Fraser, explorateur et marchand de fourrures, qui érigea ici un poste de traite en 1806. Le fort a été rendu à son apparence de 1890 ; il renferme le plus grand ensemble original de bâtiments liés à la traite des fourrures. L'église Notre-Dame-de-Bonne-Espérance (1873), à quelque 3 km, est l'une des plus vieilles de la province.

Pendant les années 30 et 40, Fort St. James servait de base aux avions de brousse. Dans le parc Cottonwood, une maquette de l'hydravion Junker, à l'échelle de 1 : 3, rend hommage aux pionniers de l'aviation. Fort St. James demeure toujours une base pour les excursions par avion vers le nord de la province.

Au fort St. James, bâtiments, meubles d'époque et guides costumés vous feront revivre la traite des fourrures et la vie quotidienne des années 1890. L'entrepôt regorge de peaux (ci-contre), les marchandises sont suspendues ou rangées dans le magasin-comptoir des postes (ci-dessous), le cageot est rempli de saumon fumé, les champs sont clôturés et les jardins soigneusement entretenus comme autrefois.

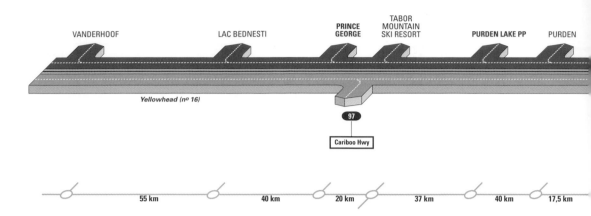

VANDERHOOF — LAC BEDNESTI — **PRINCE GEORGE** — TABOR MOUNTAIN SKI RESORT — **PURDEN LAKE PP** — PURDEN

Yellowhead (nº 16)

97 — Cariboo Hwy

55 km   40 km   20 km   37 km   40 km   17,5 km

CENTRE-NORD DE LA COLOMBIE-BRITANNIQUE

Au musée régional Fraser–Fort George, une pelleterie coiffée d'une tête d'ours noir et des têtes de trois espèces différentes de loups gris.

Prince George

Vibrante et moderne, Prince George est la ville qui connaît actuellement le développement le plus rapide dans la province. Elle est située au confluent du Fraser et de la Nechako et son économie repose sur une florissante exploitation des produits forestiers. Dans le parc Fort George se trouve une réplique du fort où Simon Fraser passa l'hiver 1807-1808. Sur l'emplacement original du poste de traite de l'explorateur, le Musée régional Fraser–Fort George est voué à l'histoire naturelle et culturelle de la région. Il comprend notamment des expositions touche-à-tout à caractère scientifique, un mini-théâtre et un hall consacré à l'histoire ; s'y ajoutent plusieurs bâtiments historiques dont une petite école (1910) et une gare d'époque où circule un train miniature.

De magnifiques peupliers anciens bordent la rivière dans l'un des 120 parcs de la ville, le parc de la nature Cottonwood Island, endroit paisible où l'on peut mettre son canot ou son bateau à l'eau, ou bien visiter une station piscicole qui élève du

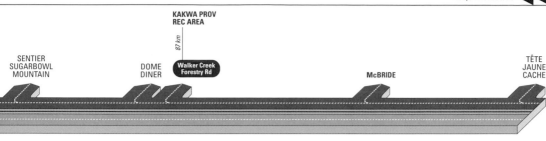

KAKWA PROV
REC AREA

87 km

SENTIER
SUGARBOWL
MOUNTAIN

DOME
DINER

**Walker Creek
Forestry Rd**

McBRIDE

TÊTE
JAUNE
CACHE

45,5 km   10 km   76,5 km   59 km

Du haut de la colline Cranbrook, l'université du Nord de la Colombie-Britannique, la plus récente au Canada (1994), domine Prince George. Elle se consacre à l'étude des Premières nations, de l'environnement ainsi qu'à la nordicité et elle offre des programmes d'éducation à distance.

saumon au printemps et de la truite en été. Les amateurs ne voudront pas manquer le musée Prince George Regional Railway and Forest Industry, adjacent au parc, avec son matériel roulant d'époque, son équipement ancien d'exploitation forestière, sa gare de 1914 et sa voiture de chemin de fer de première classe pourvue d'un bar de chêne et de cuivres rutilants. Dans le centre-ville, le parc Connaught offre des jardins manucurés et une vue panoramique de la ville et des montagnes environnantes. Sur la colline Cranbrook, un escarpement à l'ouest de la ville, on s'initie aux techniques de reboisement et de plantation au parc Forests for the World. Un spectaculaire belvédère, de nombreux sentiers et le lac Shane, peuplé d'oiseaux aquatiques et de castors, sont quelques-uns des autres attraits du parc.

Parc provincial Purden Lake

Ce parc boisé comprend des sites de camping, un réseau de sentiers au bord du lac, une plage de sable réservée aux baigneurs, une autre réservée aux plaisanciers et aux skieurs nautiques, et un abri de bois rond pourvu d'un poêle à bois. Les automobilistes seront sages de faire le plein ici parce qu'il n'y a plus de station d'essence avant McBride.

Aire récréative provinciale de Kakwa

Cette aire de détente peu fréquentée offre de spectaculaires paysages alpins, des grottes et

des fossiles ainsi que l'occasion d'apercevoir toute une faune sauvage : grizzlis, ours noirs, chèvres de montagne, mouflons d'Amérique, carcajous, orignaux, loups et caribous. Par temps sec uniquement, on accède au parc en empruntant la route forestière de Walker Creek. C'est néanmoins une expédition réservée aux aventuriers aguerris.

McBride

La route panoramique entre le lac Purden et McBride traverse une région à peine peuplée. Aussi les voyageurs sont-ils ravis de découvrir cette jolie petite ville, nichée dans la luxuriante vallée de la Robson et entourée par les chaînons du Caribou et les Rocheuses. Ancienne ville ferroviaire, elle dessert maintenant les fermes et les ranchs des environs. Les voyageurs peuvent loger dans des cabines en pleine nature. À quelques minutes de la ville, la grande aventure vous attend, en canot, en kayak, en ski héliporté ou en motoneige.

Les nombreux artisans de McBride offrent leurs produits : tissus et dentelles, bijoux de corne et de bois, lainages provenant des moutons de la vallée. Les attraits locaux comprennent le lac Horseshoe (avec une plateforme d'observation des oiseaux accessible aux fauteuils roulants) et le parc régional Koeneman, à deux pas de la ville. Le parc porte le nom d'une famille de pionniers dont la maison de bois rond existe toujours. On voit aussi dans le parc la gare originale du chemin de fer du Grand Tronc–Pacifique.

241

LAC
MURTLE

25 km

TÊTE
JAUNE
CACHE   VALEMOUNT   BLUE RIVER   AVOLA

Yellowhead (n° 5)

21 km   88 km   39 km

**CENTRE DE
LA COLOMBIE-
BRITANNIQUE**

*Dans le parc provincial Wells Gray,
la rivière Murtle dévale dans un
grondement rugissant les 137 m de
la chute Helmcken. Véritable merveille de la nature, la chute est deux
fois et demie plus haute que celle
du Niagara.*

Valemount

Encerclé par les chaînons du
Caribou, la chaîne des Monashee
et les Rocheuses, l'ancien camp
de bûcherons est devenu une
base de plein air quatre saisons.
On y pratique le ski, le ski héliporté, la motoneige, la randonnée, la descente en eau vive, le
canot, le golf et l'équitation. À la
réserve naturelle Robert W.
Starratt, les tours d'observation
sur les marécages permettent de
contempler les oiseaux chanteurs
et la sauvagine. Au parc régional
George Hicks, de la mi-août à la
mi-septembre, on observe le
saumon quinnat qui termine sa
montaison de 1 280 km.

Blue River

La mode du ski héliporté attire de
plus en plus d'amateurs dans ce
centre forestier, situé à proximité
de la chaîne des Monashee et des
chaînons du Caribou. Au lac
Eleanor, on pratique le ski de
fond et la pêche blanche en hiver,
la baignade, la pêche et la randonnée en été. De Blue River, un
parcours de 25 km sur une route
en gravier, suivi d'un portage de
1,5 km, mène au lac Murtle dans
le parc provincial Wells Gray. Le
portage est sans doute destiné à
décourager le transport des
embarcations à moteur vers cet
oasis d'eaux turquoise que se
réservent les canoéistes.

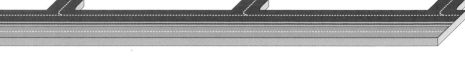

WELLS GRAY PP
26 km
SPAHATS CREEK PP
10 km
CLEARWATER   BARRIÈRE   KAMLOOPS

68 km   59 km   63 km

Sur la réserve indienne de Kamloops, l'église Saint-Joseph de la mission catholique date de la fin du siècle dernier.

Parc provincial Spahats Creek

Le village de Clearwater offre l'entrée à deux parcs provinciaux : Spahats Creek et Wells Gray. À partir du kiosque d'information, on parcourt 10 km dans la vallée de la Clearwater vers le parc Spahats Creek. Près du terrain de stationnement, une plateforme d'observation offre une vue spectaculaire du profond canyon (150 m) qu'a creusé le ruisseau Spahats dans une ancienne coulée de lave. Le canyon aboutit à une chute de 70 m. À la limite nord du parc, un autre belvédère offre une vue magnifique de la vallée de la Clearwater.

Helmcken Falls Lodge

En continuant la route au nord du parc provincial Spahats Creek, on atteint en 24 km Helmcken Falls Lodge. Cette auberge rustique de bois rond, située à 2 km de l'entrée du parc provincial Wells Gray, ménage un accueil chaleureux dans un paysage d'une beauté à couper le souffle. L'auberge organise des activités – équitation, randonnée, canotage, descente en eau vive, camping sauvage et observation – destinées tant aux novices qu'aux plus aguerris.

Parc provincial Wells Gray

Cette étendue sauvage dans les chaînons du Caribou constitue l'un des plus beaux parcs de la Colombie-Britannique. Le parc englobe une extraordinaire diversité de paysages – prairies alpines fleuries au sud, pics enneigés et glaciers au nord. Des lacs et des cours d'eau cristallins, des volcans éteints, des coulées de lave et plus d'une centaine de sources minérales aux eaux glacées nichent entre ses pics. Une douzaine de chutes spectaculaires constituent les joyaux de ce parc. Deux des plus importantes se situent à distance de marche du terrain de stationnement : la chute Dawson, sur la rivière Murtle, haute de 18 m et large de 91 m et surnommée la « petite Niagara » ; et, quelques kilomètres en aval, la chute Helmcken (*à gauche*). Le sentier au bord du canyon offre une vue spectaculaire sur cette chute haute comme un édifice de 50 étages. La faune y est abondante : cerfs mulets, caribous, orignaux, chèvres de montagne, grizzlis et ours noirs.

Musée et parc historique Secwepemc, Kamloops

Vous aurez un bon aperçu de l'histoire du peuple shuswap en visitant ce musée, situé dans la réserve indienne de Kamloops. Logé dans un ancien pensionnat, il expose des photographies et divers objets illustrant tous les aspects de la vie des Shuswaps. Sur l'emplacement d'un campement d'hiver vieux de 2 000 ans, on a reconstitué les habitations traditionnelles enfouies dans la terre. Des cabanes de paille, un fumoir, un poste de pêche au saumon et un appentis de chasse constituaient le campement d'été. Expositions d'artisanat, spectacles de chant, de danse et de théâtre figurent parmi les activités du parc. (Pour des détails sur Kamloops, voir page 53.)

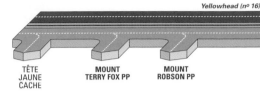

Yellowhead (nº 16)

TÊTE JAUNE CACHE | MOUNT TERRY FOX PP | MOUNT ROBSON PP

7,5 km   6,5 km   61 km

**PARC
NATIONAL
JASPER**

Rien ne surpasse en majesté le pic enneigé du mont Robson, point culminant des Rocheuses canadiennes (3 954 m). De la route de Yellowhead, des sentiers serpentent dans la vallée des Mille Chutes jusqu'au flanc nord de ce «monarque des Rocheuses».

Parc provincial
Mount Terry Fox

Le parc est dédié à la mémoire du jeune unijambiste qui, en 1980, entreprit de traverser le Canada en vue de recueillir des fonds pour la recherche sur le cancer. Le principal attrait de cette région sauvage est le mont lui-même (2 650 m) dont le sommet offre une vue spectaculaire à quiconque relève le défi de son ascension de 7 km. On peut aussi le contempler d'un belvédère situé dans une aire de pique-nique au bord de la route.

Parc provincial
Mount Robson

L'un des plus anciens et des plus vastes de la province, ce parc attire les randonneurs et les fervents de l'alpinisme. Le Fraser, le fleuve le plus long (1 370 km) de la Colombie-Britannique, prend sa source au sud-ouest du parc. Les amateurs de chutes voudront emprunter le sentier Berg Lake, qui traverse la vallée des Mille Chutes et longe une quinzaine de glaciers, pour aboutir au lac Berg où flottent des masses de glace détachées du glacier Berg.

Col de Yellowhead

Le col de Yellowhead (1 131 m) est à cheval sur la ligne de partage des eaux entre la Colombie-Britannique et l'Alberta, séparant le mont Robson de la région du parc national Jasper. Il doit son nom à un trappeur iroquois qui vécut au siècle dernier, Pierre Bostonais, surnommé Tête jaune en raison de ses cheveux blonds. À l'emploi de la Compagnie de la Baie d'Hudson, Tête jaune diri-

gea des expéditions à travers le col et l'on prétend qu'il entreposait ses pelleteries dans la ville actuelle de Tête Jaune Cache. Le chemin de fer du Grand Tronc–Pacifique commença, au début du siècle, à utiliser le col qu'empruntent de nos jours le Canadien National et la route de Yellowhead. Un réseau de sentiers, de beaux campings et des paysages spectaculaires en font le paradis des randonneurs.

Parc national Jasper

Lacs d'émeraude, vastes vallées en forme de U, glaciers miroitants, forêts à feuillage persistant et imposants sommets composent le somptueux paysage du

COL DE
YELLOWHEAD

P.N. JASPER
[OUEST]

JASPER
[VILLE]

2 km

24 km

plus grand parc des Rocheuses (10 878 km²). Sa beauté qui n'a pas son pareil attire plus de 2 millions de visiteurs par année. Indiens, marchands de fourrures, géologues, arpenteurs de chemin de fer, naturalistes et prospecteurs ont façonné son histoire. Près de la ville, une plaque marque l'emplacement où le commis de la Compagnie du Nord-Ouest appelé Jasper Hawes installa, en 1813, un poste de traite sur la rivière Athabaska.

La faune est le principal attrait du parc Jasper, une réserve peuplée de mouflons d'Amérique, de cerfs, d'élans, d'orignaux et d'ours noirs qui se promènent près des routes et des campings. Moins visibles, les grizzlis rôdent

Le sommet enneigé du mont Pyramid et les couleurs automnales se reflètent dans le lac Pyramid, à 7 km de Jasper. Ce lac glaciaire est le paradis des amateurs de voile, des véliplanchistes et des canoéistes.

Un orgue à pompe Packard figure parmi les trésors exposés au musée Jasper–Yellowhead.

dans l'arrière-pays, tandis que les chèvres de montagne disputent les hauteurs aux aigles royaux. La promenade des Champs-de-glace (103 km) longe des merveilles comme le glacier suspendu du mont Edith Cavell et les chutes Athabaska et Sunwapta. Elle aboutit au champ de glace Columbia, une calotte glaciaire de 325 km² dont l'épaisseur atteint 350 m. On y fait une excursion en véhicule à chenilles et il y a de l'hébergement sur place pour ceux qui désirent le voir à l'aube.

Ville de Jasper

À la jonction de la route de Yellowhead et de la promenade des Champs-de-glace, ce haut lieu touristique recèle tous les services haut de gamme. Sur le site du luxueux Jasper Park Lodge, on trouve l'un des plus beaux et des plus difficiles parcours de golf au monde, ainsi qu'un sentier panoramique de 3,5 km autour du lac Beauvert. Le musée Jasper–Yellowhead illustre l'histoire de la région depuis l'époque des Indiens en passant par la traite des fourrures jusqu'à l'arrivée du chemin de fer. Un orgue à pompe (*à gauche*), qui figure parmi les exhibits, quitta le Nebraska à bord d'un train en 1902 et arriva dans la région dans un wagon attelé de mulets. À l'étage inférieur du Whistlers Inn, le musée Den Wildlife expose quelque 130 spécimens de la faune dans une réplique de leur habitat naturel. À 6 km de la ville, les lacs Edith et Annette offrent des aires de pique-nique, des plages de sable et des sentiers de randonnée.

JASPER
[VILLE]

Yellowhead (n° 16)

Maligne Lake Rd

21 km

LAC MEDICINE
& LAC MALIGNE

2 km

46 km

**PARC NATIONAL
JASPER/
CENTRE-OUEST
DE L'ALBERTA**

Canyon de la Maligne, parc national Jasper

De la route de Yellowhead, le chemin du lac Maligne mène à l'une des gorges les plus spectaculaires des Rocheuses canadiennes. Sculptées par la rugissante rivière Maligne, ses parois de calcaire plongent à plus de 50 m. Du haut des sentiers et des passerelles, la vue est à couper le souffle.

Lac Medicine, parc national Jasper

Le chemin du lac Maligne mène, 30 km plus loin, à un mystérieux lac qui « disparaît ». En été, le lac Medicine est alimenté par les eaux de fonte et son niveau monte de façon spectaculaire. À l'automne et en hiver, les eaux s'échappent par des canaux de calcaire souterrains pour resurgir en divers endroits comme au lac Beauvert, dans la ville de Jasper.

Lac Maligne, parc national Jasper

C'est à la fois le plus grand lac du parc national Jasper (22 km de long, 97 m de profondeur) et le deuxième lac glaciaire en importance du monde. Le lac Maligne est célèbre pour son paysage impressionnant de pics enneigés, de forêts de pins et de prairies alpines. On peut y faire des excursions de pêche avec guide ou s'y promener en chaloupe, ou faire de l'équitation aux alentours (jusqu'à un belvédère à 2 100 m de hauteur). Une activité très populaire est la croisière (90 minutes) vers l'un des endroits les plus photographiés des Rocheuses, l'île Spirit, que recouvrent des pins miniatures.

Miette Hot Springs, parc national Jasper

Après une journée en pleine nature, rien ne vaut un bain chaud dans des eaux minérales.

À quelques kilomètres de Jasper, la rivière Maligne plonge dans cet impressionnant canyon.

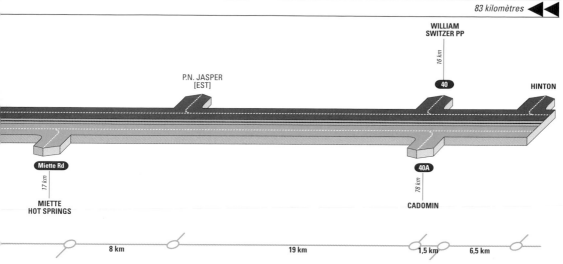

WILLIAM
SWITZER PP

16 km

P.N. JASPER
[EST]

40

HINTON

Miette Rd

17 km

MIETTE
HOT SPRINGS

40A

78 km

CADOMIN

8 km   19 km   1,5 km   6,5 km

Les deux piscines de Miette Hot Springs (*ci-contre*) sont alimentées par les sources thermales les plus chaudes des Rocheuses canadiennes, qu'il faut tempérer à 40 °C. Des panonceaux explicatifs jalonnent le sentier qui mène aux sources et aux ruines de la vieille piscine.

Parc provincial William A. Switzer

Un détour de 30 minutes sur la route 40 au nord de la route de Yellowhead conduit à une zone récréative ouverte toute l'année. Elle recouvre une grande vallée des contreforts des Rocheuses peuplée de pins lodgepole, d'épinettes et de trembles et propose une foule d'activités : randonnées à pied ou à bicyclette, canotage, ski de fond, observation des oiseaux. D'innombrables cours d'eau et cinq lacs communicants, qui abondent en truites, brochets et grands corégones, attirent rats musqués, castors, aigrettes et pygargues à tête blanche. On peut louer un canot, un kayak, un attirail de pêche ou un équipement de camping au Blue Lake Adventure Lodge qui offre également des activités de plein air et des cours de survie en forêt.

Cadomin

Ville fantôme, bien qu'on y exploite encore un magasin général et un café, Cadomin est la seule survivante du «Coal Branch», un chapelet de villes minières reliées par le rail. Une randonnée d'une heure mène à la grotte de Cadomin, un réseau de cavernes reliées par 3 km de galeries.

Hinton

La «porte d'entrée des Rocheuses» se situe dans la pittoresque vallée de l'Athabaska. Entourée de forêts luxuriantes, de lacs et de ruisseaux à truites, Hinton est pourvue d'un vaste réseau de sentiers de gravier ou d'asphalte, dont le tronçon restauré (20 km) d'une ancienne piste muletière qui offre une vue panoramique de la vallée et des montagnes environnantes. Très apprécié des pêcheurs, des chasseurs, des kayakistes et des alpinistes, Hinton est aussi l'un des principaux centres forestiers de l'Alberta. On peut y visiter l'usine de pâte Weldwood of Canada, la scierie Hi-Atha et le musée des Services forestiers de l'Alberta. Fortech Adventures propose des excursions dans des forêts anciennes et vers les cheminées des fées des contreforts où l'on est presque assuré d'apercevoir quelques animaux sauvages.

Miette Hot Springs, au cœur d'une vallée de montagne, est jalonnée de sentiers et d'aires de pique-nique. C'est l'un des sites du parc national Jasper à ne pas manquer. Trois sources d'eaux chaudes alimentent des piscines extérieures refroidies à 40 °C. L'une de ces piscines peut accueillir les baigneurs en fauteuil roulant.

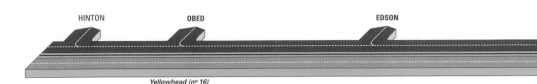

HINTON   OBED   EDSON

Yellowhead (nº 16)

30 km   55 km   82 km

**CENTRE-OUEST
DE L'ALBERTA**

Au West Edmonton Mall, le plus grand centre commercial et récréatif intérieur du monde, on flâne dans des rues de style européen, on trouve de tout dans les 800 magasins, on se baigne, on patine, on joue au golf, on parie, on va au cinéma, on assiste à un spectacle de dauphins ou on fait du saut au bungee.

Obed

C'est en traversant la petite agglomération d'Obed que la route de Yellowhead atteint son point culminant, à 1160 m d'altitude. En été, on peut s'inscrire ici à des tours organisés pour faire la visite éducative de plusieurs mines de charbon à ciel ouvert.

Edson

À mi-chemin entre Jasper et Edmonton, Edson est l'hôte du plus grand tournoi de « slo-pitch » au Canada, une variante de la balle molle qu'on joue dans un champ pourvu de 21 « diamants ». La compétition, qui a lieu en juillet, attire plus de 250 équipes.

On découvre le passé d'Edson en visitant le musée et centre d'art Red Brick, logé dans une école de 1913, et le musée Galloway Station consacré à l'histoire des transports, des mines de charbon et des activités forestières qui ont façonné la région.

Parc provincial Wabamun Lake

On trouve ici un grand nombre d'espèces végétales et animales, depuis la minuscule orchidée des marais jusqu'à l'imposant orignal. Long de 20 km, le lac Wabamum abonde en brochets, perches et grands corégones. Les canoéistes affectionnent la baie de Moonlight au crépuscule et les randonneurs explorent les paysages onduleux, armés d'une des trousses d'activités fournies par le bureau des permis.

Environ 20 km à l'est du parc, la route 16 se scinde pour former la route 16A, où se situe Stony Plain. On rejoint aussi ce village en restant sur la 16, jusqu'à la route 779 qu'on prend en direction du sud. Pour continuer votre périple, il faudra néanmoins revenir sur la 16.

Au Centre multiculturel de Stony Plain, vous goûterez à des spécialités ukrainiennes servies dans une cuisine d'époque, visiterez la réplique d'une cabane de pionniers ou flânerez dans une boutique d'artisanat. À travers la ville, 15 murales rappellent le passé de Stony Plain.

West Edmonton Mall

Assez vaste pour contenir 104 terrains de football, voici le centre commercial et récréatif intérieur le plus grand du monde. Il bat aussi d'autres records mondiaux avec ses montagnes russes intérieures à trois boucles, sa piscine à remous et son lac intérieur, un réservoir artificiel de 122 m de long et de 6 m de profondeur, patrouillé par quatre sous-marins de 36 tonnes.

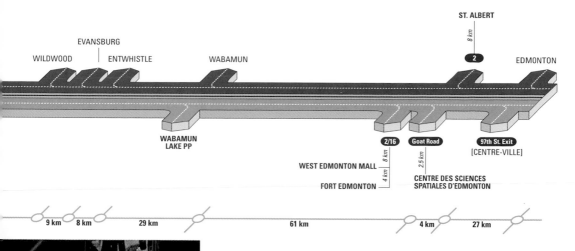

ST. ALBERT

8 km

WILDWOOD | EVANSBURG | ENTWHISTLE | WABAMUN | 2 | EDMONTON

WABAMUN
LAKE PP

2/16 | Goat Road | 97th St. Exit
[CENTRE-VILLE]

8 km | 2,5 km

WEST EDMONTON MALL
4 km
FORT EDMONTON

CENTRE DES SCIENCES
SPATIALES D'EDMONTON

9 km | 8 km | 29 km | 61 km | 4 km | 27 km

Parc du Fort-Edmonton

Des guides en costumes d'époque et 70 bâtiments du tournant du siècle recréent les origines d'Edmonton, ici, à l'angle des rues Fox et Whitemud. Plus grand parc historique du pays, il comprend un poste de traite de 1846, une habitation de 1885 et la réplique de rues de 1905 (lorsque Edmonton devint la capitale de l'Alberta) et de 1920.

St. Albert

Un peu au nord d'Edmonton, sur la rivière Sturgeon, cette ville en pleine expansion fut fondée en 1861 par un missionnaire oblat, le révérend Albert Lacombe. Sa chapelle de bois rond, devenue musée et site historique provincial, expose ses livres (en cri et en pied-noir) et les raquettes qu'il portait pour ses expéditions vers les campements indiens éloignés. Un autre missionnaire oblat, Vital-Justin Grandin, premier évêque de la région, est à l'honneur au centre Vital-Grandin qui regroupe une église, une grotte, une crypte et un palais épiscopal, un bel exemple d'architecture religieuse québécoise avec son toit à pignons, qui servit d'abord de couvent aux Sœurs grises. Le Centre culturel de St. Albert, un bâtiment curviligne de brique rouge qui abrite un musée historique, un théâtre de 500 places, une bibliothèque et un centre d'art et d'artisanat, est l'œuvre de l'architecte Douglas Cardinal.

Centre des Sciences spatiales d'Edmonton

Son architecture irrégulière ultramoderne sied à merveille aux trésors qu'il renferme. Le planétarium Margaret Zeidler présente des spectacles son et lumière au laser, tandis que de spectaculaires images sont projetées sur un écran IMAX haut de quatre étages. Au centre Challenger, les visiteurs font l'expérience d'un voyage dans l'espace. Dans les salles de la Découverte, jeux, maquettes et démonstrations illustrent divers phénomènes scientifiques.

Les visiteurs du centre des Sciences spatiales d'Edmonton se passionnent pour ses jeux interactifs et ses maquettes.

EDMONTON – FLORISSANTE GRÂCE AU PÉTROLE

La ligne élancée des toits d'Edmonton et ses luxuriants espaces verts dominent les falaises qui bordent la sinueuse Saskatchewan du Nord. Fondé en 1795, le poste de la Compagnie de la Baie d'Hudson – qu'on nomma plus tard Fort Edmonton – devint capitale provinciale en 1905. En tant que centre de services desservant le Nord, la ville prospéra d'abord au moment de la ruée vers l'or du Klondike vers 1897-1898, ensuite, vers 1930, comme un centre d'aviation de brousse, puis, dans les années 40, pendant la construction de la route de l'Alaska. La découverte de pétrole en 1947 à Leduc, au sud d'Edmonton, lui fit faire un bond dans la modernité. Depuis le boom du pétrole des années 70, le parc immobilier du centre-ville s'est enrichi d'imposants bâtiments, en grande partie situés autour du square Sir Winston Churchill. Mais, çà et là dans le tumulte de la ville, bâtiments et résidences d'une autre époque rappellent le passé paisible de cette ville des Prairies.

Hôtel de ville
Un vaste et imposant hall (*ci-dessus*) accueille les visiteurs de l'hôtel de ville d'Edmonton. Inauguré en 1992 à l'occasion du 100ᵉ anniversaire de la ville, le bâtiment (*à gauche*) est surmonté d'une pyramide de verre de huit étages et flanqué d'une tour à carillon (30 m) dédiée à l'amitié.

École McKay Avenue
Pendant la session de 1906-1907, les députés de l'Alberta se réunissaient au 3ᵉ étage de cette école bâtie l'année précédente. Depuis 1982, l'école (située au 10425, 99ᵉ Avenue) abrite l'Edmonton Public Schools Archives and Museum. Dans la cour, on peut voir la première école publique construite (1881) à l'extérieur de l'enceinte du fort Edmonton.

Citadelle de l'Armée du Salut
Construit dans les années 20 pour l'Armée du Salut, le bâtiment ressemble à un château. Le théâtre Citadel s'y installa au moment de sa fondation en 1965; l'édifice sert maintenant à diverses manifestations.

Temple maçonnique
Cet élégant bâtiment élevé en 1931 par les francs-maçons est abondamment orné d'entrelacs d'inspiration gothique.

L'église unie McDougall
Ce temple de style italien (1909) qui servit d'abord d'église méthodiste peut accueillir 2 500 fidèles.

Maison Gariepy
Construite en 1902 par Joseph Gariepy, un marchand, cette résidence prospère rappelle l'époque où Edmonton était une petite ville des Prairies.

Vers le Parlement de l'Alberta et le pont High Level

MACDONALD DRIVE

102 ST.

101 ST.

100 AVE.

10A ST.

Parlement de l'Alberta
Surmonté d'un saisissant dôme de terre cuite haut de 16 étages, l'édifice de style Beaux-Arts qui abrite le Parlement occupe l'emplacement même du fort Edmonton. L'imposant bâtiment (1912) de marbre importé et de grès se trouve dans un parc agrémenté de pièces d'eau, de monuments et de fontaines. Le centre d'interprétation du Parlement offre des visites gratuites.

Square Sir Winston Churchill
Dans le quartier des affaires, le square est bordé par l'hôtel de ville, une bibliothèque, un théâtre, une salle de concert, un galerie d'art, le palais de justice et un centre commercial.

EDMONTON

TOUR GUIDE

Saskatchewan du Nord

Musée des Beaux-Arts d'Edmonton
Ce musée fondé en 1969 présente des expositions itinérantes. Sa collection permanente, qui inclut un grand nombre d'œuvres canadiennes, se concentre sur les artistes contemporains.

Palais de justice
L'immeuble de béton, dessiné par un architecte local, Junichi Hashimoto, fait penser à un gâteau de noces renversé. Le complexe date des années 80.

China Gate
Le portail du quartier chinois, large de 23 m, haut de 12 m et orné de deux lions de quartz sculptés à la main, a été donné par la ville de Harbin, en Chine.

Vers le Collège Grant MacEwan
Ce campus du centre-ville à l'architecture saisissante a été construit en 1983 sur l'emplacement d'une ancienne gare de triage du CN. Il accueille 35 000 étudiants.

Centre de la musique Winspear
La salle de concert de 1900 places inaugurée en 1997 abrite l'Orchestre symphonique d'Edmonton. Elle porte le nom du philanthrope Francis Winspear (1903-1997).

99 ST.
102A AVE.
Square Sir Winston Churchill
Place du Canada
102 AVE.
102 AVE.
RICE HOWARD WAY
100 ST.
99 ST.
JASPER AVE.
100 ST.

Théâtre Citadel
C'est le plus grand complexe au Canada entièrement dédié au théâtre. Ses cinq salles attirent plus de 150 000 spectateurs par année, son atrium est pourvu d'un jardin et de chutes d'eau.

Centre des congrès
Construit dans l'escarpement de la rivière Saskatchewan du Nord, ce centre a été inauguré en 1983 au coût de 82 millions de dollars. Il contient 48 000 m² de surface d'exposition répartis sur trois étages dont l'un est occupé par le Hall d'honneur de la musique country au Canada.

Bibliothèque Stan Milner
Avec 1,4 million de titres et 1,3 million de visiteurs par an, c'est l'une des bibliothèques les plus fréquentées au pays. Elle porte le nom du conseiller municipal qui inspira sa construction à l'occasion du centenaire du Canada en 1967.

Vers le pont Low Level et les serres Muttart

North Saskatchewan River

Hôtel Macdonald
On a rendu au « Mac », ce grand hôtel des chemins de fer construit en 1915, son élégante apparence de l'époque du roi Édouard VII. De l'hôtel, la vue sur la rivière est splendide.

Serres Muttart
Du centre-ville d'Edmonton, on se rend aux serres Muttart par le pont Low Level. Trois pyramides de verre abritent différents milieux écologiques où on retrouve de la végétation typique des zones tropicale, tempérée et aride. Dans la quatrième pyramide, le jardin floral (*à droite*) est très populaire comme toile de fond pour les photos de mariage.

FORT SASKATCHEWAN

15 km

EDMONTON

21

P.N. ELK ISLAND

VILLAGE HISTORIQUE UKRAINIEN

MUNDARE

VEGREVILLE

Yellowhead (no 16)

4 km   27 km   3,5 km   30,5 km   15 km   49 km

**CENTRE-EST
DE L'ALBERTA**

Fort Saskatchewan

C'est en plein centre-ville, dans un petit parc qui domine la Saskatchewan du Nord, que se trouve le lieu historique du Fort-Saskatchewan. Parmi sa collection du tournant du siècle – résidences, école, église et forge, voitures et machinerie agricole –, il y a aussi le premier palais de justice d'Alberta (1909). Le musée raconte l'histoire de la ville depuis 1875, lorsque la Police montée du Nord-Ouest y établit un poste. L'agglomération qui se forma autour du fort est l'une des premières en Alberta.

Parc national Elk Island

Relativement petit (194 km²), il est le seul parc national du Canada à être clôturé. C'est aussi la première réserve de grands mammifères. D'abord établi pour protéger un petit troupeau de wapitis, pour lesquels il sert toujours de refuge, le parc abrite maintenant d'autres espèces comme le grand bison des bois, le bison des plaines (plus petit) et le cygne trompette. Ses prairies et ses marécages sont aussi l'habitat de quelque 44 espèces de mammifères et de plus de 240 espèces d'oiseaux. Le parc se démarque du paysage plat des environs par sa géographie légèrement accidentée. Près de certains lacs, dont le lac Astotin, on trouve des aires récréatives et des campings.

Village historique ukrainien

Ce musée à ciel ouvert vous fera découvrir le style de vie des immigrants ukrainiens. Quelque 30 bâtiments transportés des alentours sont meublés à la mode des années 1892-1930. Le personnel en costume d'époque vaque aux mêmes occupations que les pionniers. Les visiteurs voient le pain lever dans les fours d'argile, s'initient au fonctionnement des premiers silos à élévateur et circulent dans des chariots attelés à des chevaux. (Voir aussi pages 254-255.)

De nombreux sentiers permettent aux visiteurs d'explorer le parc national Elk Island et d'en admirer les beautés naturelles. Sa faune comprend deux sous-espèces de bisons. Le bison des bois vit dans le secteur situé au sud de la route 16, alors que le bison des plaines, plus petit (ci-dessous), habite le secteur nord ou, en été, un enclos près de l'autoroute.

Des visiteurs du monde entier admirent les détails géométriques de ce pysanka géant dans un parc de Vegreville (ci-dessus). La décoration d'œufs de Pâques fait partie des traditions conservées par les immigrants et dont on peut voir des exemples au Village historique ukrainien.

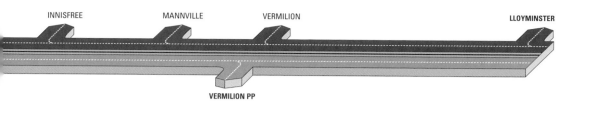

INNISFREE   MANNVILLE   VERMILION   LLOYMINSTER

VERMILION PP

26 km   22 km   59 km

Festival Pysanka. C'est le plus grand festival de ce type dans l'ouest du Canada et ses activités comprennent des expositions d'artisanat, des repas ukrainiens, un concours international de décoration d'œufs et le plus important concours de danse au Canada destiné aux jeunes.

Parc provincial Vermilion

Les enfants fatigués de la voiture se dégourdiront les jambes au terrain de jeu du bord du lac. Des sentiers qui s'entrecroisent dans les collines onduleuses et dans les boisés de trembles, on a une vue des marécages et des bras morts. (On peut se procurer une trousse d'observation de la nature.) En hiver, les skieurs de fond apprécient les pistes bien entretenues et font halte dans un abri qui est une ancienne gare du CN.

Lloydminster

L'artère principale dans l'axe nord-sud (50e avenue) de la ville (la seule au Canada à cheval sur deux provinces) marque la frontière entre l'Alberta et la Saskatchewan. Elle est bordée par quatre monuments de 30 m qui représentent des thèmes chers à la région : l'agriculture, le pétrole, les Amérindiens et les colons anglicans qui, sous la direction du révérend Isaac Barr, ont fondé la ville en 1903. Leur histoire est racontée au Centre culturel et historique Barr Colony. Le musée Richard Larsen exhibe quelque 10 000 objets datant des colons, 254 tableaux du comte Berthold von Imhoff et des centaines d'animaux empaillés.

Mundare

Mundare est une agglomération imprégnée d'histoire et de culture ukrainiennes. Le principal point d'intérêt est le monastère des pères basiliens, voué à la préservation des traditions léguées par les pionniers. On y admire une vaste collection d'objets religieux et d'artisanat ukrainien : peintures, tissus, photographies, œufs de Pâques, broderies, vêtements ecclésiastiques ainsi que nombre de précieux livres de liturgie des XVIe et XVIIe siècles.

Vegreville

C'est ici qu'on trouve le plus gros œuf de Pâques du monde (*à gauche*). Fait d'or, d'argent et de bronze (9,4 m de haut, 2 270 kg), il a été érigé en 1975 pour souligner le 100e anniversaire de la Gendarmerie royale en Alberta. Couleurs, étoiles, ailes de moulins et dents de loups de ce *pysanka* symbolisent la foi et la prospérité des immigrants ainsi que la protection que la « Police montée » leur a accordée.

Au début de juillet, la culture et les arts ukrainiens sont à l'honneur pendant les trois jours du

Toits de chaume et dômes bulbeux

BARB ET RON KROLL *forment une solide équipe de photojournalistes. On les retrouve régulièrement dans des guides de tourisme, des quotidiens comme le* Globe & Mail *et le* Vancouver Sun, *et des revues comme* Harrowsmith, Maclean's *et* Time.

LES GRATTE-CIEL D'EDMONTON ont beau n'être qu'à 30 minutes derrière nous, on se croirait à l'autre bout du monde. En roulant sur la Yellowhead en direction est, nous apercevons à droite, au milieu de pâturages prélevés sur la forêt, des bâtiments à toit de chaume et une église surmontée d'une coupole byzantine. Nous entrons dans le Village historique ukrainien.

À la fin du XIXᵉ siècle, le gouvernement du Canada, pour encourager les immigrants à s'installer dans l'Ouest, offrait à chaque colon 65 ha de terres pour la modique somme de 10 $. Fuyant l'oppression politique dans leur pays respectif, des ressortissants de Galicie (alors rattachée à la Pologne) et de Bucovine (Russie), à l'ouest de l'Ukraine, affluèrent ici dans l'espoir d'améliorer leur sort. Quarante ans plus tard, on estimait à un quart de million le nombre de colons ukrainiens établis sur des fermes et dans des villages prospères à travers la Prairie.

L'une des plus fortes concentrations de ces immigrants se trouve dans le centre est de l'Alberta, entre Fort Saskatchewan et Vermilion. Une trentaine de bâtiments de cette région ont été rassemblés pour former un village historique de 130 ha. Près du centre des visiteurs, une émouvante statue de bronze représente une famille ukrainienne. La femme, un foulard noué autour du cou et un tablier brodé couvrant sa robe, tient un nourrisson dans ses bras. Son mari, chaussé de bottes de travail, porte une tunique sous sa veste de mouton ; d'une main, il tient précieusement un sac de cuir contenant leurs maigres possessions, de l'autre, il étreint affectueusement l'épaule de sa petite fille.

Dans des décors variés datant de 1890 à 1930, des guides costumés interprètent l'histoire de ces pionniers et des épreuves qu'ils eurent à surmonter pour réaliser leurs rêves : notre visite à travers le temps commence dans un champ de pommes de terre où Kaska, une immigrante de fraîche date, abandonne sa binette pour nous accueillir

dans son *burdei*. C'est un de ces abris temporaires que, à leur arrivée, les colons
ukrainiens creusaient dans le sol ou dans le
flanc d'une colline et qu'ils recouvraient
d'herbes. Le *burdei* de Kaska contient un
petit lit, une table de bois et un coffre rempli de vêtements, d'outils et d'objets du
culte apportés d'Ukraine. Pendant que
Kaska s'affaire aux champs, son époux est
parti travailler dans une mine de charbon
pour amasser l'argent d'une vraie maison.

La voisine de Kaska, Annytsia, a déjà
franchi cette étape. Sa cabane de rondins,
cimentée à l'argile,
au sable, à la paille
et à l'eau, est coif-
fée d'un toit de
chaume et s'orne,
dans la tradition
ukrainienne, de pi-
gnons sculptés et
de portes et fenê-
tres peintes de couleurs vives. Annytsia
nous montre l'unique lit où dorment les
sept membres de la famille. Tout en faisant
cuire son pain dans un four d'argile, elle
nous parle des champignons qu'elle a cueil-
lis ce matin dans la forêt et du bortsch
qu'elle servira à midi. Il n'en faut pas plus
pour aiguiser notre appétit; aussi nous
arrêtons-nous dans un kiosque tout près
pour nous régaler d'un bol fumant du délicieux potage aux betteraves et à la crème
sure avant de poursuivre notre visite.

Guidés par le bruit, nous trouvons Annie
en train de fendre du bois ; à notre arrivée,
elle dépose sa hache et s'essuie le front.
Son oncle, nous dit-elle, a payé son voyage
au Canada et, en retour, elle doit aider à la
cuisine et au ménage, et nourrir les animaux à l'étable.

Nous poursuivons sur la route de terre
jusqu'à une maison de rondins et d'argile
où nous attend Gregory. Ses ongles sont
noircis par les labours ; il se lamente sur la
quantité de roches et de racines qui
encombrent son champ. Mais son humeur
change quand il nous fait part de son tout

récent mariage. Il est visiblement fier de
nous montrer la blouse brodée que son
épouse portait pour l'occasion.

En quittant la section agricole pour nous
diriger vers le village, nous constatons
comment la qualité de vie des colons s'est
peu à peu améliorée. Nous apprenons
comment l'arrivée du chemin de fer dans
l'Ouest a favorisé le transport des céréales
vers de nouveaux marchés, en même
temps que l'arrivée de nouveaux immigrants. Pendant la Première Guerre mondiale, le prix des céréales a monté et les
fermiers ont com-
mencé à faire de
bons profits.

Le village est
fier de ses commo-
dités «modernes»
(1930), toutes ar-
rivées par train,
telles la Smith
Corona du propriétaire de la quincaillerie
et la glacière que le chef de gare a achetée
chez Eaton, à Victoria. De rutilantes voitures noires (le tout dernier modèle 1925)
sillonnent maintenant les routes de terre,
doublant au passage les chevaux clopinant
qui tirent des charretées de foin.

Notre promenade dans le village se termine devant l'église de rite orthodoxe
Saint-Vladimir, surmontée d'une coupole
argentée. À l'intérieur, dans le calme le plus
complet, nous prenons le temps d'admirer
les fresques du plafond et le chandelier de
bois doré, qui s'abaisse avec une corde
pour permettre d'allumer les chandelles.

Pour bien profiter de votre visite au Village ukrainien, prévoyez d'y passer au
moins quelques heures. Il est ouvert aux
visiteurs entre la fin mai et le début d'octobre et pour des occasions spéciales en
d'autres temps. L'été, il se tient un marché
agricole chaque fin de semaine.

Barb & Ron Kroll

> **"*Le village est fier de ses commodités «modernes», toutes arrivées par train [...]*"**

FORT PITT

26 km

17
LLOYDMINSTER

MAIDSTONE

Yellowhead (n° 16)

55 km   80,5 km

**NORD-OUEST
DE LA
SASKATCHEWAN**

Le pont le plus long de la province, qui enjambe la rivière Saskatchewan du Nord, relie Battleford, l'une des plus anciennes agglomérations de la province, à sa jumelle, North Battleford. Au lieu historique national du Fort-Battleford (photo du haut), le personnel costumé reconstitue les faits saillants de l'époque où la Police montée du Nord-Ouest (maintenant la GRC) maintenait la loi dans l'Ouest.

Parc historique du Fort-Pitt

Sur ce site au bord de la Saskatchewan du Nord, des panonceaux expliquent le rôle du fort Pitt à l'époque de la traite des fourrures et au cours de la rébellion du Nord-Ouest. En 1885, les Indiens de la bande Big Bear, dirigés par leur chef Wandering Spirit, pillèrent le fort, firent 50 prisonniers civils et forcèrent la Police montée du Nord-Ouest à se replier. Rebâti l'année suivante, le fort fut fermé en 1890. À côté du cimetière commémoratif, on a reconstitué la cabane d'un agent de la Compagnie de la Baie d'Hudson.

Cut Knife

Un grand nombre de rues de cette municipalité portent le nom des personnages marquants de la rébellion du Nord-Ouest en 1885. Le plus grand tomahawk au monde (son manche de 9 m en bois de sapin enferme une énorme lame de fibre de verre renforcée) domine le parc Tomahawk où se situe le musée Clayton McLain. Celui-ci exhibe une collection d'objets datant des

pionniers et des Indiens qui a été rassemblée par un colon de la région. Les 11 bâtiments restaurés incluent une minuscule cabane, une église de campagne et une gare en parfait état. Au nord de la ville, à Poundmaker Cree Nation, les perches d'un tipi, plantées sur une colline isolée, délimitent la tombe de Poundmaker, le célèbre chef indien des années 1880. Un centre d'histoire et un village de tipis permettent aux visiteurs de s'initier à la culture des Cris, à leur mode de vie et à leur artisanat.

Battleford

Capitale des Territoires du Nord-Ouest entre 1876 et 1882, Battleford renferme plusieurs bâtiments de valeur historique : Government House (chambre du conseil, 1878), le bureau de poste

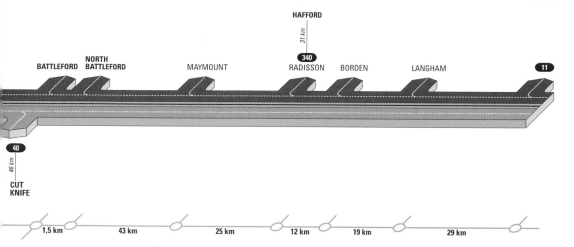

HAFFORD

31 km

340

BATTLEFORD NORTH BATTLEFORD MAYMOUNT RADISSON BORDEN LANGHAM **11**

40

46 km

CUT KNIFE

1,5 km   43 km   25 km   12 km   19 km   29 km

(1911) et l'hôtel de ville (1912). Le musée Fred Light expose des objets rassemblés par un pionnier de Battleford, notamment une belle collection d'armes à feu, des uniformes militaires et des objets d'usage courant au tournant du siècle : bols à raser, lampes à pétrole et tasses moustache. Le lieu historique national du Fort-Battleford rappelle le rôle de premier plan qu'a joué la Police montée du Nord-Ouest dans le développement de l'Ouest. Derrière la palissade reconstruite, quatre bâtiments originaux – quartiers des officiers, résidence du commandant, maison du gardien et écurie – sont meublés comme en 1885.

North Battleford

Cette ville est née en 1905 lorsque le Canadien National opta pour la rive nord de la Saskatchewan du Nord plutôt que pour la rive sud, mettant ainsi fin aux espoirs de Battleford d'avoir un jour une gare ferroviaire. De North Battleford, on accède à plusieurs zones récréatives près des rivières et des lacs avoisinants. Dans la galerie consacrée à l'artiste cri de renommée internationale, Allen Sapp, on voit 120 de ses œuvres illustrant la vie dans la réserve indienne de Red Pheasant. Au village-musée Western Development, maisons de fermes, églises, magasins, gare et silo reconstituent l'ambiance des années 20 dans les Prairies. En été, on peut voir des vaches, des chevaux et des poulets dans les étables et dans les champs entretenus avec les instruments aratoires de l'époque.

Hafford

Un détour vers le nord sur la route 340 conduit à cette agglomération à vocation agricole, réputée pour son riche patrimoine ukrainien. Hafford donne aussi accès à de nombreux lacs et parcs régionaux. Une destination très prisée est le refuge d'oiseaux du lac Redberry, 10 km à l'est de la ville. Les eaux salées du lac et des marais attirent des centaines d'espèces d'oiseaux migrateurs. Le pélican blanc d'Amérique se reproduit dans les îles, et le rare pluvier siffleur sur les plages. Les activités ici comprennent le golf, la randonnée, la baignade, la voile et le canotage. Au centre d'information, une exposition présente la faune, la flore et l'écosystème du lac. Grâce à des caméras dissimulées dans la nature et sur les zones de nidification, un écran projette des scènes prises sur le vif. On peut visiter en bateau les colonies de pélicans.

Près de North Battleford, en Saskatchewan, de jeunes danseurs indiens ne perdent pas un instant du pow-pow haut en couleur qui se déroule devant leurs yeux.

257

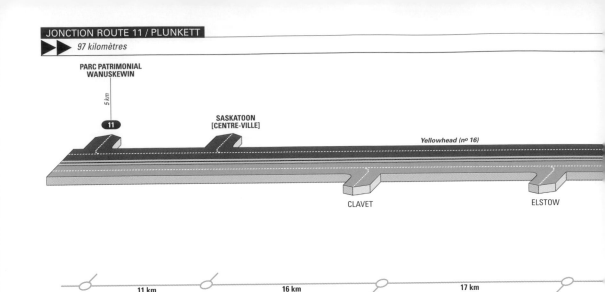

PARC PATRIMONIAL
WANUSKEWIN

5 km

11

SASKATOON
[CENTRE-VILLE]

Yellowhead (nº 16)

CLAVET

ELSTOW

11 km   16 km   17 km

CENTRE DE LA SASKATCHEWAN

À Saskatoon, la plupart des grands édifices bordent la rivière Saskatche-wan du Sud qui traverse la ville. Sur les deux rives, promenades et sentiers sillonnent des parcs et divers points d'intérêt. Près de l'hôtel Bessborough Delta qui ressemble à un château, une tour à horloge commémore les Jeux du Canada de 1989.

Parc patrimonial Wanuskewin

Au nord de Saskatoon, ce parc unique vous met en contact avec 6 000 ans d'histoire. (On y accède en prenant la route 11, puis la route de Warman.) Les vestiges de campements de tipis et un cercle de pierres sacrées datant de 1 500 ans, le Medicine Wheel, comptent parmi les 19 sites préhistoriques du parc. Des sentiers mènent aux chantiers de fouilles, aux falaises de chasse au bison et à des campements reconstitués. Des expositions touche-à-tout, animées par ordinateur, ainsi que la démonstration d'activités traditionnelles – montage d'un tipi, tannage des peaux ou cuisson de bannock – font la joie des visiteurs, de même que les spectacles de chants et de danses et la lecture de contes dans l'amphithéâtre en plein air. La boutique a des œuvres d'artistes et d'artisans locaux. (Voir aussi pages 260-261.)

Saskatoon

Centre cosmopolite, commercial et industriel, où siègent un grand nombre d'industries de haute technologie et de sociétés minières, Saskatoon ne laisse pas deviner ses austères origines de colonie vouée à la tempérance. Le campus de l'université, des musées, galeries, cafés et boutiques à la mode, ainsi qu'un grand nombre de festivals et d'événements récréatifs donnent à la plus grande ville de Saskatchewan une ambiance étudiante.

Meewasin Valley Centre, Saskatoon

Vous aurez ici un bon aperçu de l'histoire de la région, de sa faune et de sa flore. Le centre est aussi le point de départ d'un sentier de 19 km qui longe les deux rives de la Saskatchewan du Sud, serpente dans les beaux parcs de la ville et conduit à des aires de pique-nique et à des belvédères d'où la vue est spectaculaire.

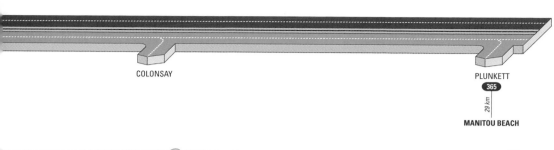

COLONSAY

PLUNKETT

365

29 km

MANITOU BEACH

22 km   31 km

Musée Western Development, Saskatoon

Revivez les débuts de Saskatoon en visitant la reconstitution d'une ville des prairies de 1910. La rue principale est bordée d'une trentaine de magasins et d'ateliers d'artisans garnis comme dans le bon vieux temps. Des expositions consacrées au transport et à l'agriculture incluent instruments aratoires, vieilles voitures, calèches et wagons.

Musée ukrainien du Canada et musée de la Culture ukrainienne, Saskatoon

Le Musée ukrainien du Canada est consacré à l'histoire et au patrimoine culturel des Ukrainiens qui, fuyant la persécution religieuse dans leur pays, immigrèrent en grand nombre au Canada au tournant du siècle. On y voit l'une des plus belles collections de textiles en Amérique du Nord, des costumes folkloriques, des céramiques, des sculptures de bois et de magnifiques *pysankas* (œufs de Pâques). Le musée de la Culture ukrainienne raconte l'histoire de cette civilisation, de la préhistoire jusqu'à l'époque de l'émigration. Poupées costumées, articles religieux, instruments de musique et souvenirs des pionniers y sont exposés. Sur demande, on peut visiter la cathédrale byzantine qui contient des œuvres d'art et des icônes.

Université de la Saskatchewan, Saskatoon

Des bâtiments gothiques en pierre grise, lotis dans les arbres et la verdure, forment l'un des plus beaux campus universitaires du Canada. On y trouve des musées consacrés à des thèmes variés allant des antiquités à la biologie et aux sciences naturelles ; le centre Diefenbaker, avec sa collection d'archives et de souvenirs voués au premier Premier ministre canadien natif de cette province ; ainsi que la première école de la ville (1887) et son plus vieil édifice public, Little Stone School, dont le mobilier comprend un petit orgue et des ardoises.

Galerie d'art Mendel et serres municipales, Saskatoon

Faites une halte paisible dans les serres, pour admirer les plate-bandes saisonnières plantées au milieu d'arbres tropicaux. La galerie d'art accueille des expositions itinérantes locales et internationales. Sa collection permanente de plus de 3 500 œuvres comprend 13 toiles du Groupe des Sept, offertes par son bienfaiteur Fred S. Mendel.

Manitou Beach

C'est au sud de Plunkett qu'on trouve ce lieu de villégiature, au bord du Petit lac Manitou, aux eaux salées et peu profondes alimentées par des sources. Ce fut, dans les années 30 et 40, une station thermale très en vogue qu'on surnommait « la Carlsbad du Canada ». Aujourd'hui, l'établissement thermal de Manitou Springs, un haut lieu touristique de la Saskatchewan, offre trois piscines d'eaux chaudes minérales, des séances de massage thérapeutique et de réflexologie ainsi qu'un centre de mise en forme.

Au centre de la Saskatchewan, les vertus curatives qu'on prête aux eaux du Petit lac Manitou, trois fois plus salées que celles de la mer, attirent les visiteurs depuis fort longtemps.

Une nuit sous les étoiles, dans un tipi de peaux brutes

ROUTE 18 / NANAIMO

LOUISE BERNICE HALFE, *aussi connue sous le nom de Sky Dancer, a été publiée dans de nombreux recueils d'anthologie. Son premier livre de poèmes,* Bones & Feathers, *lui a valu le prix Milton Acorn. Son second,* Blue Marrow, *paraît chez McClelland and Stewart.*

COMBIEN DE FOIS ai-je emprunté les sentiers de Wanuskewin, avançant d'un pas mesuré, à la manière de mes ancêtres cris dont les fantômes peuplent les boisés et la vallée. Cette fois, cependant, je demande aux guides de faire comme si j'en étais à ma première visite. Ils m'accompagnent et m'expliquent l'essence et la signification des lieux.

À Wanuskewin, il est question de tipis, de danses, de contes, d'ornements de perles, de tressage de paniers d'osier et de poterie. Sur 100 ha, le parc patrimonial englobe une vingtaine de sites archéologiques de 6 000 ans et plus qui révèlent le mode de vie nomade des Indiens des plaines septentrionales. Ici, les visiteurs peuvent passer la nuit dans un tipi et compter les étoiles.

On me montre les tertres de pierre qui indiquent le chemin que suivaient les Indiens pour mener les bisons à la falaise de la mort, la falaise de Newo Asiniak. Je vois les fantômes de ces Indiens vêtus de peaux se tapir derrière la sculpture de Lloyd Pinay, un bison surgissant de la terre. Les ombres fantomatiques pressent l'oreille sur les rochers, la poitrine palpitante à l'approche de la mêlée. Pendant un instant, je suis l'une de ces femmes courageuses dont le cœur bat la chamade à la pensée d'être piétinée. Mais, au moment de dépouiller nos proies, nous prierons, nous danserons et nous festoierons.

Dans l'atrium du Centre Wanuskewin se dresse la statue d'un shaman qui élève un crâne de bison en guise de prière. Ici, et devant la collection d'ossements de bisons, j'entends le fracas de la course du troupeau se transformer en un sourd gémissement assourdi par les cris victorieux des chasseurs, couteaux brandis vers les dieux. À Wanuskewin, les ossements prennent vie. D'après la légende, le bison est né du roc. La pierre et le bison ne font qu'un. C'est en fouillant les pierres de la vallée de l'Opimihaw que les archéologues ont identifié une chasse aux bisons d'il y a 6 000 ans.

À Wanuskewin, le ruisseau Opimihaw serpente doucement dans les collines au ventre rond. J'ai observé la danse nuptiale des rats musqués et la couvée silencieuse des aigrettes bleues et j'ai vu les castors onduler dans le ruisseau, la tête à fleur d'eau. Dans cette vallée de collines et d'arbres, les rochers se parent de lichen orange et moutarde, pendant que chardonnerets, sturnelles et orioles s'égosillent dans des trilles et dans des chants. Ici, j'ai passé de longues heures, j'ai écouté la terre, j'en ai saisi le cœur et je me suis imprégnée de son message indien.

Mike Vitkowski, le vieil excentrique qui possédait cette terre, l'aimait d'amour. Il avait bien compris qu'elle contenait les pages d'une histoire inédite. Il lutta pour la préserver et déclina de meilleures offres pour la vendre à la ville de Saskatoon. Le parc fut enfin inauguré en 1992. Il appartient maintenant à une société du patrimoine.

> " *[...] j'ai observé la danse nuptiale des rats musqués et la couvée silencieuse des aigrettes bleues [...]* "

Dans les herbes hautes des champs de Wanuskewin où l'on a mis au jour les vestiges du Medicine Wheel (un anneau de pierres sacrées datant de 1 500 ans) et des cercles de tipis, je refais le passé en esprit. Le tambour du village rythme le chant matinal. Une mère, tout en remuant le ragoût de bison dans un pot d'argile, apaise les cris de son enfant. Dehors, le père casse du pied des branches pour le feu. Il va faire du suif, fumer la viande et s'atteler à la dure tâche du tannage des peaux. Tous travaillent : les vieux, les jeunes, les chiens et les chevaux. On se passe le calumet. Bientôt, on ira plus loin dans la vallée de l'Opimihaw, fuyant le vent glacial de l'hiver.

Les femmes cousent, avec des alènes en os, de coriaces peaux tannées de couleur pâle. Il en faut 25 pour confectionner un tipi. Les mâts, soigneusement débarrassés de leur écorce et bien séchés, reposent par terre. À l'aide d'une bande de cuir brut, un jeune homme attache les sommets des trois mâts qui formeront le trépied. Puis, avec d'autres, il élève les mâts de façon que la bande de cuir pende au centre. (Chez les Cris, l'entrée du tipi fait face à l'est et les mâts sont disposés en spirale jusqu'au cœur du trépied. La bande de cuir doit pendre droit au centre, car elle symbolise le cordon ombilical qui relie la communauté.) Le dernier mât en place, les hommes déploient les peaux pour qu'elles couvrent bien les membrures. On hisse ensuite un enfant qui fixe des chevilles en os dans les replis de la toile.

Les hommes espacent les mâts à l'intérieur et le tipi se gonfle. Les peaux tendues sont fichées en terre. Les rabats, soutenus par des piquets, s'ajusteront pour laisser sortir la fumée ou empêcher la pluie d'entrer. Pour finir, on enduit la tente de foin d'odeur.

Mon tipi imaginaire est monté. Le parfum des peupliers de Wanuskewin me ramène au présent. Sous la lune, pleine et claire, on invite les visiteurs à s'enduire d'insectifuge, à revêtir une veste chaude et à observer les étoiles à la jumelle avant de passer la nuit dans un tipi du parc.

Vous trouverez Wanuskewin sur la route 11, 5 km au nord de Saskatoon, à l'enseigne du *Bison qui danse*. Mettez dans votre baluchon une bonne dose d'amour et de respect pour cette terre et ses ancêtres. Entrez doucement. La flûte du pays est déjà dans vos os, vous n'avez qu'à vous arrêter et à écouter. Tous mes parents.

Louise B half

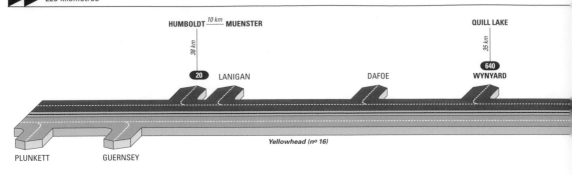

HUMBOLDT _10 km_ MUENSTER

QUILL LAKE

38 km

35 km

640

20 LANIGAN

DAFOE

WYNYARD

Yellowhead (nº 16)

PLUNKETT GUERNSEY

19 km · 3 km · 8 km · 34 km · 24 km · 25 km

CENTRE DE LA SASKATCHEWAN

Humboldt

Des festivals et un art folklorique colorés, des bâtiments à colombages et un centre d'accueil touristique affichant *willkommen* sont autant de façon pour Humboldt de cultiver son identité allemande. Cette ville importante, qui porte le nom d'un homme de sciences allemand, est aussi la «capitale mondiale de la moutarde» de même qu'une grande exportatrice de farine. Le musée de Humboldt expose des objets liés à l'histoire, à l'art local et à la nature. Une gare, une habitation typique des Prairies, une chapelle ancienne et un chariot de la rivière Rouge illustrent la vie dans les Prairies de 1885 à 1970.

Muenster

Le principal attrait de ce village est sans contredit l'abbaye bénédictine. On peut visiter, dans ses vastes terrains, la chapelle, le cimetière, la ferme, le verger, la serre et une imprimerie. La cathédrale Saint-Pierre à tours jumelles est célèbre pour ses 80 portraits de saints grandeur nature : ils ont été peints en 1919 par le comte Berthold von Imhoff, artiste saskatchewanais dont la réputation s'étend à toute l'Amérique du Nord.

Wynyard

C'est un rendez-vous populaire parmi les chasseurs et les observateurs d'oiseaux. Le festival annuel de Wynyard, dont l'économie repose sur les couvoirs et le traitement de la volaille, met l'accent sur des courses de poulets. Il y a neuf églises locales dont plusieurs dotées de

magnifiques vitraux et d'un intérieur très décoré. Les antiquités exposées au musée Frank Cameron incluent une robe de mariée de 1891 et le premier appareil à rayons X de la ville.

Quill Lake

C'est entre Dafoe et Wynyard, au nord de la route 16, qu'on trouve le Petit, le Moyen et le Grand lac à la Plume, paradis des passionnés d'ornithologie et de photographie. Le Centre d'interprétation de Quill Lake, à quelque 35 km au nord sur la route 640, fournit de l'information sur les points d'intérêt, l'histoire et le folklore de la région. Au village, le Quill Lakes Nature Tours organise des excursions à bord de véhicules tout-terrains. Les eaux peu profondes et salées des lacs sont un relais de prédilection pour des milliers d'oiseaux aquatiques en migration dont les canards, les oies et les grues du Canada. Les 34 espèces d'oiseaux de rivage qui nichent dans

Les 80 portraits de saints grandeur nature de la cathédrale Saint-Pierre à Muenster sont l'œuvre de Berthold von Imhoff. L'artiste les a exécutés en 1919 pour les offrir au premier supérieur de l'abbaye Saint-Pierre (ci-dessus) ; les moines ont prêté leurs visages à nombre de ces portraits de saints.

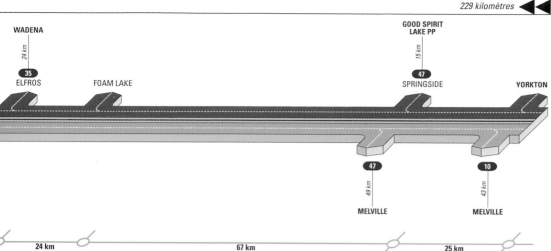

WADENA

24 km

35
ELFROS

FOAM LAKE

GOOD SPIRIT
LAKE PP

15 km

47
SPRINGSIDE

YORKTON

47

49 km

MELVILLE

10

43 km

MELVILLE

24 km · 67 km · 25 km

les environs incluent des espèces rares et menacées. Une colonie de 400 pélicans blancs est installée au Moyen lac à la Plume.

Wadena

À l'extrémité est du Petit lac à la Plume, se trouvent les marécages de Wadena, une réserve internationale d'oiseaux de rivage. Sentiers panoramiques au bord de l'eau, promenades dans les marais, tour d'observation et panonceaux d'interprétation enchanteront les visiteurs. Le musée de Wadena expose ses collections d'objets locaux dans divers bâtiments d'époque.

Parc provincial Good Spirit Lake

Ses dunes mouvantes, ses plages de sable aux eaux chaudes, limpides et peu profondes et ses nombreuses activités (tennis, pêche, etc.) en font un lieu de villégiature recherché. Les dunes s'étendent sur plus de 3,5 km le long des rives et abritent des oiseaux comme la maubèche branle-queue ou le pluvier kildir.

Melville

Le chemin de fer est le principal employeur de cette ville fondée vers 1907 et nommée d'après un président de la société ferroviaire. Installé dans une vieille gare, un musée du rail expose une locomotive du CN, un fourgon d'époque et un wagon-plateforme du Grand-Tronc Pacifique. Le Musée patrimonial, à l'académie Luther, présente des objets liés à l'histoire de l'église

luthérienne au Canada et à celle des 25 premières années de la ville ; il possède une chapelle, 800 livres en langue allemande, une salle de musique et plus de 80 photographies d'époque.

Yorkton

La visite autoguidée, conçue pour illustrer la diversité ethnique de Yorkton, permet de voir entre autres les maisons des doukhobors avec leurs murs à triple rang de briques. Le musée Western Development, consacré à une cinquantaine de peuples fondateurs, reconstitue des pièces entières – cuisine ukrainienne, salon américain, chambre à coucher suédoise.

Il faut voir l'intérieur du dôme de l'église ukrainienne Sainte-Marie où l'artiste Stephen Meusch, dans sa somptueuse représentation du couronnement de la Vierge, a réussi à reproduire les magnifiques teintes d'indigo, d'orange et de rouge sombre qui caractérisent les couchers de soleil de la Saskatchewan.

Le Centre historique de Parkland, à 10 km au sud-est de Yorkton, évoque lui aussi le passé.

Les machines à vapeur et à gaz du musée Western Development de Yorkton reprennent vie lors de la fête des Moissonneurs ou du Festival des aînés.

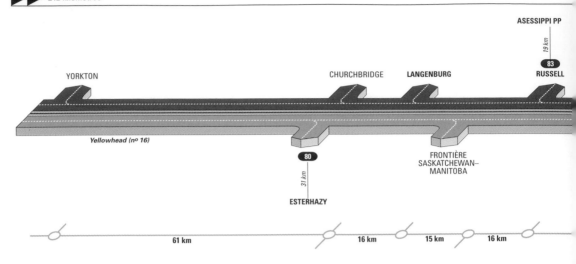

ASESSIPPI PP

19 km

YORKTON   CHURCHBRIDGE   **LANGENBURG**   **83** **RUSSELL**

Yellowhead (nº 16)

80

31 km

FRONTIÈRE
SASKATCHEWAN–
MANITOBA

ESTERHAZY

61 km   16 km   15 km   16 km

**CENTRE-EST
DE LA
SASKATCHEWAN/
CENTRE-OUEST
DU MANITOBA**

Esterhazy

Cette ville repose sur d'énormes dépôts de potasse qu'elle exporte dans le monde entier pour servir à la fertilisation. Les travaux miniers remontent aux années 50 et on peut visiter l'une des deux mines en activité. Le musée communautaire renferme des pièces meublées chacune d'après un thème : magasin général, cabinet de médecin, cuisine et salon de 1910. Les églises de la ville reflètent ses origines multiculturelles (anglaise, allemande, tchèque, hongroise et suédoise). Esterhazy porte le nom d'un aristocrate hongrois qui s'y établit en 1886 avec 35 familles de compatriotes. Le musée au site historique Kaposvar comprend une église de pierre de 1906 et un domaine de pionnier avec sa grange, sa laiterie et son fumoir.

Langenburg

Le parc d'amusement Gopherville, avec ses allures de ville-frontière, est la principale attraction de la ville. Des trains-navettes mènent les visiteurs vers des boutiques d'artisanat, le magasin du Père Noël, un village miniature, une bicyclette de 44 passagers, la balançoire la plus haute du monde et un golf miniature de 18 trous. On peut aussi visiter à Langenburg le silo Wheat Pool où le guide explique le fonctionnement de la bande transporteuse verticale entre la zone de déchargement et le système de distribution, en même temps que les opérations complexes propres au marché céréalier.

Russell

En entrant au Manitoba, on sait d'emblée qu'on est au pays des céréales et du bœuf de première qualité. À Russell, ne manquez pas le manoir Boulton (1894). En 1885, le major Charles Arkoll Boulton, fondateur du village, mit sur pied les Éclaireurs de Boulton pour aider à écraser la rébellion du Nord-Ouest.

Parc provincial Asessippi

Le parc se situe à l'extrémité sud du lac Des Prairies, un lac artificiel de 64 km de long créé par la construction d'une série de barrages dans les années 60. Le grand brochet et le doré y abondent. Des sentiers de randonnée mènent dans les forêts de trembles et les prairies d'herbes mixtes.

Parc national du Mont-Riding

Perché sur un plateau de l'escarpement du Manitoba, le mont Riding s'élève à près de 500 m au-dessus de la prairie. Il réunit

BINSCARTH   FOXWARDEN

19 km   19 km   96 km

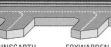

À la plage Asessippi du lac Des Prairies (photo du haut), *on peut louer un bateau ou se baigner. Au parc national du Mont-Riding* (photo du bas), *on fait de la bicyclette, du bateau, de l'équitation ou des pique-niques ; on joue au golf et au tennis ou on se balade dans la nature.*

res sont le Arrowhead (3,4 km), qui longe une prairie de fleurs sauvages, des marmites des prairies peu profondes et un barrage de castor, et le Burls and Bittersweet (2,2 km) où poussent, dans la forêt de bois dur qu'il est étrange de trouver ici, des arbres à loupes et de la vigne grimpante. D'une promenade flottante et d'un petit poste d'affût, on peut observer la faune et la flore aquatiques du marais Ominnik.

Wasagaming, parc national du Mont-Riding

À l'entrée sud du parc, la petite ville pittoresque fut fondée en 1930 pour ressembler à un lieu de villégiature en pleine nature. Aujourd'hui, on y trouve une gamme complète d'hébergement et de restauration, une galerie d'art, un musée, un cinéma et un théâtre ; on y joue au golf, au tennis ou au boulingrin ; on y suit des cours d'art et d'artisanat. Le centre des visiteurs présente des expositions sur l'histoire de la région, son peuplement, sa faune et sa flore, et propose des randonnées dans la nature, des feux de camp ou des conférences en soirée. Le lac Clear, alimenté par des sources, offre une superbe plage, de l'excellente pêche et des rampes de mise à l'eau. Des excursions organisées par Anishinabe Camp and Cultural Tours permettent de s'initier aux traditions indiennes en participant à des pow-pow et à des programmes allant de la survie en forêt à la fabrication de bijoux de perles et de plumes. On peut dormir sous la tente, participer à la cérémonie du lever du jour et visiter les villages indiens avoisinants.

des caractéristiques propres au nord, à l'est et à l'ouest : sa forêt boréale, ses pâturages et ses boisés mixtes de feuillus abritent une faune et une flore impressionnantes : 60 espèces de mammifères (dont un petit troupeau de bisons qui paît à l'état libre près du lac Audy), 260 espèces d'oiseaux (dont la chouette cendrée et le pélican blanc), 500 variétés de plantes et 68 espèces de papillons.

Un vaste réseau de sentiers permet d'explorer le parc à pied, à bicyclette ou à cheval. Les sentiers autoguidés les plus populai-

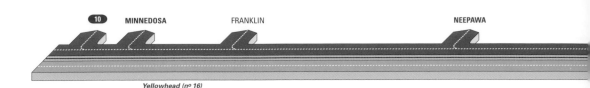

| 10 | MINNEDOSA | FRANKLIN | | NEEPAWA |

Yellowhead (n° 16)

6 km | 13 km | 28 km | 37 km

**CENTRE-OUEST
DU MANITOBA**

Le musée Beautiful Plains contient des milliers de souvenirs du passé de Neepawa, articles de sport, photos de champions locaux, matériel militaire datant de Louis Riel, costumes ukrainiens richement brodés, bureau de poste du tournant du siècle (un mannequin représente la maîtresse de poste derrière le guichet) et une pharmacie. Le musée est installé dans un bâtiment qui a aussi marqué l'histoire de la ville, l'ancienne gare du CN.

Minnedosa

Cette jolie ville de la vallée, au milieu de ranchs et de fermes céréalières, est un centre touristique animé grâce à son lac artificiel, son camping, son parcours de golf (9 trous), ses restaurants et son musée de campagne. Un tour à pied permet de voir en une heure les sites historiques qui ont marqué ses origines comme poste d'échange pour les marchands de fourrure et les colons, jusqu'à sa période trépidante de ville ferroviaire. Par moments, le circuit suit le sentier Oxbow qui traverse, sur des trottoirs de bois, des marécages remplis d'oiseaux aquatiques. Les ornithophiles voudront voir les vastes réserves de la corporation Manitoba Habitat Heritage où les zones de nidification de canards comptent parmi les plus riches du monde.

Neepawa

Cette ville (son nom en cri signifie «abondance») est souvent appelée la plus belle du Manitoba. Au cœur des terres fertiles du comté de Beautiful Plains, Neepawa dessert les fermes céréalières et d'élevage des environs.

Le peuplement commença vers 1870 et s'accéléra lors de l'arrivée du chemin de fer en 1883. La ville compte plusieurs imposants bâtiments de cette époque. Un circuit autoguidé mène à la majestueuse église presbytérienne Knox (1891), un bel exemple d'architecture religieuse néo-romane. Le palais de justice de Beautiful Plains (1884) est le plus vieux tribunal des Prai-

GLADSTONE   WOODSIDE   WESTBOURNE   MACDONALD   **1**

13 km   16 km   13 km   8 km

ries à servir sans interruption et le second parmi les vieux édifices publics du Manitoba. L'ancienne gare du CN accueille le musée Beautiful Plains dont les trois étages regorgent de divers objets (baignoires, fers à repasser, outils, machinerie agricole, etc.) offerts par les descendants des pionniers. On y voit aussi une chapelle avec son petit orgue, ses bancs de bois et sa vaisselle d'argent, ainsi qu'un magasin général du début du siècle, avec son comptoir vitré et ses marchandises d'époque allant du rouleau de tissus au baril de fromage.

Neepawa a servi de modèle à Manawaka, la ville fictive où Margaret Laurence a campé les personnages de ses romans (*The Stone Angel, A Jest of God, The Diviners*). Ne manquez pas la maison où la célèbre écrivaine a grandi (*voir rubrique ci-dessous et photo à droite*). La maison accueille des intellectuels et des écrivains venus du monde entier.

Maison Margaret Laurence, Neepawa

L'imposante résidence de brique, qui fait partie du patrimoine provincial, a été construite en 1893 par le grand-père de l'écrivaine. En 1935, à l'âge de neuf ans, Margaret Wemyss (de son nom de jeune fille) vint y habiter et y demeura jusqu'en 1944. Dans cette maison, qui lui était très chère, elle décida, à l'âge de 14 ans, de se consacrer à l'écriture. La maison a été restaurée et convertie en musée et centre culturel. On y retrouve, parmi les souvenirs de Margaret Laurence, des meubles, des diplômes honorifiques (elle en reçut 14), ses

lunettes et sa fameuse machine à écrire verte. L'écrivaine, décédée à Lakefield, en Ontario, en 1987, repose au cimetière Riverside de Neepawa, non loin de l'ange de pierre qu'elle a immortalisé.

Gladstone

Au cœur d'une région agricole mixte, Gladstone approvisionne en services les agglomérations avoisinantes. Le musée, installé dans une ancienne gare du CN, raconte l'histoire de la région. On peut y voir une cuisine d'antan, une salle à dîner, un boudoir, un magasin, une église. La pièce consacrée à la Légion expose, sur des mannequins costumés, des médailles et des bérets. Le parc William, sur la rive nord de la rivière Whitemud, comprend un parcours de golf (9 trous), une aire de pique-nique, une piscine chauffée, un camping au bord de l'eau, un terrain de baseball et un court de tennis.

À Neepawa, la Maison Margaret Laurence, qui contient des souvenirs de la célèbre écrivaine canadienne, abrite aussi une galerie d'art, un centre de recherche et une salle de réunion. C'est aussi un endroit favori pour les lancements de livre, les ateliers d'écriture et les conférences éducatives Elderhostel pour le troisième âge.

CROWSNEST

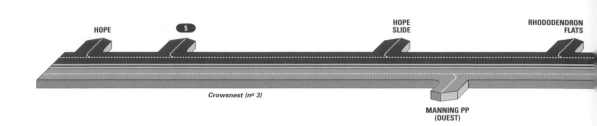

HOPE | 5 | HOPE SLIDE | RHODODENDRON FLATS

Crowsnest (nº 3)

MANNING PP (OUEST)

7 km | 18 km | 8 km | 7 km

SUD-OUEST DE LA COLOMBIE-BRITANNIQUE

De la mi-juillet à la mi-août, les prairies subalpines du parc provincial Manning se parent de fleurs de montagne. Un tapis multicolore, large de 5 km, s'étend sur 24 km entre le pic Blackwall et le mont Three Brothers.

Hope

Cette agglomération marque le début, à l'ouest, de la route Crowsnest (route 3) qui relie les principales villes des terres inférieures de la Colombie-Britannique et se rend jusqu'à Medicine Hat, en Alberta. (Pour une description de Hope, voir page 45.)

Autoroute Coquihalla (route 5)

Cette autoroute à péage de quatre ou six voies débute à l'est de Hope et conduit directement à Merrit et à Kamloops. (Pour une description de ces deux villes, voir pages 52-53.) L'autoroute Coquihalla est bien entretenue et patrouillée, mais on n'y trouve aucun service. Si vous désirez profiter de services et de vues imprenables, empruntez plutôt la Transcanadienne (route 1) qui traverse le canyon du Fraser.

Belvédère de Hope Slide

Le long de la route Crowsnest, 16 km à l'est de Hope, vous verrez les vestiges du glissement de terrain catastrophique survenu en 1965. Un matin de janvier, à la suite d'un tremblement de terre mineur, un pan entier du pic de Johnson, large de 1 km, dégringola dans la vallée à plus de 160 km/h. La route et un lac avoisinant furent ensevelis sous 46 000 000 m³ de terre, de roche et de neige, ce qui coûta la vie à quatre personnes. Il fallut 21 jours pour tracer une route temporaire. Du belvédère, on voit ce qui reste de la montagne.

Parc provincial Manning

Au départ de Hope, la Crowsnest escalade les forêts accidentées de la chaîne des Cascades jusqu'au col d'Allison, à 1 346 m d'altitude, dans le parc provincial

MANNING
PARK LODGE

MANNING PP
(EST)

34 km   15 km

Manning. Marécages, régions arides ponctuées de pins et de mélèzes, prairies subalpines, lacs cristallins et deux rivières pour la descente de rapides, la Skagit et la Similkameen, composent ce parc. Le cerf mulet, le rat musqué et le coyote s'y retrouvent en abondance, mais ses principaux résidents sont l'ours noir et la marmotte des Rocheuses. Des panonceaux indiquent les meilleurs endroits pour observer cette dernière et entendre ses sifflements perçants.

Rhododendron Flats, parc provincial Manning

Un sentier de 1 km, près de l'entrée ouest du parc, mène à Rhododendron Flats, un des rares endroits en Colombie-Britannique où poussent des rhododendrons sauvages. À la mi-juin, ils sont en pleine floraison, mais il est interdit d'en cueillir.

Manning Park Lodge, parc provincial Manning

Au cœur du parc, un luxueux hôtel de 40 chambres est le fleuron de ce complexe touristique qui inclut des chalets et des cabines, une auberge pour les groupes, des restaurants, des bars et un magasin général. C'est aussi le point de départ vers de nombreux attraits du parc. De juillet à septembre, la route d'asphalte au nord de l'hôtel conduit à l'observatoire Cascade d'où la vue sur les montagnes est spectaculaire. De là, une route en gravier de 6 km mène au pic Blackwell et aux prairies alpines qui, en juillet et en août, se tapissent de lis des glaciers, d'ellébores indiens et de vératres. Du poste Alpine Naturalist Hut partent deux sentiers autoguidés – le Paintbrush (1 km) et le Heather (21 km) – qui serpentent dans les prés alpins.

Au centre équestre, à l'ouest du Manning Park Lodge, on peut louer un cheval à l'heure, à la journée ou pour plus longtemps et partir à la découverte d'un pittoresque réseau de sentiers équestres. Partant du centre équestre, une route d'asphalte de 5 km mène au lac Lightning, idéal pour la baignade, le canotage et la pêche. On y rencontre le sentier qui mène au sommet du mont Frosty (2 408 m), point culminant du parc.

Au bureau du parc, 1 km à l'est de l'hôtel, on peut se joindre à des randonnées guidées dans la vallée et les prés alpins. En mai et en juin, on observe les oiseaux, à l'est du centre, dans le sentier autoguidé Beaver Pond (500 m). Les activités estivales comprennent des conférences en soirée, le visionnement de diaporamas et des jeux pour les enfants.

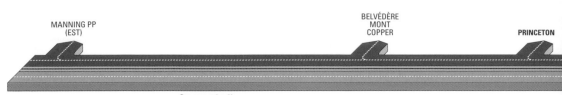

MANNING PP
(EST)
BELVÉDÈRE
MONT
COPPER
PRINCETON

Crowsnest (n° 3)

35 km   19 km

**SUD-OUEST DE
LA COLOMBIE-
BRITANNIQUE**

Princeton

🎿 🏕 ⛵ ≋ ❄

Cette ville s'étend au confluent
des rivières Tulameen et Similkameen, au cœur d'une région de
ranchs. Son site, au pied des
contreforts de la chaîne des
Cascades, en fait un excellent
point de départ pour la randonnée, le vélo de montagne, l'équitation et autres loisirs de plein air.
Outre ses belles plages abritées,
Princeton offre l'accès à 48 lacs
où l'on peut pêcher, se baigner
ou faire du bateau.

Villes fantômes et mines abandonnées tout autour de la ville
rappellent ses activités à la fin du
XIXe siècle. En vous promenant
dans ces endroits jadis fameux
pour leurs gisements d'or et de
charbon, vous pouvez tenter
votre chance au lavage de l'or à
la batée ou fouiller la terre à la
recherche de pierres précieuses.
Le musée de Princeton regorge
de souvenirs de l'époque des
mines et des pionniers. Dans
l'annexe, on peut voir la diligence
Welby, seul moyen de transport
public de la région jusqu'en 1909.

Hedley

🏚

Ce charmant village de la vallée
de la Similkameen a connu des
hauts et des bas depuis la ruée
vers l'or que déclencha la découverte d'un filon près du mont
Nickel Plate en 1898. On construisit un transporteur aérien de
3 km pour relier les mines Nickel
Plate et Mascot à une usine de
traitement établie à Hedley. (On
peut encore voir, au sommet
d'un mont qui domine la ville à
I 200 m, les ruines du transporteur et des dortoirs en bois.) Au

*L'activité
minière a battu
son plein
pendant plus de
50 ans à
Hedley, en
Colombie-
Britannique. À
leur fermeture
en 1955, les
mines Mascot
(à droite) et
Nickel Plate
avaient produit
de l'or, de
l'argent et du
cuivre pour une
valeur totale de
47 millions
de dollars.*

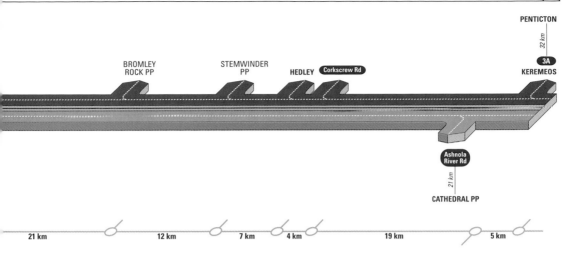

BROMLEY ROCK PP STEMWINDER PP HEDLEY Corkscrew Rd

Ashnola River Rd

21 km

CATHEDRAL PP

21 km 12 km 7 km 4 km 19 km 5 km

début du siècle, Hedley comptait des saloons animés, des magasins de luxe, cinq hôtels et une population de 5 000 habitants, 10 fois celle d'aujourd'hui. Le musée local possède des photographies illustrant le passé minier et social de la ville ainsi qu'un délicieux jardin de plantes grasses. À l'est de la ville, la route Corkscrew mène à la mine Mascot (13 km). Seuls les véhicules très résistants viennent à bout de cette route très escarpée.

Parc provincial Cathedral

De la Crowsnest (route 3), la route de la rivière Ashnola mène au terrain de stationnement de ce parc isolé en montagne. On se rend au lac Quiniscoe, au centre du parc, par l'un de trois sentiers (entre 16 et 28 km) ou en jeep (1 h) grâce au «taxi alpin» exploité par le complexe hôtelier de Cathedral Lakes. Chemin faisant, on rencontrera des chèvres de montagne, des cerfs mulets et des mouflons de Californie. Au lac Quiniscoe se trouvent le bureau administratif du parc et trois campings. De là, un réseau de sentiers (50 km) conduit aux merveilles du parc, telles de curieuses formations rocheuses aux noms évocateurs : Devil's Woodpile, Stone City et Macabre Tower. Tous les lacs du parc abondent en truites arc-en-ciel et en truites fardées.

Keremeos

La ville, entourée de monts dont certains atteignent 2 400 m, se trouve dans le secteur le plus large de la vallée de la Similka-

meen. Un climat tempéré et ensoleillé, la richesse du sol et un système d'irrigation efficace font que la saison des récoltes s'étend bien au-delà du reste de la province. Pommes, abricots, pêches, prunes sont offerts à l'étal d'une quarantaine de kiosques.

Dans une ancienne prison, le musée South Similkamee expose des uniformes de police et des souvenirs des pionniers. On a réassemblé la machinerie originale de 1877 au moulin Grist Mill & Garden, ce qui en fait le seul moulin à farine hydraulique fonctionnel de la province.

Penticton

Le nom de Penticton vient d'un mot salish qui signifie «l'endroit où l'on reste toujours». Cela se justifie sans doute par une moyenne annuelle de 2 000 heures d'ensoleillement qui contribuent à la richesse des vergers et des champs et aux abondantes récoltes des vignobles qui alimentent l'industrie vinicole (voir pages 274-275). Le soleil est au centre aussi d'impressionnantes réalisations comme le cadran solaire appelé Skaha Solar Timepiece et la galerie d'Art de South Okanagan, chauffée à l'énergie solaire. La descente des rapides en canot pneumatique est populaire dans le bras de rivière de 6 km qui relie les lacs Okanagan et Skaha. À la plage du lac Okanagan, on visite le *Sicamous*, un bateau à roue qui sillonna le lac entre 1914 et 1935. Le musée R.N. Atkinson expose des objets datant des Indiens et des pionniers, des souvenirs militaires et des animaux empaillés.

Au moulin Grist Mill & Garden, véritable musée vivant de l'agriculture à Keremeos, en Colombie-Britannique, le salon de thé offre de la pâtisserie préparée sur place avec la farine du moulin. Le moulin est entouré de vergers, de champs de blé et de jardins ancestraux où poussent des variétés de fruits, de légumes et de fleurs qu'on cultive dans la région depuis plus de 100 ans.

À la découverte des vins de l'Okanagan

ROUTE CROWSNEST (18) / PENTICTON

JURGEN GOTHE, *qui anime l'émission* DiscDrive *à la radio de CBC-FM, écrit aussi des textes sur ses deux passions, la bonne chère et le vin. On peut le lire dans le* Vancouver Sun, *et dans les revues* Vancouver Lifestyle's *et* En Route.

LES HABITANTS DE LA COLOMBIE-BRITANNIQUE trouvent un grisant plaisir à affronter le dédale des petites routes autour du lac Okanagan pour dénicher l'entrée quasi secrète d'un cellier et en rapporter une caisse de bon vin.

Tous les producteurs de la vallée de l'Okanagan ont au moins un vin exceptionnel à leur actif. Les blancs offrent le meilleur choix. On y retrouve, notamment, des vins de type allemand comme l'ehrenfelser ou le kerne, des pinots blancs et des gewurztraminers. Un riesling peut atteindre des sommets, un auxerrois ou un chasselas est souvent exquis. Parmi les chardonnays, le Grand Reserve Barrel Select, qui a valu au vignoble Mission Hill, en 1994, le trophée Avery, a été qualifié par certains experts de «meilleur chardonnay au monde».

Il fut un temps où l'on prétendait qu'il était impossible de trouver, dans la vallée de l'Okanagan, un vin rouge de qualité. Ce n'est plus vrai et chaque millésime apporte une nouvelle médaille pour des producteurs comme Cedar Creek, Kettle Valley, Sumac Ridge ou Quails' Gates.

L'industrie vinicole de la Colombie-Britannique n'a pas encore 150 ans. En 1860, un missionnaire, le père Pandosy, planta les premières vignes près d'Okanaau, au sud de l'actuelle ville de Kelowna. Le vin produit était destiné aux services religieux et à la consommation locale. Ce n'est qu'en 1932 que débuta vraiment, avec le producteur Calona, la commercialisation du vin de la vallée de l'Okanagan.

Ce qu'on appelle un «winery» au Canada n'a pas son équivalent en français. C'est, au sens strict, un endroit où l'on produit du vin. Il peut s'agir d'un producteur artisanal, d'un grand vignoble ou d'une grande entreprise commerciale n'ayant même pas de vignoble. Cependant, si le vin porte le nom d'un domaine (estate license), il doit avoir été fabriqué à partir de raisins cultivés en tout ou en partie par le fabricant lui-même.

Les « wineries » de l'Okanagan sont, pour la plupart, tout à fait sans prétention. Une porte s'ouvre sur un chai sombre, rempli de tonneaux de vin ; à côté, une petite salle de dégustation, généralement confortable mais bondée, surtout au milieu de l'été. Certains producteurs, en particulier les plus petits, recommandent de prendre rendez-vous. Les employés, peu nombreux, ne peuvent en effet se permettre de passer leur temps, aussi agréable que leur soit votre visite, à donner des explications et à faire déguster leur cuvée. À moins d'avoir du temps, il vaut donc mieux vous en tenir aux grands établissements.

Le producteur désire, bien sûr, vous donner un aperçu de tous ses vins, mais il veut aussi en vendre. Il va donc vous proposer une sélection. Évitez d'acquiescer à tout, avec une gorgée de riesling par-ci et une lampée de merlot par là. La vraie façon de faire une dégustation est d'y aller par cépage. Si, par exemple, vous aimez le pinot blanc, faites l'essai de ce même type de vin chez différents producteurs.

On vous versera, dans un verre à pied, une petite quantité de vin. Il s'agit de goûter et d'observer. Vérifiez la couleur et la limpidité du vin en tenant votre verre à la lumière. Puis, humez-le : les dégustateurs professionnels font grand cas de l'arôme. Ensuite, faites tourner le vin dans le verre pour en dégager les saveurs. Prenez-en une gorgée, roulez-la dans votre bouche pour qu'elle éveille toutes vos papilles avant que vous l'avaliez… ou que vous la recrachiez, si vous avez l'intention de multiplier l'expérience.

Composez votre propre itinéraire. Vous n'avez qu'à suivre la « route des vins » (route 97) en vous laissant guider par l'emblème de la grappe de raisins. Vous pouvez commencer votre périple à Penticton où s'est ouvert, le 1er juillet 1997, le centre d'interprétation des producteurs de vin de la vallée de l'Okanagan (situé dans le palais du commerce et des congrès). Tôt à l'automne, le Festival du vin, avec ses dégustations et ses concours, y compris gastronomiques, attire ici des visiteurs venus de partout en Amérique du Nord.

Autour du lac Okanagan, Summerland, Peachland, Westbank et Kelowna sont des hauts lieux du vin. Dans les environs de Westbank, faites une halte chez Quails' Gate et Mission Hill. À Kelowna, le musée du Vin, logé dans une ancienne usine (1917) d'emballage de fruits, organise des dégustations le dimanche après-midi. Au sud de Kelowna, faites une halte chez St. Hubertus, une charmante exploitation familiale, ou chez Cedar Creek, pour ses vins rouges primés, ou encore chez Summerhill, qui fait vieillir ses vins pétillants sous une pyramide.

C'est autour de Naramata, au sud-est du lac, qu'on trouve la plus grande concentration de producteurs artisanaux, comme Lang and Nichol et Kettle Valley.

Dans le sud de la vallée, on rencontre les vignobles de Hawthorne Mountain, Vincor, Blue Mountain, le minuscule Stag's Hollow et l'exploitation familiale Wild Goose. Aussi loin au sud qu'Oliver et Osoyoos, plusieurs vignobles méritent le détour : Tinhorn Creek et Gehringer Bros., Hester Creek, le nouveau Inniskillin Okanagan et bien sûr l'incontournable Domaine Combret. La route des vins recèle tout un monde de paysages et de dégustations. L'an prochain, quand vous voudrez la reprendre, elle sera aussi différente que le nouveau millésime.

" On vous versera, dans un verre à pied, une petite quantité de vin. "

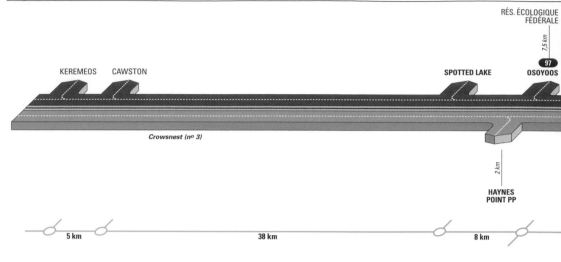

RÉS. ÉCOLOGIQUE
FÉDÉRALE

7,5 km

97

KEREMEOS   CAWSTON

SPOTTED LAKE   **OSOYOOS**

Crowsnest (n° 3)

2 km

**HAYNES
POINT PP**

5 km   38 km   8 km

**SUD-OUEST
DE LA
COLOMBIE-
BRITANNIQUE**

Lac Spotted

À l'ouest d'Osoyoos, à 43 km de Keremeos, on aperçoit deux lacs au sud de la route. Le plus proche, le lac Spotted (lac tacheté), contient une concentration exceptionnelle de 11 sels minéraux – sulfates de magnésium, calcium, sodium, etc. – et des traces, entre autres, d'argent et de titanium. En été, le lac est presque asséché et c'est alors qu'apparaissent les taches : des plaques de sels minéraux cristallisés dans les alvéoles boueux. Avant qu'il ne devienne propriété privée, le lac attirait les Indiens de la région qui l'appelaient Kliluk (le lac qui soigne) parce que s'y baigner apaisait les douleurs arthritiques et favorisait la guérison des blessures de guerre.

Osoyoos

Sur le lac du même nom, réputé comme le plan d'eau douce le plus chaud au Canada, Osoyoos jouit de la température moyenne annuelle la plus élevée au pays. Il y a 20 ans, les habitants, misant sur leur climat quasi méditerranéen, ont revêtu leurs bâtiments de stuc blanc, de tuiles rouges et de fer forgé, pour faire de leur ville la «capitale espagnole du

Canada». On y visite un moulin à vent hollandais en état de fonctionner et un musée communautaire qui expose une quantité renversante d'objets reliés aux Indiens, aux pionniers et à la guerre, une importante collection de papillons, un alambic clandestin et une école en bois rond de 1891. Grâce à l'irrigation, la

Les taches qui ont donné son nom au lac Spotted, quand il est presque à sec, sont des alvéoles boueux cerclés de blanc où miroitent des cristaux de sels minéraux.

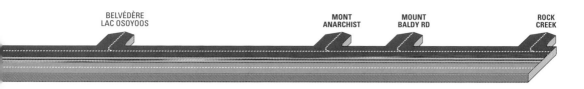

BELVÉDÈRE LAC OSOYOOS		MONT ANARCHIST	MOUNT BALDY RD	ROCK CREEK

11 km   21 km   7 km   13 km

Certains prétendent que le parc provincial Haynes Point (photo du haut) est le parc le plus populaire au Canada. Il comprend un banc de sable qui coupe presque le lac Osoyoos en deux. Camp Mckinney (photo du bas), ville fantôme sur la route Mount Baldy, est tout ce qui reste de l'une des mines d'or les plus riches de la province, exploitée ici entre 1887 et 1903.

région d'Osoyoos est recouverte de vergers et de vignobles florissants. Le seul secteur aride qui reste est, près de la route 22, celui de la Réserve écologique fédérale, quelque 7,5 km au nord de la ville. Dans ce minuscule désert, la faune et la flore incluent la chouette des terriers et le figuier de Barbarie.

Parc provincial Haynes Point

Ce joli parc sur le lac Osoyoos est réputé pour ses belles plages, ses eaux chaudes et ses emplacements de camping dont certains se trouvent sur un banc de sable qui s'étire en plein lac. La pêche (truite arc-en-ciel et bar), les promenades en bateau et le pique-nique sont des activités populaires. Le parc abrite une faune exotique, dont font partie la chouette des terriers, le crapaud pied-en-bêche et le serpent à sonnette, sans oublier l'urubu à tête rouge et le colibri calliope, le plus petit oiseau du Canada.

Mont Anarchist

Le doux climat de la vallée et d'Osoyoos, à 277 m d'altitude, n'est plus qu'un souvenir quand, après avoir triomphé des lacets en épingle à cheveux de la route, on atteint les sommets enneigés du mont Anarchist (1 233 m). Le mont serait ainsi nommé en souvenir d'un pionnier réputé pour ses opinions politiques radicales. Là-haut, la vue est imbattable.

Route Mount Baldy

On prend la route du mont Baldy au nord de la Crowsnest à Rock

Creek Canyon Bridge (entre Bridesville et Rock Creek). Elle mène d'abord (11,5 km) à Camp Mckinney, où la mine abandonnée fut jadis l'une des plus riches de la province, livrant 80 000 onces d'or entre 1887 et 1903. Les prospecteurs sillonnent toujours la région à la recherche du filon principal. Environ 7 km plus loin, la route mène au centre de ski Mount Baldy.

La région offre tout ce qu'il faut comme gîtes et attractions touristiques. Au ranch Canyon Creek, au sud de la Crowsnest, près de Canyon Bridge, on fait visiter le canyon en empruntant la piste Dewdney. Celle-ci fut tracée dans les années 1860 pour relier les terrains aurifères à la côte. En juillet, le ranch organise un rassemblement annuel de cow-boys autour d'un feu de camp ; les activités comprennent des allocutions, de la poésie et de la musique western.

Rock Creek

Ce village au bord de la rivière Kettle est enchâssé entre la région fertile de l'Okanagan-Similkameen et les sommets rocheux du Kootenay. La veine d'or qu'on découvrit ici en 1857 attira plus de 5 000 personnes, mais, en fin de compte, les mines de cuivre s'avérèrent finalement plus profitables. Cette époque est évoquée à l'hôtel Rock Creek (1893) et en particulier dans son restaurant qui porte le nom de Gold Pan. Pendant la foire d'automne, les concours de bestiaux, les compétitions de bûcherons et les manèges attirent de nombreux habitants de la région.

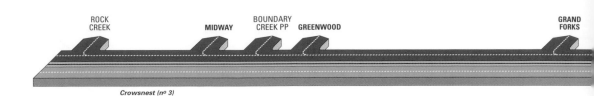

ROCK CREEK — MIDWAY — BOUNDARY CREEK PP — GREENWOOD — GRAND FORKS

Crowsnest (nº 3)

19 km   8,5 km   7,5 km   40 km   21 km

**CENTRE-SUD DE
LA COLOMBIE-
BRITANNIQUE**

Midway

Cette petite ville vouée à l'industrie du sciage se situait à mi-chemin (midway) de la piste Dewdney, large de 1,2 m, qui partait de Hope pour se rendre jusqu'aux terrains aurifères du Kootenay. À Midway, la gare a été restaurée en hommage aux pionniers du chemin de fer Kettle Valley Railway (KVR). De 1916 à 1959, le KVR, véritable prodige d'ingénierie, relia les agglomérations du sud de la Colombie-Britannique, de Vancouver jusqu'au Kootenay, en franchissant 18 ponts sur chevalets. À côté de la gare, le musée Kettle River raconte l'histoire des mineurs et des éleveurs de bétail de la région.

Greenwood

Peu après son incorporation en 1897, la ville de Greenwood comptait 3 000 habitants, 15 magasins généraux, 16 hôtels et trois banques. Lorsque l'industrie minière s'effondra après la Première Guerre mondiale, Greenwood devint plus ou moins une ville fantôme, mais elle connut un regain de 1939 à 1945 en servant de camp d'internement pour les Canadiens d'origine japonaise. Son économie repose aujourd'hui sur les activités forestières et le tourisme. L'horloge du bureau de poste égrène les heures depuis le début du siècle. Dans l'ancien palais de justice (1902), converti en hôtel de ville, des lanterneaux et des verrières représentent les sept premières provinces du Canada. En plus d'une cheminée de fonderie qui s'élève à 40 m dans le parc Lotzkar, plusieurs autres bâtiments rappellent le glorieux passé minier de Greenwood. Le musée local expose de l'équipement minier et forestier d'époque et raconte un piètre chapitre de l'histoire du Canada : l'incarcération de 1 200 citoyens d'origine japonaise.

Grand Forks

Cette ville au confluent des rivières Granby et Kettle connut un formidable essor vers 1890 avec la découverte de mines de cuivre. De nombreuses maisons victoriennes restaurées datent de

NELSON

41 km

3A

CASTLEGAR

CHRISTINA
LAKE

3B

28 km

ROSSLAND
& TRAIL

22

26 km

TRAIL

47 km

27 km

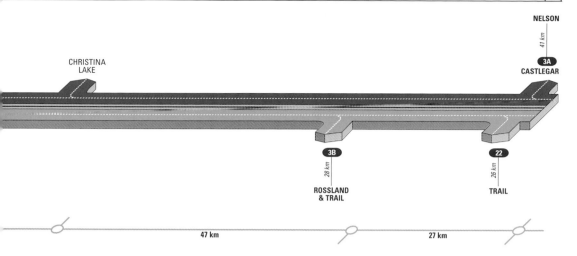

Un tramway nommé Désir (ci-dessous) et un grandiose hôtel de ville (à gauche) font la fierté de Nelson ; des bâtiments restaurés, telle cette ravissante auberge de 1900 (en bas, à gauche), celle de Greenwood.

cette époque. Venus de Russie, les doukhobors établirent ici des fermes communautaires au début du siècle. On en voit un exemple au musée Mountainview Doukhobor, et les souvenirs de ces pionniers font partie des quelque 10 000 objets qu'expose le musée Boundary. Au nord de la ville, une route panoramique de 17 km mène à la vallée de la Granby, parsemée de petites villes et de vieux camps miniers.

Rossland

Entre 1910 et 1916, Rossland produisait la moitié de tout l'or extrait en Colombie-Britannique. Le musée Rossland Gold Mine décrit cette période et l'on peut visiter la mine Le Roi, seule mine d'or filonien ouverte au public au Canada. Au musée B.C. Firefighters, on apprend comment se faisait la lutte aux incendies. Non loin de la ville, au mont Red, le ski est excellent. La championne olympique (1968) Nancy Greene a passé son enfance ici et le musée Rossland expose ses nombreux trophées.

Castlegar

C'est ici que se rencontrent la rivière Kootenay et le fleuve Columbia ainsi que les routes 3, 3A et 22. Castlegar, point de départ idéal pour une excursion en montagne, à pied ou en vélo, donne accès à la poissonneuse étendue d'eau (400 km) que forment les lacs Arrow, reliant Revelstoke au barrage de Grand Coulee dans l'État de Washington. Le village-musée Doukhobor comprend des demeures commu-

nautaires, un sauna et une forge. Non loin repose Peter Verigin (1859-1924), un des premiers dirigeants de la secte. On accède par un pont suspendu au parc historique Zuckerberg Island. Là se trouvent des tombes indiennes kootenays et une chapelle à dôme bulbeux, laquelle fut érigée par un enseignant enterré ici et dont le parc porte le nom.

Nelson

Les 350 bâtiments ancestraux de Nelson forment l'une des plus grandes concentrations de ce type au Canada. Parmi les trésors d'architecture se rangent le palais de justice et l'hôtel de ville (*ci-contre*), de style victorien, et le théâtre Capitol, de style art déco. Une visite au musée local éclaire sur le passé de Nelson. Un autre musée, Chamber of Mines, décrit les mines comme la Silver King qui ont fait la fortune de la ville dans les années 1890.

Trail

Aux abords de Trail, une cheminée de 120 m signale l'usine de fonte et de raffinage de zinc, de plomb et d'argent la plus importante au monde. Des employés à la retraite la font visiter gratuitement. La ville recèle d'élégantes résidences du tournant du siècle et, dans les rues en pente, les maisons colorées des immigrants italiens, avec leurs luxuriants jardins plantés de vignes. Le Sports Hall of Memories et le musée de la ville rendent hommage à des héros locaux comme le skieur Kerrin Lee-Gartner, médaillé d'or des Olympiques de 1992.

CASTLEGAR SALMO KOOTENAY SKYWAY (STAGLEAP PP) RÉSERVE FAUNIQUE DE LA VALLÉE DE CRESTON

Crowsnest (nº 3)

39 km 38 km 35 km 10 km

CENTRE-SUD DE LA COLOMBIE-BRITANNIQUE

Découpée dans un tronc d'arbre âgé de 465 ans, cette cabine téléphonique à Salmo, en Colombie-Britannique, serait la plus vieille du monde.

Salmo

Cette accueillante petite ville de montagne permet d'accéder à de nombreuses activités de plein air, incluant descente de rivière en canot pneumatique et lavage d'or à la batée. Salmo détient le premier « golf-aéroport » au Canada (une piste d'atterrissage sur un parcours de neuf trous) et la plus vieille cabine téléphonique au monde (*à gauche*). Il faut voir aussi les murales de pierres taillées à la main par les étudiants de l'école de maçonnerie.

Kootenay Skyway

La portion spectaculaire de la Crowsnest qui mène au col du Kootenay porte le nom de Kootenay Skyway. C'est la route asphaltée la plus haute au Canada, atteignant, dans le parc provincial Stagleap, une altitude de 1 774 m. Au terrain de camping de Summit Creek (à l'est du parc, non loin de la réserve faunique), on traverse le ruisseau par un pont suspendu pour se balader sur la piste Dewdney qui date des années 1860.

Réserve faunique de la vallée de Creston

La rivière Kootenay, qui prend naissance aux États-Unis, serpente dans la luxuriante vallée de Creston, entre les monts Purcell et Selkirk, avant d'aller se déverser dans le lac Kootenay. Près du quart de la vallée est occupé par la réserve, où les oiseaux aquatiques s'arrêtent en cours de migration. Ses terrains marécageux sont un refuge pour plus de 250 espèces d'oiseaux tels que le cygne siffleur et le pygargue à tête blanche. On trouve ici la seule zone de nidification de la sterne de Forster en Colombie-Britannique et la plus importante colonie de balbuzards pêcheurs au Canada. Le centre d'interprétation organise l'été des randonnées pédestres et des excursions de canot guidées.

Creston

Creston domine une vallée de vergers, de fermes laitières et de champs de luzerne. Les montagnes avoisinantes sont idéales pour le canotage, la pêche, l'équitation et le vol à voile. Le bâtiment de pierre de forme tentaculaire qui abrite le musée de Creston est l'œuvre d'un maçon local qui y a consacré 15 ans. On y trouve des mannequins qui parlent, chantent et racontent l'histoire de la région. Une autre curiosité est un canot kootenay dont la proue et la poupe s'abaissent jusqu'à la ligne de flottaison.

Yahk

L'été, pendant que le reste de la province vit à l'heure avancée, les agglomérations le long de la Crowsnest, entre Creston et Yahk, vivent à l'heure normale des Rocheuses.

Vers 1900, Yahk était un dépôt ferroviaire important qui donnait du travail à 18 camps de bûcherons et à une scierie. La prospérité de la ville de même que sa population déclinèrent dans les années 30, mais il reste un peu de son panache dans les vieux hôtels de la rue principale.

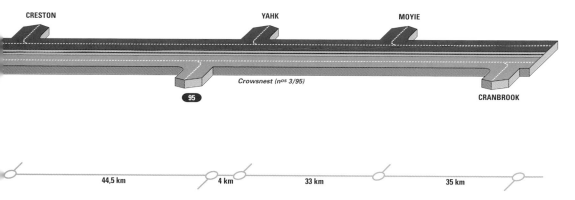

CRESTON   YAHK   MOYIE

Crowsnest (nos 3/95)

95

CRANBROOK

44,5 km   4 km   33 km   35 km

Les visiteurs de la réserve faunique de la vallée de Creston s'initient à la nature au cours de randonnées guidées et d'excursions en canot dans les marécages de la vallée.

Les lambris incrustés de noyer noir et d'acajou créent une atmosphère luxueuse dans les wagons-restaurants du Musée canadien du Rail à Cranbrook.

Moyie

Ce village surgit en 1893 lorsqu'un Indien Kootenay du nom de Pierre y découvrit un riche filon de galène. Il fit part de sa découverte à un missionnaire oblat, le père Coccola, et à un mineur, James Cronin, et tous les trois obtinrent des concessions. Pierre et l'oblat vendirent plus tard leurs concessions à Cronin qui ouvrit la mine Saint-Eugène, l'une des plus riches en plomb et en argent de la Colombie-Britannique. Le père Coccola utilisa l'argent pour bâtir l'église Saint-Pierre, récemment restaurée, et la mission Saint-Eugène.

Cranbrook

Cranbrook est sise à l'extrémité ouest du sillon des Rocheuses,

dans une vaste vallée flanquée par les Rocheuses et les chaînons des Purcell. Le musée local expose des animaux de la montagne grandeur nature.

Le Musée canadien du Rail souligne le rôle de la ville comme centre ferroviaire. Neuf voitures du train Trans-Canada y ont été soigneusement restaurées. Ce train de luxe, inauguré par le Canadien Pacifique en 1929, faisait la navette entre Vancouver et Montréal. Wagons-lits, wagons-restaurants et wagons-salons sont décorés de lambris fastueux, de cuivres rutilants, de cuirs et de velours. On admirera aussi une collection de porcelaine, d'argenterie et de verrerie ayant appartenu au CP. Enfin, un fourgon à bagages, qui a été transformé en musée, expose un train miniature.

KIMBERLEY   FORT STEELE

27 km   8 km

95A   93

WARDNER   ELKO

Crowsnest (nos 3 / 93)

CRANBROOK

4 km   6 km   23,5 km   30 km

**SUD-EST DE
LA COLOMBIE-
BRITANNIQUE**

Mission Saint-Eugène

Sur la route 95A, avant d'arriver à Kimberley, on peut admirer, dans la réserve indienne de St. Mary's, l'église restaurée de la mission Saint-Eugène (1897). Avec ses vitraux, ses lucarnes à festons et sa fausse fenêtre typiquement néo-gothiques, c'est, dit-on, la plus belle en son genre en Colombie-Britannique. Elle fut érigée par un père oblat grâce à sa part dans une des plus importantes mines d'argent et de plomb de la province. L'internat de l'École des métiers (1912) de la mission, actif jusqu'en 1970, a été transformé en hôtel de luxe. Avec 124 chambres, il dessert un centre de villégiature qui a des activités aquatiques, un terrain de golf, un casino et un centre d'interprétation amérindien.

Kimberley

Perchée à 1 120 m sur les pentes des monts Sullivan et North Star, Kimberley est la ville la plus élevée en altitude au Canada. La vieille mine Sullivan, le plus riche gisement au monde d'argent, de plomb et de zinc, a longtemps fait la fortune de la ville qui est maintenant un grand centre de loisirs de plein air. Outre le ski de classe internationale, on y retrouve le kart, le bateau tamponneur, le vélo de montagne et une glissoire d'eau. L'été, à bord du télésiège, on peut admirer la vue saisissante de la vallée, des prairies et des montagnes environnantes.

À Kimberley, la ville la plus élevée en altitude de la Colombie-Britannique, on se croirait en Bavière. Pour marquer les heures, le joyeux Hans (ci-dessus) surgit du coucou géant en iodlant.

Le style tarabiscoté et les volets aux couleurs vives des maisons de Kimberley en font la « ville bavaroise des Rocheuses ». Sur la place centrale, *Der Platzl*, on visite les boutiques et les cafés, on assiste à des concerts de fanfare et parfois on serre la main du joyeux Hans, la mascotte du Julyfest. Une représentation grandeur nature de Hans (*à gauche*) surgit toutes les heures du plus gros coucou fonctionnel du monde. À l'étage de la bibliothèque municipale, le Kimberley Heritage Museum expose des objets liés au ski, au hockey et aux mines, ainsi que des meubles d'époque. De la *Platzl*, un sentier boisé mène aux magnifiques jardins de la Cominco.

Le vieux train conduit encore à la mine Sullivan. Ses voitures ouvertes permettent de profiter du parcours de 2,5 km qui inclut, outre des vues imprenables de la ville et des montagnes environnantes, un pont sur chevalets de 61 m et une école hantée.

Fort Steele et son village historique

Situé au confluent des rivières Kootenay et St. Mary's, le village autrefois appelé Galbraith's Ferry a été rebaptisé en l'honneur de Sam Steele, un officier de la Police montée du Nord-Ouest. En 1887, avec 75 de ses hommes, il construisit ici un fort qui eut l'heureux effet d'apaiser les tensions entre Indiens et pionniers.

En 1892, avec la découverte de gisements de plomb et d'argent, les mineurs affluèrent par bateau et par diligence. Le village prospéra jusqu'à ce que le

SPARWOOD

COL DU
CROWSNEST

FERNIE

31,5 km   28 km   20 km

À Fort Steele, on recrée l'arrivée vers 1890 des chariots chargés de provisions et tirés par des chevaux clydesdale. La découverte d'importants gisements d'argent, de plomb et de charbon engendra de florissantes activités de commerce et de transport. La diligence et le bateau transportaient régulièrement un flot de voyageurs et de marchandises.

nouveau chemin de fer, en 1898, passe tout droit sans s'y arrêter. Quasi abandonné, Fort Steele s'anima en 1961 pour devenir un musée vivant avec plus de 60 bâtiments – hôtels, théâtres, églises, forge, prison, cabinet de dentiste et autres – restaurés ou reconstruits. Le personnel, vêtu à la mode de 1890, exerce des activités traditionnelles et reproduit des scènes de la vie quotidienne. Vous pouvez vous promener ici à pied, en chariot, en diligence ou en train à vapeur, goûter aux bonbons à l'ancienne, acheter du pain encore chaud, fouiner au magasin général ou assister à un music-hall.

Fernie

Cette pittoresque ville charbonnière de la vallée de l'Elk dut longtemps expier la faute d'un prospecteur du nom de William Fernie, qui, vers 1890, abusa d'une jeune Indienne. Incendies, inondations et famines se succédèrent jusqu'en 1964, lorsqu'un chef indien leva le mauvais sort jeté à Fernie avec une cérémonie autour du calumet de la paix.

Mais lorsque le soleil se couche sur le mont Hosmer, on peut encore voir, dit-on, l'ombre de la victime chevauchant sa monture.

Les bâtiments de brique et de pierre propres à Fernie sont, pour la plupart, postérieurs à l'incendie de 1908. Un ancien presbytère catholique (1905), qui échappa au feu, abrite le Fernie and District Historical Museum.

Sparwood

Avec un équipement sans rival dans le monde, le complexe minier Westar produit ici 5 millions de tonnes de charbon par année. La plus grande mine à ciel ouvert au Canada est accessible aux visiteurs. Au centre de la ville, des murales racontent l'histoire des mines de la région.

La vallée est peuplée de wapitis, de cerfs et de mouflons qu'aperçoivent fréquemment les randonneurs et les cyclistes de montagne. La rivière Elk et ses affluents se prêtent bien au rafting et ont la réputation d'être parmi les meilleurs endroits de la province où pêcher la truite fardée et la truite arc-en-ciel.

Randonnée au sommet dans une prairie alpine

ROUTE CROWSNEST / KIMBERLEY

C'EST D'EN BAS QUE LES VOYAGEURS voient d'habitude les majestueuses montagnes de la Colombie-Britannique. Mais laissez-moi vous emmener à quelque 1 000 m d'altitude pour admirer un spectacle impressionnant : partout, une mer de montagnes, aussi loin que le regard porte.

Vous êtes à Kimberley, sur le versant est des chaînons des Purcell, à une altitude de 1 097 m. Les phénomènes qui sont à l'origine de la formation de cette chaîne – soulèvements, fractures, érosion – ont créé des conditions favorables à la minéralisation (argent, plomb et zinc), qui expliquent la vocation minière de Kimberley. Les Purcell flanquent le versant ouest du sillon des Rocheuses, une vaste vallée en forme de U ; de l'autre côté, c'est le mur des Rocheuses.

De la mi-juillet à la mi-août, les prairies alpines explosent de vie et se parent de couleurs éclatantes. Les plantes bénéficient d'à peine quelques semaines durant l'été alpin pour fleurir, libérer leurs semences et accumuler des nutriments. Elles doivent en plus lutter contre les vents froids et asséchants. En les examinant attentivement, vous comprendrez leurs techniques de survie. Un grand nombre de ces plantes poussent au ras du sol pour rester à l'abri du vent, et leurs feuilles ou leurs tiges sont pourvues de poils duveteux qui diminuent l'évaporation et les protègent du gel.

Près des sommets, l'eau se fait rare. Certaines plantes l'emmagasinent dans leurs feuilles épaisses et grasses. Chaque année, elles luttent pour pousser de quelques millimètres et produire quelques graines, parfois sans succès. Le bruyère souple que vous contemplez a peut-être 100 ans. Une plante meurtrie met des années à se remettre ; aussi faut-il cheminer avec précaution et rester dans les sentiers.

Les premières fleurs sont des vivaces qui apparaissent avant même que la neige ait tout à fait fondu. L'énergie stockée dans les bulbes et les racines tubéreuses leur donne une longueur d'avance (quand elles ne nourrissent pas les grizzlys). Lis jaunes des

VIVIEN BOWERS *publie dans plusieurs revues nationales dont le* Canadian Geographic, *le* Beautiful British Columbia *et l'*Equinox. *Elle collabore souvent à l'émission* Almanac *de CBC-Radio.*

glaciers, lis des avalanches, claytonie de Virginie et anémone occidentale sont les premières plantes à fleurir. La seconde vague est plus riche en espèces et en coloris : castilléjie vermillon, lupin bleu, valériane blanche, arnica jaune, benoîte, séneçon, marguerite pourpre et aster en font partie.

L'anémone occidentale fournit un bon exemple des modes de survie développés par les plantes qui poussent dans des conditions si difficiles. Ses fleurs crème, en forme de coupe pour mieux retenir la chaleur, éclosent près du sol. Mais, plus tard dans l'été, la tige florale s'élèvera jusqu'à 20 à 30 cm pour que le vent puisse disséminer sa semence.

Beaucoup des prairies que vous voyez se situent en fait dans la zone subalpine, où elles côtoient les conifères. La véritable zone alpine se situe au-dessus de la limite des arbres, où la période de dégel est trop courte pour permettre à la nouvelle pousse d'un arbre de se raffermir. En hiver, le vent chasse la couche de neige protectrice et dessèche les aiguilles exposées. L'arbre, dont les racines sont gelées dans le sol rocheux, est incapable de remplacer l'eau évaporée. Mais vous verrez comment certains arbres ont réussi à s'adapter à ces conditions rigoureuses en formant des nœuds inextricables et rabougris, des *krummholz*, qui retiennent la neige et s'en font une couverture thermale.

Êtes-vous prêt à vous aventurer là-haut ? L'une des prairies les plus accessibles se situe au nord-est de Fort Steele, devant le belvédère Lakit, une ancienne tour bâtie sur une corniche pour surveiller les incendies de forêt. Pour arriver là, quittez la route 93 au nord de Fort Steele pour prendre la route Fort Steele–Wardner vers l'est, tournez à gauche sur Wildhorse Road, puis de nouveau à gauche. Le sentier

> ❝ *[...] partout, une mer de montagnes, aussi loin que le regard porte.* ❞

du belvédère, passablement abrupt mais bien entretenu, ne fait que 2 km.

Si vous vous sentez d'attaque, essayez le parc provincial Top of the World ou des sentiers de service comme Mause Creek, Premier Ridge, Alki Creek, Fisher Peak, Lost/Sunken Creek ou Mount Stevens. Le parc provincial St. Mary Alpine est réservé aux explorateurs et aux randonneurs chevronnés car il n'y a pas de sentier balisé.

Chemin faisant, soyez attentif aux autres formes de vie alpine. Près des pentes d'éboulis rocheux, une plainte nasillarde identifie le pica, un petit animal aux oreilles courtes de la famille du lapin. Le pica éparpille des plantes sur les roches pour les faire sécher avant de les transporter dans sa cachette. Et cet autre animal, gros comme un castor, que vous voyez déambuler lourdement pour disparaître sous un amas de roches, c'est la marmotte des Rocheuses.

Peut-être verrez-vous aussi un colibri battre fébrilement des ailes sur les feuilles écarlates et orangées de la castilléjie. La longue fleur tubulaire qui se cache à la base est idéale pour son bec. Plus tard dans l'été, le casse-noix d'Amérique, un cousin du geai, déchiquettera des cônes de pin argenté et transportera les semences jusqu'à son abri d'hiver, contribuant ainsi à son insu à la propagation des pins.

L'est du Kootenay est peuplé de gros gibier : chèvres de montagne, mouflons d'Amérique, wapitis et cerfs en migration, sans oublier les ours. Vous conclurez au passage d'un grizzly si la végétation a été grattée en surface par ses longues griffes pour exposer les racines des lis des glaciers et des claytonies de Virginie.

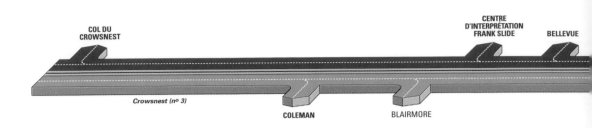

COL DU
CROWSNEST

CENTRE
D'INTERPRÉTATION
FRANK SLIDE

BELLEVUE

Crowsnest (n° 3)

COLEMAN

BLAIRMORE

16,5 km | 6,5 km | 2 km | 4,5 km | 3 km

**SUD-OUEST
DE L'ALBERTA**

*Au village de
Waterton
Lakes, l'hôtel
Prince of Wales
(à droite) avec
ses sept étages
et ses pignons.
On trouve sur
les lieux des
services de
première classe :
excursions et
croisières sur les
lacs, un golf de
18 trous et un
centre de
séminaires et
conférences
n'en sont que
quelques-uns.*

*Les sentiers équestres qui sillonnent
le site éblouissant de la municipalité
de Crowsnest Pass conviennent
aux cavaliers de tout âge, des plus
novices aux plus aguerris. La
région se prête aussi à la randonnée
en montagne, à la pêche à la truite
et aux excursions de motoneige.*

Col du Crowsnest

La route du Crowsnest porte le nom du col (1 357 m) qui relie le sud de la Colombie-Britannique à l'Alberta. Depuis des temps immémoriaux, les Indiens Kootenays l'ont pratiqué pour atteindre les contreforts de l'Alberta où ils allaient chasser le bison.

Avec l'arrivée du chemin de fer en 1898, cinq villages miniers – Coleman, Frank, Blairmore, Hillcrest et Bellevue – furent créés pour alimenter en charbon les locomotives à vapeur. La municipalité de Crowsnest Pass est née de leur fusion en 1979. C'est l'une des rares villes des Rocheuses albertaines où l'on peut posséder du terrain.

Coleman

Le musée du Crowsnest aborde l'histoire de la région de 1899 à 1950. On peut y voir de l'équipement minier, une collection de robes de mariée, divers objets liés à la musique, à l'armée et aux sports, de même qu'un diorama sur la faune, des maquettes illustrant le sauvetage en mines et même la rue principale de Coleman telle qu'elle était vers 1920.

Centre d'interprétation Frank Slide

Un parc de 3 km² jonché de débris témoigne du terrible éboulement survenu un matin d'avril 1903 quand pas moins de 82 millions de tonnes de pierres dévalèrent le mont Turtle pour aller s'écraser sur la ville endormie de Frank. Au centre d'interprétation, un audiovisuel et une exposition racontent l'histoire de ce funeste éboulement.

Bellevue

Coiffé d'un casque, armé d'une lampe de mineur, vous pouvez visiter une mine de charbon souterraine et sa galerie originale qui a été consolidée sur plus de 300 m. Cette mine fut exploitée par la West Canadian Collieries de 1903 à 1961, date à laquelle le diesel remplaça le charbon dans les locomotives. Un guide vous décrira les techniques d'extraction et la vie des mineurs.

Leitch Collieries

Aujourd'hui site historique provincial, la mine Leitch Collieries, l'unique mine du col du Crowsnest de propriété exclusivement canadienne, a été exploitée de 1907 à 1915. Des sentiers d'interprétation font voir les vestiges de la résidence du directeur de la mine, de la centrale, du lavoir à minerai et des fours à coke. Une exposition commentée permet de se familiariser avec l'exploitation des gisements de charbon.

Pincher Creek

Blottie entre les Rocheuses et les Prairies, Pincher Creek est la ville la plus importante du sud des contreforts de l'Alberta. Elle est reconnue pour ses courants d'air thermique par tous les amateurs de vol plané, de cerf-volant, de planche à voile et de deltaplane. La plus grande usine éolienne au Canada y transforme le chinook (un vent) en électricité et l'on peut visiter des fermes éoliennes.

Le parc historique Kootenai Brown renferme le musée de Pincher Creek. On y retrouve quelque 7 000 objets ayant appartenu aux habitants de la

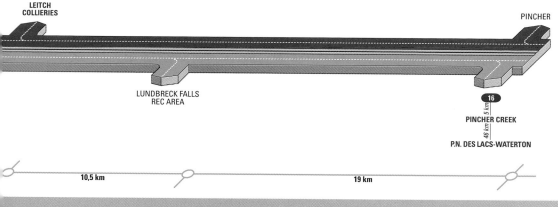

région – selles, outils, albums de photographies, archives. Les 12 bâtiments historiques à travers le parc incluent la cabane du commerçant John George "Kootenai" Brown, premier surintendant du parc national des Lacs-Waterton.

On peut aussi visiter le musée Heritage Acres qui possède des instruments aratoires anciens et le Manoir Lebel (1910), un ancien hôpital converti en galerie d'art et centre communautaire.

Parc national des Lacs-Waterton

En 1932, ce parc magnifique fut jumelé au parc national Glacier, dans le Montana, pour former le premier parc international dédié à la paix. Classé par l'ONU au nombre des réserves de la biosphère, il englobe d'altières chaînes de montagnes, d'onduleux pâturages, des vallées sculptées par les glaciers et un chapelet de lacs. Avec plus de 800 espèces

de fleurs sauvages, il est peuplé d'antilopes de prairie, de coyotes, de chèvres de montagne, de mouflons d'Amérique, d'ours noirs et d'ours grizzlys, et la sauvagine s'y arrête en migration. Randonnées en région sauvage, équitation, voile et canotage sont parmi les nombreuses activités du parc, tout comme la croisière sur le lac Upper Waterton et l'excursion automobile de 15 km dans la vallée de la Blakiston jusqu'au canyon Red Rock.

287

BROCKET

Crowsnest (nº 3)

PINCHER

14 km

**SUD-OUEST
DE L'ALBERTA**

Head-Smashed-In Buffalo Jump

Pendant plus de 6 000 ans, les Indiens des Plaines chassèrent le bison en forçant les troupeaux à se précipiter du haut de falaises. Parmi les centaines de falaises à bisons des Prairies, celle-ci, située à l'ouest de la route 2 à environ 7 km au nord de la route du Crowsnest, est l'une des plus anciennes, des plus grandes et des mieux préservées ; on en a fait un lieu historique national et un site du patrimoine mondial de l'UNESCO. Selon la légende, son nom rappelle une chasse où un Indien eut la tête fracassée.

À Head-Smashed-In, les visiteurs peuvent suivre le déroulement d'une chasse typique : il y a le goulot où le troupeau était acculé, le corridor, marqué par des pierres encore visibles, menant au bout de la falaise et, 10 m plus bas, des amas d'ossements et des outils de pierre. Dans le campement adjacent, on procédait au dépeçage et à l'apprêt des carcasses.

Un centre d'interprétation aménagé sur cinq niveaux dans le flanc de la falaise explique les rites entourant la chasse, l'écologie de la prairie, le mode de vie des Indiens des Plaines, les stratégies des chasseurs et le déclin des méthodes traditionnelles.

Claresholm

Cette ville, autrefois un centre d'entraînement de l'OTAN, est aujourd'hui le rendez-vous des amateurs d'avions ultra-légers ; elle accueille des compétitions nationales et internationales de vol à voile et de parachutisme.

Au cœur d'une région vouée à l'élevage de chevaux et de bétail de haute qualité, Claresholm est le point de départ de randonnées pédestres et d'excursions de pêche dans les Porcupine Hills. Concours hippiques, rodéos intérieurs et autres événements équestres ont lieu au centre Agriplex. Le musée National Appaloosa Horse Club of Canada est consacré à cette fameuse race de cheval tacheté et à l'attirail de ses ca-

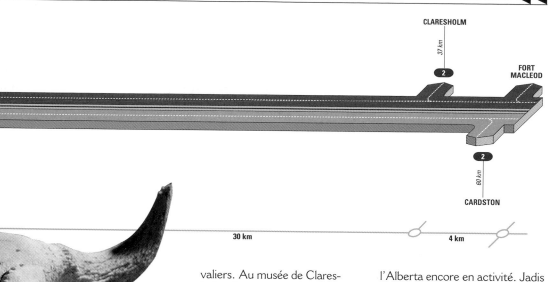

valiers. Au musée de Clares-holm, l'on peut voir la plus ancienne école de la ville (1902), une cabane en bois rond de 1903 et une ancienne gare du Canadien Pacifique, laquelle abrite une fascinante collection illustrant le mode de vie des fermiers, des éleveurs, des Indiens et de la police montée au début du siècle.

Fort Macleod

Ce village agricole s'ouvrit en 1874 pour ravitailler le fort bâti par la Police montée du Nord-Ouest dans une île de la rivière Oldman. Aux abords de la municipalité actuelle, on peut voir une réplique du fort, avec sa palissade de bois et sa tour de garde. Le musée du Fort reconstitue la chapelle, le dispensaire, l'atelier de forgeron, les écuries. Il expose des armes et des uniformes et une importante collection de bijoux indiens. En été, quatre fois par jour, des étudiants vêtus d'anciens uniformes de la police montée donnent un spectacle de cavalerie en musique.

Le centre-ville est classé agglomération historique. Parmi la trentaine de bâtiments ancestraux, des immeubles de brique et de grès du début du siècle, on note le théâtre Empress (1912), qui est le plus ancien théâtre de

l'Alberta encore en activité. Jadis occupé par le vaudeville et le cinéma muet, il présente aujourd'hui des films en primeur et sert de théâtre aux troupes locales et professionnelles.

Cardston

Ce lieu d'élevage et d'agriculture a accueilli le premier établissement mormon au Canada quand, en 1887, Charles Ora Card vint s'y établir avec 10 familles de l'Utah. La cabane de Card, devenue site historique provincial, est ouverte au public. L'Alberta Temple, grand monument de granit blanc et seul temple mormon au Canada, caractérise la ville. On peut visiter le centre d'information et les terrains du temple, mais non le temple lui-même. Autre site historique, le Court House Museum (1907) expose l'ancien fauteuil du juge, la barre des témoins et les cellules de la prison.

Le Remington-Alberta Carriage Center possède l'une des collections de véhicules hippomobiles les plus importantes et les plus intéressantes d'Amérique du Nord. La collection comprend plus de 200 véhicules – carrosses royaux, élégantes diligences tapissées de velours, carrioles et voitures de pompiers. Les visiteurs peuvent se promener en diligence, s'initier au soin des chevaux dans les écuries et les selleries, visiter les ateliers de restauration où les artisans reconstruisent les voitures. Enfin, des expositions interactives et un audiovisuel ramènent les visiteurs à l'époque des chevaux et des boghéis.

Un crâne de bison, souvent essentiel aux cérémonies des Indiens des Plaines, surplombe Head-Smashed-In Buffalo Jump, où les troupeaux de bisons étaient poussés à se précipiter du haut de la falaise. La chasse rapportait non seulement de la viande, mais des vêtements de cuir, des armes et des outils faits de tendons, d'os et de cornes et des patins de traîneau tirés des côtes.

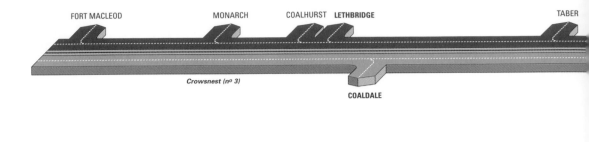

FORT MACLEOD   MONARCH   COALHURST   **LETHBRIDGE**   TABER

Crowsnest (n° 3)

COALDALE

27 km   17 km   6 km   14 km   37 km

SUD DE L'ALBERTA

Lethbridge

Troisième ville d'Alberta en importance, Lethbridge dessert une région dont l'économie repose sur l'élevage, les céréales, la betterave à sucre, le gaz et le pétrole. Malgré son climat semi-aride, un système complexe d'irrigation lui permet d'alimenter 70 parcs et espaces verts que sillonnent 60 km de pistes de randonnée et de cyclisme. Autour du lac Henderson, où se donnent rendez-vous les pêcheurs, les canoéistes et les fervents de natation, le parc est aménagé pour satisfaire les golfeurs, les campeurs, les joueurs de tennis et de pétanque. Il renferme aussi le jardin japonais Nikka Yuko (*voir ci-contre*) et une roseraie. Autre attrait de la ville, le pont High Level, réservé aux trains, est probablement le plus haut (96 m) et le plus long (1,6 km) de son genre au monde. À l'Université de Lethbridge, œuvre de l'architecte vancouverois Arthur Erickson, le centre des arts de la scène présente des spectacles de haute qualité et la galerie d'art est ouverte toute l'année.

Parc Indian Battle, Lethbridge

C'est ici, en 1870, qu'eut lieu la dernière bataille intertribale en Amérique du Nord, entre Cris et Pieds-Noirs. La réplique d'un célèbre comptoir de whisky de la fin du siècle dernier fait partie du centre d'interprétation de Fort Whoop-Up où l'on apprend comment les marchands américains échangeaient de l'alcool et des armes aux Indiens contre leurs fourrures et leurs peaux de

bison. Des forts comme celui-ci narguaient les autorités canadiennes en arborant le drapeau américain, situation qui conduisit à la création de la Police montée du Nord-Ouest en 1874.

À la Lethbridge Nature Reserve, on se familiarise avec la morphologie, la faune et la flore de la vallée de l'Oldman par le biais des visites guidées, des expositions touche-à-tout saisonnières et des programmes d'interprétation du centre Helen Schuler Coulee. On peut aussi emprunter des sentiers autoguidés qui sillonnent des «coulées» asséchées et de luxuriantes plaines d'inondation.

Musée Sir Alexander Galt, Lethbridge

Du nom de celui qui finança l'une des premières exploitations minières de la région, ce musée raconte plus de 100 ans d'histoire locale. Installées dans un ancien hôpital, quatre galeries abordent l'histoire des mines de charbon et celle de l'aridoculture. Une salle vitrée permet d'apprécier une vue panoramique de la ville.

Jardin japonais Nikka Yuko, Lethbridge

Situé dans le parc Henderson Lake, le jardin japonais est un heureux mélange d'aménagements à l'orientale et de paysages propres à la prairie. Sentiers et passerelles relient cinq jardins japonais traditionnels parés de ruisseaux et d'étangs. On y voit une espèce rare de cyprès importée de Taiwan. Les éléments architecturaux ont été construits au Japon par des artisans qui les ont ensuite assemblés ici.

Le jardin Nikka Yuko inclut des aménagements d'inspiration japonaise traditionnelle – jardin de pierres, rocailles, étangs, cascades, îlots – et un grand jardin plat de la prairie. Une hôtesse en kimono explique le symbolisme des éléments et invite les visiteurs à découvrir à leur propre rythme la magie des lieux.

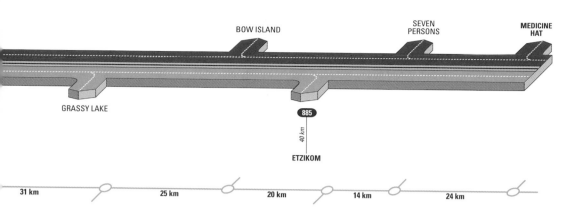

BOW ISLAND   SEVEN PERSONS   MEDICINE HAT

GRASSY LAKE

885
40 km
ETZIKOM

31 km   25 km   20 km   14 km   24 km

des espèces menacées qu'on introduira par la suite dans leur habitat naturel. Le long du sentier autoguidé, arrêtez-vous devant les secteurs réservés au traitement et à la reproduction des oiseaux, faites la connaissance d'un oiseau dressé, découvrez des espèces rares comme la chouette des terriers, la seule à nicher sous terre, observez des éperviers et des faucons en vol au cours du spectacle quotidien.

Etzikom

Le musée d'Etzikom reconstitue des bâtiments complets, entièrements meublés – magasin général, auberge, école, forge, salon de barbier, bureau de poste, et toute une résidence du début du siècle. La chambre de musique renferme des pianos mécaniques et autres instruments anciens. Au Canadian National Historic Windpower Centre, qui fait partie du musée, différentes sortes de moulins à vent et un centre d'interprétation donnent l'histoire de l'énergie éolienne au Canada.

Medicine Hat

C'est dans cette ville d'Alberta que se termine, en direction est, la route du Crowsnest qui va se fondre à la Transcanadienne. Pour plus de détails sur Medicine Hat, reportez-vous à la page 74.

Coaldale

L'importante irrigation pratiquée ici fait, par endroits, la joie des amateurs de sports nautiques. Dans l'un des réservoirs, le lac Stafford, des véliplanchistes ont battu des records mondiaux de vitesse. Mais les visiteurs à Coaldale voudront surtout s'arrêter à l'Alberta Birds of Prey Centre, refuge unique en son genre dans l'Ouest du Canada, entièrement consacré aux oiseaux de proie. On y soigne des aigles, des faucons, des chouettes et des éperviers blessés ou abandonnés, avant de les rendre à leur liberté. Ici se reproduisent en captivité

291

Autoroutes
401, 20 & 40

SITE HIST. JOHN
FREEMAN WALLS

1,5 km

WINDSOR
Exit 13

Exit 28

Macdonald–Cartier (n° 401)

Exit 34

20 km

KINGSVILLE

15 km

6 km

**SUD-OUEST
DE L'ONTARIO**

*Le parc de la
Pointe-Pelée
abrite la plus
grande concen-
tration au
Canada d'espè-
ces de plantes,
d'oiseaux, de
mammifères et
de reptiles
marins. On en
a un aperçu en
faisant une
promenade de
1,5 km dans le
marais qui
recouvre les
deux tiers de la
superficie du
parc. Ailleurs
dans le parc, les
dunes et les
forêts recèlent
des arbres
inhabituels à
cette latitude.*

Windsor

La ville la plus méridionale du
pays est aussi la capitale canadienne de l'automobile et le
poste-frontière le plus fréquenté.
Un tunnel sous la rivière Detroit
et le pont Ambassadeur, dont les
2,8 km en font le pont suspendu
international le plus long du
monde, relient Windsor à sa voisine américaine, Detroit. Aux
limites de la ville commence
l'autoroute Macdonald–Cartier
(route 401) qui traverse le sud de
l'Ontario jusqu'au Québec.

Les nombreux espaces verts
au bord de la rivière offrent de
spectaculaires points de vue et
invitent à la randonnée. Dans les
jardins Coventry, la fontaine de
la Paix, la plus grande fontaine
flottante d'Amérique du Nord,
offre un magnifique spectacle de
jets d'eau illuminés.

La Maison François-Bâby, qui
servit de quartier général aux
Américains pendant la guerre de
1812, abrite le musée communautaire. Sur ses terrains se livra,
en décembre 1838, la dernière
bataille de la rébellion du Haut-
Canada.

Le Manoir Willistead, une résidence de 36 pièces d'inspiration
Tudor, renferme des curiosités
comme des éviers d'argent à
l'office. Des milliers de visiteurs
affluent sur les lieux pour assister, au printemps, à une foire
d'art et d'artisanat et, en août,
à une exposition de voitures anciennes, le Willistead Classic and
Antique Car Show.

D'autres attraits de la ville
incluent la distillerie Canadian
Club, fondée en 1858 par Hiram
Walker, le marché public, ouvert

du mardi au samedi, et le marché
Crafters, qui rassemble tous les
jours des artistes et des artisans.

Dans les jardins Dieppe au
centre-ville, on peut s'embarquer
à bord du *Stella Borealis* pour une
croisière.

Site historique
John Freeman Walls

Juste au nord de la route 401, on
peut encore voir la cabane d'un
esclave fugitif qui vint s'établir ici
en 1846 grâce à l'*underground
railroad* (la filière des passeurs
d'esclaves américains). Un tour
guidé d'une heure environ raconte cette histoire (pp. 296-297).

Kingsville

Le refuge d'oiseaux constitué ici
par le naturaliste Jack Miner
(1865-1944) est devenu une halte
pour quelque 30 000 oies sauvages et canards en migration. Fin
mars et fin octobre sont les meilleurs moments pour les observer.
Dans l'étang chauffé, les visiteurs
peuvent nourrir les canards, les
oies et les cygnes. Un musée est
consacré aux voies de migration
de l'Atlantique et du Mississippi.

À Kingsville, on
peut aussi faire une
dégustation au vigno-
ble Pelee Island et
aller admirer les cac-
tus et autres plantes
exotiques dans les
jardins tropicaux
Colasanti.

Leamington

La sortie 48 et la
route 77 mènent à Leamington,
« capitale canadienne de la

TURTLE
CROSSING

LIEU DE PASSAGE
DES TORTUES

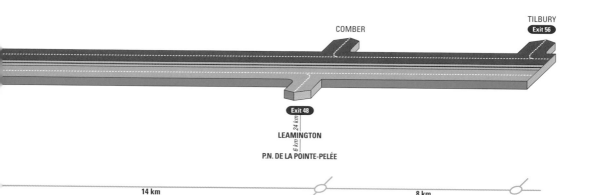

COMBER

TILBURY
Exit 56

Exit 48

24 km

6 km

LEAMINGTON

P.N. DE LA POINTE-PELÉE

14 km   8 km

tomate » , comme le signale la forme du kiosque d'information. Certaines serres sont ouvertes au public. Leamington est aussi un centre de plongée important en raison du grand nombre d'épaves reposant au fond du lac Érié. Au centre d'interprétation Marine Heritage, on peut admirer, avec des expositions interactives, quelques trésors provenant de 15 des 50 épaves identifiées à ce jour. Les magasins de plongée et les fréteurs offrent des cours de plongée, de l'équipement en location et des excursions tant pour plongeurs que promeneurs.

Parc national de la Pointe-Pelée

Au sud-ouest de Leamington, le parc occupe une langue de sable qui s'avance sur 17 km dans le lac Érié. Il se compose de marais, de forêts, de champs et de plages. Ses nombreux sentiers en révèlent les différentes facettes. Les plus fréquentés sont le sentier Woodland, qui traverse un marécage boisé, une forêt et un verger, le sentier DeLaurier, qui mène à une cabane datant de 1840 et à des canaux en ruine, et les sentiers Tip et Tilden's Woods où l'on observe les oies, les canards et les cygnes en migration. Au printemps et à l'automne, plus de 350 espèces d'oiseaux, dont certaines rares ou menacées, se posent ici. Ce sont néanmoins les oiseaux chanteurs qui font la réputation du parc et les buissons sont souvent couverts par des nuées de monarques. Le centre d'accueil aux visiteurs présente de fascinantes expositions sur la faune et la flore.

Underground railroad: *le chemin de la liberté*

ROUTE 401 / DE WINDSOR À CHATHAM

DON GILLMOR *est conseiller à la rédaction auprès de la revue* Saturday Night. *Il collabore souvent au* Globe & Mail *de même qu'à des magazines d'envergure comme le* Toronto Life.

DÈS LE DÉBUT DU XIXᵉ SIÈCLE et jusqu'à la fin de la guerre de Sécession, en 1865, des milliers d'esclaves ont réussi à fuir les États-Unis et à gagner le Canada. Pour ce faire, ils suivirent l'*underground railroad*, un réseau clandestin de passeurs dirigé par des bénévoles. Ils traversaient la rivière Detroit près de Windsor et s'installaient dans les villes et villages du sud de l'Ontario : Amherstburg, Sandwich, Chatham, North Buxton ou Dresden. Ils avaient voyagé de nuit, guidés par l'étoile Polaire, et emprunté forêts et marécages pour éviter d'être repérés. Le Canada était leur Terre promise, leur pays de Canaan. C'était, bien sûr, un pays froid et pas totalement exempt de ségrégation, mais il n'en offrait pas moins la liberté et la possibilité de devenir propriétaire terrien.

Six musées rendent hommage au courage et à la détermination de ces hommes et de ces femmes. Les six musées, quoique exploités séparément, font partie d'un circuit du patrimoine afro-canadien qui forme, au sud et à l'est de Windsor, un triangle dont le point le plus éloigné se situe à 70 km. Le circuit est indiqué, sur la route 401, par un panonceau représentant l'étoile Polaire.

On peut commencer le circuit en s'arrêtant d'abord à Sandwich, dans la banlieue de Windsor. Son église baptiste est le plus ancien édifice religieux noir du Canada ; à l'origine, en 1841, elle était en rondins, mais elle fut reconstruite 10 ans plus tard en briques fabriquées à la main par les anciens esclaves avec l'argile des berges de la rivière Detroit. Les chasseurs d'esclaves traquaient souvent leurs victimes jusque dans les églises. Derrière la chaire, on peut encore voir l'issue secrète par où les fidèles pouvaient s'échapper. En roulant un peu le tapis et en déplaçant deux feuilles de contreplaqué, on découvre un escalier qui descend dans la cave de terre battue. La sortie dérobée permettait aux fugitifs de s'enfuir par les soupiraux et de disparaître dans les bois environnants.

À Amherstburg, 24 km au sud de Windsor, le Musée historique et centre culturel des Noirs nord-américains se situe tout près de l'endroit où les réfugiés noirs passaient la rivière Detroit. Le musée, qui veut sensibiliser le public au destin tragique des Noirs, a vu le jour en 1964. Parmi les objets exposés, on peut voir un buste de Harriet Tubman (à gauche sur la photo), ancienne esclave qui en conduisit des centaines d'autres vers la liberté, ainsi qu'une affiche du XIXe siècle qui se traduit ainsi : « VENTE à bord du Bance-Island, le mardi 6 mai prochain, à Ashley-Ferry, d'une belle cargaison de 250 nègres en bonne santé en provenance des îles Sous-le-Vent et de la côte du Riz. »

À quelque 25 km de Windsor, en direction est, se trouvent le site historique national John Freeman Walls et le musée Underground Railroad. Une plaque commémorative rappelle que, en 1846, l'esclave John Freeman Walls, après avoir fui la Caroline du Nord, bâtit cette cabane de bois rond sur une terre achetée à la Refugee Home Society. La minuscule cabane où vécurent Walls et les neuf membres de sa famille a été minutieusement restaurée. À l'extérieur, on encourage les visiteurs à sonner la grosse cloche rouge, la « cloche de la liberté ».

On trouve d'autres bâtiments sur les terrains du musée. La croix de la chapelle Rosa Parks Peace est faite de briques provenant du Lorraine, le motel de Memphis, maintenant démoli, où Martin Luther King fut assassiné. Un tableau chronologique illustre les conditions de vie sur les bateaux en provenance d'Afrique, les souffrances endurées par les esclaves, les jalons du « chemin de fer clandestin » et la lutte plus récente pour le respect des droits de la personne.

Le circuit se poursuit à North Buxton (environ 60 km à l'est de Windsor) où le musée Raleigh Township Centennial rappelle le village modèle établi en 1849 par le révérend William King. Ce pasteur presbytérien irlandais, fervent abolitionniste de l'esclavage, se retrouva, par suite d'un héritage, propriétaire de 14 esclaves. Il entreprit donc de les mener au Canada et de les aider à s'établir comme pionniers. Le musée expose le lit, la commode et le journal de King, de même que divers objets qui illustrent la vie laborieuse et ordonnée de ces nouveaux arrivants.

Environ 10 km plus au nord, Chatham possède sa propre église baptiste. Bâtie en 1851, elle fut rasée par un incendie en 1958 et reconstruite sur le même emplacement. C'est dans cette église que l'abolitionniste américain de race blanche John Brown tint une assemblée de partisans, le 10 mai 1858, pour fomenter une révolution. Brown, qui préconisait la création d'un État américain indépendant où l'esclavage serait interdit, entraînait ses troupes dans le parc Tecumseh, à Chatham. En octobre 1859, il fut capturé lors d'un raid à Harper's Ferry, en Virginie, reconnu coupable de trahison et pendu. Dans la guerre de Sécession qui suivit, il fut proclamé héro et martyr par les Unionistes.

Le sixième et dernier jalon du circuit du patrimoine afro-canadien se trouve à 20 km à l'est de Thamesville, sur la route 21. C'est ici qu'on peut voir la maison du révérend Josiah Henson (1789-1881), un ancien esclave dont l'histoire a inspiré à Harriet Beecher Stowe son célèbre roman *La Case de l'Oncle Tom*.

« Les chasseurs d'esclaves traquaient souvent leurs victimes jusque dans les églises. »

Don Gilmor

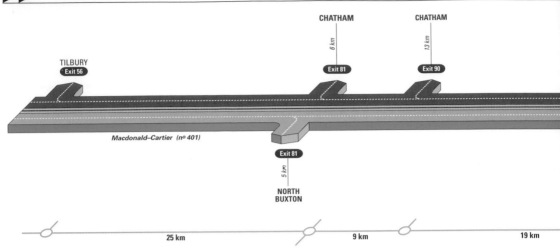

**SUD-OUEST
DE L'ONTARIO**

La Maison Ridge, construite à Ridgetown en 1874 par un marchand local, est typique de son époque. Depuis sa restauration, en 1975, elle est ouverte au public tous les jours en été et les fins de semaine en automne. Les événements organisés pour fêter Noël sont très courrus.

North Buxton

Le musée Raleigh Township Centennial se consacre à l'histoire des esclaves qui trouvèrent refuge ici en 1848. Le village fut fondé par William King, pasteur presbytérien d'origine irlandaise, et 14 esclaves affranchis qui défrichèrent la terre pour se bâtir des maisons. King, un abolitionniste, avait hérité des esclaves de son beau-père. Après les avoir affranchis en Ohio, il leur donna la chance de s'établir ici. Le musée expose le journal de King et ses effets personnels. (Voir aussi pages 296-297.)

Chatham

Chatham, établissement militaire à la fin du XVIIIᵉ siècle, fut un refuge pour les esclaves fugitifs avant la guerre civile américaine. Ce sont eux qui, en 1851, construisirent l'église baptiste, symbole de pérennité. Une plaque rappelle qu'en 1858, l'abolitionniste américain John Brown y rencontra des partisans pour préparer l'attaque de Harper's Ferry, en Virginie. (À l'issue de cette attaque, Brown fut capturé, jugé et pendu.)

On peut voir certains objets ayant appartenu à Brown au musée Chatham-Kent qui illustre le rôle de Chatham comme destination du réseau clandestin (voir pages 296-297). D'autres exhibits incluent la corne de poudre et la massue de guerre de Tecumseh (1763-1813), un chef shawnee qui fut tué non loin d'ici en 1813 dans une bataille contre les envahisseurs américains.

Le Musée ferroviaire de Chatham expose des curiosités comme des tenailles à traverses, des feuilles de route et un siège de fourgon de queue. Au centre de la ville, le parc Tecumseh accueille tour à tour des concerts de fanfare, des jeux écossais, un festival des nations et diverses manifestations musicales.

Thamesville

Quelque 7 km à l'est de Thamesville, sur la route 2, le musée de Fairfield rappelle qu'il se trouvait ici un village que des missionnaires moraviens fondèrent en 1792 pour abriter des Indiens chrétiens du Delaware fuyant la persécution religieuse. Pendant la guerre de 1812, les Américains détruisirent le village, mais, en 1815, il fut reconstruit en face sur la rivière Thames et prit le nom de New Fairfield.

À côté du musée, l'avenue de la Paix, un sentier bordé d'arbres, suit le tracé de la rue principale du vieux Fairfield. Un monument et des plaques commémorent les premiers colons et célèbrent les relations pacifiques qu'entretiennent le Canada et les États-Unis depuis lors.

Ridgetown

Cette ville ombragée au cœur d'une prospère région agricole se proclame la plus accueillante de l'Ontario. La galerie d'art Ridge House est une résidence de 1875 entièrement restaurée, meublée et décorée dans le style victorien où l'on renouvelle les expositions d'art folklorique toutes les six semaines. On peut aussi visiter le Collège de technologie agricole de Ridgetown et le ranch Romoe Restorick's Buffalo Head, situé aux limites de la ville.

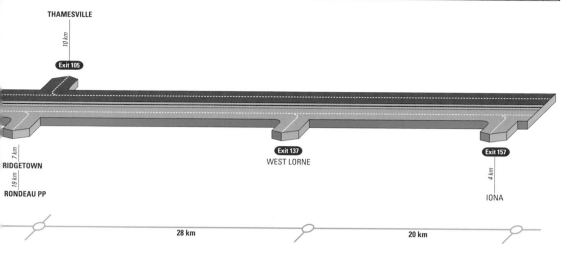

THAMESVILLE

10 km

Exit 105

RIDGETOWN

7 km

19 km

RONDEAU PP

Exit 137
WEST LORNE

Exit 157

4 km

IONA

28 km

20 km

Parc provincial Rondeau

Le deuxième parc provincial créé en Ontario occupe une péninsule triangulaire qui s'avance dans le lac Érié et comprend des dunes, des marais et presque tout ce qui reste en Ontario de la forêt de zone carolinienne. Le climat tempéré et des pluies abondantes favorisent la croissance de hauts tulipiers chargés de fleurs, de noyers tendres, de chênes noirs, de lauriers-sassafras, de platanes et de vignes sauvages.

Les marais qui entourent la baie Rondeau, aux eaux chaudes et peu profondes, abondent en plantes exotiques – guimauves roses, nénuphars des étangs – et recèlent des reptiles rares comme la tortue à carapace molle ou la couleuvre fauve.

On a dénombré dans le parc 334 espèces d'oiseaux. C'est la principale zone de nidification au Canada de la fauvette orangée et du moucherolle vert. Des pigargues à tête blanche nichent dans les arbres près des marais, tandis que des volées de canards et d'oies en migration font halte dans le parc.

Les sentiers permettent de se familiariser avec les divers habitats du parc. Celui de Spicewood traverse la dense forêt carolinienne, celui de Black Oak serpente au milieu des chênes et des pins. Le sentier Marsh (15 km) est une excellente piste cyclable et celui de la plage s'étend sur 12 km. Voile, planche à voile, baignade, randonnées guidées sont quelques autres activités offertes par le parc.

Un a dit du parc provincial Rondeau que c'était un paradis d'oiseaux peuplé de plantes et d'animaux exotiques. Il se compose de vastes marécages, d'une forêt de zone carolinienne et d'une plage de 8 km bordant les eaux chaudes et peu profondes de la baie Rondeau.

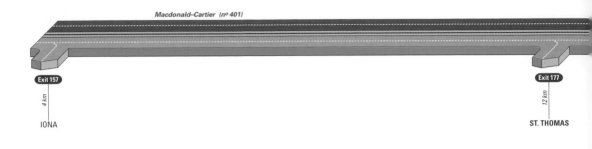

Macdonald–Cartier (n° 401)

Exit 157 — 4 km — IONA

Exit 177 — 12 km — ST. THOMAS

20 km

SUD-OUEST DE L'ONTARIO

St. Thomas

La ville, fondée en 1813, porte le nom de Sir Thomas Talbot (1771-1853), le pionnier qui ouvrit la région et la dirigea d'une main de fer pendant un demi-siècle. Un grand nombre de ses objets personnels sont exposés au musée des Pionniers du comté d'Elgin. Ce musée, logé dans la demeure (1848) d'un médecin, contient encore les meubles d'origine, ainsi que des pièces d'équipement médical, des outils et des ustentiles du XIXe siècle.

En face du musée, une statue grandeur nature de Jumbo rappelle que le célèbre éléphant du cirque Barnum & Bailey fut happé ici en 1885 par une locomotive du Grand-Tronc. Jumbo, le plus gros éléphant jamais tenu en captivité, avait été la vedette du cirque pendant 20 ans.

Le Musée ferroviaire du comté d'Elgin, logé dans les Michigan Central Railroad Shops, possède entre autres une draisine à bras du Canadien Pacifique qui date de 1910, un wagon-lit Pullman de 1939 et une locomotive à vapeur de grande performance, la 5700 du Canadien National. Le Musée militaire d'Elgin se consacre pour sa part aux efforts de guerre des Canadiens depuis 1812.

St. Thomas est réputée pour la beauté de ses espaces verts, particulièrement les parcs Waterworks et Pinafore. L'église St. Thomas (1824), le palais de justice (1853) et l'imposant hôtel de ville (1899) sont de beaux exemples d'architecture victorienne.

Un train ancien fait la navette entre St. Thomas et Port Stanley, village de pêche et lieu de villégiature recherché sur le lac Érié. Le train fait halte à Union, la plus petite gare d'Amérique du Nord.

London

En 1792, le colonel John Graves Simcoe fonda ce centre industriel et commercial florissant dont il espérait faire la capitale du Haut-Canada. London fut cependant évincée au profit de York (Toronto), ce qui ne l'empêcha pas de prospérer et de devenir un chef de file en matière d'éducation, de médecine et de culture. Des patients du monde entier viennent profiter des techniques d'avant-garde développées par l'unité de neurologie de l'hôpital rattaché à l'Université de Western Ontario. La ville compte un orchestre symphonique, un grand nombre de galeries d'art et de musées ainsi que des troupes de théâtre locales et professionnelles, lesquelles se produisent au Grand Théâtre, un bâtiment datant du tournant du siècle.

Springbank, le plus grand des nombreux parcs de la ville,

Dans le parc Springbank, un musée relate la carrière du célèbre musicien originaire de London, décédé en 1977.

Beauté et quiétude caractérisent les jardins du XIXe siècle qui entourent la Maison Eldon (1834), jadis le centre de la vie sociale de London, en Ontario. Quatre générations de Harris ont habité la maison offerte à la ville par la famille en 1960. La résidence, avec son élégant mobilier d'époque et ses nombreux objets de collection, est particulièrement belle à visiter à Noël, lorsqu'on la pare de décorations anciennes.

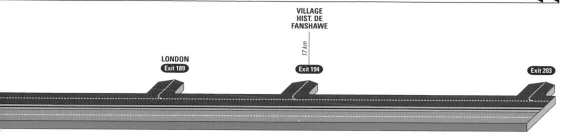

VILLAGE
HIST. DE
FANSHAWE

17 km

LONDON
Exit 189

Exit 194

Exit 203

6 km   5 km   9 km

comprend les jardins Storybook ayant pour thèmes des contines, avec un minitrain et un petit zoo, une aire de jeux et le musée Guy Lombardo (*à gauche*). De Storybook Landing, on peut monter à bord du *London Princess* et faire une croisière de 45 minutes sur la Thames, jusqu'au centre-ville.

Musée Banting, London

Sir Frederick Banting (1891-1941) habita et pratiqua la médecine dans cette maison en 1920-1921. Meubles d'époque et divers accessoires reproduisent sa chambre, son cabinet et son officine. Une pièce reproduit la salle d'opération d'un champ de bataille, comme celles que Banting connut pendant la Première Guerre mondiale. Une exposition relate la découverte de l'insuline qu'il fit avec ses associés, les docteurs C.H. Best, J.J.R. Macleod et J.B. Collip.

Maison Eldon, London

La plus vieille maison de London contient des meubles d'origine et des curiosités comme des trophées de chasse en Afrique. En juin, une réception en plein air à l'ancienne mode a lieu dans ses jardins victoriens. L'été, on y sert le thé dans l'après-midi.

Musée du Royal Canadian Regiment, London

Logé dans l'édifice Wolseley (1886) du quartier général de l'armée canadienne, le musée rappelle l'histoire du régiment d'infanterie dont les origines remontent à 1883 et le rôle qu'il a joué depuis la rébellion de Riel jusqu'au maintien de la paix pour les Nations-Unies.

Musée d'Archéologie, London

Plus de 40 000 objets décrivent 11 000 ans de l'histoire des Indiens du sud-ouest de l'Ontario. Les expositions illustrent cinq périodes de développement, depuis le nomadisme jusqu'à la sédentarisation. Non loin de là, à Lawson, on a reconstruit en partie un village iroquois vieux de 500 ans, qui comptait alors 2 000 habitants.

Musée régional pour enfants, London

C'est le premier musée pour enfants du Canada. Ils y explorent le passé, le présent et l'avenir, creusent la terre pour trouver des fossiles, s'envolent dans l'espace et visitent un igloo grandeur nature ou une cave où habitent les chauves-souris.

Village historique de Fanshawe, London

Quelque 25 bâtiments restaurés ou reconstruits reproduisent un village de la fin du siècle dernier avec ses cabanes et ses granges de bois rond, son église, une scierie, une caserne de pompiers et la Vieille Brasserie Labatt.

Au Village historique de Fanshawe, qui rassemble des bâtiments du XIXᵉ siècle près de London en Ontario, les guides costumés font la démonstration des métiers traditionnels comme celui de forgeron, de tisserand et de boulanger.

Exit 203

Macdonald–Cartier (nº 401)

15 km

SUD-OUEST DE L'ONTARIO

Le théâtre du Festival de Stratford se situe dans un parc magnifique au bord de la rivière Avon. Chaque année, près d'un demi-million de spectateurs y viennent, entre mai et la mi-novembre, applaudir les artistes réputés qui se produisent dans du répertoire classique ou contemporain, des opérettes ou des concerts. Dans la Grande Salle (ci-dessous), les 2 262 sièges entourent la scène sur trois côtés. La salle Avon est plus traditionnelle et la salle Tom Patterson plus informelle, avec sa forme tout à fait ronde.

Ingersoll

Le Canada se joignit aux rangs des exportateurs de fromage lorsque, en 1865, les producteurs d'Ingersoll présentèrent un fromage de 3 330 kg, d'abord à la foire de Saratoga, dans l'État de New York, puis en Angleterre. Une tranche de 136 kg fut ramenée au pays pour consommation locale. On découvre cet exploit ainsi que les procédés de la fabrication du fromage en visitant le musée Ingersoll Cheese Factory situé dans le parc Centennial. Dans le même parc, le Temple des célébrités sportives expose des photographies et divers souvenirs de vedettes locales ainsi que le *Miss Canada IV*, un hors-bord de 10 m en bois d'acajou qui battit des record mondiaux de vitesse dans les années 40.

Salford

La fabrication du fromage dans le sud-ouest de l'Ontario a commencé ici en 1836 quand la famille Ranney acheta une terre pour y élever une centaine de vaches. Aujourd'hui, on peut acheter au magasin local, le Village Cheese Mill, une cinquantaine de variétés de fromages, dont 12 cheddars, tout en visitant le musée Salford Heritage qui traite de fromage et d'un évangéliste local, Aimee Semple McPherson (1890-1944).

Tillsonburg

Annandale House fut la résidence d'Edwin Tillson. Il la

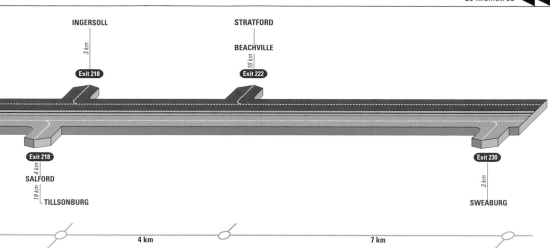

INGERSOLL

3 km

Exit 218

STRATFORD

BEACHVILLE

10 km

Exit 222

Exit 218

4 km

SALFORD

19 km

TILLSONBURG

Exit 230

3 km

SWEABURG

4 km   7 km

construisit au début du XIXᵉ siècle avec de la brique blanche et des panneaux en bois fabriqués dans ses propres usines. Ce manoir, de style fleuri, était doté de vitraux, de plafonds peints, du chauffage central, de l'eau courante chaude et froide, et de l'éclairage au gaz. Il a été restauré et on peut le visiter en tout temps de l'année.

La gare de la Great Western (1887) sert de vitrine aux artistes et artisans de la région et accueille, les samedis d'été, un marché agricole. Le théâtre Otter Valley est exploité par une troupe locale.

Beachville

La route 6 menant au nord à Stratford passe par la route de comté n° 9, où l'on aperçoit les plus grandes carrières de pierre calcaire du Canada. Le musée de Beachville District expose des antiquités – dont certaines remontent à 1789 – et la réplique d'une cuisine d'été, d'une salle de classe et d'un magasin général. Parmi ses archives, une lettre, adressée par un médecin local à la revue *Sporting Life*, décrit une partie de baseball qui eut lieu à Beachville en juin 1838. Il s'agirait de la première partie jouée en Amérique du Nord, un an avant la célèbre Abner Doubleday qui se déroula à Cooperstown, dans l'État de New York.

Stratford

Stratford est le site du célèbre festival de théâtre qui se tient, chaque année, de mai à octobre. Trois salles y présentent au total une douzaine de pièces, tirées de Shakespeare et du répertoire contemporain, ainsi que des concerts. Les festivaliers sont invités à visiter l'arrière-scène et l'entrepôt des costumes : les plus célèbres sont exposés à la galerie de Stratford, avec leurs croquis.

Sweaburg

Les 8 000 érables de l'érablière Jakeman, une entreprise familiale en exploitation depuis 1876, produisent le meilleur sirop d'érable de l'Ontario. Le magasin général/bureau de poste de Sweaburg (1855) vend du sirop et des friandises à l'érable, des confitures et des ketchups. On peut visiter le musée qui expose du matériel acéricole vieux de 100 ans et, de mars à mai, s'arrêter à la crêperie pour profiter du sirop.

▶▶ *40 kilomètres*

STRATFORD

WOODSTOCK

4 km

Exit 230   Exit 232

Macdonald–Cartier (n° 401)

Exit 235   Exit 238

16 km   29 km

BRANTFORD   **PARIS**

2 km   3 km   3 km

**CENTRE-SUD
DE L'ONTARIO**

Woodstock

Au milieu d'un paysage buco-
lique, la ville industrielle de
Woodstock proclame son titre de
capitale des produits laitiers du
Canada avec la statue de Springbank Snow Countess, la vache
locale qui a produit 4 110 kg de
matière grasse au cours de sa vie,
un record mondial. Depuis plus
de 100 ans, un marché agricole a
lieu tous les samedis matin. De
juin à septembre, des courses de
chevaux attelés ont lieu le mardi
à la piste de course locale.

Le patrimoine architectural de
Woodstock est exceptionnel. Un
musée d'histoire locale occupe le
majestueux hôtel de ville (1853)
en brique jaune classé site historique national. La salle du conseil
du rez-de-chaussée, rendue à
son apparence de 1879, contient
des portraits et des meubles
d'origine dont une imposante
table en fer à cheval. À l'étage, la
grande salle au plafond orné de
détails complexes a servi de salle
de conférence, d'opéra et de tribunal avant de retrouver son
allure de 1889. D'autres sites historiques sont magnifiquement
préservés : la prison (1854) de
style italien, flanquée d'une tour
octogonale ; le bureau d'enregistrement (1876), du même style ;
la caserne de pompiers (1899)
dont la cloche sonnait pour les
incendies, le couvre-feu ou un
enfant disparu ; le bureau de
poste (1901) et sa tour à quatre
horloges ; l'Arsenal (1904), un
bâtiment de pierre et de brique ;
et le palais de justice (1892) dont
les chapiteaux au-dessus des
deux colonnes de l'entrée dis-
simulent des têtes de singes.

Dans le cime-
tière presbyté-
rien, une croix
de pierre datant
de 1 000 ans,
cadeau de la
reine Marie de
Roumanie, mar-
que la tombe
du légendaire
« Klondike » Joe
Boyle, aventu-
rier de la ruée
vers l'or du
Yukon, héros de
la Première Guerre mondiale et
natif de Woodstock. Au sud de
l'autoroute 401, la galerie Ross
Butler Studio-Agricultural Art
expose des peintures et des
sculptures représentant des per-
cherons et des vaches ayrshire,
œuvres de l'artiste ontarien le
plus réputé dans ce genre.

Brantford

Cette ville bourdonnante d'activités doit son nom au chef
mohawk Joseph Brant (1742-
1807), qui, en 1784, à la tête des

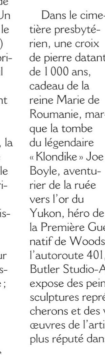

*Les magnifiques
demeures victo-
riennes de la
plus vieille rue
de Woodstock,
Vansittart Ave-
nue, sont un
héritage légué
par les Loyalis-
tes et les immi-
grants anglais
et écossais qui
ont bâti cette
ville au début
du XIXe siècle.*

32 km

Né en Écosse, c'est à Brantford, dans cette vaste maison à deux étages sur le bord de la rivière Grand, qu'Alexander Graham Bell vécut son enfance. En 1874, en visite de Boston où il travaillait comme orthophoniste, il conçut ici l'idée du téléphone. Deux ans plus tard avait lieu la première conversation téléphonique «interurbaine» entre Brantford et Paris, en Ontario. Devenue un lieu historique national animé par des guides costumés, la maison renferme des meubles, des peintures, de la porcelaine, de l'argenterie et des livres ayant appartenu à la famille Bell.

Six Nations, s'installa ici à l'issue de la guerre d'Indépendance américaine. Le pensionnat indien de 1831 abrite aujourd'hui le centre culturel Woodland avec un musée consacré à l'héritage des Six Nations, une galerie d'art, un centre d'information et une boutique d'artisanat indien.

Le musée Brant County reconstitue l'histoire locale, des premiers établissements indiens jusqu'à la Deuxième Guerre mondiale et expose une collection de poterie locale. Le musée Canadian Military Heritage fait le point sur le rôle du Canada en temps de guerre, des années 1700 à nos jours.

Le site historique le plus connu de Brantford est sans doute le domaine Bell où vécut, de 1870 à 1881, le célèbre inventeur du téléphone, Alexander Graham Bell. La Maison Henderson, à côté, fut le premier bureau d'affaires du téléphone au Canada (1877-1880) ; une exposition y retrace l'histoire du téléphone.

Lithographies, gravures et dessins exécutés par quelques-uns des plus grands graveurs et photographes du Canada sont exposés à la galerie Glenhyrst. Cette spacieuse résidence, au bord de la rivière Grand, possède aussi la plus grande collection de paysages et de portraits du comté de Brant, exécutés au siècle dernier par la famille Whale, le père Robert Reginald, les fils John Claude et Robert Heard et le neveu John Hicks.

Paris

Située dans les onduleuses collines boisées au confluent des rivières Grand et Nith, Paris doit son nom aux gisements de gypse que le pionnier Hiram « King » Capron exploita pour fabriquer du plâtre de paris. Certaines maisons et églises de la ville et des environs sont de beaux exemples de construction en galets, technique des années 1830 qui utilisait les pierres des berges et des champs pour garnir les façades.

305

KITCHENER–
WATERLOO

7 km

Exit 268

Exit 275

ST. JACOBS

12 km

KITCHENER–
WATERLOO

3 km

Exit 278

Macdonald–Cartier (nº 401)

Exit 278

3 km

CAMBRIDGE

7 km

3 km

**CENTRE-SUD
DE L'ONTARIO**

Kitchener–Waterloo

Ces deux villes industrielles jumelles partagent, parmi d'autres attraits, des musées et des galeries d'art de première classe. L'héritage allemand de la région, visible dans les produits vendus au marché, est surtout à l'honneur pendant l'*Oktoberfest*, le festival bavarois le plus important en Amérique du Nord.

À Kitchener, la Maison Joseph Schneider Haus, restaurée comme en 1850, illustre la vie des mennonites de Pennsylvanie qui s'installèrent ici au siècle dernier. Dans une aile plus récente, on expose des objets d'artisanat allemands et on organise des événements spéciaux comme la tonte des moutons ou la confection de courtepointes.

Le Village historique de Doon est la réplique d'un village de 1914 à l'avènement de l'automobile et de l'électricité. Il comprend une vingtaine de bâtiments et deux fermes complètes. Doon est aussi le village d'origine de Homer Watson (1855-1936), premier paysagiste canadien à se tailler une réputation mondiale. Dans sa maison, on peut voir quelques-unes de ses œuvres, la frise qu'il a peinte sur le mur de son atelier, sa palette et son chevalet. Des œuvres d'artistes canadiens comtemporains y sont aussi exposées.

Les terrains de l'Université de Waterloo renferment plusieurs musées. Celui des Jeux expose, avec quelque 5 000 objets, des jeux de l'ancienne Égypte ; celui des Sciences visuelles et de l'Optométrie des lunettes datant de 1700 ; celui des Sciences de la terre et de la Biologie des ossements de dinosaures et des collections de minerais et de cristaux. La Maison Brubacher est meublée dans le style mennonite des années 1850-1890.

Lieu historique national Woodside, Kitchener

Au milieu d'un parc planté d'arbres, la demeure qui a vu grandir William Lyon Mackenzie King, 10e Premier ministre du Canada, reproduit le style de vie d'une famille aisée à l'époque victorienne. Les objets ayant appartenu à la famille incluent des souvenirs du grand-père de King, le rebelle William Lyon Mackenzie.

St. Jacobs

Ce sont des mennonites, venus de Pennsylvanie après la guerre d'Indépendance américaine, qui ont colonisé la région. Leurs descendants se transportent toujours en voitures attelées. Un musée, The Meeting Place, explique leur histoire, leur mode de vie et leurs croyances. Un autre musée à visiter ici est celui du sirop d'érable, installé dans une ancienne fabrique de chaussures.

On appelle Cambridge la « cité de pierre », en raison de nombre de ses églises et de ses bâtiments publics et industriels des années 1800 construits avec des pierres de taille locales. Imposant et solide comme le roc, le centre-ville domine la rivière Grand.

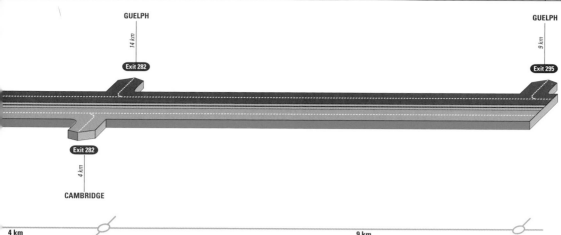

GUELPH
14 km
Exit 282

GUELPH
9 km
Exit 295

Exit 282
4 km
CAMBRIDGE

4 km   9 km

Sur les routes autour de St. Jacobs et de Kitchener-Waterloo, on voit souvent des mennonites se transporter dans des voitures à cheval.

Cambridge

Cette ville, qui s'est développée autour d'une florissante industrie du textile, compte sans doute le plus grand nombre de bâtiments classés historiques au Canada, compte tenu de sa taille. Beaucoup de ces immeubles de pierre de taille bordent la rivière Grand et on peut les admirer en suivant, à pied ou en voiture, divers circuits autoguidés. Cambridge est réputée pour ses « factoreries » qui vendent un peu de tout : vêtements, chaussures, linge de maison. La galerie de la Bibliothèque municipale expose en permanence une belle collection de fibres textiles modernes.

Guelph

Comme Cambridge, Guelph jouit d'un riche patrimoine architectural. Un tour de ville permet d'admirer des bâtiments de pierre de taille du XIXe siècle comme l'hôtel de ville, de style Renaissance, et l'église à tours jumelles, Our Lady Immaculate. Le musée de Guelph raconte l'histoire de la ville depuis sa fondation en 1827 par le romancier écossais John Galt jusqu'à nos jours. On a restauré la résidence natale du médecin et soldat John McCrae (1872-1918), auteur de *In Flanders Fields*.

Le Centre d'art Macdonald-Stewart possède des œuvres canadiennes contemporaines et, au nombre des 3 000 objets de sa collection, quelque 500 œuvres inuites, dessins, textiles et précieuses roches peintes.

Les amoureux de la nature ne voudront pas manquer l'arboretum de l'Université de Guelph et ses 2 100 espèces d'arbres et d'arbustes. À environ 4 km au sud de Guelph, le parc Kortright abrite plus de 90 espèces d'oiseaux aquatiques. Une tour d'observation domine le parc, qui est parsemé d'expositions et sillonné de sentiers d'exploration.

La Guilde des menuisiers de charpente d'Amérique du Nord, réunie à Guelph en 1992, construisit cette passerelle de 37 m d'après des dessins du XIXe siècle. C'est un maillon important du sentier Royal Recreation (18 km) qui sillonne la ville.

307

▶▶ *47 kilomètres*

GUELPH

9 km

Exit 295

Macdonald–Cartier (n° 401)

Exit 312
CAMPBELLVILLE

17 km   8 km

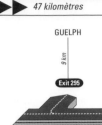

OUEST DE TORONTO

▶

Les architectes du Centre civique de Mississauga se sont inspirés des fermes de l'Ontario pour réaliser ce bâtiment à usages multiples. La tour de bureaux représente l'habitation, la façade une grange, la salle du conseil un silo, et la tour de l'horloge évoque un moulin à vent. Le centre renferme un grand hall de granit et de marbre, une galerie d'art et un temple de la renommée pour les athlètes. Le Civic Square comprend des jardins, une cour ornée de sculptures, un étang qui devient une patinoire en hiver et un amphithéâtre.

Campbellville

🏛️ 🏊 ❄️

Petit bourg au sein du grand Milton, Campbellville se distingue par ses bâtiments de brique et de déclin du XIXe siècle qui abritent de jolies boutiques. D'ici, on peut suivre la route 9 vers l'ouest pour atteindre la zone de conservation de Mountsberg, un refuge d'oiseaux qui inclut une érablière, une ferme modèle, des sentiers de randonnée et un centre où l'on soigne les oiseaux de proie.

En direction est, la route 401 traverse l'escarpement du Niagara, une crête rocheuse qui longe le sud de l'Ontario entre la péninsule du Niagara et la pointe de la péninsule de Bruce. Dans la zone de conservation de Crawford Lake, un centre d'interprétation explique les particularités de la géologie, de la faune et de la flore de l'escarpement. Un village iroquois du XVe siècle y a été reconstitué pour illustrer la culture du peuple qui chassait et pêchait ici depuis des milliers d'années. On accède ici au sentier de Bruce (voir pages 310-311), qui traverse l'escarpement avant de continuer vers le nord jusqu'aux zones de conservation de Rattlesnake Point et de Kelso.

Milton

🏛️ ⛵ 🏊 ❄️

Milton est un bon point de départ pour des excursions vers les parcs, sentiers et sites historiques de l'escarpement du Niagara. La zone de conservation de Kelso, à l'ouest de Milton, est propice à la navigation de plaisance, la pêche et la baignade. On y trouve le musée du comté de Halton où des milliers d'objets racontent

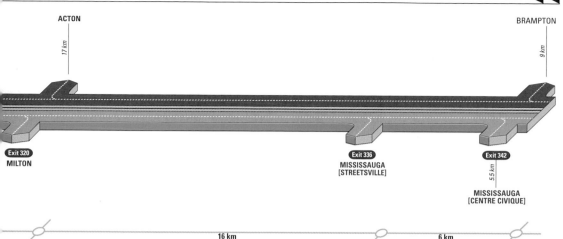

ACTON

17 km

BRAMPTON

9 km

Exit 320
MILTON

Exit 336
MISSISSAUGA
[STREETSVILLE]

Exit 342
MISSISSAUGA
[CENTRE CIVIQUE]

5,5 km

16 km

6 km

12 000 ans d'histoire locale. Une grange de 1860 restaurée, une forge, une écurie avec des voitures anciennes, un atelier d'artisanat et une cabane de bois rond évoquent l'activité de la région depuis le début du XIXᵉ siècle jusque vers 1940. (Pour plus de détails sur la zone de conservation de Kelso, voir pages 310-311.)

La zone de conservation de Rattlesnake Point, au sud de Milton, attire les randonneurs et les alpinistes. Au sommet d'une saillie de 90 m, on a une magnifique vue des alentours.

Au nord de la route 401, dans la zone de conservation de Hilton Falls, la petite rivière Sixteen Mile se jette au pied de l'escarpement. Cette vaste réserve comprend des prairies peuplées de castors, des cuvettes rocheuses, de riches marécages et les ruines du moulin d'Edward Hilton (1835) ; c'est aussi l'habitat du papillon blanc de Virginie, une espèce menacée.

Acton

Vers 1850, le tannage du cuir était ici une activité importante. Les propriétaires de la tannerie avaient fait bâtir des maisons pour les ouvriers, des installations sportives et une coopérative. Le circuit du patrimoine inclut la Maison Olde Hide, où l'on vend des articles de cuir. De 1899 à 1933, ce bâtiment, construit avec un demi-million de briques et d'énormes poutres de bois, servait à entreposer les peaux acheminées par chemin de fer et destinées à la tannerie.

Tout près, à Rockwood, le musée du chemin de fer Halton County Radial expose une collection de trains locaux et de tramways anciens. On peut faire une promenade de 20 minutes à bord d'un de ces véhicules électriques restaurés sur place.

Mississauga [Streetsville]

Mississauga, ville en pleine expansion, englobe maintenant Streetsville, Port Credit et d'autres petites villes au passé vénérable. On peut prendre la route de Mississauga à la sortie 336, longer la rivière Credit vers le sud, traverser Streetsville, puis Port Credit pour aboutir au lac Ontario. Streetsville, un «village dans la ville», conserve le cachet d'une petite ville ontarienne. En suivant le circuit du patrimoine, on verra la Maison Montreal (1821), le plus vieux bâtiment de Streetsville, celle de Timothy Street (1825) où résidait le propriétaire du moulin qui a donné son nom à la ville, le magasin John McMaster (1850), la Maison Robinson-Bray (1885) à pignons, l'hôtel Franklin (1885) et le Graydon Block (1891).

Mississauga [Centre civique]

Une architecture moderne saisissante et un programme varié de spectacles et d'événements font du Centre civique de Mississauga un centre d'attraction dynamique. On y accède par la sortie 342 en suivant la rue Hurontario sud et la route Burnhamthorpe. Le centre des arts attenant abrite des théâtres, des studios, des salles d'exposition et une salle de concert.

309

Le sentier de Bruce sur l'escarpement du Niagara

ROUTE 401 / ZONE DE CONSERVATION DE KELSO

DAN SCHNEIDER *est un naturaliste à l'emploi de la zone de conservation de Grand River, à Guelph, en Ontario. Il collabore régulièrement aux revues* Canadian Geographic, Nature Canada *et* Canadian Wildlife.

NOUS SOMMES À L'AUBE. Le paysage baigne dans le brouillard qui sera bientôt dissipé par la brise matinale. Je m'apprête à explorer le sentier de Bruce, le plus vieux sentier de randonnée de longue distance (776 km) au Canada.

Ici, dans la zone de conservation de Kelso, un peu à l'ouest de Milton, on est déjà à près de 200 km de son point de départ à Queenston, sur le Niagara. Il suit l'escarpement du Niagara pour aboutir à Tobermory, petite ville située à l'extrémité de la péninsule de Bruce. Plus de 1,3 million de marcheurs l'arpentent chaque année.

Certains randonneurs aguerris relèvent le défi de parcourir le sentier d'une seule traite, mais la plupart préfèrent l'aborder par étapes, et c'est mon cas. Au sud, le long du Niagara et des rives du lac Ontario, j'ai bu le vin des raisins qu'abrite l'escarpement. Plus au nord, j'ai cherché les délicates orchidées de la péninsule de Bruce et j'ai exploré les grottes profondes des berges de la baie Georgienne. Je me suis maintes fois émerveillé à la vue des fougères, mousses, et millepertuis, toutes ces plantes de l'ère des dinosaures qui poussent parmi les rochers de l'escarpement.

Aujourd'hui, mes pas me mènent dans la zone de conservation de Kelso (sortie 320, route 401). J'emprunterai le sentier de Bruce jusqu'au sommet de la piste de ski Glen Eden pour admirer, du haut des falaises, la vue du barrage de Kelso et le lac qui s'étale en contrebas. Je regarderai l'escarpement se profiler jusqu'à l'horizon, là-bas au nord. Derrière moi, dans la forêt touffue, j'entendrai les cris des oiseaux.

Le sentier de Bruce, qui relie les boisés de l'escarpement, constitue un corridor de nature, vital dans cette région du Canada de plus en plus urbanisée ou cultivée de façon intensive. Les pionniers évitèrent cette région escarpée et improductive et c'est ainsi que, sans le savoir, ils contribuèrent à la préservation pour les générations futures de la beauté naturelle de l'escarpement du Niagara, qui abrite plus de 300 espèces d'oiseaux, 53 types de mammifères, 35 espèces de reptiles et d'amphibiens, plus de 90 sortes de poissons ainsi que diverses familles de plantes.

Mais ce qui fait de l'escarpement un endroit unique, c'est sa géologie, et le meilleur endroit pour l'apprécier est celui où je me trouve. En 1990, l'Unesco a reconnu le caractère unique de ce milieu écologique en faisant de l'escarpement du Niagara une des réserves mondiales de la biosphère, titre qu'il partage avec des sites aussi prestigieux que les Everglades, le parc Serengeti du Tanzania et les îles Galapagos.

La roche sur laquelle je marche est vieille de 440 millions d'années. À cette époque, une grande portion du centre-sud du Canada baignait dans une mer chaude et peu profonde. Des sédiments se détachèrent du Bouclier canadien qui l'entourait et plongèrent dans la mer pour former un gigantesque delta. Les planctons en suspension et les coquillages se déposèrent peu à peu. Au cours des millions d'années suivantes, ces dépôts se solidifièrent dans le roc et les coquillages devinrent les fossiles qu'on voit aujourd'hui incrustés dans le calcaire.

Il y a environ 300 millions d'années, les mouvements tectoniques de la terre creusèrent dans cette mer une cuvette large de 800 km. Les bords de la cuvette, érodés par l'eau et la glace, constituent l'escarpement du Niagara dans sa forme actuelle. L'escarpement doit sa longévité aux dolomies qui protègent ses sommets de l'érosion, alors que les parois des falaises, de calcaire plus friable, continuent de s'effriter. Une fissure dans le roc vient me rappeler ce

phénomène. Il s'agit d'une crevasse qui a dû se former lorsqu'une partie de la falaise s'est fissurée en laissant derrière elle des débris surmontés de grosses roches. Je rampe dans la crevasse, j'en escalade les grosses pierres et, en me contorsionnant, je refais surface, rendu euphorique par mon expédition souterraine.

Les arbres ici, pour la plupart des cèdres, ont survécu en s'accrochant aux fissures de la falaise. Tordus et noueux, ils défient le temps et la violence des éléments pour atteindre un âge remarquablement avancé. Certains de ces cèdres, parmi les plus vieux du Canada, ont près de 1 000 ans.

Comme ma randonnée tire à sa fin, j'aperçois un urubu à tête rouge monter en flèche dans les courants d'air ascendants formés par la paroi de la falaise. Tout le long de l'escarpement, ces vautours nichent en sécurité dans les crevasses. Les administrateurs des zones de conservation de la région de Halton, dont celle-ci fait partie, ont d'ailleurs fait de l'urubu à tête rouge leur emblème.

Les deux tiers du sentier de Bruce traversent des propriétés privées. Le sentier doit donc son existence à ces généreux propriétaires, fait en soi remarquable. Un autre projet remarquable, le sentier transcanadien, doit être terminé le 1er juillet de l'an 2000. Il reliera des sentiers existants comme celui de Bruce à de nouvelles pistes. Une fois terminé, il s'étendra sur 15 000 km, de St. John's à Victoria et, au nord, de Calgary à Tuktoyaktuk, sur la mer de Beaufort. Ce sera le sentier continu le plus long du monde.

> "Tout le long de l'escarpement, ces vautours nichent en sécurité dans les crevasses."

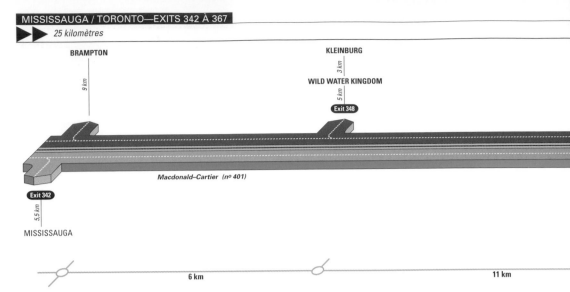

BRAMPTON

9 km

KLEINBURG

3 km

WILD WATER KINGDOM

5 km

Exit 348

Macdonald–Cartier (n° 401)

Exit 342

5,5 km

MISSISSAUGA

6 km   11 km

AGGLOMÉRATION
DE TORONTO

Un ours polaire de pierre, œuvre du sculpteur Pauta, originaire de Cape Dorset, orne l'entrée de la galerie d'art canadien McMichael à Kleinburg, en Ontario. La galerie contient la célèbre collection constituée par Robert et Signe McMichael, qui en firent don à la province en 1965. La collection compte aujourd'hui quelque 5 000 œuvres.

Brampton

🏛️ ⛵ ❄️

L'attrait majeur de Brampton est le complexe Peel Heritage, une prison du XIXe siècle renfermant une galerie d'art, un musée et des archives (dans le bureau d'enregistrement adjacent). Le musée est consacré à l'histoire de la région depuis la préhistoire, y compris celle de la prison. L'une des curiosités est une cellule contenant divers dispositifs de contention et de verrouillage. La forge, la cordonnerie et le magasin général illustrent la vie au XIXe siècle. La ferme d'éle-vage et les jardins manucurés du parc Chinguacousy, à la jonction de la route Bramlea et de la route 7, valent aussi une visite.

Wild Water Kingdom

C'est le plus grand parc aquatique extérieur du Canada. Il offre une vaste piscine à vagues, des glissoires hautes de sept étages, des excursions sur la rivière et une aire de jeux aquatiques pour les enfants. Les activités sur la terre ferme comprennent une variante simplifiée du basket-ball, des cages d'exercice pour le lancer au bâton et un golf miniature. (De la route 427, on accède au parc en prenant l'avenue Finch vers l'ouest sur 2 km.)

CANADA'S WONDERLAND

10 km

VILLAGE PIONNIER DE BLACK CREEK

7 km

Exit 359

Exit 367

**Vers Toronto
centre-ville**

8 km

Kleinburg

Un bâtiment de pierre et de bois dominant la vallée de la Humber abrite la collection McMichael, l'une des plus importantes en ce qui a trait au Groupe des Sept et à leur célèbre précurseur, Tom Thomson. En 1965, Robert et Signe McMichael firent don à l'Ontario de leur propriété et de 194 œuvres majeures. Ce fond a été enrichi d'œuvres inuites et amérindiennes et possède la plus grande collection au pays d'art canadien du XXᵉ siècle, si bien que la galerie jouit aujourd'hui d'une réputation internationale. Cinq membres du Groupe des Sept reposent dans le petit cimetière du parc.

Le musée des Poupées de Kleinburg rassemble 165 poupées anciennes dont les beautés Eaton, des poupées en biscuit (une porcelaine non émaillée) et une marionnette de ventriloque.

Dans la vallée voisine, le centre de conservation Kortright s'est donné pour mission de renseigner les visiteurs sur la conservation de l'énergie, des forêts, des sols, de l'eau et de la faune. Il comprend un trottoir de bois dans les marécages et 10 km de sentiers pour la randonnée et le ski de fond. On y assiste à des séances informatives sur les scieries, les ruches, la fabrication du sirop d'érable, la construction de nichoirs à oiseaux et l'identification des fleurs sauvages.

Village pionnier de Black Creek

Le village, qui évoque l'Ontario rural d'avant 1867, a été reconstitué autour de cinq cabanes de bois rond érigées en 1816 par Daniel Strong, originaire de la Pennsylvanie. Une quarantaine d'autres bâtiments y ont été transportés des alentours. Les deux joyaux sont la Maison Burwick (1844), meublée d'objets, de tapisseries et de tapis d'époque, et le musée Daziel Barn (1809), une énorme grange construite en porte-à-faux qui abrite la plus grande collection canadienne de jouets du XIXᵉ siècle. Il ne faut pas non plus manquer le moulin de pierre Robin avec ses quatre étages, et la jolie Maison Halfway, une ancienne auberge ornée d'une véranda à deux niveaux. Le personnel en costume d'époque exerce des activités traditionnelles comme le tissage, le filage, la confection de courtepointes ou la cuisson dans l'âtre.

Parc d'amusement Paramount Canada's Wonderland

Ce gigantesque parc, souvent qualifié de Disneyland du Canada, offre plus de 160 attractions : jeux, spectacles, expositions, animaux et manèges. Il comprend entre autres une montagne artificielle et sa chute d'eau ainsi que des sites thématiques. Parmi les attractions les plus populaires, on note un gigantesque parc aquatique, un simulateur de course, une chute libre de 15 étages et neuf montagnes russes.

Avenue Road, Toronto

Si l'on prend la sortie 367, Avenue Road (route 11A) conduit au cœur de Toronto. Pour un tour guidé du centre-ville, voir pages 314-315.

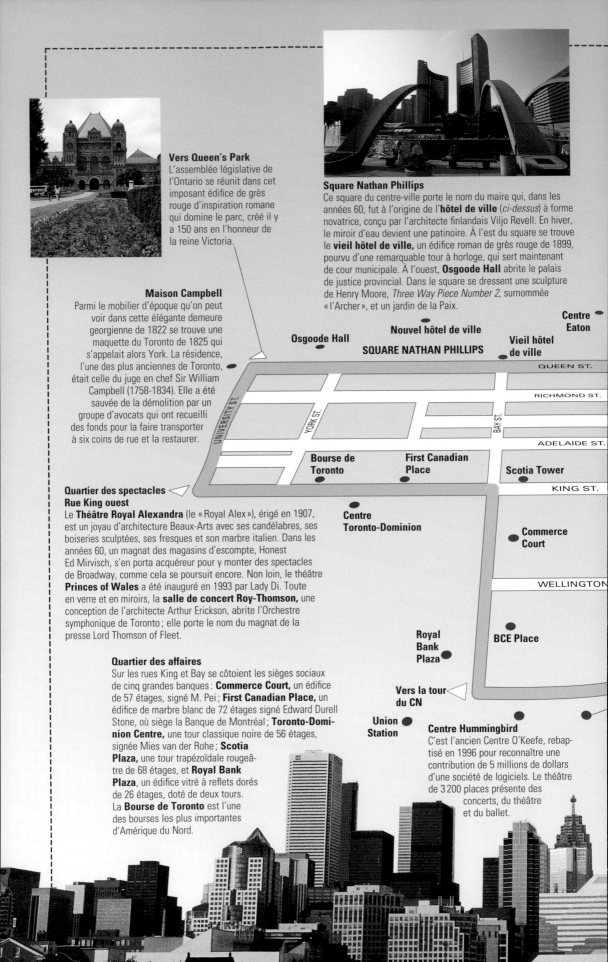

Vers Queen's Park

L'assemblée législative de l'Ontario se réunit dans cet imposant édifice de grès rouge d'inspiration romane qui domine le parc, créé il y a 150 ans en l'honneur de la reine Victoria.

Square Nathan Phillips

Ce square du centre-ville porte le nom du maire qui, dans les années 60, fut à l'origine de l'**hôtel de ville** (*ci-dessus*) à forme novatrice, conçu par l'architecte finlandais Viljo Revell. En hiver, le miroir d'eau devient une patinoire. À l'est du square se trouve le **vieil hôtel de ville,** un édifice roman de grès rouge de 1899, pourvu d'une remarquable tour à horloge, qui sert maintenant de cour municipale. À l'ouest, **Osgoode Hall** abrite le palais de justice provincial. Dans le square se dressent une sculpture de Henry Moore, *Three Way Piece Number 2*, surnommée « l'Archer », et un jardin de la Paix.

Maison Campbell

Parmi le mobilier d'époque qu'on peut voir dans cette élégante demeure georgienne de 1822 se trouve une maquette du Toronto de 1825 qui s'appelait alors York. La résidence, l'une des plus anciennes de Toronto, était celle du juge en chef Sir William Campbell (1758-1834). Elle a été sauvée de la démolition par un groupe d'avocats qui ont recueilli des fonds pour la faire transporter à six coins de rue et la restaurer.

Centre Eaton

Osgoode Hall

Nouvel hôtel de ville
SQUARE NATHAN PHILLIPS

Vieil hôtel de ville

QUEEN ST.

UNIVERSITY ST.

RICHMOND ST.

YORK ST.

BAY ST.

ADELAIDE ST.

Bourse de Toronto

First Canadian Place

Scotia Tower

KING ST.

Quartier des spectacles
Rue King ouest

Le **Théâtre Royal Alexandra** (le « Royal Alex »), érigé en 1907, est un joyau d'architecture Beaux-Arts avec ses candélabres, ses boiseries sculptées, ses fresques et son marbre italien. Dans les années 60, un magnat des magasins d'escompte, Honest Ed Mirvisch, s'en porta acquéreur pour y monter des spectacles de Broadway, comme cela se poursuit encore. Non loin, le théâtre **Princes of Wales** a été inauguré en 1993 par Lady Di. Toute en verre et en miroirs, la **salle de concert Roy-Thomson,** une conception de l'architecte Arthur Erickson, abrite l'Orchestre symphonique de Toronto ; elle porte le nom du magnat de la presse Lord Thomson of Fleet.

Centre Toronto-Dominion

Commerce Court

WELLINGTON

Quartier des affaires

Sur les rues King et Bay se côtoient les sièges sociaux de cinq grandes banques : **Commerce Court,** un édifice de 57 étages, signé M. Pei ; **First Canadian Place,** un édifice de marbre blanc de 72 étages signé Edward Durell Stone, où siège la Banque de Montréal ; **Toronto-Dominion Centre,** une tour classique noire de 56 étages, signée Mies van der Rohe ; **Scotia Plaza,** une tour trapézoïdale rougeâtre de 68 étages, et **Royal Bank Plaza,** un édifice vitré à reflets dorés de 26 étages, doté de deux tours. La **Bourse de Toronto** est l'une des bourses les plus importantes d'Amérique du Nord.

Royal Bank Plaza

BCE Place

Vers la tour du CN

Union Station

Centre Hummingbird

C'est l'ancien Centre O'Keefe, rebaptisé en 1996 pour reconnaître une contribution de 5 millions de dollars d'une société de logiciels. Le théâtre de 3 200 places présente des concerts, du théâtre et du ballet.

TORONTO – LA MÉGALOPOLE

Chic, prospère et cosmopolite, la plus grande ville du Canada reflète la vitalité du pays. Au début du siècle, Toronto avait la réputation d'être une ville morose, conservatrice et puritaine. Après la Seconde Guerre mondiale, l'arrivée de nouveaux immigrants, un programme d'embellissement des quartiers et un renouveau dans les activités commerciales et culturelles changèrent la face de Toronto. Quand Montréal cessa d'être une plaque tournante maritime et ferroviaire, Toronto la remplaça comme capitale canadienne des affaires.

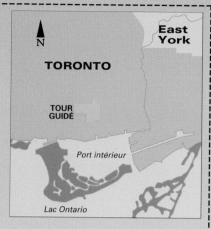

East York

TORONTO

TOUR GUIDÉ

Port intérieur

Lac Ontario

Maison Mackenzie

Les partisans de William Lyon Mackenzie (1795-1861) se cotisèrent pour offrir cette solide demeure au fougueux éditeur de journal qui fut à la tête de la rébellion de 1837 dans le Haut-Canada et devint plus tard le premier maire de Toronto. Dans la maison, un atelier d'imprimeur reproduit, avec l'équipement de l'époque, son célèbre pamphlet intitulé « Colonial Advocate ».

Théâtres Elgin, Winter Garden et Pantages

Lors de leur inauguration en 1914, les théâtres Elgin et Winter Garden, qui se partagent le même édifice, étaient les plus renommés au pays. La salle Elgin, parée de feuilles d'or et de velours rouge, occupait le rez-de-chaussée ; à l'étage, la salle Winter Garden, avec ses murs de treillis et son plafond de feuillage véritable, fut le premier théâtre d'atmosphère au monde. Le vaudeville y fit d'abord place au cinéma. Puis les deux salles furent restaurées en 1989 et elles sont aujourd'hui exploitées par l'Ontario Heritage Foundation. Un autre magnifique théâtre sur la même rue, le Pantages (1920), appartient à Cineplex Odeon qui lui a rendu ses colonnes cannelées, ses plafonds à coupoles et ses chandeliers de cristal.

Cathédrale St. James

Marché St. Lawrence

Le premier hôtel de ville de Toronto (1845-1899) se situait dans le quartier où se tient le marché depuis 1803. Lui-même intégré au marché en 1904, l'édifice a fait l'objet d'importantes modifications. Les anciennes salles de conseil contiennent des photographies et des archives historiques.

Édifice Flatiron

FRONT ST.

Tour du CN

La plus haute structure autonome du monde (553,33 m) domine l'horizon de Toronto à la manière d'un point d'exclamation. Les ascenseurs fonctionnant à une vitesse de 6 m/s mènent à un restaurant rotatif situé à 351 m de hauteur et à des postes d'observation intérieurs et extérieurs. Par temps clair, on peut voir à 160 km les chutes du Niagara.

Centre des arts St. Lawrence

Pièces de théâtre, musique classique, danse et cinéma occupent les deux théâtres de ce centre où réside en permanence la troupe du Canadian Stage Company. Il sert aussi à la tenue de débats publics sur des sujets d'intérêt local.

Skydome

Ce stade, l'un des plus grands du monde, est celui des Blue Jays de Toronto. Il contient 60 000 places sous son toit rétractable. Son tableau d'affichage électronique est sans doute le plus grand du monde.

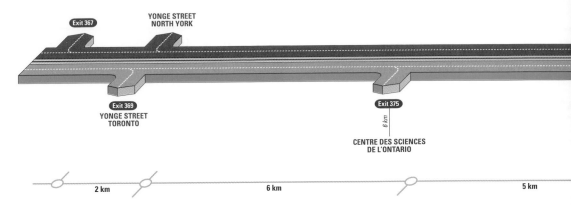

Exit 367

YONGE STREET
NORTH YORK

Exit 369
YONGE STREET
TORONTO

Exit 375
6 km
CENTRE DES SCIENCES
DE L'ONTARIO

2 km   6 km   5 km

**AGGLOMÉRATION
DE TORONTO**

Rue Yonge [route 11]

La rue qui partage Toronto d'ouest en est fait partie d'une route qui, sur une distance de 1 886 km, relie le lac Ontario à Rainy River, près de la frontière du Manitoba. Cela en fait la rue la plus longue du monde. Le premier tronçon qui reliait Toronto au lac Simcoe fut construit en 1796 à l'initiative du lieutenant-gouverneur John Graves Simcoe qui lui donna le nom du ministre de la Guerre d'alors en Grande-Bretagne, Sir George Yonge.

North York

Au début des années 90, on a procédé, sur la rue Yonge, à la démolition d'une série de petits commerces pour faire place à des édifices publics, des tours à bureaux et des immeubles en copropriété qui s'étendent sur 4 km au nord de la sortie 369 de la route 401. La pièce maîtresse de ce réaménagement est le North York City Centre où se trouvent l'hôtel de ville, le centre aquatique Douglas Snow et le square Mel Lastman qui accueille diverses manifestations.

À distance de marche, il y a la Maison Gibson (*voir rubrique ci-contre*) et le magasin Dempsey Brothers (250, route Beecroft), transporté ici pour abriter les Archives de North York.

Le centre Ford Centre for the Performing Arts fut inauguré en octobre 1993 par une production de *Show Boat*, signée Garth Drabinsky, suivie par d'autres comme *Sunset Boulevard* et *Ragtime*. Il contient aussi une salle de récital, un théâtre d'essai et une galerie d'art.

D'agréables espaces verts et des sentiers qui serpentent par monts et par vaux attirent les amateurs de la nature au pied des falaises érodées de Scarborough. Dominant de 90 m le lac Ontario, les falaises se sont formées lorsque les glaciers, en se retirant, ont déversé des roches, du sable et de l'argile dans ce qui était le vaste delta sablonneux d'une immense rivière préglaciaire.

JARDIN ZOOLOGIQUE

2.5 km

Exit 389

Exit 392

Macdonald–Cartier (nº 401)

Exits 380/381
SCARBOROUGH

8 km

3 km

Maison Gibson, North York

La résidence georgienne de brique rouge (5172, rue Yonge) rappelle la vie sur la ferme familiale des Gibson au milieu du XIXᵉ siècle. Elle fut construite en 1851 par un rebelle de 1837, l'arpenteur David Gibson, qui y vécut avec son épouse Eliza et leurs sept enfants. Des guides en costume d'époque font la démonstration des techniques qui avaient cours à l'époque.

Centre des Sciences de l'Ontario

Ce « grand terrain de jeu scientifique » accueille bon an mal an son million de visiteurs. Dessiné par un architecte de Vancouver, Raymond Moriyama, et construit au flanc d'un ravin de la rivière Don, le centre se compose d'une série de structures de béton et de verre reliées entre elles par des escaliers mécaniques. On y fait la démonstration des développements technologiques au moyen de quelque 650 installations interactives regroupées par thèmes : la Terre vivante, les Sciences de l'espace, l'Inforoute et le Corps humain.

Scarborough

🏛 ⛵ 🏊 ❄

On se rend au Centre civique de Scarborough, aussi l'œuvre de Raymond Moriyama (*voir ci-dessus*), en prenant, sur la route 401, la sortie 380 (route Brimley) ou la sortie 381 (route McCowan) en direction sud. Des tours guidés ont lieu tous les jours. Dans le square adjacent Albert Campbell, il se donne des concerts en été et on y fait du patin en hiver.

Sur la route Brimley (à l'ouest du Centre civique), dirigez-vous vers le sud pour vous rendre au Musée historique de Scarborough, situé dans le parc Thomas Memorial. Il renferme quatre bâtiments restaurés de la fin du XIXᵉ siècle.

Poursuivez 4 km plus loin jusqu'au parc Bluffers et vous aurez une vue imprenable d'une particularité géographique de Toronto : sur le lac Ontario, les falaises déchiquetées qui s'étendent sur 16 km devant Scarborough.

Jardin zoologique du Toronto métropolitain

L'un des plus grands jardins zoologiques du monde occupe les terres vallonnées qui bordent la rivière Rouge. Tout comme le centre des Sciences et le Centre civique de Scarborough, il est l'œuvre de l'architecte Raymond Moriyama. Les 4 000 animaux (400 espèces) se répartissent entre huit pavillons à toit vitré qui reproduisent divers habitats. Il y a des espèces rares ou menacées comme le tigre de Sibérie, le léopard des neiges, le tapir de Malaisie, l'hippopotame nain ou la mangouste du Libéria. On y observe des animaux nocturnes à la lumière noire et des mammifères aquatiques – castors, ours polaires, phoques – à travers les parois transparentes d'une piscine. On s'y promène à pied, en monorail ou en zoomobile.

Au zoo de Toronto, les flamants attirent les photographes qui peuvent aussi immortaliser de gros oiseaux comme des émeus, des autruches, des martins-chasseurs ou des régapodes de latham.

317

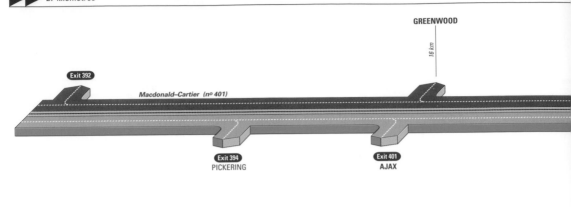

GREENWOOD

16 km

Exit 392

Macdonald–Cartier *(n° 401)*

Exit 394
PICKERING

Exit 401
AJAX

5 km   4 km

**EST DE
TORONTO**

Ajax

Aujourd'hui centre florissant d'industrie légère et ville-dortoir de Toronto, Ajax s'est développée vers 1941 autour d'une fabrique de munitions. La ville porte le nom du navire de guerre anglais *Ajax,* qui immobilisa, en 1939, le cuirassé allemand *Graf Spee* dans le port de Montevideo, en Uruguay. La cloche et l'ancre du *Ajax* ornent maintenant l'hôtel de ville et les rues de la ville portent le nom des membres de l'équipage. Les modestes habitations des ouvriers de la fabrique sont restées inchangées.

Les habitants d'Ajax ont recensé 200 bâtiments à valeur esthétique ou historique. Le quartier de Pickering Village, établissement quaker du XIXe siècle au nord de la route 401, a préservé les siens, qui abritent des boutiques et des restaurants : on remarquera le Quaker Meeting House et le Village Store.

Village-musée de Pickering, Greenwood

Au nord d'Ajax, cette reconstitution historique au bord du ruisseau Duffin rappelle la vie dans la région de Durham entre 1850 et 1900. Une forge, une église et un hôtel figurent parmi les 13 bâtiments restaurés de ce village de pionniers. On y voit d'anciennes machines à vapeur – tracteurs, moissonneuses – et on assiste à des activités traditionnelles comme le filage.

Whitby

Whitby, qui porte le nom d'une ville côtière anglaise, est fière de ses bâtiments du XIXe siècle qu'on peut admirer en déambulant dans le centre-ville et dans le Vieux-Port. La galerie de la Gare est l'une des galeries publiques les plus réputées de l'Ontario.

Au nord de Whitby, la route 12 mène au Village miniature où quelque 250 bâtiments anciens et modernes de l'Ontario sont reproduits à l'échelle 1/12. On y voit des centaines de petits personnages faisant du cerf-volant, combattant un incendie, fendant du bois ou s'en donnant à cœur joie dans un manège à la foire d'automne. La section vacances reproduit des terrains de camping provinciaux et des lieux de villégiature célèbres comme ceux du Muskoka. En saison, des exposi-

La fontaine (en haut) représentant la Foi, l'Espérance et la Charité est un bon exemple des gracieuses sculptures qui agrémentent les jardins classiques de Parkwood, à Oshawa. L'ancienne résidence (en bas) du magnat de l'automobile, R.S. McLaughlin, renferme dans ses 55 pièces des antiquités de grande valeur.

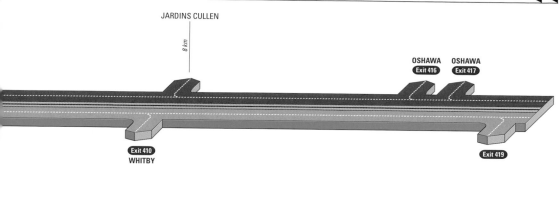

JARDINS CULLEN

8 km

OSHAWA
Exit 416

OSHAWA
Exit 417

Exit 410
WHITBY

Exit 419

9 km   6 km   1 km   2 km

tion florales ont lieu dans les jardins Cullen qui entourent le mini-village. À l'entrée des jardins, dans la Maison Lynde, construite par le shérif local en 1812, des mannequins animés évoquent la vie des années 1850. Les guides en costumes d'époque se font un plaisir de raconter l'histoire de la maison et celle de la région.

Les jardins Cullen et le Village miniature se situent à l'ouest de la route 12. À l'est, un parc thématique, Family Kartways, permet de profiter d'une fête foraine, d'une glissoire d'eau, d'un mini-golf et de la piste de kart la plus longue du monde. Vous pouvez voir des conducteurs professionnels à l'œuvre ou louer une voiture et éprouver votre propre habileté.

Musée aéronautique, militaire et industriel d'Oshawa

On accède au musée par la sortie 416 en suivant la route Park vers le nord jusqu'à l'aéroport d'Oshawa. Ce musée expose des uniformes et des véhicules militaires comme des chars d'assaut Sherman, des armes antichars, des ambulances blindées et des camions militaires qui ont été fabriqués à Oshawa même. On y apprend aussi la contribution du Régiment de l'Ontario dans les différentes guerres.

Oshawa

Cet important centre industriel a vu naître l'industrie automobile canadienne. C'est ici, en 1908, que le colonel Robert Samuel McLaughlin (1871-1972) se mit à fabriquer des carrosseries de

Buick dans l'usine familiale jusqu'alors occupée à fabriquer des voitures à cheval. En moins de 10 ans, l'usine McLaughlin avait joint les rangs de la General Motors du Canada. Elle emploie aujourd'hui plus du tiers de la main-d'œuvre de la ville. Parkwood, l'impressionnante demeure néoclassique du colonel McLaughlin (270, rue Simcoe nord), est ouverte au public. Elle est remplie d'objets d'art, d'antiquités et de tapisseries et entourée de jardins ornés de fontaines, d'étangs et de statues.

Au Centre civique, la galerie Robert McLaughlin présente des œuvres d'artistes canadiens contemporains. Donnée à la ville par Ewart McLaughlin, fils du colonel, la galerie possède une collection permanente qui comprend un grand nombre de toiles du Groupe des Sept et du Groupe des Onze (des peintres abstraits des années 50).

Au Musée canadien de l'automobile (99, rue Simcoe sud), plus de 70 véhicules d'époque illustrent les progrès de l'automobile. On y voit notamment une Rolls Royce finie à la main, une voiture amphibie et la seule voiture à vapeur au Canada.

Dans le parc Lakeview, le musée Oshawa Sydenham (1450, rue Simcoe sud) comprend trois bâtiments. La Maison Henry (1849), entourée de jardins paysagers, donne un aperçu de la vie et des coutumes des années 1850-1890. La Maison Robinson (1846) évoque la vie des pionniers et l'histoire d'Oshawa. La Maison Guy (1835) est typique des maisons de ferme en bois de son époque.

MOULIN TYRONE

ORONO

NEWCASTLE

13 km

11 km

OSHAWA
Exit 419

Exit 432

Exit 436

Exit 440

Exit 431
BOWMANVILLE

BOND HEAD

12 km   1 km   4 km   4 km

**EST DE
TORONTO**

Bowmanville

Au siècle dernier, cette ville rive-
raine vivait des moulins ; c'est
aujourd'hui un port très fréquenté des plaisanciers. Le musée
local, logé dans une maison de
style provincial italien des années
1860, raconte l'histoire de la
région. On y visite 10 pièces victoriennes et une galerie contenant 2 000 poupées et jouets
dont plusieurs sont des antiquités. Le mobilier comprend un
piano de la Dominion Organ
and Piano Company, entreprise
locale qui avait autrefois des
clients dans le monde entier.

On se rend au zoo de Bow-
manville, le plus ancien encore en
activité au Canada, en empruntant la rue Liberty au nord de la
route 401. À l'origine, en 1919, le
zoo était l'instrument de promo-
tion d'un fabricant de gruau
d'orge. Il possède plus de 300
animaux – lions, tigres, singes et
autres –, et on y offre des spectacles quotidiens et des tours
de chameau et d'éléphant.

Plus loin, sur la rue Liberty,
le moulin Tyrone (1846) est
aujourd'hui une scierie et un
pressoir à cidre. On y vend du
cidre, du fromage, du pain, des
confitures et des produits
d'artisanat fabriqués sur place
selon les méthodes d'antan.

Orono

Ici, au Jungle Cat World,
léopards des neiges, couguars,
loups-cerviers et lynx roux font
bon ménage. Les tigres, les
lions et les loups habitent de
vastes enclos, tandis que les
chevreuils et les ânes se promènent parmi les visiteurs.

Macdonald–Cartier (no 401)

Exit 461
PORT HOPE

Exit 464
PORT HOPE

21 km   4 km

Newcastle

Heureux mélange d'ancien et de moderne, Newcastle englobe le pittoresque village portuaire de Bond Head et la jolie marina de Port of Newcastle. Les bâtiments de brique rouge sur la rue King étaient autrefois les fonderies de la compagnie Massey, qui fabriquait de la machinerie agricole. La belle maison de pierre du 285, rue Mill était la résidence de la famille Massey dont les membres les plus célèbres ont été le gouverneur général Vincent Massey (1887-1967) et le comédien Raymond Massey (1896-1983).

Port Hope

Sur la rivière Ganaraska, cet ancien poste de traite des fourrures fut repris par des colons loyalistes. Port Hope était, vers 1850, un centre industriel et ferroviaire prospère comme en témoignent ses élégantes résidences victoriennes. Quelque 90 bâtiments publics, églises et résidences ont été classés monuments historiques. Les beaux édifices commerciaux de la rue Walton, datant de 1840 à 1870, servent souvent de décor victorien à des films et à des séries télévisées.

Parmi les bâtiments publics à voir, on distingue la Maison des douanes (vers 1840), la Banque du Haut-Canada (1857), l'Hôtel de ville (1851) avec ses grandes fenêtres palladiennes et sa tour à horloge surmontée d'un dôme, et le théâtre Capitol (1930).

Plusieurs joyaux d'architecture bordent les rues King et Dorset. Sur la rue King, on verra la Mai-

son du Canada (1822), la plus ancienne de la ville, et deux maisons georgiennes, Little Bluestone et Bluestone, qui furent construites en 1834 pour être données en cadeau de mariage à des membres d'une famille fondatrice de la ville, les Smith. (Le nom Bluestone fait référence au revêtement de plâtre bleu qui protégeait la pierre poreuse ayant servi à leur construction.) La Maison Bluestone, ornée d'un porche soutenu par des colonnes ioniques et comportant d'autres détails architecturaux d'inspiration grecque, est considérée comme l'une des plus belles maisons historiques de l'Ontario. Toujours sur la rue King, l'église St. Mark (1822) est la plus vieille église de Port Hope et l'une des plus anciennes églises de bois qui subsistent en Ontario. (Le gouverneur général Vincent Massey y repose.) On peut voir aussi dans le voisinage une maison octogonale comme il s'en construisit ici vers 1850.

Sur la rue Dorset ouest, on verra Wimbourne, un cottage de style Regency datant du milieu du siècle dernier, The Cone (1847), une maison revêtue de panneaux ouvrés de détails gothiques, et deux manoirs, Hillcrest (1874) et Homewood (1904).

Le musée Canadian Fire Fighter porte sur la lutte contre les incendies de 1830 à 1955. On y voit des casques et des tenues de pompier, des extincteurs et des alarmes, des appareils respiratoires et des dispositifs de secours. À l'extérieur sont exposés 15 véhicules dont certains étaient tirés par des hommes, d'autres par des chevaux.

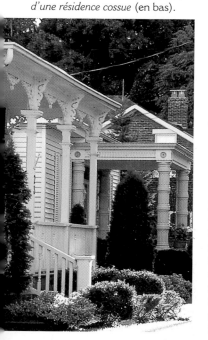

Les visiteurs de Port Hope y trouveront une importante concentration de bâtiments du XIXᵉ siècle bien préservés, avec toute une variété de styles. Ils pourront admirer la simplicité du cottage à un étage typique de l'Ontario (en haut), le charme des vérandas victoriennes (au centre) et la noblesse des toits en mansarde et des tours d'une résidence cossue (en bas).

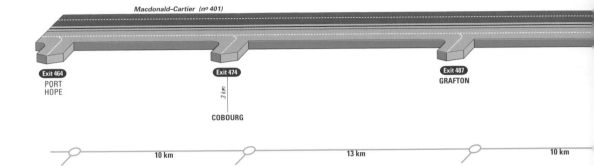

Macdonald–Cartier *(n° 401)*

Exit 464
PORT
HOPE

Exit 474

3 km

COBOURG

Exit 487
GRAFTON

10 km   13 km   10 km

**SUD-EST
DE L'ONTARIO**

Cobourg

Cette petite ville est fière de sa splendide promenade au bord de l'eau et de ses magnifiques résidences d'été, dont plusieurs ont été construites à la fin du siècle dernier par de riches vacanciers. Elle était alors un port lacustre important et sa prospérité lui permit d'ériger de remarquables bâtiments publics. L'un d'entre eux, Victoria Hall, s'orne d'une grande tour à horloge et d'un imposant portique soutenu par quatre colonnes corinthiennes. À l'intérieur se trouvent la salle du conseil, une salle de concert, un tribunal calqué sur celui d'Old Bailey à Londres (l'un des rares de ce type à subsister au Canada) et la galerie d'Art de Northumberland qui possède quelque 4 000 œuvres d'art dont des toiles de maîtres européens et des sculptures inuites.

On peut visiter aussi une maison plus modeste (1833) qui a vu naître l'actrice et vedette de cinéma Marie Dressler (1869-1934). On y trouve des vêtements, des photographies, des enregistrements et d'autres souvenirs dont un tableau en cire représentant une scène du film *Min and Bill* qui a valu un oscar à l'actrice en 1931.

Grafton

Au nombre des trésors patrimoniaux de la ville, la Maison Barnum est l'un des plus beaux exemples d'architecture néoclassique en Ontario. Construite en 1819 par le colonel Eliakim Barnum, un entrepreneur du Vermont, elle représente la résidence typique d'un gentilhomme

À Grafton, la Maison Barnum se compose d'un bâtiment central flanqué d'une aile de chaque côté. Des arches en ellipse relient les pilastres sur la façade de ce joyau d'architecture néoclassique.

prospère du XIXᵉ siècle. La Maison Grafton comporte quant à elle de ravissants détails comme la couleur des murs et les papiers peints, qui sont d'époque. On y expose aussi du mobilier et divers objets de pionniers ; la galerie d'interprétation porte sur la vie entre 1820 et 1890.

Colborne

Le principal attrait de cette ville nichée dans des vergers au bord du lac est la pomme la plus grosse du monde, Big Apple (10,5 m de haut sur 11,5 m de large). Elle abrite, sur quatre étages, un

The Big Apple

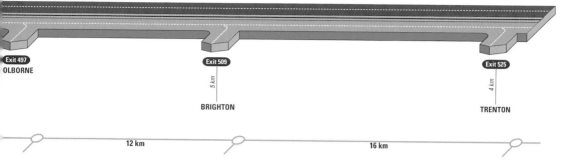

Exit 497
OLBORNE

Exit 509
5 km
BRIGHTON

Exit 525
4 km
TRENTON

12 km   16 km

Quelque 650 000 personnes et 4 000 autocars visitent chaque année la Grosse Pomme, le restaurant-pâtissier au centre d'un parc thématique situé à Colborne, près de la route 401. On trouve aussi sur place un mini-golf, un zoo miniature, un terrain de jeu et une boutique. À bord d'un «train de la pomme» prévu pour 1998, les visiteurs pourront s'initier à la pomiculture tout en admirant les pittoresques paysages des environs.

poste d'observation et des expositions audiovisuelles sur la pomiculture dans la région. Elle est également au centre d'une entreprise familiale de restauration et d'un parc thématique. On y sert jusqu'à 3 000 pointes de tartes aux pommes par jour, en plus de muffins, tartelettes, gâteaux et sandwichs. Dans le zoo miniature ou dans les sentiers de randonnée, il n'est pas rare de croiser des canards, des oies, des chèvres naines ou des lamas. Au musée Brian McFarlane, consacré au hockey, on voit des photographies prises sur le vif, des films et des vidéos. À tout cela s'ajoutent un golf miniature, une aire de jeux et une boutique ayant pour thème la pomme.

Brighton

Un sentier bien entretenu dans la zone de conservation de Proctor mène à un belvédère d'où la vue du lac Ontario est spectaculaire. Mais on vient ici surtout pour voir la Maison Proctor (1867), l'élégante résidence d'un riche armateur. La maison d'inspiration italienne, perchée sur une colline, a été restaurée par la ville et sert aujourd'hui aussi bien de musée que de cadre à divers événements comme des mariages. L'intérieur de la demeure reflète les années 1840 à 1880.

À environ 9 km au sud de Brighton, le parc provincial de la Presqu'Île occupe une péninsule de sable et de calcaire qui se projette dans le lac Ontario. C'est

un paradis pour les baigneurs avec sa vaste plage de sable, ses eaux chaudes peu profondes et ses paysages variés, dunes de sable, forêts et fermes abandonnées. Ses marécages (apparemment les plus importants de l'Ontario) offrent un refuge aux oiseaux de rivage et aux oiseaux aquatiques ; des colonies de goélands, de hérons, de sternes et de cormorans y font leur nid. Les ornithologues fréquentent le parc toute l'année pour y apercevoir quelques-unes des 310 espèces dénombrées ; ils sont particulièrement choyés pendant les migrations de printemps et d'automne.

Trenton

Haut lieu de villégiature, cette ville est aux portes de la baie de Quinte où la voile, la baignade et la pêche sont inégalées. La sortie 525 mène au centre-ville où la rivière Trent se jette dans la baie.

Trenton se trouve à l'extrémité est de la voie navigable Trent–Severn qui relie la baie de Quinte à Port Severn sur la baie Georgienne (voir pages 164-165). La sortie 526, de l'autre côté de la Trent, mène à Lock Two (l'écluse n° 2) d'où l'on peut observer les bateaux de plaisance.

À l'est de la Trent, le musée RCAF Memorial, installé sur l'une des plus importantes bases aériennes du Canada, est ouvert au public et l'admission y est gratuite. Il renferme une salle commémorative, une galerie d'art, des photographies et des souvenirs reliés aux forces aériennes ; dans le parc on peut admirer une grande collection d'avions anciens et modernes.

323

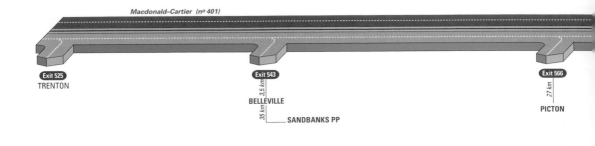

Macdonald–Cartier (nº 401)

Exit 525
TRENTON

Exit 543
3,5 km
BELLEVILLE
35 km
SANDBANKS PP

Exit 566
27 km
PICTON

18 km   23 km

**SUD-EST
DE L'ONTARIO**

Belleville

Sise à l'embouchure de la rivière Moira, sur la baie de Quinte, cette ville pittoresque était autrefois un centre forestier et de transport maritime. Aujourd'hui, Belleville dessert la région de Quinte. Elle est réputée pour son port, ses sentiers au bord de l'eau et l'excellence de sa pêche. La pêche blanche à l'achigan et au doré jaune y est parmi les meilleures en Amérique du Nord.

Les bâtiments historiques qui bordent ses rues ombragées témoignent de la prospérité de Belleville au XIXe siècle. L'imposante Maison Glanmore abrite le musée du comté de Hastings. Érigée en 1883 par un riche financier, la somptueuse résidence d'inspiration italienne arbore un toit en mansarde et des fenêtres décoratives ; son luxueux intérieur comprend un plafond orné de fresques et un majestueux escalier suspendu. Ses pièces sont meublées d'antiquités et ornées de toiles européennes encadrées de dorures. Le musée contient aussi l'une des plus importantes collections en Amérique de dispositifs d'éclairage remontant à 2 500 ans.

Parc provincial Sandbanks

En direction sud, la route 62 traverse le comté Prince Edward jusqu'à un parc qui porte fort bien son nom (bancs de sable). Le secteur du lac West comprend les dunes en eau douce les plus grandes au monde ; celles du lac East sont plus petites, mais plus stables. Il n'est donc pas étonnant de trouver dans le parc

les deux plus belles plages de l'Ontario. Jusque vers 1850, la végétation parvenait à retenir le sable qui formait des rides atteignant 12 à 25 m de hauteur en bordure du lac Ontario. Puis, les fermiers se mirent à y faire brouter le bétail et le sable se répandit dans les terres, recouvrant peu à peu la forêt, les fermes et les routes. Vers 1920, les fermiers comprirent qu'il fallait planter des arbres et bâtir des clôtures puis, dans les années 60, l'État entre-

Les visiteurs affluent dans le parc provincial Sandbanks, attirés par les vastes plages, les dunes dorées et les eaux scintillantes idéales pour la navigation de plaisance, le canotage, la voile, la planche à voile et la baignade.

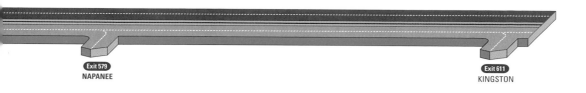

Exit 579
NAPANEE

Exit 611
KINGSTON

13 km

32 km

l'église St. Mary Magdalene (1825) convertie en musée, la Maison Macaulay (1830), imposante demeure de style georgien meublée où l'on a recréé l'ambiance de 1850, un petit cimetière et des jardins victoriens.

Sir John A. Macdonald, qui dirigea le premier gouvernement de la Confédération canadienne, plaida au palais de justice de Picton, un édifice classique en pierre bâti en 1834. Derrière, dans la prison, se dresse une potence en chêne massif de 1884.

À l'est de Picton, le petit lac On the Mountain, alimenté par des sources souterraines, est perché sur une falaise de calcaire de 60 m qui domine la baie de Quinte. Dans le parc attenant, une promenade est jalonnée de panonceaux qui expliquent l'histoire de ce lac curieux. Idéal pour la promenade et le pique-nique, le parc offre une vue panoramique de la baie de Quinte.

Napanee

Les Loyalistes qui s'établirent ici en 1786 tirèrent l'énergie des chutes de la rivière Napanee pour alimenter leurs moulins. On peut visiter la demeure georgienne de bois blanche qu'Allan Macpherson fit construire en 1826. Ce notable de Napanee recevait régulièrement Sir John A. Macdonald qui fit son dernier discours politique du haut du balcon de l'hôtel de ville de Napanee en 1891. Le palais de justice (1864) et la prison abritent maintenant le musée du comté de Lennox et Addington où des cartes, des dioramas et une foule d'objets divers servent à raconter l'histoire locale.

prit de reboiser. Entre-temps la région était devenue une zone récréative importante pourvue d'hôtels, de villas et de parcs. Le personnel ici présente des séances de diapositives et de films, anime des soirées autour d'un feu de camp et guide les visiteurs dans leurs promenades. Dans le secteur du lac East, le sentier autoguidé Cedar Sands, qui serpente parmi les cèdres et les genévriers, mène à une plate-forme dominant la rivière Outlet.

Picton

La route 49 mène au centre récréatif, commercial et administratif du comté de Prince Edward, aussi appelé l'île de Quinte, en réalité une presqu'île. Au siècle dernier, Picton était un port lacustre achalandé et ses demeures victoriennes de pierre et de brique ainsi que ses édifices commerciaux de la Belle Époque rappellent sa prospérité. Le parc historique Macaulay renferme

Des fleurs sauvages sur l'autoroute

ROUTE 401 / DE BELLEVILLE À TRENTON

ORLAND FRENCH *enseigne le journalisme au Loyalist College de Belleville, en Ontario. Il collabore régulièrement à des revues comme* Country Life *et signe une chronique hebdomadaire dans un journal de la chaîne Southam, l'*Ottawa Citizen.

EN ROULANT À 100 KM/H sur l'autoroute Quinte Wildflower entre Trent et Belleville, vous n'aurez pas le loisir de cueillir des fleurs ni même de humer leur parfum.

Dommage pour vous ! car aux abords de la route 401, sur un tronçon de 18 km, on a entrepris d'étendre un parterre de fleurs sauvages. Les semis terminés, plus de 20 ha de terres seront devenus des champs de fleurs sauvages.

L'initiative du programme de plantation, financé par des capitaux du secteur privé, répond aux craintes exprimées par l'auteure et botaniste Catharine Parr Traill lorsqu'elle écrivait, en 1868, que la richesse de la flore du Canada était « [...] destinée à disparaître avec les progrès de la civilisation qui détruit les forêts primitives, efface les marécages et les tourbières et transforme les terres vierges en champs cultivés. »

La construction, en pleine forêt primitive, d'une autoroute à quatre voies donna raison à Catharine Parr Traill et c'est alors que William Schyven réagit. Vers 1995, en se rendant chaque semaine à Toronto pour son travail, il lui apparut que l'autoroute pouvait être autrement qu'ennuyeuse. Il se présenta à l'improviste au bureau régional du ministère des Transports et déclara sans ambages qu'il voulait semer des fleurs sauvages le long de la route 401. Le personnel du ministère, déjà au fait de projets similaires ailleurs au Canada et aux États-Unis, approuva sa suggestion. Mais, comme on était en pleine période de coupures budgétaires, il faudrait, pour ce projet, faire appel à des capitaux privés.

Le projet de Schyven était ambitieux. D'aucuns émirent l'idée que, si on voulait compter sur les contributions privées, il faudrait donner quelque chose en retour. Eh bien ! pensa Schyven, pourquoi ne pas rendre à César ce qui est à César et remercier les donateurs par des panonceaux le long de la route ? Une société de produits chimiques fit don des herbicides (les fleurs sauvages ne poussent pas s'il y a trop de mauvaises herbes), un fournisseur d'équipement agricole prêta un tracteur et d'autres sociétés contribuèrent financièrement, ravies que leur nom soit affiché le long de la route. Un fermier prêta un motoculteur et des enfants des alentours furent chargés de désherber. Le gouvernement de l'Ontario approuva le projet et fournit l'assistance d'un spécialiste.

Le programme de plantation de fleurs sauvages s'inscrit dans les traces d'un mouvement amorcé dans les années 60 quand Ladybird Johnson, épouse du président des États-Unis, préconisa l'adoption de lois visant à embellir les routes. L'objectif des premiers programmes, intitulés «adoptez une autoroute», était de débarrasser l'abord des routes de tous les détritus.

> *" [...] plus de 20 ha de terres seront devenus des champs de fleurs sauvages. "*

Au Canada, on consacrait d'importantes sommes d'argent à faucher les herbes qui poussaient entre l'accotement en gravier et la clôture d'emprise des routes. Les herbicides détruisaient autant le grain que l'ivraie, de sorte que les abords des routes étaient aussi verts mais ternes qu'une pelouse bien entretenue. Mais le coût élevé de l'entretien des routes força les gouvernements à délaisser leurs faucheuses. Depuis les années 80, plusieurs provinces font appel à ce chapitre à l'initiative des bénévoles et des commanditaires privés.

L'autoroute Quinte Wildflower traverse une région loyaliste jalonnée d'agglomérations vieilles de 200 ans et fières de leur patrimoine. On dit que les Loyalistes qui, pour rester fidèles à l'Angleterre, passèrent au Canada après la guerre de l'Indépendance, emportèrent avec eux des semences. C'est pourquoi les botanistes hésitent aujourd'hui à qualifier d'indigènes toutes les fleurs sauvages qui poussent ici.

Par exemple, l'une des espèces plantées le long de l'autoroute Quinte Wildflower est l'aster de la Nouvelle-Angleterre, un éponyme qui suggère que la fleur n'est pas indigène. On voit aussi beaucoup de lupins vivaces, plante qui pousse en abondance dans certaines régions de Terre-Neuve. Parmi les autres espèces, indigènes ou pas, on distingue le lin bleu, l'achillée millefeuille, la verge d'or des bois, la rudbeckie hérissée, l'étoile du matin et la dame-d'onze-heures. Vous ne verrez peut-être pas beaucoup de couleurs au printemps, car, en Ontario, la floraison a surtout lieu en juin ou plus tard.

Il faut prendre garde aux plantes qui pourraient à la longue devenir envahissantes. Ainsi, plante-t-on la dame-d'onze-heures et le lin bleu uniquement dans des platebandes isolées par les voies asphaltées.

Certaines espèces, malgré leur beauté, sont délibérément écartées. C'est le cas de la carotte sauvage : malgré sa délicate ombelle de fleurs blanches, les fermiers la considèrent nuisible. Et la marguerite des champs cause des ravages dans les plantations de fraises. On évite ce type de plantes pour ne pas contaminer le voisinage.

Les promoteurs du projet sont conscients de leurs limites. Il n'est pas réaliste, par exemple, de vouloir arroser de grandes surfaces en période de sécheresse. Les fleurs sauvages ne poussent pas non plus toujours là où on voudrait et parfois même disparaissent tout à fait malgré des débuts prometteurs. Néanmoins, si on ne peut pas maîtriser la nature, rien n'empêche de vouloir lui donner un coup de pouce.

Orland French

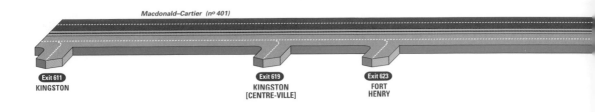

Macdonald–Cartier (n° 401)

Exit 611
KINGSTON

Exit 619
KINGSTON
[CENTRE-VILLE]

Exit 623
FORT
HENRY

8 km   4 km

**SUD-EST DE
L'ONTARIO**

Kingston

Depuis 1673, Kingston a été tour à tour un village indien, un fort français, une citadelle anglaise et même la capitale du Canada de 1841 à 1843. La sortie 619 de la route 401 mène directement au centre-ville. L'hôtel de ville est au cœur de cette vibrante cité qui se situe au confluent du lac Ontario, du canal Rideau et de la portion du Saint-Laurent qu'on appelle les Mille Îles. Cet édifice de pierre d'inspiration toscane devait abriter le parlement fédéral, mais la capitale se transporta à Montréal avant que les travaux ne soient terminés. Des visites de la ville (1 heure), de ses bâtiments historiques, de ses musées et de ses galeries d'art partent du parc en face de l'hôtel de ville.

Au bord de l'eau, le Musée maritime des Grands-Lacs présente des expositions sur la construction navale, les épaves et l'histoire naturelle des lacs. On y voit les maquettes ou les diagrammes des navires marchands, des vaisseaux militaires et des bateaux de plaisance qui ont sillonné ces grandes mers intérieures. Le musée Pump House Steam, installé dans une usine d'épuration de 1849, renferme la plus grande collection de moteurs à vapeur du monde. Dans le parc Macdonald, une tour Martello, vestige des défenses côtières des années 1840, abrite maintenant le musée Murney Tower.

La Maison Bellevue (1840), d'inspiration italienne, fut la résidence de Sir John A. Macdonald, qui dirigea le premier gouvernement sous la Confédération. Classée monument historique, elle a été restaurée et remeublée pour illustrer la jeunesse de Macdonald ainsi que sa carrière d'avocat et de politicien.

Le Musée maritime des Grands-Lacs raconte la fière histoire de la navigation sur les mers intérieures. On peut visiter le brise-glace Alexander Henry *dont les cabines des officiers sont entretenues de façon impeccable car il sert aussi de gîte touristique.*

Exit 648
GANANOQUE

27 km

Au fort Henry, à Kingston, le son du fifre rappelle l'époque de l'occupation de ce bastion, après la guerre de 1812, par les garnisons anglaises.

Le centre d'art Agnes Etherington de l'Université Queen présente des expositions thématiques des 10 000 œuvres qu'il possède. Le musée du Pénitencier de Kingston raconte les 150 ans d'histoire de la prison. Le Temple de la renommée du hockey expose des photographies de centaines de joueurs, d'entraîneurs et d'arbitres de ligues amateurs et professionnelles partout en Amérique du Nord.

La sortie 623 de la route 401 conduit au poste d'éclusage Kingston Mills, un fortin militaire qui avait pour mission de protéger l'entrée sud du canal Rideau. Des expositions expliquent l'histoire du canal qui relie Kingston à Ottawa (voir aussi page 135).

Fort Henry, Kingston

Ce fort, jadis l'établissement militaire le plus important au Canada, a été érigé vers 1830 pour protéger le canal Rideau et la base navale dont les bateaux devaient assurer la protection des villages au bord du lac Ontario. Derrière ses impressionnants murs de pierre, cellules, cuisines, casernes et quartiers des officiers ont été entièrement regarnis pour illustrer la vie de garnison vers 1860. Il abrite la plus belle collection au Canada

d'objets militaires, y compris des armes et des uniformes. Tous les jours, l'été, la garde du fort Henry, composée d'étudiants bien entraînés, exécute des manœuvres sur le terrain. Non loin, le fort Frederick Tower (1846) abrite le musée du Collège royal militaire qui renferme l'une des plus belles collections d'armes de petit calibre sur le continent. Le musée raconte aussi l'histoire du collège depuis sa fondation en 1876.

Gananoque

C'est de cette station de villégiature, « la porte des Mille Îles », que partent les excursions en bateau à triple pontage (de 1 h 30 à 3 heures) à travers les îles. À l'exception du dernier voyage de la journée, la croisière de 3 heures fait halte au château Boldt, dans l'île Heart (État de New York). Avec six étages et 120 pièces, il fut érigé par l'hôtelier américain George C. Boldt pour son épouse, mais abandonné à la mort de celle-ci en 1904. Il fait présentement l'objet d'une restauration soignée.

Gananoque (prononcez comme en latin) fut fondé vers 1780 par les Loyalistes. L'hôtel de ville (1831), de style néoclassique, fut d'abord la résidence de la belle-famille de John Macdonald, laquelle est liée au développement de la ville. L'ancien hôtel Victoria (1863), converti en musée historique, expose des meubles du siècle dernier, des poupées anciennes, des appeaux de canards, des uniformes militaires ainsi que des documents et des contrats des années 1800.

CHARLESTON
LAKE PP

15 km

Exit 659

Macdonald–Cartier (n° 401)

Exit 648
GANANOQUE

Exit 661
PONT
INTERNATIONAL
DES MILLE-ÎLES

Exit 675
P.N. DES ÎLES-DU-
SAINT-LAURENT

12 km   3 km   14 km   21 km

**SUD-EST DE
L'ONTARIO**

Parc provincial Charleston Lake

Constellé d'îles, le lac Charleston est réputé pour la pêche à l'achigan et au touladi. Le parc, avec ses affleurements rocheux, ses douces collines et ses plages sablonneuses, abrite une faune fascinante : cerfs, renards, ratons laveurs, porcs-épics et écureuils volants dans les boisés, castors, rats musqués, tortues et grenouilles dans les marécages. Un vaste réseau de sentiers comprend le sentier Quiddity, qui traverse boisés et marécages jusqu'à une tour d'observation dominant le lac Charleston, et le sentier Sandstone Island menant à un campement préhistorique indien. Le parc offre des programmes destinés aux enfants, des randonnées guidées, des feux de camp et, en août, une soirée d'observation des étoiles.

Pont international des Mille-Îles

La route 137 mène à ce pont reliant l'Ontario à l'État de New York, qui fut inauguré en 1938 par le Premier ministre Mackenzie King et le président Franklin Roosevelt. Au milieu du pont, on accède à l'île Hill, en territoire canadien, où se trouve le Skydeck, un belvédère de 120 m à trois niveaux d'où la vue s'étend à 65 km par beau temps.

Rockport

Ce village, situé le long de la promenade des Mille-Îles (à 4 km à l'est du pont international sur la route 137), est le point de départ des croisières vers le chapelet d'îles privées occupées par de somptueuses résidences d'été. Celles-ci recèlent le plus petit pont international du monde, une jetée de 10 m qui relie une résidence située dans une île canadienne à un îlot américain arborant le drapeau canadien.

Parc national des Îles-du-Saint-Laurent

Mallorytown Landing, au sud de la sortie 675, sert de centre administratif et de porte d'entrée au plus petit parc national du Canada. Ce paradis des plaisanciers comprend 21 îles ou parties d'îles. La plupart sont boisées et dotées de quais, de sentiers de randonnée et de terrains de camping sauvage.

S'élevant à 45 m au-dessus du Saint-Laurent, le Pont international des Mille-Îles, qui relie l'Ontario et l'État de New York, offre une vue spectaculaire du fleuve parsemé d'îles et des somptueuses résidences d'été qui les occupent.

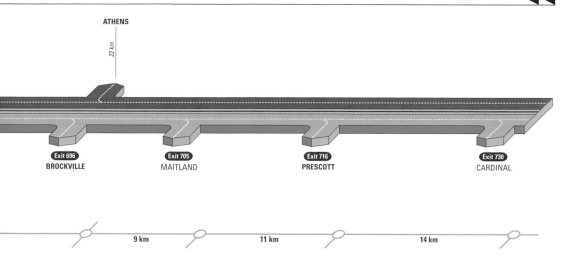

ATHENS

22 km

| Exit 696 | Exit 705 | Exit 716 | Exit 730 |
| BROCKVILLE | MAITLAND | PRESCOTT | CARDINAL |

9 km   11 km   14 km

Les îles du Saint-Laurent recèlent une faune et une flore qu'on rencontre plus au sud, comme le chêne noir, la pomme de mai, le coprin chevelu, l'airelle à longues étamines (qu'on ne trouve nulle part ailleurs au Canada) et, autre curiosité, le chétif pin rigide qui est l'emblème du parc. On remarque aussi des espèces animales propres à la région comme l'inoffensif serpent ratier noir qui grimpe aux arbres.

À Mallorytown Landing, il y a une plage surveillée, un terrain de jeu, un camping, des sentiers de la nature, des terrains de piquenique et des services pour les bateaux. Des expositions sont consacrées à l'histoire naturelle et au peuplement des Mille Îles.

Brockville

L'un des premiers établissements loyalistes du Haut-Canada porte le nom d'un héros de la guerre de 1812, le général Isaac Brock. Le musée de Brockville, un bâtiment de pierre grise (1840) dominant le Saint-Laurent, raconte l'histoire des premiers habitants qui arrivèrent ici en 1784. Parmi les objets exposés, on remarque un skifeur du Saint-Laurent. La rue King est bordée de bâtiments et de résidences de l'époque victorienne. L'une d'entre elles, Fulford Place, est ouverte au public. Avec ses 35 pièces, elle fut bâtie au début du XXe siècle par George Fulford qui avait fait fortune dans le domaine pharmaceutique. Une rue pavée relie les rues King et Courthouse Green où se trouve le palais de justice (1842), l'un des plus vieux édifices publics de l'Ontario.

Athens

Fondé vers 1780 par les Loyalistes, ce village est fier de son patrimoine architectural. Fruits d'un projet en cours depuis 10 ans, 12 murales géantes, signées par des artistes professionnels, racontent sur les murs et les façades l'histoire de la ville.

Prescott

Le principal point d'intérêt ici est le lieu historique national de Fort Wellington. D'abord construit par les Britanniques au cours de la guerre de 1812, le fort fut reconstruit pendant la rébellion de 1838-1839. Des remparts de terre (1813) entourent trois bâtiments tardifs, dont le quartier des officiers et un fortin de pierre. Le mobilier et les exercices militaires exécutés par des guides en costume d'époque reportent les visiteurs aux années 1840. Le fort Wellington accueille le plus grand spectacle militaire annuel du Canada au cours des fêtes loyalistes qui ont lieu en juillet.

Il ne fallait pas prendre à la légère les résidents d'Athens, en Ontario, lorsqu'ils ont décidé de peindre leur ville. Depuis 1985, des artistes professionnels sont à l'œuvre afin d'embellir les édifices publics et commerciaux. À ce jour, on peut admirer 12 gigantesques murales extérieures qui dépeignent la vie rurale au siècle dernier et qui attirent de nombreux visiteurs.

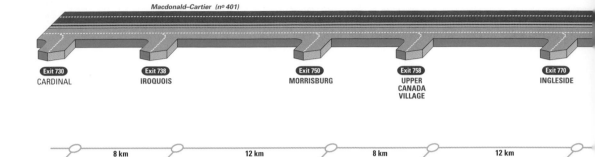

Macdonald–Cartier (n° 401)

Exit 730	Exit 738	Exit 750	Exit 758	Exit 770
CARDINAL	IROQUOIS	MORRISBURG	UPPER CANADA VILLAGE	INGLESIDE

8 km   12 km   8 km   12 km

SUD-EST DE L'ONTARIO

Iroquois

Lors de la construction de la voie maritime du Saint-Laurent en 1958, sept villages des environs furent inondés. Six furent abandonnés ou déplacés en partie ; Iroquois fut déplacé complètement, à 1 km au nord de son emplacement original. L'un des trois bâtiments à échapper à l'inondation, la Maison Carman (1820), a été aménagé en musée-boutique. Sa cuisine est d'époque avec son four triangulaire, son âtre et l'évier de pierre installé dans un appui de fenêtre.

Du belvédère de l'écluse, on voit les bateaux navigant vers l'océan passer dans la seule écluse en eau profonde du côté canadien de la voie Maritime.

Morrisburg

Un tiers seulement de Morrisburg fut déplacé. Le parc en bordure du fleuve occupe une partie du centre-ville aujourd'hui disparu. Un tour de la ville mène à des maisons et à des églises épargnées par l'inondation et toujours sur leur emplacement original.

Upper Canada Village

Ce joyau représentant l'Ontario rural du milieu du XIXᵉ siècle comprend une quarantaine de bâtiments d'époque : maisons, églises et magasins. Certains proviennent des villages inondés lors de la construction de la voie Maritime, d'autres ont été reconstruits. On a soigneusement reproduit la décoration intérieure des bâtiments. Il y a deux fermes, une fromagerie, un magasin général (1860), une taverne (1835), une école, une forge, des moulins à bois et à farine ainsi qu'une filature de laine. Des guides en costume font la démonstration de métiers traditionnels. La salle Crysler présente des films et des expositions sur l'histoire du village, alors que le centre des enfants donne un aperçu des métiers et des jeux au temps des pionniers.

On peut visiter Upper Canada Village en chariot bâché, en péniche ou à bord d'un train à bois miniature, qui passe devant le monument du parc Battlefield, dédié aux troupes canadiennes et britanniques qui infligèrent la défaite aux forces américaines pendant la guerre de 1812.

À l'est, le Refuge d'oiseaux migrateurs accueille plus de 200 espèces d'oiseaux. On y trouve un réseau de sentiers (8 km) à travers marais et boisés, un centre d'interprétation et une tour d'observation près d'un poste d'alimentation de la sauvagine.

Upper Canada Village fait revivre le passé de l'Ontario et le mode de vie des pionniers avec ses chariots tirés par des chevaux ou des bœufs et ses bâtiments restaurés, maisons, tavernes, moulins et magasins, tous animés par des guides vêtus à la manière de leurs ancêtres loyalistes.

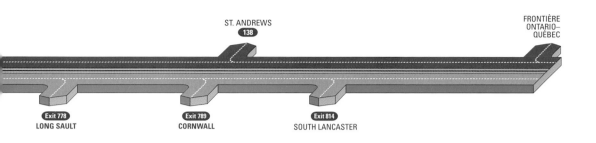

ST. ANDREWS
138

FRONTIÈRE
ONTARIO–
QUÉBEC

Exit 778
LONG SAULT

Exit 789
CORNWALL

Exit 814
SOUTH LANCASTER

8 km   11 km   10 km   14 km

Ingleside

Fondée pour héberger les habitants des localités inondées par l'aménagement de la voie maritime du Saint-Laurent, Ingleside marque l'entrée ouest de la route panoramique de Long Sault, 11 km de ponts et de jetées reliant 11 îles qui étaient des collines avant l'inondation.

Long Sault

Le musée Lost Villages, dans une maison de bois rond (1840), près du parc Ault, rappelle les fermes et les villages sacrifiés à la voie Maritime. Des maquettes de magasins, d'églises, d'écoles et de gares reproduisent l'aspect de la région avant l'aménagement de la voie. On y explique les conséquences des déplacements de la population.

Cornwall

À la fin du siècle dernier, les moulins à papier et les usines textiles de ce bastion loyaliste attirèrent des Canadiens français : leurs descendants forment aujourd'hui la moitié de la population. Le musée des Comtés Unis, ancienne maison de ferme en pierre bâtie en 1840 par le Loyaliste William Wood, raconte l'histoire de la région. Le musée Inverarden Regency Cottage est un bel exemple d'architecture de style Regency des années 1800. Bâtie en 1816 par John Macdonald en vue de sa retraite, la maison contient un grand nombre d'antiquités.

La route 138 nord mène à St. Andrews West, où se trouve le plus ancien bâtiment de pierre de l'Ontario, une église de 1801 bâtie par des pionniers écossais de langue gaélique et qui sert aujourd'hui de salle paroissiale ; l'église St. Andrew (1860), de style gothique, pourvue d'une tour à cloche et d'une imposante flèche ; l'auberge Quinn (1865), ancienne halte de diligences convertie en restaurant et en pub.

La route 138 sud mène quant à elle à l'île Cornwall et au Pont international qui conduit à l'État de New York. Dans l'île, le collège Native North American Travelling héberge des danseurs, des chanteurs et des conférenciers qui perpétuent leur patrimoine amérindien en présentant des spectacles dans les écoles et dans les universités. Le musée du village indien montre le mode de vie, les maisons et les types de gouvernement de diverses nations – Cris, Ojibways, Iroquois.

333

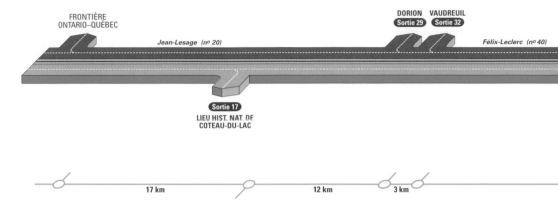

FRONTIÈRE
ONTARIO–QUÉBEC

DORION   VAUDREUIL
Sortie 29   Sortie 32

Jean-Lesage (n° 20)

Félix-Leclerc (n° 40)

Sortie 17
LIEU HIST. NAT. DE
COTEAU-DU-LAC

17 km   12 km   3 km

MONTRÉAL ET
SES ENVIRONS

Autoroutes 20 et 40

En quittant l'Ontario, l'auto-route 401 devient l'autoroute 20 au Québec, et elle conduit à Vaudreuil-Dorion. Là, un tron-çon de 3 km de la route 540 mène à l'autoroute 40 (autorou-te Félix-Leclerc) qui traverse l'île de Montréal et continue sur la rive nord du Saint-Laurent jusqu'au pied de la chute Mont-morency, à l'est de Québec.

Lieu historique national de Coteau-du-Lac

On y voit les vestiges du canal construit en 1750 par les Français pour contourner les rapides du Saint-Laurent et la structure qui l'a remplacé, soit le premier canal à écluses en Amérique du Nord, construit par les Britanniques 30 ans plus tard. Le canal de 300 m de long, aujourd'hui à sec, faisait monter les bateaux de 2,7 m. Jusque dans les années 1850, il permettait la navigation militaire et commerciale entre Montréal et Kingston. Il subsiste des ruines des fortifications construites par les Britanniques entre 1781 et 1814 – remparts de terre, canon, tranchées – d'où les Anglais sur-veillaient le fleuve, et un block-haus octogonal reconstruit qui contient maintenant des souve-nirs militaires. Au centre d'ac-cueil, il y a une maquette des for-tifications et une exposition sur la navigation sur le Saint-Laurent.

La municipalité doit son nom au coteau sur lequel les habitants édifièrent leur première église, devenue un centre d'information.

Vaudreuil-Dorion

Pour des détails au sujet de cette ville, voir les pages 170-171.

Montréal

L'autoroute 40 prend le nom de Métropolitaine lorsqu'elle traver-se les quartiers nord de la ville. À l'intersection de l'autoroute 15, la voie rapide Décarie sud mène au centre-ville (voir le tour guidé aux pages 172-173). Plus à l'ouest sur la 40, le boulevard Pie-IX con-duit, au sud, au Jardin botanique et au Parc olympique.

Jardin botanique, Montréal

Ce jardin, créé en 1931 par le frère Marie-Victorin (1885-1944), un célèbre botaniste, est l'un des plus grands et des plus beaux du

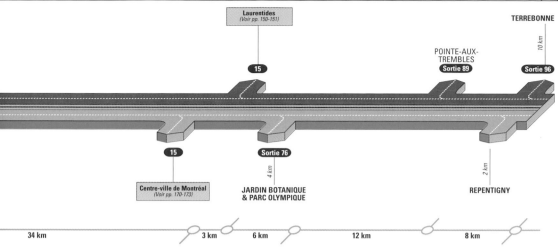

Au Jardin botanique de Montréal, le stade olympique sert d'arrière-plan au ravissant jardin Meng Hu Yuan (le Jardin du Lac de rêve), qui est le plus grand jardin chinois hors de la Chine. Les pavillons ont été dessinés en Chine par des artisans qui se sont ensuite rendus à Montréal pour y superviser leur assemblage.

d'hui le siège des Expos de Montréal et accueille jusqu'à 80 000 spectateurs lors d'événements spéciaux. Un téléphérique mène les visiteurs à l'observatoire situé au sommet du mât de 197 m, la plus haute tour inclinée au monde. La vue y est superbe.

Le Biodôme occupe l'ancien Vélodrome. Il reproduit divers écosystèmes – tropical, polaire, maritime et laurentien – dans lesquels vivent 5 000 plantes et 4 000 petits animaux.

Terrebonne

L'île des Moulins, dans la vieille ville, possède quatre bâtiments du XIXe siècle : une boulangerie (1803), une scierie (1804), un moulin à farine (1846) et un bureau seigneurial (1850). Le centre d'interprétation présente des souvenirs de la famille Masson qui dirigea les moulins de 1832 à 1883. Cette île de la rivière des Mille-Îles est idéale pour les pique-niques ou les promenades le long des rapides.

Repentigny

Cette ville située au confluent du Saint-Laurent et de la rivière L'Assomption porte le nom d'une seigneurie établie ici en 1647. On a restauré l'église de la Purification (1723) qui compte parmi ses trésors un maître-autel Louis XV dessiné par Louis-Philippe Liébert en 1761. La façade et les deux tours de l'église sont de 1850.

Les lignes audacieuses de l'église Notre-Dame-des-Champs (1963) sont dues à l'architecte Roger D'Astous.

monde. Il abrite 21 000 espèces et variétés de plantes, 30 jardins extérieurs, 10 serres d'exposition ainsi que de remarquables jardins chinois et japonais. Un bâtiment en forme d'insecte loge l'Insectarium et ses 250 000 spécimens de partout dans le monde.

Parc olympique

La pièce maîtresse de ce parc où eurent lieu les Jeux olympiques de 1976 est le stade, une œuvre d'avant-garde de l'architecte français Roger Taillibert. Construit à grands frais et objet de controverses, le stade est aujour-

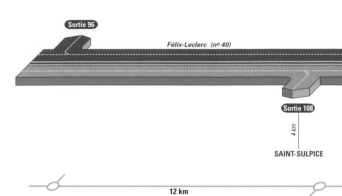

Sortie 96

Félix-Leclerc (no 40)

Sortie 108

4 km

SAINT-SULPICE

12 km   14 km

**RIVE NORD DU
SAINT-LAURENT**

*En juillet et en août, le Festival
international de Lanaudière attire à
Joliette des amateurs de musique
classique et populaire en provenance de partout au Québec. Si
certains récitals ont lieu dans les
églises et les écoles, d'autres se
donnent en plein air dans ce vaste
amphithéâtre de 2 000 places.*

Saint-Sulpice

L'église Saint-Sulpice (1832), en
pierre des champs, est la troisième à occuper l'emplacement.
Elle doit son style néo-gothique à
Victor Bourgeau qui, en 1873, l'a
redécorée. Elle possède toujours
le tabernacle et le maître-autel
sculptés pour la deuxième église
par François-Noël Levasseur en
1750. Parmi ses autres attraits,
des fonts baptismaux façonnés
dans un tronc d'arbre et une
chapelle de bois de 1830.

Joliette

Barthélemy Joliette colonisa la
région et, en 1823, fonda la ville
qu'il nomma alors L'Industrie, en
raison du progrès et de la prospérité qu'elle représentait. Après sa
mort, les habitants lui rendirent
hommage en rebaptisant leur ville
de son nom. De nos jours, le prestigieux Festival international de
Lanaudière attire, en juillet et en
août, orchestres symphoniques,
chanteurs d'opéra et chorales du
monde entier. Les principaux
événements ont lieu dans un
amphithéâtre en plein air de
2 000 places, et les talus herbeux
qui l'entourent peuvent accueillir
8 000 autres spectateurs. Des

récitals se donnent aussi dans les
églises et les écoles de la région.

Le musée d'Art de Joliette est
renommé pour ses quelque 5 000
œuvres, dont une impressionnante collection d'art religieux
médiéval, de grandes œuvres
canadiennes – toiles de Jean-Paul
Riopelle et d'Emily Carr, œuvres
du sculpteur anglais Henry
Moore –, des objets d'art en or
et un millier de livres rares.

Lanoraie

Les maisons Hétu et Hervieux
sont de beaux exemples de bâtiments de pierre québécois du
début du siècle dernier. La ville
porte le nom de Monsieur de la
Noraye, officier de l'armée française qui possédait une seigneurie
ici au début du XVIIIe siècle.

Berthierville

Cette pittoresque ville en bordure du Saint-Laurent a vu naître le
légendaire Gilles Villeneuve. Le
musée qui porte son nom expose
des souvenirs personnels, des
trophées et des voitures de course qui racontent la carrière du
coureur de Formule 1 qui perdit
la vie à l'âge de 32 ans lors des
essais de qualification du Grand

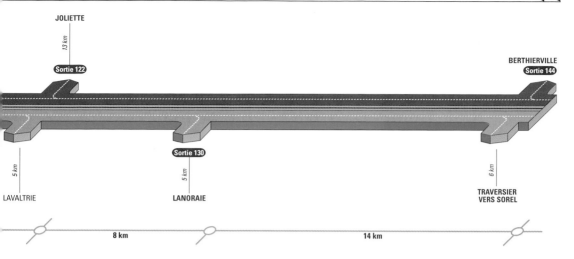

Prix de Belgique, en 1982. On y voit des films, des photos et un simulateur de pilotage d'une Ferrari de Formule 1. Son fils Jacques est devenu champion du monde de Formule 1 en 1997.

La chapelle Cuthbert, bâtie en 1786 par l'aide-de-camp de Wolfe, James Cuthbert, en mémoire de son épouse, est la plus ancienne église protestante du Québec. Elle sert maintenant de centre culturel. En été, on peut en faire un tour guidé, y voir des expositions ou y assister à des spectacles.

Sorel

Située sur la rive droite du Saint-Laurent, à l'embouchure de la rivière Richelieu, Sorel est un port ouvert toute l'année, une ville industrielle, un chantier naval et le pivot commercial de la vallée du Riche-lieu. Pour vous y rendre, prenez la route 158 (qui traverse les îles de Sorel) jusqu'au traversier sur le Saint-Laurent. Sur la rive droite du Richelieu, un monument de pierre marque l'emplacement du fort Richelieu construit par les Français en 1642. Mais il ne subsiste aucun vestige du premier fort ni du suivant, le fort Saurel. À compter de 1672, la ville s'appela d'abord Saurel, du nom de l'officier français Pierre de Saurel ; elle fut renommée William Henry en 1792 pour retrouver son nom d'origine en 1860, mais avec une orthographe modifiée. Vers 1780, le gouverneur britannique du Québec, Sir Frederick Haldimand, dressa le plan de la ville (inchangé depuis) en damier. Haldimand fit aussi construire la maison des Gouverneurs, maison de stuc blanc qui a longtemps servi de résidence d'été aux gouverneurs généraux du Canada et qui est aujourd'hui un centre de conférences et d'exposition. En 1781, les occupants de la maison, le baron von Riedesel et sa famille, décorèrent leur arbre de Noël de lumières. Ce fut le premier arbre de Noël illuminé en Amérique du Nord.

Le dessin du carré Royal, le magnifique parc du centre-ville créé en 1791, est à l'image de l'Union Jack. Le parc Regard-sur-le-fleuve offre une vue imprenable sur le Saint-Laurent.

À Lanoraie, la Maison Hervieux, qu'on a restaurée, est un bel exemple des imposantes constructions de pierre typiques du Québec d'autrefois, pourvues de combles sur pignons, de lucarnes et de fenêtres à battants.

BERTHIERVILLE
Sortie 144

SAINT-BARTHÉLEMY
Sortie 155

Félix-Leclerc (n° 40)

11 km

25 km

**RIVE NORD DU
SAINT-LAURENT**

*En 1908, un incendie ravagea
presque entièrement Trois-Rivières,
mais on peut encore voir quelques
bâtiments qui ont échappé au
désastre, comme la maison des Vins
et le monastère des Ursulines (ci-
dessous) qui se côtoient.*

Shawinigan

Juste avant Trois-Rivières,
l'autoroute 40 rejoint sur 3 km
l'autoroute 55, aussi appelée
Transquébécoise. Les voyageurs
qui désirent visiter Shawinigan
emprunteront l'autoroute 55
vers le nord. Si elle est de nos
jours surtout connue comme la
ville natale du Premier ministre
Jean Chrétien, Shawinigan
devait autefois sa renommée à la
production d'énergie hydroélectrique. En 1899, la société
Shawinigan Water & Power
harnacha les eaux de la chute
Shawinigan sur le Saint-Maurice,
ce qui lui permit de desservir une
vaste région comprenant Montréal. L'énergie à bon prix attira
notamment des alumineries et
des industries chimiques qui assurèrent la prospérité de la ville.

Au Centre d'interprétation de
l'industrie, expositions et dioramas expliquent la réussite industrielle et technologique qui fut

celle de Shawinigan et du Québec. D'une tour d'observation de
100 m de hauteur, on admirera la
spectaculaire chute Shawinigan.
On peut visiter l'aluminerie locale, la centrale n° 2 – de style
Renaissance italienne et qui
remonte à 1911 – ainsi que son
annexe de style art déco (1932).

À environ 30 km au nord de
Shawinigan, le parc national de la
Mauricie préserve une étendue
sauvage des Laurentides. On y
accède en prenant, en direction
nord, la route 351 jusqu'à la
route de 60 km qui parcourt les
deux secteurs sud du parc.

Trois-Rivières

La ville doit son nom aux trois
bras que forme le Saint-Maurice
avant de se jeter dans le Saint-
Laurent. La ville, qui était un
poste de traite des fourrures en
1634, est maintenant un centre
industriel et la capitale de l'industrie des pâtes et papiers du Québec. Le Parc portuaire explique,
par le biais de photographies, de
vidéos et de maquettes, les différents aspects de cette industrie,
de la coupe du bois aux techniques de recyclage. De mai à septembre, le parc est le point de
départ de croisières sur le Saint-
Maurice et le Saint-Laurent.

Dans le vieux quartier de la
ville, la rue des Ursulines porte le
nom de la première congrégation
de religieuses cloîtrées à s'établir
ici en 1697 pour y fonder un
hôpital et une école pour filles.
Cette rue, la seule à avoir été
épargnée du terrible incendie de
1908, est bordée de bâtiments de
l'époque de la Nouvelle-France.
Le musée du monastère des

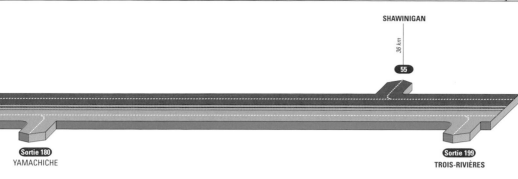

SHAWINIGAN

36 km

55

Sortie 180
YAMACHICHE

Sortie 199
TROIS-RIVIÈRES

18 km   6 km

Ursulines expose de l'argenterie, des livres, des toiles, des ornements religieux et des ouvrages à l'aiguille. À côté, la Maison Hertel-de-la-Fresnière est un joyau d'architecture des années 1820. En face, l'église anglicane St. James occupe un couvent de 1742, seul couvent des Récollets à subsister au Québec. Un bâtiment du XVIIIe siècle, le Manoir de Tonnancour (reconstruit en 1974) abrite une galerie d'art.

Au Manoir Boucher-de-Niverville (1668) – 168, rue Bonaventure –, qui a lui aussi échappé à l'incendie de 1908, on verra des meubles d'époque et des dioramas sur l'histoire locale. Dans l'imposant séminaire Saint-Joseph (1929), le musée Pierre-Boucher – 858, rue Laviolette – illustre les liens de Trois-Rivières avec les marchands de fourrures et les missionnaires. Le Musée militaire du 12e régiment blindé – 574, rue Saint-François-Xavier – expose une collection d'armes, de médailles et d'uniformes militaires des XIXe et XXe siècles.

Le musée des Arts et Traditions populaires du Québec – 200, rue Laviolette – est consacré à 8 000 ans d'art et d'artisanat – tissus, outils, jouets, meubles et divers objets datant de la préhistoire jusqu'à un passé récent. En face, on a restauré une prison de 20 cellules (1822), témoin de la vie carcérale.

Les Forges-du-Saint-Maurice, Trois-Rivières

Du centre-ville de Trois-Rivières, la rue des Forges mène, 13 km au nord, à ce lieu historique national où se trouvent les vestiges de la première fonderie du Canada.

Lors de sa fondation en 1730, elle produisait des canons pour le roi et des fourneaux pour ses sujets. Moins de 10 ans plus tard, il s'y fondait ustensiles de cuisine, outils et socs de charrue. Des sentiers mènent aux ruines des habitations des employés de la fonderie, aux vestiges des forges et à une cheminée de 12 m de haut. La Grande Maison, qui logeait le maître de forge, a été reconstruite vers 1970 à l'image du bâtiment original de 1737. Elle contient une maquette du village de 1845 et explique l'industrie du fer aux XVIIIe et XIXe siècles.

La production d'ancres, de canons, de fers à cheval, de casseroles, de socs de charrue, de fourneaux et d'outils fit des Forges-du-Saint-Maurice l'industrie la plus importante de la Nouvelle-France au début du XVIIIe siècle. On peut voir les vestiges des forges ainsi que la reconstitution du haut fourneau et celle de la maison du maître de forge.

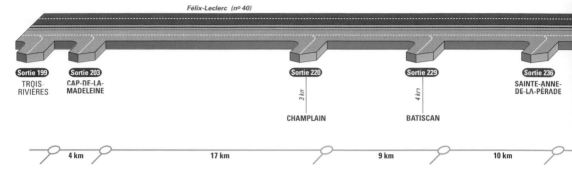

Félix-Leclerc (n° 40)

| Sortie 199 | Sortie 203 | | Sortie 220 | | Sortie 229 | | Sortie 236 |
| TROIS-RIVIÈRES | CAP-DE-LA-MADELEINE | | CHAMPLAIN | | BATISCAN | | SAINTE-ANNE-DE-LA-PÉRADE |

3 km

4 km

4 km   17 km   9 km   10 km

RIVE NORD DU SAINT-LAURENT

▶

À Cap-de-la-Madeleine, une chapelle de bois honorait la Vierge Marie depuis 1659. En 1714, sur le même emplacement, on construisit une chapelle de pierre (au premier plan) qui renferme une statue de la Vierge tenue pour miraculeuse. Derrière, la basilique octogonale de Notre-Dame-du-Rosaire.

Cap-de-la-Madeleine

D'abord une seigneurie et une mission jésuite, «le Cap», près de l'embouchure du Saint-Maurice, est aujourd'hui une ville industrielle et un centre de pèlerinage très fréquenté.

Le sanctuaire à la Vierge Marie, troisième lieu de pèlerinage en importance au Québec (après l'oratoire Saint-Joseph et Sainte-Anne-de-Beaupré), attire des visiteurs du monde entier. C'est ici qu'en 1888, trois paroissiens prétendirent avoir vu les yeux de la statue de la Vierge s'animer. La statue se trouve aujourd'hui dans la chapelle de pierre de 1714, dont on dit de son clocher qu'il est le plus ancien au Canada.

Le sanctuaire comprend un chemin de la Croix dans un jardin au bord de l'eau, un centre de services des pèlerins et la basilique de Notre-Dame-du-Rosaire, construite entre 1955 et 1964, qui se caractérise par une imposante tour conique de 78 m, 350 verrières et un orgue de 75 jeux. Le pont des Chapelets rappelle le pont de glace sur le Saint-Laurent qui, malgré l'hiver très doux de 1879, permit aux paroissiens de transporter les pierres destinées à la construction de l'église paroissiale.

Champlain

À Champlain, on remarquera des résidences de pierre au toit à pente accentuée et des maisons de bois pastel entourées de vérandas. Construite en 1879 pour remplacer celle de 1710, l'église Notre-Dame-de-la-

Visitation, qui est de style néo-roman, contient une toile de l'Immaculée Conception vieille de 300 ans et une lampe de sanctuaire en bois d'érable, ornée de dorures, qui provient de l'ancienne église.

Batiscan

Le joyau architectural du village est le Vieux Presbytère qui servit autrefois de résidence aux jésuites, premiers seigneurs de Batiscan. Construit en 1816 avec les pierres provenant d'un presbytère datant de 1696, ce beau bâtiment rectangulaire arbore trois cheminées et un toit à larmier percé de lucarnes. Il loge maintenant un musée qui contient un millier d'objets d'époques et de

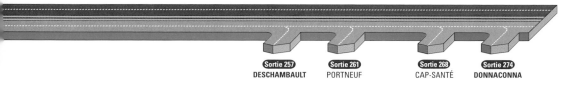

| Sortie 257 | Sortie 261 | Sortie 268 | Sortie 274 |
| DESCHAMBAULT | PORTNEUF | CAP-SANTÉ | DONNACONNA |

25 km   5 km   7 km   5 km

À Sainte-Anne-de-la-Pérade, à l'occasion du Festival du poulamon qui a lieu chaque hiver, la rivière Sainte-Anne se couvre d'un charmant petit village transitoire. Des amateurs de pêche blanche en provenance de tous les coins du Québec viennent s'installer dans des centaines de cabanes multicolores sur la surface gelée de la rivière.

styles variés, parmi lesquels un lit à colonnes du XVIIe siècle et un piano anglais du XIXe siècle.

Sainte-Anne-de-la-Pérade

Ce village agricole à mi-chemin entre Trois-Rivières et Québec est l'un des centres de pêche blanche les plus populaires de la province. Pendant la saison du poulamon, en janvier et en février, la surface gelée de la rivière Sainte-Anne se couvre de centaines de cabanes de bois pourvues de l'électricité et de poêles. Les activités du Carnaval d'hiver comprennent du chant, de la danse et une remise de prix décernés aux plus grosses prises, à la cabane la mieux décorée et à la plus belle sculpture sur glace.

L'église de Sainte-Anne-de-la-Pérade (1869), un bâtiment gothique orné de deux clochers, est inspirée de la basilique Notre-Dame, à Montréal. Les fins de semaine d'été, le Manoir Madeleine-de-Verchères, au jardin de plantes médicinales remarquable, expose des toiles et des produits d'artisanat. Il porte le nom de la jeune Canadienne de 14 ans qui défendit le fort de son père contre une attaque iroquoise. Elle épousa le seigneur de La Pérade et vécut dans le manoir seigneurial de 1706 à 1747. Son fils construisit le manoir actuel vers 1772.

Deschambault

Ici, le tiers des maisons ont plus d'un siècle. L'une des plus belles, la Maison Deschambault (fin XVIIIe siècle), est une auberge avec restaurant. L'église Saint-Joseph (1841), remarquable par ses deux imposants clochers et son toit à deux croupes, contient un grand nombre d'œuvres d'art dont six statues de bois ornant le chœur et la chaire. Derrière, un petit presbytère (1815) sert de centre culturel ; on y a une fort belle vue du Saint-Laurent. Le moulin de la Chevrotière (1802) loge une salle d'exposition, un centre de renseignements touristiques et une école d'artisanat.

Donnaconna

Le principal point d'intérêt est la passe migratoire qui permet la montaison du saumon de l'Atlantique dans la rivière Jacques-Cartier, en contournant un barrage qui obstrue la route migratoire naturelle. C'est l'endroit idéal pour observer le saumon remonter le courant, surtout en juillet. On peut pratiquer la pêche contrôlée dans la rivière. Sur le site, il y a un centre d'interprétation et des tables à pique-nique.

341

Architecture de la Nouvelle-France sur le chemin du Roy

AUTOROUTE 40 / DÉSCHAMBAULT ET CAP-SANTÉ

ANDRÉ ROBITAILLE, *architecte et urbaniste, est professeur titulaire à l'Université Laval. Il est l'un des concepteurs de la restauration du Vieux-Québec, y compris de la place Royale. Il vient de publier* Habiter en Nouvelle-France, 1534-1648.

LE SAINT-LAURENT demeura longtemps l'unique voie de communication entre les seigneuries qui s'établirent progressivement à partir de 1634 sur la Rive-Nord, de Québec à Trois-Rivières. Un chemin, dit du Roy, apparut par segments, pour finalement relier Québec à Ville-Marie un siècle plus tard.

Étroits et profonds, les lopins de terre concédés aux colons par les seigneurs s'échelonnaient sur les terrasses successives. Tous offraient l'accès au fleuve, avec parfois un droit de pêche. Les habitations étaient orientées nord-ouest–sud-est, soit perpendiculairement au fleuve, pour bénéficier d'un ensoleillement maximal et d'une bonne défense contre les vents dominants.

La maison était construite au centre du lot, avec des champs de culture à l'avant et à l'arrière ; au delà, vers le nord, c'était le boisé où l'habitant pouvait s'approvisionner en bois de construction et de chauffage, entailler les érables pour le sucre et faire de la petite chasse.

Au début, chacun copia naturellement les manières de construire de son coin de pays d'origine – ici surtout du Perche. Mais il fallut s'adapter rapidement à des conditions nouvelles : froid excessif, gel au sol, matériaux différents. On bâtit d'abord le carré de la maison en colombages pierrotés à la manière normande, puis en pieux, avant de passer finalement à la construction de pièces-sur-pièces.

Avec le temps, l'habitant devenu plus prospère abandonne la petite maison de bois au profit d'une confortable habitation en pierre. La grange, l'étable, l'écurie, la laiterie sont érigées à part, sage précaution en cas de conflagrations.

À l'intérieur de la maison, le large foyer domine l'espace ; à côté, le four à pain et parfois un « potager » (où mijote le potage) ; dans un coin de la cuisine, l'armoire froide avec son petit châssis, au centre la structure qui permet d'amener l'eau du puits (situé au-dessous, dans la cave), au mur un évier de pierre avec sa gargouille pour évacuer les eaux usées. L'échelle de meunier mène au grenier et une trappe au plancher conduit au caveau. Quand le four à pain est à l'extérieur, il est précédé d'un fournil. Somme toute, la maison traditionnelle du Québec permet de mener une vie autonome pendant les longs hivers.

La logique du plan intérieur transparaît à l'extérieur. Au début de la colonisation, on remarque la dissymétrie des ouvertures. Les fondations en pierre, le plan rectangulaire, la galerie en façade sans toit s'inscrivent dans l'esprit de l'architecture romane. La puissante cheminée est située au pignon nord-est, ou au centre de l'édifice s'il y a eu agrandissement. Ces caractéristiques d'origine vont bientôt évoluer : on occupe les combles, ce qui fait apparaître les lucarnes ; la cave devenant utilisable, on surélève la maison. La galerie est désormais protégée par une couverture, mais le toit conserve sa pente accentuée, qu'il soit en planches horizontales ou, comme ce sera le cas plus tard, en bardeaux de cèdre.

L'architecture traditionnelle, initiée sous le Régime français, se prolonge bien au-delà de la Conquête, jusqu'au milieu du siècle suivant. Le chemin du Roy ne modifiera pas la trame rurale ; le village naît spontanément au centre de la seigneurie. Ses édifices importants sont le relais de poste qui sert d'auberge, le magasin général, la maison du médecin et celle du notaire... Le quai, qui recevait encore, au début du XXe siècle, les navires reliant les villages à Québec, se prolonge par un chemin jusqu'au cœur du village. Là se trouve « la place ». L'église la domine avec son presbytère et son cimetière ; plus tard viendront s'y ajouter la salle des habitants et l'école ou le couvent... Au bout du village, le manoir seigneurial et son petit bureau administratif, puis le moulin à farine (à vent ou à eau), parfois combiné à une scierie ou à

« À l'intérieur... le large foyer domine l'espace. »

d'autres industries. Aux deux extrémités du village, des chapelles de procession pour célébrer la Fête-Dieu.

L'actuelle route 138, qui suit le tracé du chemin du Roy, traverse des villages qui ont conservé tout le charme de l'architecture traditionnelle : Neuville, Cap-Santé, Deschambault, Grondines... Au milieu du village, le chemin du Roy s'interrompt pour former la « place ». À Cap-Santé, celle-ci présente une très belle église (1755) flanquée de son grand presbytère (1849). En outre – chose rare –, il s'y trouve un puits.

Mais la « place » qui impressionne le plus par ses proportions heureuses est celle de Deschambault. Ici aussi, on retrouve une église splendide (1833), un très beau cimetière, une salle des habitants, un couvent et un parc offrant une vue spectaculaire sur le fleuve. L'ancien presbytère (1815), restauré avec soin, est devenu un musée ; la charpente du toit est remarquable. En direction ouest viennent le relais des diligences, puis le grand moulin de La Chevrotière (1802). Le premier moulin (1766), à côté, et plusieurs vieux édifices tout autour – manoir, forge, cordonnerie, petit chantier naval – valent la peine qu'on s'y attarde...

Tout comme on voudra s'attarder, si l'on vient de Québec, devant la Maison Quézel (1750) à Saint-Augustin, la petite Maison Fiset (1801) et le Manoir Larue (1834) à Neuville, la Maison Soulard (1759) à Portneuf et la Maison Delisle (1648) à Deschambault, que Frontenac fit transformer en 1672 en magasin, pour ses troupes. Enfin, à Grondines, le presbytère, érigé en 1842, de facture bien proportionnée et presque classique, marque plus ou moins la fin de l'architecture traditionnelle.

André Robitaille

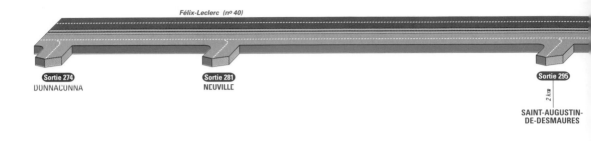

Félix-Leclerc (nº 40)

Sortie 274	Sortie 281	Sortie 295
DONNACONNA	NEUVILLE	

2 km

SAINT-AUGUSTIN-
DE-DESMAURES

7 km   14 km

**ENVIRONS
DE QUÉBEC**

Neuville

Ici, les occupants des maisons nichées à flanc de colline jouissent d'une vue imprenable sur le Saint-Laurent. La pierre locale a servi à construire nombre de bâtiments au Québec dès les temps de la Nouvelle-France ; on en trouve de beaux exemples sur la rue des Érables, les maisons Larue (au 306, 624 et 681), la maison Angers (au 715) et la chapelle Sainte-Anne (au 666). Aussi sur cette rue, l'église Saint-François-de-Sales (1696) dont le maître-autel est l'œuvre de François Baillargé (1759-1830) et qui contient des toiles d'Antoine Plamondon (1804-1895) ainsi qu'un baldaquin de bois richement ouvragé fabriqué en 1695 pour le palais épiscopal de Québec. En 1717, l'évêque échangea le baldaquin contre du blé destiné à nourrir ses ouailles affamées.

Saint-Augustin

L'église Saint-Augustin-de-Desmaures, un bâtiment du début du siècle dernier, renferme des œuvres d'artistes et d'artisans québécois célèbres : des toiles d'Antoine Plamondon (1804-1895), des objets en or de François Ranvoyzé (1739-1819) et deux anges sculptés par Louis Jobin (1845-1928).

Cap-Rouge

On trouve ici une plaque commémorant la venue de Jacques Cartier en 1541. Il y construisit deux forts dont il ne reste aucun vestige et il regagna la France au printemps suivant avec du quartz et de la pyrite de fer qu'il croyait être des diamants et de l'or.

L'Ancienne-Lorette

En 1674, le père Pierre Chaumonot, jésuite, et 200 Hurons fondèrent ici une mission à l'image du lieu de pèlerinage de Loreto, en Italie. Du côté nord de l'église, construite au début du siècle, une plaque indique l'emplacement original de la mission. (On s'y rend par la sortie 306, puis la route 540 nord.) En 1697, la mission se déplaça à Loretteville.

Sainte-Foy

La route 540 sud par la sortie 306 conduit à Sainte-Foy, où se trouve l'Université Laval. Fondée

C'est à Québec, au lieu historique national Cartier-Brébeuf, qu'on voit la réplique de La Grande Hermine, *le vaisseau amiral de Jacques Cartier à son expédition de 1535-1536, ainsi que cette « maison longue » amérindienne. Cartier et ses hommes hivernèrent près de la rivière Saint-Charles, à l'emplacement du parc actuel. Quelque 600 Iroquois vivaient dans des cabanes semblables à celle-ci à Stadaconé, un village indien situé non loin des huttes et des bateaux de Cartier pris dans les glaces. Lorsque le scorbut frappa les Français, faisant 25 victimes, les Indiens leur apprirent à combattre la maladie grâce à une décoction d'écorce et de feuilles de thuya (cèdre).*

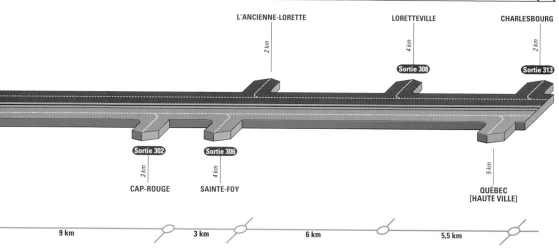

L'ANCIENNE-LORETTE — 2 km

LORETTEVILLE — 4 km — Sortie 308

CHARLESBOURG — 2 km — Sortie 313

Sortie 302 — 3 km — CAP-ROUGE

Sortie 306 — 4 km — SAINTE-FOY

5 km — QUÉBEC [HAUTE VILLE]

9 km — 3 km — 6 km — 5,5 km

en 1852, c'est la plus ancienne institution d'études supérieures de langue française en Amérique du Nord. Le pavillon Louis-Jacques-Casault, un centre muséographique, renferme les collections d'œuvres d'art et de sciences naturelles de l'université. La Maison Hamel-Bruneau (2608, chemin Sainte-Foy) présente expositions et concerts.

Six des saints martyrs canadiens vécurent dans une mission fondée en 1637 à l'endroit où se trouve aujourd'hui l'élégant faubourg de Sillery. La Maison des Jésuites (1700) expose divers objets mis au jour sur le site de la mission. Vers 1760, l'écrivaine Frances Brooke vécut dans cette maison ; elle y campa l'action de son œuvre, *L'Histoire d'Émilie Montague* (1769), publiée en Angleterre et considérée comme le premier roman canadien.

L'aquarium du Québec abrite plus de 1 700 poissons et amphibiens représentant plus de 300 espèces – crocodiles, lézards, serpents, piranhas. De l'aquarium, on voit le pont de Québec (548 m) et le pont Pierre-Laporte (668 m). Le premier, l'un des ponts cantilever les plus longs en Amérique du Nord, s'effondra une première fois en 1907 et une deuxième en 1916 avant d'être finalement parachevé en 1917.

Loretteville

Elle portait autrefois le nom de Jeune-Lorette (pour la distinguer de L'Ancienne-Lorette). On s'y rend par la sortie 308 et la route 371 nord. Dans la réserve Wendake, sur la rivière Saint-Charles, la Maison Aroüanne raconte l'histoire de cet établissement

Ce beau félin, un couguar, compte parmi les 600 pensionnaires, représentant 125 espèces, du Jardin zoologique de Québec à Orsainville, au nord de Charlesbourg.

huron (1697). On trouve un autre petit musée dans la chapelle Notre-Dame-de-Lorette (1862), située sur l'emplacement d'une chapelle de 1730. Parmi les autres points d'intérêt, le parc de la Falaise et de la chute Kabir Kouba et, au nord de Wendake, la réplique d'un village huron.

Charlesbourg

De la sortie 313, la route 151 nord (autoroute Laurentienne) mène à Charlesbourg : les rues rayonnent à partir du square Trait-Carré qui remonte à la fondation de la ville par les Jésuites en 1659. Bordant le square, l'église palladienne Saint-Charles-Borromée (1826), œuvre de Thomas Baillargé. Le moulin des Jésuites (1740) loge un centre d'interprétation à partir duquel on peut faire un tour de bâtiments historiques comme la Maison Ephraim-Bédard (XVIIIe siècle), siège de la société historique locale, et la Maison Pierre-Lefebvre (1846), aujourd'hui une galerie d'art.

À Orsainville, à environ 5 km au nord de Charlesbourg, le Jardin zoologique du Québec abrite 600 spécimens d'animaux.

Québec

De la sortie 313, la route 175 sud mène aux portes de la haute ville, les portes Saint-Jean, Kent et Saint-Louis. (Voir le tour guidé de Québec, aux pages 346-347.) Avant de traverser la rivière Saint-Charles, la route 175 passe devant le 175, rue L'Espinay est, où se trouve le lieu historique national Cartier-Brébeuf, avec *La Grande Hermine*, le vaisseau amiral de Jacques Cartier.

QUÉBEC – VILLE FORTIFIÉE UNIQUE

Fondée en 1608 par Samuel de Champlain, Québec est l'une des villes les plus captivantes de l'Amérique du Nord. L'unique ville fortifiée du continent est perchée sur les hauteurs du cap Diamant, une falaise autrefois d'importance stratégique qui domine un rétrécissement du Saint-Laurent. Depuis fort longtemps, elle se divise entre la haute ville, où se trouvent les institutions politiques et religieuses, et la basse ville, un quartier résidentiel et commercial. On a su préserver le caractère historique de la ville. En effet, aucun gratte-ciel ne défigure le centre-ville habité sans interruption depuis quelque 400 ans et resté presque inchangé depuis le Régime français. Le magnétisme de Québec tient non seulement à son caractère historique, mais aussi à l'atmosphère que dégagent son architecture, l'étroitesse de ses rues sinueuses, ses cours arrière intimes et l'impression de grandeur surgie du passé et envahissant le présent. Sa personnalité unique en a fait un site du patrimoine mondial de l'Unesco aux côtés du Caire et de Florence.

Citadelle et parc national des Champs-de-Bataille
La Citadelle (*ci-dessus*), en forme d'étoile, souvent appelée le « Gibraltar d'Amérique du Nord », fut construite par les Britanniques vers 1820, sur le site des fortifications françaises. Elle renferme un musée militaire et la résidence secondaire du gouverneur général du Canada. La promenade des Gouverneurs longe les murs extérieurs de la Citadelle jusqu'au parc national des Champs-de-Bataille où se trouvent les Plaines d'Abraham. Là, des plaques commémoratives racontent la bataille historique, décisive dans l'histoire du Canada, qui eut lieu le 13 septembre 1759 et au cours de laquelle Anglais et Français s'affrontèrent afin d'établir leur hégémonie en Amérique du Nord. Le centre d'interprétation, logé dans le sous-sol d'une ancienne prison municipale qui fait partie du musée du Québec, décrit la bataille de moins de 20 minutes qui coûta la vie aux généraux Wolfe et Montcalm.

Parc de l'Esplanade
C'est ici que se déroulent un grand nombre des festivités du célèbre Carnaval de Québec. Chaque année, fin février, la ville est en liesse pendant 10 jours au cours desquels on assiste à des compétitions sportives, des défilés, des concerts, des concours de danse, sans oublier la course de canots sur les glaces du Saint-Laurent. Les rues se parent de lumières et de décorations et les parcs de sculptures sur glace. Un bonhomme de neige géant, le Bonhomme Carnaval (*ci-dessus*), préside aux festivités.

POKE

Parc de l'Esplanade

RUE D'AUTR

Vers le parc national des Champs-de-Bataille

PORTE SAINT-LOUIS

RUE SAINT-LOU

CÔTE DE LA CITADELLE

Fortifications de Québec
Les promeneurs peuvent suivre une partie des remparts qui entourent Québec. Construits entre 1713 et 1812, puis fortifiés vers 1870, les remparts de 5 km de long atteignent à certains endroits 6 m de hauteur et 17 m d'épaisseur. Quatre portes — Saint-Louis, Kent, Prescott et Saint-Jean — percent les fortifications. Elles ne défendent plus l'entrée de la ville, mais elles servent aujourd'hui de ponts aux piétons qui se promènent sur les remparts.

Couvent des Ursulines

Le couvent, deux fois endommagé par le feu, a été fondé en 1639 par Marie Guyart de l'Incarnation et il est toujours entouré de ses murs originaux. Dans la chapelle, la lampe votive allumée en 1717 ne s'est jamais éteinte depuis. La dépouille de Montcalm repose dans une crypte sous l'autel, alors que son crâne est exposé au musée du couvent où on admirera aussi des toiles sur des sujets religieux, des gravures et des ornements liturgiques ouvragés.

Couvent et musée des Augustines

Le musée, dans l'hôpital fondé par les Augustines arrivées de France en 1639, expose des instruments médicaux du XVIIe et du XVIIIe siècle, des peintures, de l'argenterie et des ouvrages à l'aiguille.

QUÉBEC

TOUR GUIDÉ

Fleuve Saint-Laurent

Lévis

Parc de l'Artillerie

Les premiers ouvrages de défense construits en 1712 ont été témoins d'activités militaires jusqu'en 1964. Les visiteurs de ce lieu historique national peuvent explorer les quartiers des officiers, richement meublés, et les voûtes souterraines de la redoute Dauphine.

Musée du Séminaire

Le plus ancien musée du Québec raconte l'histoire des Français en Amérique du Nord. Logé dans l'ancienne résidence des étudiants de l'Université Laval, il possède aussi des œuvres d'art religieux, de l'orfèvrerie, de l'argenterie et des instruments scientifiques. L'été, on peut faire une visite guidée de la chapelle et des bâtiments du séminaire.

PORTE SAINT-JEAN

RUE SAINT-JEAN

RUE CHARLEVOIX

CÔTE DU PALAIS

RUE DAUPHINE

RUE SAINTE-ANGÈLE

RUE SAINT-STANISLAS

RUE COOK

RUE SAINTE-ANNE

RUE SAINTE-URSULE

CÔTE DE LA FABRIQUE

RUE CHAUVEAU

Hôtel de ville

RUE SAINTE-ANNE

RUE STE-FAMILLE

RUE DES JARDINS

DONNACONA

RUE

Basilique Notre-Dame

Depuis 1632, plusieurs églises ont occupé le même site et la basilique actuelle est la plus ancienne église paroissiale du Canada. Elle fut construite à la fin du XVIIIe siècle (pour remplacer la cathédrale détruite par les Anglais au cours du siège de 1759). Rénovée en 1922, l'église fut détruite la même année par un incendie, puis reconstruite selon le plan original et inaugurée en 1925. Un spectacle son et lumière, *Feux sacrés,* rappelle la destruction de l'église par les bombardements de 1759 et l'incendie de 1922.

Musée du Fort

RUE DU TRÉSOR

RUE DU FORT

Maison Kent

Vers la place Royale

Maison Maillou

Construite vers 1736, cette maison restaurée abrite aujourd'hui la Chambre de commerce de Québec. Non loin, la **Maison Kent** date des années 1830.

Château Frontenac

Terrasse Dufferin

Basse ville

Un escalier abrupt, très justement appelé Escalier casse-cou, conduit au plus vieux quartier de Québec, là où Champlain construisit « l'abitation ». Plus de 80 bâtiments historiques restaurés, le plus ancien étant la Maison Hazeur (1684), entourent la place Royale. La basse ville, avec ses maisons habitées, ses restaurants et ses boutiques, est un quartier très vivant et très animé.

Château Frontenac

Perché sur les hauteurs qui dominent la basse ville, cet hôtel de 660 chambres domine la ligne des toits de la ville depuis 1893. Il occupe l'emplacement de l'ancien Château Saint-Louis, résidence des gouverneurs français. La **terrasse Dufferin,** adjacente au Château Frontenac, offre une vue panoramique du Saint-Laurent. Elle se prolonge par la promenade des Gouverneurs, sur les hauteurs du cap Diamant, jusqu'au parc des Champs-de-Bataille.

Fleuve Saint-Laurent

St. Lawrence River

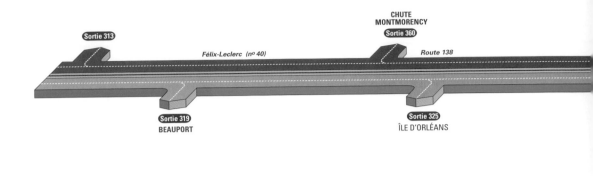

Sortie 313

CHUTE MONTMORENCY
Sortie 360

Félix-Leclerc (nº 40)

Route 138

Sortie 319
BEAUPORT

Sortie 325
ÎLE D'ORLÉANS

5 km   7 km   3 km

EST DE QUÉBEC

Beauport

L'actuelle ville de Beauport regroupe, depuis 1976, sept municipalités de la Côte-de-Beaupré et fait partie de la communauté urbaine de Québec. Le premier établissement de ce nom date de 1634. C'est dans le quartier Bourg-du-Fargy que se trouvent les plus beaux bâtiments historiques. Les portes épaisses et les petites fenêtres de la Maison Bellanger-Girardin (1735) montrent l'adaptation de l'architecture aux rigueurs de l'hiver. La maison sert maintenant de centre d'animation du patrimoine et de l'histoire.

Chute Montmorency

Cette chute de 83 m de haut a un débit de 35 000 litres à la seconde, quatre fois plus en période de fonte des neiges. Moins large que les chutes du Niagara, la chute Montmorency est cependant une fois et demie plus haute. Elle est spectaculaire. En

---

On peut admirer la chute Montmorency, haute de 30 étages, de six endroits : du téléphérique, du pont jeté sur la chute, des plateformes à deux étages, des escaliers panoramiques, du belvédère à flanc de falaise ou du manoir Montmorency.

PARC DU MONT-
SAINTE-ANNE

4,5 km

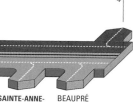

SAINTE-ANNE- BEAUPRÉ
DE-BEAUPRÉ

7 km

RÉSERVE NATURELLE NAT.
DU CAP-TOURMENTE

26 km   2 km

Explorer l'île d'Orléans, c'est revivre l'histoire. Ce n'est qu'en 1935 qu'on mit fin à son isolement de plusieurs siècles en jetant le pont qui la relie à la terre ferme. Les insulaires demeurent attachés à leurs traditions et à leur patrimoine architectural.

hiver, les embruns gèlent au pied de la chute en formant un gigantesque cône de glace qu'on appelle le « pain de sucre ».

Le manoir Montmorency, cet hôtel qui offre une vue superbe de la chute, du Saint-Laurent et de l'île d'Orléans, a autrefois servi d'auberge, d'hôpital et de monastère. L'auberge a accueilli d'illustres visiteurs comme Édouard, duc de Kent, père de la reine Victoria, dans les années 1790. C'est pourquoi le manoir a porté le nom de Kent House.

Île d'Orléans

On y accède par la route 40 et le pont à Montmorency. Jacques Cartier lui avait d'abord donné le nom de l'île de Bacchus (dieu grec du vin) après y avoir découvert des vignes sauvages, mais il la rebaptisa en l'honneur du duc d'Orléans. En raison de ses nombreux bâtiments historiques, l'île est classée site historique.

Le chemin Royal (route 368) ceinture l'île sur 70 km, reliant six villages historiques avec des églises et des maisons vieilles de plusieurs siècles. À l'ouest du pont, le village de Sainte-Pétronille a la plus ancienne maison de l'île, la Maison Gordeau de Beaulieu (1648), qui appartient toujours à la famille De Beaulieu. À l'est du pont, à Saint-Pierre, se trouve la plus ancienne église du Québec (1716) ; le poète Félix Leclerc (1914-1988) y est enterré.

Sainte-Anne-de-Beaupré

Ce sanctuaire dédié à la sainte patronne du Québec attire les pèlerins depuis le XVIIe siècle. Plus de 1,5 million de personnes visitent chaque année la basilique, un imposant bâtiment de granit à deux clochers. Au nombre de ses trésors, on remarque un très beau vitrail en rosace, de magnifiques fresques, des chapelles art déco et une statue de sainte Anne, en chêne, sur un socle de marbre. Sur le site, une chapelle commémorative construite en 1878 sur les fondations de la première chapelle, et la Scala Santa (1871), un bâtiment de trois étages qui abrite une chapelle et une reproduction des 28 marches que gravit Jésus pour comparaître devant Ponce Pilate. En été, des processions aux flambeaux ont lieu sur le chemin de la Croix à flanc de colline. Dans un autre bâtiment historique, un cyclorama dépeint Jérusalem au temps du Christ. Le musée de Sainte-Anne-de-Beaupré présente l'histoire de la dévotion à sainte Anne, les événements du pèlerinage depuis ses origines et des collections témoignant de plus de trois siècles d'histoire.

Station Mont-Sainte-Anne

Ouverte en toute saison, la station offre des sentiers de randonnée, un terrain de camping, des pistes cyclables, 54 pentes de ski et plus de 300 km de pistes de ski de fond. Un téléphérique de 800 m grimpe jusqu'au sommet du mont Sainte-Anne d'où la vue est imprenable.

Réserve naturelle nationale du Cap-Tourmente

En avril et en octobre, 300 000 oies blanches y font escale lors de leur migration. Ouverte toute l'année, la réserve offre des sites d'observation d'où on peut observer les oies tournoyer en formations spectaculaires. À marée basse, elles se gavent de scirpes dans les battures du Saint-Laurent. De la mi-avril à la fin octobre, le centre d'interprétation a des spectacles audiovisuels et des tours guidés avec des naturalistes. En plus des oies, la réserve abrite 250 espèces d'oiseaux et 45 de mammifères.

349

AUTOROUTES NORDIQUES

MACKENZIE

29 km

HUDSON'S HOPE

65 km

39

PRINCE
GEORGE

CHETWYND

Route John Hart

112 km   152 km   97 km

NORD-EST DE LA COLOMBIE-BRITANNIQUE/ NORD-OUEST DE L'ALBERTA

Il a fallu cinq ans de travail pour ériger le barrage W.A.C. Bennett (long de 2 km et haut de 183 m), dans la vallée de la rivière de la Paix à l'ouest de Hudson's Hope, en Colombie-Britannique. C'est l'un des plus grands barrages de terre du monde ; il a été construit dans les années 60 sur le lac Williston avec des roches et des débris provenant d'une moraine glaciaire. Les visiteurs peuvent faire le tour de la centrale électrique souterraine en autocar.

Route John Hart

Ce prolongement de la route 97, qui va de Prince George (pp. 240-241) à la frontière de l'Alberta, porte le nom d'un Premier ministre de la Colombie-Britannique. La route John Hart recoupe la route de l'Alaska à Dawson Creek et la route 2 à la frontière de l'Alberta.

Mackenzie

La route 39 nord mène à cette ville qui porte le nom de l'explorateur Alexander Mackenzie : il fit halte ici en 1793 au cours de son expédition vers la côte pacifique. La ville a été fondée en 1965 avec la venue de scieries et d'usines de pâtes et papiers dans la région. C'est un rendez-vous des pêcheurs grâce à son emplacement, à l'extrémité sud du lac Williston qu'on ensemence chaque année de 50 000 truites arc-en-ciel. Ce lac, le plus grand lac artificiel du

Canada (1 773 km²), a été créé dans les années 60 lorsqu'on a détourné les eaux des rivières Finlay et Parsnip, où la rivière de la Paix prenait source. (La rivière de la Paix part maintenant du bras est du lac.) Les routes forestières tout autour mènent à d'autres paradis de la pêche et de la chasse ainsi qu'à des campings. Le lac Morfee est propice à la baignade, à la navigation de plaisance et au ski nautique.

Chetwynd

La « capitale mondiale de la scie à chaîne » est un centre forestier, minier et agricole qui a embelli ses rues et ses commerces de sculptures de bois représentant la faune locale, œuvres d'artistes de la Colombie-Britannique. Le musée Little Prairie Heritage expose des outils de ferme et de trappe.

Hudson's Hope

C'est l'un des plus anciens établissements de la Colombie-Britannique. Ses origines remontent à 1805, lorsque l'explorateur Simon Fraser y installa un poste de traite. Si Fraser y arriva par la rivière de la Paix, les visiteurs d'aujourd'hui empruntent la route 29. Le musée local a des fossiles, des outils préhistoriques ainsi que des objets de trappeurs et de mineurs ; il comprend aussi une église en bois rond, une cabane de trappeur et la réplique d'un poste de traite de la Compagnie de la Baie d'Hudson.

Au barrage de la rivière de la Paix, à 3 km au sud de la ville, le centre de tourisme expose en détail le projet hydroélectrique et

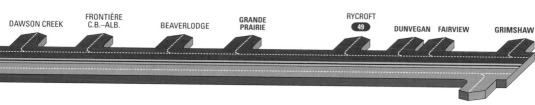

Vers la route de l'Alaska
(Voir pp. 354-355)

Vers la route du Mackenzie
(Voir pp. 370-371)

DAWSON CREEK   FRONTIÈRE C.B.–ALB.   BEAVERLODGE   GRANDE PRAIRIE   RYCROFT **49**   DUNVEGAN   FAIRVIEW   GRIMSHAW

2A PEACE RIVER

42 km   50 km   43 km   69 km   34 km   12 km   58 km

l'histoire de la région. Il a des maquettes grandeur nature de dinosaures à bec de canard et des moulages d'empreintes de dinosaures pris dans les environs.

Au barrage W.A.C. Bennett, à quelque 22 km à l'ouest, des photographies et divers objets décrivent les caractéristiques géologiques de la région et la construction du barrage. Des expositions interactives expliquent la production et la transmission de l'énergie.

Dawson Creek
Voir les pages 354-355.

Grande Prairie

Cette agglomération est la plaque tournante du commerce et du transport de la rivière de la Paix. On peut pratiquer la randonnée, la baignade et le golf aux alentours du lac artificiel. Une visite du centre-ville vous fera découvrir des murales qui dépeignent l'histoire naturelle de la région et celle de ses pionniers. Le musée des Pionniers présente des fossiles, des ossements de dinosaures, des objets d'art indiens, une école « de rang », un magasin général, une cabane de pionnier et une église.

Dunvegan

On y trouve trois bâtiments historiques : la maison du facteur (1877-1878), qui faisait partie du poste de traite de la Compagnie de la Baie d'Hudson, ainsi que le presbytère (1889) et la chapelle de la mission Saint-Charles (1885) – première église catholique du nord de l'Alberta. On a

aussi restauré et meublé la mission anglicane dont on peut faire un tour guidé.

Fairview

Fairview est le centre d'une région réputée pour ses céréales, ses oléagineux, ses fruits et ses légumes. Le musée local, logé dans une ancienne caserne de la Gendarmerie royale, explique la vie dans la région au début du siècle. On y voit un ancien poste de traite et une salle de classe, un bureau de poste et de l'équipement médical.

Grimshaw
Voir les pages 370-371.

Peace River

Une statue de 3,5 m honore Henry Fuller, dit Douze pieds, un prospecteur à la générosité légendaire qui est mort ici en 1900. Une inscription sur sa pierre tombale, au confluent des rivières de la Paix et Smoky, se lit ainsi : « Il fut l'ami de tous et ne ferma jamais la porte de sa maison. » On visitera la gare ferroviaire restaurée de la Northern Alberta (1916) et le musée du Centenaire où on trouve une réplique du fort Fork, construit sur la rivière de la Paix par Alexander Mackenzie lors de son périple vers le Pacifique (1792-1793).

L'église Saint-Charles et son presbytère (v. 1880), construits de poutres équarries à la main, comptent au nombre des bâtiments historiques restaurés de Dunvegan, ville qui fut autrefois une mission ainsi qu'un important poste d'approvisionnement et de traite des fourrures de la rivière de la Paix.

353

DAWSON CREEK   FORT ST. JOHN   Route de l'Alaska (nº 97)   FORT NELSON

73 km   387 km   28 km

NORD DE LA COLOMBIE-BRITANNIQUE/ YUKON

Dawson Creek

Cette ville animée marque le point de départ, au sud, de la route de l'Alaska qui s'étend sur 2 400 km jusqu'à Fairbanks, en Alaska. La route accidentée a été construite en 1942 pour assurer le ravitaillement des militaires américains en poste en Alaska. Dawson Creek est un centre de transport de grain et d'activités liées à l'exploitation des forêts, des puits de pétrole et de gaz naturel. Une ancienne gare restaurée abrite un centre d'information et un musée qui expose des objets de pionniers, des éléments de l'histoire naturelle de la région et de sa faune ainsi que des souvenirs de la construction de la route. Dans l'annexe d'un élévateur à grain, on verra des œuvres d'art et d'artisanat. Le Village des pionniers Wright donne un aperçu de Dawson Creek avant la construction de la route ; on y voit deux églises, une école en bois rond, une forge, un magasin et une collection d'instruments aratoires.

Plus de 30 000 voyageurs de la route de l'Alaska transitent par Dawson Creek chaque année : ci-dessous, borne du « kilomètre 0 » en plein centre-ville.

Fort St. John

La capitale de l'énergie de la Colombie-Britannique vit le jour en 1794 comme poste de traite de fourrures. Elle est l'un des plus anciens établissements blancs de la province. La ville offre des activités en toute saison – canotage, équitation, ski ou motoneige. Près du musée de Fort St. John-North Peace, une tour de forage à pétrole de 42 m rend hommage à l'industrie pétrolière de la région. Dans le musée, 6 000 objets racontent l'histoire de la ville jusqu'à l'exploitation des puits de pétrole.

Fort Nelson

Sis au confluent des rivières Nelson, Prophet et Muskwa, Fort Nelson vit le jour en 1805 comme poste de traite, mais ce n'est que lors de la construction de la route de l'Alaska qu'il prit son essor. Il offre aux visiteurs un centre aquatique intérieur et le parcours de golf le plus septentrional de la Colombie-Britannique. Les montagnes, les lacs et les rivières environnantes en font le paradis des expéditions de pêche et de chasse en avion. Au musée, on verra des objets des pionniers et des voitures anciennes.

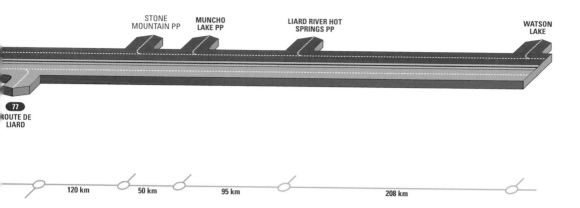

STONE
MOUNTAIN PP

MUNCHO
LAKE PP

LIARD RIVER HOT
SPRINGS PP

WATSON
LAKE

77
ROUTE DE
LIARD

120 km   50 km   95 km   208 km

Route de Liard

Cette route de terre de 400 km relie Fort Nelson à la route du Mackenzie qu'elle recoupe juste au sud de Fort Simpson, dans les Territoires du Nord-Ouest.

Parc provincial Muncho Lake

Le long de la route, le lac Muncho étend sur 12 km ses eaux de couleur vert jade ; il abonde en ombres arctiques et en truites Dolly Varden. Ses rives marécageuses sont le refuge d'oiseaux migrateurs – huarts, grèbes et becs-scie. Les dépôts de sels minéraux en bordure de la route attirent mouflons de Stone, orignaux et caribous de montagne.

Parc provincial Liard River Hot Springs

Voir les pages 356-357.

Watson Lake, Yukon

Ce centre de transport et de distribution qui dessert mineurs et bûcherons est une halte fréquentée des voyageurs de la route de l'Alaska. En 1942, des militaires américains qui participaient à la construction de la route légendaire et qui avaient le mal du pays plantèrent des poteaux affichant la direction de leur ville natale et la distance qui les en séparait. La tradition se perpétua et on peut aujourd'hui visiter une «forêt» de milliers de poteaux et de plaques d'immatriculation venant du monde entier. Le centre d'interprétation local explique les prouesses d'ingénierie réalisées par les constructeurs de la route.

Dans le parc provincial Muncho Lake, le mont Folded et ses plissements caractéristiques montrent les impressionnants mouvements tectoniques.

355

Paradis tropical sur la route de l'Alaska

ROUTE DE L'ALASKA / LIARD HOT SPRINGS

ROSEMARY NEERING *collabore à la revue* Beautiful British Columbia. *Elle est également l'auteure de plusieurs livres de voyage dont* Down The Road: Journeys through Small-Town British Columbia, *qui lui a valu un prix littéraire de la Colombie-Britannique.*

APRÈS AVOIR PARCOURU 750 KM sur la route de l'Alaska, dans le nord de la Colombie-Britannique, se prélasser dans les eaux cristallines d'une piscine naturelle dont la température varie entre 38 °C et 49 °C est un plaisir indescriptible. On trouve cette oasis inespérée, Liard Hot Springs, dans un parc provincial.

Les Indiens Dénés, qui ont sillonné ces terres pendant des siècles, connaissaient sans doute ces eaux chaudes qui surgissent de la terre au nord de Liard River. Robert Campbell, un agent de la Compagnie de la Baie d'Hudson en poste, vers 1830, au fort Liard, plus au nord, en avait déjà parlé dans son journal.

Vers 1920, un pionnier du nom de Tom (ou John, selon la source) Smith vécut ici avec sa fille. C'est à cette époque que la rumeur de ce paradis presque tropical commença à se répandre. Les sources thermales ne portèrent cependant pas chance à Smith qui, au cours d'un voyage vers la civilisation, emprunta la rivière Liard, mais se trompa de chenal et s'y noya. Sa fille survécut au drame.

Il faudra attendre la construction de la route de l'Alaska, en 1942, pour que la découverte soit officialisée. On imagine sans peine le plaisir qu'éprouvèrent les militaires éreintés et transis, attelés à la tâche gigantesque de relier Dawson Creek à l'Alaska en un temps record (8 mois), en découvrant dans cette région inhospitalière des bassins d'eau chaude et limpide. Un cadeau du ciel! Ils nommèrent les bassins Theresa Hot Springs, les entourèrent d'une promenade et aménagèrent des bains flottants là où se trouve aujourd'hui la piscine Alpha. Au plus fort de l'hiver arctique, les soldats pouvaient se faire photographier dans les bassins fumants, au milieu de la neige et de la glace.

La guerre prit fin, les soldats partirent et le progrès fit lentement son chemin dans la région. Depuis lors, des centaines de milliers de voyageurs ont emprunté cette route de gravier jadis célèbre pour ses passages bourbeux et ses nids-de-poule. Un peu au sud des sources thermales, la rivière Liard serpente à travers le nord des Rocheuses, traversant le plateau Rabbit et les étendues méridionales de la plaine du Yukon. C'est une région de roche sédimentaire, faite de plissements et de failles formés il y a des millions d'années, et recouverte aujourd'hui de dépôts glaciaires.

À cet endroit, les eaux de surface s'infiltrent dans le calcaire perméable jusque dans les profondeurs. C'est là que la température des eaux augmente. Sous l'effet de gaz chauds, d'un volcan souterrain, ou à la suite de réactions chimiques ? Les scientifiques l'ignorent. Toujours est-il que ces eaux chaudes refont surface à Liard Hot Springs.

Chaque minute, il jaillit de la terre, à la tête de la piscine Alpha, quelque 3 000 litres d'eau à 49 °C. Grâce à l'importance du flot et au gravillon qui tapisse le fond du bassin de 20 m de long, les eaux sont toujours parfaitement limpides et invitantes. Mais en raison de leur température élevée, les baigneurs en ressortent rapidement, rouges comme des homards. Une marche de quelques minutes sur la promenade les conduit à la piscine naturelle Beta, plus petite, plus rafraîchissante mais aux eaux plus troubles (le fond est de terre) et donc moins fréquentée.

L'hiver, quand la température descend à −45 °C, le givre recouvre les arbres et les buissons autour de la piscine qui se drape de vapeur. Les touristes se hasardent moins volontiers sur la route de l'Alaska. Les résidents peuvent alors profiter à leur aise du sauna naturel que leur procure la chaleur des eaux sous un ciel glacial.

Les êtres humains ne sont pas les seuls à apprécier Liard Hot Springs. Les eaux chaudes réchauffent la région d'environ 2 °C, créant ainsi un microclimat où la végétation pousse plus luxuriante et plus verte que partout ailleurs dans les environs, procurant une source fiable de nourriture aux animaux sauvages.

Il n'est pas rare de voir surgir des marais des orignaux avec des vrilles de plantes collées au museau. À la fin d'août, les ours noirs descendent des collines pour se gaver de pimbinas écarlates, denrée rare à cette latitude.

En été, goélands, oies, canards, hiboux, martins-pêcheurs et nombre d'autres espèces d'oiseaux sauvages survolent les sources thermales ou nichent à proximité.

Ici, quelque 80 plantes sont au nord de leur aire naturelle. Des enchevêtrements d'utriculaires flottent dans les marais, leurs minuscules outres prêtes à capturer les insectes aquatiques sans méfiance. La salsepareille sauvage, le yucca glauque et des herbes rares poussent en abondance. Les violettes fleurissent plus tôt ici qu'ailleurs dans la région ; les grandes berces atteignent facilement 1,5 m. En automne, les boisés se parent de l'or des mélèzes.

Entre les bassins Alpha et Beta, il y a un endroit où l'eau coule sur une surface presque verticale : le calcium qu'elle charrie s'est cristallisé pour former un calcaire doux et poreux appelé tuf. Les plantes prennent racine dans le tuf, formant un luxuriant tapis de végétation. Sans rivaliser avec ceux de Babylone, ces «jardins suspendus» n'en sont pas moins un autre attrait unique de Liard Hot Springs.

Les visiteurs peuvent loger dans une auberge ou camper dans le parc : il y a 53 emplacements de camping. Il vaut donc mieux réserver à l'avance.

> *le givre recouvre les arbres et les buissons autour de la piscine [...]*

WATSON LAKE UPPER LIARD

Route de l'Alaska (n° 1)

37
ROUTE
STEWART-CASSIAR

21 km   10 km   239 km

TERRITOIRE DU YUKON

Au nord de Carcross, sur une superficie de 1 km², les vestiges du lit d'un lac glaciaire constituent le plus petit désert du monde. Les vents violents du lac Bennett y balaient sans cesse le sable où seuls les pins lodgepole et les kinnikinnicks parviennent à prendre racine.

Route Stewart-Cassiar

La route Stewart-Cassiar (n° 37) débute près de Kitwanga, en Colombie-Britannique, et se poursuit jusqu'à Watson Lake, au Yukon, reliant ainsi la route de Yellowhead à celle de l'Alaska.

Teslin

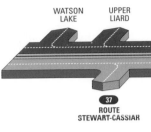

Dans le village tlingit de Teslin, qui dessert la route de l'Alaska, le pont Nisutlin enjambe un bras du lac Teslin. Le musée local rend hommage au chef George Johnston avec une reproduction de son poste de traite et des photographies prises par lui-même avant que la construction de la route de l'Alaska perturbe le mode de vie traditionnel de son peuple. Des habits de cérémonie et un exceptionnel tapis de jeu figurent parmi les objets exposés.

Carcross

De la route de l'Alaska, la route 8 mène à Carcross, en passant par Tagish, qui offre des repas à emporter, des emplacements de camping, une marina ainsi que des expéditions de pêche guidées. À Carcross, le magasin général Matthew Watson (1898) recèle des curiosités d'une autre époque – outils d'armurier ou rations militaires de la Deuxième Guerre mondiale. On y vend des souvenirs, des friandises et des cornets de crème glacée à la dimension du Yukon. À quelques kilomètres au nord se trouvent le désert de Carcross (*ci-dessous, à gauche*) et un immense parc historique, Frontierland, combiné à un musée d'histoire naturelle. On peut y voir des représentants (certains vivants, d'autres montés dans des dioramas) de l'insaisissable faune du Yukon, s'initier à l'histoire du Yukon et faire une randonnée jusqu'à un belvédère qui surplombe le lac Bennett et la ville historique de Carcross.

Whitehorse

Au fond d'une vallée, la ville de Whitehorse occupe une étroite bande de terrain au bord du Yukon. Son nom évoque les rapides qui ressemblent à la crinière d'un cheval blanc. Centre commercial très actif, la capitale du Yukon vit le jour en 1898 avec l'arrivée des milliers de prospecteurs attirés par la fièvre de l'or.

Plusieurs musées racontent le passé coloré du Yukon. Près de l'aéroport, celui du Yukon Transportation expose des embarcations en peaux d'orignal, des raquettes, des traîneaux à chiens, des diligences, une reproduction grandeur nature du *Queen of the Yukon* (l'avion jumeau du *Spirit of St. Louis* de Charles Lindberg), et

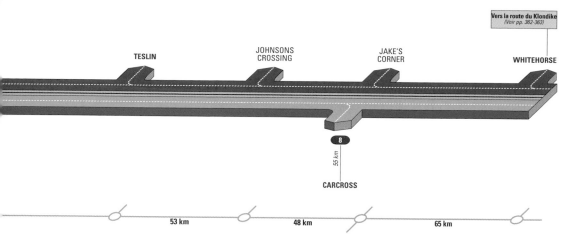

Vers la route du Klondike
(Voir pp. 362-363)

TESLIN JOHNSONS CROSSING JAKE'S CORNER WHITEHORSE

8

55 km

CARCROSS

53 km 48 km 65 km

Cette murale (18 m), œuvre d'artistes locaux, orne l'entrée du musée Yukon Transportation, à Whitehorse. Elle dépeint les moyens de transport des Amérindiens, les bateaux à aubes, le légendaire chemin de fer White Pass & Yukon, les débuts de l'aviation et la construction de la route de l'Alaska.

À Whitehorse, on peut voir le Klondike II et la statue d'un malamute évoquant les meutes de chiens qui accompagnaient les prospecteurs dans leurs expéditions.

autres formes de locomotion d'antan. Un DC-3 restauré serait, sur son socle, la plus grande girouette du monde car il pivote toujours dans le sens du vent.

Le centre d'interprétation Yukon Beringia explique le peuplement initial du Yukon attribué au pont de glace qui relia l'Alaska à la Sibérie jusqu'à la fin de l'ère glaciaire, il y a 11 000 ans. On y voit les restes fossilisés de mammouths laineux, de bisons des steppes géants, de chats cimeterres, de castors géants, de chevaux anciens, d'ours à museau court et de lions d'Amérique.

Le musée MacBride célèbre le patrimoine naturel et culturel du Yukon. Dans une vieille église anglicane (1900), le musée Old Log Church raconte l'histoire des missionnaires anglicans établis dans le Grand Nord.

Le *Klondike II,* rendu à son apparence originale, repose en cale sèche sur le fleuve Yukon. Il remplaça le *Klondike I* en 1937. Ce furent les plus grands bateaux à aubes à naviguer sur le fleuve entre 1860 et 1950.

Le centre des Arts du Yukon renferme un théâtre de 424 places et une galerie consacrée aux artistes professionnels du Yukon où l'on présente aussi d'importantes expositions itinérantes.

Les Jardins du Yukon se composent de rocailles et de plate-bandes de fleurs indigènes et exotiques, de potagers de légumes résistants et de plantes médicinales.

La Société historique du Yukon organise un tour guidé (45 minutes) des sites historiques de Whitehorse et le *Schwatka* offre des croisières de 2 heures sur le fleuve Yukon.

WHITEHORSE

HAINES
JUNCTION

Route de l'Alaska (nº 1)

158 km   108 km

**TERRITOIRE
DU YUKON**

Haines Junction

C'est ici que se trouvent les bureaux administratifs du parc national de Kluane (prononcez *klou-a-ni*) où doivent s'inscrire les excursionnistes et les alpinistes s'ils veulent y passer la nuit. Expositions et diapositives donnent un bon aperçu des merveilles que recèle le parc, et les visiteurs peuvent se renseigner sur les sentiers de randonnée, les excursions guidées et les programmes d'animation. À Haines Junction même, les activités comprennent expéditions en montagne, équitation, descente en eau vive et excursions en avion ou en hélicoptère. La route 5 du Yukon mène, en direction sud, à Haines, en Alaska.

Parc national de Kluane

La route de l'Alaska longe à l'est un parc exceptionnel constitué de hautes montagnes, d'immenses champs de glace et de vallées luxuriantes. Les deux seuls accès au parc de Kluane sont à Haines Junction et, 105 km plus au nord, face à la pointe sud du spectaculaire lac Kluane. Les montagnes qu'on aperçoit de la route sont celles du chaînon des Kluane et elles atteignent en moyenne 2 500 m. À l'intérieur du parc, les monts Icefields, qui font partie du massif de St-Élie, comprennent une vingtaine de sommets à plus de 5 000 m, dont le mont Logan (5 959 m), le plus élevé du Canada. Des glaciers, certains de 10 km de large sur 100 km de long, émergent des champs de glace qui recouvrent la moitié du parc, les plus grands à l'extérieur des pôles. Le parc de Kluane et les parcs mitoyens en Alaska et en Colombie-Britannique ont été classés par l'UNESCO parmi les sites du patrimoine mondial.

À Haines Junction, un sentier (4,8 km) qui serpente parmi les marécages de la rivière Dezadeash donne aux observateurs

FRONTIÈRE
CANADO-
AMÉRICAINE

DESTRUCTION   BURWASH
BAY   LANDING

BEAVER
CREEK

10 km

191 km

20 km

Le parc national de Kluane renferme des milliers de pics enneigés et les plus hautes montagnes du Canada. Les chaînes de montagnes s'y succèdent, séparées les unes des autres par de vastes vallées boisées peuplées d'animaux sauvages, des lacs cristallins et d'immenses champs de glace dont émergent des centaines de glaciers à flanc de montagne et jusque dans le lit des vallées.

d'oiseaux un aperçu des richesses du parc. Au centre d'interprétation Sheep Mountain, à la pointe du lac Kluane, on voit souvent de ces grands mouflons de Dall qui peuplent le parc. Un peu au nord, le sentier Soldier Summit mène à l'endroit où la route de l'Alaska fut inaugurée en 1942.

Burwash Landing

Ce petit village vit le jour en 1903 avec la découverte de filons d'or dans les affluents du lac Kluane. Il portait alors le nom de Jacquot Post en l'honneur des frères Louis et Jean Jacquot dont les postes ravitaillaient les mineurs ; vers 1940, il fut rebaptisé à la mémoire du major Lachlan Taylor Burwash, ingénieur minier et explorateur de l'Arctique. On peut s'arrêter à Burwash Landing pour camper, louer un bateau, faire une excursion de pêche ou une expédition aérienne au-dessus du parc national de Kluane. Au Musée d'histoire naturelle de Kluane, on verra des animaux empaillés (certains dans des dioramas), des

produits d'artisanat et des costumes indiens ainsi qu'une collection de minéraux et de fossiles qui comprend notamment d'exceptionnelles défenses de mammouth vieilles de 18 000 ans. À côté du musée, une batée de 8 m serait, dit-on, la plus grande du monde. La première mission et école au nord de Whitehorse, Notre-Dame-du-Saint-Rosaire, fondée en 1944 par les oblats, a aussi été convertie en musée.

Beaver Creek

Le village le plus à l'ouest du Canada, dont la population est de 125 habitants, accueille les visiteurs avec une exposition de fleurs sauvages. (Le poste frontière entre l'Alaska et le Yukon se trouve à 10 km au nord.) C'est à Beaver Creek que les deux équipes qui construisaient la route de l'Alaska, l'une partant de Whitehorse et l'autre de l'Alaska, se rencontrèrent enfin, le 20 octobre 1942. De mai à septembre, l'auberge locale présente un spectacle haut en couleur pour toute la famille.

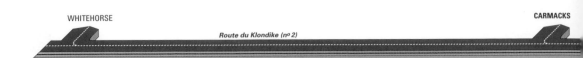

WHITEHORSE   *Route du Klondike (n° 2)*   CARMACKS

167 km   23,5 km

**TERRITOIRE
DU YUKON**

Route du Klondike (Route 2)

À Whitehorse, une route d'asphalte mène vers le sud jusqu'à
Stagway, en Alaska, en passant
par Carcross (voir page 358).
Ce qui suit est la description du
tronçon qui va de Whitehorse
à Dawson City.

Carmacks

George Washington Carmack
découvrit ici du charbon en 1893
et fonda un poste de traite.
Ce même Carmack, trois ans
plus tard, allait déclencher la
ruée vers l'or du Klondike en
découvrant les filons d'or du
ruisseau Bonanza.

Un important relais de la piste
Overland qui reliait Whitehorse à
Dawson City a été rendu à son
apparence originale de 1903.

La région est truffée de sentiers de randonnée. Au pont du
Yukon, le sentier de Coal Mine
Lake (1,6 km) mène à un endroit
de pêche et de baignade. Une
promenade autoguidée (2 km)
relie le centre des visiteurs à un
parc au bord de l'eau. Cinq sentiers riches en géodes, en agates
et autres minéraux font la joie
des chercheurs de pierres.

Environ 23 km au nord de
Carmacks se trouve le site
récréatif des rapides de Five Fingers (*ci-contre*), ainsi nommés en
raison de cinq chenaux bordés de
hauts escarpements de gravier et
de sable. À l'époque de la ruée
vers l'or, il fallait haler les bateaux pour traverser ces rapides.
Aujourd'hui, un bateau couvert
fait la navette entre Carmacks et
le site récréatif où une plateforme d'observation surplombe
les eaux tumultueuses.

Pelly Crossing

À mi-chemin entre Whitehorse
et Dawson City, la route du
Klondike traverse la rivière Pelly
et le village où vivent les Indiens
Selkirks. On y trouve un camping, un poste de traite et un
magasin ; la station-service
annonce qu'elle ne ferme jamais.

Stewart Crossing

Fondé en 1886 pour ravitailler
les chercheurs d'or, Stewart
Crossing devint ensuite un relais
de la piste Overland. On y
trouve de nos jours une auberge,
un camping, des parcs de cara-
vanes et un centre des visiteurs.
La route du Klondike croise ici la
piste Silver (route 11) qui conduit
vers l'est à Mayo et aux vieilles
mines d'argent d'Elsa et de Keno
(*voir rubriques ci-dessous*).

Mayo

Les origines de cette agglomération remontent au début du siècle. Les bateaux à vapeur y
acheminaient le ravitaillement
destiné aux exploitations minières et repartaient chargés de
minerai d'argent et de plomb. La
navigation et les affaires déclinèrent avec l'inauguration de la
route 11 en 1949. Aujourd'hui, le
principal attrait de Mayo est le
centre d'interprétation de la maison Binet qui renseigne sur la
piste Silver à l'aide d'anciennes
photographies, d'échantillons de
la faune et de la flore et d'explications portant sur la géologie,
notamment une carte en relief
qui illustre les gisements miniers
de la région.

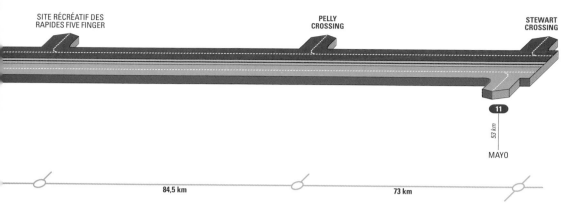

SITE RÉCRÉATIF DES
RAPIDES FIVE FINGER

PELLY
CROSSING

STEWART
CROSSING

11

53 km

MAYO

84,5 km

73 km

*Le tumulte des eaux qui s'engouf-
frent tout près dans un rétrécissement du Yukon contraste avec le
calme qui règne au site récréatif des
rapides Five Fingers où le fleuve
s'étire doucement.*

Elsa

Elsa vit le jour en 1919 lorsqu'on
découvrit des gisements d'argent
dans la colline Keno. Le minerai
extrait des puits souterrains était
traité sur place avant d'être
envoyé à Whitehorse. Il fut une
époque où la mine United Keno
Hill était la plus grande mine
d'argent en Amérique du Nord.
Mais, en 1989, la chute du prix
de l'argent provoqua la fermeture de la mine et le déclin du
village qui ne dessert plus que
les rares mineurs restés aux
alentours.

Keno City

À peine 50 personnes habitent
encore ce village situé aux con-
fins de la piste Silver. On revit
cependant son glorieux passé en
visitant le musée Keno City
Mining installé, de façon appro-
priée, dans une salle de danse de
1920. On y retrouve aussi des
outils de forgeron, de l'équipement minier d'époque, de même
qu'un grand nombre de photographies locales.

De magnifiques paysages
entourent Keno City. La route
Signpost mène au sommet de la
colline Keno d'où la vue de la
vallée de McQuesten est saisissante. On peut aussi emprunter
des sentiers de randonnée qui
traversent des régions minières
historiques, de pittoresques vallées et de jolies prairies alpines.

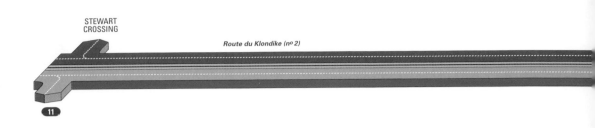

STEWART
CROSSING

Route du Klondike (nº 2)

11

140 km

**TERRITOIRE
DU YUKON**

GASLIGHT FOLLIES

Les bâtiments restaurés de Dawson City rappellent son glorieux passé. De gauche à droite : le Palace Grand Theatre (1899), qui présente encore un spectacle de variétés comme ceux qui faisaient rage à l'époque de la ruée vers l'or ; un ex-bâtiment administratif de 1901 devenu le musée de Dawson, qui renferme une cabane de mineur, une forge, des journaux, des carnets personnels et des photographies d'époque ; le bureau de poste (1901), toujours en activité ; la résidence du Commissaire (1902), soigneusement restaurée, somptueusement meublée, qui accueillait les dignitaires locaux et étrangers.

Bear Creek

Au sud de Dawson City, quelque 65 bâtiments servaient de quartiers administratifs pour les mines et d'ateliers de réparation pour les gigantesques dragues qui s'utilisaient dans les champs aurifères. L'été, on peut visiter un des ateliers et la pièce où l'or était nettoyé, fondu et mis en lingots avant d'être expédié.

Route du Bonanza

Sur la route menant au ruisseau Bonanza, deux sites sont à voir. À 12 km, la drague nº 4, haute de huit étages, couvre une superficie grande comme un terrain de football. C'est la plus grosse drague de ce type en Amérique du Nord et l'une des deux douzaines qui extrayaient l'or au fond des ruisseaux de la vallée du Klondike. Ces dragues servirent jusqu'au milieu des années 60 aux grandes compagnies minières qui avaient peu à peu racheté les exploitations individuelles. Les montagnes de résidus caractérisent encore le paysage local.

Environ 2 km plus loin, une plaque commémore l'endroit où, en août 1896, George Washington Carmack, dit Skookum Jim, et son beau-frère, Tagish Charley, découvrirent de l'or dans un affluent du Klondike. La nouvelle de la découverte du ruisseau Bonanza se répandit l'année suivante et ce fut le début de la fièvre de l'or. De nos jours, on peut ici laver de l'or à la batée, pique-niquer ou acheter des souvenirs à la boutique. (Pour en savoir plus sur le lavage à la batée dans le ruisseau Bonanza, voir pages 366-367.)

Dawson City

À la suite de la découverte du ruisseau Bonanza (*ci-dessus*), ce minuscule village au confluent du Yukon et du Klondike fut envahi

ROUTE DE
DEMPSTER
5

BEAR
CREEK

DAWSON
CITY

ROUTE DU
BONANZA

25 km   9 km   4 km

POST OFFICE

par 30 000 chercheurs d'or venus du monde entier. Certains s'enrichirent et dépensèrent sans compter dans les splendides hôtels, théâtres, salles de danse et magasins apparus comme par miracle au milieu des tentes et des cabanes de ce «Paris du Nord». En 1898, Dawson City devint la capitale du nouveau territoire du Yukon. Mais les filons d'or s'épuisèrent et l'étoile de la ville se mit à pâlir. Elle échappa à la croissance que connut le Yukon après la Deuxième Guerre mondiale et, en 1953, perdit son statut de capitale en faveur de Whitehorse.

Son passé légendaire attire pourtant encore des milliers de visiteurs. Le centre touristique présente des diapositives et des films de la belle époque. Il pro-

pose aussi la tournée des bâtiments construits pendant la fièvre de l'or. On remarquera le Diamond Tooth Gertie's Gambling Hall, ancien saloon converti en casino (ses profits servent à financer la restauration de la ville), le magasin Harrington (1900), qui abrite une exposition de photographies anciennes, et une église anglicane (1902) en planches à clin.

Authors' Avenue rend hommage au poète Robert Service (1874-1958) et au romancier Jack London (1876-1916). Dans la demeure de bois rond où vécut Service (qui fut à l'emploi d'une banque locale de 1909 à 1912), on assiste à des lectures de ses poèmes comme *Songs of a Sourdough* ou *The Shooting of Dan McGrew*. Le centre d'interprétation Jack

London raconte le séjour de l'écrivain au Yukon en 1897. C'est ici qu'il puisa son inspiration pour ses romans *L'Appel sauvage* et *Croc-Blanc*.

Chaque année, le 21 juin, une foule se réunit au Midnight Dome, environ 8 km au nord de la ville, pour voir le soleil de minuit s'incliner derrière les monts Ogilvie. Le sommet du dôme permet de jouir d'une vue panoramique de la ville, des montagnes, de la vallée du Yukon et de celle du Klondike.

De Dawson City, un traversier mène en face, sur le Yukon, à la frontière de l'Alaska et à une route en gravier de 109 km, ouverte l'été seulement, surnommée Top of the World parce qu'elle traverse à haute altitude de grandioses montagnes.

À la recherche de pépites d'or au Yukon

ROUTE DU KLONDIKE / DAWSON CITY

LARRY PYNN a également signé dans ce livre l'essai « À l'assaut des terrifiants rapides du Fraser » (pp. 48-49).

LA DERNIÈRE RUÉE VERS L'OR remonte à près d'un siècle. Mais John Gould, 78 ans, continue toujours de passer la terre au crible sur les concessions acquises par son père au bord du célèbre ruisseau Hunker dans la vallée du Klondike en 1903.

Si vous imaginez Gould comme un mineur grisonnant accroupi au bord de la rivière, occupé à extraire les pépites d'or de sa batée, détrompez-vous. De nos jours, au Klondike, il s'agit plutôt d'extraire les paillettes d'or qui subsistent dans le sol et, pour y arriver, on se sert d'une machinerie lourde capable de digérer jusqu'à 500 m^3 de gravier à l'heure.

Néanmoins, à la différence de l'exploitation minière traditionnelle – dans le roc solide des tunnels souterrains ou des puits à ciel ouvert –, l'exploitation des placers du Yukon se fait à petite échelle. Il s'agit d'extraire l'or du gravier qui tapisse les lits des cours d'eau. Comme les autres mineurs de la région, Gould exploite une douzaine de concessions appartenant à sa famille.

Parce que le Klondike a échappé à la dernière époque glaciaire, le minerai n'a jamais été raclé de la terre par les glaciers. De la poussière d'or, il en reste encore beaucoup dans le sol. Mais les pépites sont devenues rares après un siècle d'exploitation intensive à travers cette région de 2 000 km^2 qui couvre le centre-ouest du Yukon, à la frontière de l'Alaska.

L'attrait irrésistible de l'or à l'état libre a donné lieu à toutes sortes de méthodes d'exploitation. Les prospecteurs ont creusé la terre tourbeuse ou le gravier gelé pour remplir leurs *sluices*, boîtes rectangulaires gravimétriques qui, à la manière d'une batée, séparent le minerai de l'eau et du gravier ; ils ont ensuite employé de gros tuyaux d'arrosage pour enlever le surplus de terre, puis de grosses excavatrices munies de chaînes à godets, pour en arriver enfin à un équipement moderne fort coûteux de bouteurs et de rétrocaveuses.

Ces fébriles activités minières n'ont pas été sans conséquence pour l'environnement. Le ratissage systématique des cours d'eau, avec l'accord tacite des autorités, a considérablement perturbé l'habitat des poissons. Mais cela n'a pas freiné le tourisme, car le souvenir de la ruée vers l'or est resté bien vivant.

La ville de Dawson, que cette époque a rendue célèbre, accueille encore chaque année les Championnats de lavage d'or à la batée du Yukon, qui ont lieu le 1er juillet. Tous les six ans, des championnats mondiaux attirent ici quelque 300 participants venus d'une vingtaine de pays dont l'Italie, le Japon, la France, la Finlande, l'Écosse et l'Australie. Chaque participant reçoit un seau rempli de sable, de gravier et d'une quantité déterminée de paillettes d'or. Le champion est celui qui le premier réussit à laver à la batée toutes les paillettes et à les retenir dans le récipient de collection. Lors du dernier championnat, en 1996, le vainqueur, originaire de la République tchèque, a réussi son exploit en 2 min 17 sec.

De la mi-mai à la mi-septembre, les visiteurs qui veulent s'exercer à la batée ont le choix entre plusieurs options. Sur la route de Bonanza Creek, le parc Guggieville est le plus important des quatre centres privés d'initiation au lavage à la batée dans la région du Klondike. Les leçons se donnent au moyen de batées surélevées qui facilitent la tâche. Le coût de la leçon inclut une fiole qui permet à chacun d'emporter son trésor. La propriétaire, Brenda Caley, admet volontiers qu'elle se procure du gravier dans les placers avoisinants et qu'elle saupoudre les batées de paillettes d'or afin que chacun ait un souvenir à exhiber.

Ceux qui attrapent la fièvre de l'or peuvent ensuite louer une pelle et une batée à Guggieville et explorer la concession n° 6 de l'Association des visiteurs du Klondike,

sur le ruisseau Bonanza. On accède gratuitement à cette concession qui est située à 1 km en amont de l'endroit où, le 17 août 1896, deux mineurs indiens, Skookum Jim et Dawson Charlie, et un Américain, George Carmak, firent la fameuse découverte qui allait déclencher la ruée vers l'or. On peut aussi visiter les placers du ruisseau Gold Bottom, dont la découverte a précédé ceux du ruisseau Bonanza, et tenter sa chance dans les rigoles ou dans les amas de gravier empilés près du ruisseau.

Mais attention ! Le touriste ne doit pas se prendre pour un chercheur d'or et s'installer n'importe où avec sa pelle et sa batée. Chaque berge sur chaque cours d'eau est découpée en concessions privées et il faut obtenir la permission du propriétaire avant de s'atteler à la prospection.

> *Le lavage de l'or à la batée est relativement simple, mais il faut développer son adresse.*

Le lavage de l'or à la batée est relativement simple, mais il faut développer son adresse. On remplit la batée de gravier, on la plonge dans l'eau et on la remue pour dissoudre la boue. On plonge de nouveau la batée à quelques reprises dans l'eau en l'inclinant légèrement pour éliminer la boue sur le dessus. Ensuite on extrait les cailloux à la main. Et l'on secoue la batée afin que l'or, plus lourd, se dépose au fond.

La batée, elle aussi, a changé d'apparence depuis le début du siècle. On voit maintenant toutes sortes de batées, voire rectangulaires ou en plastique. Les traditionnalistes vous diront cependant que rien ne vaut la batée ronde de 40,5 cm, en fer, dont se sont servis avant vous des milliers de chercheurs d'or en quête de fortune.

Larry Pynn

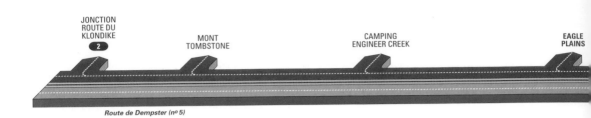

JONCTION ROUTE DU KLONDIKE **2** — MONT TOMBSTONE — CAMPING ENGINEER CREEK — EAGLE PLAINS

Route de Dempster (nº 5)

75 km | 119 km | 178 km | 30 km

YUKON/ TERRITOIRES DU NORD-OUEST

Route de Dempster

La route la plus septentrionale de l'Amérique du Nord et la seule à pénétrer dans le cercle polaire relie Dawson City, au Yukon, à Inuvik, dans les Territoires du Nord-Ouest. En gravier bien tassé, elle suit l'ancien tracé qu'empruntait la Gendarmerie royale pour patrouiller avec ses traîneaux à chiens. Elle porte le nom de W.J.D. Dempster qui, lorsqu'il était jeune caporal, passa tout un hiver à la recherche de la « patrouille perdue » (voir *Fort McPherson*).

Camping Tombstone

C'est ici que les derniers peuplements d'épinettes et de peupliers cèdent la place à la toundra et aux sommets grandioses des monts Ogilvie. Environ 2,5 km au nord du camping, on aperçoit le sommet triangulaire du mont Tombstone (2 192 m) qui servait de point de repère aux agents de la Gendarmerie royale et aux autres voyageurs de la région.

Eagle Plains

Au milieu des monts Ogilvie et Richardson, à mi-chemin sur la route de Dempster, Eagle Plains est l'un des trois centres de service pour les automobilistes. On y trouve aussi un hôtel et un parc pour véhicules de camping. À quelque 5 km au nord, une plaque rappelle la chasse à l'homme de 1932 pour capturer Albert Johnson, le « trappeur fou ».

Cercle polaire arctique

Au nord d'Eagle Plains, un panneau explicatif marque l'entrée dans le cercle polaire. Au-delà de cette latitude, le soleil ne se couche pas au solstice d'été, pas plus qu'il ne se lève au solstice d'hiver. Pendant longtemps, un dénommé Harry Waldron passa ses étés ici. Il se disait « gardien du cercle polaire » et, vêtu d'un smoking, se berçait au bord de la route en buvant du vin mousseux, prêt à raconter des histoires et à offrir l'hospitalité à quiconque passait par là.

Fort McPherson

Le plus grand village d'Indiens Loucheux des Territoires du Nord-Ouest perche sur un plateau au-dessus de la rivière Peel. Un florissant atelier de toile tissée produit des bagages et des sacs à dos de grande qualité. On peut, au bureau de la bande, se procurer des articles de cuir et d'autres produits d'artisanat local. Ici repose la « patrouille perdue », quatre agents de la Gendarmerie royale disparus pendant l'hiver de 1910. Leurs cadavres gelés furent retrouvés non loin d'ici par le courageux caporal Dempster.

Sur la route de Dempster, un panneau explicatif, juste au nord d'Eagle Plains, marque l'endroit où la route pénètre dans le cercle polaire arctique, à 66° 33′ de latitude.

368

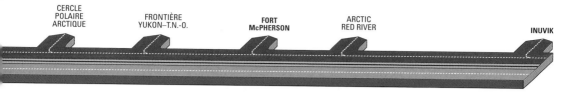

CERCLE POLAIRE ARCTIQUE — FRONTIÈRE YUKON–T.N.-O. — FORT McPHERSON — ARCTIC RED RIVER — INUVIK

65 km   74 km   62 km   128 km

Arctic Red River

Le mode de vie traditionnel des Indiens Loucheux subsiste dans ce village qui se forma vers 1860 autour d'une mission catholique et d'un poste de la Compagnie de la Baie d'Hudson. On aperçoit la flèche de la mission depuis la route avant d'atteindre le traversier du Mackenzie.

Inuvik

Ici les bâtiments reposent sur des piliers enfoncés dans le pergélisol. Les canalisations et les égouts courent en surface, protégés du gel par des gaines d'aluminium appelées «utilidors». Une maison traditionnelle en mottes de terre sert de centre des visiteurs.

Inuvik fut bâtie par le gouvernement fédéral en 1954 comme centre administratif de l'ouest de l'Arctique, pour remplacer Aklavik qui menaçait d'être anéanti par les inondations. Croisières sur le fleuve, expéditions de pêche, promenades en traîneaux à chiens et excursions aériennes sur le delta du Mackenzie attendent le visiteur qui peut aussi pousser plus loin en avion.

À Inuvik, l'église Notre-Dame-de-la-Victoire, faite de contreplaqué peint en blanc, reproduit la forme d'un igloo.

Aklavik

Cet ancien poste de la Compagnie de la Baie d'Hudson servit de centre administratif fédéral jusqu'à la construction d'Inuvik. Des Inuits et des Loucheux préférèrent rester sur place pour garder leur mode de vie traditionnel. L'ancien poste, un musée et des cabanes de bois rond sont la marque du «village qui refuse de mourir».

Tuktoyaktuk

Tuktoyaktuk fut de tout temps le rendez-vous des Inuits chasseurs de baleines. Depuis les années 70, c'est aussi la base d'explorations de pétrole au large des côtes. Le paysage se caractérise par la présence de pingos – reliefs coniques contenant une couche d'eau glacée poussée par le pergélisol. On en a dénombré plus de 1 400, soit la plus grande concentration au monde.

369

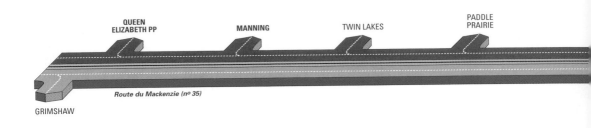

QUEEN ELIZABETH PP   MANNING   TWIN LAKES   PADDLE PRAIRIE

GRIMSHAW

Route du Mackenzie (n° 35)

15 km   69 km   61 km   65 km   70 km

NORD DE L'ALBERTA/ TERRITOIRES DU NORD-OUEST

Route du Mackenzie

Nommée d'après l'explorateur Alexander Mackenzie (1764-1820), la route du Mackenzie est en réalité une succession de plusieurs routes. Un premier tronçon, en asphalte, mène de Grimshaw, en Alberta, à Hay River, dans les Territoires du Nord-Ouest ; le second, en gravier, va jusqu'à Wrigley, ce qui représente un peu plus de la moitié de la distance projetée jusqu'à Tuktoyaktuk, sur la mer de Beaufort (voir page 369).

Grimshaw

Au centre touristique, on peut se renseigner sur la route du Mackenzie dont la borne 0 est marquée par un monument sur la route 35. Grimshaw fut autrefois une région céréalière importante. Le parc situé à quelque 3 km à l'est renferme un lac où abonde la truite arc-en-ciel.

Parc provincial Queen Elizabeth

Voile, navigation de plaisance, baignade et ski nautique sont à l'honneur dans ce parc au bord du lac Cardinal, pourvu de campings, de terrains de jeu et de sentiers. Une plateforme au bord de l'étang permet d'observer certaines des 115 espèces d'oiseaux qui fréquentent le parc. On visite aussi le Village des pionniers, avec ses moulins fonctionnels, deux maisons meublées et l'édifice municipal de la région (1919).

Manning

Dans les forêts qui entourent cette pittoresque localité, l'ori-gnal est roi et maître. À North Star, au sud de la ville, on ira visiter un site historique : la maison Charles Plavin (1918), l'une des plus vieilles fermes du nord de l'Alberta. Une autre ferme possède une fosse à serpents et un refuge d'oiseaux. L'été, dans le Vieil Hôpital, un musée et une galerie accueillent les visiteurs.

High Level

La dernière localité importante avant de pénétrer dans les Territoires du Nord-Ouest doit son nom à une élévation de terrain qui sépare la rivière au Foin – qui coule vers le nord – de la rivière de la Paix – qui coule vers l'est. La scierie de High Level est la plus grande de l'Alberta et les silos sont à la plus haute latitude au monde. Le centre d'information touristique loge dans le musée Mackenzie Crossroads, dédié à l'histoire locale. On ne regrettera pas une visite à Fort Vermilion (route 58), le « berceau de l'Alberta », qui date de 1778.

60ᵉ parallèle

C'est ici que la route 35 de l'Alberta devient la route 1 des Territoires du Nord-Ouest. Le centre d'information accueille les visiteurs avec un café gratuit et l'on peut camper aux abords.

Parc territorial Twin Falls Gorge

La route du Mackenzie traverse le parc Twin Falls Gorge. On peut prendre un sentier jusqu'au belvédère qui domine la chute Alexandra (33 m) ; ou bien faire

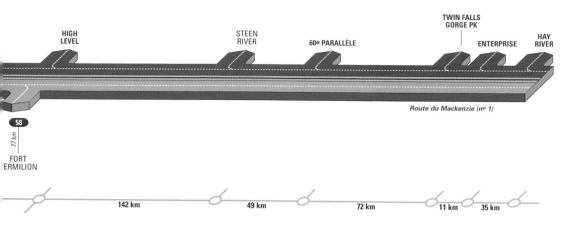

HIGH LEVEL   STEEN RIVER   60e PARALLÈLE   TWIN FALLS GORGE PK   ENTERPRISE   HAY RIVER

Route du Mackenzie (no 1)

58

77 km

FORT ERMILION

142 km   49 km   72 km   11 km   35 km

une promenade d'une heure le long d'une gorge aux parois abruptes, semée de formations de grès et de calcaire vieilles de 400 millions d'années et remplies de fossiles, pour admirer la chute Louise, un saut de 15 m sur trois niveaux. Ou encore, pique-niquer au ruisseau Escarpment, devant de beaux rapides.

Enterprise

Les seuls commerces de la ville sont la station service, le restaurant et la boutique d'artisanat. À Enterprise, la route du Mackenzie bifurque vers l'ouest et rencontre la route de Yellowknife (voir pages 372-373). Ceux qui veulent d'abord se rendre à Hay River longeront, sur la route 2, la plus importante région horticole des Territoires, qui tire profit des crues de la rivière au Foin et du long ensoleillement de l'été.

Hay River

Dotée d'un port sur le Grand Lac des Esclaves et d'un centre de pêcheries commerciales, cette ville pittoresque et moderne est réputée pour sa pêche sportive. Sur la route 5, juste avant Hay River, on peut se rendre à la réserve indienne des Dénés et se procurer de beaux objets d'artisanat. En continuant sur la même route (280 km), on entre dans le parc national Wood Buffalo, avec ses bisons des bois.

Bordée de trembles, de pins gris, d'épinettes et de bouleaux, la rivière au Foin se jette d'une saillie de calcaire pour former la spectaculaire chute Alexandra (33 m), dans le parc Twin Falls Gorge.

371

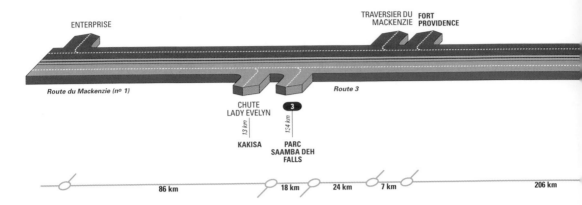

ENTERPRISE

TRAVERSIER DU MACKENZIE FORT PROVIDENCE

Route du Mackenzie (nº 1)

Route 3

CHUTE LADY EVELYN

13 km

3

1:4 km

KAKISA

PARC SAAMBA DEH FALLS

86 km   18 km   24 km   7 km   206 km

TERRITOIRES DU NORD-OUEST

Kakisa

Entre Enterprise et l'embranchement de la route 3, c'est la « route des chutes ». Un détour par Kakisa permettra d'admirer la chute Lady Evelyn, là où la rivière Kakisa se précipite 15 m plus bas dans une gorge de calcaire. On y accède par le sentier d'un parc où l'on peut aussi se baigner, pique-niquer, camper, chercher des fossiles ou taquiner l'ombre et le grand brochet. À Kakisa, où habite la tribu des Dénés, la plupart des maisons sont en bois rond. Les femmes fabriquent de remarquables objets d'artisanat dont des vêtements ornés de poils d'orignal et de piquants de porc-épic.

Parc territorial Saamba Deh Falls

C'est ici que la rivière Trout se précipite dans une gorge étroite pour former la spectaculaire chute Saamba Deh (Whittaker) ; un peu plus loin en amont, elle tombe en cascade dans la chute Coral. On peut pique-niquer dans le parc ou camper dans une vieille forêt d'épinettes.

Fort Providence

Pour mettre le cap sur Fort Providence et Yellowknife, il faut prendre la route 3, puis le traversier du Mackenzie. (La route 1 continue vers Wrigley, en aval du fleuve.) À Fort Providence, où les habitants ont conservé leur mode de vie traditionnel, on trouve des motels, un restaurant, un camping et une boutique d'artisanat et l'on peut faire une croisière sur le fleuve. La route 3 longe ensuite la vaste réserve de bisons du Mackenzie où errent en liberté quelque 1 700 bisons des bois. On peut en apercevoir parfois du bord de la route. De

À Yellowknife, le remarquable centre Prince of Wales Northern Heritage raconte la vie dans le Nord, de la préhistoire à l'ère de l'exploration. Des dioramas initient les visiteurs au mode de vie et à la culture des Premières Nations des Territoires du Nord-Ouest, les Indiens Dénés et les Inuits.

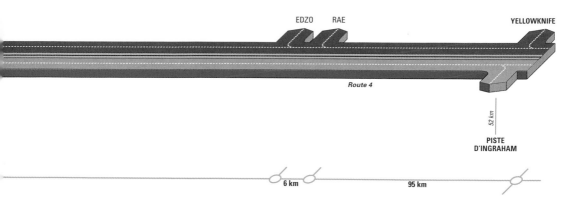

EDZO   RAE   YELLOWKNIFE

Route 4

52 km

PISTE
D'INGRAHAM

6 km   95 km

Rien n'a changé au Wild Cat Cafe, à Yellowknife, depuis son ouverture en 1937. Tout comme au temps de ses fondateurs, Willy "Wiley Road" Wiley et "Smoky" Stout, on y sert toujours du gibier et du poisson à la clientèle estivale, prospecteurs, mineurs, pilotes, résidents et visiteurs du monde entier. Le porche, un ajout de 1939, a abrité le premier bar laitier de Yellowknife.

part et d'autre du pont qui enjambe le bras nord du Grand Lac des Esclaves se trouvent deux villages de la tribu des Dénés, Edzo et Rae. Au-delà, on reconnaît les paysages du Bouclier canadien, affleurements rocheux coiffés d'épinettes et de bouleaux rabougris.

Yellowknife

Le nom de la capitale des Territoires du Nord-Ouest fait allusion aux outils en cuivre que fabriquait une tribu des Dénés. Les Indiens pratiquent la chasse dans la région depuis des milliers d'années, mais le premier établissement permanent n'a vu le jour qu'en 1934, avec la découverte de filons d'or. La vieille ville occupe un bras de terre qui s'avance dans la baie. C'est un labyrinthe de bâtiments pittoresques datant de la ruée vers l'or. Sur la pointe de l'île Latham, le village culturel Ndilo présente des programmes d'interprétation et des démonstrations d'activités traditionnelles des Indiens Dénés. Pour avoir une vue panoramique de la ville et du lac, arrêtez-vous devant le monument aux pilotes de brousse.

Le centre Prince of Wales Northern Heritage offre un fascinant aperçu de l'histoire naturelle du Nord et de ses habitants. Dans une galerie consacrée à l'aviation, on voit l'un des premiers avions à avoir sillonné le ciel du Grand Nord, le Fox Moth de Max Ward, fondateur de Wardair. On notera ailleurs un ours polaire empaillé, un bateau de peau d'orignal et une belle collection d'art inuit.

Au centre de recherche sur les chiens esquimaux, on peut observer une centaine de spécimens d'une race rare, le kingmik.

Piste d'Ingraham (route 4)

Cette route de 70 km en partie asphaltée porte le nom d'un aubergiste pionnier, Vic Ingraham. Elle rejoint le lac Tibbett, à l'est. La piste, qui servit d'abord de voie d'accès aux gisements miniers du centre des Territoires du Nord-Ouest, traverse maintenant une région de villégiature ; elle est jalonnée d'un grand nombre de rivières et de lacs propices au canotage et à la pêche (truite, grand brochet). Chemin faisant, on passe devant sept rampes de mise à l'eau, deux campings, plusieurs plages et de courts sentiers de marche. (La route du Mackenzie croise la piste d'Ingraham aux abords de la ville de Yellowknife.)

FÊTES ET FESTIVALS

Une sélection des principales manifestations populaires tenues chaque année à travers le pays en certains des lieux décrits dans le *Canada d'un océan à l'autre*.

ABBOTSFORD, C.-B.
SPECTACLE AÉRIEN
AÉROPORT INTERNATIONAL D'ABBOTSFORD
DEUXIÈME FIN DE SEMAINE D'AOÛT

Ce spectacle aérien, le plus important en Amérique du Nord, a pour arrière-plan le splendide panorama de la vallée du Fraser. Durant trois jours, une exposition se tient au sol tandis que divers spectacles se déroulent dans le ciel, incluant les voltiges des célèbres Snowbirds.

AGASSIZ, C.-B.
FESTIVAL DU MAÏS
MI-SEPTEMBRE

La « capitale du maïs de la Colombie-Britannique » est l'hôte d'une foire d'automne avec expositions de produits agricoles et diverses compétitions, telle l'épluchette de blé d'Inde.

AMHERST, N.-É.
ANTIQUE MECHANICAL FAIR
MUSÉE DU COMTÉ DE CUMBERLAND
MI-AOÛT

Les vieilles voitures sont le centre d'intérêt de cette foire où l'on peut également se procurer toutes sortes de pièces mécaniques de collection.

ANTIGONISH, N.-É.
JEUX ÉCOSSAIS
MI-JUILLET

Danse écossaise, concours de cornemuse, épreuves de force comme le lancer du tronc (*caber*) sont les grandes attractions à Antigonish, où se poursuivent régulièrement les plus anciens jeux écossais hors d'Écosse.

ATIKOKAN, ONT.
JOURNÉES SPORTIVES
DÉBUT AOÛT

Pendant 10 jours, il y a des compétitions pour toute la famille : courses à vélo, chasse aux trésors (enfants) ; tennis, basket-ball et hockey sur patins à roues alignées (adolescents) ; courses de motomarines, de radeaux et de canots (adultes) ; fléchettes, fers à cheval et boulingrin (aînés).

AUSTIN, MAN.
FÊTE ET STAMPEDE DES BATTEURS DU MANITOBA
MUSÉE DE L'AGRICULTURE DU MANITOBA
DERNIÈRE SEMAINE DE JUILLET

Festival présentant durant quatre jours les pratiques agricoles et la machinerie d'antan. Aux expositions sur le battage, le labour et les opérations de scierie s'ajoutent un défilé d'époque, un défilé de mode et des expositions d'art ménager.

BADDECK, N.-É.
FESTIVAL ARTISTIQUE DE BRAS D'OR
JUILLET/SEPTEMBRE

Festival de musique et de théâtre regroupant tout l'été les meilleurs musiciens, auteurs-compositeurs et dramaturges de la côte Est. Le folk et le country sont à l'honneur, ainsi que la musique des Maritimes – franco-acadienne, celtique (Cap-Breton).

BALA, ONT.
FESTIVAL DES CANNEBERGES
FIN DE SEMAINE APRÈS L'ACTION DE GRÂCE

Assistez à la récolte des canneberges, renseignez-vous sur leurs méthodes de culture et goûtez diverses recettes qui en contiennent.

BANFF, ALB.
FESTIVAL DES ARTS
CENTRE DES ARTS DE BANFF
JUIN/AOÛT

Ce festival d'été très couru met à l'affiche quelque 1 000 artistes de la relève venus d'un peu partout dans le monde livrer d'éclatantes prestations dans diverses disciplines : jazz, musique de chambre, opéra et ballet.

FESTIVAL D'HIVER
FIN JANVIER/DÉBUT FÉVRIER

Cette grande fête hivernale qui a lieu depuis 1917 comporte diverses attractions : course à relais Mountain Madness, défilé aux flambeaux, grande fête de la ville, châteaux de glace, enchères silencieuses, casinos.

BATTLEFORD, SASK.
FESTIVAL D'ARTISANAT DE LA SASKATCHEWAN
JUILLET

Une des plus grandes expositions d'artisanat en Saskatchewan. On y présente les dernières créations des plus habiles artisans de la province. La poterie, le travail du bois et le tissage y sont notamment à l'honneur.

BELLEVILLE, ONT.
WATERFRONT FESTIVAL AND FOLKLORAMA
JUILLET

Le défilé d'ouverture et un immense feu d'artifice marquent le début d'une fin de semaine où abondent les plaisirs d'été. Le Village ethnique propose des mets et des spectacles de tous les pays ; le Village des enfants comporte d'excitants manèges ; et le concours International Drum Corps oppose les meilleurs corps de tambours de l'Amérique du Nord.

BLIND RIVER, ONT.
FESTIVAL D'ÉTÉ
DEUXIÈME FIN DE SEMAINE DE JUILLET

Des activités pour toute la famille rappellent le passé forestier de Blind River et son statut actuel comme centre de villégiature et de camping. Défilé traditionnel, compétitions de drave et de renversement de canots, concours de violoneux et fête foraine font partie des célébrations.

BRANDON, MAN.
FOIRE D'HIVER ROYAL MANITOBA
CENTRE KEYSTONE
FIN MARS

C'est la plus grande foire agricole printanière de l'ouest du Canada :

exposition de bétail, étalages commerciaux, manèges, épreuves équestres de niveau international.

BRIGHTON, ONT.
FESTIVAL DE LA POMME
FIN SEPTEMBRE

Au moment de la cueillette des pommes, une foire agricole doublée d'un bazar à ciel ouvert. Quatre jours de démonstrations d'artisanat, fanfares, manèges, vente de pâtisseries.

BROCKVILLE, ONT.
RIVERFEST
FIN JUIN/DÉBUT JUILLET

Pendant 10 jours, on célèbre la vie sur les rives du majestueux Saint-Laurent. Joyeux défilé, feux d'artifice, courses de canots et concerts en plein air donnés par des artistes de niveau mondial attendent le visiteur.

CALGARY, ALB.
FESTIVAL WESTERN
DÉBUT FÉVRIER

De vrais cow-boys récitent des vers, manient le lasso, marquent des bêtes. Parmi les autres attractions figurent les expositions d'art et d'accessoires westerns, des concerts et un festival de films westerns.

FESTIVAL INTERNATIONAL DES ENFANTS
MAI

Six journées magiques avec 130 spectacles présentant des pièces de théâtre, des marionnettes et de la musique originale, créés spécialement pour les enfants au Canada et ailleurs.

FESTIVAL INTERNATIONAL DE JAZZ
JUIN/JUILLET

Des artistes locaux et étrangers célèbrent pendant 10 jours le jazz, le blues et le world-beat avec des concerts, des ateliers, des spectacles en salle ou gratuits en plein air.

FESTIVAL INTERNATIONAL DES ARTS AUTOCHTONES
AOÛT

Artistes, danseurs et musiciens autochtones affluent des deux Amériques pour partager leur culture et leur patrimoine grâce à des spectacles et à des ateliers.

STAMPEDE DE CALGARY
MI-JUILLET

Le « plus grand spectacle en plein air au monde » recrée pendant 10 jours l'atmosphère du « Wild West » : courses de chariots, expositions de bétail, défilés hauts en couleur, danses dans les rues. Le Half Million Dollar Rodeo, qui offre la bourse la plus élevée de l'histoire du rodéo, y attire les meilleurs cow-boys professionnels.

FESTIVAL D'HIVER
FÉVRIER

Héritage des Jeux olympiques d'hiver tenus à Calgary en 1988, ce festival de 10 jours fête l'hiver avec des sports et des spectacles, notamment des randonnées en traîneau à chiens, des descentes de planche à neige et le Village d'hiver.

CANMORE, ALB.
FESTIVAL FOLKLORIQUE HERITAGE DAY
CENTENNIAL PARK
PREMIÈRE FIN DE SEMAINE D'AOÛT

Le festival folklorique le plus ancien en Alberta présente une excellente sélection de musique folklorique traditionnelle et contemporaine nord-américaine. S'y ajoutent une foire d'artisanat et un coin des enfants.

CAP-DE-LA-MADELEINE, QUÉ.
FESTIVAL DES AMUSEURS PUBLICS
DÉBUT AOÛT

Il y en a pour tout le monde et pour tous les âges avec les prestations fascinantes des magiciens, jongleurs, funambules et mimes qui évoluent pendant ce festival.

CARLETON PLACE, ONT.
FESTIVAL DE LA RÉCOLTE ET EXPOSITION D'ÉPOUVANTAILS
FIN SEPTEMBRE/OCTOBRE

Décoration de citrouilles, promenades en chariots tirés par des chevaux, concours de tartes et repas populaires au chili inaugurent l'automne, tout comme l'exposition de plus de 70 épouvantails qui se tient durant deux semaines au centre-ville.

FESTIVAL SPORTIF MISSISSIPPI RIVER DAYS
MI-JUILLET

Courses, défilés, danse dans les rues, triathlon, planche à roulettes, taï chi et démonstrations de polo kayak sont au programme durant une fin de semaine. Le festival se clôture avec une exposition de voitures classiques et une reconstitution historique.

CARMACKS, YUKON
GOLD DAYS
DÉBUT JUILLET

La ruée vers l'or du Klondike eut lieu à la toute fin du siècle dernier. Elle est commémorée à Carmacks par un barbecue, de la danse et une reconstitution du premier transport d'or vers l'extérieur du Klondike.

CHARLOTTETOWN, Î.-P.-É.
FESTIVAL DES LUMIÈRES
PARC DE CONFEDERATION LANDING
FIN JUIN JUSQU'AU 1ER JUILLET

Un spectacle de variétés, un défilé et l'illumination officielle du parc donnent le coup d'envoi aux festivités de quatre jours entourant la fête du Canada. Suivent des spectacles de danse de tous les pays, des concerts pour enfants et des soirées dans les bistrots. Un spectacle combinant laser et feu d'artifice marque la fin des réjouissances.

FESTIVAL DES PÈRES DE LA CONFÉDÉRATION
PARC DE CONFEDERATION LANDING
FIN AOÛT

Le « berceau de la Confédération » célèbre la conférence historique de 1864 qui donna naissance au Canada actuel. Les Confederation Players reconstituent l'événement. Les visiteurs peuvent participer à diverses festivités comme le pique-nique à l'ancienne et la tournée des 10 tavernes.

EXPOSITION PROVINCIALE OLD HOME WEEK
CHARLOTTETOWN DRIVING PARK
MI-AOÛT

Durant 10 jours, les chevaux les plus rapides et les meilleurs jockeys de l'est du Canada s'affrontent dans les courses attelées dont le point culminant est la célèbre Gold Cup and Saucer Race, dotée d'une bourse de 20 000 $. L'industrie agricole est aussi présente, avec une foire du bétail et des chevaux.

WINE FEST ET FOIRE D'AUTOMNE
SEPTEMBRE

Événement prestigieux s'étalant sur deux jours : on y présente des vins du monde entier. Séances d'information et dégustations sont au programme.

375

FESTIVAL DE CHARLOTTETOWN
CENTRE DES ARTS DE LA CONFÉDÉRATION
FIN JUIN/DÉBUT SEPTEMBRE
Il s'agit du plus grand festival de comédies musicales au Canada. On y présente des productions originales canadiennes, dont la toujours populaire *Anne of Green Gables,* ainsi que des comédies musicales de cabaret et du théâtre pour enfants.

CHATHAM, ONT.
FESTIVAL DES NATIONS
PARC TECUMSEH
FIN JUIN/DÉBUT JUILLET
Fête du patrimoine multiculturel du Canada d'une durée de cinq jours avec des mets des communautés culturelles et divers spectacles dont un défilé de costumes pittoresques le jour de la fête du Canada.

CHEMAINUS, C.-B.
CHEMAINUS DAZE
PARC WATERWHEEL ET CENTRE HISTORIQUE
FIN JUIN/DÉBUT JUILLET
Crêpes et hamburgers cuits en plein air, défilé et activités pour enfants sur fond de murales publiques colorées.

CHILLIWACK, C.-B.
COUNTRY LIVING DAYS
MAI
Fête annuelle du patrimoine, étalée sur un mois. On y voit des courses de chevaux, des pièces de théâtre, des concerts, un défilé et des expositions d'œuvres d'artisans de la région.

CLINTON, C.-B.
BAL ANNUEL DE CLINTON
MEMORIAL HALL DE CLINTON
FIN MAI
Né en 1867, cet événement annuel est le plus ancien de la province. La Semaine du bal, avec ses costumes d'époque, le Old Timer's Tea, les chasses au renard et des danses, commence par un bal et finit par un rodéo annuel.

COBALT, ONT.
FESTIVAL DES MINEURS
WEEK-END DU CONGÉ STATUTAIRE D'AOÛT
Les mineurs de la région s'affrontent dans des concours de forage et d'extraction à la main et à la machine. Danses, défilés, jeux pour les enfants

et randonnées en chariot font partie des autres activités traditionnelles.

COBOURG, ONT.
WATERFRONT FESTIVAL
PARC VICTORIA
WEEK-END DU 1ER JUILLET
Une des plus grands foires de l'artisanat au Canada. Des artistes de renommée internationale y exposent et y vendent leurs œuvres sous des tentes géantes colorées se dressant le long des quais. Un défilé, des concerts en plein air et un feu d'artifice marquent la fête du Canada.

COCHRANE, ONT.
CARNAVAL D'HIVER « CHIMO »
LAC COMMANDO
FÉVRIER
Le clou du Carnaval est le célèbre Polar Bear Dip : après s'être réchauffés dans un sauna, les plongeurs (*dippers*) plongent dans un grand trou découpé dans la glace du lac.

CORNER BROOK, T.-N.
CARNAVAL D'HIVER
FÉVRIER
Plus de 100 activités axées autour du mont Marble ont lieu durant ce carnaval. Les conditions de ski sont parmi les meilleures des Maritimes. Courses de chevaux, sculptures de neige et spectacle sur glace sont aussi au programme.

CORNWALL, ONT.
FESTIVAL AWESOME AUGUST
AOÛT
Tours en montgolfière, fête du maïs au centre-ville et *Arts in the Park,* un événement réunissant sur les quais théâtre, musique et art.

FESTIVAL JUMP INTO JULY
FIN JUIN/DÉBUT JUILLET
On entre de plain-pied dans l'été avec ce festival regroupant des courses de canots, les réjouissances de la fête du Canada et les spectacles internationaux du Worldfest/Festimonde.

CRANBROOK, C.-B.
SAM STEELE DAYS
TROISIÈME WEEK-END DE JUIN
Fête en l'honneur de Sam Steele qui, en 1887, a établi le premier poste de la Police montée du Nord-Ouest à l'ouest des Rocheuses. Les sports de bûcherons, les championnats de tir au poignet et le tournoi de souque-à-la-corde contrastent avec des concours plus inusités comme la course des W.-C. extérieurs et la compétition des barmans.

DAWSON, YUKON
FÊTE DE LA DÉCOUVERTE
TROISIÈME WEEK-END D'AOÛT
Dawson commémore la ruée vers l'or du Klondike par trois jours de festivités. Au programme : défilé, course de carambolage, foire horticole, tournoi de poker, déjeuners aux crêpes, barbecues au saumon, courses de canots et de radeaux.

FESTIVAL DE MUSIQUE
PARC CONFEDERATION LANDING
TROISIÈME WEEK-END DE JUILLET
Festival annuel de concerts en plein air mettant à l'affiche des artistes du Canada et des États-Unis. À un large éventail de musiques contemporaines s'ajoutent une exposition d'artisanat, un barbecue au saumon, des ateliers et de la danse.

CARNAVAL DU PRINTEMPS THAW-DI-GRAW
TROISIÈME WEEK-END DE MARS
Dawson célèbre l'arrivée du printemps avec plein d'activités familiales — courses de toboggans, chasse aux trésors et concours de surjeu (*lip sync*) — et des attractions plus excentriques — baseball sur raquettes, course de motoneiges, où les conducteurs ont les yeux bandés, et cancan sur raquettes.

DEER LAKE, T.-N.
FESTIVAL DES FRAISES DE LA VALLÉE DE LA HUMBER
FIN JUILLET/DÉBUT AOÛT
Les fraises les plus sucrées au monde poussent dans la vallée de la Humber. Les Strawberry Square Dancers, le plus gros shortcake de la province et une myriade de recettes sont au programme du festival.

DORCHESTER, N.-B.
FESTIVAL DU CHEF-LIEU
DERNIÈRE SEMAINE DE JUIN
Ce festival communautaire a quelque chose à offrir à chacun — des randonnées à moto et en camion à incendie pour les enfants au plouf de village et au jeu de la prison.

DRUMMONDVILLE, QUÉ.

FESTIVAL MONDIAL DE FOLKLORE
JUILLET

Des troupes de danse folklorique de 20 pays se produisent dans le cadre du plus grand événement du genre en Amérique du Nord. Le festival se termine par des démonstrations d'artisanat traditionnel.

EDMONTON, ALB.

FINALES CANADIENNES DE RODÉO ET FOIRE AGRICOLE
MI-NOVEMBRE

Les meilleurs cavaliers et cow-boys sont en compétition pour devenir le champion canadien lors du rodéo final du Canadian Pro Rodeo Circuit, qui a lieu en même temps que la foire agricole (Farmfair), l'une des principales expositions internationales de bétail du Canada.

DREAMSPEAKERS
FIN MAI

Des artistes des Premières Nations et des acheteurs du monde entier se réunissent à l'occasion de ce festival des arts et des films autochtones pour partager leurs cultures – expositions, spectacles et mets traditionnels.

FESTIVAL DE MUSIQUE FOLKLORIQUE
PARC GALLAGHER
DÉBUT AOÛT

Ce festival folklorique, l'un des plus prestigieux en Amérique du Nord, dure quatre jours. La musique – country, negro spirituals, rythmes africains et latino-américains (*world beat*) – y est à l'honneur avec plus de 60 spectacles présentés dans l'amphithéâtre naturel que forme une vallée fluviale.

FESTIVAL DU PATRIMOINE
PARC HAWRELAK
DÉBUT AOÛT

Le plus grand festival multiculturel du monde. Trois jours durant, le chant, la danse, l'artisanat ainsi que les costumes et les mets traditionnels sont à l'honneur dans quelque 50 pavillons en plein air.

FESTIVAL INTERNATIONAL DES AMUSEURS PUBLICS
JUILLET

Les meilleurs amuseurs publics au monde – mimes, clowns, acrobates, ménestrels – égaient les parcs et les rues de la ville en improvisant plus de 100 spectacles.

JOURNÉES DU KLONDIKE
JUILLET

Cet événement de 10 jours fait revivre l'époque palpitante de la ruée vers l'or des années 1890 avec des déjeuners aux crêpes et le lavage de l'or à la batée. À voir : le championnat du monde de course de radeaux Sourdough, la compétition King of the Klondike, le plus ancien casino du Canada et un joyeux défilé.

PLANET OF THE FRINGE
QUARTIER HISTORIQUE OLD STRATHCONA
MI-AOÛT

Le plus grand et le plus passionnant festival de théâtre expérimental en Amérique du Nord propose des interprétations novatrices de pièces anciennes et nouvelles, de la danse, de la musique, du mime, de l'animation de rue et du théâtre dans le parc.

THE WORKS : CÉLÉBRATION D'ARTS VISUELS
FIN JUIN/DÉBUT JUILLET

C'est le seul festival d'arts visuels en Amérique du Nord. Des artistes et des artisans canadiens y exposent des œuvres originales dans les parcs, les galeries d'art et les théâtres d'Edmonton.

EDMUNSTON, N.-B.

FOIRE BRAYONNE
FIN JUILLET/DÉBUT AOÛT

Le plus grand festival francophone à l'est du Québec. Vibrante fête du riche patrimoine de la région et de ses habitants francophones, les Brayons. Diverses activités sont organisées : grands spectacles sur scène en plein air, manifestations sportives, gigantesques pique-niques avec des mets brayons.

ELLIOT LAKE, ONT.

FESTIVAL DE L'URANIUM
FIN JUIN/JUILLET

Une foule d'événements ont lieu durant la semaine du festival : défilé, feu d'artifice, concours de forage et de chargement de minerai, etc.

FORT FRANCES, ONT.

FESTIVAL FUN IN THE SUN
FIN JUIN JUSQU'AU 1ᵉʳ JUILLET

Festival pour enfants avec course de baignoires, chasse à l'œuf de dinosaure, construction de châteaux de sable, parachute libre et feu d'artifice.

FORT LANGLEY, C.-B.

FUR BRIGADE DAYS
DÉBUT AOÛT

Reconstitution de l'arrivée annuelle de la Brigade des pelleteries au fort. Des démonstrations, un défilé, des jeux et des spectacles ont aussi lieu.

FREDERICTON, N.-B.

EXPOSITION DE FREDERICTON
DÉBUT SEPTEMBRE

Événement regroupant des expositions de chevaux de trait et de bétail, la plus grande exposition florale de la province et des courses attelées.

FESTIVAL HARVEST JAZZ AND BLUES
MI-SEPTEMBRE

Des interprètes de jazz et de blues y viennent de partout en Amérique du Nord – galas, concerts en plein air gratuits, improvisations nocturnes.

FESTIVAL D'ARTISANAT DE MACTAQUAC
PARC PROVINCIAL DE MACTAQUAC
FIN AOÛT

Festival en plein air de deux jours qui présente des œuvres variées, un coin d'artisanat pour enfants et des spectacles musicaux.

JEUX ET FESTIVAL ÉCOSSAIS DU NOUVEAU-BRUNSWICK
ANCIENNE RÉSIDENCE DU GOUVERNEUR
JUILLET

Festival étalé sur un week-end – concours de danse et de musique (cornemuse et tambour), spectacles celtiques, généalogie, stands des clans.

STORYFEST
FÉVRIER

Festival qui combine des numéros de conteurs, des ateliers pour petits et grands et une soirée de gala mettant en vedette des maîtres conteurs.

GANANOQUE, ONT.

FESTIVAL DES ÎLES
AOÛT

Concerts sur les quais, épreuves sportives, déjeuners sur les berges des îles et reconstitutions théâtrales historiques : durant 10 jours, toute la famille peut s'amuser dans les Mille-Îles dans le cadre de l'un des plus grands festivals d'été de l'est de l'Ontario.

GANDER, T.-N.

FESTIVAL INTERNATIONAL D'AVIATION ET DE MONTGOLFIÈRES
FIN JUILLET/DÉBUT AOÛT

Des événements familiaux amusants – défilés, spectacles d'animaux familiers, musique folklorique, feu d'artifice, etc.— soulignent l'histoire de l'aviation à Gander et le patrimoine culturel de la ville. Durant le Special Night Glow, les montgolfières illuminées ont des airs d'ampoules électriques colossales.

GRAND FALLS–WINDSOR, T.-N.

FESTIVAL DU SAUMON D'EXPLOITS VALLEY
MI-JUILLET

Plus grand festival et plus important divertissement de Terre-Neuve, en l'honneur du saumon de l'Atlantique. Les attractions incluent une course de saumons, une exposition de voitures anciennes et un grand concert mettant en vedette des artistes de renom.

GRAND-SAULT, N.-B.

FESTIVAL DE LA POMME DE TERRE
1ER WEEK-END DE JUILLET

Fête sympathique avec chants folkloriques, pique-niques familiaux, grand gala, défilé de clôture.

GUELPH, ONT.

FESTIVAL DU PRINTEMPS
FIN AVRIL/MAI

Cette fête renommée des arts d'interprétation met à l'affiche des programmes musicaux variés, un dimanche familial et 30 concerts communautaires gratuits.

HAINES JUNCTION, YUKON

FESTIVAL DE MUSIQUE ALSEK
DEUXIÈME WEEK-END DE JUIN

Festival musical en plein air présentant chaque année les talents du Nord sous un grand chapiteau dressé sur les berges de la rivière Dezadeash. Ateliers, activités pour enfants et stands d'artisanat et d'alimentation complètent le programme.

HALIFAX, N.-É.

FOIRE D'HIVER DE L'ATLANTIQUE
DÉBUT OCTOBRE

Plus grande foire agricole du Canada atlantique. À voir : expositions de chevaux et de bétail, fête foraine, concours d'artisanat, numéros de musique, de comédie et de cirque.

FESTIVAL DE JAZZ DE L'ATLANTIQUE DU MAURIER
MI-JUILLET

Des artistes du monde entier se produisent pendant neuf jours soit dans l'atmosphère intime d'ateliers, soit en grands concerts et en salles de spectacles. Des concerts en plein air ont aussi lieu sur les quais.

FESTIVAL INTERNATIONAL DES MUSICIENS DES RUES
AOÛT

Festival réunissant pendant 10 jours les meilleurs musiciens des rues du Canada, des États-Unis, de Grande-Bretagne et d'Australie. Des groupes venant de la région et de l'étranger sont aussi au rendez-vous.

FÊTE AÉRIENNE INTERNATIONALE DE LA NOUVELLE-ÉCOSSE
AÉROPORT SHEARWATER
DÉBUT SEPTEMBRE

Le plus grand spectacle en plein air du Canada atlantique. Pendant deux jours, plus de 100 avions militaires et civils sont exposés au sol. Aussi : expositions de haute technologie aérospatiale et spectacle aérien.

TATTOO INTERNATIONAL DE LA NOUVELLE-ÉCOSSE
HALIFAX METRO CENTRE
DÉBUT JUILLET

Pendant deux heures, plus de 2 000 artistes du Canada et de l'étranger démontrent leur savoir-faire en musique militaire (fanfares, chanteurs, danseurs, acrobates).

HARRISON HOT SPRINGS, C.-B.

FESTIVAL DES ARTS
JUILLET

La musique du monde entier, la danse, le théâtre et les arts visuels tiennent l'affiche pendant neuf jours lors de ce festival centré sur les artistes africains et latino-américains. Également au programme : le Festival Dance et la Journée des enfants.

CHAMPIONNAT MONDIAL DE SCULPTURE DE SABLE
PLAGE DU LAC HARRISON
DÉBUT SEPTEMBRE

Seuls ou en équipe, des sculpteurs du monde entier créent les plus grandes sculptures de sable jamais vues.

HAZELTON, C.-B.

JOURNÉE DES PIONNIERS
DEUXIÈME SAMEDI D'AOÛT

Célébration à l'ancienne de l'histoire des pionniers avec courses de W.-C. extérieurs, sports de bûcherons.

HOLYROOD, T.-N.

FESTIVAL DE PÊCHE AU CALMAR
FIN JUILLET/DÉBUT AOÛT

Festival familial soulignant l'arrivée imprévisible du calmar. Une fête de plage avec orchestre et feu d'artifice, et une course de yachts, au cours de laquelle les pêcheurs doivent rapporter les calmars pêchés, figurent parmi les principales attractions.

HOPE, C.-B.

BRIGADE DAYS
DEUXIÈME WEEK-END DE SEPTEMBRE

Hommage aux « brigadiers » des pelleteries qui ont colonisé la région. Jeux d'enfants, feu d'artifice, course de carambolage et sports de bûcherons font partie des activités.

HUMBOLDT, SASK.

SOMMERFEST
DERNIER WEEK-END DE JUIN

Festival allemand de trois jours au contenu varié : art folklorique, mets allemands, tyroliennes, *Bierfest*, marche (*Volksmarsch*) de 10 km jusqu'à une communauté voisine.

INGERSOLL, ONT.

JOURNÉES DU BATTAGE
FIN AOÛT

Événement communautaire qui fait revivre le bon vieux temps. À voir : expositions sur les pionniers, voitures et tracteurs anciens, concours de sciage et de clouage, démonstrations de battage du grain et de labour.

INUVIK, T.N.-O.

DELTA DAZE
WEEK-END DE L'ACTION DE GRÂCE

Fête traditionnelle au cours de laquelle ont lieu le concours du prince et de la princesse du Delta, des courses au « seau de miel », le barbecue Gold Bar Raffle et une danse de minuit.

GRAND FESTIVAL ARTISTIQUE DU NORD
TROISIÈME SEMAINE DE JUILLET

Principal événement culturel des Territoires du Nord-Ouest. Plus de 60 artistes du Nord participent à des expositions, à des ateliers et à des démonstrations de toutes sortes. Le millier d'objets d'art mis en vente va des cartes de vœux aux sculptures en pierre à savon.

FOLIE DE MINUIT
MI-JUIN

Jeux et mets du Nord sont au programme de cet événement qui souligne l'arrivée du solstice d'été – 24 heures d'ensoleillement.

FESTIVAL DE L'AURORE
DÉBUT JANVIER

Après les 24 heures d'obscurité de l'hiver, Inuvik accueille le retour du soleil avec de la danse, du patinage, des feux de joie et un feu d'artifice.

JASPER, ALB.
FESTIVAL DU FOLKLORE ET DU PATRIMOINE DE JASPER
PARC CENTENNIAL
DÉBUT AOÛT (ÉVÉNEMENT BIENNAL)

L'écho des musiques folkloriques se répercute dans le décor sans pareil des Rocheuses. Les stands des groupes communautaires et le village autochtone sont fascinants.

JASPER EN JANVIER
JANVIER

Festival d'hiver étalé sur trois weekends – ski, patinage, escalade de canyon, cuisson de chili, concours de sculpture de neige.

JOLIETTE, QUÉ.
FESTIVAL INTERNATIONAL DE LANAUDIÈRE
FIN JUIN/AOÛT

Les plus grands noms de la musique classique se produisent dans l'amphithéâtre extérieur de Joliette (2 000 places) et les belles églises.

KAMLOOPS, C.-B.
JOURNÉES DU POW-WOW
CHIEF LOUIS CENTRE
MI-AOÛT

« Le plus grand petit pow-wow de l'Ouest » attire danseurs et artistes autochtones d'aussi loin que le Nouveau-Mexique – concours de danse et de musique (tambour), artisanat, élection d'une princesse.

KENORA, ONT.
RÉGATES INTERNATIONALES DU LAC DES BOIS
FIN JUILLET

Les plus grandes régates de voile sur plan d'eau douce en Amérique du Nord durent sept jours. Les marins qui pratiquent la voile d'agrément ont des activités consacrées à la navigation sur les voies d'eau du lac.

KIMBERLEY, C.-B.
FESTIVAL DE JUILLET
TROISIÈME WEEK-END DE JUILLET

La « ville bavaroise des Rocheuses » fête l'été en organisant des spectacles, des activités familiales amusantes ou sportives – pétanque, soccer, courses de voiturettes artisanales.

FESTIVAL D'HIVER
DEUXIÈME WEEK-END DE FÉVRIER

La thématique bavaroise est reprise en hiver : hockey et spectacles, courses de chien, défilé aux flambeaux, Mur de l'amitié (fait de glace).

KINGS LANDING, N.-B.
FOIRE AGRICOLE
FIN AOÛT

Une vraie foire agricole « loyaliste » attend le visiteur à Kings Landing, où des personnages en costumes du XIXe siècle s'affairent à vendre denrées et bétail dans ce village restauré de la vallée du fleuve Saint-Jean.

KINGSTON, ONT.
RENDEZ-VOUS DES CHANTEURS DES RUES
JUILLET

Le troisième festival du genre en importance au Canada, auquel participent plus de 100 artistes des rues du monde entier – musiciens, magiciens, jongleurs, mimes.

FESTIVAL CELTIQUE
FORT HENRY
DÉBUT SEPTEMBRE

Le son des cornemuses agrémente le déroulement de cette joyeuse fête de la cuisine, de la danse et des traditions celtiques, avec marché celtique et artisanat réservé aux enfants.

FESTIVAL DU CHILI
PARC DE LA CONFÉDÉRATION
DÉBUT OCTOBRE

Plus de 50 restaurants s'affrontent dans un concours de dégustation de chili jugé par des célébrités. Divers prix sont décernés pour la meilleure recette – tex-mex, végétarienne, familiale –, la recette la plus originale et la recette préférée du public.

KINGSVILLE, ONT.
FESTIVAL DE LA MIGRATION
TROISIÈME WEEK-END D'OCTOBRE

Pour célébrer le retour annuel de la bernache du Canada au refuge d'oiseaux Jack Miner, Kingsville organise des excursions dans les vignobles ainsi que des expositions – chasse et pêche, artisanat. Des sculptures d'oiseaux sont présentées.

KISPIOX, C.-B.
RODÉO DE KISPIOX VALLEY
PREMIER WEEK-END DE JUIN

Cow-boys et cow-girls de toute l'Amérique du Nord s'affrontent au cours du « plus grand petit rodéo du Nord-Ouest » – artisanat, repas et danses avec orchestre country.

KITCHENER-WATERLOO, ONT.
OKTOBERFEST
DEUXIÈME SEMAINE D'OCTOBRE

Il faut manger, boire et être heureux au deuxième grand festival bavarois du monde (après celui de Munich). Le célèbre défilé de l'Action de grâce marque le début de plus de 45 événements familiaux, sportifs et culturels, de l'élection de Miss Oktoberfest à la grande course du baril.

LADYSMITH, C.-B.
FESTIVAL DES LUMIÈRES
DERNIER JEUDI DE NOVEMBRE JUSQU'EN DÉCEMBRE

Les couleurs des lumières de Noël forment un kaléidoscope époustouflant dans la « capitale de l'illumination de Noël de l'île de Vancouver ». La cérémonie inaugurale en plein air comprend un défilé d'illumination, un dîner-spaghetti communautaire, un feu d'artifice et le Coin du Père Noël.

LATCHFORD, ONT.
JOURNÉES DES BÛCHERONS
JUILLET

Le patrimoine forestier de la ville est fêté – concours de traction chevaline (troncs d'arbres), lancer de pulpe, maniement de scie à chaîne.

LEAMINGTON, ONT.

FESTIVAL DE LA TOMATE
PARC SEACLIFFE
TROISIÈME SEMAINE D'AOÛT

La « capitale de la tomate du Canada » organise une foule d'activités familiales amusantes en l'honneur de son principal produit agricole — concours de beauté, danse de jazz, exposition de voitures de police.

LETHBRIDGE, ALB.

FÊTE AÉRIENNE INTERNATIONALE
TROISIÈME WEEK-END D'AOÛT

Fête qui attire les meilleurs aviateurs civils et militaires du monde entier. On y expose divers avions — des vieux biplans aux chasseurs à réaction de pointe.

JOURNÉES WHOOP-UP
PARC DES EXPOSITIONS
DEUXIÈME WEEK-END D'AOÛT

Foire animée qui doit son nom au célèbre poste de traite (fort Whoop-Up) du XIXe siècle. Déjeuners aux crêpes, grands spectacles, concours de bûcherons et rodéo professionnel avec courses de chariots font partie des nombreuses activités organisées.

LLOYDMINSTER, ALB.

JOURNÉES COLONIALES
PARC DES EXPOSITIONS
DEUXIÈME WEEK-END DE JUILLET

Importante exposition et foire des Prairies, avec défilé, fête foraine, casino, expositions agricoles et d'arts ménagers.

LONDON, ONT.

FESTIVAL DES ARTS DE NEW LONDON
FIN SEPTEMBRE

Le centre-ville de London bourdonne d'activité alors qu'il devient le carrefour de diverses formes d'art — concerts, films, théâtre, art visuel, chanteurs de rues, dessins à la craie sur les trottoirs.

FESTIVAL DE MUSIQUE DU ROYAL CANADIAN BIG BAND
FIN JUIN/DÉBUT JUILLET

Festival organisé en l'honneur du chef d'orchestre Guy Lombardo, né à London. Au programme : succès de l'époque des big bands, démonstrations de danse, arts et artisanat.

FOIRE WESTERN
CHAMP DE LA FOIRE WESTERN
SEPTEMBRE

Cette institution vieille de 130 ans est l'une des plus grandes et des plus anciennes foires du pays — manèges, animaux de cirque, expositions agricoles, stands culinaires.

MANITOULIN ISLAND, ONT.

POW-WOW DE WIKWEMIKONG
RÉSERVE INDIENNE DE WIKWEMIKONG
PREMIER WEEK-END D'AOÛT

Danseurs, joueurs de tambour et chanteurs des Premières Nations arborant de magnifiques costumes traditionnels se disputent les prix offerts durant l'un des plus grands et des plus longs pow-wows en Amérique du Nord. Également : mets et œuvres artisanales autochtones.

MAPLE CREEK, C.-B.

RANCH RODEO
DÉBUT JUILLET

Des équipes de cow-boys rivalisent d'adresse lors de ce rodéo où ils doivent parquer du bétail, capturer des chevaux et traire des vaches.

MARATHON, ONT.

JOURNÉES NEYS NOSTALGIA
PARC PROVINCIAL NEYS
DEUXIÈME WEEK-END D'AOÛT

Les « esprits » du passé s'assemblent autour du feu de camp pour raconter les légendes du chemin de fer et de la traite des fourrures, et pour reproduire les jeux et les danses des premiers explorateurs et des voyageurs.

MASSEY, ONT.

FOIRE D'AUTOMNE
FIN AOÛT

Une des plus grandes foires agricoles en Ontario — fête foraine, jeux de hasard, spectacles sur scène, motocross, tir de chevaux.

MAYO, YUKON

CARNAVAL D'HIVER
TROISIÈME SEMAINE DE MARS

Événement familial réunissant des épreuves pour tous — bataille d'œufs, clouage, appel de l'orignal.

MEDICINE HAT, ALB.

STAMPEDE
FIN JUILLET/DÉBUT AOÛT

Cette grande fête qui se déroule dans une atmosphère villageoise reflète l'âme du sud de l'Alberta. Le rodéo professionnel est le second en importance au pays. Des chanteurs country et western renommés se produisent durant le stampede.

MERRITT, C.-B.

RODÉO ET FOIRE D'AUTOMNE DE NICOLA VALLEY
WEEK-END DE LA FÊTE DU TRAVAIL

Événement à l'image de la vie quotidienne des cow-boys — rodéo, déjeuner aux crêpes, danse, violoneux.

MILTON, ONT.

FESTIVAL RENAISSANCE ONTARIO
JUILLET/AOÛT

Le roi Henri VIII et sa cour président cette fête qui se déroule dans un village Tudor du XVIe siècle. Comédiens, artisans, aubergistes et divertissements d'époque complètent le tableau — joutes à cheval, jeu d'échecs humain.

MINNEDOSA, MAN.

COUNTRY FUN FEST
DEUXIÈME SEMAINE DE JUILLET

Festival rural où petits et grands peuvent s'amuser — course de la truite et minifestival folklorique pour enfants, foire agricole, marché des fermiers.

MISSION, C.-B.

FESTIVAL DE MUSIQUE FOLKLORIQUE
PARC HÉRITAGE DU FLEUVE FRASER
FIN JUILLET

Des artistes ayant récemment immigré au Canada y présentent des musiques variées — violon gallois, guitare flamenco. On y trouve aussi un marché de l'importation, des mets ethniques et des ateliers.

MONCTON, N.-B.

FESTIVAL JAZZ ET BLUES DE MONCTON
FIN JUIN/DÉBUT JUILLET

Durant une semaine, des musiciens d'ici et de l'étranger se produisent en salle et en plein air. Un grand concert clôture l'événement.

FOIRE DE L'ARTISANAT DE VICTORIA PARK
PARC VICTORIA
AOÛT

Des artisans de toutes les provinces de l'Atlantique exposent leurs œuvres dans un parc magnifique. Les œuvres en vente sont de première qualité.

MONTMAGNY, QUÉ.

FESTIVAL DE L'OIE BLANCHE
OCTOBRE

Ce festival souligne annuellement l'arrivée de quelque 300 000 oies blanches – excursions ornithologiques, défilés, expositions, dégustations de mets à base d'oie.

CARREFOUR MONDIAL DE L'ACCORDÉON
ÉCONOMUSÉE DE L'ACCORDÉON
SEPTEMBRE

Durant quatre jours, des accordéonistes du monde entier sont de passage dans une magnifique demeure ancestrale convertie en un musée de l'accordéon unique en son genre. Concerts, ateliers et un nombre impressionnant d'instruments de musique sont au rendez-vous.

MONTRÉAL, QUÉ.

CONCOURS INTERNATIONAL D'ART PYROTECHNIQUE BENSON & HEDGES
LA RONDE
JUIN/JUILLET

Ce concours d'art pyrotechnique est le plus prestigieux qui soit. Des artificiers du monde entier y participent. Les détenteurs de billets peuvent admirer les feux d'artifice de près et accéder au parc d'attractions. Il est possible d'assister gratuitement au spectacle à partir de différents points d'observation situés autour du fleuve.

FÊTES GOURMANDES
ÎLE NOTRE-DAME
AOÛT

Des mets exotiques des quatre coins du monde font les délices des participants à cette immense fête en plein air agrémentée de spectacles internationaux. Un prix unitaire s'applique à chacun des plats servis.

FESTIVAL INTERNATIONAL DE JAZZ
SECTEUR DE LA PLACE DES ARTS
FIN JUIN/DÉBUT JUILLET

Un des meilleurs festivals de jazz au monde, où les artistes à gros cachets et les spectacles gratuits se partagent l'affiche. Chaque année, 1,5 million de spectateurs assistent à plus de 400 concerts.

FESTIVAL JUSTE POUR RIRE
JUILLET

Le plus grand festival d'humour au monde. Près de 650 numéros internationaux sont présentés en anglais ou en français dans plus de 1 000 spectacles. Aux places assez chères des principaux spectacles s'ajoutent les numéros plus abordables du quai Jacques-Cartier, dans le Vieux-Port.

FESTIVAL DE THÉÂTRE DES AMÉRIQUES
MAI/JUIN

Festival offrant un programme impressionnant et varié de productions novatrices et d'avant-garde mettant en scène quelques-unes des meilleures troupes au monde.

FÊTE DES NEIGES
PARC DES ÎLES
FÉVRIER

Dix jours de fête émaillés d'attractions diverses – châteaux de neige, glissoires géantes, courses de traîneaux à chiens, épreuves de ski.

FESTIVAL DES FILMS DU MONDE
SECTEUR DE LA PLACE DES ARTS
AOÛT/SEPTEMBRE

Le plus grand festival du genre auquel le public puisse assister en Amérique du Nord. D'importantes productions cinématographiques y sont présentées en première. Quelque 350 000 cinéphiles se pressent pour voir 400 films tournés dans plus de 60 pays.

MOOSE JAW, SASK.

CHAUTAUQUA DE MOOSE JAW
AOÛT

En vogue dans l'Ouest dans les années 20 et 30, le Chautauqua affiche des spectacles d'époque avec chansons à répondre, saynètes et danse.

FÊTE AÉRIENNE DE LA SASKATCHEWAN
DÉBUT JUILLET

La plus grande fête aérienne annuelle des Prairies. Certaines des meilleures escadrilles de vol en formation au monde s'y produisent, dont les Snowbirds (basés à Moose Jaw).

NANAIMO, C.-B.

FESTIVAL DE LA MER ET COURSE DE BAIGNOIRES
CENTRE-VILLE ET SECTEUR DES QUAIS
FIN JUILLET

À l'occasion du championnat mondial de course de baignoires, 100 navigateurs traversent le détroit de Georgie, entre Nanaimo et Vancouver, à bord de baignoires motorisées. Les quatre jours du Festival de la mer sont aussi marqués par des régates de bateaux ivres, des compétitions de motomarines, une foire dans les rues et des feux d'artifice.

EXPOSITION DE L'ÎLE DE VANCOUVER
MI-AOÛT

Foire à l'ancienne avec concours et exposition agricole, artisanat, spectacles sur scène en plein air, exposition de chevaux et fête foraine.

NEW GLASGOW, N.-É.

FESTIVAL DES TARTANS
JUILLET

Au programme : spectacles de corps de cornemuseurs, concours des magasins pavoisés de tartans, tournoi de golf en kilt.

NEW WESTMINSTER, C.-B.

FRASERFEST
QUAI WESTMINSTER
JUILLET

Cette fête de trois jours en l'honneur du fleuve Fraser compte plusieurs attractions familiales – lancer de cerfs-volants, construction de modèles réduits de bateaux et Workboat Parade (un défilé annuel).

FESTIVAL HYACK
MAI

Les fêtes du 1er mai et les 21 coups de canon tirés par la batterie Anvil pour saluer la reine Victoria font revivre l'histoire de New Westminster. Le plus grand défilé de la province est une autre attraction importante du festival : de remarquables fanfares des États-Unis y participent.

NORTH BAY, ONT.

FESTIVAL DU PATRIMOINE ET FÊTE AÉRIENNE
PREMIER WEEK-END D'AOÛT

Festival familial de quatre jours comprenant une fête foraine, des spectacles d'artistes connus et des activités pour enfants. Pendant deux jours, la fête aérienne est le cadre des prouesses époustouflantes de pilotes civils et militaires effectuant des vols acrobatiques en solo ou en escadrille.

ORILLIA, ONT.
FESTIVAL D'HUMOUR LAUGH WITH LEACOCK
MUSÉE STEPHEN LEACOCK
FIN JUILLET/DÉBUT AOÛT

Cet hommage à l'humoriste canadien Stephen Leacock, qui passait l'été à Orillia, comprend des spectacles musicaux, des thés anglais, une populaire série de lectures à laquelle participent certains des écrivains canadiens les plus en vue et la représentation des pièces de théâtre de Leacock.

FESTIVAL DE LA PERCHE
AVRIL/MAI

Le plus grand concours de pêche du Canada. Événement familial amusant avec prix pour petits et grands.

ORWELL CORNER, Î.-P.-É.
MERCREDI DES CEILIDHS
SALLE COMMUNAUTAIRE ORWELL
JUIN/SEPTEMBRE

Durant ce rassemblement traditionnel écossais appelé ceilidhs (prononcer *kélize*), les meilleurs violoneux, cornemuseurs et danseurs de la province se produisent dans des spectacles folkloriques enlevants à la lueur des lampes à pétrole. Fudge maison, fraises et crème glacée sont servis durant les entractes.

OTTAWA, ONT.
BLUESFEST
PARC MAJOR'S HILL
DÉBUT JUILLET

Le plus grand festival de blues au pays. Des spectacles internationaux ont lieu en plein air en bordure de la rivière des Outaouais.

FÊTE DU CANADA
1ᴱᴿ JUILLET

Fanfares, carillon, avions à réaction et stars sont au rendez-vous de cette journée de fêtes organisée à l'occasion de l'« anniversaire » du Canada. Le point culminant est le feu d'artifice de la colline du Parlement.

FESTIVAL CANADIEN DES TULIPES
MI-MAI

Les tulipes du printemps forment un tableau spectaculaire autour duquel gravitent des activités culturelles et horticoles. Ce festival, le plus grand du genre au monde, perpétue un cadeau que la reine des Pays-Bas fit au Canada en reconnaissance de l'asile qu'il avait accordé à la famille royale néerlandaise durant la Seconde Guerre mondiale.

EXPOSITION DU CANADA CENTRAL
PARC LANSDOWNE
MI-AOÛT

Foire agricole d'envergure — expositions agricole et d'artisanat, plus de 60 manèges, spectacles sur scène.

FESTIVAL DES ENFANTS
MUSÉE CANADIEN DE LA NATURE
DÉBUT JUIN

Carrousel de spectacles magiques (mime, danse, musique, théâtre), avec en plus un musée rempli de dinosaures, d'oiseaux et de chauves-souris.

FESTIVAL FOLKLORIQUE
PARC BRITTANIA
AOÛT

Des artistes canadiens de premier plan, des ateliers interactifs et une aire familiale mettent en valeur la riche tradition folklorique de la vallée de l'Outaouais.

FESTIVAL FRANCO-ONTARIEN
JUIN

Des artistes franco-ontariens se produisent au cours de cette fête de la culture, des arts, de la musique et de l'humour francophones.

FESTIVAL INTERNATIONAL DE JAZZ
PARC DE LA CONFÉDÉRATION ET SES ENVIRONS
FIN JUILLET

Populaire et abordable, ce festival propose divers styles de jazz. Plus de 400 musiciens du monde entier s'y produisent sur des scènes intérieures et extérieures situées à faible distance les unes des autres (et donc facilement accessibles à pied).

BAL DE NEIGE
TROIS PREMIERS WEEK-ENDS DE FÉVRIER

Carnaval d'hiver dont le centre d'intérêt est la plus longue patinoire au monde, formée par l'eau gelée du canal Rideau. Diverses compétitions et activités sont organisées — patinage artistique, patinage de vitesse, courses en traineau, sculptures sur neige, défilé, feux d'artifice.

OXFORD, N.-É.
EXPOSITION ET FESTIVAL DES BLEUETS DE CUMBERLAND
FIN AOÛT

Des gâteries traditionnelles sont au menu dans la « capitale mondiale des bleuets ». Aux concours de cuisine et de « dévoreurs de tartes aux bleuets » s'ajoutent une fête foraine, un défilé et des expositions agricoles.

PARRY SOUND, ONT.
FESTIVAL DU SON
JUILLET/AOÛT

Des concerts de musique classique et de jazz mettant en vedette des musiciens de réputation mondiale ont lieu sur les rives de la baie Georgienne le soir et à l'heure du dîner. À cela s'ajoutent des thé-causeries et des croisières musicales.

PENTICTON, C.-B.
FESTIVAL DES PÊCHES
DÉBUT AOÛT

Plus de 30 événements pendant cinq jours — dégustation de vin, concours de châteaux de sable, danses carrées.

PERTH, ONT.
FESTIVAL DES ÉRABLES
DERNIER SAMEDI D'AVRIL

Grande finale d'un festival régional de l'érable étalé sur deux mois dans la « capitale du sirop d'érable d'Ontario ». Les meilleurs produits de l'érable sont offerts. Aussi : violoneux, danses carrées et concours de sirop d'érable.

FOIRE DE PERTH
WEEK-END DE LA FÊTE DU TRAVAIL

On voit de tout à cette foire agricole traditionnelle — expositions de produits agricoles et de légumes géants, défilé d'inauguration, grands spectacles. Les animaux de Fantasy Farm charment toujours les enfants.

PERTH-ANDOVER, N.-B.
FESTIVAL DE MUSIQUE ABÉNAKISE
FIN AOÛT/DÉBUT SEPTEMBRE

Théâtre, musique, danse, beaux-arts et artisanat autochtones sont au programme de ce festival visant une plus grande entente entre les cultures.

PETERBOROUGH, ONT.
FESTIVAL DES ARBRES
PETERBOROUGH MEMORIAL CENTRE
NOVEMBRE

Le Village victorien présente plus de 200 arbres de Noël décorés et offre des spectacles sur scène. Jeux et divertissements sont au rendez-vous au Children's Magic Castle et à la Foire agricole.

FESTIVAL DES LUMIÈRES D'ÉTÉ
PARC CRARY SUR LE LAC LITTLE
JUIN/AOÛT

Série de spectacles en plein air mettant en vedette de grands noms de la musique, de la danse et du théâtre. Suivent un numéro nautique son et lumière et un feu d'artifice.

PICTOU, N.-É.

FESTIVAL HECTOR
AOÛT

Festival soulignant pendant cinq jours le patrimoine écossais de la ville. On y présente des musiciens celtiques et écossais, une exposition de tableaux évoquant le passé de Pictou, des démonstrations de fabrication de tapis au crochet et une reconstitution de l'arrivée du navire *Hector* en 1773.

CARNAVAL DU HOMARD
DÉBUT JUILLET

Après avoir dégusté du homard frais bouilli au beurre fondu, on peut assister à une course de homardiers près du port. Également au programme : concours de tire de casiers à homards et de décorticage de pétoncles, et concerts de corps de cornemuseurs.

PINCHER CREEK, ALB.

RENCONTRE POÉTIQUE WESTERN
SALLE COMMUNAUTAIRE
DEUXIÈME WEEK-END DE JUIN

Des cow-boys se réunissent pour échanger des réflexions sur leur mode de vie par le biais de la poésie, de l'art et de la musique westerns. Une messe en plein air est aussi célébrée.

PLACENTIA, T.-N.

FESTIVAL DES DRAPEAUX
JUILLET

Festival qui rappelle la place importante de Placentia dans l'histoire militaire mondiale. Régates, musique, garden-parties, sports, jeux et cuisine internationale attendent les visiteurs.

PLESSISVILLE, QUÉ.

FESTIVAL DE L'ÉRABLE
FIN AVRIL/DÉBUT MAI

Les parties de sucre, les concours de produits de l'érable, les démonstrations de cuisine et les spectacles musicaux de ce festival attirent des milliers d'amateurs de tire d'érable.

PORTAGE LA PRAIRIE, MAN.

FESTIVAL NATIONAL DE LA FRAISE DU CANADA
MI-JUILLET

Cet événement centré sur la fraise se déroule dans la « capitale de la fraise du Canada ». On y assiste à des spectacles musicaux — en dégustant des fraises et des desserts aux fraises, bien entendu...

PRESCOTT, ONT.

JOURNÉES LOYALISTES
FORT WELLINGTON
TROISIÈME WEEK-END DE JUILLET

Des loyalistes de l'Empire-Uni ont fondé Prescott. Pendant 10 jours, la ville célèbre cet événement. À cette occasion se déroule le plus grand spectacle militaire du Canada.

PRINCE GEORGE, C.-B.

FESTIVAL CANADIEN DES ENFANTS DU NORD
FIN MAI

Clowns, musiciens et personnages pittoresques attirent des milliers de familles à l'un des plus grands événements du Nord. Quatre jours de théâtre, de spectacles de marionnettes, de grimage et de jonglerie.

MARDI GRAS DE L'HIVER
FÉVRIER

Festival insolite pour toute la famille. Plus de 100 activités ont lieu, dont des courses de lits et un défilé égayé de costumes extravagants.

PUGWASH, N.-É.

RASSEMBLEMENT DES CLANS
DÉBUT JUILLET

Un accueil gaélique attend le visiteur au cours de cette fête du patrimoine écossais qui combine danse, cornemuse, épreuves de force, dîners aux homards et manèges.

QUÉBEC, QUÉ.

CARNAVAL DE QUÉBEC
FÉVRIER

Cette fête populaire de l'hiver s'étend sur 17 jours. Un bonhomme de neige haut de 2 m, le Bonhomme Carnaval, en est le maître de cérémonie. L'art, la culture, les spectacles et les sports d'hiver du Québec sont à l'honneur. Les événements principaux comprennent le championnat provincial de courses de traîneaux à chiens, des concours de sculpture sur neige, une course de canots sur les eaux en partie gelées du Saint-Laurent et un défilé de nuit.

FESTIVAL D'ÉTÉ DE QUÉBEC DU MAURIER
JUILLET

Le plus grand festival francophone des arts de la rue et de la scène en Amérique du Nord dure 10 jours. Dans les rues et les parcs de la Basse-Ville ont lieu 400 spectacles gratuits mettant en vedette des chanteurs, des danseurs, des acrobates et des magiciens venus de 20 pays.

EXPO-QUÉBEC (EXPOSITION AGRICOLE)
PARC DE L'EXPOSITION
AOÛT

On trouve de tout à cette exposition agricole (la plus grande du Québec), de la ferme miniature aux courses attelées, en passant par le hockey.

LES NUITS BLEUES INTERNATIONALES DE JAZZ
FIN JUIN

Au cours de cet événement populaire, des styles musicaux variés se côtoient dans les auditoriums, les bars et les restaurants, sur les scènes en plein air ou sous le chapiteau.

RED LAKE, ONT.

FESTIVAL DE L'HYDRAVION NORSEMAN
FIN JUILLET

Festival centré sur l'hydravion Noorduyn Norseman, le premier avion de brousse conçu au Canada.

REGINA, SASK.

EXPOSITION BUFFALO DAYS
FIN JUILLET/DÉBUT AOÛT

Au cœur de l'été, les habitants de Regina revêtent leurs costumes westerns et font renaître l'Ouest d'antan durant cet événement qui réunit arts ménagers, expositions agricoles et de bétail, manèges, casino et défilé. Un pique-nique (le plus grand au pays) a aussi lieu au parc Wascana.

CANADIAN WESTERN AGRIBITION
DERNIÈRE SEMAINE DE NOVEMBRE

Les éleveurs de bétail du monde entier vont observer les bêtes à cornes, les moutons, les chevaux et les porcs présentés à la plus importante foire agricole et commerciale du Canada. Un rodéo professionnel en salle et une exposition sur le style western, consacrée à l'alimentation et à la mode, font partie des autres attractions.

FESTIVAL FOLKLORIQUE
TROISIÈME WEEK-END DE JUIN

Des musiciens de partout au Canada se produisent au plus important festival folklorique de la Saskatchewan. Cet événement familial qui se déroule surtout en plein air comprend des concerts de blues et de musique country, des ateliers en après-midi et des spectacles pour enfants.

FESTIVAL INTERNATIONAL DES ENFANTS
CENTRE WASCANA
JUIN

Musiciens, comédiens, conteurs et marionnettistes du monde entier convient les jeunes de cœur à des divertissements familiaux magiques. Des activités sur l'art sont également organisées pour les enfants.

JAMBOREE KINSMEN BIG VALLEY
TROISIÈME WEEK-END DE JUILLET

Un des grands événements du genre au Canada. Des vedettes du country reconnus mondialement donnent leurs spectacles en plein air dans la vallée de la rivière Qu'Appelle.

MOSAÏQUE – FESTIVAL DES CULTURES
PREMIÈRE SEMAINE DE JUIN

Les visiteurs munis de passeports peuvent visiter 24 pavillons où sont abordés divers thèmes – techniques artisanales, danse folklorique, musique, mets du monde entier.

POW-WOW DU SASKATCHEWAN INDIAN FEDERATED COLLEGE
DÉBUT AVRIL

Des danseurs de partout en Amérique du Nord se produisent à l'un des plus grands pow-wows intérieurs du Canada. Œuvres artisanales et mets autochtones sont en ...

RUSSEL, MAN.

FESTIVAL DU BŒUF ET DE L'ORGE
WEEK-END DE L'ACTION DE GRÂCE

Russel fête ses origines agricoles en organisant diverses activités – souper au bœuf et danse, curling, course de carambolage, etc.

SACKVILLE, N.-B.

FESTIVAL DE LA SAUVAGINE DE L'ATLANTIQUE
PARC DE LA FAUNE AQUATIQUE DE SACKVILLE
DEUXIÈME WEEK-END D'AOÛT

Ce festival unique au Canada se déroule durant la saison où la sauvagine et les oiseaux de rivage sont le plus actifs. La conservation de l'habitat des terres humides est à l'avant-scène des activités – randonnées guidées, ateliers, exposition d'art animalier, concours de photographie.

ST. ANN'S, N.-É.

FÊTES ÉCOSSAISES
GAELIC COLLEGE OF CELTIC ARTS AND CRAFTS
DÉBUT AOÛT

La culture écossaise est le thème de ces fêtes qui ont lieu durant une semaine dans le seul collège gaélique d'Amérique du Nord. Des clans de divers pays s'y retrouvent. Ceilidhs, ateliers de généalogie et jeux écossais (deux jours) sont organisés.

SAINTE-ANNE-DE-LA-PÉRADE, QUÉ.

CARNAVAL DES PETITS POISSONS DES CHENAUX
FIN DÉCEMBRE/MI-FÉVRIER

Des milliers de pêcheurs convergent vers la rivière Sainte-Anne pour fêter la saison annuelle de la pêche aux petits poissons des chenaux. Sculptures de glace, chant, danse et prix (pour les plus belles prises, la plus jolie cabane de pêche, etc.) créent une joyeuse atmosphère.

SAINT-HYACINTHE, QUÉ.

FOIRE AGRICOLE
JUILLET

La plus importante foire agricole du Québec. Les attractions sont variées – concours d'animaux, tire de tracteurs, casino, manèges, spectacles.

FESTIVAL RÉTRO DE SAINT-HYACINTHE
AOÛT

Week-end consacré aux années 1960. Les meilleurs groupes rétro y participent. Une exposition de voitures et de guitares de l'époque du rock 'n roll a lieu, de même que des concours de twist, de limbo et de hula hoop.

SAINT-JEAN, N.-B.

FESTIVAL SUR MER
MI-AOÛT

Spectaculaire festival national des arts de la scène, où la musique, la danse et la culture canadienne sont à l'honneur. On peut y applaudir 300 artistes issus des diverses communautés culturelles du pays.

EXPOSITION NATIONALE DE L'ATLANTIQUE
DERNIÈRE SEMAINE D'AOÛT

Plus grande exposition des provinces atlantiques, réunissant grands spectacles, manèges, courses attelées, artisanat régional et expositions horticoles et de bétail.

JOURNÉES LOYALISTES
DEUXIÈME SEMAINE DE JUILLET

La ville fête son patrimoine avec tricornes, costumes pittoresques, défilés, cérémonies et événements spéciaux, dont la reconstitution de l'arrivée des loyalistes de l'Empire-Uni.

SAINT-JEAN-PORT-JOLI, QUÉ.

FESTIVAL INTERNATIONAL DE SCULPTURE
FIN JUIN

Dix jours d'expositions et de démonstrations durant lesquels la capitale de la sculpture sur bois traditionnelle du Québec est l'hôte d'artistes bien connus d'ici et de l'étranger.

ST. JOHN'S, T.-N.

FIRST LIGHT CELEBRATIONS
31 DÉCEMBRE

Spectacles, musique et danse attirent des gens de partout, qui veulent être les premiers en Amérique du Nord à carillonner le Nouvel An alors que les sirènes et les sifflets des bateaux résonnent dans le port illuminé.

FESTIVAL DE GEORGE STREET
DÉBUT AOÛT

Rue bordée de bistrots dans laquelle quelques-uns des meilleurs artistes de Terre-Neuve et du Canada se produisent cinq nuits durant.

FESTIVAL FOLKLORIQUE DE TERRE-NEUVE ET DU LABRADOR
PARC BANNERMAN
PREMIER WEEK-END D'AOÛT

Les meilleurs musiciens, danseurs et conteurs de Terre-Neuve et du Labrador se réunissent à l'occasion du plus grand festival folklorique de l'année. Plus de 200 artistes s'y produisent en plein air durant trois jours. Un festin de mets traditionnels attend le visiteur. Une scène est réservée aux enfants.

RÉGATES ROYALES DE ST. JOHN'S
LAC QUIDI VIDI
PREMIER MERCREDI D'AOÛT

Commerces et entreprises sont fermés à St. John's alors que tous les habitants se retrouvent sur les rives du lac Quidi Vidi pour participer à des jeux de hasard, écouter de la musique et assister à la plus ancienne épreuve sportive de l'Amérique du Nord – des courses de bateaux –, tenue chaque année depuis 1826.

TATTOO DE SIGNAL HILL
MI-JUILLET/MI-AOÛT

Des cadets portant les tuniques rouges traditionnelles reconstituent les exercices militaires des Royal Newfoundland Companies, en garnison à Signal Hill dans les années 1860.

SYMPOSIUM DU SON
JUILLET (ÉVÉNEMENT BIENNAL)

Artistes et musiciens du monde entier explorent durant neuf jours les liens qui existent entre le son et leur art. Concerts, ateliers et expositions d'art visuel sont le point de rencontre des extrêmes ; on y trouve aussi bien des instruments de fortune que des œuvres réalisées par ordinateur.

ST. THOMAS, ONT.

FESTIVAL IRON HORSE
FIN AOÛT

St. Thomas fête son patrimoine ferroviaire en organisant des tours de train et des expositions consacrées au matériel roulant.

SASKATOON, SASK.

FOLKFEST
AOÛT

Les autobus mis gratuitement à la disposition des festivaliers permettent d'aller visiter jusqu'à 25 pavillons internationaux reflétant l'héritage culturel de la ville – plats culinaires, chants, danse, expositions.

FESTIVAL INTERNATIONAL FRINGE
SECTEUR BROADWAY
DÉBUT AOÛT

Festival qui réunit plus de 50 troupes de théâtre du monde entier. On y voit de tout – numéros de cirque et d'improvisation, pièces originales, interprétation renouvelée de pièces classiques ou modernes.

FESTIVAL INTERNATIONAL DES ENFANTS DU NORD DE LA SASKATCHEWAN
PARC KIWANIS
DÉBUT JUIN

Des spectacles de niveau mondial destinés aux enfants de tout âge sont présentés sur scène dans un magnifique parc riverain. Musique, danse, théâtre, marionnettes, jeux et grimage sont aussi de la fête.

PION-ERA
MUSÉE DU DÉVELOPPEMENT DE L'OUEST
FIN JUILLET

Le savoir-faire d'antan est à l'honneur à 1910 Boomtown, où la machinerie d'époque, les promenades à cheval et en chariot et les cantiques anciens font revivre le passé. De nombreuses démonstrations ont lieu – battage, pressage des foins, matelassage, barattage.

EXPOSITION DE SASKATOON
CENTRE D'EXPOSITION PRAIRIELAND
MI-JUILLET

Foire estivale vieille d'un siècle. Attractions : grands spectacles, fête foraine, courses attelées, Kidsville et casino Emerald.

FESTIVAL DE JAZZ SASKTEL SASKATCHEWAN
FIN JUIN/DÉBUT JUILLET

Plus de 500 musiciens du monde entier donnent des spectacles de blues et de jazz dans des parcs, des boîtes de nuit, des salles de bal, des centres commerciaux, etc. Au programme principal et aux concerts en plein air gratuits s'ajoutent des expositions de photographies, des ateliers et des séminaires.

SHAKESPEARE ON THE SASKATCHEWAN FESTIVAL
JUILLET/AOÛT

Ce festival de réputation internationale est renommé pour l'interprétation divertissante et contemporaine qu'on y fait des œuvres de Shakespeare, sous un chapiteau, y compris l'adaptation sous forme de comédies musicales.

FOIRE SUNDOG HANDCRAFT
PLACE SASKATCHEWAN
DÉBUT DÉCEMBRE

Les meilleurs artistes et artisans de l'Ouest du Canada présentent leurs œuvres et leur savoir-faire à l'occasion du plus grand festival d'artisanat de la Saskatchewan.

SAULT STE. MARIE, ONT.

FESTIVAL D'AUTOMNE ALGOMA
SEPTEMBRE/OCTOBRE

Événement axé sur les arts visuels et les arts de la scène. Durant 16 jours, des artistes du Canada et de l'étranger y présentent différentes formes d'art – musique, ballet, théâtre. Un festival des arts met aussi en valeur le talent d'artistes et d'artisans de la région.

CARNAVAL D'HIVER BON SOO DE L'ONTARIO
FIN JANVIER/DÉBUT FÉVRIER

Plus de 100 activités de plein air et d'intérieur sont au programme. Un spectaculaire feu d'artifice marque le début des festivités, qui se terminent 10 jours plus tard par un plongeon dans l'eau glacée (*polar bear dip*).

SHÉDIAC, N.-B.

FESTIVAL DU HOMARD
JUILLET

La « capitale mondiale du homard » tient durant une semaine un festival en l'honneur de ce délicieux crustacé. Les festivités comprennent un concours de « mangeurs de homards », des soupers aux homards, des spectacles en plein air et un gigantesque défilé.

SIOUX LOOKOUT, ONT.

FESTIVAL DES BLEUETS
DÉBUT AOÛT

Fête populaire de 10 jours qui a lieu alors que la saison des bleuets bat son plein. Déjeuners et pique-niques à l'ancienne sont l'occasion de goûter à ces succulents petits fruits. Un triathlon, un festival de musique et une vente aux enchères réservée aux dames font partie des réjouissances.

SMITHERS, C.-B.

EXPOSITION DE BULKLEY VALLEY
DERNIER WEEK-END D'AOÛT

Le championnat provincial de tire de chevaux de trait, un spectacle de poneys, des concours de bétail, les ateliers pour les jeunes intéressés à devenir fermiers et les plats maison font de cette exposition une véritable foire agricole.

STEINBACH, MAN.

JOURNÉES DES PIONNIERS
VILLAGE MENNONITE
FIN JUILLET/DÉBUT AOÛT

Commémoration de la vie des pionniers, avec le plus grand défilé du sud-est du Manitoba, des spectacles hippiques, des concerts d'orchestres de jeunes et diverses démonstrations – courtepointe, fabrication du beurre, battage du blé, coupe du bois.

STELLARTON, N.-É.

FESTIVAL HOMECOMING
JUILLET/AOÛT

Le plaisir à l'ancienne – des promenades à cheval et en chariot à un concours de violoneux – est au programme de ce festival d'une semaine. Des danses et un certain nombre de réunions mondaines et d'événements sportifs marquent la fin des festivités.

STEPHENVILLE, T.-N.

FESTIVAL DE THÉÂTRE
MI-JUILLET/DÉBUT AOÛT

Ce festival établi de théâtre professionnel explore les quatre grandes cultures fondatrices de la région (britannique, canadienne, américaine et française). Les plaisirs du théâtre y prennent des formes variées. Certaines des représentations ont lieu dans la plus grande église de bois de la province.

STRATFORD, ONT.

FESTIVAL DE THÉÂTRE
MAI/NOVEMBRE

Stratford, une charmante ville sur la rivière Avon, est le point de rassemblement des amateurs de théâtre du monde entier à l'occasion du plus grand festival de théâtre de répertoire en Amérique du Nord. Les œuvres de Shakespeare ainsi que des pièces classiques et modernes sont présentées sur trois scènes.

SUDBURY, ONT.

FESTIVAL CANADIEN DE L'AIL
AOÛT

Festival permettant de déguster de savoureux plats à l'ail et d'assister à des spectacles folkloriques de chant choral et de danse. Il y a aussi des activités pour enfants.

FESTIVAL NORTHERN LIGHTS
JUILLET

Festival bilingue et multiculturel en plein air (le plus ancien au pays). Plus de 100 concerts sont donnés. Également : village des arts, foire internationale de l'alimentation, démonstrations d'artisanat.

SNOWFLAKE FESTIVAL
LAKE RAMSEY AND SCIENCE NORTH
FÉVRIER

Événement hivernal pour la famille au cours duquel on peut assister à des ateliers sur la science et l'artisanat, se balader en carriole tirée par des chevaux ou en traîneau à chiens.

SUSSEX, N.-B.

ATLANTIC BALLOON FIESTA
SEPTEMBRE

Festival qui attire des aéronautes du Canada et des États-Unis. Le départ des montgolfières, les démonstrations de parachutisme et les balades en hélicoptère font partie des attractions principales.

SWIFT CURRENT, SASK.

FOIRE ET RODÉO FRONTIER DAYS
FIN JUIN

Exposition annuelle évoquant l'Ouest des pionniers – expositions de chevaux et de bétail, cow-boys poètes, rodéo, spectacles.

CHAMPIONNAT WESTERN CANADIAN AMATEUR OLDE TYME FIDDLING
DÉBUT OCTOBRE

Concours qui se déroule durant deux jours au rythme des airs enlevants de 750 violoneux de l'ouest du Canada, du Yukon et des États-Unis.

SYDNEY, N.-É.

ACTION WEEK
PREMIÈRE SEMAINE D'AOÛT

Musique, sports, danse dans les rues, défilés, thé à l'ancienne et visites guidées du port sont au programme de ce festival pittoresque de neuf jours mettant en valeur le patrimoine de Sydney.

TATAMAGOUCHE, N.-É.

OKTOBERFEST
NORTH SHORE RECREATION CENTRE
DERNIER WEEK-END DE SEPTEMBRE

La plus grande Oktoberfest à l'est de Kitchener (Ont.). Tout y est : soirées bavaroises, danse, mets allemands, étalages commerciaux alpins.

TEMAGAMI, ONT.

FESTIVAL DE GREY OWL
WEEK-END DU 1ER JUILLET

Le visiteur peut participer au challenge de l'ours blanc – nage, course, canotage et portage – ou au concours d'appel de l'orignal pendant ce festival organisé en hommage au conservationniste et écrivain Grey Owl.

THUNDER BAY, ONT.

FESTIVAL DU GRAND RENDEZ-VOUS CANADIEN
VIEUX FORT WILLIAM
JUILLET

Ce festival qui rappelle ce qu'était le commerce de la fourrure au début des années 1800 se déroule durant 10 jours dans un des plus grands sites historiques de l'Amérique du Nord. Des acteurs reconstituent l'arrivée annuelle des pelleteries dans une ambiance de troc, avec concours de lancer de la hache et lutte de voyageurs.

OJIBWA KEESHIGUN
VIEUX FORT WILLIAM
FIN AOÛT

Fête mettant en scène la vie des autochtones à l'époque du commerce de la fourrure – expositions d'artisanat, démonstrations de travaux (tannage, écorchement), spectacles de danse et de chant autochtones.

TORONTO, ONT.

FEUX D'ARTIFICE BENSON & HEDGES
PLACE ONTARIO
MI-JUIN/DÉBUT JUILLET

Pendant le plus grand concours international d'art pyrotechnique sur l'eau au monde, le ciel s'embrase au-dessus du lac Ontario. Cinq pays sont en lice – Canada, Espagne, Italie, France et Chine.

FESTIVAL AUTOCHTONE CANADIEN
SKYDOME
FIN NOVEMBRE

Plus de 1 000 danseurs, joueurs de tambour et chanteurs des Premières Nations de l'Amérique du Nord prennent part à ce festival. Littérature, théâtre, mets traditionnels, artisanat et exposition d'œuvres d'art sont aussi au programme.

EXPOSITION CANADIENNE NATIONALE
EXHIBITION PLACE
MI-AOÛT JUSQU'À LA FÊTE DU TRAVAIL

On voit de tout lors de cette exposition, des présentations culinaires aux épreuves hippiques en passant par les spectacles donnés par des stars de la musique. L'équipe canadienne des Snowbirds est en vedette durant la fête aérienne, l'une des principales attractions de l'Exposition.

CARIBANA
FIN JUILLET/DÉBUT AOÛT

Les rythmes du reggae, du calypso, du soca et des *steel bands* invitent à la danse durant cette fête endiablée de la culture des Caraïbes. Un carnaval des enfant et des croisières font partie des festivités. Le clou de la fête est un défilé de chars allégoriques et de danseurs qui dure 12 heures.

FESTIVAL DE JAZZ DU MAURIER
FIN JUIN

Environ 1 800 des meilleurs musiciens du Canada et de l'étranger abordent toutes les formes de jazz dans des concerts en plein air et en salle.

FESTIVAL INTERNATIONAL DES AUTEURS
HARBOURFRONT
FIN OCTOBRE

Le plus grand festival littéraire au monde. Des écrivains du monde entier lisent des œuvres en public et autographient leurs livres.

FESTIVAL INTERNATIONAL DU FILM
SEPTEMBRE

Les plus grands noms de l'industrie cinématographique côtoient les cinéphiles pendant 10 jours de premières, de galas et de visionnements intensifs. Plus de 250 films de 70 pays sont projetés durant cet événement, qui figure parmi les quatre plus importants festivals du film au monde.

METRO INTERNATIONAL CARAVAN
JUIN

Les grandes capitales culturelles du monde sont présentes dans 50 pavillons à travers Toronto – aliments fins, objets rares, événements culturels et expositions.

FOIRE AGRICOLE ROYALE D'HIVER
NOVEMBRE

La plus grande foire agricole intérieure au monde, durant laquelle ont lieu le célèbre International Royal Horse Show, clou de la saison hippique au Canada, et le Winter Garden Show. Plus de 10 000 animaux et produits agricoles sont aussi présentés.

FESTIVAL DE THÉÂTRE EXPÉRIMENTAL
DÉBUT JUILLET

Huit compagnies théâtrales du Canada et de l'étranger donnent 500 représentations de pièces uniques et novatrices dans le quartier Annex.

TROIS-RIVIÈRES, QUÉ.

EXPOSITION AGRICOLE
JUILLET

Événement où il y en a pour tous les goûts – expositions de bétail, cirque, épreuves hippiques et casino.

FESTIVAL INTERNATIONAL DE POÉSIE
OCTOBRE

La poésie est au cœur de plus de 200 activités – lectures publiques, concerts, films, expositions.

FESTIVAL INTERNATIONAL DE L'ART VOCAL
FIN JUIN

Pendant six jours, les chants sacrés, populaires, étrangers ou traditionnels, l'opéra et le chant choral superposent leurs rythmes à l'activité des rues et des parcs du centre-ville.

TRURO, N.-É.

EXPOSITION PROVINCIALE DE LA NOUVELLE-ÉCOSSE
AOÛT

Principale foire agricole de Nouvelle-Écosse – ateliers pour les jeunes fermiers en puissance, fête foraine, courses attelées, concours de tire de chevaux et d'hommes forts.

TUKTOYAKTUK, T.N.-O.

JAMBOREE DU BÉLUGA
DEUXIÈME WEEK-END D'AVRIL

Une des nombreuses fêtes printanières auxquelles participent les communautés de Beaufort-Delta, sur les rives de l'océan Arctique. Courses de motoneiges, concours de lancer du harpon et danse au son des tambours font partie des réjouissances.

TWILLINGATE, T.-N.

FESTIVAL FISH, FUN AND FOLK
FIN JUILLET

La mer où glissent de spectaculaires icebergs sert de toile de fond à cet événement où l'on peut écouter la musique folklorique de Terre-Neuve et déguster du poisson préparé selon des recettes traditionnelles.

VANCOUVER, C.-B.

FESTIVAL DE SHAKESPEARE BARD ON THE BEACH
PARC VANIER
DE JUIN À AOÛT

Des normes artistiques rigoureuses, des mises en scène complexes sous une tente ouverte sur le décor d'arrière-re-plan sensationnel que forment la ville, la mer et les montagnes ont fait la renommée de ce festival. Autres activités : Shakespeare et symphonie, bardes et pyrotechnie.

FÊTE DU CANADA
1ER JUILLET

La plus grande fête organisée à l'ouest d'Ottawa pour marquer l'anniversaire du Canada. Douze heures de divertissements multiculturels se terminant par un feu d'artifice.

FESTIVAL CANADIEN INTERNATIONAL DRAGON BOAT
FIN JUIN

Durant deux jours, des rameurs prenant place à bord de bateaux-dragons chinois se disputent âprement la victoire lors de courses rythmées par les tambours. Des spectacles, une foire internationale de l'alimentation et des expositions d'artisanat ont lieu parallèlement aux courses.

FESTIVAL INTERNATIONAL DE JAZZ DU MAURIER
DEUX DERNIÈRES SEMAINES DE JUIN

Festival qui présente l'avant-garde du jazz. À Gastown, un festival digne de La Nouvelle-Orléans se déroule dans les rues du quartier historique durant deux jours.

FESTIVAL DE MUSIQUE FOLKLORIQUE
PARC JERICHO BEACH
MI-JUILLET

Les courants traditionnels et contemporains de la musique folklorique sont présents à ce festival qui se déroule dans un décor maritime enchanteur.

FESTIVAL INTERNATIONAL DES ENFANTS
PARC VANIER
FIN MAI

Ce festival novateur conçu pour les enfants de 3 à 14 ans intègre théâtre, musique, danse, contes et marionnettes. Des artistes ambulants et des tentes d'activités ajoutent au plaisir.

FESTIVAL INTERNATIONAL DES AUTEURS
ÎLE GRANVILLE
FIN OCTOBRE

Un des principaux événements de ce type en Amérique du Nord. De grands écrivains du Canada et de l'étranger y représentent différents genres littéraires — poésie, roman, polar, science-fiction, etc.

EXPOSITION NATIONALE DU PACIFIQUE
FIN AOÛT JUSQU'À LA FÊTE DU TRAVAIL

La plus grande foire agricole de la province. On y trouve de tout — rodéos, courses de carambolage, expositions de bétail, concerts, jeux de fête foraine, balades à dos de poney.

FESTIVAL DE POWELL STREET
PARC OPPENHEIMER
PREMIER WEEK-END D'AOÛT

Festival mettant en valeur l'art, la culture et le patrimoine des communautés asiatiques du Canada — stands d'alimentation, spectacles, foire de l'artisanat, expositions historiques.

FESTIVAL DES CONTEURS
MI-JUIN

Festival de trois jours qui réunit des conteurs d'ici et de l'étranger. Des concerts et des spectacles familiaux y sont aussi présentés.

VICTORIA, C.-B.

NOËL À VICTORIA
MI-NOVEMBRE/DÉBUT JANVIER

L'esprit de Noël illumine cette fête aux multiples facettes — confection de couronnes, cantiques de Noël, carrioles tirées par des chevaux, Festival de l'arbre de Noël.

FESTIVAL CLASSIQUE DU BATEAU
PORT INTÉRIEUR
FIN AOÛT/DÉBUT SEPTEMBRE

Présentation spectaculaire du patrimoine maritime. Quelque 100 voiliers et bateaux motorisés peuvent être observés. Pendant trois jours, compétitions d'aviron, spectacles et défilé de bateaux à vapeur.

FESTIVAL DES PREMIERS PEUPLES
MUSÉE ROYAL DE LA COLOMBIE-BRITANNIQUE
DÉBUT AOÛT

Au Canada, c'est le plus grand événement consacré aux arts et à la culture autochtones avec la participation de plus de 150 artistes, musiciens, conteurs et danseurs de l'Amérique du Nord et de l'Amérique du Sud — artisanat pour enfants et spectacles de danse traditionnelle font partie des attractions.

MOSS STREET PAINT-IN
MI-JUILLET

Festival annuel gratuit des arts visuels. Plus de 100 artistes, connus ou de la relève, travaillent dans des îlots répartis le long de la rue Moss en utilisant médiums et styles variés.

SYMPHONY SPLASH
PORT INTÉRIEUR
DÉBUT AOÛT

Prenant place sur une péniche amarrée au milieu du port, les membres de l'orchestre symphonique de Victoria interprètent des airs classiques et des succès de la musique populaire.

VICTORIA, Î.-P.-É.

FESTIVAL D'ÉTÉ DU THÉÂTRE DE VICTORIA
FIN JUIN/FIN AOÛT

Des pièces de répertoire et des concerts sont présentés dans un charmant théâtre. Les musiques traditionnelle, folklorique et country sont au programme des concerts du lundi soir.

VICTORIAVILLE, QUÉ.

FESTIVAL DE MUSIQUE ACTUELLE
MI-MAI

L'éclectisme caractérise le meilleur festival de musique d'avant-garde en Amérique du Nord. Plus de 120 musiciens du monde entier repoussent les limites de l'improvisation musicale — jazz, rock, électrique, acoustique.

VIRDEN, MAN.

RODÉO INTÉRIEUR & WILD WEST DAZE
FIN AOÛT

Week-end chargé d'activités — rodéo, expositions commerciales, spectacles

musicaux, course de carambolage, tournoi de fers à cheval, défilé.

WADENA, SASK.

FESTIVAL SHOREBIRDS AND FRIENDS
MARAIS WADENA
FIN MAI

Pour fêter l'arrivée printanière de 150 000 oiseaux de rivage aux lacs Quill — sorties ornithologiques et visites de cet habitat faunique. Artistes animaliers — peintres, photographes, graveurs — et organismes de conservation sont présents.

WATROUS, SASK.

JAMBOREE DE MUSIQUE COUNTRY MANITOU
TROISIÈME WEEK-END DE JUIN

Événement qui attire plus de 5 000 amateurs de country — concerts en plein air l'après-midi, spectacles de cabaret le soir, terrasses à bière.

WATSON LAKE, YUKON

JOURNÉES DE LA DÉCOUVERTE
MI-AOÛT

La ruée vers l'or du Klondike est le thème de cette fête pour tous. Casino, activités aquatiques, minitriathlon, course de canards en caoutchouc gonflables sur l'eau.

RODÉO DE WATSON LAKE
PREMIER WEEK-END DE JUILLET

Durant deux jours, des concurrents de tout âge participent à ce rodéo amateur international regroupant 12 disciplines, dont la monte de taureau et l'équitation à cru.

WHITE RIVER, ONT.

FESTIVAL WINNIE'S HOMETOWN
TROISIÈME WEEK-END D'AOÛT

La ville natale du célèbre Winnie l'ourson organise une foule d'activités en son honneur — défilé, foire commerciale, concours d'oursons, expositions sur le patrimoine et démonstrations de confection d'oursons en peluche.

WHITEHORSE, YUKON

FESTIVAL DE MUSIQUE FROSTBITE
DEUXIÈME WEEK-END DE FÉVRIER

Le seul festival de musique ayant lieu en hiver au Canada. Des artistes de partout au pays s'y produisent.

FOIRE DU KLONDYKE
QUATRIÈME WEEK-END D'AOÛT

Foire agricole – produits des récoltes, bétail, œuvres artisanales, manèges. Des concours de tonte de moutons, de lancer de la hache et de « mangeurs de tartes » s'y ajoutent.

FESTIVAL INTERNATIONAL DES CONTEURS DU YUKON
TROISIÈME WEEK-END DE JUIN

Conteurs, joueurs de tambour et danseurs de toute la région circumpolaire fêtent la riche tradition des contes du Nord. D'anciens récits prennent vie par la magie du mime, de la musique et des mots.

RENDEZ-VOUS DES SOURDOUGHS
TROISIÈME WEEK-END DE FÉVRIER

L'époque des pionniers de 1898 revit durant le plus grand carnaval d'hiver du Yukon – transport de sacs de farine, sculpture à la scie à chaîne, danseuses de cancan, casinos.

WINDSOR, ONT.

FESTIVAL INTERNATIONAL DE LA LIBERTÉ
FIN JUIN/DÉBUT JUILLET

Cette fête de la paix entre les États-Unis et le Canada dure deux semaines, englobant les fêtes nationales des deux pays. Plus de 100 activités ont lieu pour l'occasion – courses de remorqueurs, tournois sportifs, défilés, danse, festival du gospel, etc. Un feu d'artifice clôt les festivités.

WINNIPEG, MAN.

FOLKLORAMA
DEUX PREMIÈRES SEMAINES D'AOÛT

Les goûts et les traditions de différentes nations sont au programme de la plus grande manifestation multiculturelle au monde. Chaque année, un demi-million de personnes visitent plus de 40 pavillons internationaux pour découvrir des mets exotiques, des œuvres artisanales authentiques et des divertissements pittoresques.

FESTIVAL INTERNATIONAL DES ENFANTS
THE FORKS
DÉBUT JUIN

Danse, mime, musique, marionnettes, vaudeville : durant six jours, des artistes de calibre mondial divertissent les jeunes. Les artistes ambulants et les activités de création participatives sont aussi de la fête.

FESTIVAL DE JAZZ DE WINNIPEG
JUIN

Le seul festival thématique de jazz au pays avec quelques-uns des artistes les plus en demande – spectacles en plein air gratuits, concerts, ateliers.

EXPOSITION DE LA RIVIÈRE ROUGE
RED RIVER EXHIBITION PARK
JUIN

Cette exposition de 10 jours compte un grand nombre d'attractions familiales, dont des spectacles gratuits et la plus grande fête foraine au Manitoba. Des expositions commerciales et créatives en marquent la fin.

FESTIVAL DU PATRIMOINE ÉCOSSAIS
RED RIVER EXHIBITION PARK
JUIN

Vrai festival gaélique – danse écossaise, concours de cornemuseurs et de joueurs de tambour, ateliers sur le patrimoine, défilé et spectacle historique celtiques.

WOODSTOCK, ONT.

WOOD SHOW
CHAMP DE FOIRE DE WOODSTOCK
DÉBUT OCTOBRE

Ce salon est le plus important du genre en Amérique du Nord. Il est l'hôte du championnat de l'Upper Canada Woodworking. On y présente aussi bien des œuvres que des outils de menuiserie.

YELLOWKNIFE, T.N.-O.

CARNAVAL DU CARIBOU
FIN MARS

Maintes activités ont lieu à l'occasion de ce festival en l'honneur du printemps – concours de sculpture de glace, Caribou Capers Variety Show, course à relais de serveurs et de serveuses, course de traîneaux à chiens (Canadian Championship Dog Derby) qui attire des *mushers* de toute l'Amérique du Nord et qui consiste à parcourir 240 km en trois jours.

FESTIVAL DU SOLEIL DE MINUIT
JUILLET

Festival d'une semaine qui présente l'art et la culture du Grand Nord et souligne la mosaïque des talents que l'on trouve au sein des Territoires du Nord-Ouest.

FOLK ON THE ROCKS
MI-JUILLET

Ce festival qui se déroule en plein air sur la rive du lac Long met en vedette des artistes Inuits et Dénés venant de tous les Territoires du Nord-Ouest, de même que des artistes du sud du Canada et des États-Unis – exposition d'artisanat, ateliers pour les artistes. Une scène est réservée aux enfants.

RAVEN MAD DAZE
JUIN

Les habitants de Yellowknife descendent dans les rues lors du début officiel de l'été, qui coïncide avec le soleil de minuit – danses dans les rues, chasse aux aubaines de fin de soirée, jeux et activités pour enfants sont au programme.

YORKTON, SASK.

FESTIVAL THRESHERMEN'S SHOW AND SENIORS'
MUSÉE DE DÉVELOPPEMENT DE L'OUEST
FIN JUILLET/DÉBUT AOÛT

Festival évoquant des temps révolus – travaux de la ferme, équipement agricole d'époque en état de fonctionner, démonstrations pratiques, danses carrées, chansons d'autrefois.

FESTIVAL DU COURT MÉTRAGE ET DE LA VIDÉO
FIN MAI/DÉBUT JUIN

Plus ancien festival du court métrage et de la vidéo en Amérique du Nord. Sa programmation éclectique se compose des meilleures productions du Canada, présentées en compétition et dans le cadre de visionnements publics gratuits. Des stands d'alimentation permettent de goûter aux spécialités culinaires des communautés culturelles de la région, et des troupes de danse issues de ces mêmes communautés se produisent à cette occasion.

EXPOSITION DE YORKTON
DÉBUT JUILLET

Exposition de bétail, grands spectacles, courses en chariot et manèges font partie des attractions de cette exposition industrielle et agricole vieille d'un siècle.

INDEX

Les numéros de page en *italique* renvoient aux photographies.

E

PRINCIPAUX MUSÉES ET GALERIES D'ART

Y Z

Pelliculage : Les industries Tri-Graphiques
Impression : Imprimerie Transcontinentale Inc., Division de Drummondville
Reliure : Imprimerie Transcontinentale Inc., Division Métropole Litho
Papier : Westvaco